Paris

1688

Ferrière, Claude de

La jurisprudence des Novelles de Justinien, conférée avec les ordonnances royaux, les coutumes de France et les

Tome 1

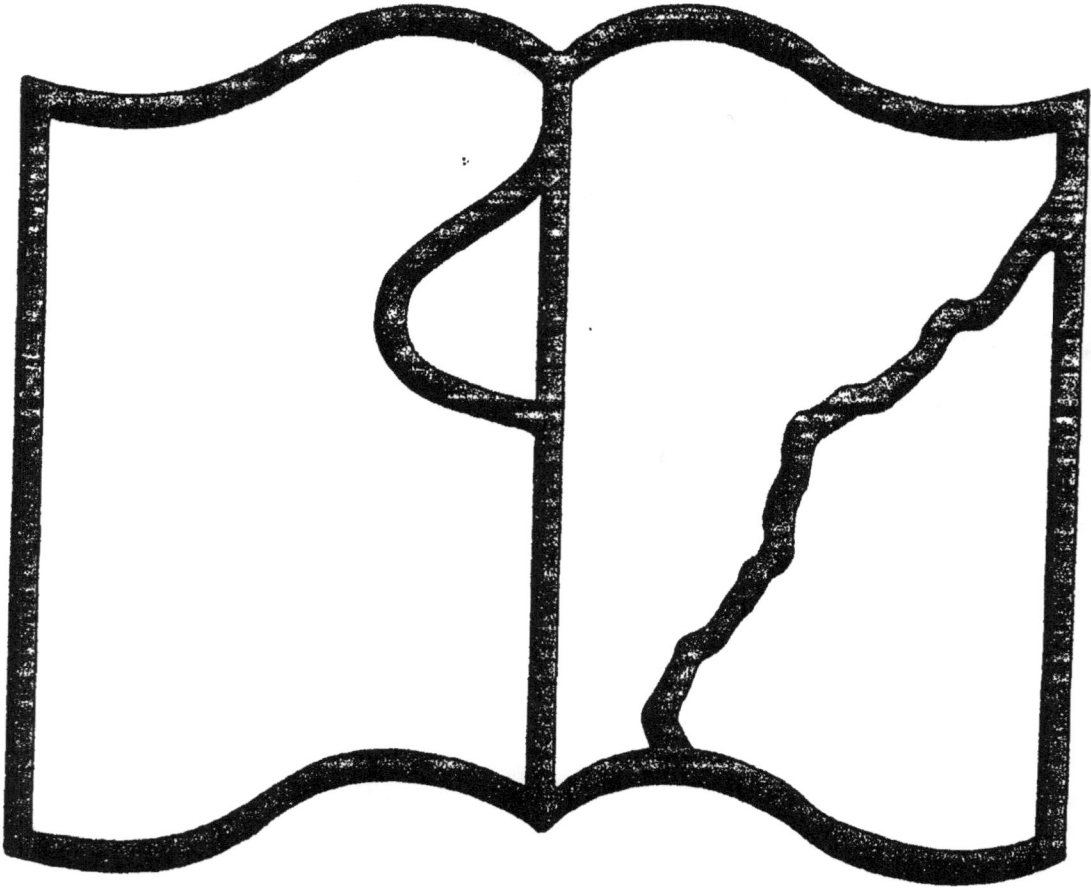

**Symbole applicable
pour tout, ou partie
des documents microfilmés**

Texte détérioré — reliure défectueuse

NF Z 43-120-11

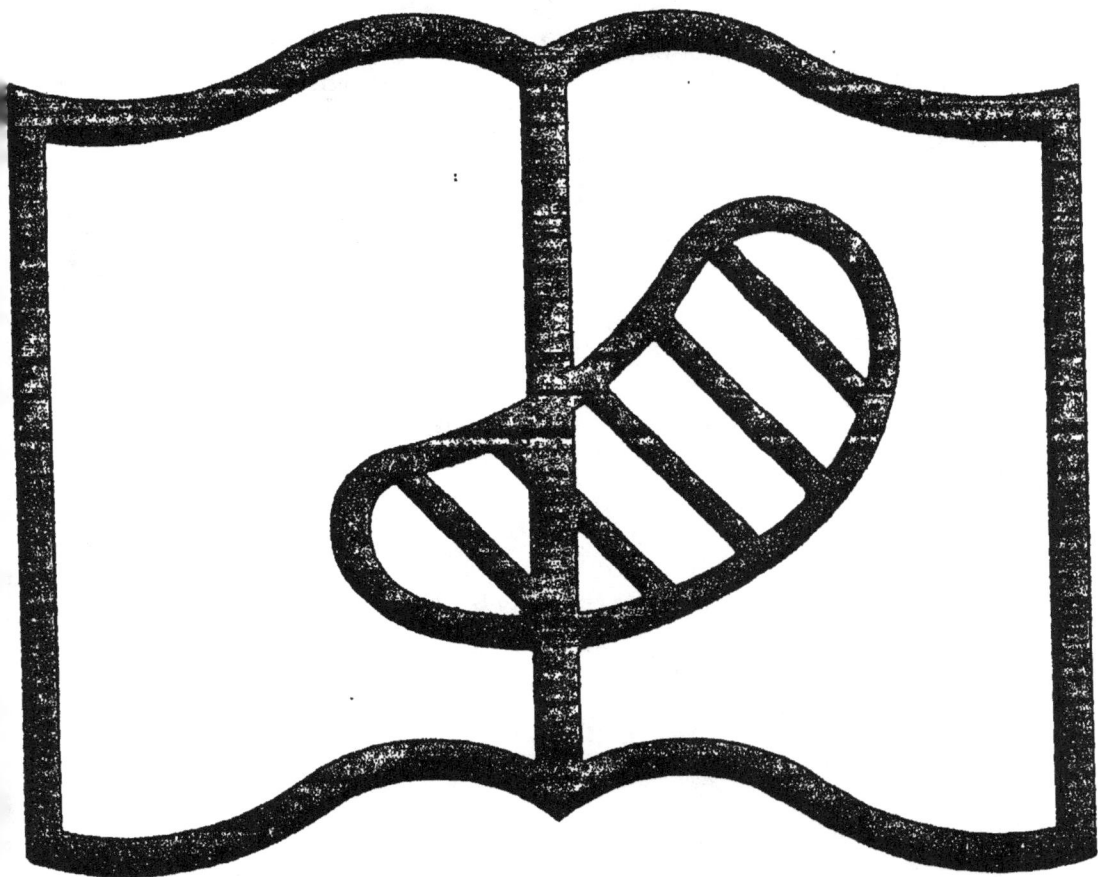

Symbole applicable
pour tout, ou partie
des documents microfilmés

Original illisible

NF Z 43-120-10

EX BIBLIOTHECA
DOMINI PETRI-ANTONII ROBIN
IN SUPR·BURGUND·SEN·CONSIL·RII

LA
JURISPRUDENCE
DES NOVELLES
DE JUSTINIEN;
CONFEREE AVEC
LES ORDONNANCES ROYAUX
LES COUTUMES DE FRANCE
ET LES DECISIONS
DES COURS SOUVERAINES.

TOME PREMIER.

Par **M.** CLAUDE DE FERRIERE,
Avocat au Parlement.

A PARIS,

Chez JEAN COCHART, au cinquiéme pillier de la
grande Salle du Palais, au S. Esprit.

M. DC. LXXXVIII.
AVEC PRIVILEGE DU ROY.

INDEX

OMNIUM NOVELLARUM CONSTITUTIONUM
ORDINE ALPHABETICO COLLECTUS.

Prior numerus volumen, posterior paginam indicat.

Quæ numero non notantur, in hoc opere tanquam inutiles non exponuntur.

AUTHENTICARUM JUSTINIANEO

CODICI SUIS LOCIS INSERTARUM

& in hoc opere relatarum Index Alphabetico ordine collectus.

Prior numerus volumen, posterior paginam indicat.

b

Index Authenticarum.

Finis Tabulæ Authenticarum.

PRIVILEGE

PRIVILEGE DV ROY.

LOUYS PAR LA GRACE DE DIEU, ROY DE FRANCE ET DE NAVARRE; A nos amez & feaux Conseillers les gens tenans nos Cours de Parlement, Maistres des Requestes ordinaires de nostre Hostel, Baillis, Seneschaux, Prevosts, Lieutenans &tous autres nos Justiciers & Officiers qu'il appartiendra : Salut, Maistre CLAUDE DE FERRIERE Avocat en nostre Parlement de Paris, desirant donner au Public un Livre qu'il a composé, intitulé *la Jurisprudence des Novelles de l'Empereur Justinien, conferée avec les Ordonnances Royaux, les Coustumes de France, & les Décisions des Cours Souveraines;* Il nous a tres-humblement fait supplier luy vouloir accorder nos Lettres sur ce necessaires : A ces causes, desirant favorablement traiter ledit Exposant, nous luy avons permis & permettons par ces presentes, de faire imprimer ledit Livre par tel Imprimeur qu'il voudra choisir, en tels volumes, marge & caracteres, & autant de fois que bon luy semblera les faire vendre & debiter par tous les lieux de nostre obeïssance pendant le temps de dix années entieres & consecutives, à compter du jour que chaque volume sera achevé d'imprimer la premiere fois en vertu desdites presentes, pendant lequel temps faisons tres-expresses défenses à toutes personnes de quelque qualité & condition qu'elles soient, d'imprimer, faire imprimer ledit Livre, vendre & debiter sous quelque pretexte que ce soit sans le consentement de l'Exposant, ou de ceux qui auront droit de luy, ny de faire des Extraits ou Abregez, sous peine de deux mille livres d'amende & confiscation des Exemplaires contrefaits, dépens, dommages & interests, à condition qu'il sera mis deux Exemplaires en nostre Bibliotheque publique, un dans celle de nostre Chasteau du Louvre, & un dans celle de nostre tres-cher & feal sieur de Boucherat Chancelier de France avant de l'exposer en vente, de faire imprimer ledit Livre en beaux caracteres & bon papier, de faire enregistrer ces presentes és Registres de la Communauté des Marchands Libraires de nôtredite ville de Paris, & que l'impreſſion s'en fera dans noſtre Royaume & non ailleurs ſuivant les Reglemens, à peine de nullité des preſentes, du contenu deſquelles nous vous mandons faire joüir l'Expoſant ou ceux qui auront droit de luy pleinement, paiſiblement, ſans ſouffrir qu'il leur ſoit donné aucun trouble ou empeſchement : voulons qu'en mettant au commencement ou à la fin de chaque Exemplaire deſdits Livres un Extrait des preſentes, elles ſoient tenuës pour duëment ſignifiées, & que foy ſera ajoûté aux copies collationnées par un de nos Amez & feaux Conſeillers, Secretaires comme à l'original, & en cas de contravention auſdites preſentes, nous nous en reſervons la connoiſſance & à noſtre Conſeil : Mandons au premier Huiſſier ou Sergent ſur ce requis, faire pour execution tous Exploits, ſaiſies & autres Actes neceſſaires, ſans demander aucune permiſſion, nonobſtant clameur de Haro, Charte Normande, & Lettres à ce contraires : CAR TEL eſt noſtre plaiſir : DONNE' à Verſailles le vingt-neuviéme jour de Decembre, l'an de grace mil ſix cent quatre-vingt & ſix, Et de noſtre regne le quarante-quatriéme, Signé, par le ROY en ſon Conſeil, POULLAIN.

Regiſtré ſur le Livre de la Communauté des Libraires & Imprimeurs de Paris, le 22. Ianvier 1687. ſuivant l'Arreſt du Parlement du 8. Avril 1653. & celuy du Conſeil Privé du Roy, du 27. Février 1665.

Signé, ANGOT, Syndic.

Achevé d'imprimer pour la premiere fois le neuviéme Janvier 1688.

Ledit Sieur DE FERRIER *à cedé ſon droit du preſent Privilege à Jean Cochart Marchand Libraire à Paris, pour en joüir ſuivant l'accord fait entr'eux.*

LA

LA JURISPRUDENCE

DES

NOVELLES

DE L'EMPEREUR JUSTINIEN.

Conferées avec les Ordonnances Royaux, les Coûtumes de France, & les Décifions des Cours Souveraines.

PREFACE.

SOMMAIRE.

Tome I.

A

L E S Novelles de l'Empereur Justinien font les dernieres Constitutions faites par cét Empereur aprés
la publication du second Code, & qui compo-
sent la quatriéme & derniere partie du Droit Civil.

Les Constitutions renfermées dans ce quatriéme Volume du
droit Romain, font ainsi appellées, parce qu'elles sont poste-
rieures à celles que le même Empereur avoit faites, & qu'il
avoit comprises dans son Code, *quasi novæ, & recenter editæ*
Constitutiones, il se sert de ce terme en plusieurs autres endroits
dans cette signification, *in constitut. de novo Cod. fac. §. 2. & in*
constitut. de Iustin. Cod. confirm. §. 3. in constitut. de emendat.
Codic. Justin. §. 2. & 4. in l. 29. & l. 34. C. de inoffic. testam. l.
jubemus. in fine C. de testam. & l. 5. C. de legib.

L'Empereur Justinien n'est pas le premier qui ait donné le
nom de Novelles à ses Constitutions, quelques Constitutions de
Theodose & Valentinien, de Martian, de Leon & Majorian, de
Severe & d'Anthemius, ont esté appellées Novelles. Elles ont
esté imprimées pour la plus grande partie avec le Code Theodosien par Jean Sichard en l'année 1528. & ensuite par Cujas
en l'an 1566. & quelques-unes y ont esté adjoûtées depuis par
Pierre Pithou l'an 1571.

Les Novelles de ces Empereurs qui ont precedé Justinien,
n'ont point eu autorité de Loy aprés la redaction & composition
du droit par l'ordre de cét Empereur, dautant que dans l'Ordonnance faite *de confirmat. Digest.* il a ordonné que toutes les
Loix & les Ordonnances qui ne se trouveroient pas comprises
dans les Volumes du Droit, publiez par son autorité, n'auroient
aucune force, défendant expressément aux Advocats & à toutes autres personnes de les alleguer & de s'en servir, & aux Juges
d'y avoir égard.

Neanmoins ces Novelles ne font pas entierement inutiles,
car comme le Code Justinien a esté composé principalement des
Constitutions du Code Theodosien, & des Novelles de quelques
Empereurs predecesseurs de Justinien, on voit par la lecture de
plusieurs Loix du Code Justinien, & de celles du Code Theodosien, & de ces Novelles, ce que Tribonien, qui en a fait la

A ij

compilation, a pris & tronqué de ces anciennes Constitutions, ce qui sert considerablement pour tirer & prendre l'esprit de la Loy, lors qu'il y a quelque difficulté : Par exemple Tribonien a divisé en trois Loix la Novelle 5. de Theodose *de tutoribus,* qui sont la Loy 10. *C, de legitim. heredib.* la Loy 6. *C. ad Se. Tertullia.* & la Loy pénultiéme *C. in quibus cauf. pign. vel hypot. tac. contrah.*

De la Novelle 9. du même Empereur, qui est *de testament.* Tribonien a tiré deux Loix ; la Loy 27. *hac confultiffimâ C. de testament.* laquelle prescrit les solemnitez pour les testamens, & la Loy derniere *C. eod. tit.*

De la Novelle de Valentinien & de Majorian, *tit. 4. de matrim. Senat.* a esté tirée la Loy 9. *C. de legib.* ainsi de plusieurs autres.

5.   Quelques Empereurs aprés le deceds de Justinien firent aussi des Constitutions, qu'ils appellerent Novelles, sçavoir Justin II. Tibere, Leon fils de l'Empereur Basile, lequel avoit composé un nouveau corps de droit, dés Livres de Justinien traduits en langue Grecque, & les avoit divisés en six Volumes, & en soixante Livres, qui furent appellez les Basiliques : Heraclius, Alexandre, Constantin, Porphyrogenete, Michel, & autres.

6.   Les Novelles de ces Empereurs ont esté imprimées la premiere fois l'an 1573. & depuis elles ont esté jointes par Leunclavius à l'épitome des 60. Livres des Basiliques, à Basle l'an 1575.

On en a fait depuis d'autres impressions à Paris en 1606. & une autre à Amsterdam en 1617.

Les cent treize Novelles de l'Empereur Leon ont esté imprimées avec le Cours civil par Godefroy.

7.   La raison pour laquelle ces Empereurs ont fait des nouvelles Constitutions, est évidente ; la necessité des affaires publiques & particulieres oblige souvent les Princes d'établir de nouvelles Loix, & de reformer les anciennes, ou de les abroger entierement ; que si les Etats & les Empires ne peuvent toûjours demeurer dans le même état, les Loix que les Souverains establissent, ne peuvent point aussi avoir une durée perpetuelle & permanente ; la cause des Loix est l'utilité publique, elle change souvent selon les circonstances des temps ; en sorte que ce qui est bon dans un temps, ne l'est pas dans un autre.

La Loy des XII. Tables succeda aux Loix Royales chez les 8.
Romains ; le peuple ensuite établit des Loix , le Tiers Etat
s'en attribua aussi le pouvoir ; le peuple Romain consentit tacitement que le Senat fist des Ordonnances & des Loix ; On donna l'autorité aux Preteurs & aux Ediles de faire des Edits , &
aux Jurisconsultes de donner des réponses décisives des contestations entre les particuliers , lesquelles avoient autant de force
que les Loix, & elles estoient sans appel, §. *lex. & seqq. institut.*
de jure natur. gent. & civ. Les Constitutions des Empereurs
ont ensuite changé considerablement la Jurisprudence.

Les Loix sont , selon les Jurisconsultes, le sentiment qui re-
sulte de la consultation des plus sages, ou l'avis & l'approbation de tout un peuple, & de l'observation desquelles dépend
entierement le bonheur & la stabilité des Empires & des
Royaumes , il est dangereux de les changer ; les Égyptiens ne
permettoient pas chez eux d'autres Tableaux que ceux qui representoient ce que leurs Loix avoient commandé ou défendu.
Les Locres, peuples de Grece, qui habitoient prés la Phocide,
n'admettoient jamais personne à proposer une nouvelle Loy
qu'il n'eût la corde au col, pour l'étrangler si elle estoit rejettée. Ce qui nous apprend qu'on ne sçauroit trop deliberer pour
establir de nouvelles Loix , & qu'il n'y a que l'utilité publique
qui en doive permettre l'establissement : neanmoins il arrive
souvent que les Loix , quoy que tres-utiles & observées , sont
changées ou alterées , sous pretexte de l'interest public , &
sous des motifs & des pretextes specieux : Nous trouvons des
Constitutions de l'Empereur Justinien entierement contraires les 9.
unes aux autres sur un même sujet , & ce changement est imputé
à Tribonian Chancelier de cét Empereur, qui abusoit de sa facilité pour establir de nouvelles Constitutions dont il tiroit des
sommes considerables ; de-là vient que dans les pays de droit
écrit de France , il y a quelques Novelles qui ne sont point
observées.

Quelquefois aussi parce qu'on ne peut pas prévoir toutes les 10.
suites & les inconveniens des Loix , & que ce n'est que le temps
& l'experience *quæ stultorum magistra esse dicitur,* qui le fasse
connoître, leur changement se trouve necessaire : on en pourroit
rapporter une infinité d'exemples ; par la Loy des XII. Tables
il estoit permis à un chacun de disposer de tous ses biens en faveur des legataires , & par ce moyen ne rien laisser à l'heritier

inftitué, qu'un titre & une qualité inutile & fans effet, & même onereufe, *pater familias uti fuper pecunia tutelave rei fuæ legaffit, ita jus efto.*

11.　L'intereft que la Republique prenoit pour l'execution des dernieres volontez, fit chercher des moyens pour furvenir à cét inconvenient ; Cajus Furius Tribun du peuple propofa une Loy qui fut appellée *Furia*, & qui fut receuë & eftablie, par laquelle il fut défendu aux teftateurs de leguer à chaque legataire plus de mil fols ; ce Magiftrat n'avoit pas préveu le defaut de cette Loy, il n'y eut que fon execution qui le fit connoiftre ; elle reftraignoit la quantité des legs envers chaque legataire, mais elle n'en limitoit pas le nombre ; ainfi il arrivoit contre l'intention de ce Legiflateur, que quelques biens que le teftateur poffedât, il en pouvoit difpofer en faveur des legataires feulement, fans en laiffer aucune chofe à ceux qu'il honoroit du nom & du titre de fes heritiers.

Voconius propofa une autre Loy, appellée de fon nom, qui défendoit aux teftateurs de leguer à chaque legataire plus que l'heritier par eux inftitué devoit amender de leur fucceffion ; cette Loy fut eftablie, mais elle n'eut pas un plus heureux fuccés ; car ne déterminant pas la quantité des biens qui devoit appartenir à l'heritier, fouvent les teftateurs multipliant le nombre des legataires, & ne laiffant à chacun d'eux que peu de chofe, les heritiers ne tiroient auffi qu'un petit avantage de leur fucceffion.

Ce defaut ne fe reconnut que par l'ufage ; ce qui donna lieu d'eftablir enfuite la Loy falcidie, qui s'eftant trouvée fans defaut, a paffé jufques à nous, & eft obfervée dans les païs de droit écrit, ainfi que nous avons marqué dans la Jurifprudence du Digefte.

Les Legiflateurs ne peuvent point auffi prévoir tous les cas qui peuvent arriver, *l.* 10. *l.* 12. *& l.* 13. *ff. de legib.* ce qui donne fouvent occafion de faire de nouvelles Loix pour decider les
12.　cas non préveus.

L'Empereur Juftinien prévoyoit en confirmant le Digefte qui avoit efté compofé par fon ordre, & qui contenoit des décifions prefque fur toutes les matieres, qu'il feroit obligé dans la fuite de faire de nouvelles Loix, fuivant le §. 18. dans fon Ordonnance *de confirmat. Digeft.* en ces termes : *Sed quia divinæ quidem res perfectiffimæ funt, humani verò juris conditio femper in infinitum decurrit, & nihil est in ea quod stare perpetuò possit, multas etenim formas edere natura novas deproperat, non despera- mus quædam posteà emergi negotia, quæ adhuc legum laqueis non sunt innovata. Si quid igitur tale contigerit, augustum implo- retur remedium : quia ideo imperialem fortunam rebus humanis Deus præposuit, ut possit omnia quæ noviter contingunt, & emen- dare & componere, & modis & regulis competentibus tradere ; & hoc non primum à nobis dictum est, sed ab antiqua descendit prosa- pia : cùm & ipse Julianus legum & Edicti perpetui subtilissimus conditor, in suis libris hoc retulit, ut si quid imperfectum inve- niatur, ab Imperiali sanctione repleatur ; & non ipse solus, sed & Divus Adrianus in compositione edicti, & senatusconsulto, quod eam secutum est, hoc apertissimè definivit, ut si quid in edicto positum non invenitur, hoc ad ejus regulas ejusque conjecturas & imitationes possit nova instruere autoritas.* Et dans la Loy uni- que *C. de emendat. Codic.* l'Empereur declare la même chose en ces termes : *Nemini dubium est, quod si quid in posterum me- lius inveniatur & ad Constitutionem necessariò sit redigendum, hoc à nobis & constituatur & in aliam congregationem referatur, quæ Novellarum nomine Constitutionum significetur.*

Ce même Empereur dans la Novelle 74. *in princip.* dit aussi que *nulla lex est, neque senatusconsultum prolatum in Republica Ro- manorum videtur, ad omnia sufficienter ab initio promulgatum, sed multa indigere correctione, ut ad naturæ varietatem & ejus ma- chinationes sufficere.* Dans la Novelle 127. le même Empereur dit, *nostras leges emendare nos non piget, ubique utilitatem sub- jectis invenire volentes, &c.*

Theodose dans la Novelle 2. a écrit en ces termes à son fils Va- lentinien, avec lequel il avoit partagé l'Empire, & à qui il avoit donné l'Empire d'Occident, *diversis emergentibus causis, per hoc transacti temporis intervallum ferri leges alias emergen- tium rerum necessitas persuasit.*

Le même Empereur dans la Novelle 13. dit, *Egregiè habet hoc insitum sollicita æquitatis examinatio, habet secundarum cogita- tionum subtilior exactiorque cura, ut siquis in legibus ferendis post impetum primum deliberatio proptereà deliquerit, hoc consilio propensiore revocetur. Permittit enim consuetudo ipsarum rerum; adstipulantur innumera vetustatis exempla, multas leges à suis latoribus, adempta aut addita parte posse corrigi, multas tracta- tu maturiore primitus abrogari.* L'Empereur Martian, tit. 5.

Novell. suarum, dit la même chose ; *sæpe materiam ferendis scribendisque legibus inopinatò negotia exorta suppeditant, & aut novas constitui sanctiones, aut durius & asperius latas faciunt abrogari. Æqualis enim in utroque æquitas est ; vel promulgare quæ justa sunt, vel antiquare, quæ prava sunt.*

On pourroit rapporter une infinité d'autoritez, tirées tant de l'Empereur Justinien, que des autres Empereurs & Legislateurs, lesquels ont esté obligez par differentes causes, & principalement par la raison de l'utilité publique, de faire de nouvelles Loix.

Quelquefois aussi les Princes font des Loix pour confirmer les anciennes ; car les Loix vieillissent comme les hommes, & de mesme que toutes les choses sublunaires : elles croissent peu à peu, & décroissent de même ; & à la fin, à moins que de les renouveller, elles s'effacent de la memoire des hommes, *suum est legibus quoddam senium, quod ipsis abstergi debet, ut renovatæ quasi rejuvenescant*, Gell. 20. cap. 1. *sed. quoniam positas leges jam neglectas invenimus, reparare eas judicavimus oportere*, dit l'Empereur en la Preface de la Novelle 1.

13. Entre les Novelles de l'Empereur Justinien, quelques-unes ont esté faites pour establir un droit nouveau, d'autres pour confirmer le droit dont l'usage estoit incertain, & d'autres pour corriger l'ancien droit, & le reformer en tout ou en partie.

Ces Constitutions ont esté faites dans differens temps les unes aprés les autres, selon que la necessité des affaires publiques ou particulieres en ont donné occasion.

14. La plus grande partie de ces Novelles ont esté écrites en Grec, les autres ont esté écrites en Langue Latine, ainsi que remarque Anton. August. *in paratitl. ad Novel.*

15. Les Constitutions du Code ont au contraire esté écrites en Latin, excepté quelques-unes, lesquelles ont esté écrites en Grec, dont une partie ont esté perduës, parce que pendant l'Empire de Justinien la Langue Greque estoit peu en usage ; Cujas en a rétabli quelques-unes dans ses observations.

16 Tribonian a esté employé pour la composition des Novelles, comme pour celle des autres Volumes du Droit Romain, selon le rapport d'Harmenopule, lib. 1. tit. 10. §. 10. plusieurs estiment que l'Empereur s'est servy de plusieurs Auteurs ; ce qui semble 17 assez vray-semblable par la diversité du stile dont elles sont écrites.

Si

Si nous en croyons Harmenopule, Tribonian composoit de nouvelles Conftitutions au profit de ceux qu'il vouloit, pour de- 18 cider en leur faveur les conteftations qu'ils avoient avec d'autres particuliers : il les faifoit publier par l'ordre de l'Empereur ; il en recevoit de tres-grandes fommes, & par ce moyen il introduifoit quand il vouloit un droit nouveau ; il reformoit l'ancien, & fouvent il faifoit à deffein des Conftitutions obfcures & ambiguës, que l'on pouvoit interpreter en divers fens, pour embaraffer les parties dans de grands procez ; Procope *lib.* 1. *rer. Perficar.* nous marque quelle eftoit l'avarice & le defir que Tribonian avoit des richeffes ; il le compare avec Jean Prefet du Pretoire, auquel plufieurs Conftitutions du Code & plufieurs Novelles font adreffées.

Ces deux perfonnages eftoient puiffans auprés de l'Empe- 19 reur ; felon le rapport de cét Auteur, ils avoient l'un & l'autre une avarice infatiable, & ayant employé tous les moyens pour contenter leur paffion, ils s'attirerent tellement la haine du peuple, qu'ils le fouleverent ; en forte que l'Empereur ne pût l'appaifer, qu'en les dépoüillant des Charges qu'ils avoient auprés de luy.

Tribonian eftoit grand Maiftre du Palais ; l'Empereur parle de luy en ces termes *in præfatio. ad inftitut.* §. 3. *Tri-* 20 *boniano viro magnifico, Magiftro & Exquæftore facri Palatii noftri & Exconfule.* Cette Charge confiftoit principalement à répondre les Requeftes qui eftoient prefentées au Prince, comme nous obfervons dans les Novelles 53. & 114. & dans la Loy derniere *C. de diverf. refcript. leges & orationes in fenatu recitabat, eafdem componebat, precibus Imperatori objectis refpondebat, & in omnibus confilia dabat,* comme il eft dit dans ces Novelles, celuy qui en eftoit pourveu eft appellé dans la Novelle de Valentinien *de homici. cafu fac.* & par Caffiodore en plufieurs endroits, *Quæftor juftitiæ & legum cuftos, Thefaurus famæ publicæ, & armarium legum.* Cette charge a beaucoup de rapport avec celle de Chancelier de France ; & mème les Latins l'appellent de ce nom, *tefte Niceta.*

Quelques-uns interpretent ainfi ce terme *Exquæftor,* comme fi Tribonian avoit eu autrefois cette Charge, & qu'il 21 l'eut quittée auparavant que d'avoir compofé les Inftitutes, *quafi quæfturâ functus.* Aldobrandin au contraire eftime que ces deux termes *Quæftor, Exquæftor,* fignifient la mefme chose ; le fondement de cette opinion est en l'inscription de la Loy 1. *C. de veteri jure enucl.* en ces termes: IMPERATOR JUSTINIANUS A. TRIBONIANO VIRO EMINENTISSIMO QUÆSTORI SACRI PALATII ; ainsi puisque l'Empereur appelle Tribonian *Quæstor*, dans cette inscription, après l'avoir appelé dans la Preface des Institutes *Exquæstor*, il y a grande apparence que ces termes se prennent dans une même signification. La Loy 1. *C. de Quæstorib. & Magistr. Officior.* est encore un argument convaincant, elle porte : *qui exquæsturæ honore aut Officiali Magistro, &c.* Alciat *lib. 4. disputat. cap. 3.* estime que Tribonian a esté appellé *Exquæstor*, parce qu'il precedoit tous les autres Questeurs, & les autres Magistrats, par la raison que la particule *ex, non est privantis tantùm, sed & augentis.*

22 La Charge de Prefet du Pretoire estoit tres-illustre & tres-relevée ; dans la Loy 1. *ff. de præfec. præt. Afr.* elle est appellée *maxima potestas.* Le Prefet du Pretoire estoit celuy qui estoit le chef de la garde du Prince, *qui præerat Prætorianis militibus, qui corporis Cæsarum custodiæ præerant.* Il estoit le premier Ministre & la seconde personne de l'Etat, ses jugemens avoient autorité de Loy, sans l'approbation du Prince, lors qu'ils n'estoient point contraires au droit commun, *L. 3. ff. de offic. præf. orient.* & partant il n'y avoit point de voye de se pourvoir contre, par la raison qui en est renduë *in l. un. ff. de offic. præf. præt. Credidit enim princeps, eosque ob singularem industriam, exploratâ eorum fide, & gravitate, ad hujus officii magnitudinem adhibentur, non autem judicaturos esse pro sapientia ac luce dignitatis suæ, quàm ipse foret judicaturus.*

23 Ces Novelles sont adressées ou à quelques Officiers, ou à des Archevêques & Evêques, ou aux Citoyens de Constantinople, & les unes & les autres avoient la même force & la même autorité, dautant que dans celles qui sont adressées à des particuliers, il leur est commandé de les faire publier, & de les faire observer selon leur forme & teneur ; ainsi dans l'épilogue de la Novelle 1. adressée à Jean Prefet du Pretoire dans l'Orient, l'Empereur Justinien luy enjoint de la faire observer, ayant esté faite pour l'interest de tous les hommes, *hæc nos, ut communiter omnibus prosint hominibus, scripsimus ; quatenus & viventes relictis potiantur, &c. quamobrem (quoniam communis hæc utilitas omnibus est hominibus) fiant quidem à sua eminentia*

huic præcepta cunctis declarantia legis virtutem : dirigantur au-
tem & per provincias in omnibus gradibus quæ dudum fuerunt,
& nunc adeo per nos sunt adjectæ principatui Romanorum. Me-
tropolitani verò judices hæc sumentes (sicut dudum sancitum est
à nobis) unicuique dirigant civitati; nullusque manebit non au-
diens legem , quæ neque in paupertate vivere , neque mori in an-
xietate permittit.

Aprés le deceds de l'Empereur qui arriva , selon le sentiment
commun , l'an du monde 566. de son âge 82. & de son Empire
39. une partie de ses Novelles qui estoient dispersées de costez
& d'autres, furent recueillies & redigées en un même Volume, en
langue Grecque , en laquelle elles avoient esté écrites , & quelque temps aprés elles ont esté traduites en langue Latine. Ce qui
se prouve par le Canon 83. 11. 9. 1. tiré de Gregoire , qui a
écrit 30. ans ou environ aprés la mort de Justinien , dans lequel
il est fait mention de la Novelle 123. *de sanctissimis Episcopis;*
& dans les Decretales *cap. 1. ext. de testib.* la Novelle 70. *de*
testib. est recitée.

Isidore qui estoit Contemporain avec Gregoire I. dans le
Livre des Canons Ecclesiastiques , recite la Novelle 42. *de depos.*
& dans le Concile de Paris tenu au temps de S. Loüis , & rapporté dans le Canon *de illicita.* 60. 24. *q.* 3. la Novelle 123. est
citée.

Jacques Godefroy fils de Denis Godefroy, estime que cette
premiere version a esté mise en lumiere vers l'année 570. par
l'ordre de Justin II.

Cette traduction que plusieurs attribuënt à Bulgarus sous
Frederic Barberousse , & d'autres à Irnerus , qui n'est pas celuy
dont il est parlé cy-aprés , est conceuë en termes barbares, &
peu polis & elegans ; du Moulin , *q. 1. de usur. num.* 67. appelle cét ancien Traducteur *latinismi imperitum;* mais Cujas
dans ses observations , *lib.* 8. *cap.* 40. en fait l'éloge , & prouve
son érudition par plusieurs endroits qu'il a doctement traduits,
& mieux que ceux qui l'ont entrepris depuis ; qu'il est vray que
dans les differentes éditions qui en ont esté faites , il s'est glissé
plusieurs fautes plûtost par le fait des Imprimeurs que par celuy de ce Traducteur.

Leunclavius *in notis ad paratit. Author. Græcor. lib.* 2. *not.*
244. *vers. nam multis in locis,* témoigne aussi que cette traduction est en plusieurs endroits plus ample & plus correcte que
celle des autres Traducteurs.

24

25

26

27.

28

29   Il ne faut pas s'étonner que dans cette version il se trouve des manieres de parler barbares, parce qu'elle a esté faite *ad verbum*, c'est à dire, mot à mot, & ces sortes de traductions pour estre fideles & exactes, ne peuvent pas estre conceuës en termes polis & élegans, comme nous apprend Saint Augustin, *lib. de vera Relig. cap.* 50. en ces termes : *habet omnis lingua sua quædam propria genera locutionum, quæ, cùm in aliam linguam transferuntur, videntur absurda.*

30   Peu de temps aprés cette version, Julien Antecesseur à Constantinople, qui a paru sous les Empereurs Justin II. Tibere II. & Maurice, a fait un Epitome des Novelles, de son autorité privée, appellé les Novelles de Julien.

Cet Epitome n'est pas une traduction, mais une Paraphrase. L'Empereur Justinien dans la Loy 2. *C. de veteri jure enucl.* défend la traduction des Loix autrement que ϗ πόδας, c'est à dire mot à mot. Neanmoins l'Auteur ne s'estant étudié qu'à rendre le sens de l'Empereur, il est excusable, n'ayant retranché que ce qu'il estimoit inutile, comme les Prologues & les Epilogues, ne s'arrestant uniquement qu'aux décisions contenuës dans ces Constitutions.

Cette Paraphrase est d'autant plus à estimer que l'Auteur vivoit du temps de Justinien, & qu'il estoit Professeur à Constantinople, & dans une grande reputation ; de sorte que quand il se trouve de la difficulté pour connoistre le veritable sens des Novelles, on a recours à cette Paraphrase, laquelle est plus fidele & plus exacte que la premiere, & celles qui ont esté faites par aprés.

31   Cette Paraphrase est divisée en deux Livres, le premier contient jusques à la Novelle 63. & le second les autres Novelles.

32   La deuxiéme traduction est celle d'Haloander, imprimée pour la premiere fois à Norimberg l'an 1531. & depuis reimprimée en plusieurs endroits.

La troisiéme est celle d'Agylée faite sur la copie Grecque de Scrimger imprimée à Basle par Hervagius l'an 1561. *in quarto.*

33   Cette derniere Traduction est fort estimée ; cependant Contius s'est servy de l'ancienne, & c'est celle qui est imprimée dans les Cours Civils avec les gloses ou sans les gloses.

34   La premiere version a esté appellée le Volume des Authentiques, *quasi dicerem verum & nullomodo detruncatum Justinia-*

neum Novellarum exemplum, comme remarque Contius *in præfatione ad Novellas.*

Le malheur des guerres & des incursions des Gots dans l'Italie & dans la Grece avoit causé la perte du droit de Justinien, & du premier Livre Grec des Novelles & de la premiere Traduction; il fut enfin retrouvé dans Melphis ville de la Poüille, & Irnerus par l'autorité de Lotaire II. environ l'an 1130. remit au jour le Code Justinien & la premiere version Latine des Novelles.

Ce Volume des Novelles par Irnerus s'est trouvé defectueux, plusieurs Novelles y manquoient, ou parce qu'il ne les avoit pas recouvrées, ou parce qu'il pretendoit qu'elles estoient sorties de l'usage, ainsi que remarque Contius dans la Preface de l'Edition des Novelles à Paris de l'an 1559. C'est pourquoy Berguntio ou quelqu'autre Interprete environ l'an 1140. peu de temps auparavant le temps de Gratian, le divisa en neuf Collations, changea l'ordre observé dans la premiere version, & ce Volume fut appellé Authentique, lequel a depuis esté receu par toutes les Universitez. 35

Les Docteurs ne conviennent pas pourquoy ce Volume a esté appellé Authentique: Les uns veulent que ce soit, parce que les Constitutions qui y sont contenuës ont plus d'autorité, & dérogent aux Loix des autres Volumes du droit, ausquelles elles sont contraires, ἀπὸ τοῦ αὐθεντικῖν, *hoc est, indubiam autoritatem habere;* ou qu'elles confirment ou interpretent plusieurs constitutions du Code. 36

D'autres estiment que ce nom luy a esté donné par rapport aux Authentiques d'Irnerus, lesquelles n'estans que des Extraits tirez des Novelles n'en ont pas l'autorité; car ce terme authentique signifie un Original sur lequel se tirent des copies & des exemplaires, *Ulpian. in l. 4. ff. famil. ercisc. Paul. lib. 5. Sentent. tit. 12. l. 2. ff. de fide instrument.* Ainsi l'Original d'un Testament est appellé *authenticum testamenti, l. fin. ff. testam. quemadmod. aper.* par la raison qu'on adjoûte plus de foy à un Original qu'à la copie; d'autres veulent qu'il a esté ainsi appellé par rapport à l'Epitome de Julien qui n'a esté fait que par autorité privée. 37

On ne void pas de raison de la division des Novelles en neuf collations, veu que dans une même collation il y a des Constitutions sur des matieres fort differentes, & qui n'ont point de 38

B iij

rapport les unes avec les autres ; & qu'elles y sont rangées
sans ordre , ainsi qu'il a plû à celuy qui en a fait la compilation.

39   Ce mot collation signifie proprement amas & rapport , parce
que *plures in eandem partem conferuntur seu congeruntur constitutiones.*

40   Il y a eu plusieurs Editions du Texte Grec des Novelles ;
la premiere a esté faite à Norimberg par les soins d'Haloander
l'an 1531. chez Jean Petré : la deuxiéme à Basle par Hervagius,
avec les corrections d'Alciat , & de quelques autres Auteurs l'an
1541. la troisiéme par Henry Scrimger Escossois l'an 1558.
chez Henry Estienne.

41   Le Volume d'Irnerus ne contenoit que 98. Novelles , mais
Haloander & Scrimger en ont suppléé du Livre Grec des Novelles jusqu'au nombre de 165. & Cujas y a adjoûté les trois
dernieres ; & l'Epitome de Julien n'en contient que 128. entre
lesquelles il y en a quatre de l'Empereur Justin , sçavoir les 140.
144. 148. & 149. & trois de l'Empereur Tibere les 161. 163.
& 164. Mathieu Moine *in præfat. collect. Constitut. Eccles. Græcor.* soûtient que l'Empereur Justinien en a fait 170. dont la derniere , selon l'Epitome de Julien , commence par ces termes,
quam jam videor conscripsisse. La premiere collation de l'Edition d'Irnerus , appellée autrement l'Edition Germanique, &
vulgate , contient 6. Novelles ; la deuxiéme en contient aussi 6.
la troisiéme 7. la quatriéme 7. la cinquiéme 20. la sixiéme 14. la
septiéme 10. la huitiéme 13. & la neuviéme 15.

Haloander & Scrimger en ont adjoûté 70. dispersées dans chaque collation , excepté qu'il n'y en a aucune dans la premiere
& dans la huitiéme ; il y en a deux dans la deuxiéme ; une
dans la troisiéme ; 17. dans la quatriéme ; 6. dans la cinquiéme ; trois dans la sixiéme ; trois dans la septiéme ; & 38. dans
la neuviéme.

Quelques-uns ont pretendu que ces 70. Novelles ont esté
omises à dessein , parce que ou elles estoient hors d'usage , ou
elles n'avoient esté faites que pour certains lieux ; & que n'estans
que locales , elles ne devoient pas faire partie du Droit nouveau qui est general , & doit obliger un chacun à l'observer,
suivant le precepte de l'Empereur, *in l. 1. §. sed etsi 10. C. de
vet. jur. enucl.* en ces termes : *Si quæ leges in veteribus libris
positæ jam per desuetudinem abierunt , nullomodo vobis easdem po-*

nere permittimus : Il eft certain que la plus grande partie de ces 70. Novelles, font particulieres & locales, mais auffi qu'il y en a quelques-unes qui font generales & ufitées.

Dans les Editions d'Haloander, de Scrimger & de Godefroy, 42 elles ont efté mifes & inferées dans les neuf collations, excepté la premiere & la huitiéme, ainfi qu'il a efté remarqué cy-deffus, ce qui fait que la citation des Novelles, felon ces differentes Editions, & l'Epitome de Julien, ne s'accorde pas avec la vulgate, où celle qui eft faite felon la vulgate ne convient pas avec ces Editions, mais à prefent on ne fe fert plus que de la vulgate, ainfi il faut faire les citations fuivant cette Edition.

Chaque collation eft divifée en plufieurs titres, & le nombre 43 des titres d'une collation ne continuë pas avec celuy de la collation fuivante, en forte que le dernier titre de la collation premiere eft le fixiéme, & la collation deuxiéme commence par le titre premier, & il n'eft pas le feptiéme, mais tous ces titres fe marquent par le nombre des Novelles; ainfi le titre 1. de la deuxiéme collation eft la Novelle feptiéme.

La plus grande partie des Novelles font divifées en commencemens ou Prefaces, en plufieurs Chapitres & en un Epilogue.

Dans le commencement l'Empereur explique la raifon & le 44 motif de fa nouvelle Conftitution, ce que nous voyons eftre obfervé dans la plus grande partie des Ordonnances Royaux, au commencement defquelles les Rois de France expofent la raifon qui les a engagez de les faire, quoy qu'ils n'y foient point 45 obligez, la raifon du Prince eftant fa volonté; neanmoins ils le font par une bonté fpeciale & particuliere, pour faire connoître à leurs Sujets la juftice & l'équité, ou la neceffité de leurs Ordonnances; comme on peut voir dans la Preface de l'Ordonnance du mois d'Avril 1667. de l'Ordonnance criminelle & autres, tant anciennes, que nouvelles.

Les Chapitres contiennent differentes décifions, & font di- 46 vifez en Paragraphes; & dans l'Epilogue l'Empereur ordonne l'obfervation de fa Conftitution; ce que les Rois de France obfervent auffi dans leurs Ordonnances, ordonnant & mandant expreffément aux Officiers de leurs Cours de les mettre à execution, comme on peut remarquer tant dans les anciennes Ordonnances que dans les Ordonnances nouvelles.

Les Novelles n'ont point efté rangées felon l'ordre du temps 47 qu'elles ont efté publiées, ce qui neanmoins eftoit neceffaire, afin de connoiftre les Conftitutions qui dérogent aux autres, c'eft pourquoy il ne fera pas inutile d'obferver les temps efquels elles ont efté publiées.

48   La premiere *de heredibus & falcidia* a efté publiée au commencement du mois de Janvier l'an 535. au mois de May, la deuxiéme, & les autres fuivantes jufques à la dix-feptiéme dans la même année.

La dix-feptiéme jufques à la trente-huitiéme ont efté publiées l'année 536.

La trente-huitiéme & fuivantes jufques à la foixante & quatriéme l'an 537.

La 64. & fuivantes jufqu'à la 78. l'année 538.

La 78. & fuivantes jufqu'à la 98. l'année 539.

La 98. & fuivantes jufqu'à la Novelle 107. l'année 540.

La 107. & fuivantes jufqu'à la 116. l'année 541.

La 116. & 117. l'année 542.

La 118. l'année 543.

La 119. en l'année 541.

La 120. l'an 545.

La 121. 122. 123. 124. 125. 128. 129. 131. 132. 134. 135. 136. 137. 142. 146. 147. 157. l'an 141.

La 126. eft fans datte.

La 127. l'an 548.

La 130. l'an 545.

La 133. l'an 545.

La 140. l'an 556.

La 141. l'an 544.

La 143. l'an 548.

La 145. l'an 549.

La 148. l'an 535.

La 149. l'an 544.

La 162. l'an 539.

Les 126. 138. 139. 144. 150. 151. 152. 153. 154. 155. 158. 159. 160. 161. 163. 164. 165. 166. 167. & 168. font fans datte.

49   Puifque les Novelles font les dernieres Conftitutions & les dernieres Loix, il s'enfuit que non feulement elles font d'une grande utilité, mais auffi que la connoiffance d'icelles eft abfolument neceffaire à ceux qui veulent acquerir la fcience du Droit
Romain.

Romain : Voicy ce qu'en dit Haloander dans son Epistre dé-
dicatoire *ad Senatum Noricum* , mise au commencement de
l'Impression qu'il en avoit faite : *Præstantissimam & maximé*
necessariam juris civilis partem proferimus , scilicet D. Justiniani
Sacratissimi Principis Novellas quot extant, & ut extant , quas
meritò aliquis civilium legum colophonem & calumniam appella-
verit , ut quæ solæ reliquo juri civili autoritatem addant , solæ
detrahunt , solæ novam formam & normam attribuant , siquidem
pro varietate incidentium rerum & novis ac melioribus æquitatis
rationibus emergentibus multa in hoc opere abrogantur , quæ prius
responsa aut sancita fuerant ; multa autoritatem recipiunt , quæ
in prioribus compositionibus vel temeré omissa , vel de industria
rejecta erant : multa in novum coacta sunt ordinem : multa ad
clariorem revocata intellectum ; multa quæ pugnantiæ in aliis spe-
ciem præ se ferre videbantur, ad concordiam reducta. Ne interim
dicamus quàm multa ; imo innumera obiter & subtiliter passim
decidantur , quæ nullis anteà comprehensa & determinata sunt
legibus , pretiosissimum utique Thesaurum , quem ego semper pluris
feci & facio quàm omnes omnium Regum & Principum opes. Haloander estimoit tant cét ouvrage, qu'il dit qu'il le preferoit à
tous les thresors des Rois.

Irnerus ancien Glossateur a fait de son chef & sans autorité
publique des Extraits & Sommaires des Novelles , & il les a in- 50
serez , au moins la plus grande partie, dans le Code aprés les
Loix qu'elles abrogent ou qu'elles renferment en tout ou en partie , ou ausquelles elles apportent quelque changement ou interpretation ; & pour les distinguer elles sont ordinairement
imprimées d'un caractere different ; Par exemple par la Loy
25. C. de nupt. il est porté : *uxorem libertam suam manumissori,*
si non sit & his personis, quæ specialiter prohibentur , ducere non
est interdictum ; & ex eo matrimonio patri filios nasci , certissi-
mum est. La prohibition du mariage à raison de la dignité a esté
abrogée par la Novelle 78. *cap.* 3. *ut liberi ; de cætero aureo ,*
&c. L'Extrait de cette Novelle porte ; *sed novo jure nulla di-*
gnitas prohibet cum liberta nuptias contrahi dotalibus instrumen-
tis confectis ; c'est pourquoy cét Extrait est mis ensuite de cette
Loy dans le Code, ainsi des autres.

Ces Extraits ou Sommaires ont esté appellez *authenticæ ,*
pour les distinguer du Volume des Novelles, appellé *Authen-*
ticum , vel Volumen authenticorum.

Tome I.

C

51   Cét Ouvrage eſt tres-utile , veu que ſans aller recourir aux
Novelles , vous voyez les Loix du Code qui ont eſté changées,
reformées ou abrogées en tout ou en partie par les Novelles,
ſouvent méme on ſe contente de citer ces Sommaires , & non
les Novelles d'où ils ſont tirez.

52   Nous avons quelques Autheurs qui ont travaillé ſur les Novelles ; Cujas en a fait des Paratitles, leſquels quoy que tres-
ſommaires ſont tres-eſtimez. Gudelinus a fait un Traité *de jure
noviſſimo* , dans lequel il rapporte par matieres ce qui eſt decidé
par ce droit nouveau: Rittershuſius les a auſſi traitées par matieres ; & ceux qui ont travaillé ſur le Code , ont ſommairement
expliqué par occaſion les Authentiques ; mais perſonne que je
ſçache autres que les Gloſſateurs , ne s'eſt occupé ſur le Texte,
ce qui neanmoins eſt abſolument neceſſaire ; car dans une ma-
53 tiere auſſi difficile il faut avoir recours à l'Original ; c'eſt pourquoy j'ay crû qu'en expliquant les Novelles , & toutes leurs parties ſeparément , l'Ouvrage en ſeroit beaucoup plus utile au public ; j'y ay apporté en ſon lieu l'Epitome de Julien avec les
Authentiques ; A l'égard de la Paraphraſe de Julien elle eſt d'un
tres-grand poids pour l'intelligence des Novelles , comme il a
eſté marqué cy-deſſus ; & pour ce qui eſt des Authentiques
elles ne ſont pas moins neceſſaires , pour connoiſtre ſi elles ſont
conformes au Texte , & ſi Irnerus les a tirées fidelement & exactement des Novelles , car il y en a quelques-unes où il s'eſt
trompé , comme je remarque en cét Ouvrage.

J'ay paſſé pluſieurs Novelles comme eſtans inutiles , & ne
pouvant avoir aucune application à noſtre Juriſprudence , à l'é-
gard des autres que j'ay trouvé à propos d'expliquer , j'y rapporte l'uſage de la France , ſoit du païs de droit écrit , ou des
Provinces couſtumieres.

PREMIERE COLLATION.

TITRE PREMIER.

Des Heritiers & de la Falcidie.

NOVELLE PREMIERE.

PREFACE ET CHAPITRE PREMIER.

De l'Heritier qui refuse de payer les legs.

De heredibus & falcidia.

Si heres legata solvere noluerit.

SOMMAIRE.

C ij

dre la succession faute par les heritiers d'executer la volonté des Testateurs.

40. Comment la portion d'un heritier qui refuse d'executer la volonté du Testateur, se partage entre les autres heritiers.

41. Ordre entre les fideicommissaires.

42. Pourquoy le fideicommissaire universel est preferé au legataire ou fideicommissaire particulier.

43. Disposition du Senatusconsulte Trebellien.

44. Senatusconsulte Trebellien abrogé par le Senatusconsulte Pegasien.

45. Ordonnance de Justinien sur ces deux Senatusconsultes.

46. Dogma que signifie dans ce Chapitre.

47. A qui appartient la succession, l'heritier refusant d'accomplir la volonté du défunt, lors qu'il n'y a point de fideicommissaire universel.

48. Quid, si tous les legataires universels refusent de prendre la succession.

49. Si l'heritier seroit tenu de prendre la succession aux charges portées par le Testateur, si personne ne la vouloit prendre.

50. Quid, si un autre l'avoit acceptée, & qu'aprés il l'eut abandonnée.

51. Si & quand la succession

paffe à l'heritier intestat, lors que personne ne veut prendre la succession testamentaire aux charges ausquelles elle a esté laissée.

52. Si la succession peut estre devoluë aux étrangers faute par l'heritier ab intestat de la vouloir accepter.

53. Par l'ancien droit la succession ostée à l'heritier faute d'accomplir la volonté du défunt, estoit appliquée au fisc.

54. Si celuy qui perd ce qui luy avoit esté laissé faute d'accomplir la volonté du Testateur dans l'an, est tenu de restituer les fruits.

55. Caution doit estre baillée par ceux qui prennent la succession au lieu des heritiers, faute par eux d'accomplir la volonté du Testateur.

56. Si les heritiers sub modo sont obligés de donner caution, d'executer la charge à laquelle ils sont instituez.

57. Quid, de ceux qui prennent la succession en leur place, faute par eux d'executer la volonté du Testateur.

58. Si les legataires sub modo sont tenus de bailler caution.

59. Si un étranger institué peut prendre quelque chose dans ce qui luy a esté laissé par le Testateur, lors qu'il n'execute pas les charges qui luy ont esté imposées.

60. Si celuy qui est substitué à

C iij

LA Novelle *de heredibus & falsidia* contient six parties, sçavoir la Preface, quatre Chapitres, & l'Epilogue ; & elle est écrite à Jean qui estoit Prefet du Pretoire de l'Orient.

Dans la Preface de cette Novelle l'Empereur
1 Justinien dit, qu'estant occupé aux affaires publiques, & ne méditant que de grandes entreprises, il est encore accablé des affaires particulieres de ses Sujets ; que les uns le vont supplier pour des legs qui leur ont esté laissez, & qui ne leur ont pas esté delivrez ; & d'autres pour la liberté qui leur a esté leguée, ou pour autres semblables dispositions faites par les Testateurs qui n'ont pas esté executées par leurs heritiers, quoy que les anciennes Loix ayent ordonné expressément de mettre à execution toutes les Ordonnances de derniere volonté qui ne sont pas deffenduës ; & d'autant qu'on a negligé l'observation des Loix
2 qui concernent les dernieres dispositions, il est obligé de les renouveller, pour l'interest de ceux au profit desquels les dispo-

sitions ont esté faites, & pour l'honneur des Testateurs, *& tam viventibus præbere ex eis cautelam, quàm morientibus hinc exhibere honorem.* Que cependant toutes les dernieres dispositions ne peuvent pas toûjours estre entierement executées, car la Loy **3** oblige quelquefois les Testateurs de laisser une partie de leurs biens à certaines personnes, laquelle leur est deuë par la disposition du Droit naturel, comme aux enfans & aux descendans, *l. fin. in princ. ff. de bon. damn. l. scripto in fi. ff. und. lib.* & aux peres & aux meres, *l. nam. & si ff. de inoffic. testam.* & quelquefois aussi aux freres, sçavoir lorsque le Testateur a institué des personnes infames à leur préjudice, *inf. Nov. de nuptius.* §. *ingratitudinem, & l. fratres C. de inofficios. testam.* Que si le Testateur ne laisse aucune des personnes susdites au temps de sa mort, il peut disposer de tous ses biens au profit de qui il luy plaist, quoy que ce soit un étranger, pourveu qu'il soit capable de recevoir par son Testament, *l. extraneum C. de heredib. instituend.*

Dans le commencement de ce Chapitre l'Empereur ordonne que les Heritiers, les Fideicommissaires universels & particu- **4** liers, & les legataires executent les charges qui leur ont esté imposées par les Testateurs, à faute dequoy ils sont privez des dispositions faites à leur profit, comme nous dirons sur le §. I.

Il faut observer en ce lieu, qu'il y a une difference considera- **5** ble entre l'heritier institué & les legataires & fideicommissaires, quant à l'execution des dernieres volontez; en ce que l'heritier a droit de retenir la quarte falcidie des biens du Testateur, & que les legataires & les fideicommissaires n'ont pas la même faculté.

La raison est selon la glose que *herede non adeunte (quod fa-* **6** *ceret si nihil haberet) nullum esset testamentum, & ita non va-* *leret, l. eam C. de fideicommiss.* ce qui n'a pas lieu à l'égard des autres, au profit desquels le Testateur a disposé de ses biens, les- **7** quels en n'acceptant pas les dispositions qui leur sont faites, ne rendent pas nul le Testament, *princip. institut. de leg. falcid. &* §. *restituta institut. de fideicommiss. heredit.*

Pour revenir à l'explication du commencement de ce Chapi- **8** tre, il est à remarquer, qu'afin que l'heritier ou les legataires & fideicommissaires soient tenus d'executer la disposition du Testateur sous les peines portées par cette Constitution, trois conditions sont requises.

9. La premiere, que la disposition soit legitime : or une disposition est legitime

Premierement, lors qu'elle est confirmée par quelque Loy en termes exprés, *argum. leg. 6. ff. de pact.* ainsi un Testateur peut leguer un fonds pour bastir un monument pour luy. Il

10. peut aussi leguer une chose appartenante à son heritier, parce que telles dispositions sont confirmées par les Loix, lesquelles permettent à un chacun de disposer par derniere volonté de ses biens sous telles conditions qu'il luy plaist, pourveu qu'elles soient honnestes, & de leguer des choses appartenantes à ses heritiers, & même leguer celles qui appartiennent à d'autres personnes, §. *non solùm, 4. institut. de legat.*

11. En second lieu, une disposition est reputée legitime, & doit estre accomplie, lors qu'elle n'est pas deffenduë par quelque Loy, *hac Novel. & l. nec non §. sed quod ff. ex quib. cauf. major.* Au contraire celles qui sont deffenduës par les Loix ne peuvent pas estre executées, quoy que le Testateur en eût ordonné expressément l'execution, *l. nemo ff. de leg. 1.*

12. Quelquefois la disposition est valable, mais elle est reductible, nous en pourrions rapporter en ce lieu plusieurs exemples; la Loy 2. *C. de natural. liber.* & la Novelle *quib. mod. nat. effic. sui,* nous en fournissent un, sçavoir lors que le pere ayant des enfans legitimes, a donné ou legué à ses enfans naturels & à leur mere plus d'un douziéme de ses biens, ou à leur mere seule plus d'un vingt-quatriéme, la donation ou le legs est reductible. Il y a aussi dans nos Coustumes des cas esquels les dispositions sont reductibles, comme quand on dispose soit par donations entre-vifs, ou par ordonnance de derniere volonté, de plus qu'il n'est permis par la Coustume.

13. La deuxiéme condition est, que ce qui est ordonné par le Testateur à l'heritier, ne luy soit pas remis par la Loy, c'est à dire que l'heritier ne soit point déchargé par la Loy de la condition & de la charge qui luy a esté imposée par le Testateur, car il y a plusieurs conditions dont la Loy décharge l'heritier, sçavoir

14. Premierement, la condition du serment, comme si le Testateur a laissé quelque chose à son heritier sous cette condition, *si juraverit,* l'heritier est déchargé du serment, & cette condition *pro non adjecta habetur;* en sorte qu'il prend ce qui luy est laissé par le Testateur, *l. 8. princip. ff. de conditio. institut.* par

la raifon qu'en rend le Jurifconfulte Ulpian, *nonnulli hominum faciles funt ad jurandum contemptu Religionis ; alii perquàm timidi metu divini Numinis ufque ad fuperftitionem.*

En fecond lieu, la condition de la viduité, lors que le Tefta- 15
teur laiffe quelque chofe à quelqu'un, à la charge qu'il demeurera toute fa vie en viduité, *l.* 63. *l.* 74. *ff. de conditio. & demonftrat. l.* 2. *l.* 3. *C. de indic. vidui. toll.*

En troifiéme lieu, la condition de faire divorce, *l.* 5. *C. de
inftitut. & fubftit.* par la raifon que *privatâ conventione & au-   16
toritate-matrimonia dirimi non poffunt, idque propter publicam
utilitatem, l.* 14. *C. de nupt.* Enfin tout ce qui eft ordonné dans
un Teftament en fraude de la Loy, eft rejetté, & on n'y a point
d'égard, *l.* 27. *ff. ad leg. falcid.*

En quatriéme lieu, toutes les conditions qui ne font pas hon-
neftes, foit à l'égard de l'heritier ou des autres perfonnes; car   1 7
l'honnefteté doit eftre la regle de toutes nos actions, comme fi
un Teftateur charge fon heritier de jetter fes cendres dans la mer,
fi reliquias ejus in mare abiiciat, auquel cas l'heritier inftitué
ne prend pas moins l'heredité, quoy qu'il n'ait pas accomply
cette condition; au contraire felon le fentiment de Modeftin *in
l. quidam* 27. *princip. ff. de conditio. inftitut. laudandus eft magis
quàm accufandus heres qui reliquias teftatoris non in mare fecundum ipfius voluntatem abjecit, fed memoriâ humanæ conditionis
fepulturæ tradidit.* Il en faut dire de même de toute autre condition qui repugne à l'honnefteté.

Le troifiéme, que la Loy ne reprefente point ce que le Teftateur a ordonné, c'eft à dire, qu'il n'y ait aucune Loy qui repute   18
accomplie la charge qui aura efté impofée; car en ce cas celuy
qui en feroit chargé, ne feroit pas obligé de l'accomplir, & il
ne joüiroit pas moins de la difpofition faite en fa faveur, fuivant
ces termes: *Vel fi non fiat ab eo qui honoratus eft, tamen ratum
effe expreffè jam demonftrat.* où il faut fuppléer ces termes, *aliqua lex*, qui font dans la ligne precedente, en forte que cela fe
doit ainfi interpreter; ou fi la charge qui aura efté impofée n'a
pas efté executée par celuy à qui le Teftateur avoit fait l'honneur
de laiffer quelque chofe dans fon teftament, & qu'il y ait quelque Loy qui declare expreffément que cette condition eft faite, ou reputée faite, *ratum effe*, c'eft à dire, *ratum haberi*, ce
que Bartole interprete en ces autres termes, *commodo hereditario non privatur heres, quando lex repræfentat faTtum, quod ab*

TOME I.
                                                          D

ipfo erat faciendum , comme dans l'efpece du titre au Code *fi mancipium ita fuer. alienat. ut manumitt.*

19 Un homme vend un efclave , à la charge qu'il fera affranchy par l'acheteur dans un certain temps, & qu'à faute de ce l'acheteur payera cinquante au vendeur : cependant l'acheteur n'execute pas la charge à laquelle il a acheté cét efclave , on demande fi le vendeur eft bien fondé de pourfuivre l'acheteur pour avoir la peine pecuniaire à laquelle il s'eft obligé faute d'affranchir l'efclave qu'il avoit acheté à cette condition ? Les Empereurs en la Loy 7. *h. t.* difent qu'il eft mal fondé , & que la peine n'eft pas encouruë, *cùm non mutatâ venditoris voluntate , conditionis poteftatem poft manumittentis factum repræfentari , optimâ ratione placuit.*

20 La raifon pour laquelle il n'y a pas lieu à la peine ftipulée, au cas que cét efclave ne fût pas affranchy dans le temps porté par le contrat de vente , c'eft que l'affranchiffement eft tenu pour fait par la Conftitution de l'Empereur Marc & de l'Empereur Commode, fuivant la Loy *fi eâ lege 2. eod. tit.* Ainfi cette Loy décharge l'acheteur de la peine qu'il auroit encouruë autrement ; car puifque la Loy veut que l'efclave foit affranchy dés le temps qu'il le doit eftre, fans le fait de celuy par lequel il devoit recevoir la liberté ; il n'y a pas lieu à la peine , puifque l'affranchiffement eft fait par la Loy, *rata habetur manumiffio.*

21 Par la même raifon la peine appofée dans un contrat n'eft point encouruë, lorfque la Loy reprefente ce qui avoit efté convenu entre les parties, comme dans l'efpece de la Loy derniere *C. fi mancip. ita fuer. alienat. ut manumitt.* Un maiftre vend une fille efclave à la charge qu'elle fera affranchie, & faute d'eftre affranchie par l'acheteur, il fera tenu de payer cent au vendeur; on demande fi la peine eft deuë par l'acheteur , faute par luy d'avoir fatisfait à la claufe portée dans le contrat ? Les Empereurs Docletian & Maximian répondent que non ; par la raifon que cette fille acquiert la liberté par la difpofition de la Loy fans le fait de l'acheteur , laquelle fupplée en ce cas le defaut de l'acheteur en faveur de la liberté, *cùm non mutatâ venditoris voluntate , conditionis poteftatem, poft manumittentis factum repræfentari , optimâ ratione placuit.* —

22 La quatriéme condition eft, que l'heritier ait laiffé paffer un an entier fans executer la volonté du deffunt ; ce temps fe compte non pas du jour de l'adition d'heredité , mais de la Sentence in-

terlocutoire du Juge, *à judicis conventione & admonitione,* felon le fentiment de Cujas fur cette Novelle, où il fait voir qu'on n'accorde pas un an du jour de la Sentence diffinitive, mais feulement l'efpace de quatre mois, qui eft appellé *induciæ quadrimeftres,* accordé à celuy qui eft condamné pour fatisfaire au Jugement, *l.* 2. *& 3. C. de ufur. rei judic.*

La cinquiéme que le Teftateur n'ait pas impofé d'autre peine à fon heritier, faute par luy d'accomplir les charges qu'il luy auroit impofé, car pour lors la difpofition de l'homme fait ceffer celle de la Loy, la raifon eft que la peine eftablie par la Loy n'eft que pour faire executer les dernieres volontez, & puifque le Teftateur y a pourveu, la prévoyance de la Loy fe trouve inutile, *l.* 6. *ff. de conditio. & demonftrationibus, l.* 11. *ff. de teftam. tutel.* **23**

La fixiéme, fi l'heritier a eu des caufes legitimes qui l'ayent empefché d'executer la volonté du deffunt, *l.* 1. 8. 9. 28. *& 36. ff. ex quib. cauf. major. l.* 5. §. 4. *C. de temporalib. appellatio.* comme fi les creanciers de la fucceffion l'ont empefché de faire la delivrance des chofes leguées aux legataires, *l.* 16. *C. ad leg. falcid. l. ult. C. de jure deliber.* **24**

L'Empereur dans le §. 1. *fi quis autem,* impofe une peine à l'heritier ou au legataire ou fideicommiffaire, qui n'execute pas la volonté du Teftateur dans l'an, par laquelle il eft entierement décheu du profit qu'il pouvoit tirer de la difpofition du Teftateur. D'où il s'enfuit que le §. *omnes verf. item ex legato inftitut. de actio.* concernant les legs pieux, eft abrogé. **25**

Dans ce §. il eft dit, que fi l'heritier qui eft chargé de payer un legs à une Eglife ou à des lieux pieux, comme à des Hofpitaux, differe plus d'un an d'en faire la delivrance, ou qu'il nie qu'il foit dû, il eft condamné d'en payer le double. Il faut excepter les legs faits aux Eglifes, lefquels doivent eftre payez dans fix mois du jour que le teftament a efté infinué, autrement l'heritier eft tenu de rendre la fucceffion avec les fruits. Voyez *infrà* la Novelle 131. *cap.* 12. §. *fin autem legatum.* Le temps d'un an fe doit compter du jour de la fommation faite par les legataires, en confequence d'une Sentence du Juge. **26**

L'Empereur dans ce §. met une difference entre celuy à qui le Teftateur eft obligé de laiffer une partie de fes biens, & celuy auquel il n'eft point tenu de rien laiffer, qu'à l'égard du premier, comme font les enfans, aufquels la legitime eft deuë, il **27**

ne perd que ce qui excede sa portion legitime, & qu'à l'égard
de l'autre, il perd entierement ce qui luy est laissé, *totum ipsi
confertur*, il ne peut rien prendre en consequence de la disposition faite en sa faveur.

28   Il semble neanmoins que celuy à qui la legitime est deuë, doive perdre entierement tout ce qui luy est laissé par le Testateur
sans déduction de sa legitime, faute par luy d'avoir executé la
volonté du Testateur dans le temps prescrit par la Loy, de même que l'institué perd entierement la quarte falcidie qui luy
estoit deuë *jure institutionis*, pour n'avoir pas fait inventaire,
29 *infrà*, §. *si verò non fecerit*, la Loy n'estant pas ordinairement
si severe pour l'execution de ses dispositions, que quand il s'a-
git de faire executer les dispositions des hommes, *l. Celsus ff.
de arbitr.*

30   Cependant il est juste que la contumace de l'heritier *ab intestat*,
à qui la legitime est deuë, ne luy fasse perdre que ce qui excede
cette portion, par la raison qu'elle luy est deuë par le droit naturel, lequel n'est point sujet au changement, & ne doit point
estre alteré par les Loix civiles, §. *penult. institut. de jure natur.
gent. & civ.* La legitime ne descendant point de la volonté du
Testateur, quoy qu'il se rende indigne de profiter des liberalitez du Testateur, elle ne luy peut point estre ostée. Il n'en est
pas de même de la falcidie, laquelle n'est deuë à l'heritier institué que par la disposition de la Loy.

31   Puisque la décision contenuë dans ce Chapitre n'a pas lieu
seulement à l'égard de l'heritier, mais aussi du legataire & de tous
autres qui sont chargez en consequence des avantages qu'ils
reçoivent d'un testament, il s'ensuit que le titre de ce premier
Chapitre doit estre ainsi conceu : *si heres vel legatarius non
faciat, quod testator mandavit.*

32   La portion qui est ostée à l'heritier, accroist aux autres heritiers instituez selon les portions, en laquelle chacun d'eux est
institué ; ou elle se partage également, au cas qu'ils ayent esté
instituez *sine partibus*, §. *videamus 7. Institutio, de heredib. instituend. l.* 13. §. 3. *ff. eod. tit.*

33   Entre les heritiers, ceux qui sont conjoints, sont preferez
à ceux qui sont disjoints, *glos.* ς. *in verbo, accrescere, argum.*
§. *si verò quidam C. de caduc. tollend.*

34   On demande si le droit d'accroissement a lieu entre les coheritiers contre leur volonté ; en sorte qu'ils soient obligez de

prendre la part qui eſt oſtée à celuy qui n'a pas executé ſes charges qui luy avoient eſté impoſées par le Teſtateur. On répond
que cette portion n'accroiſt pas aux coheritiers contre leur volonté, ſuivant ces termes, *inf. hoc §. ſi verò nullus.*

La raiſon eſt que l'accroiſſement n'a pas lieu contre la volonté
des coheritiers, pour la part d'un heritier qui a pris qualité, parce 35
que l'accroiſſement n'a lieu proprement que pour la portion
quæ vacat, & quæ nondum adita eſt, car celuy qui s'eſt une
fois porté heritier, ne peut perdre cette qualité par quelque maniere que ce ſoit, *l. 88. ff. de heredib. inſtituend.* c'eſt pour
cette raiſon, que dans la Loy *ſi minor. 61.ff. de acquir. vel omitt.*
heredit. il eſt dit que ſi un mineur s'eſt fait reſtituer contre l'ap- 36
prehenſion d'une heredité, ſon coheritier ne peut pas eſtre contraint de prendre ſa portion avec les charges, *Divus Severus*
conſtituit, ut ejus partis onus cohæres ſuſcipere non cogatur, ſed
bonorum poſſeſſio creditoribus detur.

Ceux qui ſuccedent aux portions des heritiers refuſans d'ac- 37
complir les charges qui leur ſont impoſées, ſont tenus de les
executer, parce que *res accipientes agunt in eis, quæ recté vo-*
luerunt teſtatores ; c'eſt à dire que ceux qui prennent quelque
portion des biens du Teſtateur en vertu de ſon teſtament, doivent accomplir les charges auſquelles le Teſtateur l'a laiſſée,
pourveu qu'elle ſoit approuvée par les Loix ; enſorte que ces
termes *res accipientes* ſe doivent entendre ainſi, *qui accipiunt*
res hereditarias ; c'eſt une Phraſe Greque qui eſt peu uſitée chez
les Latins.

Que s'il n'y a point d'heritiers, ou que ceux qui ſont inſti- 38
tuez, refuſent de recueillir la ſucceſſion, ce qui eſt oſté à l'heritier accroiſt à ceux qui prennent des biens du Teſtateur à d'autres titres ; eſtant permis en ce cas aux legataires & aux fideicommiſſaires, & même aux eſclaves auſquels la liberté eſt leguée, d'apprehender l'heredité, d'acquerir par ce moyen les
choſes qui leur ſont laiſſées, & d'accomplir la volonté du défunt.

Entre les legataires & les fideicommiſſaires, l'Empereur veut
que cét ordre ſoit obſervé pour prendre la ſucceſſion ; ſçavoir
Premierement, que les fideicommiſſaires univerſels doivent
eſtre preferez aux legataires, & aux fideicommiſſaires particu- 39
liers ; & s'il y a pluſieurs fideicommiſſaires univerſels, celuy auquel la plus grande partie de la ſucceſſion doit eſtre reſtituée par

fideicommis, doit eftre preferé aux autres.

40　Il n'en eft pas de même entre les heritiers ; en forte que quand un heritier eft privé de la portion de la fucceffion en laquelle il avoit efté inftitué , le droit d'accroiffement a lieu entre fes coheritiers qui apprehendent la fucceffion, chacun à raifon de la part en laquelle ils font inftituez , comme nous avons obfervé cy-devant , celuy qui eft inftitué pour une plus grande partie que les autres, n'eftant pas preferé aux autres.

La raifon de la difference eft, que le droit d'accroiffement a lieu entre les coheritiers *ipfo jure*, pour les portions vacantes de la fucceffion, *pro parte hereditaria, l. unic. §. 8. & 10. C. de caduc. toll. & fup. hoc §.* mais entre les fideicommiffaires ; voicy ce qui s'obferve: Par exemple fi un Teftateur inftituë deux he-

41　ritiers Titius & Mevius, chacun pour la moitié, que Titius foit chargé de reftituer à Caïus & à Seïus la moitié en laquelle il a efté inftitué ; en forte neanmoins qu'il foit chargé de reftituer à Caïus une plus grande partie qu'à Seïus ; que ces deux heritiers ayent apprehendé la fucceffion, & que la reftitution ordonnée par le Teftateur ait efté faite ; que fi dans cette efpece Mevius refufe d'accomplir les charges aufquelles le Teftateur l'auroit inftitué , & qu'en confequence il foit privé de fa part en la fucceffion, Caïus peut la prendre à condition d'accomplir les charges aufquelles Mevius eftoit obligé ; & la portion de Mevius n'accroift pas entre Caïus & Seïus , mais Caïus la peut prendre, parce qu'il a la plus grande partie de la fucceffion par fideicommis , & à fon refus Seïus fuccederoit en fon droit.

42　L'Empereur rend la raifon pour laquelle le fideicommiffaire univerfel eft preferé au legataire & au fideicommiffaire particulier , en ces termes ; *quoniam & in fimilitudinem heredis confiftit ; & maximè apud nos , qui Trebelliano foli dogmati dedimus in talibus fideicommiffis locum ; Pegafiani circuitiones odio habentes & expellentes ,* c'eft à dire que le fideicommiffaire univerfel eft femblable à l'heritier ; & principalement parce que nous avons donné lieu au Senatufconfulte Trebellian, abrogeant toutes les fuperfluitez du Senatufconfulte Pegafian.

Pour entendre cette difpofition , il faut obferver conformément aux §§. 3. 4. & 6. *Inftitut. de fideicommiffar. hereditat.*

43　que par le Senatufconfulte Trebellian qui fut fait au temps de l'Empereur Neron, fous le Confulat de Trebellius Maximus , & d'Annæus Seneca , quand une fucceffion eftoit reftituée par fidei-

commis , toutes les actions actives & passives de la succession
passoient de la personne de l'heritier en celle du fideicommissaire; parce que par le moyen de la restitution de la succession qui
luy estoit faite , il estoit reputé le veritable heritier du Testateur , comme il est dit au §. 4. *in fine: Post quod Senatusconsul-*
tum Prætor utiles actiones ei , & in eum, qui recepit hereditatem,
quasi heredi , & in heredem dare cæpit.

Ce Senatusconsulte fut abrogé quelque temps aprés , & on
establit en sa place le Senatusconsulte Pegasian , qui ordonna **44**
premierement , que l'heritier chargé de restituer la succession,
en retiendroit pour luy la quatriéme partie , afin que par l'esperance de ce profit il aprehendât l'heredité pour la restituer ensuite au fideicommissaire; car il arrivoit souvent que par le Senatusconsulte Trebellian les successions estoient abandonnées par les
heritiers, qui ne vouloient pas les acquerir pour les fideicommissaires. Ce Senatusconsulte ordonna en second lieu, que l'heritier
aprés avoir restitué la succession qu'il auroit acquise, ne laisseroit pas d'estre seul obligé à toutes les charges de la succession;
à moins que dans la restitution il n'eut stipulé avec le fideicommissaire, que les charges de la succession se partageroient entr'eux , *pro rata emolumenti* , c'est à dire que l'heritier en por-
teroit le quart à cause de la quatriéme partie des biens hereditaires qu'il avoit droit de retenir par ce Senatusconsulte; & que
le fideicommissaire seroit obligé au reste.

Mais l'Empereur Justinien voyant que ces deux Senatuscon- **45**
sultes avoient leurs utilitez particulieres & leurs inconveniens,
il transfera dans le Senatusc. Trebellian ce qu'il y avoit d'util
dans le Senatusc. Pegasian , & ordonna que l'heritier chargé de
restituer la succession , en retiendroit pour luy la quatriéme partie , laquelle a esté appellée *la Quarte Trebellianique*, quoy qu'en
effet son origine vienne du Senatusconsulte Pegasian. Il ordonna encore , que l'heritier chargé de restituer , restituëroit
la succession suivant la disposition du Senatusconsulte Trebellian , abrogeant les stipulations introduites par le Pegasian, &
voulant que les charges fussent *ipso jure* divisées entre l'heritier & le fideicommissaire *pro rata emolumenti.*

Par le Senatusconsulte Trebellian le fideicommissaire estoit
loco heredis §. 4. *institut. d. t.* & par le Senatusconsulte Pegasian il n'estoit *loco heredis* , qu'en vertu de la stipulation qui a-
voit esté faite entre luy & l'heritier, & l'Empereur Justinien ayant

rétably le Senatufconfulte Trebellian, il fit par fon Ordonnance que le fideicommiffaire fut reputé heritier teftamentaire;
c'eft pourquoy il dit en ce lieu que le fideicommiffaire eft femblable à l'heritier, principalement en vertu de fon Ordonnance, par laquelle il a voulu que le Senatufconfulte Trebellian,
qui avoit efté abrogé par le Pegafian, eut lieu dans les fideicommis univerfels, ayant pour cét effet aboly les ftipulations inutiles
du Pegafian.

46   Ce mot *Dogma* qui eft dans le Texte, fe prend pour une
Ordonnance du Senat, fignifiant proprement un decret; ainfi
dans la Loy 6. *ff. de excufat. tut.* ce mot *Dogma,* fe prend *pro
decreto Curiæ.*

47   En fecond lieu, s'il n'y a aucun fideicommiffaire univerfel, ou
qu'il refufe d'executer la volonté du deffunt, le droit de recueillir la fucceffion paffe aux legataires ou fideicommiffaires particuliers, dont les legs font les plus confiderables, ou à ceux
d'entr'eux qui s'obligent d'accomplir la volonté du deffunt en
donnant caution.

Que fi tous les legataires & fideicommiffaires univerfels ou
particuliers font également avantagez, ils peuvent tous, fi ils
veulent, prendre la fucceffion du deffunt, à la charge, comme
il eft dit cy-deffus, d'executer la volonté du Teftateur.

48   En troifiéme lieu, fi les legataires & fideicommiffaires particuliers refufent de prendre la fucceffion teftamentaire, elle paffe
aux efclaves affranchis par le teftament, lefquels ont la faculté
de fe porter heritiers, & eftans devenus libres par ce moyen, ils
font receus à donner caution fuivant cette Conftitution; à prendre les biens hereditaires, & à accomplir la volonté du Teftateur; *dari tempus*, c'eft à dire *occafionem præftari; & liberis
cautum eft,* c'eft à dire *tempus feu occafio datur fervis jam factis
liberis,* comme l'Empereur veut que cét ordre foit obfervé entre
plufieurs efclaves affranchis par le teftament, pour prendre la
fucceffion; fçavoir, eu égard à l'ordre de la nomination; en
forte que celuy que le Teftateur a nommé le premier pour la
liberté, foit preferé aux autres nommez enfuite, quoy qu'il ne
foit pas plus avantagé que les autres *in re pari & individua,*
comme fi le Teftateur avoit dit, je donne la liberté à Stychus, à
Pamphylus & à Sofia; en ce cas Stychus feroit preferé aux autres
pour prendre la fucceffion; & cette nomination anterieure luy
donne *in alterutros* le droit de preference, c'eft à dire fur les
uns

uns & les autres des esclaves affranchis.

On demande premierement, au cas que personne ne voulût 49 prendre la succession aux charges ausquélles elle auroit esté laissée, si l'heritier pourroit estre contraint de la prendre & d'accomplir les charges portées par le testament ? On répond qu'il y est obligé, suivant la Loy *si servus plurium*, 50. §. 2. *ff. de legat.* I. en ces termes, *si fiscus bona non agnoscat, ex necessitate redundabit onus legatorum ad heredem.*

On demande en second lieu, si quelqu'un avoit pris la suc- 50 cession qui auroit esté ostée à l'heritier, si cét heritier seroit entierement déchargé de l'obligation dont il estoit tenu d'accomplir les charges portées par le testament, en sorte qu'il n'en pût point estre poursuivy, au cas que celuy qui seroit entré en sa place ne les accomplît pas ? Il semble qu'il soit entierement déchargé de cette obligation, parce que *interventu novæ personæ tollitur obligatio, §. prætereà. Instit. quib. mod. tollit. obligat.* De plus celuy qui estoit heritier a cessé de l'estre, au moyen qu'un autre a esté subrogé en sa place, §. *exheredatos. vers. in omnibus inf. eod.* la Glose approuve cette opinion. Azo pretend au contraire, que cét heritier en peut estre poursuivy, parce que *lucrum facere non debet ob facinus suum, l. si ab hostibus,* 10. §. 1. *ff. solut. matrim. & l. sive hereditatis,* 22. *ff. de negot. gest.* sur laquelle Bartole dit, *ex eo ex quo quis debet puniri, non debet præmium consequi.*

Quant à ce qui est dit que cét heritier cesse d'estre heritier, on répond qu'il cesse d'avoir cette qualité au profit de celuy qui a pris la succession en sa place, mais non pas à l'égard de la succession & du deffunt, jusques à ce que le testament soit executé par ce dernier heritier, & que les charges soient accomplies, car à cét égard sa qualité demeure en suspend, en sorte qu'il doit estre poursuivy en cette qualité pour l'execution des ordonnances du deffunt, au cas que ce dernier heritier ne vueille pas y satisfaire, ou ne puisse pas le faire, comme s'il estoit decedé sans heritiers, le fisc refusant de prendre sa succession. Cette derniere opinion me semble plus juste.

Que s'il n'y a personne de ceux ausquels il soit laissé quelque chose dans le testament, qui vüeille prendre la succession, elle 51 passe à l'heritier *ab intestat*, à l'exclusion neanmoins de celuy qui auroit refusé d'executer la volonté du deffunt, estant ou heritier institué ou legataire, quoy qu'il fût son plus proche parent

Tome I. E

& heritier présomptif *ab intestat*, le Texte porte, *post eum qui scriptus est , & legitimâ per hanc legem parte exclusus*, par ces termes il semble que l'heritier à qui la legitime est deuë, en soit privé; cependant ce n'est pas le sens & l'esprit de l'Empereur, puisqu'au commencement de ce §. il est porté qu'il ne peut prendre que sa legitime; c'est une mauvaise traduction d'un ancien Interprete, ainsi il faut lire *conclusus*, c'est à dire borné à sa legitime, & la fin de ce §. n'est point contraire au commencement.

52　　Que s'il n'y a pas un de ceux qui sont dénommez cy-dessus, qui vueille prendre la succession, l'heredité est devoluë aux étrangers, c'est à dire à ceux qui ne sont ny parens au Testateur ny compris dans son testament , *exteriùs venientes*; car ceux qui sont ses parens, ou qui sont honorez dans son testament, ne sont pas *exteriùs venientes*; ainsi les étrangers en ce lieu sont ceux qui prennent la succession pour l'execution de la volonté du Testateur, & pour la conservation des libertez leguées, *l. ult. C. de testam. manum.* car en faveur des libertez, il est permis à un étranger de se porter heritier, au cas qu'il ne s'en presente point d'autre qui ait droit de le faire , soit par testament ou par la disposition de la Loy, §. I. *Institut. de ea cui libert. cau. bon. addic.*

53　　Au deffaut d'étrangers la succession passe au fisc, §. 4. *hîc.*

Cette Novelle a reformé le droit ancien qui ostoit la portion de l'heritier qui estoit refusant d'accomplir la volonté du Testateur, & l'appliquoit au fisc, comme estant indigne de la retenir, comme nous enseigne Paul au Livre 3. de ses Sentences, *tit. 5. de SC. Silan.* §. 10. & conformément à la Loy derniere *in fine C. de fideicomm.* Toutefois ce même droit exceptoit un cas auquel les biens du deffunt n'estoient pas appliquez au fisc, sçavoir lors que l'heritier n'avoit pas executé la volonté du Testateur touchant sa sepulture, suivant la Loy 5. *C. de his quib. ut indign.* & la Loy 5. *C. de inofficio. testa.* où il dit que si les pere & mere d'un soldat negligent sa volonté touchant un monument qu'il avoit ordonné par son testament luy estre basty; l'Empereur Alexandre ne dit pas qu'ils soient privez de sa succession *ut indigni*, mais que leur conscience les oblige d'executer la volonté du deffunt, *invidiam tamen & conscientiam circa omissum supremum ejusdem officium, & contemptum judicium defuncti evitare non possunt.*

C'eſt une queſtion, ſçavoir ſi celuy qui perd la choſe qui luy **54**
avoit eſté laiſſée par le teſtament , faute d'avoir executé la
volonté du Teſtateur dans l'an, eſt tenu de reſtituer les fruits
qu'il en auroit perçûs : *Gudelinus in tract. de jure noviſſ. lib.* 2.
cap. 9. *num.* 7. tient l'affirmative , *argum. Novel.* 131. §. *ſi quis*
autem & argum. leg. eum qui ff. de his qui ut indign.

Ceux qui ſont receus au cas de ce §. à ſe porter heritiers pour **55**
& au lieu de l'heritier, ſont tenus de bailler bonne & ſuffiſante
caution, ſelon la qualité des perſonnes & des choſes ; car ſi ceux
qui apprehenderoient la ſucceſſion eſtoient ſi pauvres qu'ils ne
puſſent pas trouver caution, ils en ſeroient déchargez ſuivant
la Loy *cùm non ff. ſi cui pluſquam per leg. falcid.* Pareillement
ſi les choſes eſtoient d'un ſi grand prix qu'on ne pût pas trouver de caution ſuffiſante ; elle ſeroit receuë telle qu'elle auroit
pû eſtre preſentée.

Elle doit eſtre preſentée à ceux qui ont intereſt dans l'execution du teſtament.

Quoy que les heritiers *ſub modo* ne ſoient pas obligez de
donner caution, d'executer la charge à laquelle ils ont eſté inſti- **56**
tuez , toutefois ceux qui ſont mis en la place des heritiers qui
ont refuſé d'executer celle à laquelle ils avoient eſté inſtituez,
ſont chargez par cette Novelle de bailler caution ; ſans diſtinguer ſi ce ſont des coheritiers, des legataires, ou fideicommiſ- **57**
ſaires , ou des heritiers legitimes.

La raiſon de la difference eſt qu'il y a lieu de croire que l'heritier inſtitué ſous une charge, l'accomplira, puiſqu'autrement
la ſucceſſion luy peut eſtre oſtée, comme eſtant indigne de la
retenir ; mais quand l'heritier inſtitué n'a pas accomply la charge de ſon inſtitution, & que la ſucceſſion paſſe à un autre par ce
moyen, il y a lieu d'apprehender que celuy qui eſt ſubrogé en
ſa place , manque comme luy d'executer la charge à laquelle le
Teſtateur avoit inſtitué ſon heritier ; c'eſt pour cela que l'Empereur Juſtinien a voulu obliger celuy qui entre aux droits de l'heritier inſtitué, de bailler caution.

Quant aux legataires *ſub modo*, par le droit ancien ils eſtoient **58**
obligez de bailler caution en recevant les legs qui leur eſtoient
faits, comme nous avons dit plus amplement ſur le titre *C. de*
his quæ ſub modo , & le droit des Novelles n'a rien innové à cét
égard.

§. *Si hæc quidem omnia.* 2.

59 L'Empereur dans le §. deuxiéme, dit que ce qu'il a dit dans
le §. precedent, fçavoir que *non auferatur nisi quod est ultra debitum naturale*, en sorte que la legitime doit demeurer à l'heritier, n'a lieu que quand le Testateur a institué pour heritier celuy auquel il devoit une partie de sa succession par le droit naturel, comme sont les descendans ou ascendans.

Quædam successio, c'est à dire *aliqua pars hereditatis*, fçavoir la quatriéme partie suivant le droit ancien, comme nous
avons dit cy-dessus.

Que si le Testateur n'a institué que des étrangers, & qu'il ait
ainsi disposé à sa volonté de tous ses biens, & que l'heritier institué n'execute pas les charges qui luy auront esté imposées, il
est privé de tout ce qui luy a esté laissé, soit par droit hereditaire ou par autre maniere; en sorte qu'il ne peut rien prendre par
la falcidie, ny par autre cause, comme par un prélegs qui luy
auroit esté fait par le Testateur, estant même obligé de restituer
les fruits qu'il auroit perçûs depuis la mort du Testateur, suivant la Novelle 131. *de Ecclesiast. titul. cap.* 12. §. *si autem legatum*. Ce qui avoit lieu pareillement dans l'ancienne Jurisprudence, par laquelle l'heritier indigne de profiter des liberalitez
du Testateur, estoit obligé de restituer tous les fruits qu'il avoit
perçûs *medio tempore*, suivant la Loy *heredem* & la Loy *eum
qui ff. de his qui ut indig.*

§. *Si verò institutio.* 3.

Ce qui a esté dit dans le commencement du §. 1. fçavoir que
quand la portion de la succession estoit ostée à un heritier, elle
60 passoit à son coheritier, souffre une exception contenuë dans ce
§. 3. qui est que celuy qui est substitué à l'heritier qui est privé
de la succession, est preferé aux coheritiers, laquelle passe ensuite aux coheritiers, au cas que le substitué soit refusant de la
prendre.

61 Il semble neanmoins que la portion qui est ostée à l'heritier,
doive passer à ses coheritiers, à l'exclusion du substitué, parce
que le droit du substitué a esté entierement éteint par l'adition
d'heredité, *l. post aditam C. de impuberib. & aliis substitution*. On

ne peut pas juſtement dire, que l'Empereur ait voulu par cette Novelle corriger la Loy *poſt aditam*, dautant que c'eſt un fait particulier qui ne peut pas eſtre étendu aux autres ; mais il faut dire que l'Empereur a eſtably un droit ſpecial dans ce cas: La raiſon qu'on en peut rendre, eſt que l'heritier s'eſtant rendu indigne de la liberalité du Teſtateur en n'accompliſſant pas les charges auſquelles elle luy avoit eſté faite, il y a lieu de préſumer que cét heritier n'a jamais eſté heritier, afin que la volonté du Teſtateur ſoit plus amplement executée ; car en ſubſtituant la part de cét heritier, il a voulu qu'en cas qu'il ne fûſt pas heritier, ſa portion parvint au ſubſtitué, & non pas aux autres coheritiers : Quoy que cét heritier ait veritablement apprehendé la ſucceſſion, c'eſt en effet comme s'il ne l'avoit pas apprehendée, puiſqu'il n'en profite point, & qu'il eſt obligé de la rendre. Voilà à mon ſentiment la raiſon pour laquelle l'Empereur prefere le ſubſtitué aux coheritiers.

Cependant cette fiction n'a lieu qu'en faveur du ſubſtitué, & 62 non pas au préjudice des coheritiers, en cas qu'il n'y ait point de ſubſtitué ; car les coheritiers ne ſont pas obligez de prendre la portion qui eſt oſtée à l'heritier, s'ils ne le veulent, *non datur ipſis invitis*, comme nous avons dit ſur le §. 1. parce que *ſemel adita hereditas non accreſcit*, & on ne préſume point que cét heritier ne s'eſt point porté heritier, quand il s'agit de la perte des autres coheritiers : Ainſi cette fiction a lieu ſeulement, *ne lucrum capiant heredes*, mais non pas, *ut damnum patiantur*.

Ad tantas reſpeximus ſucceſſiones, ut non remaneat ſine aditione ipſius morientis hereditas.

§. *Exheredatos.* 4.

Ce §. exclud du droit de prendre la ſucceſſion oſtée à celuy 63 qui n'a pas executé les volontez du Teſtateur, ceux qu'il a exheredez avec une cauſe legitime, en ſorte qu'ils ne peuvent rien pretendre des biens du Teſtateur par quelque maniere que ce ſoit, quoy qu'ils offrent pluſieurs fois d'executer la volonté du Teſtateur, *nec reſpicimus licet decies millies velit*, il faut ſous-entendre *implere quod juſſum eſt à teſtatore*.

La raiſon qu'en rend l'Empereur eſt, que la ſeule intention de ſon Ordonnance eſt, que les volontez du Teſtateur ſoient executées ; or ce ſeroit faire contre ſa volonté, ſi on recevoit à ſa ſuc-

E iij

cession celuy qu'il en auroit exclud expressément : *Una est legis intentio, ut quæ disposita sunt à morientibus, impleantur. Eum enim qui ab ipso testatore propriâ substantiâ pulsus est, quomodo erit justum vocare ad res quarum eum ille per exheredationem factam in eum, expressim fieri participem noluit ?* Et comme dit fort bien Cujas, *si vocas exheredatos, dum vis tueri voluntatem, contra voluntatem facis, & derideberis offensione voluntatis defendens voluntatem.*

64 Les exheredez ne peuvent point prendre la succession du défunt au cas de cette Ordonnance, en qualité d'heritiers legitimes ; parce que par le moyen de l'exheredation ils ont perdu le nom & la qualité d'heritiers, & le droit de pouvoir apprehender la succession de celuy qui les a desheritez justement, *l. 1. §. post suos ff. de suis & legit. heredib. l. filium §. videamus in fi. ff. de bonor. possef. cont. tab.*

Ils ne peuvent pas aussi pretendre d'y venir comme étrangers, parce qu'ils y viendroient contre la volonté du deffunt ; ainsi l'Ordonnance de l'Empereur fourniroit un moyen legitime de contrevenir formellement à la volonté du Testateur. Et s'il arrive que les étrangers viennent à la succession du deffunt outre sa volonté par le benefice de l'Ordonnance, on peut dire que les exheredez y viendroient contre sa volonté expresse, *extranei veniunt præter mentem testatoris, exheredati venirent contra expressam ejus voluntatem, exteri veniunt contra mentem testatoris Constitutionis beneficio, exheredati venirent contra verba,* dit Cujas sur cette Novelle. Cette Loy admet les étrangers à la succession du deffunt pour l'execution de ses volontez, parce qu'il n'a pas deffendu qu'ils y fussent admis ; au contraire il y a lieu même de croire que s'il avoit sçeu que d'autres n'eussent pas voulu executer ses Ordonnances, il auroit permis à d'autres de prendre sa succession, à la charge d'accomplir ce qu'il auroit ordonné dans son testament. Mais on ne peut pas dire la même chose à l'égard des exheredez ; car on ne peut pas présumer que le Testateur voulût admettre à sa succession au deffaut d'autres ceux qu'il en a privez expressément : on n'admet point de présomption contraire à ce qui est declaré en termes exprés, autrement on feindroit que le Testateur auroit voulu l'inexecution de ses volontez, ce qui seroit absurde.

65 On demande si l'exheredé estoit heritier de quelqu'un mentionné dans le testament, comme du legataire, sçavoir s'il pour-

roit en cette qualité prendre la fucceffion du deffunt? Premierement il eft conftant que l'heritier du legataire qui a furvefcu le
Teftateur, a les mefmes droits que le legataire. *l. heredem ff. de
R. I.* & qu'ainfi il peut prendre la fucceffion que le legataire
pouvoit prendre; c'eft pourquoy l'exheredé fe trouvant l'heritier du legataire, il peut prendre la fucceffion du Teftateur,
comme exerçant les droits du legataire qu'il reprefente, & non
pas *ex fua perfona*, ce qui n'eft point contraire à la volonté du
deffunt; car un Teftateur ne peut pas empefcher que celuy qu'il
a desherité ne prenne quelque chofe de fes biens *viâ obliquâ*,
comme s'il eft heritier de celuy que le Teftateur a honoré dans
fon teftament, *l. fi exheredatus ult.* §. 1. *ff. de inoffic. teftam.*

　　Les exheredez viendroient dans un cas à la fucceffion du dé- 66
funt, fçavoir s'ils eftoient legataires, parce que pour lors, *bonis
non omnino funt exclufi, & quod aufertur, non tam his perfonis
adiicitur quàm bonis aliis defuncti quæ ad eos pertinent*, dit
Cujas.

　　L'Empereur dit *verf. non abfurdè*, que l'ordre qu'il a obfervé 67
pour donner la fucceffion oftée à l'heritier qui n'a pas executé
les ordres du Teftateur, n'eft pas abfurde & inutil; & que c'eft
par une jufte & legitime prévoyance qu'il a ordonné que ce
droit paferoit premierement à tous ceux qui font mentionnez
dans le teftament; & qu'en cas qu'ils y renonçafent *deinde abre-
nuntiantibus*, il feroit tranfmis aux heritiers legitimes, & aux
autres qui font declarez cy-defus. Voulant que ceux qui fe fer-
viront de ce droit, foient veritablement les heritiers du deffunt,
qu'ils apprehendent fa fucceffion, & qu'ils faffent toutes chofes,
comme fi en effet ils avoient efté inftituez par le Teftateur, &
que toutes les actions tant actives que paffives foient transferées
en leur perfonne, enforte qu'ils puifent eftre pourfuivis par les
creanciers de la fucceffion, & pour l'execution du teftament,
& qu'ils puifent auffi pourfuivre les debiteurs de l'heredité : ce
qui nous eft marqué par ces termes, *& tanquam heredes omnia
gerere, & conventos & convenientes*, c'eft à dire *conventos effe,
& effe convenientes*, ce qui eft une tres-mauvaife façon de parler,
pour dire, *& poffe conveniri & convenire.*

　　*Damus talibus perfonis fieri heredes, & aditionis aut pro herede
geftionis habere jus (hæc enim legis verba funt.)* Ces termes en-
fermez dans la parenthefe fignifient que les precedens, fçavoir
& aditionis &c. font les propres termes de la Loy; car dans les

Inftituts, §. *ult. de hered. qualit. & differ.* en parlant des heritiers
étrangers, l'Empereur met cette difference entre *hereditatem*
adire, & pro herede fe gerere, en ce que *pro herede gerit, qui re-*
bus hereditariis tanquam heres utitur, vel vendendo res heredi-
tarias, vel prædia colendo, locandove, &c. mais l'adition fe fait
quando nudâ voluntate declarat fe effe heredem.

68　　On demande danc quel temps ceux qui ont droit de prefe-
rance, doivent accepter la fucceffion ou la repudier? On répond
qu'ils doivent faire leur choix dans trois mois, & qu'ils y peuvent eftre contraints par ceux qui les fuivent, *l. ult. §. fimilique*
modo C. de jur. deliber.

69　　L'Empereur declare enfuite *verf. hæc quidem etiam,* que quand
il appelle des étrangers à la fucceffion du Teftateur, il n'eftablit
pas une Jurifprudence qui foit entierement nouvelle, puifque
les Loix anciennes admettoient pour heritiers ceux qui n'avoient
point efté inftituez par teftament, & qui n'eftoient point les heritiers legitimes du deffunt, comme celles qui permettoient à
un étranger de demander l'adjudication des biens de celuy dont
perfonne n'apprehendoit la fucceffion, à la charge de payer les
dettes du deffunt, de donner la liberté aux efclaves que le défunt avoit affranchis par derniere volonté, & d'executer toutes
fes dernieres Ordonnances, *tot. tit. Inftit. de eo cui libert. cau.*
bon. addic. & l. 3. §. 1. ff. de fideicommiff. libert. Pareillement le
droit Pretorien admettoit au troifiéme ordre de fucceffion les
parens par ligne feminine, quoy qu'ils ne fuffent ny heritiers
teftamentaires ny legitimes, *tot. tit. Inftitut. de fucceffio. cogna-*
tor. & ff. unde cogn.

70　　Dans la fin de ce §. *verf. his omnibus obtinentibus,* il veut que ce
qu'il a ordonné à l'égard des heriticrs qui n'executent pas les
volontez du Teftateur, ait lieu à l'égard des legataires ou fideicommiffaires, & les donataires à caufe de mort, aufquels le
Teftateur aura laiffé des legs ou des fideicommis fous des charges qu'ils n'auront pas accomplis; enforte que leurs legs ou
leurs fideicommis, ou autres femblables avantages leur feront
oftez, & appartiendroient à d'autres felon l'ordre prefcrit rou-
chant les heritiers qui font privez des fucceffions teftamentaires pour n'executer pas les Ordonnances des Teftateurs; &
que celuy qui feroit fubftitué au legataire ou au fideicommiffaire, ou au donataire à caufe de mort, feroit preferé à tous
autres; enfuite à l'heritier du Teftateur, preferablement même
　　　　　　　　　　　　　　　　　　　　　　　　　　au

au collegataire conjoint *re & verbis*, parce que cette Conſtitution n'admet point le droit d'accroiſſement en ce cas; outre que
le droit d'accroiſſement n'a pas lieu entre les legataires qui ont
accepté leurs legs, parce que par le moyen de l'acceptation
qu'ils en ont faite, *ſcinditur legatum inter eos*, comme il eſt dit au
§. *ſi eadem res* 8. *Inſtitut. de legat.* quoy qu'en effet le partage
n'en eût pas encore eſté fait, parce que *diviſio fit ſaltem juris
præſumptione.*

L'ordre qui eſt preſcrit par cette Novelle eſt obſervé quand 71
le Teſtateur n'a pas declaré dans ſon teſtament qu'il privoit ſon
heritier de ſa ſucceſſion, au cas qu'il n'executât pas les charges
qui y ſeroient contenuës; mais quand le Teſtateur l'a declaré, ſans
neanmoins faire mention de celuy auquel il vouloit que ſa ſucceſſion appartint, ſelon la plus commune opinion des Docteurs, comme remarque Peregrinus, *art.* 11. *num.* 133. *de fideicommiſſ.* la
ſucceſſion doit appartenir au ſubſtitué, enſuite au coheritier; &
s'il n'y a ny ſubſtitué ny coheritier, ou que ny l'un ny l'autre ne
veüille prendre la ſucceſſion, elle doit paſſer à l'heritier legitime
du Teſtateur, parce qu'il ſemble que le Teſtateur ait voulu
tacitement qu'en ce cas ſa ſucceſſion parvint à ſon heritier *ab
inteſtat.* Toutefois je croirois le contraire, parce que le Teſtateur ſçachant ou devant ſçavoir que l'ordre rapporté dans cette
Novelle, veut que l'heritier legitime ne vienne qu'après ceux
qui ſont honorez dans le teſtament, il y a lieu de croire qu'il a
voulu qu'il fût obſervé, puiſqu'il pouvoit declarer à qui paſſeroit le droit de prendre la ſucceſſion de celuy auquel elle ſeroit
oſtée, & qu'il ne la pas fait.

Dans la fin de ce Chapitre *verſ. & nullus*, l'Empereur juſtifie
ſon Ordonnance & en fait voir l'équité, diſant que celuy qui eſt
privé par cette Loy de ce qui luy a eſté laiſſé, *qui relictis privatus eſt*, ne la doit pas trouver rigoureuſe, & il le prouve par
un argument *ad hominem*; luy faiſant connoiſtre qu'eſtant mortel comme le Teſtateur, il ne doit pas ſeulement ce qui luy a eſté
laiſſé, & ce qu'il a droit de prendre dans ſa ſucceſſion, mais qu'il
peut en mourant diſpoſer de ſes biens ſous des charges qu'il ſou-
haitera eſtre miſes à execution après ſa mort, & que ſans le ſe-
cours de cette Ordonnance ſes volontez ſeront abandonnées;
*ſed conſiderans quia omnibus hominibus terminus vitæ eſt mors;
& non ſolùm ab aliis ipſe ſe percipere contempletur; ſed cogitet quia
& ipſe aliis moriens imperabit: & ſi non hujus legis mereatur au-*

Tome I.   F

xilium, nihil horum quæ cum omni studio disposuerat, ad effectum perducet : non enim iis qui sub nobis, neque qui nunc solùm sunt hominibus, sed omni etiam post hoc currenti tempori legem ponimus.

72　　Ce Chapitre concernant l'execution des testamens, & la peine contre ceux qui refusent ou negligent d'accomplir les dernieres volontez, & les charges ausquelles les dispositions testamentaires sont faites à leur profit, n'est pas d'usage en France, non seulement dans les Provinces du droit coûtumier, mais aussi dans les Provinces du droit écrit, les Testateurs nomment ordinairement dans leurs testamens des personnes de probité, pour leur execution ; quelquefois ce sont les heritiers qui en sont chargez, ou quelqu'un d'eux, & ceux au profit desquels les charges sont imposées, peuvent contraindre les Executeurs testamentaires de les mettre à execution : Quant aux charges dont un heritier ou un legataire est chargé personnellement, il peut estre poursuivy pardevant le Juge pour l'executer, & il y doit estre contraint par les voyes ordinaires.

CHAPITRE II.

De la Loy Falcidie.

Princ. hinc nobis.

SOMMAIRE.

1 　　LE commencement de ce Chapitre est une suite de la fin du precedent; car l'Empereur ayant dit dans la fin du Chapitre precedent, que son Ordonnance ne tend qu'à donner l'execution aux dernieres volontez; il dit dans le commencement de ce Chapitre que cela luy donne sujet de parler de la falcidie, laquelle permet aux heritiers même contre la volonté des Testateurs, de prendre la quatriéme partie de leurs biens, ou le supplément d'icelle, au cas qu'ils ayent disposé entierement de leurs biens par les legs qu'ils auroient faits.

2 　　Et en effet ces heritiers semblent faire contre la volonté du Testateur, quand ils se servent du benefice de la Loy falcidie, qui permet à l'heritier de prendre la quatriéme partie des biens du Testateur au préjudice de l'execution de ses dernieres Ordonnances.

La construction n'est pas juste dans ces termes : *Et hîc enim repugnare quidam videntur voluntati deficientis, & incumbere legi talia permittenti.* Il faudroit lire *incumbendo* au lieu de *& incumbere* : car l'Empereur pour prouver ce qu'il a avancé auparavant, que la Loy *falcidia etiam invitis testatoribus præbet, &c.* permet aux heritiers la detraction de la quatriéme partie des biens du Testateur; & pour cela il dit : car il semble que les heritiers contreviennent à la volonté du deffunt (*deficientis*, dit le Texte, parce que *qui moritur, deficit*) en suivant la Loy falcidie qui leur donne le pouvoir de cette detraction.

3 　　Quoy que la disposition de cette Loy paroisse contraire à la volonté du Testateur, elle sert neanmoins à la mettre à execution; c'est pour cela que l'Empereur qui n'a eu d'autre but dans

cette Ordonnance que de faire executer les dernieres volontez des Teſtateurs , *quoniam tuenda nobis ubique eſt deficientium voluntas* , permet aux heritiers de joüir s'ils veulent du benefice de cette Loy , pourveu que *puram legis ſervent poteſtatem* , c'eſt à dire qu'ils n'excedent le pouvoir que cette Loy leur accorde, & qu'ils ne pretendent pas s'en ſervir à l'occaſion des choſes qu'ils auroient ſouſtraites & priſes frauduleuſement des biens du Teſtateur, veu que ſans cette ſouſtraction & ſans cette fraude la Loy falcidie n'auroit pas lieu à leur égard : ce qui ſera plus intelligible par l'exemple ſuivant : Un Teſtateur laiſſe cent mille francs de bien , & il en fait pluſieurs legs , ſe montant à la ſomme de ſoixante & quinze mille livres, ainſi le quart de ſes biens demeure à ſon heritier : Mais cét heritier en ſouſtrait vingt-cinq mille livres , ce qui fait que la ſucceſſion eſt reduite à ſoixante & quinze , & quoy que toute cette quantité ſoit employée en legs , toutefois cét heritier ne peut pas prendre la Quarte falcidie , parce que dit l'Empereur , *non per ea quæ fortè ſurripiunt aut malignantur , introducere pertentent falcidiam ; cùm utique ſi nihil malignati eſſent , non fortè competeret.*

Cependant un heritier eſt privé du benefice de cette Loy, quand on prouve qu'il a pris & ſouſtrait quelques biens de la ſucceſſion , quoy qu'ils ne fuſſent pas ſuffiſans pour remplir la quarte falcidie , parce que *privilegium meretur amittere , qui conceſſâ ſibi abutitur poteſtate,* & c'eſt l'eſprit & l'intention de l'Empereur, ſoit qu'on liſe le Texte avec la negation *non fortè competeret,* ou ſans cette negation ; car ſi on le lit avec la negation, l'Empereur dit que ſi les heritiers n'avoient point commis de fraude dans les biens du Teſtateur , peut-eſtre que la falcidie n'auroit pas lieu, il a voulu faire voir que tels heritiers à cauſe de leur dol doivent executer entierement la volonté du deffunt, ſans joüir du benefice de la Loy falcidie, dont ils ſe ſont rendus indignes par la ſouſtraction qu'ils ont faite , ſoit que ſans cette ſouſtraction la falcidie eût lieu ou non à leur égard. Que ſi on lit le Texte ſans la negation , il y a encore moins ſujet de douter que l'Empereur n'ait voulu deffendre à l'heritier la detraction de la falcidie, quoy que les choſes qu'il a ſouſtraites nè la valent pas ; car ſans la particule negative , ces termes ſignifient que l'heritier ne pretende pas introduire & joüir de la falcidie par le moyen des ſouſtractions qu'il auroit faites dans la ſucceſſion du Teſtateur, quoy qu'autrement il eût pû se servir du benefice de cette Loy.

6   Par la Jurisprudence du Digeste l'heritier n'estoit pas entierement privé de la falcidie pour avoir soustrait des biens hereditaires, il n'en estoit privé que dans les choses qu'il avoit soustraites, c'est la décision de la Loy *rescriptum. ff. de his quæ ut indign.*
aufer. Rescriptum est à Principe heredem rei, quam amovisset,
quartam non retinere, &c. Le Jurisconsulte Paul en la Loy *falci-*
diæ legis. 24. in princ. ff. ad leg. falcid. dit la même chose, *falcidiæ*
legis rationem si haberi oportet, ita habendam, ac si hæres, quæ
ab herede substractæ sunt, in hereditate relictæ non fuissent. C'est
aussi la décision de la Loy *beneficio. 59. ff. eod. tit.* où le Jurisconsulte dit que l'heritier est indigne de joüir du benefice de la
falcidie, qui a fait ce qu'il a pû pour détourner le legs ou le fideicommis; ensorte qu'il ne peut pas distraire la quarte falcidie sur
ce legs ou ce fideicommis.

7   La décision de cette Novelle dans le commencement de ce
Chapitre est fort juste, & elle est observée dans les païs de droit
écrit, comme nous apprenons de Ferrerius sur la Question 53.
de Guy Pape, de Mainard, livre 5. chapitre 62. & autres; ensorte que l'heritier ayant contrevenu à la disposition de cette
Constitution, & n'ayant pas fait ce qu'elle luy prescrivoit, qui
estoit de faire un inventaire fidel & exact, il ne doit pas joüir
du benefice qu'elle luy accorde, & il seroit non recevable à vouloir justifier que la valeur des choses par luy soustraites n'égale
pas la falcidie.

8   Ainsi lors qu'une femme a soustrait & diverty des effets de la
communauté avant sa renonciation à icelle, elle est condamnée
comme commune au payement de la moitié des dettes, comme
il a esté jugé par plusieurs Arrests rapportez par Monsieur Loüet,
lettre R. chapitre 1. & par Brodeau au même lieu.

§. *Fiat igitur inventarium.* 1.

9   L'Empereur dans ce §. ordonne à l'heritier de faire inventaire
des biens de la succession, en cas qu'il ait sujet de craindre
qu'aprés qu'il aura payé les dettes, & fait la delivrance des legs,
il ne luy reste pas la quatriéme partie des biens hereditaires;
afin que par le moyen de cét inventaire ou de la description des
biens du Testateur exactement faite, on en connoisse la quantité, & que l'heritier en puisse distraire la quarte falcidie, sui-

vant la difpofition de cette Ordonnance. Et dautant qu'il ne fuffit pas que l'heritier faffe un inventaire, mais qu'il faut qu'il foit folemnel, l'Empereur ordonne qu'il foit fait en la maniere & felon la forme prefcrite en la Loy derniere *C. de jure deliber.*

La formalité requife pour l'inventaire fe confidere, eu égard 10 au temps ou aux perfonnes.

A l'égard du temps, l'Empereur dans la Loy derniere *C. de jure deliber.* veut que l'inventaire foit commencé dans 30. jours, 11 & finy deux mois aprés, enforte qu'il donne trois mois entiers pour le commencer & l'achever. Ce temps ne commence à courir que du jour de la publication de l'inventaire.

Par ce Chapitre & par le Chapitre quatriéme de cette Novelle, l'Empereur reforme cette difpofition, faifant diftinction entre 12 les prefens & les abfens; donnant aux prefens, c'eft à dire à ceux qui font demeurans dans la même ville, trois mois pour commencer & achever l'inventaire; & à ceux qui font abfens du lieu où l'heredité eft ouverte l'efpace d'un an, à compter, non pas du jour que la connoiffance en eft venuë aux heritiers, mais du jour de la mort du Teftateur, felon le fentiment de Cujas fur cette Novelle; l'Empereur ayant eftimé que ce temps eftoit fuffifant pour s'informer des biens de la fucceffion, & pour en faire la recherche & la defcription. Mais au cas que l'heritier n'ait pû faire inventaire dans ce temps, parce qu'il en auroit efté empefché par des caufes juftes & legitimes, le laps de ce temps ne luy peut pas eftre imputé, comme fi il eftoit detenu prifonnier, ou fi il eftoit malade d'une maladie griéve.

A l'égard des perfonnes qui font neceffaires pour la confection 13 de l'inventaire, il faut qu'il foit paffé pardevant un Notaire & en prefence des legataires & fideicommiffaires, ou de perfonnes par eux fondées de procuration pour y affifter, ou eux deuëment fommez & interpellez.

Si les legataires font abfens, l'inventaire doit eftre fait en prefence de trois témoins dignes de foy, parce que dans ce cas 14 *Tabulariis folis, quantum ad hoc competit, non credimus.*

Il y a plufieurs caufes de l'abfence des legataires.

1. La nature: Cette caufe concerne la femme, laquelle ne doit pas comparoir en jugement, *l. maritus C. de procurator.* 15

11. La dignité qui fe trouve en la perfonne d'un Preftre, lequel n'eft pas obligé de comparoir luy-même en jugement, *l.*

omnes in princ. C. de Episcop. & Cleric. & l. 2. ff. de in jus vo-
cando.

III. La qualité, comme fi un legataire est travaillé d'une maladie qui ne luy permette pas de fortir , *l. ad perfonas ff. de*
jurejur.

IV. L'âge , comme fi les legataires ou quelques-uns font pupilles ou mineurs ; car comme ils ne peuvent pas efter en jugement , il faut que l'heritier fomme & interpelle leurs tuteurs ou
curateurs d'y comparoir , *l. 3. C. de in integr. reftitutio. & l.*
& cum minores , C. fi adverf. rem judic.

V. La neceffité , comme fi un legataire est dans les liens & dans
les prifons , *l. fuccurritur. & l. in eadem ff. ex quib. cauf. major.*

16   Que s'il y a quelques legataires ou fideicommiffaires abfens
(c'est à dire qui foient hors la ville , comme remarque la Glofe)
l'Empereur ordonne que pour leur feureté l'inventaire foit fait
en prefence de trois témoins qui foient de la ville , dignes de foy,
& qui foient perfonnes fuffifantes pour l'interest des abfens , en
cas qu'ils fuffent d'intelligence avec l'heritier en fraude des abfens , & qu'ils ayent une bonne reputation ; car il ne fuffiroit pas
que l'inventaire fût fait feulement pardevant les Notaires , *Ta-*
bulariis enim folis , quantum ad hoc competit , non credimus.

17   Que fi les legataires fe plaignent aprés leur retour qu'on a
fouftrait ou diverty des effets de la fucceffion , l'Empereur ordonne qu'on en faffe enqueftes , par l'interrogatoire des efclaves de l'heritier , les foûmettant même à la queftion pour en
tirer la verité. Ce que l'Empereur dit avoir permis par une autre
Ordonnance plus ancienne dans la Loy derniere §. *licentia. C. de*
jure delib. Ce qui est confirmé par la Loy derniere *C. de*
quæftio.

L'Empereur veut auffi qu'on s'informe de la verité , en obligeant l'heritier de prefter ferment qu'il n'a commis aucune fraude
dans les biens de la fucceffion , & obligeant les témoins de declarer s'ils estoient prefens , & qu'ils ont veu tout ce qui s'est paffé
dans la confection de l'inventaire ; & que fi l'heritier s'est comporté frauduleufement dans la confection de l'inventaire qu'il a
fait , ils n'en ont aucune connoiffance , & ne font pas complices
de fa malverfation ; afin que par ce moyen on puiffe trouver la
verité touchant les biens que le Teftateur a laiffé aprés fon deceds.

Ces enqueftes ne font pas neceffaires , lorfque tous les legataires

taires font prefens, ou même lorfque ceux aufquels on a fignifié qu'ils euffent à fe trouver à la confection de l'inventaire,
ne s'y font pas trouvez, *præmiffâ conftitutione*, c'eft à dire,
leur ayant fignifié un decret ou ordonnance du Juge, qu'ils euffent à eftre prefens à l'inventaire.

Dans ces deux cas, c'eft à dire, ou de la prefence de tous les legataires, ou de leur abfence volontaire, l'heritier peut valablement faire l'inventaire en l'abfence des legataires pardevant trois
témoins, l'heritier eftant même déchargé du ferment auquel
autrement il feroit obligé, & fes efclaves déchargez auffi de
l'interrogatoire.

On demande fi l'heritier eft obligé de fommer les creanciers 18
de la fucceffion de venir à la confection de l'inventaire, & s'il feroit valable eftant fait en leur abfence? L'Empereur dans ce §.
ne parle que des legataires & des fideicommiffaires, & il n'oblige
l'heritier à faire l'inventaire qu'en prefence des legataires ou
fideicommiffaires, ou eux deuëment appellez, & ne l'oblige pas
de fommer les creanciers.

La raifon eft, que l'heritier peut ne les pas connoiftre, & il a
lieu en effet d'ignorer les dettes de la fucceffion, jufques à ce
que les creanciers ayent paru; c'eft à eux à veiller à leurs interefts, & ils doivent s'imputer fi ils ne font pas informez de la
mort de leur debiteur; enforte que quoy que l'inventaire ait efté
fait en l'abfence des creanciers, l'heritier eft à couvert des pourfuites qu'ils pourroient faire contre luy, jufques à concurrence
de la valeur des biens de la fucceffion, *l. fin.* §. *fed & fi præfatam C. de jure deliber.*

Il ne fuffiroit pas que le Teftateur eût fait inventaire de fes
biens avant fon deceds, cét inventaire ne déchargeroit pas l'heri- 19
tier d'en faire un autre fur les peines portées par cette Novelle,
fuivant le fentiment des Docteurs, de Sichard, *ad leg. fin.* §.
fin autem C. de jure deliber. de *Mynfing. refponf.* 79. *num. ult.* La
raifon eft, que l'Empereur ordonne à l'heritier de faire inventaire
pour fa feureté, & pour eftre à couvert des pourfuites des creanciers & des legataires, c'eft pourquoy il n'en peut point eftre
déchargé autrement.

Quoy que nous ayons receu en France le benefice d'inventaire
introduit par l'Empereur Juftinien pour la feureté des heritiers, 20
neanmoins on n'obferve pas les mêmes formalitez que cét Empereur a prefcrites; à l'égard du temps, la nouvelle Ordonnance

Tome I.   G du mois d'Avril 1667. au titre des delais pour deliberer l'a reglé, Par l'article 1. l'heritier a trois mois depuis l'ouverture de la succeffion pour faire inventaire des biens d'icelle, & quarante jours aprés pour deliberer, fi il apprehendera la fucceffion, ou fi il y renoncera.

Par l'article 2. celuy qui eft affigné comme heritier en action nouvelle ou en reprife, n'a aucun delay de deliberer, fi auparavant l'échéance de l'affignation il y a plus de 40. jours que l'inventaire a efté fait en fa prefence, ou luy deuëment appellé.

Que fi au jour de l'échéance de l'affignation les trois mois pour faire inventaire, & les 40. jours pour deliberer ne font pas expirez, il a le refte du delay, fuivant l'article 3. & par l'article 4. fi l'inventaire n'a pû eftre fait dans les trois mois par l'heritier, ou pour n'avoir pas eu connoiffance du deceds du deffunt, ou à caufe des oppofitions & conteftations furvenuës, le Juge doit en accorder un delay convenable pour achever l'inventaire, & 40. jours aprés pour deliberer.

L'inventaire doit eftre fait pardevant deux Notaires dans les lieux où il y en a plufieurs, & où il n'y en a qu'un, il fe fait pardevant luy & en la prefence de deux ou trois témoins, felon l'ufage des lieux. L'inventaire doit eftre fait en prefence de tous les heritiers ou eux deuëment appellez, fi ils font demeurans dans le lieu où la fucceffion eft ouverte; finon l'inventaire doit eftre fait pardevant le Procureur du Roy ou de la Seigneurie, felon la difpofition de quelques Couftumes, comme de Sens, article 74. d'Auxerre & autres. A Paris l'ufage eft d'y faire appeller un Subftitut de Monfieur le Procureur du Roy du Chaftelet. *Item,* quand il y a des mineurs, & ce pour la confervation de leurs droits.

Il n'eft pas neceffaire d'y appeller les creanciers, parce que l'inventaire qui eft fait en prefence de perfonnes publiques, eft reputé fidele & exact; l'heritier peut ignorer qui font les creanciers de la fucceffion; & d'ailleurs les creanciers doivent s'imputer, au cas qu'ils foupçonnent l'heritier de fouftraction & de divertiffement des effets de la fucceffion, de ne s'eftre pas fervy du moyen qui eft introduit en leur faveur, qui eft l'appofition du fcellé, lequel ils pouvoient faire appofer dés le moment de la mort de leur debiteur; ce qu'ayant fait, la levée du fcellé & l'inventaire ne peuvent point eftre faits qu'en leur prefence, ou eux deuëment appellez.

Neanmoins Baſſet en ſes Arreſts, tome 1. livre 5. titre 4. chapitre 5. remarque deux Arreſts du Parlement de Grenoble, l'un du 10. Fevrier 1624. entre Noble Claude de Vallin, Seigneur de Cunilieu, d'une part ; & Damoiſelle Magdelaine de Galles, veuve de Pierre de Morand, Conſeiller au Parlement de Grenoble ; l'autre du 30. Juillet 1667. donné au rapport de Monſieur Penat, en la cauſe de Maiſtre Jean Bruyere Avocat de Valence, contre Damoiſelle Pelie-la-Touche, par leſquels il a eſté jugé, que faute de faire aſſigner les creanciers certains & connus à voir proceder à l'inventaire, l'heritier doit eſtre declaré pur & ſimple à leur égard.

L'inventaire eſtant fait, ainſi qu'il eſt requis par l'Empereur, **21** ou ſuivant l'uſage des lieux, produit pluſieurs effets.

Le premier eſt, que l'heritier n'eſt point tenu des dettes de **22** la ſucceſſion par delà la valeur des biens dont elle eſt compoſée, *l. fin.* §. *fin autem C. de jure deliber.* §. *extraneis. Inſtitut. de hered. qualit. & differ.* autrement il en eſt tenu, eſtant préſumé avoir tacitement conſenty, en prenant la qualité d'heritier ou apprehendant la ſucceſſion du deffunt, de payer toutes les dettes, & tous les legs qu'il a laiſſez dans ſon teſtament, §. *heres Inſtitut. de oblig. quæ ex quaſi contr. naſc. & l. 5.* §. *res ff. de O. & A.*

Le deuxiéme eſt la faculté de retenir la Quarte falcidie, de laquelle il eſt décheu faute de faire inventaire, ſuivant cette Novelle *his*, §. 2. ce qui n'a lieu que dans les païs de droit écrit.

Le troiſiéme eſt d'empeſcher la confuſion des qualitez de **23** creancier & de debiteur de la ſucceſſion, laquelle provient de l'adition d'heredité ; ces deux qualitez ne pouvans pas reſider en une même perſonne, qui ne peut eſtre ſon debiteur & ſon creancier, *l. 75. & l. 95. ff. de ſolutio.* Neanmoins par le moyen du benefice d'inventaire, l'heritier conſerve les droits qu'il pouvoit exercer contre le deffunt, & ils ſubſiſtent contre l'heredité, ſans que les autres creanciers ou les legataires puiſſent ſe prévaloir de ce qu'il s'eſt porté heritier, & que par l'apprehenſion d'heredité, ſes actions ſont éteintes & confuſes en ſa perſonne.

Le quatriéme, que pendant le temps donné à l'heritier pour faire inventaire & pour deliberer, il ne peut eſtre contraint de payer les dettes de la ſucceſſion: On demande ſi l'heritier peut

25 pendant ce temps eſtre pourſuivy par action réelle ? Pluſieurs tiennent l'affirmative, ſuivant la Loy derniere, §. *donec. C. de jure deliber:* en ces termes : *Donec tamen inventarium conſcribitur, &c. nulla erit licentia, neque creditoribus, neque legatariis, vel fideicommiſſariis vel inquietare vel ad judicium revocare, vel res hereditarias, quaſi ex hypothecarum autoritate vindicare : ſed ſit hoc ſpatium ipſo jure pro deliberatione heredibus conceſſum.*

L'Empereur dans cette Loy ne parle que de l'action des creanciers & des legataires ; d'où ils concluënt que l'heritier peut eſtre pourſuivy par action réelle, comme detempteur des biens qui n'appartenoient pas au deffunt, c'eſt le ſentiment d'Alexandre *in d. §. donec.* de Rolan *à valle, de confect. invent. 4. par. §. quarta eſt.*

Fachin *controverſ. lib. 6. cap. 27.* eſt d'avis contraire, & quelques autres qu'il cite, eſtimant que pendant ce temps il ne peut point eſtre pourſuivy par action réelle : La raiſon eſt que ſi l'heritier ne peut point eſtre pourſuivy par des creanciers & des legataires pendant ce temps, pourquoy pourra-il l'eſtre par action réelle ? le creancier n'eſt pas moins favorable que ceux qui pretendent que l'heritier eſt detempteur de leurs biens ; les creanciers ſont même plus favorables, veu que leur action eſt certaine, & que les droits de ceux qui ſe pretendent proprietaires de quelques biens poſſedez par l'heritier ne le ſont pas ; c'eſt une queſtion à examiner, il faut de leur part juſtifier que le domaine & la proprieté leur appartient, & que l'heritier en eſt poſſeſſeur.

D'ailleurs il faut voir quelle eſt la cauſe de ce privilege, c'eſt pour donner le temps à l'heritier de deliberer ſi il acceptera la ſucceſſion, ou ſi il y renoncera, *ſit hoc ſpatium ipſo jure pro deliberatione heredibus conceſſum,* dit cette Loy ; d'où il s'enſuit qu'il ne peut point eſtre pourſuivy pour quelque cauſe & quelque raiſon que ce ſoit en cette qualité, juſqu'à ce que ce temps ſoit expiré.

On peut adjouſter que l'heritier ne peut point eſtre pourſuivy par l'action réelle qu'en qualité de poſſeſſeur des biens du défunt ; or l'heritier ne peut point eſtre reputé poſſeſſeur qu'aprés qu'il a pris qualité d'heritier, ce qu'il n'eſt point tenu faire pendant le temps qui luy eſt accordé pour faire inventaire.

C'eſt l'uſage que pendant le temps qui eſt accordé à l'heritier

pour faire inventaire & pour deliberer , il ne peut point eftre 26
pourſuivy par aucune action ; neanmoins les creanciers peuvent
cependant pour leur ſeureté faire ſaiſir les biens de la ſucceſſion,
ſuivant l'article 169. de la Couſtume de Paris.

Le cinquiéme , que l'heritier ayant payé les creanciers qui ſe 27
ſont preſentez , il n'eſt point obligé de payer ceux qui viennent
par aprés , au cas qu'il n'y ait plus rien des biens de la ſucceſſion;
par la raiſon que n'eſtant tenu que *quatenus vires hereditariæ
patiuntur* , il ne peut plus eſtre pourſuivy en juſtifiant qu'il a
employé tous les effets de la ſucceſſion au payement des dettes,
& à la delivrance des legs; ſuppoſé qu'il n'eût eu aucune connoiſſance de la dette de ceux qui viendroient par aprés en faire
demande. Mais ces creanciers ont leur action contre les creanciers qui ont eſté payez , ou contre les legataires , auſquels les
legs ont eſté delivrez à leur préjudice, en cas qu'ils doivent leur
eſtre preferez , *d. §. fin.*

Le ſixiéme , que l'heritier peut retenir les frais funeraires, & 28
les frais des medicamens & nourritures fournis au deffunt pendant ſa maladie, quoy que ſes biens ne ſoient pas ſuffiſans pour
payer toutes ſes dettes ; par la raiſon que ces frais ſont privile-
giez à toutes autres dettes , comme nous avons marqué dans nôtre Commentaire ſur la Couſtume de Paris , article 178.

Qu'il peut auſſi retirer tous les frais faits pour la confection
de l'inventaire , & autres frais neceſſaires.

Les Docteurs traitent cette queſtion , ſçavoir ſi l'heritier peut 29
retirer les frais qu'il a faits pour ſe conſerver la qualité d'heritier contre celuy qui ſe pretendoit heritier à ſon préjudice : Fachin *controverſ. lib.* 6. *cap.* 29. tient l'affirmative , ſe fondant
ſur ces termes de là Loy derniere *C. de jure deliber.* §. *ult. In
computatione patrimonii damus ei licentiam excipere & retinere
quicquid in funus expendit, vel in teſtamenti inſinuationem vel
inventarii confectionem , vel in alias neceſſarias cauſas hereditarias approbaverit ſe perſolviſſe* : que les frais faits pour ſe
conſerver la qualité d'heritier , ont eſté faits *ex cauſa neceſſaria,*
& partant qu'ils peuvent eſtre repetez,

Balde *in d. §. ult.* eſtime au contraire, que ces frais ne peuvent point eſtre repetez , & c'eſt le ſentiment que je crois qu'il
faut ſuivre ; par la raiſon qu'il n'y a que les frais faits pour l'intereſt de l'heredité , & pour la conſervation des biens & des droits
qui la compoſent , qui puiſſent eſtre repetez ; or les frais faits

G iij

par l'heritier pour se faire declarer heritier beneficiaire, ne concernent que son utilité & son interest particulier, & partant ils ne peuvent point estre repetez, *l. sed etsi §. quod autem ff. de petit. heredit.*

§. *Si verò non fecerit.* 2.

30 L'Empereur parle dans ce §. de la peine à laquelle est sujet l'heritier pour n'avoir point fait inventaire, ou ne l'avoir pas fait selon les formalitez prescrites dans cette Novelle, sçavoir qu'il est privé du benefice de la falcidie, & qu'il est obligé de payer les legs à tous les legataires & aux fideicommissaires, quoy 31 qu'ils excedent la valeur de tous les biens de la succession, *licet puræ substantiæ morientis transcendat mensuram legatorum datio.*

Ce qui a abrogé l'ancienne Jurisprudence par laquelle l'heritier n'estoit tenu envers les legataires & fideicommissaires, que jusques à concurrence de l'émolument qu'il tiroit de la succession, parce que *nemo liberalis est ex alieno*, c'est la décision de la Loy I. §. *si is qui quadraginta*, & §. *denique ff. ad SC. Trebellian.* sur la fin du §. *si is qui.* le Jurisconsulte Ulpian dit, *& mihi videtur vera esse Juliani sententia, ne damnum fideicommissarius sentiat ultrà quàm ad eum ex hereditate quid pervenit. Neminem enim oportere plus legati nomine præstare, quàm ad eum ex hereditate pervenit, quamvis falcidia cesset, ut rescripto Divi Pii continetur.*

32 Quelques Docteurs pretendent, que quand il est constant de la quantité des biens du deffunt, l'heritier n'est pas obligé envers les legataires *ultra vires hereditarias*, comme si les biens du Testateur estoient immeubles, & qu'il n'eût que tres-peu de meubles qui se seroient trouvez par exemple dans une maison autre que la sienne, & qu'il n'auroit pris qu'en presence des legataires, & dont il auroit disposé pour payer les dettes, en ce cas les legataires ne pouvant alleguer que le Testateur auroit laissé assez de meubles & d'effets mobiliairs pour satisfaire aux legs qui leur auroient esté faits, il semble que l'heritier ne devroit pas estre tenu du payement d'iceux, si les biens hereditaires ne suffisoient pas, les dettes estant payées.

La raison est, que l'inventaire n'a esté introduit qu'afin qu'on sçache la quantité des biens du deffunt; mais quand d'ailleurs on ne la peut pas ignorer, il semble que *cessante causâ debeat quoque ceſſare effeƈtus.* Il n'en ſeroit pas de même à l'égard des creanciers ; car dés que l'heritier a pris qualité, il eſt obligé à tous les creanciers *in ſolidum*, quoy que les biens ne ſoient pas ſuffiſans pour les payer , & cette obligation vient *ex contraƈtu & faƈto teſtatoris*, l'heritier eſt obligé à eux de la même maniere que le Teſtateur l'eſtoit, comme ſi en effet il avoit luy-même contraƈté avec eux, l'heritier repreſentant la perſonne du deffunt , ſelon la Loy *heredem ff. de R. I.* Mais les legs ne ſont pas des dettes du deffunt, ce ſont des liberalitez qu'il a exercées envers quelques perſonnes ; & comme on ne peut pas eſtre liberal *ex alieno*, les legs deviennent nuls, de même qu'un legataire ne peut pas eſtre obligé à une plus grande charge que ne vaut le legs qu'il a accepté, §. 1. *Inſtit. de ſingul. reb. per fideicomm. reliƈt. l.* 1. §. 17. *ff. ad SC. Trebellian. l.* 9. *C. de fideicommiſſ.*

On ne peut pas dire, qu'en vertu de la repreſentation du défunt l'heritier ſoit obligé de ſatisfaire aux legs , parce que le Teſtateur n'y eſtoit point obligé ; ce ſont des diſpoſitions qu'il a faites pour eſtre executées aprés ſa mort par ſon heritier.

On pourroit dire que l'heritier eſt obligé aux legataires *ex* 33 *quaſi contraƈtu*, parce qu'en ſe portant heritier teſtamentaire il reconnoiſt le teſtament du deffunt à l'execution duquel il s'oblige, & partant envers les legataires pour tout ce qui leur eſt laiſſé, comme ſi en effet il avoit contraƈté avec eux & leur eût promis de leur payer les legs que le Teſtateur leur a faits. On répond à cela , que quand un heritier ſe porte heritier teſtamentaire, il s'oblige à executer les diſpoſitions teſtamentaires , *quatenus vires patrimonii patiuntur* , juſques à concurrence des biens du deffunt, & il eſt préſumé n'avoir accepté la ſucceſſion que ſous cette condition : & même le Teſtateur eſt préſumé n'avoir pas voulu que ſes dernieres ordonnances fuſſent executées des biens de ſon heritier , & à ſon préjudice , croyant quand il les a faites, que ſes biens ſuffiſoient pour les mettre à execution , en quoy il s'eſt trompé, comme il arrive tres-ſouvent que les hommes ſe trompent, eſtimant ordinairement leurs facultez plus qu'elles ne valent , comme nous avons dit cy-deſſus.

La peine dont l'Empereur punit l'heritier qui ne fait point in- 34 ventaire des biens du deffunt, ne déroge point à la Loy qu'il a faite, qui eſt la Loy derniere §. *ſi verò poſt quam C. de jure delib.* laquelle a eſté eſtablie par l'Empereur, pour empeſcher que celuy qui se porte heritier d'un deffunt, ne tombe dans la perte de ses biens par le payement des dettes ausquelles il estoit obligé *in solidum*, avant que l'Empereur eût introduit le benefice d'inventaire; voulant que l'heritier pour peine de n'avoir pas fait inventaire, fût obligé à toutes les dettes, non pas aux legs *ultra vires hereditarias*; mais seulement qu'il fût privé de la Quarte falcidie qu'il auroit retenuë autrement sur les biens de la succession aprés les dettes payées. Par cette Novelle l'Empereur a changé cette peine en une plus grande, voulant que l'heritier faute d'avoir fait inventaire soit obligé à payer tous les legs, quoy que les biens de la succession ne soient pas suffisans pour en faire le payement; en quoy il n'a pas dérogé à la Loy susdite, au contraire, comme dit la Glose, *augentes eam confirmamus statuendo majorem pœnam.*

35   L'Empereur rend la raison pour laquelle l'heritier doit payer tous les legs pour n'avoir pas fait inventaire; sçavoir qu'il merite d'encourir cette peine, puisqu'il a negligé de se servir d'une Loy, par le benefice de laquelle il pouvoit non seulement ne hazarder point la perte de ses biens; mais même il estoit asseuré de profiter des biens du deffunt par le moyen de la Quarte falcidie qu'il auroit distraite au préjudice des legataires: *Sed dabit ei pœnam exactio suæ malignitatis, cur transcenderit leges ex quibus cautè omnia agens, nihil poterat damnificari, sed ex diverso etiam, quæ sunt ex falcidia lege, lucrari.*

  Dans la fin de ce §. vers. *hæc autem dicimus*, il est dit que la falcidie n'a lieu en faveur de l'heritier, que quand le Testateur sans y penser, & ignorant la qualité de ses biens *hoc egit*, c'est à dire, a fait par ses dispositions particulieres que la falcidie eût lieu, & que l'heritier fût obligé de se servir du benefice de cette Loy, ensorte qu'il ne luy seroit rien resté du tout, les charges du testament estant executées; ce qui arrive même quand le Testateur ne laisse qu'une petite partie de ses biens à son heritier, devant luy en laisser une plus grande qui vaille la quatriéme partie de ses biens, pour empescher que son heritier n'ait recours au benefice de la falcidie pour le supplément de cette quatriéme partie: La raison est, qu'il y a lieu de croire que le Testateur s'est trompé, & qu'il avoit dessein de laisser une partie de ses biens à son heritier, & ne luy donner pas un nom & un titre sans effet & sans émolument; c'est par cette présomption que la Loy falcidie a voulu que l'heritier pût retenir la quatriéme partie des biens

biens de la fucceffion, dont la quantité fe confidere aprés le payement des dettes, *hoc errantis fententiæ eft, & non puræ & integræ defignationis.* Mais cette préfomption ceffe quand le Teftateur a deffendu expreffément à fon heritier la diftraction 36 de cette Quarte; car en ce cas l'heritier ne la peut pas retenir au préjudice des legataires; & s'il veut executer la volonté du Teftateur, qui a peut-eftre fait des legs pieux, il ne doit pas mettre l'avantage qu'il peut tirer de fon inftitution dans la perception d'une partie de fes biens, mais feulement dans l'honneur qu'il reçoit en executant des difpofitions pieufes; enforte qu'une telle fucceffion ne femble pas luy eftre inutile. Que fi au contraire il refufe d'accomplir les volontez du deffunt, parce qu'il ne tireroit aucun profit de fon inftitution, la fucceffion doit paffer aux fubftituez, & enfuite aux autres felon l'ordre qui eft declaré cy-deffus, à la charge d'executer toutes les volontez du Teftateur.

Nous obferverons premierement, que dans cette partie de ce 37 §. l'Empereur a dérogé au droit ancien, par lequel il n'eftoit pas permis au Teftateur de deffendre la diftraction de la falcidie, *l. quod de bonis.* 15. §. 1.*ff. ad l. falcid.* où il eft dit que la falcidie auroit lieu, quoy que l'heritier eût confenty du vivant du Teftateur dé n'en faire pas la diftraction, parce que c'eft une convention contre la difpofition & la volonté de la Loy, *privatorum cautione legibus non effe refragandum conftitit,* conformément à la Loy *nemo poteft.* 55. *ff. de leg.* 1. où le Jurifconfulte dit, *nemo poteft in teftamento fuo cavere, ne leges in fuo teftamento locum habeant.*

La raifon de cette ancienne Jurifprudence, eft que fi l'heritier n'avoit pû diftraire la falcidie, parce que le Teftateur luy en auroit deffendu la diftraction, il n'auroit pas voulu fe porter heritier, ainfi le Teftament du deffunt & toutes fes difpofitions feroient devenuës inutiles, l'heritier n'apprehendant point la fucceffion, *fi nemo hereditatem fubiit, omnis vis teftamenti folvitur, l. fi nemo ff. de R. I.* ce que les Loix prevoyant, elles n'ont pas voulu que les Teftateurs puffent valablement deffendre à leurs heritiers la diftraction de cette Quarte, parce que ce feroit en effet leur permettre de deffendre l'execution de leurs dernieres volontez. Mais l'Empereur a pourvû à cét inconvenient, en ordonnant que la fucceffion pafferoit à ceux qui font mentionnez dans le teftament.

Tome I.

H

38   En fecond lieu, que la prohibition de diftraire la falcidie doit
eftre faite expreffément & nommément par le Teftateur ; comme
fi le Teftateur dit, *je ne veux pas que mon heritier retire la falcidie*:
Et fi elle eftoit faite tacitement elle feroit inutile, comme fi le
Teftateur difoit, *je veux que mon heritier fourniffe les legs entiers
aux legataires, fans aucune diminution*: cette difpofition n'empef-
cheroit pas la diftraction de la Quarte ; quelques-uns pretendent
au contraire que dans cette efpece le Teftateur auroit affez declaré fa volonté, & qu'en difant qu'il veut que les legs foient
payez entierement, il deffend à fon heritier de diftraire la falcidie, puifqu'il ne la peut pas prendre fans contrevenir à la volonté expreffe du Teftateur, qui a ordonné en termes exprés
que les legs entiers fuffent payez aux legataires. Neanmoins
leur opinion eft contraire au Texte de cette Novelle, où l'Empereur dit, *fi verò expreffim defignaverit non velle heredem retinere falcidiam*: Or quand elle requiert que quelque chofe foit faite
expreffément & fpecialement, elle fe doit faire & accomplir *in
forma fpecifica*, & non pas generalement par équipolence ou par
quelque autre chofe femblable.

39   En troifiéme lieu, que le Teftateur ne peut pas deffendre la
diftraction de la falcidie à ceux qui ont droit de legitime fur fes
biens, comme il a efté dit au Chapitre 1. Mais dautant que la
legitime a efté augmentée, celuy qui a droit de la prendre ne peut
pas diftraire la quatriéme partie, mais fa legitime qui eft le
tiers ou la moitié de la portion *ab inteftat*, fuivant la Novelle
infrà, de triente & femiffe.

40   Cette Novelle eft en ufage dans les païs de droit écrit, en ce
qu'elle permet aux Teftateurs de prohiber la diftraction de la
falcidie ; & cette diftraction ne fe peut pas faire, lors même
qu'il paroift que telle a efté la volonté du deffunt, comme fi il
a fait deffenfes d'alleguer aucunes exceptions contre les legataires demandans la delivrance de leurs legs. Defpeiffes fur le
titre de la falcidie, *num.* 15. dit avoir efté jugé ainfi à Caftres
le 11. Juin 1632. Pareillement lors que le Teftateur a dit qu'il
leguoit tous fes biens, ou tous fes meubles en quelque lieu
qu'ils fuffent fituez ; Bouvot, tome 2. *in verbo falcidie*, q. 1.
ou lors qu'il a dit que les legataires prendront les chofes leguées
par leurs mains, comme il a efté jugé par Arreft du Parlement
de Dijon le 29. May 1617. Bouvot *loco citato*, Guy Pape
quæft. 537.

C'eſt une queſtion entre les Docteurs, ſçavoir ſi l'heritier 41
étranger perd la Trebellianique faute d'avoir fait inventaire?
Cette queſtion a eſté traitée dans la Juriſprudence du Code ſur
le titre *de jure deliber. num.* 19. où j'eſtime que l'opinion en faveur de l'heritier eſt mieux fondée, le Lecteur y aura recours; cependant nous obſerverons qu'elle a eſté ainſi jugée par Arreſt du
Parlement de Tholoze, donné au rapport de Monſieur de Reſſe-
guier le 12. Juin 1629. en la ſeconde Chambre des Enqueſtes,
quoy que la ſucceſſion ne conſiſtât qu'en meubles & en argent.
La même queſtion avoit eſté jugée de même auparavant en faveur du fils, par Arreſt donné en la premiere Chambre des Enqueſtes le 20. Octobre 1621. ſur un partage qui fut porté de
la Grand'Chambre, au rapport de Monſieur Denos. Ces Arreſts
ſont rapportez par Monſieur de Cambolas, livre 6. chap. 2.

CHAPITRE III.

De l'exequation des Legs.

De lega
torum
exæqua
tione

SOMMAIRE.

1. *Si l'heritier qui a payé entierement quelques legs, peut
retirer la falcidie ſur les autres legs reſtans à payer.*
2. *Diſpoſition de cette Novelle
conformément à l'ancienne
Juriſprudence.*
3. *Quid, ſi l'heritier a payé
tous les legs par erreur de
droit, ne ſçachant pas qu'il*

pouvoit diſtraire la falcidie.
4. *Comment il faut lire la Loy
in imponenda.* C. ad leg.
falcid. *ce mot, indevotè, que
ſignifie en cette Novelle.*
5. *Quid, ſi l'heritier a payé les
legs entiers par une erreur de
fait.*
6. *Cas auquel l'heritier peut
exiger caution des legataires.*

Nos autem dabimus.

L'Empereur ordonne dans ce Chapitre, que ſi l'heritier au- 1
quel le Teſtateur n'a pas deffendu la diſtraction de la falcidie, paye entierement quelques legs ſans ſe ſervir du benefice

H ij

de cette Loy, l'heredité n'eſtant pas ſuffiſante pour les payer entierement, ne peut pas la diſtraire des autres legs qui reſteroient à payer, au cas qu'il eût connu l'inſuffiſance de l'heredité, en faiſant la delivrance des premiers legs : La raiſon eſt, qu'en payant les premiers legs il ſemble avoir voulu executer entierement la volonté du deffunt ; car ayant commencé d'executer entierement la volonté du deffunt en une de ſes diſpoſitions, il doit continuer de l'executer auſſi entierement dans toutes les autres, *debet per omnia eam ſequi, & non ad pejora pœnitere ; neque enim hoc erit puré ſequentis heredis* : ces derniers termes ſignifient que l'heritier ne peut pas ſe repentir ſur la fin d'avoir executé la volonté du deffunt, quand il a commencé de l'executer purement & ſans diſtraction de la Quarte, comme s'il y avoit, *non poteſt heres pœnitere, qui ſequitur puré & omiſſâ falcidiâ voluntatem teſtatoris.*

2 La diſpoſition de ce Chapitre eſt conforme aux anciennes Ordonnances, comme remarque l'Empereur en la Loy 1. *C. ad leg. falcid.* que quand un heritier a payé les legs pour executer entierement la volonté du deffunt, il n'eſt pas cenſé payer plus qu'il devoit ; & par conſequent il n'a plus droit de repeter ce qu'il faut pour la diſtraction de la falcidie : en effet celuy qui ne tire pas la falcidie, ſuit la volonté du Teſtateur, & celuy qui la diſtrait, y contrevient, *l. Titia ff. ad leg. falcid.* La Loy derniere au Code, dit auſſi qu'en ce cas *heres non poteſt repetitione uti, quia videtur voluntatem teſtatoris ſequi* ; & il ne peut plus changer de volonté, au préjudice des legataires, *l. nemo poteſt* 75. *ff. de R. I.*

3 Il faut dire auſſi que ſuivant le droit du Code l'heritier qui auroit payé tous les legs par erreur de droit, ne pourroit pas repeter la falcidie, parce que *juris ignorantia nemini opitulatur,* comme s'il croyoit n'avoir pas droit de la diſtraire : mais ſi c'eſtoit par une erreur de fait, comme s'il croyoit que les biens du Teſtateur fuſſent ſuffiſans pour payer les legs ; enſorte qu'il luy reſtât encore le quart des biens de la ſucceſſion, en ce cas il pourroit diſtraire la falcidie des legs qu'il auroit payez, comme ayant payé une choſe *quæ erat indebita,* c'eſt la diſpoſition de la Loy *error facti. C. d. t.* & de la Loy *in imponenda.* 6. §. *fin.* en ces termes, *nec ſi quid ultra ſolidum heres præſtiterit aut perfecerit, legitimæ computationi præjudicatur* : ce qui ſe doit entendre de l'heritier qui paye par erreur de fait par delà les trois quarts des legs.

Cujas dit qu'il faut lire dans cette Loy *ultrò*, c'est à dire vo- **4**
lontiers, & non pas *ultrà*; cependant dans les Exemplaires il
y a *ultrà*, & je crois qu'il est selon le sens de la Loy, c'est à dire
ultra dodrantem, parce que ce mot *solidum* se prend en ce lieu
pour ce que l'heritier est obligé de payer, quand les biens ne
font pas suffisans pour la distraction de la Quarte, sçavoir les
trois quarts. Si on lit *ultra*, cette Loy n'est pas contraire à cette
Novelle; mais si on lit *ultrò*, elle y est opposée.

C'estoit aussi la disposition du Digeste que l'heritier pouvoit
repeter la Quarte sur les legs qu'il avoit payez *per errorem facti*,
mais que les ayant payez *per errorem juris* la repetition cessoit, *l.*
7. l. 9. §. fin. ff. de jur. & fact. ignor. où il est dit, *qui juris ignoran-*
tiâ legis falcidiæ beneficio usi non sunt, nec possunt repetere; &
c'est de l'heritier qui a payé par erreur de fait, qu'il faut entendre la Loy *quod de bonis. 15. §. non idcirco ff. ad leg. falcid.* La
Loy *si ex pluribus. 16. ff. eod.* n'est pas contraire à cette décision, dans laquelle le Jurisconsulte Scevola dit que si la falcidie
n'a pas esté déduite *ex una re*, elle peut estre déduite entierement *ex alia re*, car elle se doit entendre de l'heritier qui a payé
pareillement un legs entier d'une chose par erreur de droit à un
legataire; c'est pourquoy il est dit qu'il peut déduire sa Quarte
entiere sur un autre legs qui auroit esté fait au même legataire.

L'Empereur deffend donc aux heritiers qui ont la connoissance des biens & des dettes des Testateurs, aprés avoir payé les
legs entiers aux legataires par inadvertance, & sans y prendre
garde, de faire des procez aux legataires qui les ont receus, pour
repeter d'eux ce qu'ils leur auroient payé au préjudice de la falcidie qu'ils avoient droit de retenir : parce qu'ils doivent avant
que l'action soit intentée contr'eux par les legataires pour la delivrance de leurs legs, songer à leurs interests, & faire ce qu'ils
ont droit de faire, c'est à dire retenir la falcidie, & non pas
aprés avoir fait assez de reflexion, changer de volonté, & refuser d'accomplir les dispositions du Testateur, *& non cogitan-*
tem rectè, deinde transferri ad indevotionem, c'est à dire *fieri*
indevotum seu non parentem voluntati testatoris; car ce mot
devotus signifie *qui paret*, selon la Loy *à legatis C. de vectigal.*

Ainsi dans la Preface de cette Novelle, il est dit, *indevoté* **5**
autem & res adeunt, & eas percipiunt, & quod jussum est, non
faciunt; c'est à dire sans executer la volonté du Testateur ils

apprehendent ses biens, & ne font pas ce qu'il a ordonné ; ce mot *indevoté* en ce lieu a presque la même signification que ces mots qui suivent, *& quod est jussum, non faciunt.*

5   Sur la fin de ce Chapitre, l'Empereur excepte quand l'heritier a payé les legs par une erreur de fait, comme s'il arrivoit que des dettes parussent qui auroient esté connuës auparavant, qui diminuënt tellement les biens de la succession que l'heritier ne puisse pas avoir sa Quarte, ou qu'il ne l'ait pas entiere; car en ce cas il a juste sujet d'en pretendre cause d'ignorance, mais quand il connoissoit les biens du Testateur, ce qu'il ne pouvoit pas ignorer par le moyen de l'inventaire qu'il a fait (car autrement *non confecto inventario*, il seroit obligé de payer tous les legs entierement, comme nous avons dit sur le Chapitre 1. de cette Novelle) & s'il a eu aussi connoissance de toutes les dettes, & qu'il n'y en ait point aucune qui ait paru depuis la delivrance des legs, il ne peut pas dire qu'il ne croyoit pas que la succession ne fût pas suffisante, il doit s'imputer de ce que *incauté solverit*, comme dit l'Empereur.

6   Que s'il estoit incertain si les biens d'une succession seroient suffisans pour payer les legs, ensorte que l'heritier fût en danger de n'avoir pas la falcidie, il ne doit pas les payer aux legataires qu'ils ne luy donnent caution de luy restituer ce qui luy faudra pour la falcidie, *tot. tit. ff. si cui plusquam per leg. falcid.*

Ce qui a esté dit dans ce Chapitre est observé dans les païs de droit écrit.

CHAPITRE IV.

Que les legs doivent estre delivrez dans un an.

SOMMAIRE.

in legata intra annum modis omnibus præstentur.

Princip. illud quoque.

L'Empereur ordonne dans le commencement de ce Chapitre, 1 que les contestations qui pourroient survenir touchant les legs & l'execution des autres dispositions testamentaires, soient terminées dans un an : ordonnant ensuite que les legs soient payez dans l'an aprés l'apprehension d'heredité, à compter du jour que l'heritier aura esté sommé en consequence d'une Sentence du Juge qui ordonneroit qu'il en feroit le payement ; & qu'au cas que l'heritier laissât passer l'année entiere sans y satisfaire, il fut décheu de la succession, laquelle passeroit à ceux qui sont declarez cy-dessus, selon l'ordre prescrit par l'Empereur.

§. *Pupillis autem.* 1.

L'Empereur dit dans ce §. que l'Ordonnance contenuë dans 2 cette Novelle ne fait point de tort aux pupilles, lesquels n'auroient pas payé les legs dans l'an, ainsi qu'il est ordonné, parce qu'ils ont deux moyens pour éviter la perte qui leur pourroit arriver par les causes qui sont rapportées cy-dessus, pour lesquelles ils seroient privez de la succession qui leur auroit esté laissée par testament : Ces deux moyens sont qu'ils peuvent se pourvoir par le benefice de restitution, par lequel ils sont remis dans le même estat qu'ils estoient avant qu'ils eussent fait ce qui leur a causé de la lezion. Et qu'ils peuvent s'ils veulent poursuivre leurs tuteurs ou curateurs pour estre indemnisez de la perte qu'ils souffrent par leur negligence.

Il dit ensuite qu'il n'excepte pas de la rigueur de son Or- 3 donnance les patrons inftituez par leurs affranchis ; enforte qu'à faute d'avoir obfervé ce qu'elle prefcrit, il veut qu'ils foient privez de leurs fucceffions, à la referve de la legitime qui leur appartient fur leurs biens, qui eft la troifiéme partie, au cas que l'affranchy decede fans enfans ayant fait un teftament, §. *fed noftra conftitutio.* 3. *Inftit. de fucceffio. libert.* à laquelle cette nouvelle Ordonnance ne déroge point, comme il eft dit en ces termes : *ita ut legatis pura talibus*, c'eft à dire que cette troifiéme partie qui leur eft donnée par la Loy, leur doit demeurer exempte des peines portées par cette Ordonnance; *Talibus, id eft,* *dictis pœnis, quibus heres extraneus privatur totis relictis.* L'Em-

4 pereur donnant le même privilege à la legitime des patrons, qu'à celle des defcendans & des afcendans, laquelle ne peut eftre perduë en vertu de cette Ordonnance, parce qu'elle en eft ex-ceptée, *cap.* 1. §. 1. *fup.*

Ainfi un patron qui n'execute pas ce que fon affranchy l'aura prié de faire après fa mort, comme il eft dit en ces termes, *& aliquid à libertis petiti fuerint*, doit eftre privé de fa fucceffion, en ce qui excede fa legitime, laquelle doit paffer à d'autres felon l'ordre qui a efté prefcrit cy-devant pour les Ingenus.

§. *Quia verò.* 2.

5 L'Empereur dit dans ce §. que cette Ordonnance doit avoir lieu, foit pour les teftamens écrits, ou les teftamens noncupatifs qui fe font *fine fcriptis* : & pour toutes fortes de perfonnes, foit que l'heritier inftitué foit une perfonne privée, ou un foldat, ou qu'il foit dans le Sacerdoce, ou même que ce foit l'Empe-reur.

6 Dans la fin de cette Novelle l'Empereur enjoint à celuy à qui il l'a adreffée, de la faire obferver dans toutes les villes qui font dans fa Jurifdiction, enforte qu'il n'y ait perfonne qui ne reçoi-ve une Loy *quæ neque in paupertate vivere, neque mori in anxie-tate permittit*, laquelle ne veut pas qu'un heritier inftitué dans un teftament, ne foit pas plus riche qu'il eftoit auparavant, puif-qu'elle luy donne un moyen de fe fervir du benefice de la fal-cidie; & ne fouffre pas que les Teftateurs decedent dans l'incer-titude fi leurs dernieres volontez feront executées.

7 Et la raifon pour laquelle il envoye cette Ordonnance au Prefet de l'Orient pour la faire mettre à execution dans cette partie du monde, c'eft que l'Empereur dit qu'il l'a faite pour
tous

tous les hommes, pour l'utilité des vivans, & pour la satisfaction de ceux qui meurent : *Hæc nos ut communiter omnibus profint hominibus, scripsimus; quatenus & viventes relictis potiantur, & deficientes cum securitate moriantur : scientes quia lex eis etiam sepultis ministrabit; & quæcumque illi disposuerint, ad effectum ipsa perducet.*

Des 2. 3. & quatriéme Chapitres de cette Novelle a esté tirée l'Authentique qui suit.

AUTHENTIQUE *sed cùm testator. C. ad leg. falcid.*

Sed cùm testator hoc expressim vetuit, non ignarus quis modus 8 *sit sui patrimonii, cessat falcidia : & si hæres in hoc defuncto non pareat, defertur hæreditas personis enumeratis sub titulo de legatis & fideicommissis.*

Item si hæres quædam legata substantiæ suæ mensuram subtiliter agnoscens, præstat in solidum, neque ex his repetitio, nec ex aliis permittitur retentio, nisi inopinatum quid emergat.

His cessantibus locus est falcidiæ, si fiat inventarium secundum modum tempusque statutum in aditione : Hac quoque adhibitâ observatione, ut in præsentia omnium ipsius civitatis, in qua fiat legatariorum, aut pro eis agentium, si personæ ratio sit habenda, perficiatur, vel siquis absit ex ipsis aut interesse noluerit, succedat præsentia trium testium, itidem ipsius civitatis locupletum & bonæ opinionis, absque præjudicio tamen veritatis inquirendæ per servorum quæstionem & hæredis testiumque jusjurandum: quo non observato, solida legata præstet, & si fines hæreditarios excedant nulla autem quæstionum talium vel litium excedat annum; anno enim culpâ hæredis transacto cadet à relictis.

Il est decidé dans cette Authentique

Premierement, que la declaration expresse du Testateur est 9 requise pour exclure l'heritier de la falcidie.

En second lieu, que si l'heritier contrevient à la volonté du Testateur, en recevant la falcidie, il est privé de tout ce qu'il peut esperer de la succession; & tout l'émolument en appartient aux personnes dénommées dans le Chapitre 1. remarquées cydessus.

En troisiéme lieu, que lors que l'heritier a payé entierement les legs aux legataires, il ne peut plus retenir la Quarte falcidie,

Tome I.   I fi les biens ne font pas fuffifans pour cét effet ; à moins qu'il ne prouve qu'il l'ait fait par ignorance de fait, auquel cas il auroit droit de repeter ce qu'il auroit payé jufques à la quantité de la falcidie ; mais fi il avoit payé les legs par erreur de droit, il ne pourroit rien repeter des legataires pour avoir fa Quarte falcidie , *l. 9. ff. ad leg. falcid. l. penult. in fine ff. de facti & jur. ignor.*

En quatriéme lieu , que fi l'heritier a commencé de payer quelques legs *in folidum*, il peut eftre contraint de payer auffi les autres *in folidum*, la raifon de douter eft, que l'heritier ayant payé quelques legs entiers , les biens de la fucceffion n'eftans pas fuffifans pour les payer tous entierement , & retenir la falcidie, il fe trouve avoir payé une partie du legs qu'il ne devoit pas, en vertu de la difpofition de la Loy falcidie ; & partant il a droit de le repeter par la condiction *indebiti* ; que d'ailleurs les autres legataires ne peuvent pas contraindre l'heritier de leur payer entierement leurs legs, parce que *res inter alios acta , alteri non prodeft* , *l. fæpé 60. ff. de re judic. & tot. tit. C. res inter alios acta, &c.* Celuy qui a donné à l'un n'eft pas pour cela obligé de donner à d'autres ; & celuy qui a fait une remife à un de fes debiteurs, n'eft pas tenu d'en faire aux autres , *l. 82. ff. de R. I. l. 6. §. ult. C. ad leg. falcid. & l. 15. §. 2. ff. eod. tit.*

10

La raifon de la décifion eft , que la condiction *indebiti* ceffe lors que celuy qui ne doit pas, ne laiffe pas de payer, fçachant bien qu'il ne doit pas , parce que *donare videtur* , felon la Loy *cujus ff. de R. I. cujus per errorem dati repetitio eft , ejus confultò dati donatio eft.*

11

D'ailleurs l'heritier en payant quelques legs *in folidum* , eft cenfé avoir voulu executer entierement la volonté du Teftateur, & avoir ainfi renoncé à fon droit, & avoir confenty de payer auffi tous les autres legs *in folidum.*

Il faut excepter fuivant ces termes de cette Authentique, *nifi inopinatum quid emergat* , lors qu'aprés avoir payé quelques legs *in folidum* , il furvient des dettes qui eftoient inconnuës à l'heritier , lefquelles diminuënt confiderablement l'heredité, enforte que l'heritier ne puiffe pas retirer la falcidie. C'eft une erreur de fait qui ne nuit point à l'heritier , fuivant ce qui a efté dit cydeffus.

En cinquiéme lieu , que lors que l'heritier n'a pas fait inventaire , la falcidie ceffe.

Il y a d'autres cas efquels la falcidie ceffe dans les Novelles
119. chapitre 2. & 131. chapitre 12.

PARAPHRASE
DE JULIEN.
SUR LA NOVELLE PREMIERE.

CONSTITUTIO I.

ET. *in Digeftis & in Conftitutionibus didicimus parentibus qui-*
dem & liberis nec non fratribus & patronis certam quandam
portionem, ex noftra deberi fubftantia, quam neceffe eft omni modo
eis relinquere : nifi forté ingrati circa nos apparuerint. Aliæ
autem perfonæ, quæ neque parentibus neque liberis, neque fratribus
neque patronis connumerantur, five ingrati fint, five non, ex
voluntate noftra heredes nobis exiftunt : vel lucrum ex noftro pa-
trimonio capiunt. His itaque perfonis eo modo difcretis, videa-
mus caput Conftitutionis propofitum. Ejus autem vis ac poteftas
talis eft.

1. Si heres legata folvere noluerit.

Si quis parentem, vel filium, vel fratrem, vel patronum
heredem inftituerit, & legatum vel fideicommiffum ab eo legibus
non incognitum alicui reliquerit : fiquidem voluntatem defuncti
fcriptus heres impleverit & fine fruftratione legatum exoleverit:
tunc habeat firmiter hereditatem defuncti, & judicio potiatur
ejus, cujus everti judicium paffus non eft. Sin autem reluctandum
effe voluntati teftatoris exiftimaverit & legatario moras fecerit,
in tantum ut etiam legatarius judicem adeat & admonitricem
fententiam capiat : & tamen nihilominus heres moras fimiliter fa-

I ij

tiat , ut post judicialem calculum annale prætereat spatium : tunc
solam legitimam portionem sibi delatam heres institutus habeat &
reliquam partem amittat. Quæ pars si quidem substitutos habuit
prius ad eos veniat. Sin autem substitutos non habeat : tunc ad
coheredes ipsius veniat. Sin autem nec coheredes habeat, tunc ad
generalem fideicommissarium perveniat. Quod si plures sint gene-
rales fideicommissarii , tunc ei deferatur pars , qui majore ex
parte fideicommisso honoratus est. Quod si nemo ex supra scriptis
personis subsit : tunc ad legatarios pars memorata perveniat. Quod
si nec legatarii sint , tunc ad eos perducatur , quos testator liber-
tate donavit. Quicumque autem ex supradictis omnibus personis
partem sibi delatam amplexus fuerit , ita voluntatem testatoris
omni modo impleat. Ideoque & cautionem præstare eum oportet, quod
omni modo impleturus est ea quæ in testamento defuncti continen-
tur , ordine scilicet hoc observando, ut inter legatarios quidem &
fideicommissarios , generales fideicommissarii cæteris legatariis &
fideicommissariis præferantur. Quod si nullus generalis fideicom-
missarius sit , tunc illi veniant qui majoribus legatis vel fideicom-
missis honorati sunt. Quod si nemo ex his vel potuerit vel noluerit
partem memoratam admittere, tunc illi vocentur quibus testator
libertatem reliquerit , sed non passim , sed secundum ordinem scrip-
turæ vocentur : ut quem primo libertate donaverit , ejus conditio
præcellat , & si primus vel noluerit , vel non potuerit partem
memoratam admittere , tunc ille veniat qui secundo loco liberta-
tem accepit. Hæc , si unus ex parentibus vel liberis, vel fratribus,
vel patronis heres scriptus est. Sin autem heres institutus extra-
neus sit , & moras faciat legatario per totum annale spatium post
judicialem sententiam numerandum; tunc nullam partem, nullum
emolumentum scriptus heres sentiat : Sed & omne quod à testatore
ei præstitutum est, auferatur ab eo & veniat ad eos quos superius
exposuimus secundum eundem ordinem & eandem observantiam:
ita tamen ut eodem modo is qui ad partem vocatur, cautionem præ-
beat , quod omni modo impleturus sit ea quæ in testamento defuncti
continentur. Quod si nemo ex his de quibus locuti sumus appareat:
tunc etiam agnatis sive cognatis defuncti pateat aditus : quamvis
in testamento nulla mentio eorum comprehendatur. Quod si nec tales
personæ appareant , tunc extraneis quibuscunque locus fiat, si ve-
lint hereditatem suscipere, & de implenda voluntate testatoris ca-
vere. Quod si nec talis extraneus inveniatur qui defuncti successio-
nem cum supradicta cautione suscipiat , tunc fisco res vindicentur,

scilicet & ipso voluntatem testatoris impleturo. Illud autem certum est quod si filius à patre in testamento justè exheredatus sit, neque ex ipso testamento, neque ab intestato lucrari aliquid poterit occasione hujus Constitutionis. Omnem autem qui ex hâc lege ad rerum vindicationem vocantur ; omnia jura heredum habeant, id est jus aditionis & pro herede gerendi, & conveniant & conveniantur. Omnibus quæ diximus obtinentibus, & si non ab herede, sed à legatario vel fideicommissario, & fortè ab eo qui mortis causâ quid accepit dari fierive testator noluit, id est, ut ordo vocationis incipiat quidem à substitutis legatarii, desinat autem in publicum.

2. Ad legem falcidiam.

Si quis ab aliquo scriptus heres in testamento fuerit, in quo legata vel fideicommissa relicta sunt : timeat autem ne fortè legata vel fideicommissa legatariis vel fideicommissariis relicta totam substantiam defuncti exhauriant, ut ipse nihil ab hereditate sibi delata lucretur : ergo si velit falcidiæ legis emolumentum integrum sibi servari, faciat inventarium rerum quas testator sibi dereliquerit præsentibus legatariis & fideicommissariis, qui scilicet in eadem civitate degunt : nisi fortè propter sexum quod fæminæ sunt, vel propter dignitatem, vel propter morbum, vel propter ætatem vel vincula, vel propter aliam necessariam causam, præsto esse impediantur : tunc enim illos repræsentari oportet in conscriptione inventarii, qui negotia eorum legitimè administrant, quod si omnino præsto non sint legatarii sive fideicommissarii, tunc testes adhibeantur tres, quorum & fides & opinio probata est. Testes autem ex ea civitate esse oportet in qua conficitur inventarium, & sub conspectu eorum atque præsentia inventarii procedat confectio. Solis etenim tabulariis in ea causa non credimus. Quod si postea reversi fuerint legatarii & quasdam res ab hæredibus subreptas esse putaverint easque celatas, & in inventario non insertas, liceat eis per tormenta servorum hereditariorum veritatem requirere, & fraudes heredum manifestare, scilicet & ipsis heredibus nihilominus cogendis jusjurandum subire, quod nullo modo in conscribendo inventario dolosè versati sint ; & testibus similiter compellendis sacramentum præstare, quod de nulla fraude conscii sunt scriptis heredibus. Hæc si legatarii præsentes sint, & hi veniant, vel homines eorum interveniant, vel absentibus eis tres bonæ opinionis testes repræsentati fuerint. Quod si legatarii præsto quidem fuerint, ipsi autem venire, vel homines suos mittere ad inventarium conscribendum noluerint: tunc autem libera licentia pateat heredi trium testium adhibenti testimonium inventarium facere, nullo à legatariis obiiciendo posteà obstaculo si noluerint & in hoc casu per tormenta servorum hereditariorum, vel per sacramentum heredis sive testium veritatem manifestare: & is quidem heres qui hæc omnia observaverit, legis falcidiæ beneficium retinebit. Quod si nec fecerit inventarium, nec supradictam observantiam custodierit; sciat se omnia legata, omnia fideicommissa legatariis vel fideicommissariis soluturum, quamvis non sufficiat testatoris substantia, ut interdum etiam de suo præstare legata vel fideicommissa cogatur. Tota autem ista disceptatio toties locum habebit, quoties testator ignorans facultatum suarum modum legata vel fideicommissa ampla reliquerit. Alioquin si sciens quantum habeat patrimonium, & specialiter expresserit, ut non liceat heredi falcidiæ legis beneficio uti: necesse est voluntatem ipsius tenere: & si quidem adire maluerit hereditatem ejus is, quem heredem sibi scripserit omni modo legata atque fideicommissa persolvat sine quadam diminutione, nullum habiturus lucrum nisi pietatem solam, scilicet quod voluntati testatoris gratis obtemperavit. Sin autem repudiaverit hereditatem, locus fiat substitutis, & post substitutos coheredibus, & post substitutos coheredibus & post heredes fideicommissariis generalibus, & post generales fideicommissos legatariis, & post legatarios eis qui libertate donati sunt: postque eos qui libertate donati sunt, ab intestato venientibus agnatis sive cognatis & his non apparentibus extraneis; & post extraneos publica.

3. De legatorum exæquatione.

Nullam licentiam scriptus heres habeat quibusdam legatariis solida legata persolvere, quibusdam ex parte præstare, quibusdam non: Sed omnibus pro rata portione solvat sive in solidum, sive in partem æquitatis ratione conservanda. Vel enim cognoscens ab initio modum substantiæ, diminuere legata non debet: vel si quibusdam solida legata persolverit, omnibus implere debebit: nisi forte aliquid mirabile extiterit quod deminuat testatoris substantiam.

4. Ut legata intra annum præstentur.

Intra annum modis omnibus relictum præstetur legatum, initium autem anni esse oportet illud tempus , quo ex definitiva judiciali sententia reus admonitus est propter legati solutionem. Anno autem per culpam heredis transacto , heres qui legata non solverit, hereditatem testatoris amittat : & locus fiat illis personis , quarum supra fecimus mentionem , scilicet ab annali spatio impuberibus vel adolescentibus nullo præjudicio generando. Hi enim duplici via muniti sunt , nam & restitui in integrum possunt , & competentem actionem adversus tutores suos vel curatores dirigere. Ea autem quæ diximus , teneant sive in scriptis , sive sine scriptis testamentum, sive voluntas proferatur ; & in omni autem persona teneant , id est , sive militaris , sive religiosa , sive imperialis. Dat. Kal. April. consulatu Celisarii.

TITRE DEUXIE'ME.

Du choix des femmes qui se remarient , de l'alienation & du gain de la donation ante nuptias *, & de leurs successions à l'égard de leurs enfans.*

DEUXIE'ME NOVELLE.

PREFACE ET CHAPITRE PREMIER.

De l'abrogation du choix.

SOMMAIRE.

DE *non eligendo secundò nubentes mulieres* ; c'est une phrase qui n'est pas Latine, car *secundò nubentes mulieres* est un accusatif qui se convertit en nominatif, de même que dans le Pseaume 101. *vers.* 23. il est dit, *in conveniendo populos in unum, & Reges ut serviant Domino,* pour dire, *ut populi conveniant in unum,* &c. Il faut retourner ces termes, *ut mulieres secundò nubentes non eligant.*

Ce titre est divisé en six parties, qui sont la Preface & cinq Chapitres, que nous expliquerons selon leur ordre.

Dans la Preface de cette Novelle, l'Empereur dit, que la diversité des affaires & des contestations qui se sont presentées entre les particuliers, a donné sujet aux Legislateurs avant luy de faire plusieurs Ordonnances ; & que luy reduisant toute la science des Loix dans un meilleur ordre, il a presque reformé toute la Republique, par les Constitutions qu'il a faites, soit à la solicitation de ceux qui en avoient besoin, ou par les questions qui s'agitoient dans les Tribunaux, & que c'est ce qui a donné lieu à l'Ordonnance contenuë dans ce Titre, faite sur la contestation qui luy a esté proposée par une femme nommée Gregoire, qui est rapportée dans cette Preface, avec les raisons de part & d'autre.

Cette femme presenta Requeste à l'Empereur, disant qu'elle avoit esté mariée, que son mary estoit mort, & qu'il luy estoit resté deux enfans de ce mariage, un fils & une fille ; & qu'ayant tout sujet de se loüer du procédé de son fils en son endroit, elle avoit crû devoir reconnoistre & honorer son amitié de quelque bien-fait ; & que pour cette raison, quoy qu'elle ne convolât pas à d'autres nopces, neanmoins elle rendoit à ce fils la proprieté de la donation *ante nuptias* qui luy avoit esté faite par son mary, en se reservant l'usufruit de la chose donnée ; qu'ensuite par la mort de ce fils, arrivée avant qu'elle eût passé en secondes nopces, la proprieté de cette donation luy estoit retournée.

Cependant la pretention de cette femme, qui vouloit que la proprieté de cette donation luy appartint, se trouvoit mal establie, & contraire à l'ancienne Ordonnance appellée Senatusconsulte Tertullian, §. *soror. Institut. de SC. Tertull.* & à celle de l'Empereur Justinien, *l. fin. C. ad SC. Tertull.* par lesquelles les meres sont appellées avec les sœurs du deffunt à la succession de leur enfant, pour la partager entr'elles également.

K

Ce qui faifoit le fondement de la difficulté, eft que cette mere s'eftoit remariée depuis la donation qu'elle avoit faite à fon fils de la proprieté feulement, & depuis la mort de fon fils, elle avoit fait paffer en la perfonne de fon fecond mary l'ufufruit de la chofe qui luy avoit efté donnée *ante nuptias* par fon premier mary.

Ce mot *defcendit* n'eft pas Latin en cét endroit, il fe prend pour *tranftulit.*

La fille par cette raifon foûtenoit, que la proprieté de la chofe qui avoit efté donnée à fon frere, luy devoit appartenir, non feulement pour la moitié en laquelle elle eftoit heritiere de fon frere, mais pour tout ce que fon pere avoit donné à fa mere, parce qu'une mere qui convoloit en fecondes nopces, n'avoit en aucune maniere la proprieté des chofes qui luy avoient efté données par fon mary, *dicens nullam fiduciam habere, matrem, &c.* c'eft une façon de parler affez impropre, c'eft à dire, qu'il n'y avoit aucune feureté qu'une mere eût la proprieté, &c. pour dire au contraire qu'il eftoit certain qu'une mere, &c.

La mere répondoit que la chofe qu'elle avoit donnée à fon fils, ne devoit plus eftre confiderée comme une donation qui luy avoit efté faite *ante nuptias* par fon premier mary, mais qu'ayant efté confufe dans le patrimoine de fon fils, & faifant ainfi une partie de fa fucceffion, elle avoit la proprieté de la moitié d'icelle, *jure hereditario*, & l'ufufruit du total, parce qu'elle ne luy avoit fait donation que de la fimple proprieté *retento ufufructu*, & que la caufe de fa poffeffion eftoit changée, & qu'elle poffedoit par droit de fucceffion ce qu'elle avoit ceffé de poffeder par donation *propter nuptias.*

Il y avoit encore une autre queftion, comme il eft dit *verf. & non folùm*, fçavoir que la fille pretendoit contre fa mere, que la fucceffion entiere de fon frere luy devoit appartenir, & la mere vouloit avoir la moitié, à laquelle l'Empereur admet la mere quand elle concourt feulement avec fa fille, fœur du deffunt, n'y ayant plus de fils par lequel elle puiffe eftre exclufe, *l. fin. C. ad Tertullian. & d. §. foror.*

La fille fondoit fa demande fur des anciennes Ordonnances, difant que fi fa mere n'avoit point paffé en fecondes nopces, elle auroit raifon de pretendre la moitié de la fucceffion de fon fils, *d. §. foror.* mais que s'eftant remariée, elle devoit eftre privée de tout ce qui eftoit écheu à fon frere par la fucceffion de fon pere.

La raison estoit, que si le fils estoit mort aprés les secondes nopces de sa mere, il est certain que ses biens du costé de son pere auroient pour le tout appartenu à la sœur, laquelle en auroit eu la proprieté entiere, par la disposition de deux Ordonnances qui l'ont ainsi ordonné: La premiere est la Loy *fæminæ in si. C. de secund. nupt.* qui porte, que si la mere se remarie, & que le fils decede aprés, ses biens à luy écheus de la succession de son pere, doivent estre reservez aux enfans du premier lit: La deuxiéme est la Loy *mater. in fine C. ad Tertullian.* par laquelle il est ordonné, que si la mere se remarie aprés la mort de son fils auquel elle a succedé en pleine proprieté pour sa portion dans les biens paternels, elle n'a que l'usufruit de ces biens à cause de ses secondes nopces.

La mere répondoit, que ces Ordonnances estoient trop rigoureuses, & que leur severité meritoit d'estre moderée par la clemence avec laquelle l'Empereur s'estoit toûjours comporté dans la reformation des Loix. Elle adjoustoit qu'elle se servoit de son Ordonnance, laquelle n'estoit pas reformée par ces deux Ordonnances susdites, sçavoir la Loy derniere *C. ad SC. Tertullian.* par laquelle la mere qui ne s'est pas remariée, est admise avec les fils & filles *in portionem virilem* à la succession de ses enfans, mais que celle qui a passé en secondes nopces, en est excluse.

Elle disoit encore pour troisiéme raison, que le fait dont il s'agissoit estoit particulier, & n'estoit point decidé par les Loix que sa partie avoit alleguées au contraire, parce qu'ayant exercé sa liberalité de la donation *ante nuptias* envers son fils par le choix qu'elle avoit fait de sa personne, ainsi qu'il luy estoit permis par la Loy *fæminæ 3. in princ. C. de secund. nupt.* il y avoit plus lieu de dire que par sa mort elle reprenoit une partie de la donation qu'elle luy avoit faite, que de pretendre qu'elle fit un gain qui n'estoit pas raisonnable, & qu'elle ne dût pas faire.

L'Empereur ayant ainsi proposé cette espece, dit qu'aprés avoir examiné les fondemens de ces Constitutions, le choix que les peres & meres avoient de disposer en faveur de qui ils vouloient de leurs enfans, les biens qu'ils avoient acquis par la liberalité de leurs premieres femmes ou de leurs premiers maris, & avoir fait reflexion sur les successions des enfans entre le survivant des pere & mere, & leurs freres & sœurs, il avoit crû devoir faire une Ordonnance qui servît de Loy generale à tout le monde, pour decider ces contestations ; Que neanmoins il ne vouloit pas permettre indistinctement & confusément aux meres de laisser à qui elles veulent de leurs enfans les avantages qu'elles ont receu de leurs premiers maris, mais qu'il faut observer dans cette chose l'ordre qui suit, sçavoir que si la mere passe en

5 secondes nopces, deslors la proprieté de la donation *ante nuptias* qu'elle aura receuë de son mary appartient à ses enfans, elle en ayant seulement l'usufruit sa vie durant, sans qu'elle puisse choisir un de ses enfans pour le gratifier de cette donation au préjudice des autres, ainsi qu'il estoit permis par la Loy *generaliter.* §. *in fi. C. de secund. nupt.* à laquelle cette Novelle déroge en ce Chapitre, par la raison qu'il en rend, *quoniam omnibus simul secundis nuptiis fecit injuriam.*

6 L'Empereur decide en consequence de cette Ordonnance la question qui s'estoit presentée entre la mere & la fille, ordonnant que la proprieté entiere de la donation *ante nuptias* appartiendroit à la fille, & que la mere en auroit l'usufruit pendant sa vie, parce que l'usufruit ne se peut perdre que par la mort de l'usufruitier, & que les secondes nopces ne sont pas un moyen d'en causer l'extinction, selon la Loy *corruptionem.* 16. *C. de usufr.* dont l'Empereur fait mention dans ce Chapitre. De sorte que si la mere predecedoit, la fille auroit la pleine proprieté de cette donation, le droit que la mere y avoit estant entierement éteint par sa mort. Mais si au contraire la mort de la fille prevenoit celle de sa mere, la mere reprendroit le gain qui luy auroit esté fait par son mary, sous cette clause qu'au temps de sa mort il n'y auroit aucuns enfans issus de leur mariage. Et les autres biens appartenans à cette fille passent par sa mort à ses heritiers ; comme il est decidé par la Novelle 118. *inf.*

7 C'est l'usage du Parlement de Tholoze & des païs de droit écrit, que le survivant qui s'est remarié, ne peut pas disposer des avantages qu'il a receus du predecedé, au profit de qui il veut de ses enfans du premier lit, mais tels avantages doivent estre reservez, pour estre divisez également entr'eux, comme il a esté jugé au Parlement de Bordeaux par Arrest prononcé en Robes rouges le 13. Aoust 1588. rapporté par Automne sur l'Authentique *lucrum C. de secund. nupt.* Ce qui est aussi observé dans toutes nos Coustumes, par la disposition de l'Edit des secondes

8 nopces, qui veut que tels avantages soient reservez aux enfans du premier lit. Neanmoins si cette élection avoit esté donnée

au furvivant par le predecedé , foit par contract de mariage, par derniere volonté , ou autre difpofition , comme fi le furvivant avoit efté inftitué heritier par le predecedé , à la charge de rendre la fucceffion à qui il voudroit de fes enfans , en ce cas il ne feroit pas privé du choix qui luy auroit efté donné , comme il a efté jugé par Arreft du Parlement de Tholoze du mois de May 1588. au profit d'un enfant qui avoit efté éleu par fon pere qui avoit convolé en fecondes nopces , Mainard livre 3. chapitre 80. & livre 6. chapitre 9.

Par autre Arreft de Caftres du 9. Septembre 1641. il a efté jugé en faveur d'une mere , à laquelle le mary par contract de mariage avoit donné le choix , dont elle ne fut pas privée pour s'eftre remariée.

La raifon eft , que le furvivant qui eft chargé de rendre les biens du predecedé à celuy des enfans qu'il voudra , en faifant le choix , ne rend pas les biens aux enfans pour peine des fecondes nopces , mais pour executer la volonté du deffunt , lequel a voulu que fon heredité ne fût point partagée entre fes enfans , mais qu'elle fût baillée toute entiere à l'un d'iceux.

C'eft le fentiment commun des Docteurs , que le choix que le predecedé des conjoints a donné au furvivant d'élire un de leurs enfans pour heritier en fes biens , ne fe perd pas par les fecondes nopces ; La raifon eft , que le droit d'élire ne donne aucun avantage ny droit de proprieté ou de joüiffance dans les biens de celuy qui a donné le choix , il ne fait que prêter fon miniftere , fuivant ce qui eft porté en la Loy *unum ff. de legat.* 2. en ces termes : *Facultas neceffariæ non eft propriæ liberalitatis beneficium; quid enim eft quod de fuo videtur reliquiffe , qui quod reliquit omni modo reddere debuit?* Le même Jurifconfulte , qui eft Papinian en la Loy *cùm pater.* §. *hereditatem ff. de legat.* 2. parlant d'un fils chargé de reftituer au jour de fon deceds à fes enfans , ou à celuy d'entr'eux qu'il voudroit , & ayant efté condamné à la deportation , il refoud *eligendi facultatem non effe pœnâ peremptam , nec fideicommiffi conditionem aut mortem filii heredis exifteré;* quoy que la deportation emporte la mort civile, & rende incapable de tous effets civils ceux qui y font condamnez.

Cujas au livre 3. de fes Obfervations , chapitre 10. rend pour raifon de cette refolution , que la faculté d'élire , *non in jure confiftit , fed in facto,* & que , *ea quæ facultatis funt , fed in facto confiftunt , deportatione non amittuntur;* d'où l'on peut conclure

K iij

que cette faculté n'eſt pas perduë par les ſecondes nopces. C'eſt le ſentiment des Docteurs, & la Juriſprudence des Arreſts, voyez *infrà* la Novelle 22. chap. 25.

CHAPITRE II.

De l'alienation de la dot ou de la donation à cauſe de nopces faite au profit d'un étranger.

L'Empereur dit qu'il a fait l'Ordonnance contenuë dans ce Chapitre ſur un ſujet qui arrive ſouvent, & qui n'a pas encore eſté déterminé par aucune Loy, ſçavoir ſi une mere qui n'a pas encore paſſé en ſecondes nopces, aliene par donation ou par une autre maniere, non pas au profit de ſon fils, mais d'un étranger, une partie de la donation *ante nuptias*, ou une choſe particuliere compriſe dans cette donation, ou même la donation entiere, & qu'enſuite elle ſe remarie, l'alienation eſt infirmée? Par ce ſecond mariage telle alienation eſt infirmée, mais non pas en tous cas; enſorte que pour mieux dire, cette alienation demeure en ſuſpens, eſtant incertain ſi elle obtiendra ſon effet dans la ſuite, ou ſi elle demeurera entierement inutile: car s'il reſte des enfans au temps de la mort de la mere, cette alienation

fera infirmée pour le tout, la Loy tranſportant la pleine proprieté de cette donation aux enfants iſſus du mariage, ſans s'informer
ny avoir aucun égard à ce que leur mere auroit fait à leur préjudice au profit d'un étranger.

Que ſi ces enfans, qui eſtoient vivans au temps de l'alienation,
decedent avant leur mere, l'alienation reprendra ſes forces pour
valoir, conformément à la convention de gain portée par le contrat de mariage, au cas qu'il n'y eût point d'enfans lors de la
mort du ſurvivant des conjoints, comme s'il eſt convenu par
le contrat de mariage, qu'au cas qu'il n'y ait point d'enfans communs, le ſurvivant gagnera la proprieté des deux tiers de la donation ou de la dot, en ce cas la mere n'auroit pû aliener que juſques aux deux tiers ; enforte que la proprieté de l'autre tiers
appartient aux enfans, de laquelle l'alienation faite par la mere
eſt infirmée, que les enfans en mourant tranſmettent à leurs heritiers, ſelon l'Ordonnance de l'Empereur contenuë dans le Chapitre precedent *in fine.*

Ainſi l'alienation ſe trouvera valable en partie, & ſans effet
pour l'autre, ſçavoir pour celle qui doit paſſer aux ſucceſſeurs
des enfans, & partant ſi c'eſt la mere, cette alienation ſera valable pour le tout ; *Secus* ſi les enfans ont laiſſé d'autres heritiers que leur mere, comme s'ils ont inſtitué d'autres perſonnes
pour leurs heritiers.

L'Empereur declare dans la fin de ce Chapitre, que les pei- 3
nes portées contre les ſecondes nopces regardent également le
mary & la femme ; c'eſt pourquoy ce qui a eſté dit de la donation *ante nuptias* à l'égard de la femme, doit avoir lieu pour la
dot à l'endroit du mary.

De ce Chapitre & de la Novelle *de nuptiis inf. cap. quoniam
infimas,* eſt tirée l'Authentique *ſed & ſi quis,* qui ſera rapportée
cy-aprés au Chapitre *quoniam infimas.*

Par l'Edit des ſecondes nopces qui eſt conforme aux Loix Ro- 4
maines, au ſecond chef il eſt porté que les femmes veuves qui
ſe remarient, ſont tenuës reſerver aux enfans communs d'entr'elles, les biens & les avantages qu'elles ont receu de leurs maris
decedez ; d'où il s'enſuit que conformément à cette Novelle &
à cét Edit, les alienations de ces avantages qui auroient eſté faites auparavant, ſont revoquées & entierement nulles, & comme
non faites, par un effet retroactif ; mais ſi les enfans viennent
à deceder, les alienations ſont renduës valables ; ainſi par Arreſt 5

donné en la cinquiéme Chambre des Enqueftes, au rapport de Monfieur Fouquet le 27. Mars 1604. au procez des Bellangers, il a efté jugé, que le pere fe remariant ne perd point la proprieté des chofes données, & que ce mot *referver* marque feulement que c'eft *res reftitutioni obnoxia*, ce qui dépend de l'évenement, enforte que l'alienation eft valable, fi au temps du deceds du pere tous les enfans eftoient decedez ; ce qui a efté ainfi jugé par autre Arreft du 27. Aouft 1672. cité en mon Commentaire fur l'article 279. de la Couftume de Paris ; ce qui a efté jugé de même au Parlement de Tholoze ; voyez *infra* fur la Novelle 22. chap. 26.

6   La peine portée par le fecond chef de l'Edit eft commune aux hommes & aux femmes ; à l'égard de la peine portée par le premier chef, fçavoir touchant l'avantage fait au fecond mary, des biens propres de la femme, l'Edit ne l'impofe qu'à la femme, & non au mary ; cependant les Arrefts des Parlemens du Royaume l'ont étenduë aux hommes.

7   Pareillement, quoy que la Couftume de Paris, laquelle en l'article 279. prohibe feulement la femme de difpofer aucunement des conquefts faits avec fes precedens maris, au préjudice des portions dont les enfans des premiers mariages peuvent amender de leur mere, & qu'elle ne parle point du mary, neanmoins cette difpofition a efté étenduë aux maris ; c'eft le fentiment de Bacquet au Traité des droits de Juftice, chapitre 21. num. 350. & des Commentateurs de la Couftume de Paris fur cét article ; ce qui a efté jugé ainfi par Arreft donné en la cinquiéme Chambre des Enqueftes, au rapport de Monfieur le Boultz le 10. Juillet 1656. entre les enfans du premier lit de Monfieur Poitevin, premier Préfident en la Cour des Monnoyes, d'une part, & Monfieur de Saint Genis, Maiftre des Comptes, & Dame Catherine Godat fa femme, auparavant femme en premieres nopces de Monfieur Poitevin, rapporté par du Frefne.

CHAP.

CHAPITRE III.

De la succession du fils decedé inteſtat ; *ou comment les peres & meres qui ſe remarient, ſuccedent à leurs enfans.*

L'Empereur dans ce Chapitre fait une Ordonnance generale pour regler la ſucceſſion des enfans qui decedent *ab inteſtat,* & empeſcher qu'il ne ſurvienne à l'avenir aucunes conteſtations

Tome I. L

fur ce fujet entre les peres & meres & les enfans, décidant par ce moyen la queſtion qui fe trouvoit agitée entre la mere & la fille, pour ſçavoir à qui la ſucceſſion du fils devoit appartenir.

2 Cét Empereur ordonne donc que les enfans, fils ou filles, pourront teſter de tous leurs biens (excepté de la donation *ante nuptias*, dont il fera parlé cy-aprés) au profit de qui ils voudront, enforte même qu'ils pourront inſtituer leur mere, & que leur mere pourra fe plaindre contre leur teſtament, & le debattre comme inofficieux, au cas qu'elle y ait eſté paſſée fous filence, ou déſheritée fans une cauſe legitime.

3 Que fi le fils decede *inteſtat*, & qu'il laiſſe des enfans, tous fes biens leur appartiennent, *reſervans illius partem* : mais s'il ne laiſſe en mourant aucuns enfans, la mere luy ſuccede avec les freres & ſœurs du deffunt, foit qu'elle fe remarie ou non, ſuivant l'Ordonnance faite par l'Empereur, par laquelle la mere ſuccede également avec le frere du deffunt ; mais quand elle concourt feulement avec fes ſœurs, elle emporte la moitié de la ſucceſſion, & l'autre demeure aux ſœurs du deffunt pour eſtre partagée entr'elles, *l. fin. C. ad SC. Tertullian. & §. penult. Inſtit. eod. tit.*

4 Mais l'Empereur a changé cette Juriſprudence, voulant que la mere ſuccedât à fes enfans également avec les ſœurs du deffunt, par la Novelle *de nuptiis inf. §. quoniam*, & par la Novelle *de hered. ab inteſt. inf. §. fi verò cum aſcendentibus.*

5 L'Empereur a voulu que la mere ſuccedât à fon fils avec les freres & les ſœurs du deffunt *in virilem*, & qu'elle eût la pleine proprieté de la portion en laquelle elle luy ſuccederoit, fans eſtre obligée à la laiſſer à fes autres enfans, en cas qu'elle convole en autres nopces, ainſi qu'il eſtoit porté par la Loy *fœminæ. §. fin. C. de fecundis nupt.* laquelle eſt abrogée en cette partie par cette Novelle.

6 La raiſon que rend l'Empereur de fon Ordonnance, eſt que la crainte d'encourir cette peine, & de ne pouvoir diſpoſer de la portion qui luy viendroit dans la ſucceſſion de fes enfans, pourroit la détourner de contracter un legitime mariage, auquel elle prefereroit peut-eſtre une conjonction illegitime & honteuſe: *Nec enim majores adverſus mulieres, quæ ad fecundas veniunt nuptias, facimus ; neque ex hac eas ad neceſſitatem deducimus amaram, & noſtrorum temporum indignam, ut metu caſtarum nuptiarum (licet fecundæ fint) ab his quidem abſtineant, & deſcendant ad quaſdam interdictas permixtiones ; & forſan etiam ad*

feruorum corruptiones. Et quoniam non licet legaliter caſté viuere,
contra leges luxurientur ; c'eſt à dire, & puiſqu'elles ne peuvent
pas vivre chaſtement en obſervant les Loix qui leur deffendent
les ſecondes nopces ſous differentes peines, elles s'adonnent à
l'intemperance contre la diſpoſition des Loix, aimant mieux mener une vie honteuſe, que de ſe mettre au hazard de perdre les
avantages qu'elles pourroient avoir par la mort de leurs enfans.

C'eſt cette raiſon qui a obligé l'Empereur à faire cette No- 7
velle, & à déroger par ſa diſpoſition à la Loy *fœminæ in fi.*
qui parle de la ſucceſſion des enfans, qui decedent aprés les ſecondes nopces de leurs meres ; & à abroger auſſi la Loy *mater.*
C. ad S'C. Tertullian. où il eſt traité des meres qui ſe remarient,
& qui perdent quelques-uns de leurs enfans avant leurs ſecondes
nopces ; car en ce cas elles n'ont que l'uſufruit de la portion qui
leur eſtoit écheuë de la ſucceſſion de leurs enfans provenant des
biens paternels, la proprieté en eſtant reſervée aux autres enfans. De ſorte que par cette Novelle la mere qui a ſuccedé à un de 8
ſes enfans avec les freres & ſœurs du deffunt, a la proprieté pleine
& entiere dans la portion qui luy eſt écheuë, quoy que dans la
ſuite elle paſſe en ſecondes nopces. Ce qui decide la queſtion
qui a donné occaſion à cette Ordonnance, en faveur de la mere
qui ſuccede en pleine proprieté avec ſa fille en la moitié de la
ſucceſſion de ſon fils, ſans qu'elle la puiſſe perdre pour contracter
un autre mariage.

Cependant l'Empereur a fait une autre Ordonnance qui eſt 9
dans la Novelle 22. *de nuptiis*, par laquelle il fait diſtinction
entre les biens profectices & les biens adventices, admettant la
mere en la proprieté de la portion des biens adventices, en laquelle elle ſuccede à ſes enfans, quoy qu'elle ſe remarie : mais il ne
luy donne que l'uſufruit de la portion des biens profectices au
cas des ſecondes nopces ; comme il ſera dit ſur cette Novelle §. 49.

L'Empereur dit enſuite qu'on ne ſçauroit trop loüer une fem- 10
me qui s'abſtient des ſecondes nopces ; mais que ſi la chaleur de
la jeuneſſe ne luy permet pas de vivre dans la continence, il ne
faut pas luy interdire l'uſage des Loix communes, & qui ſont
eſtablies pour l'utilité d'un chacun, & qu'il eſt plus à propos
qu'elle vive honneſtement dans un ſecond mariage, que de mener
une vie honteuſe & luxurieuſe ; c'eſt pourquoy il faut auſſi qu'elle joüiſſe de la ſucceſſion de ſes enfans ; ce qui luy donnera occa-

sion d'aimer plus fortement les enfans qui luy resteront de son premier : *Optimum itaque est atque laudabile & dignum oratione, ut mulieres ita se honesté tractent, quatenus quæ semel ad vivum venerunt : servent inviolatum morientium torum, & hujusmodi mulierem & miramur pariter & laudamus, & non procul à virginitate ponimus. Sin autem non valuerit (cùm forsitan & juvenis hoc non patiatur, nec possit contra fervorem naturæ resistere) non est torquenda propter hoc ; nec interdicendæ sunt ei communes leges, sed ad viri alterius veniat nuptias honesté, & omni luxuriâ abstineat, & fruatur successione filiorum. Sic enim eos adhuc amplius diliget, & non quasi quosdam odibiles respiciet, pœnis subjecta amaris.*

11 L'Empereur marque encore *vers. sicut enim patres,* une autre raison qu'il a eu pour faire cette Ordonnance, qui est que les peres n'estoient point privez de la succession de leurs enfans par aucune Loy, quoy qu'ils passassent en secondes nopces ; c'est pourquoy il n'a pas crû qu'il y eût plus de sujet d'en exclure les meres, soit que la mort de leurs enfans arrive avant qu'elles ayent passé en secondes nopces, ou aprés.

Il adjouste que delà il s'ensuivroit une absurdité, qui est que si la mere estoit excluse de la succession de ses enfans pour contracter un second mariage, elle seroit aussi excluse de leur succession, quoy qu'ils mourussent tous sans descendans ; de sorte que leur succession passeroit à des collateraux éloignez, à son exclusion par une tres-grande inhumanité ; ainsi ce seroit en vain pour elle qu'elle mettroit au monde des enfans, qu'elle prendroit la peine de les nourrir & de les élever, *inhumané ab eorum expellitur successione ; frustrà quidem patiens, frustrà simul & nutriens, propter legales nuptias subjecta pœnis ; & succedent quidem illis aliqui ex longa cognatione, mater autem irrationabiliter expellitur. Quapropter & ipsa succedat filiis, & sit hæc lex clemens & mitis, matres filiis concilians.*

12 La disposition de ce Chapitre est observée dans les païs de droit écrit, suivant ce que nous avons dit sur la Novelle 22. §. 46. où le Lecteur aura recours : mais pour ce qui est de l'usage de la France coûtumiere, il faut observer, que quoy que la mere ait convolé en secondes nopces, elle succede à ses enfans dans tous leurs meubles, acquests & conquests immeubles au defaut d'enfans, à l'exclusion des

13 freres & sœurs des decedez, suivant l'article 311. de la Coustu-

me de Paris; & que quant aux propres elle n'y succede point, parce que par l'usage de la France coûtumiere, les propres passent 14 aux heritiers collateraux du costé & ligne, à l'exclusion des ascendans qui ne sont pas de la ligne: Pour ce qui est des avantages reservez aux enfans à cause des secondes nopces, elle n'en peut rien prendre, par deux raisons: La premiere, que la proprieté de ces avantages ne passe aux enfans qu'aprés le deceds de la mere qui a convolé, ainsi qu'il a esté dit cy-dessus; l'autre, parce que quand même ces avantages appartiendroient aux enfans en proprieté dés le jour des secondes nopces, la mere n'y pourroit point succeder par le deceds d'un de ses enfans en la portion qui luy en appartenoit, veu que ce seroit un propre paternel, auquel la mere ne pourroit point succeder; mais cette derniere raison n'a pas lieu, parce que la proprieté des avanta- 15 ges n'est transferée aux enfans qu'au jour du deceds.

L'Empereur pour finir son Ordonnance sur ce point, conclud, *vers. colligentes igitur,* qu'il n'y aura point à l'avenir de difference entre le mary & la femme pour la succession de leurs enfans, & que les peines qui sont imposées aux meres qui se remarient, par lesquelles elles sont privées de la proprieté de la donation *propter nuptias,* ont lieu aussi à l'égard du pere qui se remarie, pour la dot de sa premiere femme, dont la proprieté doit appartenir aux enfans du premier lit. Et qu'enfin le pere & la mere viennent pareillement & sans aucune distinction à la succession de leurs enfans, suivant les questions qui se presenteront pour l'un ou pour l'autre.

Par l'ancienne Jurisprudence les maris n'estoient point sujets aux peines des secondes nopces par la raison de la Loy *lex quæ tutores. C. de administrat. tut. lex enim, inquit, contra fæminas immoderatas atque intemperantes prospexit minoribus, quæ plerumque novis maritis non solùm res filiorum, sed etiam vitam addicunt;* ce qui n'est pas présumé en la personne des maris, suivant la Novelle 7. de Theodose *de patr. sive matron. bon.* & la 2. §. *ult. C. Theodos. de secund. nupt.* en laquelle Theodose le grand conseille seulement aux maris qui ont des enfans, de ne se marier pas, *similiter, inquit, admoneri maritos volumus & pietatis & legis exemplo, quos etsi vinculo non adstringimus, velut impositæ severiùs sanctionis, religionis tamen jure cohibemus, ut sciant id à se promptius sperari contemplatione justitiæ, quod necessitate propositæ observationis matribus imperatur; ne si ita neceſſitas erit, circa eorum perſonam ſubſidio ſanctionis exigi ab eis oporteat, quod optari interim ſperarique condeceat.*

C'eſt auſſi l'advis de Cujas ſur la Novelle 22. que les maris n'eſtoient pas autrefois ſujets aux peines des ſecondes nopces, & il allegue la Loy 2. §. *ult. C. Theodoſ. nam ſuadet, inquit, tantùm Theodoſius Magnus, ut & mares abſtineant ſecundis nuptiis, extantibus liberis, ſuaſio legis non eſt conjuncta neceſſitati, ideoque quod ſuaſerat Theodoſius Magnus, ei Theodoſius junior neceſſitatem injecit, l. generaliter C. de ſecund. nupt.* Et aprés cét Empereur Juſtinien les a auſſi renduës communes aux maris.

Dans le commencement de ce Chapitre l'Empereur a parlé de la ſucceſſion des enfans, exceptant la donation *ante nuptias* faite à leur mere, dont la proprieté appartient aux enfans du premier lit, ſe reſervant d'en parler dans ce §. car dans le commencement il a dit, *& ſancimus alias res poſt antenuptialem donationem ad filios venientes:* Cette prepoſition *poſt* eſt au lieu de *præter;* qui eſt une prepoſition excluſive.

Dans le §. de ce Chapitre, l'Empereur dit, que la mere qui paſſe en ſecondes nopces, ne peut rien pretendre dans la donation *ante nuptias* par la mort de ſon fils; enſorte que quoy que la proprieté de cette donation appartienne à tous les enfans du premier lit, l'uſufruit reſervé pour la mere pendant ſa vie, toutefois elle ne ſuccede point à celuy de ſes enfans qui decederoit, dans la portion de cette donation qu'il y auroit en mourant, cette portion retournant aux autres enfans, parce qu'elle ne fait pas une partie de ſa ſucceſſion, elle conſerve toûjours ſa qualité & ſa nature de donation *ante nuptias, non videtur eſſe pars hereditatis filii, ſed adhuc antenuptialis donationis non abiiciens naturam.* Ce qui doit eſtre obſervé, ſoit que la mere au temps de la mort de ſon fils fût remariée, ou qu'elle luy eût ſuccedé avant que de l'eſtre, & que par aprés elle contracta des ſecondes nopces.

De ce Chapitre, & du titre *de nuptiis inf. cap. hinc nos.* eſt tirée l'Authentique *ex teſtamento,* qui ſera rapportée au Chapitre *hinc nos.* en la Novelle *de nuptiis.*

CHAPITRE IV.

De l'administration de la donation propter nuptias, *lors que la mere se remarie.*

De administratio-
ne dona-
tionis
propter
nuptias,
si mulier
ad secun-
das nup-
tias tran-
sierit.

SOMMAIRE.

L'Empereur dit au commencement de ce Chapitre, qu'à 1
l'occasion des femmes qui se remarient, & de la donation
propter nuptias, il a trouvé à propos d'adjouster quelques
choses aux Ordonnances contenuës dans les Chapitres precedens;
dautant que par les anciennes Ordonnances, *l. hac edictali. l. his* 2
illud. C. de secund. nupt. la mere qui passoit en secondes nopces,
avoit le choix de prendre la donation *ante nuptias*, selon la
convention portée par le contrat de mariage, en baillant caution
à ses enfans de la leur restituer en mourant : Ou que si elle ne
pouvoit pas leur donner caution, ou qu'elle ne le voulût pas, les
choses contenuës en la donation demeureroient en la possession
de ses enfans, à la charge de payer à leur mere le tiers de l'interest, appellé *centesima usura*, laquelle égale le sort principal
en cent mois, & pour laquelle on paye douze par an ou un par
mois ; de sorte qu'en huit ans & quatre mois les interests éga-

loient le principal : Ainſi par ces anciennes Ordonnances les
enfans payoient à leur mere ſeulement quatre pour cent par chaque année, ce que nous appellons au denier vingt-cinq, & chez
les Romains *trientis uſura*. Et pour cela on faiſoit l'eſtimation
des choſes, & les enfans payoient les intereſts ſur l'eſtimation
qui en eſtoit faite : Mais l'Empereur voyant que cela cauſoit un
grand préjudice aux enfans qui ſe trouvoient ſouvent mineurs, &
que pour payer les intereſts de la donation *ante nuptias* à leur
mere, quand elle conſiſtoit en autres choſes qu'en argent, meubles ou immeubles, ils eſtoient contraints de vendre les choſes
dans leſquelles conſiſtoit cette donation, & qui eſtoit un bien
paternel, dont la proprieté leur appartenoit; Cette raiſon obli-
gea l'Empereur de preſcrire l'ordre qu'il vouloit eſtre obſervé,
ſçavoir ſi un mary donne à ſa femme quelque choſe par donation *propter nuptias*, la mere en ait la joüiſſance ſa vie durant,
ſi ce ſont des immeubles, & qu'elle en joüiſſe par elle-même,
ſans qu'elle puiſſe le refuſer, & qu'elle puiſſe obliger ſes enfans
de luy payer les intereſts, ſuivant l'eſtimation qui en ſeroit faite; cependant qu'elle en uſe avec ſoin, & ſelon la maniere & la
diligence à laquelle la Loy oblige l'uſufruitier, *l. 1. ff. uſufr.
quemadm. & §. finitur. Inſtit. eod.* les enfans ayant la proprieté
de ces choſes, & la mere eſtant obligée de la leur conſerver au
cas que quelques-uns d'iceux la ſurvivent ſelon la diſpoſition des
Loix anciennes, *l. hac edictali. §. his & §. ſeq. C. de ſecund.
nupt.*

3 Que ſi tous les enfans meurent avant la mere, la proprieté de
cette donation demeure à la mere, comme s'il n'y avoit jamais
eu d'enfans, ſuivant la clauſe appoſée au contrat de mariage,
que la mere auroit la donation *ante nuptias* en pleine proprieté,
au cas qu'il n'y eût point d'enfans communs iſſus du mariage.
Mais à l'égard des autres biens appartenans aux enfans, ils ſeroient conſervez à leurs heritiers, ſuivant la Novelle *inf. de
nupt. cap. 45.* enſorte qu'ils en peuvent diſpoſer par teſtament
en faveur de qui ils veulent.

4 Mais on demande ſi le dernier auquel la proprieté de la donation appartient, peut inſtituer un étranger pour ſes autres biens,
ſans que la mere puiſſe pretendre ſa legitime ſur iceux, à cauſe
de la proprieté de cette donation qu'elle acquiert par la mort
de ce dernier ? On répond, que la mere n'a pas moins de droit de
pretendre ſa legitime ſur les autres biens de cét enfant, que ſi elle
n'acqueroit

n'acqueroit point par fa mort la proprieté de cette donation, dont elle n'avoit auparavant que l'ufufruit, conformément au Chapitre precedent *in princ.*

La raifon eft, que la mere n'eft pas cenſée acquerir la proprieté de cette donation *jure hereditario*, mais par une clauſe por-tée en ſon contrat de mariage, laquelle ſe trouve avoir ſon effet par la mort des enfans; de ſorte que cette donation eft cenſée n'avoir jamais eſté dans les biens des enfans qui decedent; com-me au contraire ſi par le contrat de mariage il n'eſtoit pas porté qu'elle en auroit la proprieté *in caſu non exiſtentium liberorum,* les enfans en pourroient diſpoſer au préjudice de leur mere *ſalvâ legitimâ.*

Que ſi la donation conſiſte en argent comptant, ou dans des choſes mobiliaires, la mere ne peut exiger que les intereſts ſuſ-dits, avec caution, & elle ne peut obliger ſes enfans de luy payer la ſomme qui a eſté promiſe pour la donation, au cas qu'il ne ſe trouve point d'argent comptant dans la ſucceſſion; car s'il y en avoit, elle le pourroit prendre conformément au con-trat de mariage, en donnant caution de leur rendre au cas qu'el-le vint à mourir avant eux.

Il en faut dire de même; ſi pour la donation le mary avoit promis autre choſe que de l'argent comptant, comme des ta-piſſeries, des veſtemens, & autres ſemblables, leſquelles ſe trouvant dans les biens du pere, ſeroient baillées à la mere en donnant caution, ſinon les enfans ſeroient obligez de luy payer les intereſts ſuivant l'eſtimation, en luy baillant caution pour luy rendre les choſes dans leſquelles conſiſteroit cette donation, au cas qu'ils vinſſent à mourir avant elle; ce qui eſt eſtably par cet-te Ordonnance conformément à la Loy *hac edictali. C. de ſec. nupt.*

Que ſi la donation conſiſtoit dans des meubles & dans des im-meubles, la mere ſeroit obligée de prendre les immeubles pour en joüir, ſuivant ce qui a eſté dit cy-deſſus; & à l'égard des meu-bles, ce qui vient d'eſtre declaré, devroit eſtre executé.

Pecuniis: pecunia ſe prend quelquefois pour de l'argent comp-tant, comme dans ce Chapitre, où il eſt dit, *ſi, autem omnis ſorte conſiſtat in pecuniis, aut aliis mobilibus rebus:* mais or-dinairement il ſignifie tout ce qui compoſe noſtre patrimoine, *l. rei. in princ. ff. de V. S.* où le Juriſconſulte dit, *pecuniæ ſignificatio ad ea refertur, quæ in patrimonio ſunt.* Quelquefois il

Tome I. M

se prend seulement pour les choses mobiliaires , & il est opposé aux immeubles , comme dans la fin de ce Chapitre , *aliud in pe-cuniis , aliud in immobilibus.*

De ce Chapitre & de la Novelle *de nuptiis inf. cap. & quia parum.* est tirée l'Authentique *sed si aurum fuerit.*

AUTHENTIQUE *sed si aurum. C. de secund. nupt.*

Sed si aurum fuerit in donatione propter nuptias scriptum , cau-tio usurarum exponitur , non autem aurum exigitur : Nisi forté auri substantia habeat aurum , & cætera quæ scripta fuerunt.

C'est l'usage du Parlement de Tholoze , que la mere qui s'est remariée, est obligée de bailler caution de rendre à ses enfans l'augment de dot en cas de predeceds , si elle s'est remariée, comme il a esté jugé par Arrest dudit Parlement du 30. Juin 1575. rapporté par la Roche en ses Arrests ; livre 2. *in verbo* mariage , tit. 4. art. 43. Que si le survivant refuse ou ne peut pas donner caution , les enfans prennent les biens en donnant par eux caution d'en payer annuellement les interests.

L'Edit des secondes nopces veut & ordonne que les femmes qui se remarient , soient tenuës de reserver aux enfans issus de leur mariage les avantages qui leur ont esté faits par leurs pre-miers maris , & n'ordonne point qu'en cas qu'elles se remarient elles seront tenuës de donner caution ; c'est pourquoy hors les païs de droit écrit la caution n'a pas lieu en ce cas : dans les païs de droit écrit la caution se doit bailler audit cas , dautant que l'Edit à la fin du second chef porte, que cét Edit ne déroge point aux Loix & Coustumes des païs , en tant qu'elles restrai-gnent la liberalité des femmes envers leurs maris , plus que cét Edit ; & puisque par le Droit Romain observé dans les païs de droit écrit, la caution a lieu pour la restitution des choses mo-biliaires en cas des secondes nopces, elle doit estre baillée, nonob-stant que cét Edit n'y oblige pas.

CHAPITRE V.

De la dote promise qui n'a pas esté payée.

De deſcripta & non numerata vel ſcripta,

SOMMAIRE.

L'Empereur dit au commencement de ce Chapitre qu'il y a une choſe, qui a eſté terminée par une Ordonnance qui eſt tres-ſevere, qui n'a jamais eſté aſſez examinée dans les Jugemens, qu'il eſt pour cela neceſſaire d'eſtablir une Loy qui ſoit ſans obſcurité, & qui ſoit obſervée dans tous les Tribunaux, ſçavoir au cas que deux perſonnes ſe marient avec clauſes de dot & de donation *ante nuptias*, que le mary execute ſa convention, & que la femme ait promiſe une dot, ſoit qu'elle ait promis de la bailler, ou ſon pere, ou tout autre, & qu'aprés pendant le mariage il apparoiſſe que la dot n'a pas eſté payée au mary, & qu'il ait ſoûtenu les charges du mariage, & qu'il vienne à mourir, en ce cas il n'eſt pas juſte que la femme qui n'a rien

M ij

apporté en dot à son mary, prenne la donation *propter nuptias* qu'il luy a faite.

2   Que si la femme n'a pas donné toute la dot qu'elle avoit promise, ou qu'un autre avoit promis pour elle, elle ne peut prendre de la donation *propter nuptias*, qu'à proportion de ce qui a esté payé au mary de la dot promise. La raison est, que l'égalité doit estre gardée en ce cas entre les conjoints, c'est pourquoy celle qui n'a rien apporté en dot, ne doit rien prendre de la donation *propter nuptias*.

3   Toutefois si c'estoit par la faute du mary que la dot n'auroit pas esté payée, en ce cas elle seroit tenuë pour receuë, Nov. 91. cependant la femme ne la pourroit pas repeter.

Ce Chapitre a donné lieu à l'Authentique *sed quæ nihil*, qui a esté mise aprés la Loy *ex morte. 9. C. de pact. convent.* à laquelle elle déroge, car par cette Loy l'égalité entre la dot & la donation n'estoit pas ordonnée, ensorte que la dot pouvoit estre moindre ou plus grande que la donation *propter nuptias*; & par consequent une femme ne prenoit pas moins la donation qui luy avoit esté faite, quoy que la dot promise n'eût pas esté payée.

4   AUTHENTIQUE *sed quæ nihil. C. de pactis conventis.*

Sed quæ nihil ex dote conscripta præstitit, nihil omnino viro mortuo percipiet ex donatione. Item quæ minus quàm professa est, dedit, pro quantitate præstita & lucrum sentiat.

5   Les Docteurs proposent cette question, sçavoir si le mary est tenu de fournir des alimens à sa femme, au cas qu'elle ne luy ait pas payé la dot qu'elle luy avoit promise? Quelques-uns tiennent que non, au cas qu'elle ne contribuë point de son soin & de ses peines pour les affaires de la maison, & pour l'éducation de ses enfans, Scharschmid. *in 5. cap.* D'autres estiment au contraire, que le mary n'est pas moins obligé de donner des alimens à sa femme, cette obligation estant fondée sur la cause du mariage, qui unit si étroitement ensemble les conjoints par mariage, qu'ils sont reputez une même personne, & à se donner tout le secours possible dans leurs besoins & leurs necessitez.

6   Le Parlement de Tholoze a jugé diversement la question, par ses Arrests, si l'augment de dot est dû d'une dot non payée, ou à proportion seulement de ce qui en aura esté payé; par Arrest du 1. Aoust 1549. entre Marie de Rome & le sieur Terrasse; par

autre du 22. Decembre 1574. donné au rapport de Monſieur Sabatier, & par autre du 16. Fevrier 1599. au rapport de Monſieur d'Aſſeſat, il a eſté jugé contre la femme.

Par d'autres Arreſts, l'un du 27. Mars 1571. & l'autre du 7. Septembre 1574. il a eſté jugé au contraire, que l'augment eſtoit dû; mais c'eſtoit par cette circonſtance, qu'il n'avoit tenu qu'au mary qu'il n'eût eſté payé, ſuivant la Novelle 91. *in fine*, & même ſi le mary par ſa faute n'a pas eſté payé de la dot de ſa femme, non ſeulement l'augment eſt dû à la femme, mais auſſi il en eſt reſponſable aprés dix ans, comme il a eſté jugé par les Arreſts remarquez ſur la Novelle 91. Ceſſant la circonſtance remarquée cy-deſſus, & la femme ayant elle-même promis ſa dot, & ne l'ayant pas payée, on tient qu'elle ne peut point demander l'augment de dot, par la raiſon que *quod nullum eſt, nullum producit effectum*. Que ſi la dot a eſté promiſe par un autre que par la femme, il y a plus de raiſon de luy adjuger ſon augment, parce qu'il eſt favorable, & qu'il n'y a point de dol de ſa part.

Guy Pape en la queſtion 430. eſt d'avis, que l'augment eſt dû; voicy ce qu'il dit, *ſi fides habita fuerit de dote, etſi dos ſoluta non fuerit, tamen mulier debet habere totam donationem propter nuptias, vel dotis augmentum, ex his dico, quòd hodie ex forma inſtrumentorum matrimoniorum, quæ fiunt noſtris temporibus, in quibus ſemper mariti habent fidem de dote, ex promiſſione & obligatione parentum filiarum, uxor lucratur augmentum dotis, etiam dote non ſolutâ, ſive maritus dederit terminos ad ſolvendam dotem, ſive non.*

Ferrerius ſur la queſtion 274. du même Auteur, dit, que ſoit que le pere, ou un étranger, ayent conſtitué la dot à la fille, l'augment eſt dû, encore qu'elle n'ait pas eſté payée, dautant que c'eſt la faute du mary, ou d'avoir accordé temps pour payer, ou de n'en avoir pas exigé le payement, le terme eſtant écheu, ſuivant la Novelle 99. chapitre 2. *propter moram mariti, dos non data, data habetur*, dit Cujas ſur la Novelle 2. *cap. ult.*

Cét Auteur au même lieu rapporte l'avis de Duranty, qui s'étonnoit que la femme ne gagnoit pas l'augment de dot, *dote non ſolutâ*, ſi le pere l'avoit conſtituée; *hoc enim*, dit-il, *abſurdum eſt, maximé ſi lege municipali maritus dotem lucretur uxore præmortuâ, vel uxor dotalitium, marito præmortuo; nam, quemadmodum maritus dotem lucratur promiſſam, etſi ſoluta non ſit, cur uxor non lucrabitur augmentum, etiamſi dos ſoluta non fuerit.*

Que fi par une claufe du contrat de mariage il eftoit porté expreffément, qu'au cas que la dot ne fût pas payée, l'augment ne feroit pas dû, en ce cas la femme ne pourroit pas le demander.

Par la Couftume de Tholoze la femme gagne l'augment de dot, puifque par cette Couftume elle gagne fa dot, quoy qu'elle n'ait pas efté payée, comme il a efté jugé par Arreft donné au rapport de Monfieur de Borderia entre Maffon & Debefis, femme de Grenier, le 10. Janvier 1603.

C'eft le fentiment des Docteurs du païs de droit écrit, que l'Authentique *fed quæ nihil.* n'eft pas en ufage par toute la France, Mainard lib. 2. cap. 77. Boër. *decif.* 22. Fachin. lib. 8. *controverf. cap.* 68. Mathæ. *de Afflict. decif.* 242. *num.* 4. *& decif.* 333. Faber. *lib.* 5. *eod. tit.* 7. *de fin.* l. 15, *& 17.*

8   Dans ce Parlement il eft certain que cette Authentique n'y eft point en ufage, & la femme n'a pas moins de droit de prendre le don mutuel & la moitié dans les biens de la communauté, & le douaire. Bacquet au Traité des Droits de Juftice, chapitre 15. nombre 64. eft de cét avis, touchant le douaire cou-

9   tumier, par la raifon qu'il eft donné à la femme par la feule difpofition de la Couftume, & que le prefix luy eft accordé par le mary purement & fimplement, & non fous cette condition que la dot luy fera payée, & fi la dot n'eft pas payée, le mary n'a que l'action pour en avoir le payement contre ceux qui la luy ont promife: cét Auteur remarque un Arreft du dernier Juin 1556. qui a jugé, que nonobftant le defaut de payement de la dot, le douaire eftoit dû à la femme.

10   Ce même Auteur au nombre 65. dit, que quand le douaire eft prefix, plufieurs eftiment qu'il ne fe peut pas demander, lors que la dot n'a pas efté payée, & que fi elle l'a efté en partie, le douaire prefix ne doit eftre payé qu'à proportion de ce qui a efté payé de la dot, foit de la moitié, le tiers, le quart ou autre portion : La raifon qu'il en rend eft, que le douaire prefix fe conftituë ordinairement à proportion des deniers dotaux, fçavoir à raifon du tiers de la dot.

Ainfi il eftime que quand la femme a promis la dot à fon mary, ou qu'elle eft feule & unique heritiere de celuy qui l'a promis, foit pere, mere, frere, ou autre parent ou étranger, le douaire ne luy doit eftre payé qu'à raifon du payement de la dot, parce que la femme après la mort de fon mary demandant fon douaire,

l'heritier du mary luy peut demander le payement de la dot qu'elle avoit promis, & qu'en tout cas l'heritier peut demander compensation du doüaire jusques à la concurrence de la somme qui sera deuë par la femme à cause de sa dot.

Que la même chose est observée à l'égard des fruits du doüai- 11 re coustumier, suivant le sentiment de Maistre Charles du Moulin sur l'article 190. de la Coustume de Blois, qui porte, *que doüaire prefix est dû du jour du trépas dudit deffunt ; & doüaire coustumier est dû du jour qu'il est requis & demandé, & non plûtost ; & est dû ledit doüaire, posé que la femme n'ait rien porté avec son mary.*

Cét Auteur sur ces derniers mots, dit, *nisi dotem promiserit & fefellerit, Authent. sed quæ nihil. C. d. tit.* Stephan. Bertrand. *consil.* 24. *lib.* 1. *consil.* 120. Guid. Pap. *decis.* 274. *secus judicatum est Senatusconsultis ; nec obstat Justiniani Novel.* 91. *quæ est de lucro donationis propter nuptias, non de dotalitio ; & decisio* Guid. *Papæ est de hypobolo seu augmento dotis,* dit Ragueau ensuite de cette Note. C'est aussi l'avis de Chopin sur le titre des doüaires de la Coustume de Paris, num. 4.

Charondas en ses Réponses, livre 2. chapitre 63. dit avoir 12 esté jugé contre la femme au cas du doüaire prefix, par Arrest du 25. Janvier 1559. entre la veuve de Monsieur de la Motte Conseiller au grand Conseil, & ses enfans ; mais que le contraire a esté jugé pour la femme qui demandoit un doüaire coustumier, par Arrest du 6. Fevrier 1564. parce qu'elle peut l'avoir *etiam indotata* en vertu de la disposition de la Coustume. Que neanmoins on peut dire le semblable du doüaire prefix, lequel n'est pas promis à la femme à cause de sa dot, mais à cause du mariage, & au lieu du doüaire coustumier.

Par autre Arrest du 19. Juin 1557. cité par le même Auteur 13 sur l'article 247. de la Coustume de Paris, le doüaire prefix fut adjugé à la mere d'un nommé Puissard, sauf aux heritiers & aux creanciers de son deffunt mary, qui estoient en cause, à se pourvoir contre les heritiers du pere & de la mere, pour raison de ce qu'il avoit promis à sa fille en mariage.

Cét usage ne s'observe plus ; & quoy que la femme ait pro- 14 mis dot, & que *fefellerit,* neanmoins la fraude ne nuit point aux enfans qui ne sont point participans de la fraude ; ny même à la femme, laquelle souvent est mariée, & trompée elle-même la premiere ; & que la dot & le doüaire n'ont rien de commun en-

semble, que le douaire soit prefix ou couſtumier n'eſt pas dû
à la femme en conſideration de la dot, que le douaire couſtumier luy eſt dû par la ſeule diſpoſition de la Loy *abſque facto
hominis*, & ſans l'avoir ſtipulé, & que le douaire prefix eſt accordé par les parties pour tenir lieu du couſtumier, il n'y a pas
plus de raiſon de dire que le douaire prefix doit eſtre payé à la
femme, à proportion du payement qui aura eſté fait de la dot au
mary; Tronçon ſur l'article 247. de la Couſtume de Paris, tient
que le ſentiment de Maiſtre Charles du Moulin n'eſt pas ſuivy,
& qu'il eſt contraire à l'uſage, ce qui eſt vray.

PARAPHRASE
DE JULIEN.

CONSTITUTIO II.

V. De his qui ad ſecundas nuptias migraverunt.

*Nulli mulieri ſit licentia vel marito qui quævè ad ſecundas
migraverit nuptias, in donatione propter nuptias, vel dote,
cujus ſolum uſumfructum habet, non etiam dominium, aliquem
de liberis ſuis anteferre: ſed ſit proprietas rerum omnibus debita portionibus exæquatis.*

VI. Idem.

*Si maritus vel mulier, qui quævè ad ſecundas migraverit
nuptias, res dotis, vel propter nuptias donationis alienaverit, quo-
cunque tempore alienatio facta neque rata, neque irrita ſit, ſed inte-
reà maneat in ſuſpenſo. Et ſi quidem parens qui alienaverit, ante liberos ſuos moriatur: omni modo rerum alienatio reſutetur. Sin*
autem

autem eo superstite ab hac luce liberi ipsius erepti fuerint, in tan-
tam portionem alienatio valebit, quantam superstiti parenti mor-
tis liberorum casus detulerit, id est, ut tantam portionem lucretur,
quantam pepigerit in instrumento dotis vel donationis habiturum
se, si liberi, qui postquam editi sint, mortui fuerint. In aliam
autem portionem alienatio non valebit: nisi forte filii eundem pa-
rentem qui alienavit, testamento heredem vel ab intestato relique-
rint.

VII. Idem.

Si filius intestatus mortuus fuerit, portio quæ competit ei ex
dote, vel ante nuptias donatione, non veniat ad parentem super-
stitem: sed soli fratres ipsius ad eam partem vocentur, scilicet si
sine liberis ille mortuus fuerit: liberi enim defuncti & fratribus ejus
& parentibus præferuntur. In aliam autem substantiam, quam mor-
tuus dereliquerit, pariter cum fratribus parentes vocentur, sive
ad secundas nuptias migraverint, sive non. Quod si testamento
condito filius decesserit: illi veniant, qui scripti sunt, nisi forte
inofficiosi querela testamentum ejus evacuaverit.

VIII. Idem.

Si mulier defuncto marito suo ad secundas pervenerit nuptias,
res quæ ad eam pervenerint ex donatione propter nuptias priores,
hoc modo administrentur. Si quidem immobiles sint, mulier eas
habeat, & liberis suis, si supervixerint, conservet. Sin autem
mortui fuerint, portionem quidem rerum, quam mortis liberorum
casus ei detulerit, modis omnibus habeat: residuam autem partem
heredes eorum lucrentur. Sin autem donatio propter nuptias in rebus
mobilibus sit: tunc res quidem apud liberos sint: usuram autem ma-
tri dependant tertiam centesimæ cùm competenti cautela, quod
prædictam usuram sine frustratione in omni sequenti tempore persol-
vent. Sin autem propter nuptias donatio & aurum habeat & ar-
gentum, & vestem, tunc electionem habeat mater, utrum velit
cautionem præstare, & res administrare, an tertiam centesimæ
usuram à suis liberis accipere? Sin autem res habeat tam mobiles,
quàm immobiles, apud eam sint, ut ex fructu earum alatur, mo-
biles autem apud liberos suos secundum prædictam distinctionem.

IX. De dote adscripta, & non numerata, vel præstita.

Si quis uxorem duxerit, & propter nuptias donationem non solùm adscripserit, sed etiam re ipsa dederit: mulier autem adscripserit quidem dotem, re autem verâ non dederit in toto tempore, quo maritus suus vixerit, mortuo eo nec donationem ante nuptias cōsequatur: ut pote cum nullam dotem ipsa dedisset. Sed si quidem nihil omnino dotis nomine dederit; nec mortuo marito donatore ex donatione propter nuptias habeat ullum emolumentum. Sin autem partem præstiterit dotis, tantam partem lucri nomine capiat ex donatione propter nuptias mortuo suo marito. Hæc autem Constitutio locum habebit etiam in his matrimoniis quæ nondum soluta fuerint. Sciendum autem est quædam præsentis Constitutionis capitula XXXVI. Constitutione, quæ de nuptiis promulgata est, transformata fuisse. Dat. Kal. April. Bilisario Cons.

TITRE TROISIE'ME.

Que le nombre des Ecclesiastiques de l'Eglise de Constantinople doit estre limité.

TROISIE'ME NOVELLE.

t deter-
-inatus
nume-
Cleri-
cum
notissi-
-e majo-
Eccle-
, & cæ-
arum
elesia: ū
n̄tan-
nopoli-
atum.

SOMMAIRE.

L'Empereur Juſtinien écrit cette Novelle à Epiphanius Archeveſque de Conſtantinople, pour limiter le nombre des Preſtres & perſonnes Eccleſiaſtiques dans l'Eglise Cathedrale & dans les autres Egliſes de cette Ville : elle eſt diviſée en une Preface & trois Chapitres.

Dans la Preface, il dit que le nombre des Eccleſiaſtiques de 1 chaque Eglise doit eſtre reglé ſelon ſes revenus, parce qu'autrement elles tomberoient dans l'indigence & dans l'impuiſſance de leur fournir les choſes neceſſaires pour vivre ; & qu'il ne faut pas chercher des biens ſelon les dépenſes qu'on fait, mais proportionner ſes dépenſes à ſes revenus, *non enim oportet ad menſuram expenſarum quærere etiam poſſeſſiones ; hoc enim ſimul ad avaritiam impietatemque perducit, ſed ex eis quæ ſunt, expenſas metiri.*

Dans le premier Chapitre, il ordonne que le nombre des Ec- 2 cleſiaſtiques qui ſe trouvent dans les Egliſes de Conſtantinople, quoy qu'il ſoit plus grand que les revenus d'icelles ne le permettent, demeure, deffendant d'en recevoir d'autres, juſques à ce que le nombre ſoit reduit & borné aux revenus de chaque Eglise.

Dans le deuxiéme Chapitre, il regle le nombre des Clercs, & il commande que ſi l'Eveſque ou les Oeconomes en ordonnent un plus grand nombre, & leur donnent part aux diſtributions des revenus de l'Egliſe, ils ſoient obligez de rembourſer le tout de leurs propres biens ; & que les Eveſques & les Oeconomés pourroient avoir recours à l'Empereur pour l'execution de cette Ordonnance.

Il défend expreſſément d'ordonner aucun ſurnumeraire ſans

le faire participant des revenus de l'Eglise, parce que ce seroit
4 leur donner occasion de mandier & de faire des choses honteuses
pour survenir à leur entretien par des moyens indignes de la
sainteté de leur caractere, & du desinteressement auquel leur
estat & leur profession les engage.

On peut tirer plusieurs consequences de ce Chapitre.

5 La premiere, que dans ces temps-là il n'y avoit point de Benefices distincts & separez des Ordres, & que les Ordres se donnoient pour deservir une Eglise, pour en recevoir une distribution honneste & convenable à l'ordre & au service qu'on rendoit
dans l'Eglise, ensorte qu'il n'y avoit point de Benefice sans re-
sidence, & qu'on ne faisoit pas une espece de patrimoine des
biens de l'Eglise, comme on fait presentement, où les Benefices ne sont pas attachez au service, mais ne se recherchent que
pour avoir dequoy vivre avec plus d'abondance. Neanmoins
que comme il paroist par ce Chapitre, plusieurs se pressoient
d'entrer dans l'Eglise Cathedrale de Constantinople pour participer aux revenus, mais parce que ceux qui excedoient le
nombre necessaire des Clercs pour deservir l'Eglise, estoient inutiles, & qu'on pouvoit se passer du service qu'ils y pouvoient
rendre, & que d'ailleurs, ou les revenus de l'Eglise n'estoient
pas suffisans, ou que par ce moyen ce qui auroit esté donné aux
pauvres, estoit employé pour leur suffisance, ou que l'Eglise de
Constantinople seroit tombée dans la perte de ses biens, l'Empereur fit cette Ordonnance.

6 Les grands biens qui ont esté depuis donnez aux Eglises par
les Princes & les grands Seigneurs, & par les particuliers, au
prejudice des Royaumes & des familles, ont causé un grand desordre dans l'Eglise, mais il ne se reformera pas pour en parler.

7 La deuxiéme, que dans ce temps-là il n'estoit pas besoin de
titre Clerical pour estre promû aux Ordres, parce que l'Eglise
dans laquelle on estoit ordonné, fournissoit des alimens à tous
les Clercs qui y avoient quelque Ordre, & qui y estoient attachez par ce moyen.

8 La troisiéme, que les Clercs estoient ordonnez pour une certaine Eglise, ensorte qu'ils ne la pouvoient point quitter, si ce
n'estoit pour estre transferez dans une autre Eglise au lieu d'autres Clercs, ce qui ne s'accordoit pas facilement.

9 La quatriéme, qu'il n'y avoit point de Benefice sans residen-

ce, dautant que pour recevoir des revenus de l'Eglise il falloit deservir, & sans service il n'y avoit point de distribution, à present c'est tout le contraire, ceux qui desservent les Eglises ont peu de chose des biens de l'Eglise, & ceux qui ne rendent aucun service, tirent la plus grande partie des revenus; cependant ce n'est ny l'esprit de Dieu, ny l'intention des Fondateurs, mais c'est un mal sans remede.

Dans le troisiéme Chapitre, il ordonne que les revenus des 10 biens Ecclesiastiques ne soient distribuez qu'aux pauvres, & à ceux qui n'ont pas dequoy vivre d'ailleurs, *Ut aliæ expensæ, quæ fiunt ex Ecclesiasticis reditibus, circa pios erogentur usus, & Deo placentes; & illis hæc ministrentur, qui pro veritate egent, & non habent aliunde alimentorum occasionem. Hoc enim Dominum Deum placat, & non patrociniis & studiis hominum Ecclesiasticas expensas hominibus locupletibus distribuant, ita ut inde inopes necessaria non mereantur.*

L'usage estoit donc dans ce temps-là d'assister les pauvres du reste des revenus de l'Eglise aprés toutes les distributions faites au Clergé.

Quelques-uns tirent cette consequence de ce Chapitre, qu'il 11 n'estoit pas permis aux Ecclesiastiques qui avoient des biens de leur patrimoine pour vivre, de rien recevoir de ceux de l'Eglise, dautant que ces revenus estoient destinez pour les pauvres; & partant ceux qui desservoient l'Eglise, le devoient faire gratuitement, n'en ayant pas besoin; cependant on prouve le contraire, en ce que par cette même Constitution les Oeconomes sont condamnez à indemniser l'Eglise de leurs propres biens, si ils font au contraire de ce qui est ordonné, *ex sua substantia indemnitatem sanctissimæ procurabunt Ecclesiæ*; & partant ces Oeconomes ou Tresoriers avoient donc du bien pour répondre à l'Eglise de leur malversation. L'Empereur dans la Loy 41. *C. de Episcop. & Cleric.* declare que tous les dons qu'on fait à l'Evesque aprés son ordination, sont faits à son Eglise, & non pas à sa 12 personne, parce que les Fideles sçavent que l'Evesque ne distribuë pas seulement aux pauvres tout ce qu'on luy donne, mais aussi ses propres biens, *cogitantes, quia non solùm ab ipsis relicta piè insinuent, sed & suas ipsorum res adiicient.* Et pour les Directeurs des Hospitaux, il adjouste, *quis enim tali rura præpositum, non existimet idcirco eam suscepisse, ut non solùm quæ extrinsecus ad eum pervenient, sed etiam omnia quæ habere eum*

N iij

contigerit, in eam rem impendat ; mais ce n'eſt qu'un conſeil que l'Empereur donne, & non un commandement.

Il y a long-temps que l'uſage de donner par les Eveſques tous leurs biens aux pauvres, eſt paſſé, & à preſent il y en a peu qui diſtinguent les revenus de l'Egliſe de ceux de leur patrimoine.

13   Il ſemble par cette Novelle que les Fondateurs des Egliſes n'avoient pas encore le droit de nommer & de preſenter des Clercs à l'Eveſque pour y faire les fonctions convenables à leur Ordre ; car après avoir dit que les Fondateurs des Egliſes avoient determiné le nombre des Preſtres & des autres Clercs qui de-voient y faire les fonctions Eccleſiaſtiques, & avoient aſſigné des revenus ſuffiſans pour leur entretien, il aſſure que la ruine de ces Egliſes eſt provenuë de ce que les Eveſques y ont ordonné des Clercs par delà ce nombre, & le revenu deſtiné pour leur ſubſiſtance ; & il enjoint aux Eveſques de n'en plus ordonner juſ-qu'à ce que le nombre ſoit reduit à celuy qui avoit eſté deter-miné & reglé par les Fondateurs.

Cependant dans la Novelle 57. §. *ult.* & dans la Novelle 123. *cap.* 18. il dit au contraire avoir donné aux Fondateurs des Egli-ſes le droit de preſenter les Clercs neceſſaires pour y deſervir: Le Chapitre dernier de la Novelle 57. porte: *Illud quoque ad honorem & cultum ſedis tuæ determines, ſi quis ædificans Eccle-ſiam, aut etiam aliter expendens in ea miniſtrantibus alimenta, noluerit aliquos Clericos ſtatuere.*

La Novelle 123. au Chapitre 18. porte : *ſi quis oratorii do-mum fabricaverit, & noluerit in ea Clericos ordinare, aut ipſe, aut ejus heredes, ſi expenſas ipſis Clericis miniſtrant, & dignos denominant, denominatos ordinari.*

Ces Novelles 57. & 123. eſtans poſterieures à cette Novelle 3. il ſemble que l'Empereur ait introduit par ces deux Novelles le droit de Patronage en faveur des Fondateurs, lequel eſtoit inconnu auparavant. Neanmoins il y a apparence que le Patro-nage ou le droit de preſentation aux Benefices eſtoit déja intro-duit auparavant l'Empereur Juſtinien ; ce qui ſera examiné ſur la Novelle 57. *cap. ult.* Quant à ce qui eſt dit dans cette No-velle que les Eveſques ordonnoient des Clercs dans les Egliſes, ſans parler de la nomination & preſentation faite par les Fon-dateurs ou Patrons, il faut dire ou que l'ordination ne ſe fai-ſoit que ſur la preſentation, de laquelle il n'eſt point parlé dans cette Conſtitution, parce qu'il n'eſtoit queſtion que du nombre de ceux qui estoient ordonnez dans les Eglises, ou que les Fondateurs negligeoient souvent de presenter des Clercs dans ce temps-là.

PARAPHRASE
DE JULIEN

CONSTITUTIO V.

XXII. De numero Clericorum Constantinopolitanæ Civitatis.

PRæsens Constitutio usque ad sua tempora numerum Clericorum, qui est, conservat ; posteà autem jubet Clericos Constantinopolitanæ civitatis hoc numero definiri, ut lx. quidem Presbyteros, C. autem Diaconos. xl. autem Diaconissas, xc. autem Subdiaconos, C. autem & undecim Lectores, & xxv. Cantores, & C. Hostiarios Ecclesia habeat.

XXIII. Ut non liceat Clerico de minori Ecclesia in majorem per patrocinium transire ; & de alimoniis Clericorum.

Item liceat in minoribus Ecclesiis Clericatûs honorem suscipientibus posteà in majorem Ecclesiam patrocinio quorundam transire. Sed si quid tale aliquid factum fuerit, irritum sit, & nullius momenti. Nec liceat ulli Clericos quidem destinare vel creare ; nullas autem eis alimonias præstare ; sed duorum alterum, vel non faciat Clericos, vel si fecerit, det eis unde vivere possint. Dat. P. C. Bellisarii.

TITRE QUATRIE'ME.

De Fidejusforibus, & Mandatoribus, & Sponsoribus, & solutionibus.

Des Fidejusseurs, Mandateurs & Répondans; & des payemens.

NOVELLE QUATRIE'ME.

PREFACE ET CHAPITRE PREMIER.

Ut creditotores primo loco conveniant principalem,

Que les Creanciers doivent discuter en premier lieu leurs debiteurs.

SOMMAIRE.

benefice de discussion.

obligé à la dette comme principal debiteur.

Tome I.　　　　　　　　　O

1   CE Titre qui traite des Fidejusseurs & Mandateurs, est divisé en trois Chapitres & une Preface ; l'Ordonnance qu'il contient est adressée à Jean Prefet du Pretoire de l'Orient, avant que de l'expliquer il faut sçavoir la difference qu'il y a entre ces trois termes, *Fidejussor, Mandator & Sponsor.*

2   *Fidejussor* est celuy qui s'oblige pour un autre envers son creancier, promettant de luy payer sa dette, sans neanmoins que l'obligation du debiteur qu'il cautionne, soit éteinte.

3   *Mandator* est celuy qui donne ordre ou procuration à quelqu'un de prester de l'argent à un autre ; & comme la procuration que nous appellons *Mandatum*, est un contrat qui oblige reciproquement les contractans, celuy par l'ordre duquel l'argent a esté presté, est obligé en son propre nom au payement d'iceluy, comme s'il luy avoit esté presté.

4   *Sponsor* est celuy qui intervient pour un autre sans en estre prié, selon Accurse, *glos.* §. 1. *hic.* Suivant le sentiment de Geddeus c'est celuy qui répond pour un autre, soit par stipulation, ou par une simple promesse.

5   Les obligations des Fidejusseurs, des Mandateurs, & des Répondans, ne sont qu'accessoires aux obligations de ceux qui ont receu l'argent, lesquels sont les principaux obligez.

6   L'Empereur dans cette Preface, dit qu'il trouve à propos de rétablir une Loy ancienne, qui n'a pas esté approuvée par une raison qu'il ignore ; non pas de la même façon qu'elle estoit, & selon tout le contenu en icelle, parce qu'il y en avoit une partie qui n'estoit pas bien ordonnée, qu'il faut reformer, & qu'il y a plusieurs Chapitres qu'il y faut adjouster.

Cette Loy dont l'Empereur fait mention dans cette Preface, 7
est, selon quelques-uns, la Loy *non reçté.* 3. *C. h. t.* laquelle
contient deux parties ; dans la premiere le choix est accordé au
creancier de poursuivre qui il veut, ou le principal debiteur, ou
le Fidejusseur ; & c'est cette partie qui est reformée par cette
Novelle. Dans la seconde il est dit, que si un debiteur a donné
deux Fidejusseurs à son creancier, il doit poursuivre chaque Fidejusseur pour la moitié de la dette, quoy qu'ils se soient obligez chacun solidairement par une convention expresse, pourveu qu'au temps de l'action chacun d'eux soit solvable.

Ce qui est contenu dans le Chapitre premier, fait voir que 8
l'Empereur n'entend pas la Loy *non reçté*, quand il parle d'une
Loy ancienne, quand il dit que si le debiteur est absent, & que
ses Fidejusseurs sont presens, la Loy ancienne n'a point trouvé
de remede à cét inconvenient, *non erat quoddam huic legi anti-*
quæ datum pro sanatione remedium : ce qui auroit esté inutile de dire, si l'Empereur avoit parlé de la Loy *non reçté*, par
laquelle cét inconvenient n'arrivoit pas, puisque le creancier
avoit le choix de poursuivre, ou le debiteur, ou le Fidejusseur,
sans observer l'ordre de discussion qu'il ordonne en ce Chapitre.

Il faut donc dire que l'Empereur parle d'une ancienne Loy
que nous n'avons pas, qui ordonnoit, que quand le debiteur estoit
present, il devoit estre poursuivy en premier lieu, & discuté avant
que le creancier pût s'adresser à ses Fidejusseurs ; & elle ne donnoit point de delay au Fidejusseur pour assigner le debiteur ; c'est
le sentiment de Balduin. *in suo Iustinia.*

Cujas estime que c'est la Loy des XII. Tables ; mais comme
cette question est de peu de consequence, il est inutile de s'y ar-
rester.

Dans ce Chapitre, l'Empereur ordonne contre la premiere par- 9
tie de cette ancienne Loy, que le creancier s'adresse en premier
lieu à son principal debiteur, avant que de poursuivre les Fidejusseurs, les Mandateurs & les Répondans, pour estre payé de
qu'il a presté, ou de ce qui luy est dû ; ensorte que si le creancier a esté satisfait de son debiteur, il ne peut plus agir contre
ceux qui ont servy de caution pour luy.

La raison est, que l'obligation de ceux qui interviennent pour 10
un debiteur, n'est qu'accessoire à la sienne : Or le principal estant
éteint, l'accessoire ne peut plus subsister, *l. cum causa principalis*

11 *ff. de R. I.* l'obligation est entierement éteinte par le payement, *princ. Instit. quib. mod. toll. oblig.* ce qui se doit entendre de toute obligation qui est contractée en vertu de la dette ; c'est pourquoy le payement de la dette éteint *ipso jure* l'obligation des Fidejusseurs. *Quid enim ei in extraneis erit*, à *debitore completo* ? dit l'Empereur dans ce Chapitre ; c'est à dire que le creancier estant satisfait par le debiteur, il n'a plus affaire aux Fidejusseurs qui sont comme étrangers à l'obligation, dautant qu'ils ne sont pas parties principales, & qu'ils ne sont pas intervenus pour eux, mais pour celuy avec lequel le creancier a contracté.

12 L'Empereur rétablit par cette Ordonnance la disposition du droit ancien, qui obligeoit le creancier de s'adresser en premier lieu au principal debiteur, avant que de poursuivre le Fidejusseur : ce qui avoit lieu même contre le fisc, comme nous voyons par la Loy *non recté*, & par la Loy *jure nostro. 5. C. eod.* où l'Empereur dit, que c'est par son Ordonnance que le creancier peut s'adresser au debiteur ou au Fidejusseur pour estre payé de ce qui luy est dû.

La raison de cette nouvelle Constitution est, parce qu'il n'est pas raisonnable de poursuivre les Fidejusseurs qu'aprés que les principaux debiteurs sont discutez ; les Fidejusseurs n'estant donnez que pour plus grande seureté du creancier, & afin qu'il soit payé par le Fidejusseur, au cas qu'il ne puisse pas l'estre du debiteur.

13 Que si le creancier aprés avoir discuté son debiteur, n'en ait pû exiger sa dette, ou qu'il n'en ait tiré qu'une partie, en ce cas il a droit de poursuivre les Fidejusseurs pour ce dont il n'aura pas esté payé.

14 Ce qui vient d'estre dit, doit estre ainsi observé quand le principal debiteur & ceux qui sont intervenus pour luy, sont presens, c'est à dire qu'ils sont demeurans dans la même Province ; ensorte qu'ils peuvent estre appellez en jugement, *argum. leg. ult. ff. de jurisdict. omn. judic.*

Que si le debiteur est absent, & que ses intercesseurs soient presens, il est fâcheux en ce cas que le creancier soit obligé de se transporter dans une autre Province pour y poursuivre son debiteur, le demandeur estant obligé de suivre la Jurisdiction du défendeur, *l. juris ordinem. C. de jurisdict. omn. judic.* puisqu'il pourroit s'adresser aux Fidejusseurs, Mandateurs ou Répondans pour estre payé de ce qu'il auroit presté : c'est à quoy l'Empereur dit qu'il faut remedier, & c'eſt un inconvenient que cette Loy ancienne dont il a eſté parlé cy-deſſus, n'empeſchoit point, toutefois Papinian a eſté le premier qui a introduit ce delay dans un ſemblable cas dans la Loy *ſi teſtamento. 49. §. quæſitum eſt ult.* par lequel le Fidejuſſeur ne pouvoit pas eſtre pourſuivy avant que le debiteur le pût eſtre. C'eſt pourquoy l'Empereur ordonne, que ſi le Fidejuſſeur prouve l'abſence du debiteur, le Juge luy doit donner un temps ſuffiſant pour ſommer le debiteur de venir deffendre ſur l'aſſignation qui auroit eſté donnée au Fidejuſſeur pour payer la ſomme pour laquelle il l'auroit cautionné.

Aprés ce temps paſſé le Fidejuſſeur doit eſtre condamné à payer pour le debiteur prenant ceſſion du creancier des actions qu'il avoit contre le debiteur, pour le pourſuivre par les droits du creancier qu'il a payé pour luy.

Le Juge doit donner du temps au Fidejuſſeur pour faire comparoir le debiteur, ſelon la diſtance des lieux, eu égard au temps qu'il faut pour faire donner l'aſſignation au debiteur, & à celuy qu'il faut au debiteur pour faire le voyage, à raiſon d'un jour pour faire vingt milles.

Il faut obſerver un autre cas qui n'eſt pas exprimé dans ce Chapitre, ſçavoir quand le debiteur & le Fidejuſſeur ſont abſens, *quid juris?* Pour lors on peut diſtinguer : ou ils ſont abſens *æquali diſtantiâ,* en ce cas le creancier doit pourſuivre en premier lieu le debiteur : Ou ils ſont éloignez *inæquali abſentiâ,* & en ce cas il faut faire pourſuivre celuy qui eſt le moins éloigné, en donnant neanmoins du temps au Fidejuſſeur, au cas qu'il ſoit pourſuivy, pour ſignifier au debiteur la pourſuite qui eſt faite contre luy, afin qu'il vienne prendre le fait & cauſe & le deffendre en jugement. **15**

De ce Chapitre a eſté tirée l'Authentique *præſente,* miſe aprés la Loy 3. *C. de Fidejuſſorib.* **16**

Authentique *præſente C. de Fidejuſſoribus.*

Præſente tamen utroque non permittitur interceſſorem conveniri priuſquam reus inventus eſt minus idoneus, ſive in totum, ſive in partem. Abſente autem reo, præſens interceſſor jure quidem convenitur ; ipſo tamen deſiderante judex definiet tempus intra quod deducat reum primò conveniendum, ipſo in ſubſidium reſervandum: Nam tranſacto tempore compellitur interceſſor ſatisfacere, ceſſis

fibi à creditore actionibus , abfque diftinctione contractûs five in-
terceffionis.

Le Fidejuffeur qui eft pourfuivy par le creancier pour payer la
fomme pour laquelle il a cautionné un debiteur qui eft prefent,
17 peut luy oppofer l'exception fondée fur cette Ordonnance, que
nous appellons le Benefice de difcuffion, par laquelle il l'oblige de difcuter les biens du principal debiteur, jufques à ce qu'il
l'ait rendu entierement infolvable ; enforte que tant que le Fide-
18 juffeur indique au creancier des biens appartenans au debiteur,
il peut l'obliger de les difcuter avant qu'il puiffe le pourfuivre,
parce que dit cette Novelle, *in ultimum fubfidium fervatur Fi-*
dejuffor ; à moins que le Fidejuffeur n'ait renoncé à ce Benefice,
19 comme il le peut , *l. penult. C. de pact.*

On demande fi par le droit du Digefte le creancier pouvoit
pourfuivre le Fidejuffeur avant que d'avoir difcuté le principal
debiteur ? Plufieurs pretendent que l'Empereur Juftinien par cette Novelle a abrogé le droit du Code qui donne ce choix au
creancier de s'adreffer au Fidejuffeur, ou au debiteur , *l. non*
recté. 3. *& l. jure noftro. C. h. t.* & qu'il a par ce moyen rétably l'ancienne Jurifprudence du Digefte. Cujas fur cette Novelle dit, *lex fuit vetus , prius effe conveniendum debitorem pecuniæ*
20 *creditæ , quàm acceffiones ; quo jure femper ufus eft fifcus , l. Mof-*
chis. ff. de jur. fifci. l. 3. §. ult. ff. de adminiftrat. rer. ad civitat.
pertinent. l. libertus. §. filium. ff. ad municip. Neanmoins je crois
au contraire, que le droit du Digefte eftoit conforme à celuy du
Code, & que le Code par les Loix citées cy-deffus n'a rien changé de la Jurifprudence du Digefte, & qu'il n'a fait que le main-
21 tenir & le conferver en fa vigueur. Je prouve cette opinion

Premierement, par la Loy *fi teftamento.* 49. §. *fin. h. t.* dont
voicy l'efpece : Un Fidejuffeur eftant à Rome s'oblige de payer
à Capouë pour un debiteur la fomme qu'il devoit à fon creancier, & laquelle il avoit auffi promife de payer à Capouë : & ce
debiteur eftoit pour lors à Capouë ; on demande fi le creancier
peut pourfuivre le Fidejuffeur qui eft à Rome pour la fomme
pour laquelle il a fervy de Fidejuffeur ? Le Jurifconfulte répond,
que le Fidejuffeur ne peut pas plûtoft eftre pourfuivy, que fi au
contraire il avoit promis eftant à Capouë de payer à Capouë
pour le debiteur, le debiteur eftant à Rome ; car en ce dernier
cas le Fidejuffeur ne peut eftre pourfuivy que dans le temps
que le debiteur peut l'eftre : Or dans ce dernier cas le debiteur ne

peut eſtre pourſuivy qu'aprés le temps qu'il luy a fallu pour venir de Rome à Capouë, *cùm reus adhuc Capuam pervenire non potuiſſet* ; autrement le Fidejuſſeur ſe feroit obligé *in duriorem cauſam, &c.* Ce §. requereroit une plus ample explication, mais comme ce n'eſt pas mon deſſein de l'expliquer, je n'en diray pas davantage ; ce n'eſt que pour faire voir que par le droit du Digeſte le creancier pouvoit s'adreſſer au Fidejuſſeur ou au debiteur ; ce qui ſe trouve tres-certain par ce §. puiſqu'il dit que le creancier peut pourſuivre le Fidejuſſeur qui eſt au lieu où il a cautionné le debiteur. Ce qui eſt aprés dans ce même §. laiſſe encore moins lieu d'en douter, comme le Lecteur peut voir par la lecture du texte.

En ſecond lieu par la Loy *qui mutuam pecuniam.* 56. *in princ. ff. mand.* où le même Juriſconſulte Papinian dit, que le creancier peut pourſuivre s'il veut celuy par l'ordre duquel il a preſté de l'argent à un autre ; il eſt vray que les parties eſtoient convenuës que le creancier pourroit s'adreſſer au Mandateur *omiſſo reo,* toutefois quoy que cette convention n'eût pas eſté inſerée dans le contrat, le creancier l'auroit pû faire, ce ſont des précautions que cherchent ſouvent les contractans qui leur ſont inutiles, & qui ne dérogent point au droit commun, dit le Juriſconſulte en cette Loy, *etiam quæ dubitationis tollendæ cauſâ contractibus inſeruntur, jus commune non lædunt.* 22

Cujas ſur cette Loy dit, que telle eſtoit la diſpoſition du droit ancien & même tres-ancien, qui a eſté reformé par cette Novelle, *quod obtinuit ante Novellam Iuſtiniani de Fidejuſſoribus : nam ex ea Novella non poteſt creditor eligere Mandatorem, ſed creditori jus electionis, quod erat vetuſtiſſimum, adimit Iuſtinianus.*

On objecte la Loy *Moſchis.* 47. *in princ.* où le Juriſconſulte dit que le fiſc eſt obligé de pourſuivre les heritiers du debiteur, avant que de s'adreſſer aux poſſeſſeurs des biens du debiteur hypotequez au fiſc : d'où il s'enſuit que ceux qui ne ſont obligez qu'acceſſoirement, comme les poſſeſſeurs des heritages obligez à une dette, ne peuvent eſtre pourſuivis que *poſt excuſſum principalem debitorem* ; & qu'il en faut dire de même des Fidejuſſeurs. 23

On répond, qu'il y a grande difference entre les Fidejuſſeurs, & les poſſeſſeurs des biens hypotequez, en ce que les Fidejuſſeurs ſe ſont obligez par contrat, ainſi ils ſont obligez perſonnellement par leur propre convention, & ils ſemblent eſtre obligez envers le creancier de la même maniere que le debiteur ; mais. 24

pour les possesseurs des heritages hypotequez, ils ne sont point obligez personnellement au creancier auquel les biens ont esté hypotequez, ils ne luy sont obligez qu'à raison de leur detention, & de ce qu'ils possedent des biens qui sont affectez à sa dette ; mais dautant qu'il y a lieu de croire que le debiteur est solvable, & qu'il satisfera son creancier, jusqu'à ce qu'il soit discuté, il est juste que le creancier s'adresse à luy pour avoir le payement de ce qu'il luy doit ; & au cas qu'il l'ait discuté, & qu'il n'ait pas esté payé de son deub, il peut recourir par action hypotequaire contre les detenteurs des biens qu'il avoit hypotequez.

25   On répond encore, que par le droit du Digeste un creancier pouvoit poursuivre les detenteurs des heritages hypotequez par une convention expresse, sans discuter le debiteur ; mais au contraire qu'il falloit le discuter quand les biens qui estoient passez entre les mains d'un autre, n'estoient hypotequez que par une hypoteque tacite, telle qu'est celle du fisc dont il est parlé dans la Loy *Moschis.*

26   On objecte en second lieu la Loy *curatores. 3. §. fin. ff. de administrat. rer. ad civit. pertinent.* où il est dit que le Fidejusseur du Magistrat envers la Republique ne peut estre poursuivy qu'aprés discussion faite de celuy qui est le principal obligé. Ce qui est aussi decidé ainsi par la Loy *libertus. §. 1. ff. ad municipal.*

  On répond que la Republique en usoit ainsi envers les Fidejusseurs de ses debiteurs, qu'elle ne les poursuivoit jamais avant que d'avoir discuté ses debiteurs, ce qui s'observoit au contraire à l'égard des Fidejusseurs donnez à des particuliers. La raison pour laquelle le fisc en usoit ainsi, estoit afin que les debiteurs du fisc, ou ceux qui contractoient avec le fisc, trouvassent plus facilement des Fidejusseurs.

  Ce benefice a lieu, tant à l'égard du Mandateur que du Fidejusseur ; car quoy qu'ils different, ce benefice a lieu dans les cas suivans, *quoad constituendi modum,* neanmoins ils conviennent en ce qu'ils joüissent également de ce benefice.

27   Premierement, quoy que le Fidejusseur se soit obligé par serment au payement de la dette, suivant le sentiment de Balde *in cap. cùm contingat, col. 10. de jurejur.* quoy qu'il tienne le contraire *in cap. ex rescripto, eod. tit.* d'Alexandre *in l. ult. ff. si ext. petat.* de Decius, Jason, & Felin. *in d. cap. ex rescripto,* de Covarruvias *in relect. cap. quamvis. in 1. par. §. 4. num. 4.* &

de

de plufieurs autres. La raifon eft , que le ferment fuit la nature de l'acte dans lequel & pour lequel il eft interpofé , *l. ult.*
C. de non numer. pecun. Or par la nature & la qualité de l'obligation des Fidejuffeurs, la difcuffion du principal debiteur eft requife, avant que les Fidejuffeurs puiffent eftre pourfuivis ; ce qui
même eft fondé fur une tres-grande équité , ainfi qu'il eft declaré
dans cette Novelle.

Quelques Auteurs ont efté d'avis contraire , *Capella Tholof.*
quæf. 130. le même Alexandre *in confil.* 32. *colum. ult. verf. quar-*
to principali lib. 4. & quelques autres ; mais leur fentiment n'eft
pas fuiuy.

En fecond lieu, quoy que le Fidejuffeur fe foit reconnu principal 28
obligé à la dette, ou qu'il fe foit obligé folidairement à icelle, ou
comme principal debiteur , parce que telle obligation eft cenfée
contractée au cas que le debiteur ne payât pas , & non autrement:
Cependant les Docteurs fur cette queftion fe trouvent de differens avis: Accurfe fur l'Authentique *præfente. C. de Fidejuffo-*
ribus §. 1. *in verbo Fidejufforem ; Speculator tit. de renuntiatio.*
num. 18. Anton. Thefaurus *decif. Pedemont.* 116. tiennent que
dans ce cas le Fidejuffeur n'eft point privé du benefice de difcuffion : Guy Pape , *quæft.* 570. *num.* 6. Faber *in fuo Cod. tit.*
de Fidejuffor. 28. *in glof. definit.* 22. *num.* 1. *& definit.* 31. Bacquet au Traité des droits de Juftice , *chap.* 21. *num.* 256. Charondas en fes Réponfes , livre 10. chap. 56. & autres font de cet
avis.

La raifon de cette opinion eft , qu'il n'y a pas de novation 29
d'une obligation fans l'intention & la volonté des parties , *l. ult.*
C. de novatio. & par confequent quoy que le Fidejuffeur fe foit
obligé folidairement à la dette , & comme principal debiteur,
l'obligation du principal debiteur demeure toûjours & fubfifte
felon fa nature , & celle du Fidejuffeur ne change point auffi de
nature , & elle demeure toûjours comme obligation acceffoire ; &
partant le Fidejuffeur ne peut eftre pourfuivy que felon l'ordre
de difcuffion.

D'autres eftiment, que quand le Fidejuffeur s'oblige dans le
même temps que le principal debiteur , folidairement & comme
principal debiteur & obligé, il ne peut pas oppofer au creancier le
benefice de difcuffion ; par la raifon que dans ce cas le debiteur &
le Fidejuffeur font confiderez comme deux principaux obligez,
tanquàm correi debendi, lefquels peuvent eftre pourfuivis folidai-

Tome I. P

rement par le creancier, eftimans qu'il faudroit dire le contraire fi l'obligation du Fidejufleur eftoit contractée dans un autre
temps, parce que pour lors ils ne feroient pas reputez coobligez,
princip. Inftitut. de duob. reis. Cyn. *confil.* 345. Alexandre *confil.*
31. *lib.* 3. Anton. Gabriel. *commun. concluf. tit. de Fidejuffor. concluf.* 1. *num.* 99.

31   D'autres font d'avis que dans l'efpece propofée le Fidejufleur
ne peut point fe fervir du benefice de difcuffion ; premierement
parce que les termes mis dans les contrats ne doivent point eftre
inutiles, mais doivent produire leur effet, *argum. l. fi quando. ff.
de leg.* 1. *cap. fi Papa. de privileg. in* 6. Or ces termes par lefquels
le Fidejufleur s'eft obligé comme principal debiteur, ne peuvent
point produire d'autre effet, finon que le Fidejufleur puiffe eftre
pourfuivy fans difcuffion ; & partant dans cette efpece le Fidejufleur ne peut point oppofer au creancier l'exception de la difcuffion.

32   En fecond lieu, lorfque le Fidejufleur s'oblige comme principal debiteur, il eft cenfé renoncer au benefice de difcuffion,
puifque le principal debiteur ne peut pas fe fervir du benefice de
difcuffion, le Fidejufleur qui s'eft ainfi obligé, ne peut pas auffi
s'en fervir ; c'eft une renonciation tacite qui produit le même
effet que la renonciation expreffe, chacun pouvant renoncer aux
droits qui font introduits en fa faveur, foit expreffément ou tacitement, *l. penult. C. de pact. taciti & expreffi idem eft judicium,*
felon le fentiment des Docteurs, *in l. cùm quid. ff. fi cert. pet. l.
filiusfam. ff. eod. tit. l. ult. in princip. ff. de leg.* 2. *l. item. quia. ff.
de pact.*

La premiere opinion me femble mieux fondée ; car quoy que
le Fidejufleur fe foit obligé comme principal debiteur, & folidairement, cependant ce n'eft qu'un Fidejufleur intervenu pour
la fureté du creancier ; & la folidité exprimée dans le contrat
ne change rien de la qualité de l'obligation, veu que tout Fidejufleur eft obligé folidairement, à moins qu'il ne fe foit obligé
expreffément *in minorem fummam.*

Quant à ce qu'on dit, que les termes doivent produire leur
effet, cela eft vray lors qu'ils font effentiels, & capables de
changer la nature des contrats ; mais fi ils n'y adjouftent rien, &
qu'ils n'y foient mis, que pour côfirmer ce qui eft de la nature des
contrats, ou leurs effets, ils ne font d'aucune confideration ; par
exemple fi le depofitaire confent d'eftre garand & refponfable de

la perte du depoſt , au cas qu'il arrive par ſa faute tres-legere, il eſt ſans doute qu'il en ſera tenu , quoy que ſelon la nature du depoſt le depoſitaire ne ſoit tenu que de ſa fraude & de ſa lourde faute , *tot. tit. ff. & Cod. de depoſ.* parce que la convention des parties ne doit pas eſtre ſans effet , lors qu'elle n'eſt ny contre les Loix ny contre les bonnes mœurs.

Mais dans l'exemple ſuivant , la convention eſt inutile, ſçavoir que le Commodataire ſera tenu de ſa faute legere, ou le Vendeur de la garantie , parce que telle eſt la nature , enſorte que ces clauſes ſont inutiles.

Il faut dire auſſi la même choſe dans l'eſpece propoſée , que quand le Fidejuſſeur s'oblige comme principal debiteur , la nature des obligations n'eſt point changée.

On ne peut pas dire que dans ce cas & par les termes ſuſdits le Fidejuſſeur ait voulu renoncer au benefice de diſcuſſion , car *in dubio* on doit imputer à la faute du creancier de ce qu'il n'a pas fait renoncer expreſſément le Fidejuſſeur à ce benefice ; ainſi le Fidejuſſeur n'en doit point eſtre privé.

Charondas *loco citato* rapporte un Arreſt du Parlement de Paris du mois de Fevrier 1541. qui a jugé en faveur du Fidejuſſeur.

Que ſi le debiteur & le Fidejuſſeur ont eſté obligez comme 33 coobligez, ſans diſtinguer entre le debiteur & le Fidejuſſeur, & que dans le contrat il ne ſoit point porté que l'un a ſervy de Fidejuſſeur à l'autre , dans ce cas il eſt ſans doute qu'ils ſeroient obligez l'un & l'autre principalement , ſans que celuy qui juſtifieroit n'eſtre intervenu dans l'obligation que comme caution, pût oppoſer au creancier le benefice de diſcuſſion. Mais s'il paroiſt que l'un eſt le principal debiteur, & l'autre le Fidejuſſeur, & qu'il ſoit porté qu'ils ſe ſont obligez ſolidairement au payement de la dette ; neanmoins ſi ces termes, *un ſeul pour le tout,* avec la clauſe de renonciation au benefice de diſcuſſion, n'y ſont point exprimez, il y a lieu à la diſcuſſion.

Cette queſtion s'eſt preſentée en la Cour dans cette eſpece: Un 34 Fidejuſſeur s'eſtoit obligé dans un contrat pour un debiteur, en ces termes, *ſi ledit tel ne paye ladite ſomme dans un mois , il a promis & promet payer ladite ſomme & en a fait ſon propre fait & dette:* La queſtion eſtoit, ſçavoir ſi le mois eſtant paſſé ſans avoir par le debiteur payé ladite ſomme, le creancier pouvoit s'adreſſer au Fidejuſſeur ſans diſcuter le principal debiteur?

5 Contre le Fidejusseur on disoit, que la prefixion du jour avoit effet d'interpellation contre le principal debiteur, lequel par le laps du temps prefix, estoit constitué en demeure, *l. cùm quis in diem. & l. seq. ff. de O. & A. & l. magnam. C. de contrah. & committ. stipulat.* & partant il n'estoit pas besoin de discussion, dautant que le Fidejusseur en avoit fait sa propre dette. On adjoûtoit que dans cette espece ce n'estoit pas une simple fidejussion, mais une obligation principale faite sous condition de payer, si le debiteur ne paye pas dans le temps porté par l'obligation.

On disoit au contraire que l'obligation du Fidejusseur est censée faite sous cette condition, *si Titius ne paye pas dans un mois, & aprés discussion faite;* car le Fidejusseur n'a pretendu estre obligé de payer qu'au cas que Titius ne payât pas, & ne pût pas payer; or il est incertain si il ne peut pas payer jusqu'à ce que la discussion soit faite. Que c'est le sentiment de plusieurs Docteurs sur la Loy *decem. ff. de V. O.* que quand on s'oblige pour un autre, au cas qu'il ne paye pas, on n'est obligé que comme Fidejusseur, & qu'ainsi on peut se servir du benefice de discussion.

6 Charondas en ses Réponses, livre 2. chap. 104. dit que la cause ayant esté plaidée, elle fût appointée; mais qu'auparavant la question avoit esté jugée par Arrest du 17. Juillet 1537. au profit d'un nommé Lespine contre Eustache Dailliers.

7 Bacquet au Traitté des droits de Justice, chap. 21. num. 255. dit que quand un homme s'est obligé pardevant Notaires, ou que par promesse écrite & signée de sa main, il a promis payer certaine somme de deniers, si Titius ne la paye, soit qu'il y ait temps prefix ou non; ou que si par promesse il a promis payer & continuer une rente, & les arrerages d'icelle, au cas que le debiteur de la rente ne les paye, aux quatre termes ordinaires & accoûtumez, en ce cas il suffit avoir sommé & interpellé le debiteur en son domicile ou au domicile par luy éleu, de payer la somme deuë ou les arrerages écheus; & faute de payement, celuy qui a fait la promesse, doit estre condamné à payer la somme, ou à payer & continuer la rente avec les arrerages écheus & à écheoir sans discussion; parce que ces mots, *au cas*, signifient, *si non solverit, vel nisi solverit;* de sorte que ce n'est point une simple fidejussion, en laquelle il soit besoin de discussion; mais c'est une obligation principale faite sous condition de payer s'il ne paye; & par la sommation le debiteur estant en demeure de payer, l'obligation est purifiée, & la condition avenuë, suivant la Loy *Fidejussor. §. fin. ff. de Fidejussor.*

Le fentiment de Bacquet me femble mieux fondé, & je n'eftimerois pas qu'il fallût fuivre celuy de Charondas, par les raifons rapportées cy-deffus, à quoy on peut adjoufter que le benefice de difcuffion eft accordé au Fidejuffeur, parce qu'il n'eft intervenu que pour la feureté du creancier, en cas qu'il ne puiffe pas exiger le payement de fa dette de fon debiteur; il n'eft pas jufte de l'obliger plus qu'il n'a voulu, fçavoir de payer faute par le debiteur de payer ou de pouvoir payer, & pour fçavoir fi il peut payer la difcuffion eft neceffaire: mais lors qu'il a promis payer dans un certain temps, faute par le debiteur de payer, il ne peut point oppofer la difcuffion, veu qu'il eft pourfuivy en vertu de fa propre promeffe & obligation, & non comme un fimple Fidejuffeur.

Bacquet dit avoir efté jugé ainfi par Arreft fans datte, contre 38 un nommé Roffignol Notaire, lequel par promeffe écrite & fignée de fa main avoit promis payer & continuer cent écus de rente conftituée par le Seigneur de Mery, & les arrerages d'icelle, au cas qu'ils ne fuffent payez aux termes ordinaires & accouftumez, de même que s'il eût efté compris au contrat de conftitution de rente, lequel ledit jour avoit efté receu par ledit Roffignol, quoy qu'il alleguât un Arreft donné au profit de Goguier Notaire, qu'il falloit difcuffion; mais on difoit que la promeffe dudit Goguier n'eftoit qu'une fimple réponfe, contenant ce mot *répond.*

Ce benefice ceffe en plufieurs cas. 39

Le premier eft lors que le Fidejuffeur y a renoncé expreffément, car chacun peut renoncer à fes droits, *l. penult. C. de* 40 *pact.*

Le deuxiéme eft, lors que le debiteur eft notoirement connu 41 infolvable, & qu'il n'a point de biens apparens; auquel cas il faut faire faire par un Sergent une perquifition des biens du debiteur au lieu de fa demeure, dont le Sergent fait fon procez verbal, contenant qu'il s'eft enquis aux parens ou aux voifins d'iceluy, & les a requis & fommés s'il avoit aucuns biens, avec leur réponfe, & aprés cette perquifition, il declare qu'il n'a trouvé aucuns meubles ny immeubles qui appartiennent au debiteur. Que s'il s'en trouve quelques-uns, le creancier doit faire faifir, executer & vendre les meubles, faifir réellement les immeubles & les faire adjuger par decret felon les formes ordinaires.

Cette formalité s'obferve ainfi en France, conformément au

sentiment des Docteurs, Gail *observat. 27. num. 15. & seq.*

43   Que si aprés cette discussion faite le Fidejusseur soustient le contraire, c'est à luy à indiquer au creancier des biens appartenans au debiteur, à l'effet de l'obliger de les discuter.

44   Le troisiéme, selon cette Authentique & le sentiment des Docteurs, lors que le debiteur est absent, ayant son domicile dans une Province éloignée, ensorte que la discussion en soit tres-difficile; Gail *loco citato, num. ult. Guid. Pap.* Mais nous ne

45   suivons point cette Constitution en cette partie; le creancier estant tenu de discuter son debiteur en quelque lieu qu'il demeure dans le Royaume; par la raison que c'est un privilege dont le Fidejusseur ne peut point estre privé, excepté lors que les biens sont situez hors le Royaume; car pour lors à cause de la difficulté de la discussion, le creancier en est déchargé, comme il a esté jugé par les Arrests rapportez par Monsieur Loüet & son Commentateur, lettre D. chapitre 49. ce qui est ainsi observé par toute la France.

46   Le quatriéme est entre Marchands & Banquiers, entre lesquels la discussion n'a pas lieu, suivant le §. *Argentariorum* du Chapitre suivant, & le sentiment même de la Glose sur cette Authentique, de Bartole, sur cette Authentique, & sur la Loy *Fidejussor.* §. *quædam ff. mand.* de Balde sur la Loy *si pro ea. C. eod. tit.* de Gail *loco citato,* mais pour empescher que la discussion n'ait lieu en ce cas, il est requis que le Fidejusseur soit Marchand, & qu'il se mesle du commerce, marchandise ou banque, Faber *in Cod. dic. tit. definit. 3.* Bacquet au Traité des droits de Justice, chapitre 21. num. 252. où il remarque un Arrest du Jeudy 14. Fevrier 1591. donné en l'Audiance de la Grand'Chambre, par lequel un Marchand de cette Ville de Paris, qui avoit signé une Cedule de quinze cens écus prestez à son frere par un nommé Joly aussi Marchand, & comme principal debiteur, avoit promis payer, faute de payement ledit Marchand fut condamné à garnir par provision ladite somme, sans discussion faite des biens de son frere, quoy qu'il alleguât qu'il n'estoit question que de prest & non de marchandise, & qu'ainsi il n'estoit pas debiteur, mais simple Fidejusseur, ayant seulement souscrit la Cedule aprés qu'elle avoit esté faite. Ce qui fut ainsi jugé, parce qu'entre Marchands on a plus d'égard à l'équité qu'à la rigueur du droit, & ce pour la facilité & l'interest du commerce.

Ce même Auteur dit avoir esté jugé de même contre un Marchand de cette Ville , lequel comme principal debiteur avoit promis de souscrire une Lettre de Change à Lyon d'un sien frere, de la somme de deux mil écus , par Arrest aussi donné en l'Audiance de la Grand'Chambre le Mardy 14. May 1591.

Lors qu'un Marchand exige de son debiteur, quoy que Marchand, un Fidejusseur non Marchand ny negociant, le Fidejusseur peut se servir du benefice de discussion ; comme au contraire lors que le Marchand a servy de Fidejusseur pour un debiteur non Marchand, il y a lieu au benefice de discussion , suivant le sentiment des Docteurs , & c'est l'usage.

Le quatriéme est , lors que le Fidejusseur poursuivy par le creancier pour le payement de la dette, n'a pas opposé la discussion avant la contestation en cause, selon le sentiment de plusieurs Docteurs , de Loyseau au Traité de la garantie des rentes, chapitre 8. num. 13. de Guy Pape *decis.* 96. & 432. de Papon , titre des Pleiges, Arrest 19. de Ranchin sur la question 96. de Guy Pape , de Loyseau au Traité du déguerpissement, livre 3. chap. 8. *num.* 26. *& seqq.* & d'autres , parce que c'est une exception dilatoire ; & par consequent elle doit estre opposée avant contestation en cause. **47**

Neanmoins nous ne suivons point cette opinion , & nous tenons, qu'elle peut estre opposée en tout estat de cause , parce que c'est un benefice de droit, lequel peut estre opposé *in quacunque parte litis , etiam post sententiam in causa appellationis , l. per hanc C. de appellatio.*

Dans la fin de ce Chapitre & de cette Authentique , il est dit que le Fidejusseur qui a payé pour le debiteur, peut exercer son recours contre luy en prenant cession des actions du creancier ; & même le Fidejusseur avant que de payer y estant contraint, peut demander au creancier cession de ses droits & actions ; & en cas de refus , le creancier est debouté de son action envers le Fidejusseur , & cependant le Fidejusseur n'est point tenu des interests, quoy qu'il n'ait point consigné la somme pour laquelle il a cautionné , & que le payement s'en doit faire en un certain jour & en un lieu convenu entre le creancier & le debiteur , parce que *in solvendo non potest videri moram fecisse is , à quo propter justam exceptionem pecunia malé petitur , l. 21. ff. de usur.* **48**

Ce n'est pas que le Fidejusseur payant la dette au creancier, ait besoin de cession d'actions pour repeter la somme qu'il avoit payée , contre le debiteur ; car en ce cas il a l'action de Mandat , ou *negotiorum geftorum* , mais elle eft neceſſaire à l'effet que le Fidejuſſeur puiſſe exercer contre le debiteur les mêmes droits que le creancier pouvoit exercer contre luy.

Cette ceſſion d'actions ne ſe peut point faire *ex intervallo,* mais elle doit eſtre faite au temps du payement , lorſque le Fidejuſſeur a payé pour & au nom du debiteur, & pour le décharger de ſon obligation envers le creancier , parce qu'en ce cas par le payement de la dette fait *nomine debitoris,* la dette eſt éteinte *ipſo jure* , ainſi elle ne peut plus revivre par le fait du creancier ; & le creancier n'a plus d'action qu'il puiſſe ceder ny tranſporter , *l. ſi pupillus. ff. de adminiſtr. tut.* Que ſi le Fidejuſſeur a payé pour le debiteur , à l'effet de ſe liberer de ſon cautionnement , le debiteur n'eſt pas déchargé *ipſo jure* , mais ſeulement *ope exceptionis , l. Papinianus. 11. ff. mand.* en ce cas l'obligation du debiteur ſubſiſte toûjours ; & par conſequent le creancier en peut faire ceſſion & tranſport.

Cette diſtinction eſt approuvée par Bacquet au Traité des droits de Juſtice , chapitre 21. num. 236. & par Mornac ſur la Loy 28. *ff. mandati,* où il dit , que tel eſt l'uſage du Parlement de Paris ; *aut ſolutio fit nomine ſolventis , & tunc valet ceſſio actionis facta etiam ex intervallo ; quod & ita judicatum fuiſſe die ultimâ menſis Februarii anno 1600. in quinta Inquiſitionum Curia refert Loëtius litera C. num. 38. Aut ſolutio fit nomine alieno , & tunc cedi debet actio ἐν τῇ ῥωμῇ, eoque ipſo momento quo ſolvitur.*

Voyez touchant la ceſſion d'actions ce que nous avons dit dans noſtre Commentaire ſur l'article 108. de la Couſtume de Paris.

CHAPITRE II.

Que le Creancier doit difcuter le Debiteur & le Fide-
juffeur avant que de pourfuivre par action réelle
ceux qui font poffeffeurs des biens obligez
à la dette.

SOMMAIRE.

Ut ci
tor p
princi
lem &
dejuſt
res et
tier
ne in
ſenan
quiſm
ſem
periat
adver
extra
pigno
deten
res.

Sed neque ad res.

1 L'Empereur deffend dans ce Chapitre au creancier de poursuivre par action réelle & hypotecaire les possesseurs & detempteurs des biens de son debiteur, avant que de l'avoir poursuivy & discuté, & avoir discuté ses Fidejusseurs ; & s'adressant
aprés aux biens qui ont autrefois appartenu à son debiteur, mais
qu'il a alienez, & ayant pourfuivy les detempteurs d'iceux, s'il
n'en peut pas estre payé, il peut s'adresser aux biens des Fidejusseurs & à ceux qui s'en trouvent possesseurs.

Les termes qui suivent sont tres-obscurs : *Idem est dicere, vel
si quosdam habuerit homines ipsi sibimet obligatos, & qui hypothecariis actionibus sibi teneri possint* : Pour en comprendre le
sens, il faut observer que l'Empereur veut que cét ordre soit
2 observé par le creancier, sçavoir qu'il discute son debiteur, c'est
à dire qu'il fasse vendre tous ses biens avant que de venir par
action réelle aux possesseurs des biens qu'il a alienez, qu'il avoit
au temps qu'il a contracté la dette, sous l'hypoteque de tous ses
biens ; ensuite il adjouste ces termes, qui signifient qu'il en faut
dire de même de ceux qui sont obligez au debiteur, ou par simple obligation personnelle, ou hypotecairement, ayant obligé
& hypothequé tous leurs biens pour la seureté de la dette : En
ce cas le creancier du debiteur doit pourfuivre les debiteurs de
son debiteur, soit qu'ils soient obligez par simple obligation personnelle, ou qu'ils ayent obligé leurs biens à leur creancier, avant
que de s'adresser aux Fidejusseurs. Ce qui se doit entendre ainsi,
au cas que le creancier soit un creancier hypothecaire, car un
simple creancier chirographaire ne peut pas pourfuivre le debiteur de son debiteur, *l. penult. C. de novation.*

3 Accurse explique mal ces termes, & selon son sentiment ils
se doivent ainsi interpreter : *c'est comme si le creancier avoit
quelques personnes qui luy fussent obligées par simple obligation
personnelle, & par une obligation réelle :* Il n'est pas difficile de
voir que cette interpretation ne convient point à ce qui est dit
auparavant.

Que si les biens affectez & hypotequez au creancier sont encore en la possession du debiteur, le creancier le peut pourfuivre
par action personnelle pour le faire condamner à payer la somme qu'il luy doit, ou même par action hypothecaire sur les

chofes hypothequées dont il eft poffeffeur, pour les faire vendre
& eftre payé de ce qui luy eft deub fur le prix de la vente : Il peut
même fe fervir en même temps de ces deux actions, felon l'Ordonnance que l'Empereur dit en avoir faite il y a long-temps,
qui eft en la Loy *eft in arbitrio.* 14. *C. de O. & A.* par laquelle 4.
l'Empereur donne le choix au creancier de fe fervir de l'action
perfonnelle contre fon debiteur, ou de l'action hypothecaire contre les poffeffeurs des biens obligez à fa dette, & par confequent
à plus forte raifon le creancier peut-il fe fervir de ces deux actions
contre fon debiteur : mais cette Loy eft abrogée à l'égard des
poffeffeurs des biens hypothequez, mais non pas à l'égard du debiteur, lequel peut eftre pourfuivy par ces deux actions par fon
creancier ; & parce que cette Novelle en ce Chapitre déroge à
cette Loy, c'eft pourquoy l'Authentique *fed hodie* qui en a
efté tirée, eft mife aprés.

AUTHENTIQUE *fed hodie. C. de O. & A.*

Sed hodie novo jure priùs conveniendi funt omnes Fidejuffores, 5
& Mandatores, & Sponfores, quàm ad pignorum perveniatur
poffeffores.

L'Empereur dans ce Chapitre *verf. & non folùm hoc credi-*
toribus, dit que l'Ordonnance qui y eft contenuë, n'a pas lieu 6
feulement à l'égard des creanciers, mais auffi pour d'autres : Par
exemple fi j'achete quelque chofe de Titius, & que Titius me
donne un garand pour feureté en cas d'éviction ; & fi dans la
fuite l'achepteur a quelque conteftation contre le vendeur pour
quelque chofe contenuë dans le contrat de vente, il ne pourfui-
vra pas d'abord celuy qui luy a efté donné pour Fidejuffeur ou
pour garand, ny celuy qui fe trouvera poffeffeur d'une partie des
chofes qu'il aura achetées, mais il s'adreffera à fon vendeur ; enfuite à celuy qui luy a efté donné pour garand, & aprés au poffeffeur de la chofe qu'il a achetée : obfervant en ce cas la divifion qui a efté faite cy-deffus pour les prefens & les abfens, à
l'égard des debiteurs & des Fidejuffeurs, pour tous les contrats
& les obligations dans lefquelles des Fidejuffeurs, des Mandateurs, ou des Répondans peuvent intervenir. L'Empereur voulant qu'elle foit auffi obfervée entre les parties principales de
cofté & d'autre, c'eft à dire les debiteurs & les creanciers & leurs

7 heritiers ; par la raison que les heritiers representant les deffunts, la discussion qui devoit estre faite d'un particulier , doit aussi estre faite de son heritier ; ou au contraire l'heritier du creancier qui estoit obligé à discussion, y est pareillement obligé.

De ce Chapitre a esté tirée l'Authentique *hoc si debitor. C. de pignor. & hypothec.*

A U T H E N T I Q U E *hoc si debitor. C. de pignorib. & hypoth.*

8 *Hoc si debitor possideat ; alio verò possidente inhibetur hypothe-caria , donec personaliter actum sit cumreo & intercessoribus. Et si nec ex hypothecis debitoris satisfiat , tunc demum intercessoris hypothecæ si quæ sunt , petantur ; quod jus & in heredibus locum habet.*

9 L'Authentique *hoc ita. C. de pignorib. & hypothec.* tirée de la Novelle 112. *cap.* 1. paroist contraire à cette Authentique *hoc si debitor. C. eod. tit.* où il est dit que si le debiteur ne paye pas son creancier , le creancier peut poursuivre la vente de son gage & hypotheque , pour estre payé du prix en provenant.

Les Docteurs apportent plusieurs conciliations de ces Authentiques.

0 La premiere est , que dans l'Authentique *hoc ita,* on suppose que le creancier avoit commencé d'agir contre le debiteur par action hypothecaire , & que pendant l'instance le debiteur avoit vendu le gage ; auquel cas il est sans difficulté que le creancier peut continuer son action hypothecaire contre un tiers detempteur, quoy que de bonne foy ; & cette réponse semble bien fondée , veu que cette Authentique est tirée de la Novelle 112. *de litigiosis.*

La deuxième est , que le creancier avoit commencé d'agir contre son debiteur par action personnelle , & que pendant l'instance le debiteur avoit vendu la chose affectée & hypothequée à la dette, & qu'ainsi le creancier avoit droit de poursuivre son gage , c'est le sentiment de Cujas *hic.* Cette conciliation n'est pas sans difficulté , veu que le gage ayant passé en la personne d'un tiers detempteur & possesseur de bonne foy ; avant que l'action hypothecaire fût commencée, le creancier doit suivre la disposition de cette Novelle 4. *h. cap.* qui oblige à discussion, l'action personnelle intentée contre le debiteur, ne pou-

vant donner droit au creancier à pourſuivre le debiteur de l'hypotheque avant la diſcuſſion. Il n'en eſt pas de même au cas que
la vente ſoit faite aprés l'action hypothecaire commencée, car
la vente n'en peut eſtre faite qu'à la charge de l'action du creancier.

La troiſiéme eſt, que dans l'Authentique *hoc ita*, il s'agit
de l'hypotheque ſpeciale, & dans l'Authentique *hoc ſi debitor*,
il s'agit de l'hypotheque generale; que quand il s'agit de l'hypotheque ſpeciale, le creancier peut la diſcuter: Cependant cette
raiſon ne ſemble pas bonne, veu que l'hypotheque ſpeciale ne
décharge pas le creancier de diſcuter ſon debiteur.

L'Authentique *hoc ſi debitor*, eſt obſervée en France ſelon 11
le ſentiment de tous les Docteurs; enſorte que le creancier ne peut
point pourſuivre le tiers detempteur de l'heritage generalement
ou ſpecialement obligé, ſans avoir auparavant diſcuté le debiteur & le Fidejuſſeur; Monſieur le Preſtre *Centurie* 1. chapitre
76. dit avoir eſté jugé ainſi par Arreſt donné en l'Audiance le
26. Fevrier 1602. entre Charles Vivien & Claude Poulain, ap-
pellans, d'une-part, & George le Juge, la veuve Picoul, & la
veuve Bourſier, intimez d'autre, qu'en la Couſtume de Meaux
le tiers detempteur n'eſtoit point tenu de payer une rente ſur les
terres ou rentes qu'il avoit acquiſes, qu'aprés diſcuſſion, & dit
avoir eſté jugé ainſi par d'autres Arreſts; le premier donné au
rapport de Monſieur de la Faye en la cinquiéme Chambre des
Enqueſtes, prononcé à Paſques en Robes rouges 1587. & l'autre donné en la même Chambre le 30. Aouſt 1597. au rapport
de Monſieur Fouquet, entre Chantereau le Févre, d'une-part,
& la Doüairiere de Longueville, d'autre.

La Couſtume de Paris en diſpoſe au contraire en l'article 101. 12
par lequel il eſt porté que les detempteurs & proprietaires d'aucuns heritages obligez ou hypotequez à aucunes rentes ou autres
charges réelles ou annuelles, ſont tenus hypothecairement icelles payer avec les arrerages qui en ſont deubs, à tout le moins
ſont tenus iceux heritages delaiſſez, pour eſtre ſaiſis & adjugez
par decret au plus offrant & dernier encheriſſeur, à faute de
payement des arrerages qui en ſont deubs, ſans qu'il ſoit beſoin
de diſcuſſion.

Il faut obſerver que cét article ne ſe peut entendre qu'au 13
cas des rentes conſtituées, auquel il n'eſt pas beſoin de diſcuſſion; mais lors qu'il s'agit de dettes & obligations à une fois

Q iij

14 payer , la difcuffion a lieu dans la Couftume de Paris , ce qui eft fans difficulté : La raifon eft , que cét article qui rejette la dif-cuffion contre le droit commun , & contenant une difpofition rigoureufe , ne doit point eftre étendu hors fon cas qui eft la ren-te , *cafus omiffus remanet in difpofitione juris communis , l. com-modiffimé. ff. de liber. & pofthum.* Or par la difpofition du droit commun un tiers acquereur de la chofe hypothequée generalc-ment ou fpecialement , joüit du benefice de difcuffion : Ce qui a efté jugé ainfi par Arreft du 30. Decembre 1674. donné en l'Audiance de la Grand'Chambre, par lequel il a efté jugé, qu'en païs de nantiffement le creancier d'une obligation eft tenu difcu-ter fon debiteur, avant que de pouvoir s'adreffer au tiers detemp-teur de l'heritage fur lequel il a efté nanty.

15 Il y a peu de Couftumes femblables à celle de Paris , au cas de la rente , c'eft pourquoy dans celles qui n'en parlent point, la difcuffion a lieu, comme il a efté jugé par Arreft en interpreta-tion de l'article 37. de la Couftume de Troyes, le 7. Septembre 1597. entre Huberte Hennequin, appellante du Bailly de Troyes, d'une part , & Loüis Mourat, intimé d'autre , touchant une rente conftituée au Bailliage de Troyes.

16 C'eft une queftion , fi dans les Couftumes qui n'en parlent point, la difcuffion n'eft point neceffaire lors qu'il s'agit de l'hy-potheque fpeciale ; voyez *infrà* fur la Novelle 112. du Moulin fur l'article 73. tient qu'il n'eft pas befoin de difcuffion.

Chopin fur le titre 5. de la Couftume de Paris, dit que la Cour par fon Arreft du 7. Septembre 1597. ne s'eft point arreftée à cette diftinction , jugeant que la difcuffion eftoit neceffaire pour l'hypotheque generale , comme pour la fpeciale ; c'eft auffi mon avis, furquoy voyez mon Commentaire fur l'article 101. de la Couftume de Paris, *glofe* 2. *num.* 12. & *feqq.*

17 Cette queftion s'eft prefentée dans la Couftume de Paris , fça-voir fi le vendeur d'un fonds n'ayant receu qu'une partie du prix de la vente, & s'eftant refervé pour le furplus une hypotheque fpeciale & privilegiée , peut directement s'adreffer contre le tiers detempteur, au profit duquel l'acquereur avoit difpofé des cho-fes venduës ; ou s'il eft tenu de difcuter auparavant les biens de l'acquereur? Pour l'acquereur on dit que par l'article 101. de la Couftume de Paris, dans le reffort de laquelle les heritages ven-dus eftoient fituez, il eft dit que les detempteurs & proprietaires d'heritages obligez ou hypothequez à quelque rente , font tenus

hypothecairement de les payer, & les arrerages qui en font deubs, fans qu'il foit befoin de difcuffion ; ainfi cét article fert de décifion pour l'efpece dont il s'agit.

On dit au contraire que cét article de la Couftume de Paris eft une exception au droit commun, lequel par conféquent doit eftre renfermé dans fon efpece, eftant certain que toutes les exceptions ne peuvent point recevoir d'extenfion, & que leur effet principal eft de confirmer la regle generale à l'égard de tous les autres cas qui ne font pas expreffément & nommément exceptez. Que pour cette raifon les Arrefts ont toûjours ordonné la difcuffion dans tous les cas differens de ceux portez par cét article ; ainfi la Cour a jugé qu'elle eftoit requife lors qu'il ne s'agit que d'une fomme portée par une obligation. Que c'eft une regle & maxime generalement obfervée dans le Royaume, qu'en cas d'hypotheque fpeciale il n'échet point de difcuffion, fuivant la Jurifprudence établie par les Arrefts & marquez par nos Auteurs. Que l'efpece dont il s'agit n'eft ny dans le cas de l'article 101. de la Couftume de Paris, ny en ceux portez par cette Novelle, pour lefquels la difcuffion a lieu, & partant que le vendeur n'y pouvoit point eftre fujet.

Sur ces raifons de part & d'autre par Arreft donné en la feconde Chambre des Enqueftes, au rapport de Monfieur Goureau de la Prouftiere du 9. May 1672. en infirmant la Sentence des Requeftes du Palais dont eftoit appel, le detempteur & poffeffeur des heritages vendus a efté condamné de payer ou déguerpir fans difcuffion. Cét Arreft eft rapporté dans la deuxiéme partie du Journal du Palais, page 399.

De ce qui a efté dit cy-deffus, nous obferverons que l'Empereur excepte quatre cas de la regle generale, dans lefquels la difcuffion a lieu.   18

Le premier eft en faveur des Fidejuffeurs, Mandateurs & Répondans.

Le deuxiéme en faveur des tiers acquereurs ou poffeffeurs de bonne foy, de chofes dans lefquelles le creancier n'a point eu droit de proprieté.

Le troifiéme eft non feulement contre les creanciers d'argent prefté ; mais auffi contre les acquereurs de fonds ou d'autres chofes ; & cela en faveur des garands, & même des tiers detempteurs des biens qui appartenoient au vendeur, & qu'il avoit hypotequez à l'acquereur pour la feureté du prix de fon acquifition.

Le quatriéme eſt en faveur des cautions ou des Fidejuſſeurs de ceux qui ſe ſeroient principalement obligez envers des tierces perſonnes en d'autres genres de contrats, contre ceux qui auroient droit d'intenter quelques actions en vertu de ces mêmes contrats.

CHAPITRE III.

Des payemens : Et que ſi le debiteur n'a pas d'argent comptant pour ſatisfaire ſon creancier, ſes biens doivent luy eſtre adjugez.

SOMMAIRE.

.18.

18. *Erreur de Iulien & d'Irne-* | 19. *Paraphrase de Iulien.*
rus.

Quod autem de cætero.

L'Empereur dit dans ce Chapitre, où la seconde partie de
la Novelle est traitée, qu'il fait une autre Ordonnance en
faveur des debiteurs, qui ne plaira pas aux creanciers ; dautant
que si quelqu'un preste de l'argent à un autre, assurant sa dette
sur ses biens , & que ce debiteur ne puisse pas luy payer la somme qu'il luy aura empruntée, mais qu'il soit proprietaire de quelqu'immeuble, le creancier peut pretendre cét immeuble en payement de ce qui luy est deub , suivant l'estimation qui en sera
faite , quoy qu'il eût besoin de l'argent qu'il auroit presté , suivant la faculté que l'Empereur en accorde. Et si le vendeur em-
peschoit qu'il ne se trouvât des personnes pour acheter les immeubles du debiteur , parce qu'il auroit publié par tout qu'ils
sont obligez aux dettes du proprietaire, ils doivent estre donnez
au creancier selon l'estimation qui en sera faite par le Juge des
lieux , en donnant caution par le debiteur pour la garantie , en
cas qu'il en puisse bailler.

La raison pour laquelle la Loy oblige le debiteur de bailler
caution à son creancier *de evictione*, est parce que *datio in so-*
lutum venditionis speciem habet , l. 4. C. de evictio. l. eleganter,
in princip. ff. de pignor. actio.

Cette caution n'est pas une simple caution juratoire, c'est une
caution suffisante, *quæ fit datis fidejussoribus*, parce que , dit
Cujas , *quasi quodammodo invitus creditor emit , dum invitus*
prædia accipit pro pecunia ; idcirco æquum est ab evictione securum
eum reddi.

Le creancier a droit de prendre pour ce qui luy est deub, les
meilleurs biens de son debiteur ; car il seroit injuste que pour
& au lieu de l'argent qui luy seroit deub, il fût obligé de prendre des choses qui ne valussent pas ce qui luy seroit deub, car
au moins s'il n'a pas ce qu'il a presté, il a quelque chose qui ne
luy est pas inutile.

Il n'en seroit pas de même du creancier de l'Eglise, lequel ne
pourroit pas choisir lequel des heritages qui appartiendroient à
l'Eglise , il voudroit choisir , *idque jure speciali*, selon la Novelle *de alienatione & emphyt. cap. & hoc quidem. 9. §. in venera-*

Tome I.   **R** *bilibus verò*, ce qui ne se doit pas tirer à consequence, *l. 14. ff. de leg. & l. 141. ff. de R. I.*

6 L'Empereur *vers. sed hoc quidem*, fait voir que son Ordonnance est tres-juste, parce qu'elle est fondée sur la necessité ; dautant que si le debiteur n'a pas dequoy payer à son creancier ce qu'il luy doit, & qu'il ne se trouve personne pour acheter ses biens, il est réduit dans la necessité de les abandonner & de faire cession, ainsi ses creanciers seroient obligez de prendre ses biens, ne pouvans pas tirer de luy les sommes qu'ils luy auroient prestées. Et puisque le creancier & le debiteur viendroient à ce point par un évenement funeste à l'un & à l'autre, & honteux pour le debiteur, l'Empereur veut que cela se fasse sous l'authorité de la Loy, voulant en ce cas soulager la peine des debiteurs, sans toutefois paroistre trop severe envers les creanciers, en les obligeant à une chose, à laquelle quand même ils ne voudroient pas y consentir, ils seroient obligez d'y venir contre leur volonté ; *Quamobrem quod cum injuria & effectu acerbo perduceret creditorem & debitorem, hoc nos clementer simul & legaliter decidentes , & infelicibus debitoribus non apparebimus duri, causam eis deputantes, ad quam si permanerent inobedientes , tamen omnibus modis advenirent.*

Que si le creancier a trouvé quelqu'un pour acheter les biens de son debiteur, le debiteur doit volontairement & sans contrainte consentir à la vente d'iceux, en donnant telle caution qu'il sera capable de donner à l'arbitrage du Juge, parce qu'il faut soulager les debiteurs autant qu'il est possible, *undique enim ita creditoribus providendum est, ut non debitores graventur* ; & cette caution en ce cas est donnée à l'acheteur pour sa seureté au cas d'éviction, comme il sera prouvé cy-aprés.

7 Parce qu'il pouvoit y avoir quelque difficulté sur ce que l'Empereur dit en ce Chapitre, que le creancier est obligé de prendre en payement les immeubles de son debiteur, sçavoir si par un creancier on ne doit entendre que celuy auquel il est deub de l'argent ; l'Empereur pour oster toute matiere de contestation à l'avenir en interpretation de son Ordonnance, dit qu'il faut entendre par un creancier, conformément aux anciennes Loix, (*antiquas sequentes leges, sequentes* se rapporte à l'Empereur,) celuy qui peut intenter une action contre quelqu'un, quoy qu'il n'ait point contracté de prest avec luy, qu'il ne luy ait rien presté, mais qu'il ait passé avec luy tout autre contrat, comme

s'il luy avoit esté mis en depost de l'argent, ou qu'il luy eût donné en gage quelque chose qu'il eût perduë ou consommée par son dol ou par sa faute legere.

Ce qui est dit dans la fin de ce §. *argentariorum quippe*, &c. 8 n'a aucun rapport avec ce qui a esté dit dans ce Chapitre, mais il se doit rapporter avec le Chapitre second, où il est dit que le creancier doit discuter le principal debiteur avant que de venir au Fidejusseur, & la fin de ce §. est une exception de cette regle, sçavoir qu'elle n'a pas lieu pour les cautionnemens & pour les Fidejusseurs des Banquiers; l'Empereur voulant que le creancier qui a mis de l'argent entre les mains d'un Banquier, puisse le poursuivre pour en avoir payement, ou s'adresser d'abord à son Fidejusseur, l'interest public & l'utilité des contractans voulans qu'en ce cas on ne suive pas l'Ordonnance nouvelle, mais qu'on observe celle qui avoit lieu auparavant pour un chacun, *argentariorum quippe sponsionibus propter utilitatem contrahentium in ordine moderno durantibus.*

L'Ordonnance contenuë dans ce Chapitre abroge la disposi-9 tion du droit qui estoit observé du temps de Justinien, auquel un creancier ne pouvoit estre obligé de prendre contre sa volonté une autre dette pour la sienne, c'estoit l'ancienne Jurisprudence du Digeste, comme nous voyons, & en la Loy *mutuum damus.* 2. §. 1. *de reb. credit.* il est dit qu'un creancier ne peut estre obligé de prendre autre chose que ce qui luy est deub, *in cæteris rebus,* dit le Jurisconsulte en cette Loy, *ideo in creditum ire non possumus, quia aliud pro alio invito creditori solvi non potest.* Elle a esté confirmée par les Empereurs Diocletian & Maximian en la Loy *eum à quo.* 16. *C. de solution.* après laquelle l'Authentique tirée de cette Novelle a esté mise.

AUTHENTIQUE *hoc nisi debitor. C. de solutio.*

Hoc nisi debitor in pecunia vel alia re mobili solvere nequeat; 10 *tunc enim res immobilis quam debitor habet meliorem, solvi potest, factâ per judicem subtili ejus causæ æstimatione, ut rem prædictam & debitori solvere, & creditori liceat petere, præstandâ creditori cautelâ de evectione quæ debitori possibilis sit, quod est in omni actione. At si creditor paratus sit emptorem rei præstare, oportet debitorem cautelâ judicis arbitrio creditori præbitâ, rem tunc distrahere, ut satisfiat creditori.*

R ij

11　　Ce troisiéme Chapitre n'est pas en usage en France, car on ne peut pas donner en payement à son creancier une chose pour une autre, comme il a esté jugé par les Arrests ; & les creanciers sont en droit de faire vendre tous les biens, tant meubles, qu'immeubles de leur debiteur pour estre payez de leur deub, sans estre contraints de les prendre en payement ; ce qui a esté jugé ainsi

12　par Arrest du 23. Juin 1673. donné au rapport de Monsieur de Creil, rapporté dans la troisiéme partie du Journal du Palais, page 349.

　　Il est vray que la Jurisprudence de cette Novelle, qui se trouve avoir esté premierement establie par Jules Cesar, comme

13　nous apprenons dans Dion Cassius, livre 41. de son histoire, & de Monsieur Brisson dans son premier Livre *de solutio. & liberatio.* & depuis rejettée auparavant Justinien, *princip. Institut. quib. mod. tollit. oblig.* est remplie d'humanité envers les debiteurs, ainsi que remarque Loyseau dans son Traité du déguerpissement, livre 3. chapitre 7. nombre 16. Mais d'un autre costé il n'est pas juste de soulager un debiteur & d'opprimer un crean-

14　cier ; car outre que selon la nature des contrats les choses se dissolvent de la même maniere qu'elles ont esté establies, l'obligation du prest se contracte *datione pecuniæ*, elle ne se peut point aussi éteindre que *solutione pecuniæ*, il arrive tres-souvent qu'un creancier qui presse son debiteur, est pressé par ses creanciers, & que pour les satisfaire il faut de l'argent comptant, comme si il doit des sommes modiques à chacun, lesquelles toutes ensemble montent à une somme considerable ; auquel cas ce debiteur ne peut pas obliger ses creanciers de prendre cét heritage en payement ; de sorte que dans ce cas les creanciers mettroient tous ses biens en saisies réelles & criées ; & par ce moyen il tomberoit dans une perte infaillible de ses biens. Que si c'est un Marchand, il n'a pas besoin d'heritages, il luy faut de l'argent comptant, autrement il seroit au hazard de perdre son credit, & seroit reduit à souffrir la perte de ses biens pour conserver ceux de ses debiteurs. D'ailleurs si un debiteur vouloit contraindre son crean-

15　cier de prendre des biens en payement, en consequence de cette Novelle, il faudroit qu'il ne se trouvât point d'acheteurs, & que le debiteur donnât caution pour la garantie, sans lesquelles il seroit mal fondé de le pretendre : Or il est assez difficile que des biens ne se puissent pas vendre ; & quand même ces deux conditions se rencontreroient, il n'y seroit pas recevable selon nostre usage.

Il y a quelques Arrefts qui ont neanmoins jugé au contraire, 16
mais dans des circonftances particulieres, fçavoir dans le cas de
creanciers qui confentoient que les biens de leur debiteur leur
fuffent donnez pour l'eftimation.

Pour finir l'explication de cette Novelle, nous obferverons 17
que l'Authentique *hoc nifi debitor*, eft contraire au Texte de ce
Chapitre, & qu'il y a une erreur dans laquelle Irnerus eft tombé
dans la compofition de cette Authentique.

Dans ce Chapitre font contenus deux cas concernans le debiteur qui n'a point d'argent pour payer fon creancier, ayant neanmoins des biens, meubles & immeubles : Voicy les deux cas
marquez dans ce Chapitre, ou on ne trouve point d'acheteur
pour la vente de fes effets, ou on en trouve.

Au premier cas le creancier eft obligé de prendre en payement des heritages *pro quantitate debiti*, en donnant par le debiteur au creancier bonne & fuffifante caution pour la garantie
en cas d'éviction ; par la raifon que c'eft une efpece de vente qui
eft faite au creancier, *datio in folutum venditionis fpeciem habet*, *l.* 4. *C. de evictio. l. eleganter. in princip. ff. de pignor.
actio.*

Au deuxiéme cas, qui eft lors qu'il fe trouve des acheteurs,
le debiteur eft obligé de vendre fes biens, & de donner le prix
de la vente à fes creanciers ; & le debiteur eft tenu de bailler caution à l'acheteur pour la garantie en cas d'éviction.

Or dans cette Authentique *in fine*, il eft porté qu'en ce dernier cas le debiteur eft tenu donner caution au creancier de le
payer du prix provenant de la vente de fes biens ; ce qui eft entierement contraire au Texte de cette Novelle ; comme remarque fort bien Cujas fur cette Novelle, en ces termes : *Malé Iu-* 18
*lianus & Irnerus cavere eum creditori, fe ex pretio redacto ex ven-
ditione pecuniam debitam foluturum. Nam ut fequenti cafu cavetur creditori quafi emptori, ita fané hoc cafu cavendum eft emptori.* Il rend enfuite la raifon pour laquelle le debiteur eft tenu
de donner caution à fon creancier lors qu'il luy vend fes heritages, *quia quafi quodammodo invitus creditor emit, dum invitus
prædia accipit pro pecunia ; idcirco æquum eft ab evictione fecu-
riorem eum reddi.* Voicy les termes du Texte concernant ce deuxiéme cas, *fi itaque creditor paratus eft præparare quemdam emptorem, neceffitatem habere debitorem hoc agere, præbentem hujufmodi cautionem arbitrio judicantis, qualem omnino eft dare poffi-*

R iij

bile ; *unde enim ita creditoribus providendum est , ut non debitores graventur* : La caution dans ce cas est semblable à celle qui est donnée au premier , sçavoir pour la seureté de l'acheteur en cas d'éviction , parce que le vendeur n'a pas moins d'interest qu'il soit donné en ce cas à l'acheteur , que quand il est luy-même acheteur , ou qu'il a pris les biens en payement de sa dette , autrement on ne trouveroit point d'acheteur , & pour l'interest du creancier & du debiteur , cette caution a esté introduite par l'Empereur dans ces deux cas.

Julien est tombé dans la même faute , comme il se peut voir cy-après dans sa Paraphrase sur cette Novelle.

PARAPHRASE
DE JULIEN.

CONSTITUTIO III.

X. De Fidejussoribus & mandatoribus , & his qui pro aliis pecunias constituunt.

SI quis crediderit alicui pecuniam , & fidejussorem vel mandatorem acceperit , vel eum qui pecuniam pro reo constituit : non prius contra tales personas actiones moveat suas , quàm adversus ipsum reum principalem egerit : eumque inopem invenerit , vel in solido vel in parte. Postquam enim egentiâ laborare dignoscitur reus , in solido sive in parte , sive tunc contra fidejussores vel mandatores intendere creditorem oportet. Hæc si debitor præsens sit & appareat ; sin autem absens fuerit reus , & fidejussores vel mandatores præsto sint , vel hi qui pecuniam pro eo constituerunt : tunc præfiniri eis diem oportet , intra quem debeant reum exhibere ; sin autem tempus præfinitum præterierit ; ipsi quidem pro reo actiones suscipiant, & debitam pecuniam persolvant. Cedat autem eis actionibus suis creditor quas adversus reum principalem habet ; quod si tam reus quam fidejussor, vel mandator, vel qui pecuniam pro reo constituit, in absentia fuerint : tunc liceat creditori etiam adversus res principalis rei venire. Quod si nullæ res principalis rei appareant ; tunc etiam in res mandatoris vel fidejussoris manus creditoris porrigi possunt, ut etiam si debitores habeant, etiam ab his creditoribus satisfiat. Hæc autem sic intelligenda sunt, ut nullam facultatem habeat creditor res prius vindicare, quam personales exerceat actiones tam contra ipsum reum principalem quam contra fidejussores ejus, vel mandatores, eosque non solvendo esse appareat, eodem jure scilicet observando, si personæ eorum non appareant. Hæc autem omnia quæ de creditore & fidejussore diximus, etiam ad venditionis confirmatorem trahenda sunt, ut non prius emptori licentia sit adversus confirmatorem consistere, nisi prius venditorem convenerit, vel indubitaté solvendo non sit. Sed nec hypothecariis in rem actionibus pateat judicium antequam personales actiones defecerint. Et in summa quæ dicta sunt in mutua pecunia, & in venditione, custodienda erunt & in omnibus contractibus qui aliquam satisdationem recipiunt. Sin autem argenti distractores pecuniam constituerint, secundum veteres leges conveniantur.

XI. De solutionibus & liberationibus & verborum significatione.

Si quis pecuniam mutuaverit, debitor autem pecuniam non habuerit, quam daret : tunc rem mobilem creditori præstet, si habet. Sin autem rem mobilem non habeat : tunc immobilem rem suam, si habet, vendere debet & pecuniam debitam ex pretio rei venditæ solvere. Sin autem emptorem non inveniat : tunc prædium quod optimum habet, creditori suo præstet, & actione quâ obstrictus est, liberetur : ubi autem emptorem sui prædii invenerit : caveat creditori suo pecuniam debitam se soluturum, & post cautionem liceat ei constituere venditionis contractum; creditoris autem appellatione significatur non solum is qui mutuam alicui dedit pecuniam, sed etiam omnes qui aliquam actionem contra aliquem habent. Dat. Kal. April. Consulatu Belisarii.

TITRE CINQUIE'ME.

Des Moines.

NOVELLE CINQUIE'ME.

PREFACE ET CHAPITRE PREMIER.

De Monasteriis & eorum ædificatione.

SOMMAIRE.

CEtte Novelle est adressée à Auguste Epiphanie Archevéque de Constantinople; elle est divisée en neuf Chapitres & une Preface.

1 Dans la Preface l'Empereur loüa la vie Monastique, parce que *honesta est, commendare novit Deo, adhoc venientem hominem,*

nem, ut omnem quidem humanam maculam ; purum autem declaret, ac rationabili naturæ decentem, & plurima secundum mentem operantem, & humanis cogitationibus celsiorem ; ce que l'Empereur dit dans la Novelle 133. est digne d'estre remarqué ; *solitaria vita atque in ea contemplatio res plané sacra est, & quæ suapté naturâ animas ad Deum adducat ; neque iis tantum, qui eam incolunt, commodet, sed etiam omnibus aliis puritate suâ & apud Deum interpellationem competentem de se utilitatem præbeat.* Il declare ensuite quel doit estre celuy qui veut faire profession de cette vie reguliere, qu'il doit estre sçavant dans l'Ecriture Sainte, *ama scientiam Scripturarum, & carius vitia non amabis,* dit S. Jerosme, écrivant à Rustique Moine : il doit estre d'une conversation honneste, pour se rendre digne du changement qui se doit faire en sa personne par cette profession.

Ce qui donne lieu aux Docteurs de faire cette question, sçavoir si les Moines souffrent un changement d'estat en leurs personnes : La Glose répond pour l'affirmative, *princip. Instit. de cap. minut.* Et sur la question, sçavoir si les actions competentes à celuy qui a fait profession, sont éteintes, elle répond que non, parce qu'elles peuvent estre exercées par l'Abbé ou par un autre.

Cujas estime que la profession Monastique ne cause point de changement d'estat, parce que *nec adimit libertatem, nec civitatem, nec familiam ;* car quoy que les Moines soient comparez aux esclaves, ils retiennent neanmoins la liberté, ils demeurent citoyens & capables des effets civils, comme de succeder, & même de tester, *l.* 13. *C. de Sacros. Eccles.*

Les Moines en France souffrent un grand changement d'estat, & sont incapables de tous effets civils, ils ne peuvent ny tester ny succeder, suivant l'article 337. de la Coustume de Paris ; c'est le sentiment des Docteurs, ce qui ne reçoit aucune difficulté ; ensorte que ny les Religieux ny les Monasteres pour eux, ne succedent point, ce qui a esté ainsi introduit en faveur & pour la conservation des familles, & pour empescher que tous les biens du Royaume ne passassent dans les Monasteres ; *& sané in favorem boni publici admodum tendit ut scilicet opes atque dignitates familiarum conserventur, & non ita contingat, ut Laicorum patrimonia omnia in Monasteria detrudantur ac consumantur,* dit Pontanus sur l'article 147. de la Coustume de Blois.

L'Empereur dans le Chapitre premier défend de bâtir des

Monasteres, sans la permission & le consentement de l'Evesque, ordonnant que l'Evesque se transporte sur le lieu, qu'il y fasse sa priere, & qu'il y plante le Signe adorable de la Croix; ce qui doit aussi estre observé lors qu'il s'agit de bastir des Eglises, *infrà*, Novelle 131. §. *si quis autem.*

5 Le consentement de l'Evesque est necessaire en France pour l'establissement & construction des Eglises & des Monasteres, suivant le Concile de Trente, *Sess*. 25. *cap*. 3. Premierement, parce qu'il s'agit d'une chose spirituelle qui ne se peut faire sans la participation de l'Evesque, *can*. 1. *de consecrat. distinct*. 1. *glos. in can. placuit. q.* 2.

En second lieu, parce que c'est à luy à choisir le lieu où l'Eglise doit estre construite, & prendre garde qu'elle soit bastie dans un lieu propre & convenable, afin qu'elle ne préjudicie point aux anciennes Eglises déja basties, *can. Ecclesia. de consecrat. distinct*. 1. Panormit. *in cap. ad audientiam. Ext. de Eccles. edific.*

En troisiéme lieu, que c'est à luy à pourvoir à tout ce qui est necessaire pour sa construction & entretenement, & qu'il y ait des revenus suffisans pour cét effet, *can. si quis*. 1. *q.* 3.

6 Lors qu'il s'agit d'establissemens de nouveaux Ordres de Religieux ou de Religieuses, il faut l'autorité du Saint Siege, & des Bulles expresses de sa Sainteté ; ce qui s'observe tant dans le Royaume que dans les autres qui sont soûmis au saint Siege pour le spirituel.

7 Il faut aussi des Lettres Patentes du Roy, conformément à l'Ordonnance du Roy Loüis XIII. données à Paris le 21. Novembre 1629. verifiées au Parlement le 13. Decembre ensuivant, par laquelle il est expressément défendu de faire aucun establissement de Monasteres, Maison ou Communauté reguliere de l'un ou de l'autre sexe, en quelque lieu & Ville du Royaume que ce soit, même des Ordres cy-devant receus & approuvez, sans expresse permission de sa Majesté, par Lettres signées de l'un des Secretaires d'Estat, & scellées du grand Sceau ; afin que sa Majesté puisse juger des establissemens, & selon les occasions ordonner les lieux & Villes ausquelles ils doivent estre faits pour l'avancement de la Foy & Religion Catholique ; avec défenses à tous Magistrats & Corps de Communauté d'en recevoir ny admettre aucune, sans avoir auparavant obtenu lesdites Lettres Patentes de sa Majesté.

Fevret au Traité de l'abus, livre 2. dit que la Reyne Marguerite ayant fondé & doté un Monaſtere d'Auguſtins Reformez dans le Fauxbourg Saint Germain à Paris, obtint du Pape Paul V. un Bref Apoſtolique du 14. Aouſt 1613. ſuivy de la permiſſion par écrit de Monſieur de Gondy Eveſque de Paris, du 19. Octobre enſüivant; & en conſequence le Roy Loüis XIII. donna ſes Lettres Patentes du mois de Decembre de la même année, conçües en ces termes: *Nous, à l'imitation de nos predeceſſeurs, deſirans l'augmentation de l'Egliſe & accroiſſement du culte divin en noſtre Royaume, avons loüé, approuvé & confirmé, & de nôtre grace ſpeciale, puiſſance & autorité Royale, loüons, approuvons & confirmons en tant qu'en nous eſt, ladite fondation, donation & dotation.* Ces Lettres furent enſuite enregiſtrées au Parlement de Paris par Arreſt du 19. Fevrier 1614.

Par une Declaration de l'année 1666. le Roy a défendu ex- 8 preſſément de faire aucun nouvel eſtabliſſement ſans ſa permiſſion expreſſe, voulant & ordonnant que tous ceux qui ſe trouveroient avoir eſté faits depuis l'année 1630. ſoient nuls.

L'intereſt du Roy dans les nouveaux eſtabliſſemens, conſiſte en ce que ſous pretexte de Religion, des étrangers & gens ſans aveu pourroient entreprendre contre le Roy & ſes Sujets; c'eſt la raiſon pour laquelle Monſieur le Procureur general du Roy au Parlement de Paris, ayant fait plainte, que ceux de la Religion Pretenduë Reformée appelloient à la Charge de Miniſtres des étrangers contre le ſervice du Roy, auquel il importoit de prevenir les intelligences ſecrettes de telles perſonnes, & empeſcher qu'elles ne préchaſſent en public des maximes étrangeres; furquoy par Arreſt du 6. May 1644. défenſes furent faites à ceux de la Religion Pretenduë Reformée, de faire choix de Miniſtres étrangers, ou d'y admettre d'autres que des naturels François.

Il faut encore que les Lettres du Prince ſoient omologuées par 9 le Parlement, dans le détroit duquel on veut faire le nouvel eſtabliſſement; parce que c'eſt aux Parlemens à apporter des reſtrictions & modifications qu'ils trouvent à propos, aux Lettres Patentes du Roy pour l'intereſt public: Henris dans ſes Arreſts, tome 2. livre 1. queſtion 6. rapporte un Arreſt du dernier Juin 1643. contre les Peres Recolets, qui vouloient s'eſtablir dans la Ville de Rion, par lequel ſur l'oppoſition formée par les habitans de cette Ville, à l'obtention d'un Brevet accordé aux Recolets pour s'y eſtablir, le Brevet fut revoqué, & deffenſes leur furent faites d'en faire aucune pourſuite, ny de s'y eſtablir. S'eſtant depuis eſtably dans un lieu hors de la Ville au préjudice de l'Arreſt, par autre Arreſt du 26. Juillet 1644. il leur fut enjoint de ſe retirer dans leurs Maiſons Conventuelles qu'ils avoient dans la Province.

10   Le conſentement des Habitans des Villes eſt auſſi neceſſaire, quand il s'agit de nouveaux eſtabliſſemens, parce qu'ils peuvent avoir un grand intereſt qu'ils ne ſoient point eſtablis; *in Gallia novi Ordines non admittuntur ſine Regis licentia, quæ non conceditur ſine Bullis exhibitis audito Procuratore Regio, & decreto Ludovici XIII. an. 1629. & Monaſteria conſtruere non licet ſine licentia Epiſcopi Diœceſani, auditis Civitatis Rectoribus, ne familiarum patrimonia exhauriantur, Monaſteria nimis diteſcant, & luxu vitæ ſumptuoſæ vinculum Religionis diſſolvatur aut relaxetur, ut in multis Monaſteriis accediſſe videmus,* dit *Paſtor de Beneficiis, lib. 3. cap. 40. num. 17.*

11   Les Parlemens ordonnent ordinairement que les Statuts, les Regles, & les Bulles du Pape portant nouveaux eſtabliſſemens, ſeront communiquez à Meſſieurs les Gens du Roy, & examinez pour connoiſtre s'il n'y a rien qui ſoit contre les Loix, les libertez de l'Egliſe Gallicane, & les droits des Eveſques & des Curez.

CHAPITRE II.

Mo-
naſ-
pro-
tibus
a ſta-
veſ-
dis.

Dans quel temps ceux qui entrent dans des Monaſteres, doivent prendre l'habit.

SOMMAIRE.

CE Chapitre contient trois décifions ou Conftitutions.
La premiere, que l'on ne doit donner l'habit de Religieux
qu'aprés trois ans paffez, à compter du jour de l'entrée, l'Empereur voulant que pendant ce temps ils foient tonfurez, & qu'ils
fe fervent d'habits des Laïcs.

Pendant ce temps, il eft ordonné à l'Abbé & au Superieur de 2
s'informer, *unde eis defiderium vitæ fingularis accefferit, & quia
nulla maligna occafio ad hoc eos induxit;* de les mettre avec ceux
à qui on apprend la maniere de vivre dans le Monaftere, avec la
fouffrance & l'honnefteté que la vie Monaftique requiert, *non
enim facilis eft vitæ hominum mutatio, fed cum animæ fit labore.*

Dans le §. 1. il ordonne que les trois ans eftant paffez, &
ayant fait connoiftre par leur conduite, qu'ils font propres & capables de mener une vie reguliere & conforme aux Statuts du
Monaftere, ils doivent recevoir la Tonfure qui fe donne aux
Profez, c'eft à dire, comme l'explique la Glofe, *Tonfuram cum
1 orona,* & de recevoir l'habit Monachal; fans diftinction entre
es libres & les efclaves; l'Empereur voulant que les efclaves reçoivent par ce moyen la liberté; car puis qu'il y a plufieurs
moyens d'affranchir les efclaves, il eft jufte que ceux qui *mi-
grant ad communem omnium, dicimus autem cæleftem, dominum,
& arripiantur in libertatem; nam fi in multis cafibus etiam ex lege
hoc fit; & talis quædam libertas datur, quomodo non prævalebit
divina gratia talibus eos abfolvere vinculis?*

L'Empereur dans le §. 2. qui eft une fuite du precedent, ré- 3
pond à une queftion qu'on pouvoit faire, fçavoir fi un efclave

s'eſtoit retiré dans un Convent, ſi ſon maiſtre pourroit dans les trois ans , & auparavant qu'il eut fait profeſſion , l'en retirer ? A quoy il répond, que ſi dans les trois ans le maiſtre vient querir ſon eſclave pretendant qu'il l'a volé, & que pour éviter la peine deuë à ſon crime il auroit recherché cét azile, le maiſtre doit prouver qu'il eſt ſon maiſtre & que ſon eſclave l'a volé , ce faiſant il luy doit eſtre rendu, avec tout ce qui ſe trouveroit luy avoir eſté volé, & avoir eſté apporté dans le Monaſtere.

Mais les trois ans eſtant paſſez, il ne luy ſeroit plus permis de rechercher ſon eſclave, par cette raiſon , *etſi vitium in priori ab eo forte geſtum eſt vita (humana enim natura quodammodo labitur ad delicta) attamen ſufficit ad mediocrem purgationem peccatorum & ad virtutis augmentum triennaliter temporis teſtimonium.*

Par la Novelle de l'Empereur Leon *de ſervo , qui inſcio domino Monachiſmum ſuſcepit ,* à quoy ſont conformes la Loy 4 *jubemus ,* & la Loy *ſervus. c. de Epiſc. & Cleric.* & le Canon *ſi quis.* 17. *q.* 4. les eſclaves ne peuvent point faire profeſſion ſans le conſentement de leurs maiſtres.

5 Dans le §. 3. il ordonne que ſi l'eſclave qui a receu l'habit Monaſtique aprés les trois ans de probation , ſe retire du Convent pour rentrer dans la vie ſeculiere & mandiante, le maiſtre peut le reprendre comme ſi en effet il n'eſtoit point devenu libre par la profeſſion Monaſtique, parce que l'ayant quittée , il s'eſt rendu indigne des droits qu'il avoit acquis par ſon moyen , & l'injure qu'il ſouffrira en le reduiſant dans le miſerable état de l'eſclavage, ne ſera pas ſi grande que celle qu'il a faite à Dieu en quittant ſon ſervice ; *non enim injuriam patietur tantam ad verum ſervitium tractus , quantum ipſe injuriatus eſt Dei culturam refugiens.*

6 Par les Canons le temps de probation ne dure qu'un an , à commencer du jour de la priſe de l'habit, *cap. ad Apoſtolicam ext. de Regular. ac Monachis Concil. Trident. Seſſ.* 25 *.de regular. cap.* 16. à quoy eſt conforme l'Ordonnance de Blois de l'an 1579. art. 28. qui défend de faire la profeſſion dans les Monaſteres avant l'année de probation expirée.

7 Par le meſme article il eſt ordonné, que les Abbeſſes & Prieures auparavant que de donner aux filles l'habit de Profeſſes pour les recevoir à profeſſion , d'en avertir un mois auparavant l'Eveſque ou ſon Vicaire ou Superieur de l'Ordre, pour s'enquerir par eux & informer de la volonté deſdites filles , & s'il y a eu contrainte

ou induction, & leur faire entendre la qualité du vœu auquel elles s'obligent. Il feroit à fouhaiter que ce reglement fût executé.

Par l'article 8. de l'Edit de Paris cité cy-deffus, il eft défendu aux **Abbez, Abbeffes** & autres **Chefs de Monafteres,** avant que de recevoir aucun à faire vœu de profeffion, d'en avertir les Evefques Diocefains, à ce qu'ils ayent à s'informer des volontez & intentions de ceux qui fe prefentent pour faire ledit vœu.

Il n'y a point d'efclaves en France, mais ce qui en eft dit dans ce chapitre donne lieu à deux queftions.

La premiere, fi les enfans peuvent faire profeffion fans le con- 8 fentement de leurs peres & meres, ou de leurs tuteurs & curateurs ?

Autrefois il n'eftoit pas permis à aucun de faire profeffion fans 9 le confentement du Prince par Lettres Patentes, comme nous apprenons de Marculphe dans une formule qu'il a faite fur les Capitulaires de Charlemagne. Ce qui ne fembloit pas fans raifon, veu que puis qu'il eft de l'intereft public *civitates repleri liberis hominibus legitimé natis;* tout ce qui y eft contraire eft oppofé à l'utilité publique, & par confequent pour y parvenir il faut le confentement du Prince. Or il eft certain que l'Etat s'affoiblit par le grand nombre de ceux qui entrent dans les Monafteres, foit parce qu'ils ne procurent point de Sujets à la Republique par legitime mariage, ou parce qu'eux-mefmes ils deviennent incapables de la fervir. D'un autre cofté on peut dire que nous fommes à Dieu auparavant que d'eftre au Prince, & que Dieu ayant créé l'homme pour fa gloire, il n'y a point de raifon humaine qui puiffe l'empefcher de fe donner à luy; ainfi l'autorité des Rois a ceffé dans la fuite des temps d'eftre neceffaire pour ce fujet.

Quant à la queftion fi le confentement des peres & meres eft requis pour la profeffion des fils de famille, c'eft l'ufage en France qu'il eft neceffaire, *can.* 15. *& 16. & can. fi quis diftinct.* 30. Anfegifus *lib.* 1. *cap.* 15. rapporte une Conftitution de l'Empereur Charlemagne, qui défend., *ne pueri fine voluntate parentum tonfurentur, vel puellæ velentur.* Et felon S. Clement *lib.* 3. *recognitio. fi qui filij parentes, maximé fideles deferuerint occafione Dei cultûs, hoc juftum effe judicantes, & non potius debitum honorem parentibus reddiderint, ut hoc ipfum in eis venerentur quòd fideles funt, anathema fint, cap.* 1. *diftinct.* 30. *fi qui volunt & poffunt fequi, nos permittimus eis falvâ pietate, hoc eft, ne* *quem discessu contristent qui contristari non debuit , vel parentes relinquunt quos non oportet.* Les Cours Souveraines l'ont ainsi jugé par leurs Arrests.

11   Henris dans ses Arrests en rapporte trois : le premier est dn 20. May 1586. le deuxiéme est du premier Aoust 1601. & le troisiéme du 14. Mars 1602.

12   La raison est , que comme les enfans peuvent estre seduits pour entrer dans les Monasteres estans encore dans un âge capable de seduction , il est juste que le consentement de ceux en la puissance desquels ils sont , ou qui sont chargez de leur conduite, intervienne : car si le consentement des maistres estoit requis pour rendre valable la profession de leurs esclaves , celuy des peres & meres doit intervenir avec plus de raison , à cause de la puissance qu'ils ont sur leurs enfans. Nous voyons au chapitre 30. des Nombres , que la Loy divine publiée par Moïse , permettoit au pere de s'opposer au vœu de sa fille mineure.

13   Quant à ce qu'on pourroit objecter ce que Jesus-Christ dit au chapitre 19. de S. Mathieu, qu'il faut quitter ses peres & meres pour le suivre ; on répond que cela se doit entendre selon S. Augustin , en l'Epistre 89. *cum illa conditio proponitur à patre ut filius Christum dimittat ,* c'est à dire lors que les peres veulent obliger leurs enfans à l'impieté & à quitter le veritable culte de Dieu ; mais hors ce cas les enfans ne peuvent pas quitter & abandonner leurs peres & meres , parce que *filius est patris ;* de mesme qu'ils ne peuvent point contracter mariage sans leur consentement, *l. 12. l. 14. C. de nupt.*

14   Mais lors qu'aprés l'année de probation l'enfant a fait profession au veu & sçeu du pere, sans qu'il s'y soit opposé , il ne seroit plus recevable par aprés de s'y opposer , parce que par son silence il seroit reputé y avoir consenty , & dans ce cas ce consentement tacite produiroit le mesme effet que si il y avoit consenty expressément, *Argum. leg. 5. C. de nupt. cap. qui tacet. Ext. de R.I.*

CHAP.

CHAPITRE III.

Que les Moines d'un Convent doivent demeurer en commun,
& avoir aussi un Dortoir commun.

SOMMAIRE.

1. *Les Moines d'un Convent*
doivent demeurer, manger &
dormir en commun.

2. *Pourquoy cét usage de coucher*
en commun n'a pas esté gar-
dé.

DAns la primitive Eglise lors que les choses estoient dans leur pureté & dans leur perfection, les Religieux vivoient ensemble dans un mesme Cloistre, sous la discipline d'un seul, & en la compagnie de plusieurs ; & par l'obeïssance & la soumission à un seul, ils apprenoient l'humilité, & par l'exemple qu'ils se donnoient les uns aux autres, ils acqueroient la patience ; *vivebant in monasterio Cœnobij sub unius disciplina Patris, consortioque multorum, ab illo discentes humilitatem, ab his patientiam,* dit saint Jerosme. Ils vivoient dans un mesme lieu, communs en biens, & d'une mesme profession ; un mesme toit les mettoit à couvert de l'injure du temps, & un mesme vœu les attacheit à l'esperance de la vie éternelle. Les Chanoines vivoient ainsi avec leurs Evesques, mais la corruption des mœurs a mis insensiblement la division entre le chef & les parties : L'Empereur dans ce Chapitre nous marque que tel estoit l'usage de son temps, & il ordonne qu'au cas qu'un mesme Dortoir ne suffise pas, eu égard au nombre des Moines du Monastere, ils peuvent avoir plusieurs Dortoirs, selon que la necessité le requiert ; *ut in communi testes alterutris sint honestatis & castitatis ; & neque ipsum somnum desidiosum habeant, sed meditantes bonum ornatum, propter increpationem respicientium. Sic enim zelus eis ad virtutem crescit, & maximé juvenibus si cum senioribus constituantur ; fiet enim seniorum conversatio, juventutis educatio perfecta.*

Cette Constitution de l'Empereur n'a pas esté observée, on a trouvé incommode & mesme indecent & contre la pudeur, que les Moines couchassent en commun dans un mesme Dortoir, non

Tome I.   T

separé par des chambres, & on a trouvé plus à propos de leur donner à chacun une cellule : il n'y a que les Novices qui couchent dans un lieu commun, presque dans tous les Convents.

Par l'Ordonnance de Blois de l'an 1579. article 30. il est porté, qu'en tous Monasteres reguliers tant d'hommes que de femmes, les Religieux & Religieuses vivront en commun & selon la Regle en laquelle ils ont fait profession.

C'est aussi la disposition du Droit Canonique, *cap. quoniam ext. de vita & honest. Cleric. cap. cum ad monasterium ext. de stat. monachor.*

CHAPITRE IV.

Du Religieux qui a quitté le Convent.

SOMMAIRE.

1 SI celuy qui a fait profession dans un Monastere, en sort, & s'en retire, il doit craindre la vangeance de Dieu ; & au cas qu'il y ait apporté quelque chose, il n'en peut rien retirer, & tout demeure au Monastere en pleine propriété.

2 Dans les premiers temps il estoit permis aux Religieux de sortir de leurs Monasteres & d'abandonner la vie Monastique, & rentrer dans le monde ; & pour lors ils n'estoient point punis d'autre peine sinon que les biens qu'ils y avoient portez, y demeuroient, & ils ne les pouvoient point reprendre.

3 On distingue trois genres de Moines, qui sont les trois premiers qui ont esté introduits, sçavoir

4 Les Cenobites, c'est à dire ceux qui vivent en commun dans

les Monafteres, dont parle l'Empereur dans cette Novelle.

Les Hermites, c'eft à dire ceux qui ont autrefois habité dans 5 les deferts, & qui demeurent aujourd'huy dans les Villes, comme ceux de faint Auguftin.

Et les Anachoretes, qui font ceux qui vivent dans la folitude, 6 & qui n'en fortent point, & ne parlent à perfonne.

Ces trois genres de Moines doivent leur inftitution & leur origine à cinq grands Perfonnages que l'Eglife revere comme de 7 grands Saints, & les Moines comme leurs Patriarches, fçavoir faint Paul, faint Antoine, faint Hilarion, faint Bafile, & faint Jerofme.

Le premier vivoit au milieu du troifiéme fiecle. Le deuxiéme & le troifiéme vers le milieu du quatriéme, & le quatriéme vers la fin du quatriéme, & le cinquiéme fur la fin du quatriéme fiecle, & au commencement du cinquiéme.

Les Moines dans ce temps-là eftoient éloignez du commerce 8 des hommes, mais depuis ils fe font bien relâchez de leur ancienne difcipline, & à prefent ils n'ont plus que le nom & l'habit de Moine.

Dans ces premiers temps il eftoit permis aux Moines de quitter cette vie auftere ; mais comme on a veu que le zele de ceux qui 9 y entroient ne duroit gueres, & qu'ils en fortoient quelque temps aprés, on a trouvé à propos pour l'intereft & le repos des familles, d'empefcher que ceux qui avoient fait profeffion dans un Convent, ne le puffent quitter ; ce qui a efté ainfi ordonné par les Canons, *Can. placuit. Can.* 11. 16. *q.* 1. & au cas que le Religieux forte de fon Convent, l'Abbé ou le Superieur peut fans l'autorité de l'Ordinaire, le faire chercher & le punir d'une peine proportionnée à fon crime, felon la difpofition des Canons, *C. Ioannes* 5. *de regular. C. fin. ext. eod. tit.* Mais le Pape peut *ex jufta caufa* abfoudre le Religieux de fes vœux, comme nous verrons ailleurs.

Quant aux biens de ceux qui entrent dans des Monafteres, voyez la Novelle 76. *infrà.*

CHAPITRE V.

De l'homme ou de la femme qui se retire dans un Monastere.

SOMMAIRE.

1 L'Empereur decide dans ce Chapitre,

Premierement, que celuy qui veut entrer dans un Monastere, peut disposer de ses biens à sa volonté, auparavant que d'y entrer, car y estant entré tous ses biens entrent avec luy dans la Communauté; non pas qu'il puisse s'en reserver pour luy, ny 2 l'usufruit, ou se reserver la faculté d'en disposer aprés qu'il y sera entré; mais seulement qu'il en peut disposer au profit d'autres personnes, selon sa volonté, comme remarque la glose *hic.* L'Authentique *Ingressi* a esté tirée de ce Chapitre & de la Novelle 75. Voyez *infrà* cette Novelle.

3 En second lieu, si il entre dans le Monastere sans avoir disposé de ses biens, ils appartiennent entierement au Monastere

au cas qu'il n'ait point d'enfans ; mais s'il en a ; ou il leur a donné quelque chose entre-vifs, soit par donation en faveur de mariage, ou pour cause de dot, ou autrement ; ou il ne leur a rien donné. S'il ne leur a rien donné, ils peuvent demander leur legitime sur les biens de leur pere, qui est selon l'ancien Droit & cette Novelle, la quatriéme partie de leur portion hereditaire, laquelle par la Novelle 18. a esté augmentée au tiers ou à la moitié, selon le nombre des enfans. Voyez *infrà* cette Novelle.

Que si les enfans ont receu quelque chose de leur pere, ou ce qu'ils ont receu égale leur legitime, ou elle est plus forte, ou elle est moindre : Si elle l'égale, ou si elle est plus forte, ils ne peuvent rien pretendre des biens de leur pere ; & au dernier cas ils peuvent demander le supplément de leur legitime.

En troisiéme lieu, si celuy qui veut entrer dans un Convent, a laissé une femme, elle reprend sa dot & ses conventions matrimoniales, & joüit des clauses faites en cas de mort, par la raison que le mariage se dissout par la mort civile, suivant la Loy 53. §. *ult. vers. quasi videretur, & l.* 56. *C. de Episcop. & Cleric. & Novel.* 22. *cap.* 5. de sorte que si la femme par son Contrat de mariage avoit stipulé qu'en cas de predecés de son mary, elle reprendroit sa dot, & gagneroit la donation *propter nuptias*, elle a droit d'exclure cette clause lors que son mary a fait profession, comme si en effet il estoit mort de mort naturelle, parce que dans ce cas la mort civile est comparée à la mort naturelle, *d. Novel.* 22. §. *secundum occasionem*.

Par cette Novelle & par la Loy *Deo nobis. C. de Episcop. & Cleric.* il est permis aux conjoints par mariage de se separer, & à l'un d'eux de choisir la vie solitaire sans la volonté de l'autre. Voyez *infrà* la Novelle 22. *cap.* 5. la Novelle 117. & la Novelle 140.

Nous observerons sur ce Chapitre,

Premierement, que ceux qui entrent dans des Monasteres, soient hommes ou femmes, peuvent devant ou pendant l'année de leur Noviciat disposer de leurs biens, par donation entre vifs ou testamentaire, parce que jusques à la profession Monastique ils ne sont pas reputez morts civilement.

Quant à la question sçavoir si la donation faite pendant le Noviciat est reputée à cause de mort & non entre-vifs, voyez mon Commentaire sur l'article 272. *glos.* 1. *num.* 11. & sur l'art. 277.

de la Couftume de Paris, où elle eft traitée, avec les Arrefts qui l'ont decidée.

En fecond lieu, que par un ufage generalement obfervé en France, les biens de ceux qui entrent dans les Convents n'y font pas transferez ; & comme eftans reputez morts au monde, leurs biens paffent à leurs heritiers, foit en directe ou collaterale. Rebuffe *in prœm. Conftitut. glof. 5. num. 20. & feqq. Mafuer. tit.* 32. Papon, livre 21. tit. 1. *Joan. Galli quæft.* 122. où font rapportez quelques Arrefts qui l'ont jugé ainfi : Du Moulin fur cette queftion de *Joan. Galli* adjoufte, que cét ufage s'obferve même en païs de droit écrit.

10   En troifiéme lieu, que les donations faites par les Novices au profit des Monafteres où ils vont faire profeffion, font nulles; furquoy voyez ce que j'ay dit fur l'article 276. de la Couftume de Paris, *glof.* 1. *num.* 39. & fuivans.

11   En quatriéme lieu, que les conjoints par mariage peuvent fe retirer dans des Convents pour y faire profeffion, fans un commun & mutuel confentement ; & par ce moyen le mariage eft diffous par cette Novelle, *l.* 53. §. *ult. & l.* 56. *C. de Epifcop. & Cleric.* Mais par l'Authentique *hodie. C. de repud.* l'Empereur requiert un mutuel confentement ; les Conftitutions Canoniques en ordonnent autrement, ainfi qu'il eft obfervé fur la Novelle 22. *cap.* 5. *vide.*

CHAPITRE VI.

Du Religieux qui quitte le Monaftere.

SOMMAIRE.

1   IL eft ordonné dans ce Chapitre, que le Religieux qui quitte le Convent pour entrer dans quelque Charge, ou s'attacher à quelque autre genre de vie, tous fes biens demeurent dans le Monaftere, & il doit eftre mis entre les Officiers de la garde

du Juge de Province, & cela pour le punir d'avoir quitté le ſervice divin ; *& hunc habebit mutationis fructum, ut qui ſacrum
miniſterium deſpexit, Tribunalis terreni obſervet ſervitium.*

Dans ce Chapitre le mot *fructum* ſignifie la punition de ſon
crime.

Voyez *ſuprà* le Chapitre IV.

CHAPITRE VII.

Du Religieux qui ſort d'un Monaſtere pour entrer dans un autre.

De M
nacho
qui d
uno a
aliud
monaſ
rium
tranſic

SOMMAIRE.

L'Empereur dans ce Chapitre ordonne,
Premierement, que ſi un Religieux ſort d'un Monaſtere 1
où il ait fait profeſſion pour entrer dans un autre, tous ſes biens
demeurent & appartiennent au Monaſtere d'où il eſt ſorty. Ce
qui s'entend de ceux qu'il avoit lors qu'il y eſt entré; car pour
ceux qu'il a acquis depuis, ils appartiennent au Monaſtere où il
eſt entré aprés, *Novel.* 122. *cap.* 42. *vide.*

En ſecond lieu, il declare qu'il n'eſt pas honneſte aux Abbez de 2
recevoir dans leurs Convents les Religieux qui ſont ſortis de
ceux où ils avoient fait profeſſion, & il recommande aux Evêques, aux Abbez & aux Prieurs d'y prendre garde & de l'empeſcher.

L'Abbé peut donner ſon conſentement à un de ſes Religieux 3
pour entrer dans un autre Monaſtere, avec la permiſſion de l'E-
veſque, *infrà*, *Novel. de Sanct. Epiſcop. cap. ſi Monachus.*

Voyez *infrà* ſur la Novelle 122. chapitre 2.

CHAPITRE VIII.

Que les Moines ne doivent point fe marier ny avoir concubine.

SOMMAIRE.

1 IL eft défendu dans ce Chapitre aux Moines de fe marier ou d'avoir une concubine ; par les Conftitutions Canoniques ils doivent vivre dans la chafteté & la continence, *Can. placuit.* 8. *Ca.* 11. 16. *q.* 1.

2 L'Inftitution des Moines n'ayant commencé que dans le quatriéme fiécle, comme il a efté remarqué cy-deffus, au fiécle de l'Empereur Juftinien qui eftoit le fixiéme, les Moines ne fai-
3 foient point les vœux de pauvreté, de chafteté & d'obedience, aufquels depuis par les Conftitutions Canoniques ils ont efté aftraints, c'eft pourquoy plufieurs aprés avoir embraffé cette vie
4 la quittoient par legereté, ou prenoient des femmes ou des concubines, & menoient une vie contraire à leur eftat & à l'inftitution de la vie Monaftique ; ce qui donna lieu à l'Empereur de faire plufieurs Ordonnances, pour empefcher les defordres & les abus qui pouvoient faire méprifer une chofe fi fainte.

5 Par la Pragmatique-Sanction, au titre *de concubinar.* le concubinage eft défendu aux Clercs, de quelque condition & dignité qu'ils foient, fur peine, au cas de concubinage public, d'eftre privez des fruits de leurs Benefices pendant trois mois; & au cas qu'ils ne quittent les femmes avec lefquelles ils vivent dans le libertinage, ils doivent eftre privez de tous leurs Benefices,

fices , §. *nec non, dic. tit. in Pragm. SanĔt.*

Par le §. *qui etiam dic. tit.* les enfans naturels d'un Clerc ne peuvent pas habiter avec leur pere ; afin d'éviter le ſcandale , & que les enfans ne ſoient pas les témoins de la débauche de leur pere.

La fornication eſt un peché mortel , & par conſequent défendu non ſeulement aux Clercs , mais auſſi aux Laïques , par le droit divin , *& cum omne fornicationis crimen lege divina prohibitum ſit , & ſub pœna peccati mortalis , neceſſariò evitandum, &c. Pragm. SanĔt.* §. *& cum , tit. de concubin. Deuteron.* 23. *ibi, non erit meretrix.* 81. *diſtinĔt. cap.* ı. *de pœn. & rem.* ı. *ad Corinth.* 6. *fugite fornicationem , & contrarium dicere hæreticum eſt , Clement. ad noſtrum.* §. 7. *de hæretic.*

Saint Thomas *in* 4. *Sentent. diſtinĔt.* 33. *art.* 3. dit , que *habere concubinam eſt contra legem naturæ , & peccatum mortale.*

CHAPITRE IX.

De l'élecƒion de l'Abbé , & que ce qui eſt ordonné par les Abbez , ſoit obſervé pour les Abbeſſes.

SOMMAIRE.

L'Elecƒion des Abbez ne ſe fait pas entre les Moines par **ı** droit d'ancienneté, comme il s'obſerve dans pluſieurs élecƒions , mais elle appartient à l'Eveſque, lequel doit choiſir celuy d'entre tous , qui luy ſemble le plus propre & le plus digne pour eſtre élevé à cette dignité.

La raiſon qu'en rend l'Empereur , eſt que tous les hommes **2** ne doivent pas eſtre mis *inter ſummos* , c'eſt à dire, entre les meilleurs & les plus conſiderables , par leur ordre & le rang qu'ils tiennent ; & on ne les doit pas mettre auſſi *inter noviſſimos* , c'eſt à dire entre les derniers , ſur le même fondement , mais on doit

Tome I. **V.**

De electione creatione Abbatis & utcommunis tam Monachi quàm Sanctimonialibus.

avoir égard à celuy qui precede les autres en vertu selon l'ordre & le degré ; comme si deux personnes se trouvent également dignes d'estre élevées à la dignité d'Abbé, & que l'un soit plus ancien, il faut y nommer celuy qui est plus ancien, parce qu'outre qu'il est aussi vertueux que l'autre, *secundum gradum eum præcedit*, il a pour luy & le rang & la vertu qui l'appellent à cét honneur preferablement à tous autres : Ce que l'Empereur dit dans ce Chapitre est remarquable : *Nec omnino eum, qui post primum est, mox Abbatem fieri : nec qui post illum secundus est, neque tertium aut reliquos, sed Deo amabilem locorum Episcopum percurrere quidem consequenter per omnes (non enim exhonorandum est omnino tempus, & ex eo ordo) & eum qui apparuerit prius optimus inter monachos constitutus, & dignus præsulatu eorum, hunc eligere : eo quod humana natura talis, quod neque omnes per ordinem inter summos, neque rursus omnes inter novissimos constituti quidem sint, sed procedat quidem secundum gradum præcedentis inspectio : qui verò prior mox inter numeratos optimus apparuerit, is Abbas sit, & ordinem simul & virtutem suffragantem habens.*

3 Les élections des Abbez & Prieurs ne sont plus d'usage en France que pour quelques Abbayes & Prieurez, les autres estans en la nomination du Roy, suivant l'article 3. de l'Ordonnance de Blois de l'an 1579. en ces termes : *Voulons qu'avenant vacation des Abbayes & Monasteres qui sont Chefs d'Ordre, comme Cluny, Cisteaux, Premontré, Grammont, le Val des Escoliers, Saint Antoine de Viennois, la Trinité dit les Mathurins, le Val des Choux, & ceux ausquels le droit & privilege a esté conservé, & semblablement és Abbayes & Monasteres de saint Edme de Montigny, la Ferté, Clervaux & Morimont, appellées les quatre Filles de Cisteaux, y soit pourveu par élection des Religieux Profez desdits Monasteres, suivant la forme des Saints Decrets & Constitutions Canoniques.*

Par l'article 2. de l'Ordonnance de Paris, donnée au mois de Janvier 1629. il est porté : *Les Monasteres & Abbayes qui sont chefs d'Ordre, joüiront du droit d'élection, & pareillement les autres Monasteres qui sont demeurez en cette possession, à la charge d'y proceder vacation avenant à la forme de droit, suivant l'Ordonnance de Blois.*

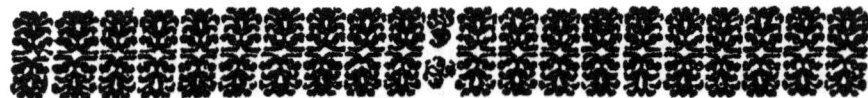

PARAPHRASE
DE JULIEN.

CONSTITUTIO IV.

XII. De Monasteriis.

QVi vult ædificare Monasterium, prius Episcopum vocet, & illum exoret ut sanctam crucem imponat, & postea imponatur ædificium.

XIII. De Monachis ascetriis.

Si quis Monachus fieri vult, sive liber sit, sive servus: non Statim Monachus fiat, sed per triennium tonsura quidem, & veste Laïcorum utatur, & divinas scripturas discat & confiteatur suam conditionem, id est utrum ingenuus sit an servus, vel alterius cujuscumque status: & narret causas propter quas ad solitariam vitam migrare desideraverit, ne forte malus sit & Deo displiceat: Oportet autem & Monacho verba ei adferre, quæ mores ejus & vitam corrigere poterunt, & si per triennium talis appareat, ut videatur dignus tonsura & veste Religiosa: tunc tondeatur, & Stolam Monachicam vestiat, sive liber sit, sive servus: & nulla molestia inferatur ei, neque de servili, neque de libertina conditione. Sin autem aliquis intra triennium trahere eum ut servum suum noluerit, & dicat quod res suas furatus ad Monasterium cucurrit: non Statim eum abstrahat, sed prius probet, quod & servus est, & pro furto vel vita mala, & peccatis atrocibus timuit, & fugit: & si hæc vera sint, reddatur servus domino suo cum rebus subreptis, si etiam ipsæ quoque res in Monasterio fuerint: dominus au-

V ij

tem eum recipiens fidem ei præstet, quod nullo eum malo propter hæc quæ jam peccavit, affecturus sit. Quod si nulli delicto servum suppositum esse dominus probare potuerit, & ipse servus ex castitate morum suorum bona testimonia habeat : etsi nondum triennium præterierit, tamen maneat in eodem venerabili Monasterio: triennio autem semel transacto, & inter Monachos servo Dei connumerato, nulla licentia sit posteà domino qualemcunque molestiam ei inferre, sive re vera famulus sit, sive ingenuus ; sed omni modo solitariæ vitæ permaneat, & si peccatum ab eo in priore vita admissum sit. Ea autem quæ furto subrepta sunt, proculdubio si inveniantur, domino reddi oportet.

XIV. Idem.

Sin autem servitutem effugiens venerit quis ad Monasterium: posteà autem reliquerit venerabilem locum & in aliam vitæ figuram transierit, liceat domino suo extrahere eum, & probanti quod servus est, ut servum eum habeat.

XV. Idem.

In omnibus autem Monasteriis sive paucos sive complures Monachos habeat, nulla licentia Monachis sit separatim conversandi, nec unusquisque Monachus suum proprium cubiculum habeat, sed communiter ad excolendum Deum congregentur, & in communi loco dormiant : Singuli quidem in culcitris suis, humi videlicet constratis jacentibus, omnibus autem in una domo dormientibus. Quod si tantus sit Monachorum numerus, ut una domus eis non sufficiat ; tunc & in duabus pluribusve habitationibus dormiant, non autem separatim per se, sed in communi loco, sicut jam prædiximus : nisi forte quidam ex his tales sint, ut juste debeant segregari ab illa multitudine Monachorum, quos summæ vitæ constitutos Græci ἀναχωρητὰς & ἡσυχαστὰς dicunt.

XVI. Idem.

Si quis in Monasterio se consecraverit, & postquam Religiosam vestem vestitus est, à Monasterio recesserit: omnia bona ipsius quæ in Monasterium introduxit, ad ipsum Monasterium pertineant. Idem est ex alia constitutione, & si non introduxerit, omnes enim res ejus dominii Monasterii sunt.

XVII. Idem.

Si vir vel mulier liberos habens ad solitariam vitam pervenerit,
si quidem jam donaverit filio suo vel filiæ suæ tantum quantum
lex falcidia facit , sive occasione propter nuptias donationis, quam
pro filio suo dedit , sive dotis causa , quam pro filia sua præstitit.
Si igitur habeant legis falcidiæ quantitatem , cætera bona ejus
ab omni inquietudine liberentur, sive pater sit, sive mater qui quæve
in Monasterium introierit ut in reliquis rebus eorum nullam ha-
beant liberi communionem : ut pote cum lege falcidia satis ei factum
sit. Quod si nihil eis vel minus falcidia pater vel mater præstiterit:
tunc etiam Monacho facto patre vel consecrata matre , libera fa-
cultas filiis sit, vel totam falcidiam , vel quod eis deest , à Monaste-
rio vindicare. Inter virum autem & uxorem talis observatio te-
neat, ut sive maritus , sive uxor intraverit Monasterium , hoc
consequatur Laïca persona , quod ex casu mortis ei competiisset
secundum dotalium pactionum tenorem.

XVIII. Idem.

Si quis introïerit Monasterium & post Religiosam vestem recesse-
rit , vel militaverit , vel simpliciter laïcus factus fuerit , expo-
lietur cingulo militari , & vita libera non potiatur : sed officio
præsidis Provinciæ servire cogatur ; substantia autem ejus in Mo-
nasterio maneat.

XIX. Idem.

Si quis in Monasterio consecratus fuerit , posteaque in aliud
Monasterium transire maluerit, substantia quidem ejus à priore
Monasterio vindicetur : aliorum autem Monasteriorum primates
prohibeant eum transire , ut in alio Monasterio non recipiatur.
Et de hoc curare debent non solùm Religiosissimi Episcopi , sed etiam
Reverendissimi Archimandritæ.

XX. Idem.

Si quis Monachus constitutus Clericatus honorem acceperit: nul-
lam habeat facultatem uxorem ducendi , quamvis ejus gradus sit,

cujus Clericus non prohibetur uxorem habere , qualis est gradus
Cantorum & Lectorum : non solùm autem uxorem ducere prohibetur , sed etiam concubinam habere. Si quis autem Monachus ante constitutus Clericatus occasione vel duxerit uxorem , vel concubinam habuerit , eiiciatur de Clero , & sit privatus , ad nullam
militiam vel professionem aliam audens venire : nisi fortè velit in
antefatas pœnas incidere.

XXI. De Archimandritis , & ut Constitutio communis sit Monachorum & Sanctimonialium.

Primi Monachi creatio non secundum ordinem temporis fiat : neque qui tempore prior est , primi loci creationem sibi præsumat : nec
qui secundus fortè vel qui tertius est , sed qui & vitæ castitate ,
& divinarum rerum humanarumque scientia , & animi gravitate
præcellit , is habeat loci prioris honorem , idque procedere debet secundum electionem atque judicium Religiosissimi Episcopi. Quæ
autem diximus & in prioribus & in istis Constitutionibus de Clericis , vel Monachis , vel Monasteriis , ea non solùm de masculis sed
etiam de feminis sanctimonialibus intelligere debemus. Data Kal.
April. post Consulatum Belisarii.

TITRE SIXIE'ME·

De l'Ordination des Evefques & des Clercs , & des dépenfes des Eglifes.

NOVELLE SIXIE'ME·

PREFACE ET CHAPITRE PREMIER.

De Epifcopi ordinandi moribus , vita , honeftate & fortuna.

SOMMAIRE.

16. *Pour estre Evesque il faut avoir esté Réligieux, ou pendant quelque temps dans la Clericature.*

17. *Ceremonies ordonnées par Justinien pour la consecration de l'Evesque.*

18. *Dégradation de celuy qui a acquis l'Episcopat pour de l'argent.*

19. *Deffenses de proceder à l'ordination des Evesques au préjudice des oppositions.*

CEtte Novelle est divisée en trois parties ; la premiere est de l'ordination & de l'élection des Evesques ; la deuxiéme de l'ordination & de l'élection des Clercs ; & la troisiéme est des dépenses des Eglises ; & elle contient huit Chapitres & une Preface ; & l'Empereur l'a adressée à Epiphanius Archevesque & Patriarche de Constantinople.

1 L'Empereur dans cette Preface dit, que les deux plus grands dons que Dieu puisse faire à l'homme, sont le Sacerdoce & l'Empire, qui procedent d'un mesme principe, & qui rendent glorieuse la vie de celuy qui en est honoré : *Maxima quidem in hominibus sunt dona Dei à superna collata clementia, sacerdotium & imperium ; & illud quidem divinis ministrans ; hoc autem humanis præsidens ac diligentiam exhibens, ex uno eodemque principio utraque procedentia humanam exornant vitam.* Il adjoûte, que les Empereurs doivent sur toute autre chose prendre garde, que les Prestres menent une vie honneste, parce qu'ils prient Dieu 2 pour leur prosperité ; car si le Sacerdoce est sans macule, & qu'il soit tout-puissant pour obtenir les graces qu'on veut demander à Dieu ; que l'Empereur d'ailleurs gouverne avec honneur la Republique qui a esté commise à ses soins, on fera de ces deux choses jointes ensemble, un concert admirable qui remplira les hommes de toutes sortes de biens : *Ideoque nihil sic erit studiosum Imperatoribus, sicut sacerdotum honestas ; càm utique & pro illis ipsi semper Deo supplicent : Nam si hoc quidem inculpabile sit undique, & apud Deum fiducià plenum ; imperium autem recté & competenter exornet traditam sibi Rempublicam, erit consonantia quædam bona, omne quicquid utile est humano conferens generi.*

3 C'est pour cette raison que l'Empereur dit, qu'il a un tres-grand soin de faire observer les Commandemens de Dieu, & de faire garder aux Ecclesiastiques la sainteté de vie que requiert leur qualité, parce que sur ces fondemens il espere obtenir des

graces

graces du Ciel, *quam illis obtinentibus credimus, quia per eam maxima nobis dona dabuntur à Deo, & ea quæ sunt firma habebimus, & quæ nondum hactenus venerunt, acquiremus : bené autem universa geruntur & competenter, si rei principium fiat decens & amabile Deo ; hoc autem futurum esse credimus, si sacrarum Regularum observatio custodiatur, quam justi & laudandi & adorandi inspectores ac ministri verbi Dei tradiderunt Apostoli, & sancti Patres custodierunt & explanaverunt.*

Dans le commencement du Chapitre 1. il dit, que quand il s'agit de nommer quelqu'un à l'Episcopat, il faut regarder principalement la conduite qu'il a gardée dans sa vie selon le precepte de l'Apostre, qui requiert plusieurs conditions dans un Evesque, comme remarque la glose en ces termes : *oportet eum esse sine crimine, unius uxoris virum,* c'est à dire qui n'a esté marié qu'une fois, *non vinolentum, prudentem, modestum, ornatum, hospitalem, pudicum, doctorem, non percussorem, non litigiosum, non cupidum, domui suæ bene præpositum, non Neophytum.*

La premiere est, qu'il n'ait point esté entre les Officiers des Juges de Province ou Decurion, parce qu'on ne reçoit point aux Ordres sacrez ceux qui ont esté dans ces Charges, à moins qu'il n'ait perdu cette qualité en se retirant dans un Monastere dés sa jeunesse ; l'Empereur voulant qu'en ce cas il laisse à l'Ordre des Decurions le quart desdits biens ; & par la Novelle 123. il a augmenté cette peine, ordonnant qu'en ce cas il seroit tenu de laisser les trois quarts de ses biens.

La raison pour laquelle les Decurions & Magistrats municipaux estoient incapables d'aspirer aux Ordres sacrez, est qu'ils n'estoient pas reputez entierement libres, estans sujets à une espece de servitude publique ; & parce que d'ailleurs ils estoient obligez de donner des spectacles au peuple, qui estoient contre la pureté du Christianisme. Epistr. de Leon 2. & 4. chap. 31. & Epistr. 23.

Cette premiere condition n'est point d'usage en France, ceux qui ont esté dans des Charges n'estans pas indignes ny incapables de l'Episcopat, pourveu qu'ils ayent d'ailleurs les capacitez & qualitez requises : Nous en avons veu plusieurs quitter des Charges de Judicature pour se consacrer à Dieu, & estre elevez à cette dignité par leur merite & par leur vertu ; qui doivent estre les seuls degrez pour y parvenir.

Tome I.   X

La deuxiéme, qu'il ne devienne pas tout d'un coup de Laïc Evesque, §. *neque enim.*

7　Par le Concordat, qui est nostre Loy en matiere Ecclesiastique & Beneficiale, pour estre nommé Evesque il faut estre Docteur ou Licentié en Theologie, ou en Droit Canonique : Par l'article 8. de l'Ordonnance de Blois de l'an 1579. les Archevesques & Evesques sont tenus de se faire promouvoir aux Ordres & consacrer dans trois mois, *c.* 25. *ca. quoniam.* 75. *dist. c. quoniam. distinct.* 100. autrement & à faute de ce faire ils sont contraints de rendre

8　les fruits par eux perceus, pour estre employez à œuvres pies. Et si dans trois autres mois ils ne se sont mis en devoir de le faire, ils sont entierement privez du droit desdites Eglises sans autre declaration.

9　La troisiéme, qu'il n'ait point esté marié, ou s'il l'a esté, qu'il ait épousé une fille, & non une femme mariée, ou une femme qui auroit esté repudiée ou separée d'avec son mary, §. *neque uxori* 3.

10　Par les Constitutions Canoniques l'incapacité se contracte pour les Ordres par la bigamie, en épousant deux femmes, ou des veuves ou des femmes publiques, ou celles qui auroient esté repudiées, *Can. Apost.* 18. La raison pour laquelle la bigamie est une incapacité aux Ordres, & par consequent aux Benefices & à l'Episcopat, est que les secondes nopces sont une marque d'incontinence ; & l'incontinence de la femme, qui s'est remariée, retombe sur celuy qui l'a épousée.

11　Mais ce ne seroit pas une irregularité que d'épouser celle qui auroit esté fiancée, le mariage ne s'estant pas ensuivy, soit par la mort du fiancé ou autrement ; par la raison qu'il n'y a que le mariage qui puisse causer la viduité ; cependant sainte Marine ne voulut pas se marier aprés la mort de son fiancé, par la crainte de la bigamie, au rapport de Nicene en la vie de cette Sainte, où il rapporte la raison du refus qu'elle en fit à son pere, qui est digne d'estre remarquée : *iniquum esse dicebat, sibi non permitti illud conjugium colere, quo semel à patre devincta esset, sed ad alterum cogi respicere, cum unum natura sit matrimonium, quemadmodum unus ortus, & una mors : Eum vero cui à parentibus fuisset desponsata, non esse mortuum contendebat, sed spe resurrectionis Deo vivere ; non obiisse eum, sed peregrè profectum esse, & nefas esse si peregrinanti sponso fidem non servaret.*

12　La quatriéme, qu'il n'ait ny enfans legitimes, ny illegitimes,

§. *neque filios* 4. La raiſon eſt, qu'il n'eſt pas honneſte à un Eveſque d'avoir des enfans, quoy qu'ils ſoient nez en legitime mariage ; & qu'il luy ſeroit honteux d'en avoir qui fuſſent nez contre la diſpoſition de la Loy.

Cette condition n'eſt pas d'uſage, & nous avons veu des Eveſques qui avoient des enfans nez de leur mariage auparavant l'E-
piſcopat : dautant que le mariage n'eſt pas une incapacité aux
Ordres ny aux Benefices, ſi ce n'eſt la bigamie, comme il a eſté
marqué cy-deſſus.

Les enfans illegitimes ne ſeroient pas auſſi une incapacité, mais
ils ſeroient une marque & un témoignage d'incontinence, contraire à la chaſteté requiſe par les Canons dans les Eccleſiaſtiques,
& principalement dans les Eveſques, qui doivent preſcher par
leur exemple, *Can.* 7. *ext. de elect. & elect. poteſt.* Mais ayant depuis mené une vie exemplaire, il n'y auroit aucun empeſchement
aux Ordres ny aux Benefices.

La cinquiéme, qu'il n'ait point obtenu l'Epiſcopat pour de
l'argent ; l'Empereur voulant que les Eveſques n'appliquent leurs I
ſoins qu'au miniſtere divin, §. *ſed neque pecuniis. hic.* Touchant
l'Ordination gratuite, voyez la Novelle 46.

La Conſtitution de l'Empereur Leon qui eſt en la Loy *ſi quem-
quam* 31. *C. de ſacroſ. Eccleſ.* eſt remarquable ſur ce ſujet. *Si quem-
quam vel in hac regia urbe vel in cæteris Provinciis quæ toto orbe
diffuſæ ſunt, ad Epiſcopatûs gradum provehi Deo authore contigerit ; puris hominum mentibus nudâ electionis conſcientiâ, ſin-
cero omnium judicio præferatur ; nemo gradum Sacerdotii pretii
venalitate mercetur, quantum quiſque mercatur, non quantum
dare ſufficiat, æſtimetur. Profecto enim quis locus tutus, & quæ
cauſa eſſe poterit excuſata, ſi veneranda Dei templa pecuniis
expugnentur ? quem murum integritatis aut vallum fidei provi-
debimus, ſi auri ſacra fames in penetralia veneranda proſerpat ?
Quid denique cautum eſſe poterit, aut ſecurum, ſi ſanctitas in-
corrupta corrumpatur ? ceſſet altaribus imminere profanus ardor
avaritiæ, & à ſacris adytis repellatur piaculare flagitium ; itaque
caſtus & humilis noſtris temporibus eligatur Epiſcopus, ut quocumque locorum pervenerit, omnia vitæ propriæ integritate purificet,
nec pretio ſed precibus ordinetur Antiſtes. Tantum ab ambitu debet
eſſe ſepoſitus ut quæratur cogendus, rogatus recedat, invitatus
effugiat ; ſola illi ſuffragetur neceſſitas excuſandi. Profecto enim
indignus eſt ſacerdotio, niſi fuerit ordinatus invitus ; cum ſanè*

fi quis hanc fanctam & venerandam Antiftitis fedem pecuniæ in-
terventu fubiiffe, aut fiquis ut alterum ordinaret vel eligeret, ali-
quid accepiffe detegitur: ad inftar publici criminis & læfæ majef-
tatis accufatione propofita à gradu facerdotii retrahatur. Nec
hoc folum deinceps honore privari, fed perpetuæ quoque infamiæ
damnari decernimus, ut eos quos per facinus coinquinat & æquat,
utrofque fimilis pæna comitetur.

Cette dignité ne fe peut point acquerir en France pour de l'argent, eftant donnée par le Roy à ceux qu'il en juge dignes.

14 La fixiéme, qu'il ne foit pas ignorant dans les preceptes de
l'Eglife, c'eft à dire, comme remarque la glofe, dans les faints
Decrets & dans la Theologie, §. *fed neque ineruditus.* 6. Par le
Concile de Trente *feff. 22. cap. 2.* pour eftre élevé à l'Epifcopat
il faut eftre Docteur ou Licentié en Theologie, ou en Droit Canonique. Les Evefques doivent avoir plus de capacité que les
autres, parce qu'ils font obligez de les enfeigner, *ignominiofum*
eft Epifcopo, cùm ipfe debeat alios docere, fi tunc quærat ab aliis
doceri, Authent. de fanctiff. Epifcop. §. damus. collat. 9. C'eft
pourquoy le defaut de capacité eft fuffifant pour dépofer un
Evefque, felon le chapitre *quamvis. ext. de æta. & qualit.*

15 La feptiéme, qu'il ait demeuré dans l'eftat de Clericature ou
dans la vie Monaftique pendant fix mois, n'ayant ny femme ny
enfans vivans, §. *priùs autem Monafticam.* 7. Cette condition
ne s'obferve point en France.

Dans le §. *fed etiam fic.* 8. l'Empereur dit, que fi celuy qui fe
16 prefente à l'Epifcopat, a les qualitez fufdites, on doit lire devant
luy les regles & les myfteres de la Foy & de la Religion Catholique, & en fuite luy demander s'il ne veut pas les garder inviolablement, & s'il ne veut pas s'y obliger, il ne faut pas proceder
à l'ordination: & s'il declare qu'il veut les obferver autant qu'il
pourra, & que la fragilité humaine luy permettra, on doit l'a-
vertir & luy faire connoiftre que s'il ne le fait, *à Deo alienus erit,*
& cadet à jam dato honore, & neque civiles leges delictum inul-
tum relinquent, &c.

17 Dans le §. *& hanc non pecuniis* 9. l'Empereur ordonne, que
celuy qui fera parvenu à l'Epifcopat par argent, foit dépoüillé
de fa dignité, comme indigne de la poffeder, de mefme que
celuy qui luy aura conferé cette dignité, lequel en outre feroit
obligé de rendre à l'Eglife, au préjudice de laquelle cette ordi-

nation auroit esté faite, le double de l'argent qu'il auroit receu pour la faire.

Dans le §. *si quis.* 10. l'Empereur défend de proceder à l'ordination de l'Evesque au préjudice des oppositions qui auroient esté formées contre, voulant qu'elles ayent esté vuidées auparavant, & que par le jugement qui interviendra, il soit declaré absous & innocent de tout ce dont il auroit esté accusé; & que si autrement il estoit procedé, elle soit nulle, & que celuy qui l'auroit faite, soit décheu de sa dignité Episcopale.

Voyez cy-après la Novelle 123. de l'ordination des Evesques.

CHAPITRE II.

Que les Evesques ne doivent pas estre hors leur Diocese par de là un an.

Ne E
copus
tra a
extra
clesias
suam
gat,

SOMMAIRE.

L'Empereur défend aux Evesques d'estre plus d'un an hors leur Diocese, sans l'ordre & la permission du Patriarche: Que s'il arrive qu'un Evesque passe l'année hors son Eglise sans le consentement de son Superieur, si c'est un Metropolitain, le Patriarche doit le faire avertir de revenir dans son Diocese par des sommations & interpellations ordinaires & accoûtumées: & 2

X iij

s'il refuſe d'obeïr, il doit eſtre expulſé de l'Ordre ſacré des Eveſ-ques, & le Patriarche en doit mettre un autre en ſa place, qui merite par l'integrité de ſes mœurs & par la ſainteté de ſa vie, d'eſtre élevé à cette dignité. Que ſi c'eſt un Eveſque qui eſt abſent, c'eſt au Metropolitain à luy faire les ſommations ſuſdites, & d'en pourvoir un autre en ſa place en cas de contumace.

3　Celuy qui eſt abſent ne peut pas alleguer pour cauſe legitime de ſon abſence, qu'il a des procez, ou des affaires particulieres, ou meſme qui concernent ſon Egliſe, pour leſquelles il eſt obligé de s'abſenter, & de demeurer dans la ville de Conſtantinople : parce qu'il peut commettre quelques-uns de ſes domeſtiques d'en avoir ſoin ; ou les Treſoriers ou œconomes de ſon Egliſe.

4　Les Peres de l'Egliſe ont pretendu, que la reſidence eſtoit de droit divin, & par conſequent abſolument neceſſaire. Le Pape Alexandre III. dans le Chapitre *conquerente. ext. de Cleric. non reſident.* tiré d'une Epiſtre écrite à un Eveſque de Langres, de-

5　clare que celuy qui ne reſide pas dans ſon Benefice, quoy que de peu de valeur, en doit eſtre privé ; *mandamus quatenus ſi tibi conſtiterit, &c. quod eidem Eccleſiæ non deſerviat, ſibi ſuper præ-ſcripto beneficio ſilentium, ſublato impedimento appellationis, imponas.*

6　Que ſi les ſimples Beneficiers ſont obligez à reſidence, cette obligation doit eſtre beaucoup plus grande à l'égard des Archeveſques & Eveſques, qui ſont uniquement commis pour veiller & prendre garde que l'Egliſe ſoit bien gouvernée, que les Beneficiers faſſent leur devoir, & qu'ils reſident dans leurs Benefices : mais comme il arrive dans toutes choſes que les abus ſe gliſſent, & qu'aprés qu'ils ſont parvenus au dernier poinct, ils ſont enfin reformez : durant le Pontificat du Pape Pie IV. les abus de la non reſidence dans les Eveſchez eſtoient parvenus à un tel excez, qu'ils donnerent occaſion à quelques Peres qui aſſiſtoient au Concile de Trente d'en parler, & de propoſer des moyens pour le faire ceſſer.

7　L'Archeveſque de Grenade fut d'avis de declarer par un Decret, que l'obligation de la reſidence eſtoit de droit divin, que par ce moyen on engageroit les Archeveſques & Eveſques de faire reflexion ſur leur devoir, que les troupeaux qu'ils gouvernent leur ſont commis, non par les hommes, mais par Dieu meſme, à qui ils ſont obligez de rendre compte de leur conduite & de

leur adminiſtration. Mais parce que c'eſtoit oſter au Pape le droit d'accorder diſpenſe de la reſidence, cette opinion ne fut pas receuë.

Sous le Pontificat de Paul III. il fut fait un Decret, par lequel il fut ordonné, que quiconque ne reſideroit pas dans l'Egliſe Cathedrale de laquelle il ſeroit pourveu, & qui s'en abſenteroit pendant le temps de ſix mois ſans une cauſe juſte & legitime, quelque dignité qu'il eût, il perdroit la quatriéme partie de ſon revenu, & que s'il en eſtoit abſent encore ſix mois, il perdroit pareillement une autre quatriéme partie de ſon revenu, & en cas qu'il perſiſtât à ne point reſider, il fut ordonné que le Metropolitain en avertiroit le Pape, à peine d'eſtre interdit.

Ce Decret oblige non ſeulement les Eveſques à reſidence, mais auſſi les Metropolitains, voulant que faute par les Metropolitains, le plus ancien de ſes Suffragans ſoit tenu de le dénoncer. Et à l'égard des autres Beneficiers, les Eveſques les doivent obliger à la reſidence.

On n'a pas obſervé cette diſpoſition; mais parce que l'abus de **8** la non reſidence a preſque de tout temps ſſ é en uſage, & qu'une grande partie des Beneficiers ont eu moins ſoin de s'acquitter de leur devoir, qu'à recevoir les revenus de leurs Benefices, & à les augmenter par la pluralité des Benefices, les Rois de France ont eſté obligez de faire pluſieurs Ordonnances pour obliger **9** les Beneficiers de faire les fonctions de leurs Benefices, & de les empeſcher de s'abſenter; par une ancienne Ordonnance du Roy Charles VI. de l'an 1385. il eſt ordonné que les revenus des Benefices non déſervis ſeront ſaiſis.

Par autre Ordonnance de Loüis XII. du 4. Janvier 1475. il eſt enjoint aux Archeveſques, Eveſques, Abbez, Prelats & autres tenans Dignitez dans le Royaume, de ſe retirer ſur leurs Benefices & y faire reſidence actuelle, ſur peine de privation du temporel de leurs Benefices.

La meſme choſe a eſté ordonnée par l'Ordonnance du Roy **10** Henry II. du 23. Juin 1551. article 45. par autre du meſme Roy du premier May 1557. par autre du Roy François II. du mois de May 1560. par autre du Roy Charles IX. du premier Avril 1560. article 1. & par l'article 5. la meſme Ordonnance excepte les Archeveſques & Eveſques qui ſont du Conſeil du Roy, & ceux qui ſont employez hors le Royaume pour le ſervice de l'Eſtat. Par celle d'Orleans, article 5. donnée en l'année 1560.

Par celle de Blois du 14. Aouft 1562. Par autre du 16. Avril 1571. article 12. Par autre du Roy Henry III. du mois de Janvier 1578. Par celle de Blois de l'an 1577. article 14. en ces termes : Seront tenus les Archevefques & Evefques faire leur refidence en leurs Eglifes & Diocefes, & fatisfaire au devoir de leurs charges en perfonne. De laquelle refidence ils ne pourront eftre excufez que pour caufes juftes & raifonnables, approuvées de droit, qui feront certifiées par le Metropolitain, ou plus ancien Evefque de la Province. Autrement & à faute de ce faire, outre la peine portée par les Conciles, feront privez des fruits qui écherront pendant leur abfence ; lefquels feront faifis & mis en noftre main, pour eftre employez aux reparations des Eglifes ruinées, & aumofnes des pauvres des lieux, & autres œuvres pitoyables. Et fur tout admoneftons, & neanmoins enjoignons aux Prelats, de fe trouver dans leurs Eglifes au temps de l'Advent, Carefme, Feftes de Noël, Pafques, Pentecofte & jour de la Fefte-Dieu. A femblable refidence & fous les pareilles peines, feront tenus les Curez & tous autres ayans charge d'ames, fans fe pouvoir abfenter que pour caufe legitime, & dont la connoiffance en appartiendra à l'Evefque Diocefain, duquel ils obtiendront par écrit licence ou congé, qui leur fera gratuitement accordé & expedié : & ne pourra la licence fans grande occafion, exceder le temps & efpace de deux mois.

L'article 15. porte : *Et neanmoins fur la frequente plainte defdits Ecclefiaftiques de nos Officiers, qui abufent des faifies par faute de non refidence des Beneficiers, défendons à nofdits Officiers de faire proceder par faifie du temporel des Benefices, finon aprés avoir averty le Diocefain ou le Vicaire du Beneficier titulaire, auquel ils bailleront delay competant pour le luy faire entendre, ou faire apparoir de la difpenfe de non refidence.*

Et par l'article 16. *Pareillement défendons à tous Sieurs hauts Iufticiers & leurs Officiers, faifir ou faire faifir les biens & revenus defdits Ecclefiaftiques fous pretexte de la non refidence defdits Beneficiers ; ains feront icelles faifies faites efdits cas, & autres par nos Officiers feulement, à la requefte de nos Procureurs Generaux ou leurs Subftituts.*

11   Ces Ordonnances obligent les Beneficiers ayans charge d'ames, à refider à leurs Benefices, fur peine de faifie du temporel ; ce qui a efté jugé ainfi par plufieurs Arrefts ; par un entr'autres du 21. Fevrier 1687. donné en l'Audiance de la Grand'Chambre,

fur

fur ce qu'un Curé de la Ferté Bernard accufé par fés Paroiffiens de la non refidence, avoit feulement efté condamné par l'Official de Tours à mettre un bon Vicaire, fous pretexte qu'il eftoit Chanoine de Beauvais, il fut dit qu'il feroit tenu de refider fuivant & conformément aux Ordonnances ; & qu'à faute de ce faire il feroit permis de faifir le revenu de fon Benefice.

C'eft une chofe étrange, que ceux qui font commis pour prendre garde à la conduite des autres, foient contraints par des peines qui leur font impofées, de faire leur devoir, & qu'ils abandonnent fouvent lâchement les Troupeaux qui font donnez à leur garde & à leurs foins ; que des Evefques qui font les Princes de l'Eglife, & qui devroient mettre toute leur gloire à la gouverner felon l'efprit de Dieu & les Conftitutions Canoniques, donnent lieu à des Ordonnances qui ne font pas des marques de leur bonne conduite. Il y en a plufieurs qui bien loin de meriter ce reproche, vivent dans toute la regularité poffible, & menent une vie exemplaire dans leurs Diocefes, où ils font eux-mefmes les vifites aufquelles ils font obligez.

CHAPITRE III.

Que les Evefques ne doivent point aller à la fuite de la Cour.

SOMMAIRE.

1. *Evefques ne doivent aller à la fuite de la Cour.*
2. *Evefques en France doivent fe tenir dans leurs Diocefes.*
3. *Evefques ne doivent eftre à la fuite de la Cour fans la* permiffion du Roy.
4. *Confeils des Evefques fouvent neceffaires aux Rois.*
5. *Les Papes ont fouvent permis aux Rois d'avoir en leur Cour des Evefques.*

L'Empereur défend aux Evefques de fe trouver à la fuite de la Cour, s'ils n'ont obtenu des Lettres de leur Superieur, c'eft à dire du Metropolitain ou du Patriarche, qu'on appelle Lettres de recommandation, lefquelles contiennent les caufes pour lefquelles elles leur ont efté données.

Tome I.   Y

2 Les Evefques font obligez en France de fe tenir dans leur Diocefe, à moins qu'ils n'ayent obtenu permiffion du Roy d'eftre à la fuite de la Cour, foit pour des affaires concernant leur Diocefe, ou pour des affaires concernant l'Eftat ; car quelquefois les Evefques font neceffaires pour donner confeil aux Rois. Nous 3 lifons dans faint Bernard, *Epift.* 42. que ce Saint ne defapprouva pas l'affiduité de l'Archevefque de Sens aux Confeils du Roy ; & que l'Abbé Suger fut nommé Regent du Royaume pendant le temps de la Croifade, où le Roy s'eftoit engagé ; & faint Bernard demeura toûjours uny avec luy, & il écrivit au Pape Eugene que cét Abbé eftoit également habile, fidele & irreprehenfible dans l'adminiftration des chofes fpirituelles & temporelles, & qu'il eftoit un Courtifan achevé auprés des Rois de la Terre, & auprés du Roy du Ciel, comme nous apprenons *in Epiftol.* 1. *Sugerii ; fi quod magnæ Domûs magni Regis vas in honorem apud noftram habetur Gallicanam Ecclefiam ; fi quis ut fidelis David ad imperium Domini ingrediens & egrediens, meo quidem judicio ipfe eft venerabilis Abbas fanĉti Dionyfii. Novi fi quidem virum, quòd & in temporalibus fidelis & prudens, & in fpiritalibus fervens & humilis ; in utrifque, quod eft difficillimum, fine reprehenfione verfetur. Apud Cæfarem eft tanquàm unus de Curia Romana, apud Deum tanquam unus de Curia cæli.*

L'Archevefque de Cantorbery écrivant au Pape Alexandre III. comme nous apprenons dans Pierre de Blois, Epiftre 84. luy fait connoiftre, qu'il n'eft pas extraordinaire que les Evefques faffent partie du Confeil des Rois, comme eftant des plus éclairez de leurs Etats ; que fi ils n'y eftoient admis, les libertez de l'Eglife feroient bien-toft détruites, éteintes & opprimées : que la prefence & l'autorité des Evefques dans les Confeils des Rois, eftoit utile & neceffaire pour proteger les innocens, pour relever les opprimez, pour foulager les pauvres, pour maintenir la liberté & les privileges de l'Eglife ; pour deffendre le repos des Monafteres, pour affurer la paix, la Juftice & la Religion, & pour foûmettre les plus opiniaftres à l'autorité des Loix & des Canons. Que les Evefques dont le Pape fe plaignoit pour eftre à la Cour du Roy d'Angleterre, avoient de coûtume d'aller paffer toutes les bonnes Feftes dans leur Diocefe, & d'y travailler avec ferveur pour reparer toutes les pertes que leur abfence pouvoit y avoir caufées.

Pierre de Blois dans l'Epiftre 150. adreffée aux Ecclefiaftiques de la Cour, *Clericis de Curia Regis*, reconnoiſt que les Eccleſiaſtiques peuvent rendre de grands ſervices à l'Eſtat ; & que leur ſejour auprés des Rois & des Princes eſt ſouvent neceſſaire ; *non ſolùm toleranda, ſed deſideranda eſt plerumque cum Principibus converſatio Clericorum. Tunc enim ſalubriter diſponitur vita Regum, cum Religioſorum hortamenta ſectantur, & ducuntur conſilio ſapientum,* pourveu qu'ils n'abandonnent pas leur Egliſe, c'eſt à dire, que leurs abſences ſoient legitimes, ſi elles ſont deſtinées pour ſervir l'Eſtat & l'Egliſe.

Le Pape Gregoire IX. accorda au Roy d'Angleterre Henry III. de retenir quelques Eveſques dans ſon Conſeil, ſelon l'uſage des Rois ſes predeceſſeurs, parce qu'il eſtoit perſuadé que la preſence des Eveſques dans le Conſeil des Rois eſt également utile & honorable à l'Egliſe & à l'Eſtat. Il y a une infinité d'autres exemples qui juſtifient que les Papes ont permis aux Rois d'avoir des Eveſques en leur Cour pour leur donner conſeil ; & hors ces cas ils ne doivent pas y ſejourner.

CHAPITRE IV. & V.

De l'Ordination des Clercs.

SOMMAIRE.

De Clericis quales eligendi ſint.

Pontifes concernant le celibat des Prestres & des Diacres & sous-Diacres.

14. Dans quel temps le sous-Diaconat a esté mis entre les Ordres sacrez.

15. Dans quel temps l'Ordre a commencé d'estre un empesche-ment dirimant au maria-ge.

16. Celibat des Prestres obser-vé dans les premiers siécles de l'Eglise dans l'Orient.

17. Les Grecs ont esté les pre-miers qui se sont relâchez de cette discipline.

1 L'Empereur défend dans le Chapitre 4. de donner les Or-dres sans une grande inquisition & information de vie & de mœurs, de ceux qui se presentent, & si ils ne sont tres-versez dans les Lettres ; parce qu'ils doivent estre capables d'en-seigner la Sainte Ecriture & les sacrez Canons, que leur Ordi-nation ne se doit faire au prejudice des oppositions qui seroient formées au contraire, & qu'elle se doit faire gratis, sans qu'il leur en couste rien.

2 Autrefois on observoit une forme tres-exacte, d'examiner la vie & les mœurs de ceux qui aspiroient aux Ordres sacrez : On ad nettoit les accusateurs à proposer & à prouver tout ce qu'ils avoient à dire : Cette information se faisoit par l'Archidiacre, lequel au cas qu'il trouvât les aspirans capables & suffisans, & qu'il n'y eût rien à redire, il en faisoit son rapport à l'Evesque, *cap. ad nostrum. Ext. de Offic. Archidiacon.* Que si ceux qui veu-lent estre pourveus de Charges de Judicature, doivent estre sça-vans & avoir l'experience & la connoissance necessaire pour les exercer, n'est-il pas encore plus juste que ceux qui sont appellez aux Ordres, aux Dignitez & aux Prelatures, soient pourveus des vertus & des qualitez que leur estat & leur profession requie-rent ?

3 L'Empereur défend dans le Chapitre cinquiéme à celuy qui est bigame, ou qui est actuellement marié, de prendre l'Ordre de Diacre ou de Prestre, quoy qu'il soit separé de sa femme, & qu'ils vivent separément ; ou qui a une concubine ; mais celuy qui a une femme avec laquelle il vit *cum castitate & virginitate,* y peut est admis ; *nihil enim sic in sacris Ordinationibus deligimus, quàm cum castitate viventes, aut cum uxoribus non cohabitantes, aut unius uxoris virum, qui vel fuerit, vel sit, & ipsam castita-tem eligentem, primum principium & fundamentum manifestum secundum divinas regulas & residuæ virtutis constitutam.*

Il ordonne que fi un Preftre, un Diacre ou un fous-Diacre, 4
contracte mariage, ou qu'il ait une concubine, il foit degradé &
dépoüillé de fon Ordre, enforte que le mariage eft valable.

Que fi un Lecteur contracte un fecond mariage, il ne puiffe 5
parvenir à un degré plus élevé ; & qu'il ne puiffe point paffer
aux troifiémes nopces.

L'Authentique *Epifcopo*, tirée de ce Chapitre, a efté mife après 6
la Loy *eum qui probabilem. C. de Epifcop. & Cleric.* par laquelle
un Clerc qui eftoit marié pouvoit retenir avec luy la femme qu'il
avoit époufée avant qu'il fût Clerc, mais il ne pouvoit avoir
aucune femme avec luy qui fût fufpecte ; ce qui eft dit dans cette
Authentique de l'Evefque, fe doit entendre des Clercs & des
Preftres.

Authentique *Epifcopo. C. de Epifcop. & Cleric.*

Epifcopo nullam mulierem fecum habere permittitur ; fed fi 7
habere probetur, ab Epifcopatu dejiciatur, quo fe fecit indi-
gnum.

Sur ces Conftitutions de l'Empereur nous obferverons
Premierement, que c'eft un ufage ancien de l'Eglife de ne re- 8
cevoir perfonne aux Ordres facrez qu'après une information de
vie & de mœurs, & de publication aux Profnes des Eglifes Pa-
roiffiales, afin que fi on fçait quelque empefchement legitime,
les Ordres foient refufez ; jufqu'à ce que les oppofitions ou em-
pefchemens foient ceffez ou levez.

En fecond lieu, que la bigamie eft un empefchement aux Or- 9
dres, lequel eft levé par des difpenfes du faint Siege.

En troifiéme lieu, que celuy qui eft actuellement marié, *vivente* 10
uxore, ne peut prendre aucuns Ordres, non pas mefme la tonfure, fi ce n'eft du confentement de fa femme, & qu'elle faffe
profeffion dans un Monaftere, ou vœu de continence, eftant
dans un âge auquel vray-femblablement elle le puiffe garder,
can. 1. & can. qui uxorem. 10. 33. q. 5. cap. 1. & cap. 4. de con-
verf. conjugat.

En quatriéme lieu, que celuy qui eft *in facris*, c'eft à dire dans
un des Ordres majeurs, ne peut pas valablement contracter ma- 11
riage, c'eft un empefchement dirimant, fuivant le Canon Apofto-
lique 27. Il eft vray que dans les premiers fiécles de l'Eglife on

a souffert aux Diacres de se marier, parce que pour lors il n'estoit pas si facile d'en trouver, *can.* 10. *Syn. Ancyranæ, relato in can.* 8. *distinct.* 28.

12　On avoit souffert le mariage des sous-Diacres dans l'Italie & dans la Sicile, mais Gregoire le Grand leur en deffendit l'usage, *can.* 1. *distinct.* 28. *can.* 1. *distinct.* 31. *& can.* 2. *& 9. distinct.* 32.

13　Les Prestres ont aussi pendant long-temps retenu cét usage dans plusieurs endroits de l'Occident, nonobstant les efforts que les Souverains Pontifes ont fait pour l'empescher, enfin sous Urbain II. par les Constitutions du Concile de Melfe de l'an 1090. *can.* 2. du Concile Romain sous le mesme Pape l'an 1099. *can.* 12. & 14. du premier Concile general de Latran sous le Pape Caliste II. an. 1123. *can.* 3. & 21. d'où est tiré le Canon *Presbyteris.* 8. *distinct.* 27. & du Concile general de Latran II. an. 1139. *can.* 6. d'où est tiré le Canon *decernimus.* 2. *distinct.* 28. il a esté deffendu expressément aux Prestres, aux Diacres & aux sous-Diacres *sub periculo gradûs, Officii & Beneficii Ecclesiastici,*

14　de se marier, ou d'avoir habitude avec les femmes qu'ils auroient épousées auparavant que d'avoir pris ces Ordres. Le sous-Diaconat n'estoit pas auparavant Urbain II. entre les Ordres sacrez, ç'a esté ce Pape qui l'y a mis, *can. erubescant.* 11. *distinct.* 32. ce qui a esté confirmé par le Pape Innocent III. *cap. à multis.* 9. *Ext. de ætate & qualit. & ord. præfic.*

15　Le Pape Eugene III. dans le Concile de Rheims de l'an 1148. *can.* 7. commença à declarer que l'Ordre seroit à l'avenir un empeschement dirimant au mariage, & qu'on separeroit les Clercs majeurs, & les Chanoines Reguliers & les Moines, des femmes qu'ils auroient prises, *quia continentia & Deo placens munditia in Ecclesiasticis personis & sanctis Ordinibus dilatanda est, sanctorum Patrum & prædecessoris nostri Papæ Innocentii vestigiis inhærentes statuimus, quatenus Episcopi, Presbyteri, Subdiaconi, Regulares Canonici, Monachi atque Conversi professi, qui sacrum transgredientes propositum, uxores sibi copulare præsumpserint, separentur, hujusmodi namque copulationem, quam contra Ecclesiasticam rationem constat esse contractam, matrimonium non esse censemus. Idipsum de sanctimonialibus præcipimus.*

Ensuite le Concile d'Avranches de l'an 1172. défend de separer les Clercs mineurs qui s'estoient mariez, mais il les prive de leurs Benefices. A l'égard des Clercs majeurs, voicy ce qu'il en dit : *Qui autem à Subdiaconatu , vel supra ad matrimonia convolaverint , mulieres etiam invitas & renitentes relinquant.*

Ces derniers Conciles qui ont ordonné le celibat & la continence en la personne des Clercs, ont esté observez dans l'Occident, y ayant eu beaucoup de varieté auparavant; laquelle estoit fondée sur ce que dans les Canons des Apostres, dans les Conciles d'Ancyre, de Neocesarée, IV. de Gangres, XIV. de Calcedoine, & III. de Nicée, il n'estoit point deffendu aux Clercs majeurs de se marier, ensorte que ce silence sembloit leur permettre l'usage du mariage; ce qui peut avoir engagé au mariage les Clercs majeurs dans l'Eglise Grecque: Cependant les Peres Grecs ont vigoureusement soustenu dés les premiers siécles de l'Eglise, que la continence estoit attachée au Sacerdoce. Saint Epiphane *in exposit. fid. Cathol. cap.* 21. assure que ceux qui sont honorez du Sacerdoce, doivent estre Vierges, ou consacrez pour le reste de leurs jours à la vie Monastique, ou à la continence; & que si ils ont esté mariez, il est necessaire qu'ils ne l'ayent esté qu'une fois ; que les Lecteurs peuvent joüir du mariage, mais non pas les sous-Diacres, les Diacres, les Prestres ou les Evesques.

Ce Pere *in haresi.* 48. *num.* 7. dit, que JESUS-CHRIST a luymesme introduit cette discipline par son exemple, & que les Apostres en ont fait des Canons ; *& in haref.* 59. *num.* 4. il dit encore qu'il y a des Canons qui prescrivent le celibat aux Clercs Superieurs , dans lesquels il comprend les sous-Diacres ; mais ces Canons ne se trouvent pas. Qu'il est vray que dans plusieurs Eglises les Prestres, les Diacres & les sous-Diacres, n'observoient pas le celibat; mais que c'estoit un abus, *Respondeo ,* dit ce Pere, *nòn illud ex Canonica authoritate fieri , sed propter hominum ignaviam , quæ certis temporibus negligenter agere solent.*

Saint Jerofme dans plusieurs endroits de ses Ouvrages écrit 16 que dans l'Orient , excepté en peu d'endroits , la continence estoit observée par ceux qui estoient dans les Ordres majeurs ; & il prouve par l'exemple de JESUS-CHRIST & de la sainte Vierge , que la continence doit absolument estre gardée par les Clercs majeurs , voicy ce qu'il en dit , *in Apolog. pro lib. adverf. Jovin. Christus Virgo , Virgo Maria , utriusque sexûs Virginitatem dedicavere : Apostoli vel virgines , vel post nuptias continentes Episcopi , Presbyteri , Diaconi , aut virgines eliguntur , aut vidui ; aut certé post Sacerdotium in æternum pudici.*

Et au livre 1. *adverf. Jovin.* il dit, que *ſi laïcus & quicum-*
que fidelis orare non poteſt niſi careat officio conjugali ; Sacerdoti
cui ſemper pro populo offerenda ſunt ſacrificia, ſemper orandum
eſt. Si ſemper orandum eſt, ergo ſemper carendum matrimonio.

Saint Chryſoſtome *in Epiſt.* 1. *ad Timoth. hom.* 10. Syneſius
lib. 5. *cap.* 21. Socrate *lib.* 5. *cap.* 21. Saint Baſile *Epiſt.* 198.
& pluſieurs autres Peres de l'Egliſe & Docteurs, ſoûtiennent &
deffendent cette doctrine.

17   Cependant les Grecs qui avoient fait obſerver dans la plus
grande partie des Egliſes de la Grece la continence aux Clercs
majeurs, & qui leur faiſoient promettre une éternelle continence avant que de les ordonner, ſe relâcherent conſiderablement ; & au contraire avant que de les recevoir au Sacerdoce, ils
les obligeoient de ſe marier, ou de promettre de ſe marier dans
deux ans aprés avoir pris ces Ordres, ce que l'Empereur Leon
deffendit dans ſa Novelle 3. dans laquelle il blaſme l'uſage de
ſon temps qui permettoit aux Preſtres de ſe marier aprés l'Ordination, ce qu'il deffend, permettant de prendre l'Ordination
aprés le mariage : *Conſuetudo quæ in præſenti obtinet, iis quibus*
matrimonio conjungi in animo eſt, concedit, ut antequam uxores
duxerint, Sacerdotes fieri poſſint, & deinde biennium ad perficien-
dam voluntatem jungi matrimonio volenti præſtituit. Neque enim
dignum eſt ut qui ſpirituali aſcenſu ſuprà corporis abjectionem &
ſordes evecti ſunt, hi rurſum ad carnis ſordes delabantur. Sed
è diverſo ut divinum miniſterium ex corporis ſordibus tanquàm in
altum aliquem gradum conſcendat, convenientius fuerit.

L'Egliſe Grecque a veſcu juſques à preſent dans ce deſordre,
enſorte qu'elle permet le mariage des Preſtres & de ceux qui ſont
dans les Ordres majeurs, quoy que du temps de l'Empereur
Juſtinien les Grecs ne fuſſent pas encore tombez dans ce relâ-
chement, comme nous voyons par quelques Chapitres de cette
Novelle, & par la Novelle 123. & autres.

CHAP.

CHAPITRE VI.

*A quel âge les femmes peuvent prendre l'Ordre
de Diaconat.*

De Dia
coniſſis
minorib.
50. annis
non ordi-
nandis,

SOMMAIRE.

ON donnoit autrefois aux femmes les Ordres de Soudiacre 1
& de Diacre, mais non pas de Preſtriſe, pour celuy du
Diaconat elles ne le pouvoient prendre qu'elles n'euſſent 50. ans
accomplis, ſuivant cette Conſtitution.

Pour prendre cet Ordre, il falloit qu'elles ne fuſſent point 2
bigames, qu'elles fuſſent vierges ou veuves; & que ſi elles avoient
des enfans, elles les élevaſſent chrêtiennement; & dans les premiers temps elles devoient eſtre âgées de 60. ans, afin que par 3
cét âge elles euſſent toute la capacité requiſe pour les emplois
qui leur eſtoient donnez dans l'Egliſe.

L'Empereur dans cette Novelle leur deffend de ſe marier ſur
peine de mort; & il impoſe auſſi la même peine contre ceux qui 4
les auroient corrompuës, à l'exemple des anciennes Veſtales; *ſi
enim in antiquis legibus, virginibus illis, quæ in eorum errorem
vocabantur, mortis incumbebat damnum corruptis; quomodo non
magis nos in iis quæ à Deo glorificantur, definimus, pudici-
tiam (quæ quàm maximé mulieres exornat) conſervari volentes, quàm diligentiſſimé à venerabilibus Diaconiſſis; ut quod decet
naturæ, cuſtodiant, & quod debetur Sacerdotio conſervent?*

Saint Auguſtin, Epiſtre 121. écrivant à la ſainte veuve Proba,
fait connoiſtre que ſa maiſon eſtoit un Monaſtere de Vierges &
de Veuves, dont les ſaintes occupations conſiſtoient à mediter

Tome I.　　　　　　　　　　　　　　　Z

jour & nuit la Loy de Dieu & à le prier. Le vœu de viduité qu'elles faifoient eftoit l'effet d'une haute vertu, felon ce Saint, *ab illicitis valdé longé eft, quæ voti libertate fe obftrinxit, & fibi etiam licita ne licerent, non imperio legis, fed confilio charitatis effecit.*

6　　Elles eftoient veftuës de noir & dans une grande modeftie, leurs fonctions dans l'Eglife confiftoient à veiller & à prier continuellement. Tous les Peres de l'Eglife ont traité des veuves qui fe confacroient à Dieu.

7　　Entre les Veuves, il y en avoit qui eftoient Diaconiffes, lefquelles avoient la fuperiorité fur les autres Veuves, comme nous apprenons de l'Auteur des Conftitutions Apoftoliques, *lib. 9. c. 7.* où il dit: *viduas oportet honeftas effe, graves, obedientes Epifcopis, Presbyteris, Diaconis, adhuc etiam Diaconiffis.*

Le Concile IV. de Carthage, *can.* 12. dit, qu'elles eftoient choifies *ad minifterium baptifandarum mulierum quæ tam inftructæ effe debent ad officium, ut poffint apto & fano fermone docere imperitas & rufticas mulieres, tempore quo baptifandæ funt, quomodo baptifatori interrogatæ refpondeant, & qualiter accepto baptifmate vivant.*

On a auffi admis les Vierges à cette dignité.

Elles eftoient ordonnées par l'Evefque, comme il paroift par le Concile de Calcedoine, *can.* 15.

Mais le Concile d'Epone, *can.* 21. abolit l'Ordre des Diaconiffes, & en deffendit la Confecration; le Concile d'Orleans, *can.* 17. & 18. & celuy de Tours, confirmerent cette deffenfe, en confequence de la fragilité & inconftance du fexe feminin.

CHAPITRE VII.

Des Clercs qui changent leur eftat.

SOMMAIRE.

L'Empereur dans ce Chapitre deffend aux Clercs majeurs, 1 c'eſt à dire aux Preſtres , aux Diacres & aux Soudiacres, & même aux Leᶜteurs , de quitter leur eſtat, & de rentrer dans la vie ſeculiere, en laquelle ils eſtoient avant leur ordination, ſur les peines portées par d'autres Ordonnances faites par cét Empereur.

C'eſt le ſentiment de tous les Peres & des Doᶜteurs de l'Egliſe, que l'Ordre de Preſtriſe imprime un caraᶜtere indelebile, 2 qui eſt incorruptible, exempt de mutation & d'alteration ; *ſignum Sacerdotale non deletur* , dit Optatus : c'eſt pourquoy ceux qui ont eſté valablement élevez à cét Ordre , ne peuvent pas contraᶜter mariage ; ce qui eſt vray même à l'égard de ceux qui 3 autrefois changeoient de Religion aprés avoir pris cét Ordre, comme il a eſté jugé par pluſieurs Arreſts ; la raiſon eſt , que le lien du mariage & la dignité de l'Ordre de Preſtriſe dépendent des Loix divines & humaines qui les ont eſtablis ; & on ne peut point ſe dégager d'une obligation ſi ſolemnellement contraᶜtée; *quæ ſe ſpopondit Chriſto , & ſanᶜtum velamen accepit , jam nupſit ; jam immortali junᶜta eſt viro , & jam ſi vellet nubere , communi lege connubii , adulterium perpetravit* , dit Saint Ambroiſe, *ad virginem lapſam.* Les Loix de l'Etat ne peuvent point ſouffrir ny approuver tels mariages , qui donnent atteinte au ſacré caraᶜtere de Preſtriſe , & qui troublent le repos & la tranquilité des familles. D'ailleurs , il ſeroit abſurde qu'il dépendît de la volonté des particuliers de rendre valables des mariages , ou les rendre nuls & ſans effet ; ce qui arriveroit : car ſi le Preſtre qui ſe ſeroit rangé du party de ceux de la R. P. R. s'eſtant marié, retournoit dans la Religion Catholique par un juſte repentir de ſon Apoſtaſie, il rendroit ſans doute le mariage nul & ſans effet; & ny la femme ny les enfans ne ſeroient point reputez legitimes, pour participer aux effets que produiſent les veritables mariages : Et ſi au contraire il mouroit Apoſtat, le mariage ſeroit legitime, & la femme & les enfans auſſi legitimes.

CHAPITRE VIII.

Des dépenses des Eglises , & qu'il ne faut pas faire un grand nombre de Clercs.

SOMMAIRE.

Le nombre des Clercs doit estre proportionné aux revenus de l'Eglise.

L'Empereur ordonne dans ce dernier Chapitre de proportionner le nombre des Clercs & des Ecclesiastiques aux revenus des Eglises , comme il avoit ordonné par la Novelle 3. *ut determinat. sit num. Cleric. cap.* 1. ensorte que si le nombre des Clercs est plus grand que le revenu de l'Eglise ne le permet , on ne doit point donner d'Ordre à d'autres , que le nombre ne soit réduit suivant les biens de l'Eglise.

PARAPHRASE
DE JULIEN.

CONSTITUTIO VI.

XXIV. De Episcopis & Clericis.

HÆC *Constitutio de consecratione Episcoporum in primo capite loquitur , cujus progressus talis est. Debet enim prius*

disceptari de vita Episcopi utrum bona sit an reprehensibilis , &
utrum bonis testimoniis muniatur , an non , sed & si officialis vel
curialis conditionis sit , prohibetur Episcopus fieri , nisi forte à te-
nera ætate in Monasterio fuit , eoque modo liberatus est à prædictis
conditionibus : ita tamen ut quartam partem substantiæ suæ curiæ
præstet secundum legis observantiam. Sed neque laïco statim ad
Episcopatum ascendere licet ; neque clericatus honorem simulatum
habuisse sufficit. Oportet autem , eum qui Episcopus sit , neque
uxorem , neque concubinam habere , neque filios , neque nepotes,
sive legitimos , sive legibus incognitos. Et si quis contra hæc fecerit;
& is qui factus est , & is qui eum fecit , Episcopatûs expellatur
honore : nec liceat pecuniæ datione Episcopum fieri. Esse autem
oportet eum , qui Episcopus sit , vel monachum vel clericum , ita
tamen ut non minus sex mensibus appareat eum in clericatu fuisse.
Legere autem debet & sanctos Canones eo tempore , quo conse-
cratur ; consulat autem eum is , qui consecrat , si possit facere at-
que custodire omnia , quæ divini præcipiunt canones ; & siquidem
denegaverit se posse custodire , non consecretur. Sin autem polli-
citus fuerit se observaturum , quantum homini possibile est , sancto-
rum canonum præcepta ; tunc is qui consecrat , eum admonere,
atque prædicere ei debet ; quod si non observaverit canones sanctos,
& Deo alienus erit , & religiosis Episcopis non connumerabitur.
Nam canones Patrum vim legum habere oportet. Sin autem ali-
quis pecuniam dederit eodemque modo creatus Episcopus sit ; non
solum ipse , sed etiam qui consecravit eum , inter Episcopos non erit:
sed pecuniæ vel res datæ consecrationis causâ sacrosanctæ Ecclesiæ
addicantur , sive Episcopus sit , sive clericus sit is qui dedit: is autem
qui accepit , non solum res amittat , sed etiam gradum atque ho-
norem dignitatis vel clericatus. Similiter autem & si laicus sit
qui pecuniam vel res accepit , & ipsas amittat , & aliud tan-
tum quantum accepit , pænæ nomine sanctæ Ecclesiæ præ-
stare compelletur. Sed & si magistratum gerat , in magistratu
esse desinat , & exilio irrevocabili condemnabitur. Sin autem
aliquis Presbyter vel Diaconus constitutus pecunia data ad Epis-
copatûs pervenerit apicem , non solum Episcopus esse desinat ; sed
etiam priorem gradum Presbyteri vel Diaconi amittat. Conse-
cratio autem Episcopi fiat ante omnem populum Christianitatis,
ut sit facultas unicuique , si velit , contradicere. Et si quidem ante
consecrationem facta fuerit contradictio , non prius consecretur
Episcopus , nisi disceptatio de contradictione facta fuerit , & un-

Z iij

dique appareat innoxius qui ad Episcopatum vocatur ; sin autem ante disceptationem ad Episcopatum pervenerit, amittat honorem, non solùm ipse, sed etiam is qui eum creavit. Quod si is qui contradixit, calumniator probatus fuerit, vel contradictionis judicium deseruerit, & non peregerit causam ; prohibeatur à sacra communione in omni vita sua ab eo qui consecravit Episcopum.

XXV. Idem.

Nemo religiosus Episcopus extra suam Ecclesiam degat ultra annale spatium : nisi forte per Imperialem jussionem hoc factum fuerit. Patriarchæ autem Episcopos cogere debent, & in suis Ecclesiis observare quæ divini præcipiunt canones, & in longas peregrinationes non ire, nisi jussu Principis : Sin autem sine jussione Principis ultra annum Episcopus extra suam Ecclesiam fecerit, tunc regionis Patriarcha legitimis eum præconiis revocet, id est custodiens sacrorum canonum observantiam. Sin autem non obtemperaverit is qui evocatus est, sed in eadem absentia perseveraverit, tunc repellat eum ab Episcoporum numero, & alterum pro eo substituat. Sin autem is qui in absentia est, Metropolitanus non fuerit, sed cujusdam municipii Episcopus, tunc ea, quæ diximus à Patriarcha fieri oportere, Metropolitanus faciat. Quod si litigiorum causa peregrinari voluerit Episcopus, licentia ei non concedatur ; litigare enim Episcopi non per semetipsos, sed per suos clericos debent, sive Apocrisarios, sive œconomos, & supplicare Principi debent, & impetrabunt ea quæ desiderant fieri.

XXVI. Idem.

Nunquam Episcopus in Constantinopolitanam civitatem veniat, nisi litteras acceperit à Metropolitano suo ad Imperatorem, quas divini canones commendatorias appellant, quibus declarabitur necessariam esse profectionem Episcopi. Sin autem Metropolitani sint, qui pervenire in Constantinopolitanam civitatem maluerint, litteras accipiant à Patriarcha regionis suæ : venientes autem non audeant intrare ad Imperatorem per semetipsos : sed prius ad Patriarcham veniant, vel ad Apocrisarios regionis, ex qua sunt: & ipsis communicent causas propter quas venerint. Liceat autem Episcopis & per Referendarios magnæ Ecclesiæ, vel Apocrisarios Patriarcharum referre Imperatori, & sic impetrare responsum.

XXVII. De Clericis.

Nemo clericus fiat , nisi is qui & bonorum testimonium habet , & litteratus est. Qui enim litteras nescit , clericus esse non potest. Doceantur autem Presbyteri & Diaconi sacras orationes & Ecclesiasticos canones quos scilicet consecrari oportet , & sine reprehensione , sine justa causa & contradictione , sine pecuniarum dictione , liberatos tam officiali quam curiali conditione , nisi forte secundum observationem , quam in primo capite præsentis Constitutionis exposuimus.

XXVIII. Idem.

Qui duas nuptias contraxerit, Diaconus vel Presbyter fieri prohibetur ; sed & si mulierem disjunctam à marito suo, quem ipsa reliquit , uxorem quispiam habuerit , neque presbyter fieri potest ; idem est & si concubinam habeat ; quippe tales homines cum castitate vivere decet. Castus autem est qui habet vel habuit uxorem castam, & ipsam ab ipso virgine virginem susceptam. Si quis autem Presbyter vel Diaconus vel Subdiaconus uxorem duxerit , vel concubinam habuerit , sive clam , sive palam , sive sub aliquâ figurâ: cadat clericatus honore , & sit privatus & laïcus.

XXIX. De Diaconissis.

Ea quæ diximus de clericis , teneant etiam in Diaconissis ; Diaconissas autem creari constitutio præcepit , si quinquaginta annorum ætatem agant : ita tamen ut virgines sint , vel si unum tantummodo habuerint maritum. Si autem mulier propter aliquam necessitatem minor quinquaginta annis Diaconissa facta fuerit, non liceat ei alibi degere , quam in asceterio sanctimonialium mulierum , ubi neque mares conversantur , nec vivere ei liceat quomodo velit. Nulla autem facultas Diaconissis tributa est habere quosdam secum, veluti fratres , sive cognatos , vel quos dicere solent ἀγαπητούς, id est dilectos ; nam Diaconissæ vel per se habitare debent , vel nullum alium admittere secum , nisi re vera fratrem. Sin autem aliqua suspicio sit quasi simulatus frater cum ea degerit , vel ab initio non consecretur : vel si consecrata fuerit, amittat honorem. Pœnas autem cum corruptore patiatur, eas quas sacræ Constitutiones adversus corruptorem definiunt. Eo autem tempore quo Diaconissæ consecrantur, admonendæ sunt, quod si postea nupserint, vel aliam vitam elegerint, gladio ultore feriantur, & facultates earum Monasteriis sive Ecclesiis addicantur. Is autem qui corrupit eam, puniatur quidem eo supplicio : bona autem ejus fisci viribus vindicentur.

XXX. De Clericis.

Sive Lector, sive Subdiaconus, sive Diaconus, sive Presbyter clericatus honorem contempserit, & in aliam vitam transierit, duorum alterum, vel curiali conditioni cum suis facultatibus subiiciatur, vel si plures curiales civitas habeat, sive ipse vilior sit, ad officialem conditionem trahatur, id est taxeoticam.

XXXI. Idem de numero Clericorum.

Nullus Episcopus multitudinem clericorum faciat passim : debet enim secundum reditum Ecclesiarum ita etiam numerus clericorum moderari. Et si quidem is qui sacrosanctam ædificavit Ecclesiam, statuit ab initio numerum clericorum qui debent in eadem Ecclesia consecrari, ille numerus custodiatur ; Sin autem numerus præfinitus non est ; neque per amicitiam, neque per gratiam oneranda sacrosancta Ecclesia est, sed moderandus numerus erit cura & sollicitudine Patriarcharum & Metropolitanorum, & aliorum Episcoporum. Liceat autem unicuique sive privatus, sive laïcus sit, inspicienti ea, quæ diximus, ab aliquo contempta ad Imperatorem referre. Data post Consulatum Belisarii.

DEUXIEME

DEUXIEME COLLATION.

TITRE PREMIER.

Qu'il ne faut pas aliener ny échanger les biens immeubles de l'Eglise, ny les donner en gage, ou les hypotequer specialement, & qu'il suffit de les hypotequer generalement.

NOVELLE SEPTIE'ME.

PREFACE ET CHAPITRE PREMIER.

Défenses d'aliener les biens de l'Eglise.

SOMMAIRE.

1. *Dessein de l'Empereur dans cette Novelle.*
2. *Constitution de l'Empereur Leon touchant l'alienation des biens de l'Eglise.*
3. *Constitution de l'Empereur Anastase sur le mesme sujet.*
4. *Reformation de ces deux Constitutions.*
5. *Que contient l'Ordonnance de l'Empereur Anastase.*
6. *Annonæ Civiles, que signifient.*
7. *Si les esclaves destinez aux heritages appartenans à l'Eglise, peuvent estre alienez.*
8. *Peine contre l'administrateur qui a aliené les biens de l'Eglise.*
9. *Des Notaires qui ont passé les contrats portant alienation des biens de l'Eglise.*
10. *Peine contre les Juges qui ont confirmé les donations faites des biens de l'Eglise.*
11. *Si on peut constituer l'usufruit des biens de l'Eglise au profit des particuliers, & comment.*
12. *Jus Colonarium quid.*
13. *Baux emphyteotiques des biens de l'Eglise.*

Aa

De n
alienã
aut pe
mutãd
rebus E
clesiasti
cis! ima
mobili-
bus, a
in spe
cialem
hypote
dandis
credito-
ribus, se
sufficere
genera-
les hypo
thecas.

De rebu
ad vene
rabilia
loca per-
tinctibus
non alie
nandis.

1 L'Empereur dans cette Preface dit, que son dessein n'a jamais esté que de reformer & d'achever ce qui estoit imparfait, & que c'est par cette raison cy qu'il veut comprendre dans une seule Loy tout ce qui regarde l'alienation des biens Ecclesiastiques, qui confirme ou reforme les anciennes qui ont esté faites sur cette matiere, *quod deest, adiiciendo, & quod superfluum est, abscindendo.*

2 Il dit en suite que l'Empereur Leon, d'heureuse memoire, qui a augmenté l'autorité de la Religion Chrestienne après l'Empereur Constantin, a fait une Loy concernant l'alienation des biens Ecclesiastiques pour la seule Eglise Cathedrale de la ville de Constantinople : que cette Loy est veritablement digne de loüange, parce qu'elle contient plusieurs choses qui ont esté établies avec vigueur en l'honneur de Dieu ; cependant parce qu'elle n'est pas generale pour tout le monde, il est necessaire de la reformer, Cette Loy est la Loy *jubemus nulli* 14. *C. de sacros. Eccles.*

3 L'Empereur Anastase, de pieuse memoire, a fait pareillement une Ordonnance sur ce sujet, que nous n'avons point, qui n'est point semblable à celle de l'Empereur Leon, & qui semble bien moins accomplie : car elle est beaucoup plus étenduë, & faite pour quelques lieux hors la ville de Constantinople ; toutefois elle s'est trouvée imparfaite, parce qu'elle ne concernoit que le Diocese qui est sous le Patriarche de la ville de Constantinople, & ne s'étendoit point aux autres Sieges Episcopaux : l'Empereur Anastase a crû qu'il estoit à propos de reformer l'Ordonnance de l'Empereur Leon, c'est pourquoy il la reforma en quelques endroits, & la laissa en d'autres telle qu'elle estoit, quoy qu'ils n'eussent pas moins besoin de correction : c'est pour cela que Justinien dit qu'il trouve que celle de l'Empereur Leon doit estre aussi reformée, parce qu'elle contient plusieurs choses qui sont inutiles, qu'elle est imparfaite, estant restrainte dans un certain lieu.

Et pour reformer ces deux Loix, il dit qu'il est plus expedient 4
d'établir une seule Loy pour les biens de toutes les Eglises, des
Hôpitaux pour la retraite des Pelerins, ou pour les malades, des
Monasteres, des lieux destinez pour la nourriture des pauvres
enfans, & pour les infirmes, valetudinaires, & pour les personnes âgées, & de la sacrée Communauté, & adjoûter cette Ordonnance à la Loy de l'Empereur Leon : C'est pourquoy il est à propos d'exposer briévement le contenu en icelle, & d'y augmenter
ce qui est necessaire.

Cette Loy défend à l'Archevesque & au Patriarche de cette 5
Ville, & à celuy qui a l'administration des biens de la Cathedrale, de vendre ou donner, ou d'aliener par quelque autre maniere que ce soit, quelque maison, quelques terres, des esclaves
ou des rentes deuës à l'Eglise de Constantinople ; soit pour user
de compensation de quelque autre chose, ou pour quelque autre
raison que ce puisse estre : voulant que l'acheteur de ces choses
soit obligé à les restituer à l'administrateur des biens de l'Eglise,
avec les fruits qu'il auroit perceus, & les profits qu'il en auroit
tirez depuis l'acquisition d'icelles ; celuy qui les auroit acquises
perdant le prix qu'il en auroit payé, au moins à l'égard de l'E-
glise dont il auroit acheté les biens, sauf son recours contre son
vendeur ; parce que ce qui est fait contre la disposition des Loix,
est nul.

Annonæ civiles sont des rentes foncieres, qui se payent aux 6
Monasteres sur quelques heritages ; c'est pourquoy elles sont mises entre les immeubles.

Les esclaves qui sont destinez pour le fond & pour sa culture, 7
ne peuvent estre alienez non plus que le fond, parce que *pars*
rerum immobilium habentur ; & c'est pour cette raison que dans
la Loy 3. *ff. de diverf. tempor. præscript.* il est dit, que la prescription d'un long temps a lieu, tant pour les heritages que pour les
esclaves qui y sont annexez.

Cette Loy oblige l'œconome & l'administrateur de l'Eglise de 8
rendre à cette Eglise tout ce dont il a profité par le moyen de
l'alienation qu'il a faite, & en quoy cette Eglise a receu de la
perte. Et de plus, elle ordonne qu'il soit dépoüillé de sa Charge,
& ses successeurs, soit qu'il ait fait luy-mesme l'alienation, ou qu'il
ait consenty, ou qu'il n'ait pas osé s'opposer à l'alienation qui se
faisoit par l'Evesque.

9   Quant au Notaire qui auroit passé le contrat, elle veut qu'il soit condamné à un exil perpetuel sans esperance de retour.

10   Pour les Juges qui prestent leur autorité pour la confirmation des donations faites de tels biens, elle veut qu'ils soient dépoüillez de leurs Charges & de leurs biens.

11   Cette Loy défend l'alienation des biens de l'Eglise de Constantinople, cependant elle permet qu'on en accorde l'usufruit pour un certain temps, ou pour la vie du preneur, à la charge que la chose dont l'usufruit aura esté accordé, sera restituée aprés que l'usufruit sera finy, & que le preneur sera obligé de donner à l'Eglise au temps de la prise, une autre chose en pleine proprieté qui vaille au moins les fruits que le preneur aura perceus pendant sa joüissance de la chose dont l'usufruit luy aura esté accordé. Que si ce qui est donné à l'Eglise en compensation de cét usufruit est reputé de moindre valeur, dont l'Eglise commenceroit à joüir dés le temps du contrat, la concession doit estre nulle & de nul effet, en sorte que l'Eglise peut user de revendication pour reprendre la chose dont elle auroit accordé la joüissance, parce qu'elle seroit presumée avoir esté trompée.

   Cette Loy, dit l'Empereur, contenoit ce qui vient d'estre sommairement exposé ; & quoy qu'elle imposast des peines contre les contrevenans, neanmoins elle n'a pû empescher que plusieurs n'ayent contrevenu à sa disposition & à ses défenses, par

12   le moyen du contrat qu'on appelle *jus colonarium*, par lequel on prend une maison ou un heritage à rente, soit en argent, en grain ou en volaille, en s'obligeant soy & ses heritiers à la payer : & ce contrat estoit un moyen pour diminuer le bien des Eglises, en ce que plusieurs prenoient des biens Ecclesiastiques à la charge de rentes modiques ; & cette sorte de convention n'estoit autorisée d'aucune Loy, ny de celles de l'Empereur, ny de celles des autres Empereurs, ou des Jurisconsultes.

   Les mots qui sont entre *colonarium jus est & adinvenientes*, ont esté adjoûtez par quelque Interprete selon le sentiment de Contius, car ils ne se trouvent point dans le manuscrit Grec ; en sorte que voicy la construction : *Quidam dudum hoc quod vocatur colonarium jus adinvenientes, neque nostris legibus, &c.*

   L'Empereur dit avoir abrogé cette sorte de convention, parce qu'elle causoit l'alienation des biens Ecclesiastiques ; & ensuite il dit que plusieurs recouroient au bail emphyteotique pour des biens de l'Eglise dont ils diminuoient les revenus en payant la

penſion à laquelle ils s'eſtoient obligez , à ceux qui admini-
ſtroient les biens de la Cathedrale de Conſtantinople ; & que
c'eſt pour cette raiſon qu'il a fait une Ordonnance que nous 13
n'avons point , par laquelle il deffendoit que les baux emphyteotiques des biens de l'Egliſe , ſe fiſſent pour la vie de plus de
trois perſonnes , ſçavoir du preneur , & de deux de ſes ſucceſſeurs;
deffendant que l'on diminuât plus de la ſixiéme partie de la penſion à ceux qui avoient pris le bail emphyteotique , en conſequence des ſterilitez , & cas fortuits qui ſeroient arrivez, pour
leſquels ils n'auroient pû joüir des choſes qu'ils auroient priſes
à ce titre , veu qu'au contraire il arrivoit ſouvent que la ſixiéme
partie ne reſtoit pas à l'Egliſe , les penſions eſtant preſque entierement remiſes aux preneurs , comme il paroiſſoit par les contrats qui en eſtoient faits.

Pour achever cette Preface , Juſtinien dit que l'Empereur
Anaſtaſe en ordonnant, que les contrats portant alienation des
biens de l'Egliſe ſeroient redigez par écrit, que le temps de la
durée de ces contrats ſeroit declaré, & voulant que l'emphyteoſe
fût bornée à la vie du preneur, s'il n'eſtoit point mis par écrit,
ou que s'il en eſtoit fait un contrat , il pût eſtre fait à perpetuité , n'a pas fait une Ordonnance parfaite ny utile, & meſme
elle ſe trouve imparfaite, en ce qu'elle n'a eſté faite que pour
le ſeul Dioceſe de la Ville de Conſtantinople.

L'Empereur dans le Chapitre premier , établiſſant une nouvelle Loy, touchant l'alienation des biens Eccleſiaſtiques, défend à la Cathedrale de Conſtantinople , à toutes les Egliſes
qui ſont dans ſon Dioceſe, & à toutes celles qui ſont ſous ſon
Empire, & qui ſont ortodoxes, & à tous Archeveſques & Eveſques , à tous les lieux pieux qui ſont remarquez en ce lieu , &
dans la Preface de cette Novelle , à tous Abbez & Abbeſſes, & à
tous ceux qui adminiſtrent les Communautez Religieuſes &
pieuſes, d'aliener aucune choſe immeuble, ſoit maiſons, terres,
jardins , ou autre choſe ſemblable , ny meſme les eſclaves deſtinez pour la culture des terres, ny les rentes & charges foncieres
deuës par les heritages aux Egliſes & Communautez ſuſdites;
ny meſme les donner à des creanciers, ſous pretexte d'une hypoteque ſpeciale.

Il faut icy remarquer, que l'Empereur ne dit pas dans ce lieu
per ſpecialem hypothecam , non plus que dans le Chapitre *ſi autem creditor. 6. inf. hic* , mais qu'il ſe ſert toûjours de ces ter-

14. mes *speciale pignus*. Pour en sçavoir la raison, il faut observer la difference qu'il y a entre l'hypotheque & le gage, qui est que le gage se constituë ordinairement dans un meuble, lequel pour seureté de la dette est mis entre les mains du creancier, à la charge de le rendre quand il sera payé de ce qu'il a presté, §. 4. *Instit. quib. mod. re contrah. oblig.* Mais au contraire l'hypotheque se constituë sur les immeubles, sans que le proprietaire en fasse la tradition à son creancier, §. *item Serviana. Instit. de action.* Toutefois un creancier peut convenir avec son debiteur que l'immeuble qu'il obligë à sa dette, sera mis en sa possession pour une plus grande seureté, jusqu'à ce qu'il soit payé de sa dette, & c'est ce qui est appellé *datio specialis pignorum*, car quoy que regulierement il n'y ait que les meubles qui soient donnez en gage, les immeubles y peuvent estre donnez, & c'est plus qu'une constitution d'hypotheque; c'est ainsi qu'il faut entendre le titre qui parle de l'hypotheque speciale, à la difference de la ge-

15. nerale, voulant dire que par la generale les choses sont seulement obligées à la seureté du creancier, demeurant neanmoins toûjours en la possession du debiteur; & c'est une maniere de parler impropre; car l'hypotheque speciale est, quand certains biens sont nommément & expressément obligez au creancier, & la generale, quand tous les biens du debiteur luy sont obligez generalement, suivant la Loy *& quæ.* 25. & la Loy *Paulus.* 29. *ff. de pignor. & hypothec.*

16. L'Empereur se sert de ce terme *aliener*, parce qu'il comprend non seulement la vente, mais aussi les autres manieres par lesquelles les choses peuvent estre alienées, comme la donation, l'échange, l'emphyteose mesme faite à perpetuité, parce que c'est presque une alienation, comme il est dit dans ce Chapitre, & dans la Preface, en ces termes, *perpetuas pené cogitantes alienationes*, en parlant de l'emphyteose.

17. Et pour donner de la vigueur à cette prohibition, l'Empereur l'a ordonné sous les peines portées par la Loy de l'Empereur Leon, énoncées cy-dessus; voulant quant à ce, que cette Loy ait lieu & soit observée; & c'est pour cela qu'il l'a fait écrire & publier, non pas en langue Latine, quoy que ce soit celle de sa patrie, mais en langue Grecque, comme estant plus commune & plus facile, estant faite à Constantinople Ville capitale de la Grece.

18. Quant aux alienations qui estoient faites au temps de l'Em-

pereur Juſtinien, il ne les revoque point par cette Ordonnance, parce que, dit-il, de vouloir remuer les anciens contrats portans alienations des biens Eccleſiaſtiques, ce ſeroit une occupation trop longue. C'eſt pourquoy il ordonne, que ce qui avoit eſté fait juſqu'à luy, pour les alienations des autres Egliſes hors celles de Conſtantinople & du Dioceſe, fût gardé ſelon ſa forme & teneur, *proprium habeant ſchema*, c'eſt à dire, qu'ils ayent la forme qu'ils ont pris au temps qu'ils ont eſté faits, & qu'ils ſoient executez ſelon ce qu'ils contiennent, parce que les Loix ne tirent point ordinairement à conſequence pour le paſſé, ſelon la Loy *leges & Conſtitutiones. 7. C. de ll. & Conſtitutio.*

Documenta, ideſt, *inſtrumenta.*   19

Prærogationes ideſt *diſpendia* ſelon la Gloſe.   20

Senior Roma, c'eſt à dire l'ancienne Rome, à la difference de 21 Conſtantinople qui eſtoit appellée *Roma nova.*

De cette Novelle a eſté tirée l'Authentique *hoc jus porrectum*, miſe aprés la Loy 14. C. *de ſacroſanct. Eccleſ.* laquelle ſera inſerée cy-aprés ſur la Novelle 120.

CHAPITRE II.

Du Prince qui a donné un immeuble à une Egliſe.

SOMMAIRE.

De Princcipe qui rem immobilem venerabili loco dederit.

DANs le commencement de ce Chapitre, l'Empereur dit,
qu'afin que cette Loy faite en conſequence du changement
1 & de la varieté des hommes, & ſur une matiere qui arrive toûjours, dure à perpetuité, il eſt à propos de faire quelques exceptions à cette Loy, qu'on a inventées & trouvées avec grande
2 peine, leſquelles contenuës dans cette Loy empeſcheront qu'elles ne puiſſent ſi facilement eſtre détruites ou changées : car des
exceptions formées dans une Loy donnent de la vigueur & la
3 confirment, *exceptio confirmat regulam in non exceptis.* Cependant l'Empereur avouë luy-meſme qu'il eſt difficile d'eſtablir aucune choſe qui ſoit ſi permanente qu'elle ne puiſſe ſouffrir aucune mutation, puis qu'il n'y a rien dans l'homme qui ne ſoit
ſujet au changement : *Quid erit ſtabile inter homines, & ita im-*
mobile ut nullam patiatur mutationem, cùm omnis noſter ſtatus in
perpetuo motu conſiſtat?

4 La premiere exception eſt, qu'il eſt permis à l'Empereur d'a-
cheter quelque choſe immeuble des Egliſes & ſacrées Communautez, en les recompenſant & indemniſant entierement, au cas
que la commodité & l'utilité publique le requierent ; enſorte
que l'Empereur eſt obligé de donner à l'Egliſe une choſe qui
vaille au moins celle qu'il en reçoit, pouvant luy en donner une
de plus grande valeur ; ce qu'il ſemble devoir faire, & parce qu'il
le peut, eſtant le maiſtre de toutes choſes, & parce qu'en faveur
de l'Egliſe on ne doit point garder de meſure dans les donations
qui leur ſont faites : *Quid enim cauſetur Imperator ne meliora*
det ? cui plurima dedit Deus habere, & multorum dominum eſſe,
& facilé dare, & maximé in ſanctiſſimis Eccleſiis, in quibus op-
tima menſura eſt donatarum eis rerum immenſitas : ces derniers
5 termes ſignifient, que la meilleure meſure qu'on doit garder dans
les donations qui ſont faites aux Egliſes eſt l'immenſité, c'eſt
à dire, qu'on ne doit point garder de meſures dans les donations
qui ſont faites au profit des Egliſes, & qu'il eſt honneſte qu'elles
ſoient immenſes.

Que

Que si cela arrive, & qu'il y ait quelque Ordonnance qui ordonne 6
à une Eglise de donner au Prince quelque chose qui luy appartienne, à cause du besoin qu'il en auroit, & qu'il luy eût donné en
échange une autre chose qui valût davantage, & qui fût de
plus grand revenu, tel échange doit estre permanent, & ceux
qui administrent les Eglises & les lieux dont les biens ont esté
alienez au profit du Prince, & ceux qui en ont passé les contrats par écrit, comme les Notaires, ne doivent point apprehender qu'on forme des plaintes contr'eux, ou qu'ils soient sujets
aux peines establies par l'Ordonnance de l'Empereur Leon, &
qui ont esté confirmées par Justinien ; parce que le Sacerdoce & 7
l'Empire ne sont pas beaucoup differens l'un de l'autre, ny les
choses sacrées d'avec les choses communes & publiques, & que
l'abondance des biens Ecclesiastiques vient des liberalitez des
Empereurs, *omnis sanctissimis Ecclesiis abundantia & status ex
Imperialibus munificentiis perpetuò præbeatur.*

Ainsi il n'y a pas lieu de trouver à redire aux échanges qui 8
se font entre l'Eglise & l'Empereur, quand ils ne sont pas préjudiciables aux biens Ecclesiastiques, pourveu que les conditions
qui sont requises par cette Ordonnance s'y rencontrent, sçavoir
que l'Eglise soit entierement indemnisée, que l'alienation soit
faite pour l'utilité publique, & qu'elle soit faite en consequen- 9
ce d'une Ordonnance qui oblige l'Eglise de faire l'alienation de
ses biens. Que si une alienation est faite sans ces trois conditions,
elle est nulle, quoy qu'elle soit faite au profit de l'Empereur, ou
de toute autre personne, soit par vente, par donation, par échange, ou par emphyteose à perpetuité, ou par tradition d'un immeuble faite en vertu d'une hypotheque speciale, pour seureté
d'une somme que l'Eglise auroit empruntée.

Dans la fin de ce Chapitre l'Empereur ordonne, que cette
Constitution aura lieu pour toutes les Eglises, les lieux pieux,
& toutes les Communautez saintes & Religieuses, deffendant à
toutes sortes de personnes d'en prendre ou recevoir à quelque 10
titre que ce soit des immeubles. Ainsi l'Ordonnance de l'Empereur Anastase est entierement inutile, & les decrets qui se faisoient par le Juge en vertu de cette Ordonnance, portant l'alienation des biens Ecclesiastiques, sont pareillement inutiles ; car en
détruisant les causes qui donnoient lieu à ces decrets, qui estoient
les alienations qu'il deffend, on n'a plus besoin d'aucune recherche ny d'enqueste, sçavoir s'il est necessaire ou utile à l'Eglise

Tome I.   B b d'aliener fes biens ou partie d'iceux, puifque l'alienation leur en eft entierement interdite.

11   Nous obferverons premierement, que *Pragmatica Sanctio* fe prend pour une Ordonnance, qui fe fait par le Prince de l'avis de fon Confeil, comme font les Arrefts du Confeil Privé.

12   En fecond lieu, que cette Ordonnance ne deffend pas les conftitutions d'hypotheque generale faites par l'Eglife, mais qu'elle deffend les hypotheques fpeciales, quand les chofes hypotequées font mifes en la poffeffion du creancier; c'eft pourquoy il eft dit cy-deffus, *neque dationem cujufdam pignoris in re immobili factam occafione mutuorum fieri finimus*, c'eft à dire *traditionem*; la raifon eft, que c'eft une veritable alienation: cette tradition de la chofe hypothequée fe faifoit ordinairement pour une plus grande feureté du debiteur, *l. fi rem alienam. 29. ff. de pignor. action.* ce qui a efté depuis abrogé par l'Empereur en la Novelle 120. *de alienatione & emphyteufi. cap. 4. fi verò contigerit*, où il permet à l'Eglife de mettre en la poffeffion de fon creancier la chofe qu'il luy auroit hypothequée fpecialement.

13   En troifiéme lieu, que de cette Ordonnance il s'enfuit que les meubles appartenans à l'Eglife peuvent valablement eftre alienez, parce qu'elle ne deffend l'alienation que des immeubles; & par confequent elle permet l'alienation des meubles, *argum. leg. necnon. §. quod eis. ff. ex quib. cauf. major.* à moins que ce ne foit des chofes facrées, qui font hors le commerce, §. *nullius. Inftitut. de rer. divif. & l. fancimus. C. de Sacrof. Ecclef.* fi ce n'eft pour la Redemption des Captifs, ou pour le foulagement des pauvres, fuivant la Novelle *de alienat. & emphyt. ubi dicemus.*

Les autres exceptions font rapportées dans les Novelles 46. 67. 120.

CHAPITRE III.

Comment les biens de l'Eglise peuvent estre donnez à emphyteose.

Quomo do emphyteusi Ecclesiasticarum rerum contrahi permittitur.

SOMMAIRE.

Princip. emphyteusim autem.

L'Empereur permet dans le commencement de ce Chapitre, de donner à bail emphyteotique les maisons & heritages appartenans aux Eglises, pourveu qu'il soit borné à la vie du preneur, & à celle de deux de ses heritiers en directe seulement, soit fils ou filles, ou petits enfans de l'un ou l'autre sexe, ou autres descendans, ou à la vie de la femme ou du mary, au cas que cela soit porté expressément par le contrat, que la femme ou le mary succedera dans l'emphyteose; autrement le preneur estant decedé, le droit du bail ne passeroit à aucun de ses heritiers collateraux, s'il n'estoit stipulé au contraire; mais il passeroit seulement aux fils & aux petits fils, & non à d'autres descendans: L'Empereur deffendant expressément de faire autrement des baux emphyteotiques des biens des Eglises, ou des lieux destinez pour la nourriture des pauvres.

Voyez *infrà* la Novelle 120. §. *licentiam*, par laquelle l'Empereur permet de donner à titre d'emphyteose perpetuel les biens de l'Eglise.

§. *Quia verò Leonis.* 1.

L'Empereur dans le §. 1. dit, que l'Empereur Leon avoit ordonné par la Constitution remarquée cy-dessus, que les biens Ecclesiastiques pourroient estre donnez à bail emphyteotique,
2 suivant leur revenu ordinaire, sans qu'il fût permis d'en faire aucune diminution au preneur; mais que par une Ordonnance qu'il dit avoir faite, & dont il a fait mention cy-dessus, il avoit permis d'en remettre la sixiéme partie au preneur; & que par la presente Ordonnance contenuë dans ce Chapitre, il ordonne que pour faire cette diminution on considere exactement & fidele-
3 ment quel estoit le revenu des choses qui sont données à emphyteose, au temps qu'elles ont esté acquises par l'Eglise, & que de ce revenu on en peut diminuer la sixiéme partie au preneur, au cas qu'il paroisse équitable : Par exemple, une terre rapportoit six cens livres de loyer ordinairement au temps qu'elle avoit esté donnée à une Eglise, l'Eglise l'avoit ensuite baillée à emphyteose, & quelques années aprés le preneur se plaignoit qu'il ne pouvoit pas payer cette pension, parce que les terres n'estoient plus si fertiles; outre que pendant plusieurs années qu'il l'avoit tenuë à ce titre, les terres estoient steriles, & que par des cas fortuits il n'avoit recueilly que tres-peu de fruits, & qu'ainsi il demandoit d'estre déchargé de la moitié de cette pension de six cens livres : en ce cas l'Empereur permet de luy en remettre seulement la sixiéme partie. Que s'il arrive par quelque malheur, que le re-
4 venu soit diminué en partie, ou pour le tout, comme si une riviere avoit commencé d'y faire son cours, l'Empereur ordonne en ce cas, que la pension soit payée par celuy qui veut retenir son bail emphyteotique; car il doit payer toute la pension stipulée par le bail, à la reserve de la sixiéme partie dont il peut demander la remise, ou il doit abandonner le bail & la chose qu'il a prise à ce titre; parce qu'il est plus expedient à l'Eglise de donner ses biens à titre de loyer, que de faire souvent de semblables remises, *cùm liceat conducere potius quàm tales diminutiones in emphyteusim celebrare.*

La raiſon que l'Empereur pouvoit avoir, c'eſt que les biens qui pour quelque accident ne rapportent pas pendant quelques années, peuvent après rendre le meſme revenu qu'elles rendoient auparavant ; & ſi l'Egliſe eſtoit obligée en conſequence de ces cas fortuits de faire de grandes diminutions, ſes revenus deviendroient peu conſiderables pendant tout le temps du bail qui dureroit pendant deux ou trois vies, mais le bail à loüage n'eſt que pour peu d'années ; & ſi l'Egliſe eſt obligée de donner à loüage ſes biens pour des penſions modiques, elle les peut augmenter après le bail finy, ſi la cauſe ceſſe pour laquelle le premier bail avoit eſté fait pour une penſion modique.

Mais dautant que l'Empereur ſçavoit, que pluſieurs maiſons dans les Fauxbourgs de Conſtantinople avoient eſté données à bail emphyteotique à la charge de redevances modiques, & meſme pour rien, quoy qu'elles rapportaſſent beaucoup, il ordonne ⟨5⟩ que les detempteurs d'icelles ſeroient chargez d'une penſion, non pas eu égard aux revenus qu'elles rapportoient, mais à leur valeur, ſuivant le dire des Experts, en ſorte qu'ils payeroient en vingt années l'eſtimation qui en ſeroit faite, comme ſi une maiſon valoit vingt mille livres, le poſſeſſeur ſeroit obligé d'en payer mille livres de penſion chaque année, ſans que les baux emphyteotiques puſſent eſtre faits par delà trois vies.

§. *Scire autem.* 2.

L'Empereur ordonne dans le §. 2. que ſi le preneur à emphyteoſe des baux de l'Egliſe, ne paye pas la penſion à laquelle il ⟨6⟩ s'eſt obligé pendant deux ans, il ſoit décheu de ſon bail; quoy que pour les baux emphyteotiques faits des biens particuliers, le preneur ne puiſſe pas prendre le droit du bail, s'il n'a eſté pendant trois ans ſans payer la penſion convenuë par le contrat, *l.* 2. §. *fin. C. de jur. emphyt.* ſans pouvoir retirer les ameliorations qu'ils y auroient faites, *fient omnino extranei emphyteumatis* ; ce terme *emphyteuma* ſignifie ameliorations.

Et meſme ſans y avoir égard ils ſeroient obligez de reparer de leurs propres deniers les dommages qu'ils y auroient cauſez, ſans uſer de compenſation de ces dommages avec les ameliorations qu'ils auroient faites; eſtant de plus obligez, eux & leurs heritiers, de payer toutes les penſions qu'ils devroient pour les années paſſées.

7   Il défend encore *verf. quod autem*, l'alienation des biens Ecclesiastiques, en quelque lieu qu'ils soient situez, soit dans la Ville
ou dans les Fauxbourgs, ou dans les champs, soit qu'ils soient
entiers, ou qu'ils ayent esté ruinez par le feu, par des tremble-
mens de terre, ou par quelque autre maniere que ce soit ; soit que
les materiaux des maisons ruinées se trouvent sur les lieux, ou
qu'ils y soient situez ; défendant toute espece d'alienation aux cas
susdits, si ce n'est par bail emphyteotique, qui doit estre borné
à la vie de trois personnes ; & pour empescher que l'on ne fasse des
baux emphyteotiques au préjudice des Eglises, il ordonne qu'il

8   sera nommé deux Experts en fait de Maçonnerie pour visiter
les choses qui seront baillées à ce titre, avec les Administrateurs
d'icelles, & cinq Prestres, deux Diacres de l'Eglise de laquelle
les biens seront baillez à emphyteose, & en presence de l'Evesque, & que ces Experts feront serment sur les Evangiles, qu'ils
declareront en conscience la pension à laquelle ces biens peuvent
estre baillez, & que suivant leur rapport il en sera passé un contrat par écrit, & que le preneur pourra en consequence d'iceluy
bâtir dans le fond qu'il aura pris à ce titre, & se servir des materiaux qui estoient sur les lieux, à la charge que les édifices qu'il
aura bâtis retourneront à l'Eglise aprés deux successions.

§. *Neque illud.* 3.

9   Dans le dernier §. l'Empereur défend de mettre une clause dans
les Baux emphyteotiques des biens des Eglises, qui se mettoit
auparavant, sçavoir qu'aprés la mort des deux heritiers du preneur, le Bail emphyteotique seroit fait par les Administrateurs
de l'Eglise aux autres heritiers, lesquels seroient preferez à tous
autres en vertu de cette clause. La raison de cette prohibition est,
que cette clause ne se mettoit que pour perpetuer les biens dans
une mesme famille, & que c'estoit une veritable alienation d'i-
ceux ; c'est pour cela que nonobstant cette clause il permet aux
Administrateurs des biens Ecclesiastiques de faire bail emphyteotique à ceux qu'il leur plaist, à l'exclusion des heritiers du preneur, le bail estant finy.

10   Le commencement de ce §. est assez difficile à interpreter :
*Neque illud, quod hactenus contra tales contractus agebatur, va-
lere permittendum est, &c.* Pour entendre ces termes, il faut
observer que l'Empereur avoit fait une Loy, dont il a fait mention

cy-deſſus , §. 1. *h. cap.* par laquelle il avoit ordonné que les Baux
emphyteotiques ſeroient bornez à la vie du preneur , & de deux
heritiers , par exemple du fils & du petit fils , cependant depuis
qu'il avoit fait cette Loy juſques à la conſtitution de cette Ordonnance , pluſieurs de ceux qui avoient pris à emphyteoſe des
biens Eccleſiaſtiques , avoient ſtipulé qu'aprés leur mort & celle
de deux de leurs heritiers , les autres heritiers en ſuite ſeroient
preferez à tous autres , auſquels on voudroit donner les meſmes
biens à bail emphyteotique ; de ſorte que par cette clauſe ils
avoient rendu les baux emphyteotiques perpetuels dans leurs familles ; ce qui eſtoit contre les contrats emphyteotiques , tels que
l'Empereur vouloit qu'ils fuſſent , *agebant contra tales contractus,*
car par la Loy dont il a fait mention , il ne pouvoit exceder la vie
de deux heritiers du preneur , & par cette clauſe tels contrats
alloient bien plus loin ; ainſi les preneurs conjointement avec les
Adminiſtrateurs des biens Eccleſiaſtiques admettoient une clauſe , contre la nature des contrats emphyteotiques , telle que l'Empereur l'avoit établie.

CHAPITRE IV.

Comment on peut donner à uſufruit les biens des Egliſes,
& des autres lieux pieux.

Quomo-
do uſuf-
fructus
rerum ad
ſancta
loca per-
tinentiū
conſti-
tuatur.

SOMMAIRE.

1. *Si on peut conſtituer uſufruit* | 3. *Diſpoſition de la Loy* jube-
   ſur les biens de l'Egliſe. | mus C. de ſacroſ. Eccleſ.
2. *A quelles charges.*

L'Empereur dans ce Chapitre permet de conſtituer l'uſufruit 1
des biens Eccleſiaſtiques ſelon la maniere introduite par l'Empereur Leon dans la Loy 14. §. *ult. C. de ſacroſ. Eccleſ.* à la charge
que le preneur ſera obligé de rendre la choſe dont il aura pris la
joüiſſance , quand l'uſufruit ſera finy , & donner une choſe à l'E-
gliſe de meſme valeur au temps de la priſe , pour la rendre pareillement pendant que cét uſufruit durera , pour recompenſer cette 2
Egliſe de la perte des fruits qu'elle fait pendant que cét uſufruit

dure : Par exemple, si je prens à usufruit une terre appartenante à une Eglise, estimée dix mille livres, je suis obligé de donner par le mesme contrat une chose qui m'appartiendra, de la mesme valeur de dix mille livres, de sorte neanmoins que je joüiray de l'une & de l'autre pendant ma vie, & que je seray obligé de les rendre, l'usufruit estant finy.

3   Par la Loy *jubemus.* 14. *C. de sacrosanct. Eccles.* le preneur estoit obligé seulement en mourant, de laisser à l'Eglise une chose de mesme valeur que celle qu'il avoit prise pour en joüir pendant sa vie : mais par cette Novelle l'Empereur a voulu, que ce preneur fût obligé de faire cette donation par le contrat, par lequel l'usufruit luy estoit constitué sur les biens de l'Eglise, afin d'oster par ce moyen toute occasion au preneur d'aliener ses biens pendant sa vie au préjudice de l'Eglise.

CHAPITRE V.

Des peines encouruës par ceux qui font les alienations des biens Ecclesiastiques.

SOMMAIRE.

L'Empereur dit, que l'Empereur Leon n'avoit ordonné des peines que contre ceux qui vendoient les biens de l'Eglise, mais que luy il en défend non seulement les ventes, mais aussi les donations, les échanges, les emphyteoses à perpetuité, & les constitutions d'hypoteques speciales, comme il a esté dit cy-devant §. *alienationis.* Et dautant, dit l'Empereur, qu'il se trouve plu-
1 sieurs personnes qui craignent si peu le peril, qu'ils veulent faire ce qui est défendu par les Loix, & les frauder dans leurs dispositions, par la presomption qu'ils n'en payeront point les peines établies

blies contre ceux qui les enfraignent, & qui par ce moyen enga-
gent les Notaires à souffrir la mort civile pour consentir à leur
volonté ; c'est pour cela qu'il a étably des peines particulieres
pour chaque contrat emportant l'alienation des biens Ecclesiastiques, voulant que les peines établies par la Loy de l'Empereur **2**
Leon contre les œconomes qui font les alienations des biens Ecclesiastiques, ayent encore lieu à leur égard, & que par cette nouvelle Constitution elles ayent aussi lieu contre les Administrateurs des lieux pieux, contre les Abbez & Abbesses des Monasteres.

Il ordonne donc que celuy qui aura acheté des biens Ecclesias- **3**
tiques, perde le prix qu'il en aura payé, qu'il soit contraint de
rendre les choses qu'il aura achetées, avec les ameliorations qu'il
y auroit faites pendant son acquisition & sa jouïssance, en sorte
qu'il n'ait aucun recours contre l'Eglise qui aura retiré ses biens,
mais qu'il l'exerce contre les Administrateurs d'icelle; ce que l'Empereur permet, afin que ces Administrateurs ayent moins de facilité pour la vente des biens de l'Eglise, sçachant qu'il y va de leurs
propres biens, *ut metu suæ substantiæ, etsi non propter Dei timo-
rem, tamen segniores circa venditionem fiant.*

§. *Si quis autem.* 1.

Dans le §. 1. il ordonne, que si quelqu'un reçoit une donation **4**
d'une chose appartenante à une Eglise, ou à quelque lieu pieux,
il perde la chose qui luy auroit esté donnée, & que de plus il soit
obligé de donner à l'Eglise une chose de ses biens de semblable
valeur, par la raison qu'il en rend, *ut quam nisus est agere contra
eam novitatem, hanc sibimet in propriis exhibens, suam sentiat
malignitatem.*

§. *Si autem permutatio.* 2.

Il ordonne dans le §. 2. que si quelqu'un prend par échange **5**
des biens de l'Eglise, il soit obligé de les rendre, & de laisser
ceux qu'il auroit donnez, sauf son recours pour leur valeur contre les Administrateurs de l'Eglise, avec lesquels il auroit fait
l'échange.

CHAPITRE VI.

*Que les biens de l'Eglise peuvent estre obligez par une hypo-
teque generale, & non par une hypoteque speciale.*

SOMMAIRE.

1. *Deffense de constituer hypoteque speciale sur les biens de
l'Eglise.*
2. Pignus corporale *ce que c'est.*
3. *Peine contre ceux ausquels*

*les biens d'Eglise ont esté hypo-
tequez specialement.*
4. *Biens d'Eglise peuvent estre
hypotequez par hypoteque generale.*

1 Ans le commencement de ce Chapitre l'Empereur défend
aux creanciers des Eglifes de prendre la poffeffion de leurs
biens en vertu d'une hypoteque fpeciale ; comme quand un creancier qui prefte de l'argent à une Eglife, ftipule que la chofe luy
fera hypotequée fpecialement, & qu'elle fera mife en fa poffeffion
pour fa feureté, c'eft ce que cette Ordonnance appelle *pignus cor-*
2 *porale* ; parce que, comme il eft dit cy-deffus, telle hypoteque
eft une efpece d'alienation ; ce qui a lieu pour toutes fortes de
biens appartenans aux Eglifes : voulant que pour punition l'E-
glife dont la chofe aura efté ainfi hypotequée à fon creancier,
3 gagne l'argent qui luy aura efté prefté, fauf au creancier fon recours contre ceux qui auront conftitué cette hypoteque à fon
profit. Voulant auffi que cette Conftitution foit obfervée à l'é-
gard des Monafteres de femmes.

§. *Si enim omnino.* 1.

Dans le §. 1. il dit, que s'il eft neceffaire que l'Eglife emprunte
de l'argent pour quelque caufe preffante, ou pour quelque utilité confiderable qu'on luy procureroit par ce moyen, les biens
4 de l'Eglife en ce cas peuvent eftre obligez au creancier par une
hypoteque generale, & non pas par une fpeciale ; c'eft à dire,
qu'ils peuvent eftre donnez & obligez, mais qu'ils ne peuvent pas
eftre baillez en gage au creancier, & mis en fa poffeffion pour la

feureté de fon deû, ainfi que nous avons remarqué cy-devant fur la Preface de cette Novelle.

Cette difpofition a efté changée par la Novelle *inf. de alienat. & emphyteuf. cap. hoc etiam*, comme nous dirons cy-aprés.

CHAPITRE VII.

Des peines établies contre ceux qui prennent des biens de l'Eglife à emphyteofe à perpetuité.

L'Empereur dans ce Chapitre condamne ceux qui ont fait des baux emphyteotiques des biens de l'Eglife à perpetuité, ou fans avoir obfervé les folemnitez prefcrites cy-deffus, à rendre les biens qu'ils ont pris à ce titre, & à laiffer à l'Eglife ce qu'ils luy ont donné pour luy faire bailler fes biens à emphyteofe: Et de plus, il ordonne qu'ils foient contraints de payer à l'Eglife la fomme qu'ils avoient promife par le bail d'employer à l'avenir en reparations & en ameliorations dans le fond pris à emphyteofe, comme fi en effet le contrat avoit efté valablement contracté, fans qu'ils puiffent rien retenir des biens de l'Eglife ou des Hôpitaux & des lieux faints, qui leur ont efté donnez par un bail emphyteotique, qui fe trouve nul & de nul effet, quand il s'agit de leur intereft.

Ces termes, *det autem continuo & poft cafum, emphyteumatis quantum futurus erat folvere, fi, &c.*

Pour les entendre il faut obferver, que ce terme *emphyteuma* fignifie l'amelioratió qui fe fait dans l'heritage d'autruy; cela pofé je les interprete ainfi : Le preneur eft obligé de donner ou payer auffi-toft, & après le cas arrivé, c'eft à dire, après que le contrat a esté passé d'un emphyteose à perpetuité, ou mesme d'un emphyteose faite pour un temps, mais sans y avoir observé les solemnitez requises par cette Ordonnance, la somme qu'il avoit promise de payer à l'avenir pour faire dans le fond pris à ce titre, comme s'il s'estoit obligé par le bail fait par exemple pour trente ans, à y faire pour cinquante pistoles d'ameliorations pendant ce temps, il est obligé de payer cette somme à l'Eglise dés que le contrat est cassé; desorte que *emphyteumatis quantum,* c'est à dire, *eam pecuniæ summam quam pro emphyteumate impendere promiserat,* c'est une phrase Grecque qui a esté mal traduite en Latin, & je m'estonne comment dans les Textes des differentes Editions, la virgule est mise aprés *emphyteumatis,* car je crois qu'elle oste le veritable sens, si elle n'est mise auparavant; dautant que si on lit *& post casum emphyteumatis,* ces termes signifieroient, & aprés que les ameliorations ont esté faites, le Lecteur voit que ce sens ne convient point du tout au sujet.

§. *Hæc igitur omnia.* 1.

Dans le §. 1. il deffend aux Notaires de passer de semblables contrats sur peine de l'exil perpetuel, & aux Juges de les permettre, ou de les recevoir, & les insinuer dans les Registres publics, sur peine d'estre privez de leurs Charges, suivant l'Ordonnance de l'Empereur Leon.

CHAPITRE VIII.

Portant deffenses d'aliener les vases sacrez.

SOMMAIRE.

Princip. iisdem pœnis.

L'Empereur deffend dans ce Chapitre, fur les peines portées cy-deffus, de vendre les vafes facrez, de les donner en
gage, ou de les fondre pour en faire l'alienation: L'Empereur ordonnant qu'ils foient punis de femblables peines, ou
mefme de plus grandes, felon que leur impieté fera trouvée
grande par les Juges envers les chofes facrées par le commerce
qu'ils en auront fait; c'eft ainfi que je crois qu'on peut interpreter ces mots qui font obfcurs, *nam & illos æquâ aut majori
pœnâ, &c.*

Toutefois l'Empereur fait une exception, fçavoir lors que les
vafes facrez & autres chofes dédiées au fervice de Dieu, ont
efté alienées pour la Redemption des Captifs, parce que par ce
moyen *animæ hominum liberantur à mortibus & vinculis inani-
matorum venditione vaforum;* ce qu'il avoit auparavant permis
par une Ordonnance contenuë dans la Loy *fancimus.* 18. *C. de
facrof. Ecclef.* où il rend cette raifon, *quoniam non eft abfurdum
animas hominum quibufcunque vafis vel veftimentis præferri.*
Voyez cy-aprés la Novelle *de alien. & emphyt. cap. de facris
autem.* 10.

§. *Simili quippe obfervatione.* 1.

L'Empereur ordonne dans le §. 1. que ce qui eft porté dans la
fin de ce Chapitre touchant l'alienation des chofes facrées pour
la Redemption des Captifs, fera obfervé pour l'alienation des
pains civils, laquelle doit eftre maintenuë : Pour entendre cela,
il faut remarquer que l'Empereur Conftantin avoit ordonné
des pains à certains Corps de meftiers, énoncez dans la Loy
derniere *C. de locat.* fçavoir des faifeurs de Boucliers, de Caf-
ques, de Cuiraffes, de Fléches, & autres.

L'Ordonnance de cét Empereur avoit laiffé un doute, fçavoir
fi les pains qu'il avoit ordonné à chaque Corps, eftoient precife-
ment pour chaque Corps, ou pour chacun de ceux qui le compofoient; car fi c'eftoit pour chaque Corps, le droit de les avoir
ne paffoit pas aux heritiers de ceux qui en eftoient, & ils ne le
pouvoient pas vendre, ceder ou tranfporter à d'autres : les Empereurs Theodofe, Arcadius & Honorius deciderent cette difficul-

té par leur Ordonnance contenuë en la Loy 1. *Cod. de annon. civilib.* par laquelle ils declarerent, que ces pains eftoient pour chaque particulier, *pro uniufcujufque merito*, enforte que ceux qui eftoient donnez à un chacun, pouvoient eftre par eux alienez, finon le droit de les prendre eftoit tranfmis à leurs heritiers après leur mort.

6　L'Empereur Juftinien, conformément à cette Ordonnance, permet dans ce Chapitre à ceux qui avoient droit de recevoir des pains, fuivant la Conftitution de l'Empereur Conftantin, de les pouvoir valablement aliener, voulant que telle alienation fût valable, quoy qu'elle fût faite fans aucune des formalitez fufdites, quoy qu'il ait deffendu, comme nous avons veu cy-devant, aux Communautez d'aliener leurs immeubles : La raifon eft, que ce droit n'appartenoit pas au Corps, mais aux particuliers qui le compofoient ; c'eft pourquoy telle alienation ne tombe point dans la prohibition qu'il a faite d'aliener les biens des Eglifes & des Communautez.

7　Ces pains eftoient appellez *panes civiles, popalares & civici,* parce qu'ils eftoient diftribuez chaque jour à quelques-uns d'entre les Citoyens à Rome : Il y avoit encore d'autres Villes où on en diftribuoit, comme à Conftantinople, à Alexandrie, & à Theopolis, comme l'Empereur nous remarque dans ce Chapitre.

CHAPITRE IX.

De celuy qui a acquis des biens Ecclefiaftiques en vertu d'une Ordonnance du Prince.

SOMMAIRE.

1. Deffenfes d'acquerir des biens de l'Eglife par permiffion du Prince.
2. Peines contre les contrevenans.

I　L'Empereur deffend dans ce Chapitre à toute perfonne de quelque qualité qu'elle foit, d'obtenir du Prince une Ordonnance, par laquelle il luy foit permis d'acquerir des biens de

l'Eglife, fur peine pour le Quefteur d'une amende pecuniaire de
cent livres d'or, qui auroit fervy pour l'impetration du Refcrit,
portant permiffion d'acquerir quelques biens Ecclefiaftiques;
& fur pareille amende pour les Juges qui auroient entheriné le
Refcrit; voulant à l'égard des Notaires qui auroient paffé de
femblables contrats, qu'ils fuffent fujets à l'Ordonnance de l'Empereur; & permettant aux Evefques & aux Adminiftrateurs des
biens Ecclefiaftiques & des Communautez de s'oppofer à de femblables Refcrits, & leur deffendant de les recevoir; & en confequence de confentir à l'alienation des biens fur peine de déchoir
de leur dignité, parce qu'il faut preferer l'utilité publique à celle
de quelques particuliers : *Oportet enim ea, quæ communiter &*
generaliter in omnium utilitatem fanciuntur, potiùs valere, quàm
ea, quæ circa aliquos ſtudentur agi ad corruptionem communium
legum; voulant que s'il fembloit neceffaire aux Adminiftrateurs
des biens des Eglifes ou Communautez, de faire l'alienation de
quelques chofes, ils les donnaffent plûtoft à titre de loyer, ou à
bail emphyteotique.

CHAPITRE X.

Que les Adminiftrateurs ne peuvent eſtre contraints de
donner à loyer, ou à emphyteoſe les biens de l'Egliſe.

De
coger
Adm
ſtrato
rem
elefia
care,
dare
emph
teuſia

DAns ce Chapitre l'Empereur dit, que fi les Adminiftrateurs veulent cultiver eux-mêmes les biens de l'Eglife, ils
ne peuvent eftre contraints par ceux qui auroient quelque autorité, non pas même en vertu de quelque Ordonnance du Prince, de les donner à titre de loüage ou d'emphyteofe, fur les peines portées cy-deffus contre les contrevenans, & d'eftre coupables de facrilege.

C'eft-là le veritable fens de ce Chapitre, & le Sommaire qui
a efté mis en ces termes, *de Adminiftratore, qui rem Ecclefiæ*
alienavit, n'eft pas conforme à ce Chapitre, c'eft pourquoy je
l'ay changé.

CHAPITRE XI.

Qu'il ne faut pas aliener les Monasteres.

L'Empereur deffend dans ce Chapitre la vente & l'alienation des Monasteres, parce qu'ils sont sacrez, à cause des Autels qui sont dans les Eglises qui y sont basties, & du sacrifice de la Messe qui y a esté celebré. Ordonnant que telle alienation soit nulle, parce que comme les choses privées ne peuvent pas devenir sacrées par le fait des particuliers, aussi les choses sacrées ne peuvent pas devenir profanes par ce moyen, §. *sacræ res sunt. Instit. de rer. divis. l. 6. §. 3. ff. de contrah. empt.* Cependant l'Empereur condamne l'acquereur à la restitution du Monastere qu'il auroit acquis, & à la perte de l'argent qu'il en auroit payé. Deffendant de plus de constituer aucune hypotheque sur les Monasteres.

CHAPITRE XII.

Quid juris ? *Si l'Eglise acqueroit des terres steriles.*

SOMMAIRE.

1. *Deffenses de donner à l'Eglise des terres steriles.*	sacros. Eccles.
2. *Peine contre les contrevenans.*	4. *L'Ordonnance de Justinien pour l'execution de cette Novelle par tout l'Empire Romain.*
3. *Authentique* alienatio. C. de	

L'Empereur deffend à quelque personne que ce soit de vendre ou de donner à l'Eglise aucuns biens qui fussent steriles, & luy causassent du préjudice; comme si quelqu'un donnoit à une Eglise une terre qui fût sterile, & qui fût neanmoins chargée de tribut envers le fisc, ensorte que les fruits qui en proviendroient ne seroient pas suffisans pour le payer : ordonnant

que

que le contrat feroit nul & de nul effet, & que la chofe donnée
ou venduë à l'Eglife retourneroit à fon auteur, & que l'Adminiftrateur feroit obligé d'indemnifer le donateur de la perte qu'il
pourroit recevoir par ce moyen, parce qu'il feroit obligé de reprendre cét heritage, pour lequel il feroit contraint de payer par
chacun an une rente ou tribut, pour le payement duquel l'heritage ne fuffiroit pas : ou fi par le contrat il s'eftoit obligé à donner une fomme d'argent à l'Eglife pour l'engager par ce moyen
d'accepter la donation de cét heritage, parce qu'il luy feroit
onereux, à caufe des charges aufquelles il feroit fujet, en ce cas
ce donateur feroit obligé de reprendre la chofe qu'il auroit donnée à l'Eglife, & il n'auroit point de repetition contr'elle de l'argent qu'il luy auroit donné, mais contre l'Adminiftrateur qui
auroit accepté la donation.

De ce Chapitre a efté tirée l'Authentique *ficut alienatio. C.
de facrof. Ecclef.*

Authentique *ficut alienatio. C. de facrofanct. Ecclef.* 3

*Sicut alienatio rerum Ecclefiæ interdicitur, ita prohibetur,
ne qua fterilis ei detur poffeffio, aut alioqui onerofa, veluti fifcalium
nomine vel onere.*

L'Empereur dans la conclufion de cette Novelle dit, qu'il veut 4
qu'elle foit obfervée par tout l'Empire Romain, permettant à
un chacun de dénoncer ceux qui y contreviendroient, *laudabilis
enim hujufmodi eft, & calumniatoris effugiet nomen, qui caufam
contra leges factam redarguit, autor pietatis & utilitatis facris
domibus factus*, enjoignant à tous Juges fouverains ou inferieurs, de la mettre à execution : ordonnant enfuite, que les Loix
qui ont efté faites touchant les baux à loyer des biens Ecclefiaftiques, ou concernans en d'autres points les chofes Ecclefiaftiques, qui n'ont point efté abrogées par cette Conftitution, confervent leur force & vertu.

L'Empereur a fait d'autres Ordonnances contenuës dans ce
Volume, qui concernent l'alienation des biens des Eglifes &
Communautez, fçavoir la Novelle 46. *de Ecclefiaficarum rerum immobilium alienatione & folutione*, laquelle eft fous le titre
premier de la cinquiéme Collation ; la Novelle 54. laquelle eft
fous le titre 7. de la mefme Collation, *qua ex afcriptitio, &c.*

Tome I.   Dd

& la Novelle 120. qui est sous le titre 3. de la neuviéme Collation, *de alienatione, & emphyteusi, & locatione, & hypothecis, & aliis diversis contractibus in universis locis rerum sacrarum,* que le Lecteur peut voir en leur lieu.

PARAPHRASE

DE JULIEN.

CONSTITUTIO VII.

XXXII. De rebus ad venerabilia loca pertinentibus non alienandis.

NVlla sub Romanâ ditione constituta Ecclesia, vel xenodochium, vel ptochotrophium, vel nosocomium, vel orphanotrophium, vel gerontocomium, vel brephotrophium, vel Monasterium tam Monachorum, quam sanctimonialium, archimandritam habens, vel archimandritissam, licentiam habeat alienare rem immobilem, sive domum, sive agrum, sive hortum, sive rusticum mancipium, vel panes civiles : neque creditoribus, sive speciali, sive generali hypothecæ titulo obligare. Alienationis autem verbum continet venditionem, donationem, permutationem, & emphyteuseos perpetuum contractum. Sed omnes omnino Sacerdotes hujusmodi alienatione abstineant pœnas timentes, quas Leonina constitutio minatur, idest, ut is quidem qui comparavit, rem loco venerabili reddat eam ei, cujus & antea fuerat, scilicet cum fructibus aliisque emolumentis, quæ in medio tempore facta sunt. Oeconomum autem Ecclesiæ præstare oportet omne lucrum, quod ex hujusmodi prohibita alienatione senserit, vel Ecclesiam damno affecerit ; ita ut in posterum œconomus non sit. Non solum autem ipse, sed etiam successores ejus teneantur, sive ipse œconomus alienaverit, sive *respiciens alienantem Episcopum non prohibuerit, & multo magis si consenserit.*

Tabellionem autem, qui talia interdicta instrumenta conscripserit, perpetuo exilio tradi oportet. Magistratus autem qui eadem instrumenta admiserunt, & Officiales, qui operam dederunt ut monumentis intimentur, & donationes vel cæteræ alienationes actis intervenientibus confirmentur; non solum Magistratu, sed etiam dignitate & facultatibus suis cadant. Remittit autem constitutio ea, quæ in præterito tempore acta sunt; excipit autem quosdam contractus, quos in sequentibus exponit capitulis, per quos Ecclesiarum immobiles res alienari possunt.

Xenodochium, id est locus venerabilis in quo pauperes & infirmi homines pascuntur. Nosocomium, id est locus venerabilis, in quo ægroti homines curantur. Orphanotrophium, id est locus venerabilis, in quo parentibus orbati pueri pascuntur. Gerontocomium, id est locus venerabilis, in quo pauperes & propter senectutem solam infirmi homines curantur. Brephotrophium, id est locus venerabilis, in quo infantes aluntur.

XXXIII. Quomodo liceat ad Imperatorem res sancti loci transferre.

Si Princeps voluerit rem immobilem sancto loco præstare, & accipere ab eo aliam immobilem rem, & eo modo permutationem contrahere; liceat hoc facere ei, divina Pragmatica Sanctione ab eo promulgata.

XXXIV. Quomodo emphyteusis rerum ad sanctos locos pertinentium contrahitur.

Emphyteuseos contractum sub hac observatione sanctus constituat locus, ut vivo quidem eo qui contrahit, maneat omni modo emphyteusis, mortuo autem eo ad heredes ejus transmittatur: si forte filii sunt, sive masculi, sive fœminæ: aut si nepotes sunt, sive neptes: aut si uxor sit vel maritus: & specialiter mariti vel uxoris nomen expressum fuerit. Alioquin ad aliam personam emphyteuseos contractus non transeat, sed usque ad vitam contrahentium extendatur, nisi filios filiasve, nepotes neptesve habeant. Procedere autem emphyteusis debet prius requisitione cum omni veritate atque subtilitate habita in reditu eo qui ad id tempus fuerat, in quo ad facrosanctam Ecclesiam res perveniffet ; ejusque reditus fexta portio remittatur ei qui emphyteusim contrahit ; fin autem de- minutus fuerit ex aliquo cafu reditus prædii : duorum alterum fiat , vel fub eodem reditu , qui tunc invenitur , fine ulla dimi- nutione is , qui contrahit , accipiat prædium , vel ad contractum omnino non accedat. Melius eft enim locare magis prædia fanctо- rum locorum , quàm fub hujufmodi diminutionibus contractus emphyteufeos facere. Sin autem Ecclefiaftici proaftii emphyteufis contrahatur, pretiofiffimi quidem , fed tamen viliffimum reditum habentis ., non oportet emphyteufeos contractum ad reditus quan- titatem metiri , fed æftimatio proaftii fiat , & infpiciatur reditus qui per viginti annos comparari poteft ex pretio proaftii , & tan- tum reditum habere fe pacifcatur is qui emphyteufim contrahit; ita tamen ut etiam in hoc cafu non in perpetuum contractus extenda- tur , fed fecundum obfervationem quam fupra diximus.

Sciant autem hi qui emphyteufim contraxerunt , quod placito reditu ab eis per biennium non dato , licentia libera præftatur fanctorum locorum adminiftratoribus, & prædia abftrahere , & nihil emponematum nomine præftare. Emponemata autem dicimus ea , quæ labore contrahentis in agro meliorata funt.

Sin autem deteriorem agrum fecerit , cogatur de fuo fumptus dare , & reftituere priftinam prædii faciem ; & in hoc fubiici debet non folum ipfe , fed etiam heredes ejus , vel fucceffores , vel bo- norum poffeffores , & bona ejus ; ita tamen ut debitum quoque reditum fine aliqua dilatione reddere compellatur.

Id autem, quod de prohibitione alienationis diximus , obtineat non folum in integris domibus, vel proaftiis , vel agris , vel hortis; fed etiam in his , quæ omnino diruta , vel deferta , & in area pofita funt ; quamvis enim nullum ædificium, nullam materiam habeant, attamen ea alienare prohibitum eft , nifi forte emphyteufis ad tem- pus fecundum ante factam divifionem in tres perfonas fuerit facta. Ne autem aliqua circumfcriptio fiat , jubet conftitutio duos pri- mates mechanicorum vel architectorum in civitate Conftantino- politana unà cum religiofis œconomis , & quinque reverendiffimis Presbyteris , & duobus Diaconis , præfente & ipfo beatiffimo Ar- chiepifcopo ; vel in provinciis duos nobiles mechanicorum vel archi- tectorum : aut unum , fi unum tantum habeat civitas , pervenire oportet ad locos , & divinis ante pofitis fcripturis definiri ab eif- dem architectis , quantum debeat fuper eodem loco diruto facro- fanctæ præftari Ecclefiæ ab eo , qui emphyteufeos contractu proce-

dere velit , & sub his pactionibus & instrumenta emphyteuseos componantur ; & is qui contraxit emphyteusim ædificet , & materiis utatur , si quasdam materias dirutas habeat locus , & transmittat contractum duobus successoribus suis secundum prædictam observationem, posteaque prædium redeat ad sacrosanctam Ecclesiam , vel ad alium venerabilem locum , qui sub titulo emphyteuseos rem immobilem dederit. Tribus enim personis defunctis omnimodo prædium ad venerabilem locum redeat. Nam & illam pactionem , immò magis callidam machinationem reiiciendam esse constitutio jubet , id est , si pactus fuerit cum œconomis & religioso Episcopo & aliis personis , quas enumeravimus, is qui emphyteusim contrahit, ut etiam tribus personis defunctis , nihilominus deinceps successoribus liceat emphyteuseos titulo res immobiles ab Ecclesia capere , & aliis personis anteponi , talem enim conventionem , ut potè callidè factam constitutio reprobavit.

XXXV. Quomodo ususfructus rerum ad sanctos locos· pertinentium constituatur.

Sin autem voluerit aliquis rem immobilem Ecclesiasticam vel prochicam utendi fruendi causa accipere , eo modo faciat contractum quo divi Leonis constitutio statuit. Oportet enim fructuarium divitem constitutum esse , & rerum immobilium dominum aliam rem jure dominii dare sacrosanctæ Ecclesiæ , vel alii venerabili loco à quo usumfructum accepit ; ita tamen ut res immobiles , quas ipse pro usufructu præstat , non minorem reditum habeant , quam est ususfructus rei immobilis ad sacrosanctam Ecclesiam , vel ad alia venerabilia loca pertinentis , ita tamen ut illa res omni modo, quam utendi fruendi causa accepit, vel mortuo eo ad sanctum redeat locum , vel adhuc vivo eo , si forte usque ad certum tempus ususfructus ei constitutus est. Impleto enim tempore necesse est usumfructum extingui. Nulla autem licentia sit tempus in tantum protelare, ut etiam post mortem fructuarii res immobilis ad sanctum locum non redeat. Nam modis omnibus defuncto fructuario pleno jure fundus ad Ecclesiam redire debet : ita tamen, ut etiam illa res , quam de suo patrimonio ab initio fructuarius loco sancto dedit , maneat firmiter nulla machinatione abstrahenda.

XXXVI. Quibus pœnis subjecti sunt, qui præsentem constitutionem contemnunt.

Si quis contra saluberrima jura præsentis constitutionis rem im-

mobilem loci venerabilis comparaverit ; primum quidem rei æsti
mationem amittat , & rem quam illicite emerit , restituat cum om-
nibus emolumentis ejus , quæ in medio tempore facta sunt ; &
omnia lucra Ecclesiæ vel alterius loci venerabilis cedant , & nul-
lam habeat ipse contra Ecclesiam actionem : sed tantum adversus
œconomos , vel alias venditorum personas ex empto judicium mo-
veat. Nam venditorum patrimonia emptori subjecta non æquum
est. Hæc si venditio contra præsentem legem rei immobilis ad vene-
rabilem locum pertinentis contracta sit.

Alioquin si donatio facta fuerit ; tunc is qui liberalitatem inter-
dictam accepit , non solum ipsam rem cum fructibus suis & causis
venerabili loco restituat ; sed etiam aliud tantum quantum accepit ,
pænæ nomine præstet sanctissimo loco , cujus non donata fuerit ab
his qui res ejus administrant.

Sin autem titulo permutationis rem loci venerabilis capiat ali-
quis , tunc & rem quam accepit , reddat , & quam ipse dedit amit-
tat. Actione ei scilicet adversus personas & patrimonia eorum con-
servanda , qui cum eo contraxerint , excepto videlicet Principe ,cui
secundum præfatam superius divisionem permutationem facere re-
rum immobilium cum sacrosanctis locis permissum est.

Sin autem pignus creditor ad corporalem detentationem acce-
perit , & res immobilis sit , quæ pertinet ad Ecclesiam , vel ad alia
venerabilia loca , veluti domus , vel proastium , vel ager , vel hor-
tus , vel panes civiles , vel mancipia rustica. Nam ea quoque ve-
luti membra rerum immobilium sunt.

Si quis igitur horum aliquid pignoris nomine corporaliter acce-
perit , prius quidem neque sortem quam dedit , neque usuras quas
forte stipulatus est , exigat : deinde etiam ipsam rem cum suis emo-
lumentis venerabili loco restituat. Sed & in hoc casu adversus
œconomos vel alios administratores , venerabilium locorum actio-
nibus creditori competentibus. Omnia enim quæ diximus , etiam
in mulierum Monasteriis vel asceteriis obtinere oportet.

XXXVII. Quando licet hypothecæ titulo res venerabilium locorum obligare.

Si qua necessaria causa ei inexcusabilis immineat , ut mutuam
pecuniam accipiat venerabilis locus ,liceat œconomis etiam res immo-
biles obligare pignoris jure , ita tamen ut corporaliter non tradan-
tur creditoribus.

XXXVIII. Quibus pœnis subiicitur, qui inclitum emphyteuseos contractum juris venerabilis loci componit.

Si quis emphyteuseos contractum in Ecclesiasticare, vel alterius venerabilis loci contraxit in perpetuum: primum quidem id, quod actum est, pro infecto habebitur; deinde tantum eum in unoquoque anno perpetuò sanctissimo loco præstare oportet, quantum præstitisset, si ab initio legitima emphyteusis esset, nullo remanente apud eum ex his, quæ frustra ei occasione emphyteuseos præstita sunt. Res enim ipsas cum suis fructibus omnimodo restituere debet.

Tabelliones autem si contra legem emphyteuseos, instrumenta receperint: irrevocabili puniantur exilio, ut nunquam rēdeant, nec si divina Sanctio promulgata fuerit, nam nec magistratus audaci spiritu talia instrumenta, vel dictare, vel facta admittere, & publicis monumentis inserere, vel confirmare debent: nam si aliquid tale deliquerint, non solum honore, sed etiam dignitate & patrimonio cadant.

XXXIX. Quomodo punitur qui sacra vasa vel donat, alienat, pignerat, vel conflat, & de panis civilibus.

Eisdem pœnis coërceri oportet etiam illos, qui sancta vasa sive sacra donant contra legem, vel pigneraverint, vel distraxerint, vel conflaverint, vel quocumque modo alienaverint, exceptâ videlicet captivorum redemptione: eandemque observantiam jubet constitutio tenere, & in alienatione panum civilium.

XL. De Pragmaticis-Sanctionibus, quæ contra commoda venerabilium locorum promulgantur.

Nulli liceat per Pragmaticam Sanctionem aliquid eorum capere, quæ sacrosanctis Ecclesiis, aliisque venerabilibus locis competunt, scilicet si immobiles sunt, vel mobiles quidem, sed alienari non possunt.

Sin autem quæstor magnificus tale rescriptum dictaverit, vel cæteri magistratus intimationem Pragmaticæ formæ receperint, unusquisque quinquaginta librarum auri pœnâ mulctetur.

Sin autem religiosi Episcopi tales Pragmaticas Sanctiones contempserint, sine periculo se contempsisse cognoscant: nam si receperint eas, etiam Episcopatus honorem se amissuros non dubitent. Ea autem locari, vel emphyteuseos titulo dari oportet sola, quæ administratorum arbitratu videantur tali aliquo indigere.

XLI. Idem.

Si quis in Potentatu constitutus divinam Pragmaticam Sanctionem impetraverit, cogentem œconomum, vel alios administratores venerabilium locorum ea, quæ aliis neque locata, neque emphyteuseos titulo data sunt, sibi locari, vel emphyteuseos nomine dari: pœna sacrilegii teneatur.

XLII. De Monasteriis non vendendis, vel alienandis.

Nemini liceat in posterùm cujuscumque Monasterii impiam venditionem, vel donationem, vel permutationem contrahere, ubi & altare collatum est, & sacra missa facta, & monachica conversatio. Sin autem aliquid tale fuerit admissum: & id quod factum est, pro infecto habebitur, & is qui accepit, pretium amittat; & is qui distraxit, & rem & pretium reddat sacrosanctæ Ecclesiæ & venerabilibus Monasteriis, & his quorum curæ erit, ut alienatum contra leges Monasterium rursus in pristinum statum reducatur. Nulli autem liceat vel titulo pignorum, vel hypothecarum sacrosanctum obligare Monasterium. Nam & si tale aliquid admissum fuerit, refutari oportet, ut iterum in sanctissimo Monasterio sacra procedat missa.

XLIII. Si sterilis ager ad venerabilem locum pervenerit.

Si quis sterilem agrum cuicumque venerabili loco donaverit, vel vendiderit: contractus nullius erit momenti. Nam & donatione & quavis alienatione rescissa cogatur donator vel venditor rem suam recipere, quam calliditate, & fraude videtur dedisse, ut exoneraret scilicet sui proprium patrimonium.

Oeconomus autem vel quicumque alius administrator venerabilis loci, omne damnum quod ex hujusmodi illicito actu contigit, resarciat ei, qui cum eo contraxit, secundum ea, quæ superius diximus.

Liceat autem unicuique é populo si viderit, præcepta propositæ constitutionis neglecta ad Imperatorem referre, & calumniatoris notam evadere.

Omnibus autem permissum est, ubique Magistratus gerentibus sive minorem potestatem habeant, omnia præsentis constitutionis capitula custodire. Dat. xvii. *Kal. Maii. Const. Bilar. V. C. Cons.*

DE

DE L'ALIENATION
DES BIENS D'EGLISE
SELON L'USAGE DE LA FRANCE.

SOMMAIRE.

Tome I.   Ee

huitiéme denier.

91. *Possesseurs ayant payé le huitiéme denier, confirmez dans leurs possessions & jouïssances.*

92. *Arrest qui ordonne aux Greffiers & aux Notaires de fournir des Extraits des contrats d'alienations des biens de l'Eglise.*

93. *Si les detempteurs des marais dessechez sont sujets à taxe.*

94. *Si les acquereurs des biens par Transactions passées avec l'Eglise, sont sujets à la taxe.*

95. *Si la taxe est deuë, quoy que les biens n'ayent pas esté alienez pour subvention.*

96. *Quid, des biens alienez & baillez à rente fonciere & perpetuelle.*

97. *Quid, des alienations fai-*

tes d'Eglise à Eglise à perpetuité.

98. *Si le Pape peut ordonner les levées sur les Ecclesiastiques dans le Royaume.*

99. *Si les Archevesques & Evesques le peuvent faire.*

100. *Si le Pape peut ordonner questes dans le Royaume.*

101. *Si il peut ordonner l'alienation des biens d'Eglise.*

102. *Si pour cette alienation le consentement du Clergé est necessaire.*

103. *Si le Pape pourroit ordonner l'alienation des biens des Eglises exempts des Ordinaires.*

104. *Si les biens des Communautez & Confrairies jouïssent du mesme Privilege que les Eglises touchant l'alienation de leurs biens.*

PRES avoir exposé le droit de cette Novelle touchant l'alienation des biens de l'Eglise, il faut voir quelle est la Jurisprudence qui s'observe dans tout le Royaume ; mais auparavant nous observerons [1] que les biens de l'Eglise estans les marques du zele & de la liberalité des Chrestiens, l'alienation d'iceux n'a pas seulement esté deffenduë par les Loix Romaines, & les Constitutions des Empereurs, mais aussi par les Constitutions Canoniques, *cap. nulli. cap. si quis Presbyterum. Ext. de reb. Ecclef. non alienand. Can.* 12. *q.* 2. [2] & que sous ce terme, *alienation*, on comprend le loüage, les baux à ferme, la donation, la vente, l'échange & l'emphyteose, *d. cap. nulli*, conformément au droit Romain.

Non seulement l'alienation des biens de l'Eglise est declarée [3] nulle par les Constitutions Canoniques, mais mesme celuy qui

l'a faite, eſt excommunié, ſuivant le Chapitre *ſi quis Presbyterum.*
Ext. de reb. Ecclef. non alienand. lequel eſt tiré du troiſiéme
Concile Romain tenu ſous Sylveſtre VII. *an. Dom.* 506.

4   Par ce Chapitre & par le Canon *ſine exceptione.* 12. *q.* 2. la
vente des biens de l'Egliſe eſt nulle, & les choſes alienées peuvent eſtre retirées des mains de l'acquereur avec les fruits.

On peut rapporter deux raiſons de cette prohibition.

5   La premiere, que les biens de l'Egliſe ſont deſtinez à des uſa-
ges neceſſaires & favorables, ſçavoir pour le Service Divin,
enſorte que les Prelats & les Beneficiers n'en ont que l'uſufruit
& la joüiſſance.

La deuxiéme, que les biens de l'Egliſe ſont ſa dot, & le patrimoine des pauvres, qu'il eſt de l'intereſt public de conſerver,
Can. nullus. 17. *q.* 4. car ce qui reſte du revenu de l'Egliſe aprés
les frais faits & payez pour le Service Divin, doit eſtre diſtri-
bué aux pauvres.

6   Mais quoy que cette alienation ſoit generalement prohibée,
il y a neanmoins des cauſes qui permettent de s'écarter de cette
regle generale, & pour leſquelles l'alienation peut eſtre valable,
nous en trouvons deux dans les Conſtitutions Canoniques, ſçavoir la neceſſité qui ſe rencontre dans certains temps d'aliener
les biens de l'Egliſe, ou une partie de l'Egliſe, & l'utilité que
l'Egliſe peut tirer de l'alienation de ſes biens, comme nous apprenons du Chapitre 1. *Clement. de reb. Ecclef. non alien.* & du
Canon *ſunt.* §. *fin.* 12. *q.* 2.

7   Il y a neceſſité lors que l'Egliſe ſe trouve chargée de dettes
qu'elle ne peut pas acquitter par le moyen de ſes revenus ; enſorte que pour cét effet il ſoit neceſſaire d'aliener une partie de
ſes biens, *Can.* 2. *q.* 2.

8   La troiſiéme eſt la pieté qui engage les hommes par un mou-
vement d'humanité à racheter les Captifs, & à preferer leur Redemption à toutes ſortes de biens, *cap. ſacrorum. cap. aurum.*
& can. gloria. 12. *q.* 1. *cap.* 1. *Ext. de pignorib. non parietes templi*
ornare, ſed pauperibus providere gloria Epiſcopi eſt. 12. *q.* 2. *Can.*
gloria. 71. *multi ædificant parietes, & columnas Eccleſiæ ſubtra-*
hunt, marmore nitent, auro ſplendent laquearia, gemmis altare
diſtinguitur, & Miniſtrorum Chriſti nulla electio eſt, d. Can. glo-
ria. amico rapere quidpiam, furtum eſt ; accepiſſe quod pauperi-
bus erogandum ſit, & eſurientibus plurimis, vel cautum eſſe velle
vel timidum, aut quod apertiſſimi ſceleris eſt, aliquid inde ſubtra-

bere , omnium prædonum crudelitatem superat , d. Can. gloria.

La quatriéme est l'équité, lors que les biens sont alienez au 9 profit de celuy qui les a défrichez, & reduits en culture, *ca. si quos.* 12. *q.* 2. Ou lors qu'on affranchit un esclave qui a rendu de grands services à l'Eglise , *can. si quos ex servis.* 12. *q.* 2.

La cinquiéme est l'utilité , lors que l'Eglise aliene une chose 10 pour en acquerir une autre qui luy est beaucoup plus utile & avantageuse, soit à raison de l'augmentation du revenu, ou de la facilité de la perception des fruits, ou pour autre cause, *ca. sine exceptione ,* §. *fin. Ext. eod. tit.* ou lors qu'on aliene une terre qu'on ne sçauroit mettre en valeur sans de grands frais, *can. servulus.* 12. *q.* 2. ou qu'on donne un fonds à emphyteose, à la charge d'y élever un bastiment , lequel ne peut servir à autre chose, l'Eglise n'ayant pas dequoy faire les frais necessaires pour y faire bastir.

La sixiéme est, quand il s'agit d'éviter par l'alienation la perte 11 des choses qui ne se peuvent conserver, *l. lex quæ tutores. C. de administrat. tut. l. fin. C. quan. decr. opus non est.*

Les Canonistes rapportent plusieurs autres causes qui rendent 12 legitime & valable l'alienation faite des biens de l'Eglise, mais toutes ces causes se rapportent à deux seulement , qui sont la necessité & l'utilité; car il est utile à l'Eglise d'aliener les choses qui luy appartiennent, lors qu'elles ne se peuvent pas garder, ou lors qu'elles sont à charge à l'Eglise, comme si ce sont des terres incultes qu'il faille défricher, ou des maisons à rebâtir, & que l'Eglise n'eut pas d'argent pour en faire les frais , & qu'elle n'en pût pas trouver facilement. Ou si elle aliene une chose pour en acquerir une autre de plus grand prix, ensorte que tous ces cas sont compris sous cette seule cause ; & sous la premiere, qui est la necessité , on y peut comprendre la redemption des Captifs, dont le salut est à preferer à tous les biens de l'Eglise, de quelque nature qu'ils soient, conformément aux Constitutions des Empereurs Romains; & l'Evesque ne peut pas aliener 13 une terre appartenante à l'Eglise, en faveur d'une autre Eglise, quoy que les deux Eglises soient dans son Diocese , si ce n'est pour une des causes susdites , *cap.* 1. *ext. de reb. Eccles. non alien.* mais il peut échanger une terre d'une Eglise avec la terre d'une autre Eglise, du consentement de l'une & de l'autre, *d. cap.* 1. *in fine.*

Par le Chapitre *qui res* 2. *ext. d. tit.* les Princes Seculiers ne peuvent point auffi aliener les biens de l'Eglife.

4 Mais parce qu'on pourroit fuppofer une des caufes pour rendre valable l'alienation des biens de l'Eglife, & par ce moyen il ne feroit pas difficile à un Prelat ou Recteur d'une Eglife d'en aliener les biens, c'eft pourquoy on a introduit plufieurs folemnitez pour aliener les biens Ecclefiaftiques ; fçavoir qu'il faut

I. Un traité contenant l'alienation, avec les charges & les conditions ; c'eft l'ufage de tous les Parlemens, & Baffet en fes Arrefts, tome 1. livre 1. titre 7. chap. 3. rapporte un Arreft du Parlement de Grenoble, du 15. Janvier 1650. qui l'a jugé ainfi.

II. Le confentement du Superieur, celuy du Chapitre, & des Clercs.

III. Que la caufe de l'alienation foit connuë au Magiftrat.

IV. Lorfqu'il s'agit de l'alienation des biens des Monafteres, il faut le confentement de l'Evefque ou du Metropolitain, *cap.* 1. *ext. hoc. tit.*

V. Pour l'alienation des biens d'une Paroiffe, il faut le confentement du Recteur ou Curé d'icelle.

Il faut encore les folemnitez particulieres requifes par les Coûtumes, pourveu qu'elles foient introduites en faveur & pour l'utilité de l'Eglife, & non autrement, felon le fentiment des Canoniftes.

Par l'Extravagante *ambitiofæ. de reb. Ecclef. non alien.* de l'an
5 1468. Paul II. défend expreffément de faire aucune alienation des biens de l'Eglife fans la permiffion du Pape, excepté lors qu'il s'agit de les donner à emphyteofe au cas que trois conditions fe rencontrent.

La premiere, que le Bail fe faffe *in cafibus in jure permiffis.*

La deuxiéme, qu'il s'agiffe de biens qui ayent couftume d'efte baillez à emphyteofe.

La troifiéme, que l'Eglife y trouve de l'utilité.

Le Pape Sixte V. a auffi declaré nulles les alienations des biens de l'Eglife, fans la permiffion du S. Siege.

Les folemnitez remarquées cy-deffus ne font pas neceffaires, lors qu'il s'agit de chofes qui ne fe peuvent pas conferver, comme il a efté dit cy-deffus ; ou lors qu'il s'agit d'une alienation neceffaire.

6 Les Canoniftes font cinq efpeces d'alienation, fçavoir le loüage
ou

ou bail à ferme, la donation, la vente, l'échange & l'emphyteose : A l'égard du Bail à ferme, il n'est prohibé que quand il est perpetuel, c'est à dire selon l'opinion commune, qu'il va jusques à trente ans, *glos. in cap. hoc jus, in verbo, perpetua 10. q. 2. Doctores in cap. multi. ext. d. tit.* Et selon l'Extravagante *ambitiosæ*, le Bail ne doit pas exceder trois ans.

Cette Extravagante impose les peines suivantes, au cas de l'alienation faite des biens de l'Eglise sans les formalitez susdites. **17**

La premiere est la nullité du Contrat ; en sorte neanmoins que si il se trouve utile à l'Eglise, elle en peut demander l'execution, *Abbas in cap. causam. quæst. 2. col. fin. de judic.* Jason *in l. non eo minus. num. 3. C. de procurat.* Aretin *in Consil. 77. numero 6.*

La deuxiéme est l'excommunication contre ceux qui ont fait l'alienation.

La troisiéme est l'interdiction de l'entrée de l'Eglise aux Evesques & aux Abbez ; lesquels si ils demeurent dans cette interdiction pendant six mois, ils sont interdits & suspens de leurs fonctions dans l'Eglise.

La quatriéme, que les Prelats inferieurs sont privez de leurs Benefices, lesquels sont impetrables.

La cinquiéme, que les biens alienez retournent à l'Eglise sans aucune charge, comme ils estoient auparavant.

Quand on dit que les biens de l'Eglise peuvent estre alienez dans les cas marquez cy-dessus, & avec les solemnitez susdites, cela s'entend des biens tant meubles qu'immeubles, appartenans à l'Eglise, & non des Eglises, ou du fond sur lequel une Eglise **18** auroit esté bâtie ; par la raison que les Eglises sont des choses consacrées à Dieu, qui ne peuvent point tomber dans le commerce : le lieu mesme sur lequel l'Eglise estoit bâtie, demeure sacré aprés la démolition, *§. sacræ. Institut. de rer. divis.* en sorte que pour quelque raison que ce soit il ne peut estre alié ; *semel Deo dicatum, non est ulterius ad usus humanos transferendum, cap. semel Deo. Ext. de R. I. in 6.*

Les Ordonnances des Rois de France ont, conformément aux Constitutions Canoniques, défendu l'alienation des biens de **19** l'Eglise ; celle du Roy Henry IV. donnée à Paris au mois de Decembre 1606. declare les alienations faites par les Ecclesiastiques & Marguilliers du temporel des Eglises, sans les solemnitez requises par les Ordonnances & disposition Canonique, nulles

& de nul effet & valeur ; & ordonne qu'elles foient caffées.

20 L'alienation de ces biens fe fait pour deux caufes feulement, ou pour l'une d'icelles, conformémét aux ConftitutionsCanoniques, fçavoir la neceffité & l'utilité, avec les folemnitez fuivantes ; fçavoir qu'il y ait un traité, une information bonne & fuffifante de la neceffité ou utilité de l'alienation, *fuper commodo vel incommodo* ; qu'elle foit omologuée & approuvée du Superieur, comme de l'Evefque ou du Metropolitain. Charondas en fes Réponfes, livre 13. chap. 2. rapporte un Arreft du Parlement de Paris,

21 du 5. Février 1598. par lequel l'alienation faite par des Religieux des biens de leur table, fans le confentement de leur Abbé, fut declarée nulle, quoy qu'ils euffent leur table feparée.

22 Pareillement l'Abbé ne peut pas aliener fans le confentement des Religieux le patrimoine de l'Abbaye, non pas mefme ce qui eft de fa table feparée de celle des Religieux, comme il a efté jugé par Arreft du 28. Février 1584. & par autre du 12. Decembre 1599. remarquez par Charondas *loco citato.*

23 Lors qu'il s'agit d'aliener un bien appartenant à un Chapitre ou à une Communauté Religieufe, il faut faire affembler le Chapitre au fon de la cloche, & eftant affemblez ils doivent deliberer & opiner fur la neceffité d'aliener, & fur la chofe qui doit eftre alienée : & pour en rendre valable l'alienation, il faut le confentement de la plus grande partie de ceux qui font prefens ; car il n'eft plus neceffaire d'attendre les abfens, felon le fentiment de Guy Pape, *quæft.* 160. d'Innocent, du Cardinal d'Oftie, & de plufieurs autres. Et fi l'avis eftoit pris autrement, il y auroit nullité ; Papon en fes Arrefts livre 1. titre de l'alienation des biens de l'Eglife, art. 3. Chopin *de facra Polit. lib.* 3. *tit.* 8. *num.*20, *argum. capit. in Genef.* 55. *ext. de electio.* Que fi l'alienation eft conteftée par quelques-uns, fi les deux tiers font d'avis de l'alienation, on paffe outre, finon on députe quelquefois quelquesuns de la Compagnie, ou du Corps, avec quelques Seculiers, gens à ce connoiffans, pour fe tranfporter fur les lieux où font fituez les biens de l'alienation defquels il s'agit, pour s'informer de la commodité ou incommodité, & après en faire leur rapport à la Compagnie affemblée derechef au fon de la cloche, qui ordonne l'alienation fi elle trouve qu'il y ait lieu.

En fuite fe font les proclamations, & la chofe eft venduë au plus offrant & dernier encheriffeur, *Nov.* 120. *cap.* 6. *Authent. hoc jus porrectum. C. de facrofanct. Ecclef.*

Lors qu'il est question d'aliener des biens appartenans à une **24**
Cure, il faut le consentement du Curé & des Marguilliers, avec
les autres solemnitez; & si les biens appartiennent à un Ptieu-
ré, le consentement de l'Evesque suffit, & les susdites solemnitez.

Les Commandeurs de Malthe ne peuvent point aliener les **25**
biens de leurs Commanderies sans le consentement du Chapitre
de l'Ordre qui se tient à Paris pour la France, & l'autorité &
approbation du grand Maistre & Chef de l'Ordre, avec la per-
million du Pape.

Quant à ceux qui sont exempts des Ordonnances, il faut l'ap- **26**
probation du Pape, lequel est reputé Diocesain des exempts,
cap. autoritate. ext. de privileg. in 6. & celle du Superieur, & mesme celle du Chef general de l'Ordre ne suffiroit pas, *cap. 1. Cle-*
ment. de reb. Ecclef. non alienandis, comme il a esté jugé par Arrest
donné au rapport de Monsieur Loüet, le 18. May 1600. rapporté
par Monsieur le Prestre Centurie 1. chap. 2.

S'il y a un Patron, il faut son consentement sur peine de nul- **27**
lité, c'est l'usage en France, quoy que la plus grande partie des
Canonistes tiennent, qu'il n'est pas requis *de necessitate*, mais seulement *de honestate*. Innocent, Imola, Abbas & autres, sur le chapitre unique *ut Ecclef. Benef. sine dimin. confer.* tiennent cette
opinion, en sorte que le Patron peut bien poursuivre la cassation
de l'alienation, si elle n'est pas utile à l'Eglise, mais il n'y a pas
nullité *ipso jure, Innocent. argum. 10. q. 1. cap. noverint. & cap.*
regenda.

Ancharanus *Consil. 122.* estime, que le consentement du Patron
laïc n'est requis que *de honestate*, mais que celuy du Patron Ecclesiastique est requis *de necessitate*; par la raison que le Patron
Ecclesiastique a beaucoup plus de droit sur l'Eglise qui est en son
Patronage, que le Patron laïc, puis qu'il peut se faire rendre
compte de l'administration de l'Eglise & de ses biens; mais en
France on tient indistinctement, que le consentement du Patron
est requis *de necessitate*.

Outre les formalitez susdites il faut l'autorité du Roy avec **28**
connoissance de caufe de l'alienation, dont Monsieur le Procureur General ou son Substitut doit estre informé, par deux raisons. La premiere, que le Roy est le Patron & le fondateur de la
plus grande partie des Eglises de France, & qu'il en est le pro-
tecteur. La deuxiéme, que non seulement l'alienation des biens

de l'Eglise eft prohibée par les Loix civiles & par les Conftitutions Canoniques , mais auffi par les Ordonnances des Rois de
France: ainfi on ne peut point déroger à ces Loix publiques fans
le confentement du Prince, qui eft le maiftre des Ordonnances,
& de l'execution defquelles on ne peut point fe difpenfer fans
fon confentement.

29 Par plufieurs Ordonnances il eft fait deffenfes à tous Archevefques , Evefques, Abbez & Prelats , de vendre des bois de haute
fuftaye , & à toutes perfonnes d'en acheter fans la permiffion
du Roy , & fans y avoir obfervé les formalitez requifes pour
l'alienation des immeubles, comme il eft porté plus au long par
l'Ordonnance du Roy Henry II. donnée à Paris au mois de Février 1558. par celle de Charles IX. donnée à Orleans l'an 1560.
& par autre du mefme Roy du 15. Septembre 1564. Monfieur
Loüet lettre B. chap. 2. rapporte un Arreft du 20. Aouft 1588,
qui a caffé un Bail de vingt ans d'une coupe de bois dépendant
de l'Eglife, faute d'y avoir obfervé les formalitez.

Par Arreft du 13. May 1659. donné en l'Audiance de la
grand' Chambre , conformément aux conclufions de Monfieur
l'Avocat General Talon, il fut fait deffenfes aux Chanoines &
Chaptre de Sens de couper aucuns bois taillis , fans appeller les
Officiers de la Gruërie , & de couper les bois de haute fuftaye,
autrement que pour employer à la reparation des baftimens, pour
raifon dequoy les Officiers feroient pareillement appellez ; &
qu'autrement & à faute de ce faire, le prix des bois feroit repeté
tant contre le vendeur que contre l'acheteur. La raifon eft , que
les bois de haute fuftaye ne font pas *in fructu ,* ainfi la coupe d'i-
ceux eft une veritable alienation , laquelle n'eft pas permife aux
Ecclefiaftiques , fans y obferver les formalitez neceffaires pour
l'alienation des immeubles.

30 Monfieur le Preftre Centurie 1. chap. 2. *in margine ,* rapporte
un Arreft du 16. Janvier 1618. donné au rapport de Monfieur
Barillon , entre Grolier Prieur de Saint Irenée de Lyon , contre
Milion , acquereur de certains prez dépendans dudit Prieuré,
vendus en 1568. pour faire rebâtir une grange en une maifon de
Champrond eftant dudit Prieuré , & les 400. livres provenans
du prix baillez au Maçon, par lequel il a efté jugé que ladite alienation n'eftoit point valable , & icelle caffée fans reftitution du
prix , fauf à l'acquereur à fe pourvoir contre les heritiers de Lau-
rencin vendeur , qui eftoit lors Prieur , par la raifon que les fo-

lemnitez n'y avoient point esté gardées pour l'information *super commodo vel incommodo*, ny l'omologation au temps requis ; & que quoy que le prix eut esté employé utilement, toutefois en un Benefice de cinq cens écus de revenu, le Prieur comme usufruitier, les devoit faire de son revenu, & non pas aliener le fonds de l'Eglise, laquelle par ce moyen & avec le temps se trouveroit entierement dépoüillée de son revenu.

Lors que les alienations sont cassées faute de solemnitez, l'Eglise est ordinairement condamnée à rembourser ses acquereurs des impenses & ameliorations utiles & necessaires par eux faites dans les biens alienez, mais ils n'en peuvent pas demander d'autres, comme il a esté jugé par plusieurs Arrests ; par un donné en l'Audiance entre les Religieuses de Maubuisson & Poussepin Conseiller au Chastelet, le vingt-deuxiéme Mars 1600. & par autre donné au rapport de Monsieur Loüet le 18. May 1608. Monsieur le Prestre *loco citato :* Mais pour cét effet il faut qu'il soit constant, que le prix de l'alienation ait tourné au profit de l'Eglise, autrement il n'y auroit pas lieu au remboursement, sauf à l'acquereur son recours contre qui il aviseroit, comme il a esté jugé par Arrest du 12. Janvier 1580. rapporté par Charondas en ses Réponses, livre 5. chap. 18.

Et mesme quoy que le prix de l'alienation eut esté employé au profit de l'Eglise, neanmoins si l'alienation estoit frauduleuse, & que l'acquereur pour profiter de la fraude faite par l'Ecclesiastique qui feroit l'alienation, en eut eu connoissance, & eut consenty de faire l'acquisition sans les solemnitez requises, il y auroit lieu à le condamner à la rigueur, à delaisser les biens par luy acquis sans retirer les ameliorations, conformément à l'Ordonnance de l'Empereur dans cette Novelle ; parce que *malitiis non est indulgendum.*

Le Parlement de Tholoze a aussi jugé, que l'Eglise ne peut rentrer dans ses biens alienez qu'en remboursant les ameliorations faites par les acquereurs, par deux Arrests. Le premier est du 28. Aoust 1628. & l'autre du 15. May 1630. rapportez par Monsieur Dolive en ses Arrests, livre 1. chap. 17. Bouvot to. 1. par. 1. *in verbo*, bien Ecclesiastique, quest. 3. remarque un Arrest du Parlement de Dijon, du 18. Novembre 1614. qui a jugé la mesme chose.

Ces Arrests du Parlement de Tholoze ont aussi jugé, que les acquisitions faites dans les limites des biens vendus, devoient estre remboursez, eu égard à leur valeur au temps que le rachat est fait, & le tout en un seul payement : Cette question ne me semble pas sans difficulté, à moins qu'il n'y eût quelques circonstances particulieres, comme si l'acquereur les avoit acquises à l'occasion des biens qu'il auroit acquis de l'Eglise auparavant, & que sans ces biens ceux acquis depuis luy fussent à charge : cependant on pourroit luy opposer, qu'il devroit s'imputer de n'avoir pas observé les formalitez requises dans l'alienation des biens de l'Eglise, & c'est une faute qu'il ne peut pas couvrir, veu qu'elles sont ordonnées par la Loy, dont on ne peut pas pretendre cause d'ignorance.

32   Les biens de l'Eglise en France peuvent estre donnez à Bail emphyteotique ou à longues années, en y observant les formalitez susdites, autrement les Baux peuvent estre cassez & annullez, parce que l'emphyteose est une espece d'alienation, comme il a esté jugé par plusieurs Arrests, & notamment par deux Arrests des années 1645. & 1646. rapportez par Dufresne, & cottez cy-aprés.

33   Mais on demande où s'étendent les Baux emphyteotiques faits du bien de l'Eglise pour le preneur, ses enfans, & pour les enfans de ses enfans ? Par Arrest du 23. Mars 1613. rapporté par Chenu dans son traité de l'alienation des biens de l'Eglise, il a esté jugé, que tels Baux sont restraints aux enfans des enfans, & non par delà.

Le mesme Auteur remarque deux Sentences des Requestes du Palais, & Arrests confirmatifs d'icelles, par lesquels il a esté jugé que les Baux des biens de l'Eglise faits à la vie des preneurs & de leurs enfans nez & à naistre, & des enfans desdits enfans, & descendans de leurs enfans en ligne directe, sont nuls, & comme tels ont esté cassez en la Coustume de Blois, en laquelle la prescription de quarante ans contre les Ecclesiastiques & leurs biens est receuë, nonobstant leurs consentemens, approbations, ratifications & prescription de cent soixante-quinze années, & de quarante-cinq années acquises par le tiers acquereur.

La premiere de ces Sentences est du 18. Juin 1612. & l'Arrest confirmatif d'icelle est du 4. Octobre 1614.

La deuxiéme est du 21. Octobre 1613. & l'Arrest confirmatif est du 5. Juin 1615.

Par autre Arrest du 27. Aoust 1622. rapporté par le mesme Auteur, donné en faveur des Chevaliers de S. Jean de Jerusalem, la Cour a caſſé un Bail emphyteotique à perpetuité , de quelques domaines & heritages appartenans à cét Ordre, fait és années 1447. & 1448. nonobſtant la preſcription de cent ſoixante-quinze ans.

Par autres Arreſts citez par le meſme Auteur, la Cour a jugé la meſme choſe.

Les échanges faits ſans les formalitez ſuſdites ſont nuls, parce 34 que l'échange eſt une eſpece d'alienation, comme il a eſté jugé par Arreſt du Parlement de Dijon donné en l'Audiance le Jeudy 28. Juillet 1614. dont voicy le fait : Antoine de Montmorillon ſieur de Sanlay , avoit projetté de faire échange de quelques fonds à luy appartenans, en contr'échange de certains droits de Juſtice & cenſive dépendans du patrimoine de la Cure de Geugnon, dont les Doyen, Chanoines & Chapitre de l'Egliſe Cathedrale d'Authun eſtoient Curez primitifs , avec Maiſtre Jean Buiſet Vicaire perpetuel déſervant ladite Cure; il y eut deux deliberations Capitulaires des 22. & 27. Juin 1608. par leſquelles le Chapitre donna pouvoir audit Buiſet de traiter par échange avec ledit Montmorillon ; le ſieur Deſchargeres interjetta appel comme d'abus des deliberations ſuſdites, & par l'Arreſt il fut dit, qu'il avoit eſté nullement & abuſivement procedé & deliberé, & en conſequence tout ce qui avoit eſté fait, fut caſſé , & fut fait deffenſes audit Buiſet & à tous autres Eccleſiaſtiques , de proceder à aucune alienation ou permutation des biens d'Egliſe, que conformément aux Conſtitutions Canoniques , & aux Edicts & Declarations du Roy.

Quoy que les Baux à loyer ou à ferme ne ſoient pas reputez 35 alienation , lors qu'ils n'excedent pas neuf ans, neantmoins lors qu'ils ſont faits par anticipation des biens de l'Egliſe , ils peuvent eſtre caſſez, comme il a eſté jugé par pluſieurs Arreſts rapportez par Monſieur Loüet & ſon Commentateur, lettre B. chap. 5. qui ont fait deffenſes de renouveller les Baux des biens de l'Egliſe auparavant que les anciens ſoient finis & accomplis , ou au moins plus de ſix mois auparavant l'expiration des precedens, à l'égard des maiſons, & un an & demy ou deux ans pour les Fermes , meſtairies & maiſons des champs ; dautant que le Fermier eſt tenu faire des preparatifs avant que d'entrer en joüiſſance.

Les Baux à loyer ou à ferme des biens de l'Egliſe ne ſe pou- 36 voient faire autrefois au profit des Laïques, parce que les Laïques faisoient tous leurs efforts pour s'approprier les biens de l'Eglise; nous avons plusieurs Conciles faits dans plusieurs Royaumes, qui les ont défendus expressément. Le Synode de Langres, de l'an 1404. défend aux Beneficiers de prendre des Laïcs pour Fermiers ou admodiateurs de leurs Benefices : *Prohibemus sub pœna decem librarum Turonensium, ne aliquis Beneficiatus aut Patronus tradat laïcis per admodiationem, seu ad formam fructus vel reditus sui Beneficii, vel jus percipiendi ratione patronatûs aliqua jura in Ecclesia. Prohibemus laïcis, ne tales recipiant admodiationes, aut firmas, ad magnum vel modicum tempus.*

Depuis par un Decret du Synode de Langres de l'an 1421. il fut fait deffenses aux Laïques de prendre les Benefices à ferme sans la permission des Evesques Diocesains. Plusieurs autres Conciles ont fait de pareilles deffenses. Mais depuis les Evesques & les Beneficiers se sont relâchez de cette rigueur; & enfin un usage contraire s'introduisit de bailler à ferme les biens

37 des Eglises & des Benefices : mais les Gentilshommes ayant voulu prendre les Baux, ou sous leurs noms, ou sous le nom de personnes interposées, pour en joüir par leur autorité sans en rien payer, & s'emparer ainsi par force des biens de l'Eglise : Le Roy Charles IX. fit un Edit l'an 1568. par lequel il fit deffenses expresses à tous Gentilshommes de prendre à ferme les dixmes & autres biens Ecclesiastiques, sur peine d'estre privez de leur noblesse & de nullité des Baux. Et le mesme Roy fit aussi deffenses de faire des Baux des biens Ecclesiastiques pour plus de neuf ans.

38 Les Baux à loyer ou à ferme des biens appartenans à l'Eglise ne sont point sujets à aucunes formalitez, lesquels sont faits pour neuf ans ou au dessous, ainsi sous pretexte de lezion il n'y a pas lieu à rescision, parce qu'il ne s'agit pas d'alienation : cependant à l'égard des Baux des biens appartenans aux Hôpitaux & Maladeries, l'usage est de les faire en Justice aprés publications & encheres receuës à l'extinction de la chandelle, suivant les anciennes Ordonnances; par la raison que le revenu des biens des Hôpitaux est destiné pour la nourriture des pauvres, & que celuy des biens des Eglises est employé pour celuy des Ecclesiastiques, & que la faveur des pauvres estant beaucoup plus grande, & que jamais les revenus des biens des Hôpitaux ne sont suffisans pour les dépenses qui sont à faire, il faut plus de précaution pour empescher la diminution de ces revenus; sur ce fondement

dement par Arrest du Lundy premier Decembre 1659. donné en l'Audiance de la grand' Chambre, au Rolle de Vermandois, un Bail à ferme fait par les Administrateurs de l'Hôpital de Rheims, a esté cassé sous pretexte de lezion & de vilité de prix.

On ne suit pas en France les Constitutions des Empereurs 39 ny la disposition Canonique, qui ne permettent pas d'aliener les meubles appartenans à l'Eglise, sçavoir les vases sacrez & autres choses mobiliaires precieuses, les Arrests ayant jugé que l'alienation en pouvoit estre faite sans les formalitez requises pour celle des meubles, Papon en rapporte un Arrest, livre 1. Arrest 8. ce qui a esté jugé depuis par d'autres.

Les alienations faites sans les formalitez ne sont cassées que 40 lors qu'elles se trouvent préjudiciables à l'Eglise, mais quand elles luy sont avantageuses, les acquereurs n'en peuvent pas demander la cassation, ainsi qu'il s'observe à l'égard des contrats faits par les Moines sans estre autorisez, comme il a esté jugé par les Arrests.

Les alienations faites sans les formalitez, ne sont cassées que 41 lors qu'elles se trouvent desavantageuses à l'Eglise, autrement il n'y auroit pas lieu de les faire casser pour molester les acquereurs & possesseurs, ce qui a esté jugé ainsi par Arrest donné en l'Audiance de la Grand'Chambre le 31. Mars 1626. par lequel, conformément aux Conclusions de Monsieur l'Advocat General Talon, un bail à rente d'une terre dependante de l'Ordre de Malthe, a esté declaré valable, quoy qu'il n'y eût aucune information *de commodo & incommodo,* sur ce qu'il estoit constant que ce bail estoit avantageux à cét Ordre, parce que la terre qui n'estoit affermée que vingt livres par an, estoit chargée d'une redevance annuelle & perpetuelle non rachetable de deux cens livres, outre les droits de relief en cas d'ouverture par mort, & quint denier en cas d'alienation, la terre ayant esté donnée avec reserve de la mouvance feodale envers le grand Prieur.

Il y a souvent des circonstances qui obligent les Juges de s'é-42 carter de cette rigueur, car comme les formalitez prescrites pour l'alienation des biens de l'Eglise, n'ont esté introduites que pour empescher la dissipation des biens Ecclesiastiques, & non pas pour donner lieu aux Ecclesiastiques & aux Beneficiers de se servir injustement de ce droit & en abuser, les Juges ne declarent pas toûjours suivant leur intention les alienations nulles, quoy que faites sans les formalitez susdites, ainsi le Chapitre de

Tome I.

Gg

Soiſſons fut declaré non recevable à rembourſer le prix d'une maiſon qu'il avoit venduë ſans les formalitez & ſolemnitez requiſes.

Dans le fait, ce Chapitre avoit eſté obligé d'emprunter pluſieurs ſommes de deniers par Contrats de conſtitution, pour payer les taxes qui avoient eſté impoſées ſur ſes biens par les Commiſſaires deputez pour ſubvenir aux neceſſitez de l'Eſtat : ces dettes eſtoient contractées dés l'année 1576. Pour ſe liberer de ces dettes, ce Chapitre reſolut en 1597. de vendre une maiſon ſize à Soiſſons à luy appartenante, ce qui fut ainſi arreſté par une deliberation Capitulaire de ladite année. La maiſon fut viſitée & eſtimée par Experts, en preſence du Juge de la Juſtice temporelle du Chapitre, par le Procez verbal il paroiſſoit qu'il y avoit pour quatre cens livres de reparations à faire ; le 15. Avril enſuivant le Contrat de vente avoit eſté fait à Maiſtre Antoine Boudré, Lieutenant Particulier au Bailliage de Soiſſons ; par une clauſe particuliere il eſtoit porté que les deniers ſeroient employez au payement d'Herpont, creancier dudit Chapitre ; qu'à la verité les deniers n'avoient point eſté payez audit Herpont, mais à un autre creancier nommé Charpentier, dont la creance eſtoit dés l'année 1576. pour la cauſe ſuſdite, ledit Herpont ayant eſté payé d'ailleurs. Que depuis ledit Contrat de vente, les Maire & Eſchevins de la ville de Soiſſons en 1638. ayant voulu établir un Monaſtere de Feüillans, il fut arreſté qu'on acheteroit une maiſon appartenante audit Boudré de la ſucceſſion de ſon pere, lequel ne voulut point conſentir à la vente, qu'à la charge que ledit Chapitre donneroit ſon conſentement à l'établiſſement deſdits Feüillans, & que dans les Lettres Patentes il ſeroit inſeré cette clauſe, que la vente de ladite maiſon n'avoit eſté faite qu'à la charge que les Chanoines & Chapitre de Soiſſons pourroient rentrer en la poſſeſſion de la maiſon par eux venduë ; que les Lettres avec la ſuſdite clauſe avoient eſté verifiées en la Cour, que les choſes eſtoient demeurées en cét eſtat juſques en l'année 1652. auquel le Chapitre avoit demandé à rentrer en la poſſeſſion de ladite maiſon.

Sur cette conteſtation Monſieur l'Avocat General remarqua à la Cour, qu'il falloit faire difference de l'alienation faite par un Chapitre, de celle qui eſt faite par un Titulaire d'un Benefice, que celle-cy faute d'y avoir obſervé les formalitez, ſeroit ſujette à caſſation, parce qu'on peut preſumer qu'il y a une mauvaiſe administration de la part du Titulaire, ce qu'on ne peut pas présumer si facilement, quand elle est faite par un Chapitre, que les circonstances qui avoient precedé & accompagné cette vente, suppléoient le defaut de formalitez. Que dans le fait particulier il estoit constant que la vente avoit esté faite pour l'utilité de l'Eglise, & sur ses Conclusions la Cour par son Arrest du 9. Janvier 1657. declara le Chapitre non recevable à rembourser le prix de la maison, quoy que venduë sans les formalitez requises.

C'est une question, si le temps de 40. ans suffit pour prescrire 43. le defaut des solemnitez requises pour l'alienation des biens de l'Eglise? On tient communément, que l'acquereur & ses successeurs ne peuvent couvrir ce defaut par quelque temps que ce soit, par cent ans & plus; ensorte que l'alienation en peut estre cassée après quelque longue possession que ce soit, il y a plusieurs Arrests qui l'ont jugé, les Arrests remarquez cy-dessus, l'ont jugé ainsi. Par la raison que la prescription centenaire ne met point à couvert un possesseur des biens de l'Eglise quand il manque de bonne foy, qu'il est toûjours reputé de mauvaise foy, lors qu'il a acquis des biens de l'Eglise sans formalitez. Quelques-uns pretendent qu'à l'égard du tiers acquereur de bonne foy, il peut prescrire par une possession paisible de 40. années; parce que le vice de la possession de l'acquereur de mauvaise foy ne passe point en la personne de son successeur à titre particulier, lors que son acquisition a commencé de bonne foy en sa personne; c'est la disposition des Loix Civiles, & des Constitutions Canoniques.

Contre cette prescription, on dit que l'alienation des biens de l'Eglise faite sans les solemnitez & formalitez requises, est abusive, & par consequent nulle *ipso jure*, que tout abus est imprescriptible par quelque temps que ce soit, Rebuffe sur la regle *de unione Beneficior.* Chop. *in lib. 2. tit. 6. num. 8. de sacra Polit.* du Moulin *consil. 44. cap. 1. de præscript. in 6.* que lors que l'alienation est deffenduë par la Loy, la prescription ne sert de rien.

Du Fresne rapporte plusieurs Arrests qui ont jugé la question, 44. entr'autres deux qui sont remarquables; le premier est du 4. Decembre 1645. au Rôlle de Vermandois, en la cause des Doyen, Chanoines & Chapitre de Saint Pierre de Soissons, qui a jugé qu'un bail à rente par eux fait en l'an 1590. d'une maison à eux appartenante en la Ville de Soiſſons, à la charge de 12. livres de rente, par chacun an, & la ſomme de ſoixante écus en deniers comptans, pour employer avec autres deniers à l'extinction & rembourſement de 25. livres de rente qu'ils avoient conſtitué ſur eux au denier 12. pour payer & acquitter une ſomme de 299. livres, à laquelle en l'année 1586. ils avoient eſté taxez pour la ſubvention que le Roy demandoit pour lors au Clergé, n'y ayant point eu d'information *ſuper commodo & incommodo*, point de viſitation de l'eſtat de la maiſon, point de publication du bail en juſtice, point d'encheres receuës avec le Subſtitut de Monſieur le Procureur general, eſtoit nul & vicieux, quoy qu'il y eût déja cinquante-quatre ans qu'il eût eſté fait.

On prouvoit la lezion conſiderable que le Chapitre avoit ſouſfert, & la Cour n'eût aucun égard aux actes approbatifs que le Chapitre avoit fait de cette alienation.

Par l'Arreſt la Cour en émendant la Sentence du Bailly de Soiſſons, qui avoit debouté le Chapitre de ſes Lettres de reſciſion, condamna le Chapitre à rembourſer au proprietaire les deniers qu'il juſtifieroit avoir tourné à leur profit, & en acquit de la rente par eux conſtituée pour la ſubvention, enſemble les impenſes & ameliorations faites en ladite maiſon.

Le deuxiéme a eſté rendu le 11. Decembre 1646. au Rôlle de Vermandois, qui a jugé au profit du Chapitre de l'Egliſe Saint Pierre au Parvis de Soiſſons, que l'alienation des biens d'Egliſe ſans les formalitez requiſes, eſt nulle, & ne peut eſtre confirmée par la preſcription de 40. ans, meſme à l'égard du tiers detempteur.

Par cét Arreſt rendu conformément aux concluſions de Monſieur l'Avocat General Talon, la Cour a ordonné que ledit Chapitre rentreroit en la poſſeſſion & joüiſſance des biens en queſtion, en rembourſant les impenſes & ameliorations utiles & neceſſaires, frais & loyaux couſts ſi aucuns y a.

Par autre Arreſt du grand Conſeil du 20. Mars 1674. rapporté dans la quatriéme Partie du Journal du Palais, il a eſté jugé, que la preſcription centenaire n'empeſche point l'Egliſe de rentrer dans ſes biens alienez ſans formalitez, meſme contre un tiers detempteur qui n'en avoit pas eu connoiſſance.

D'autres Arreſts ont jugé, que quand il s'agit d'alienation des biens de l'Egliſe faite ſans formalité, la preſcription de 40. ans ſuffit, enſorte neanmoins qu'on en doit déduire le temps qui s'eſt paſſé pendant la vie de celuy qui a fait l'alienation; Monſieur Loüet, lettre P. chapitre 1. rapporte pluſieurs Arreſts qui l'ont jugé ainſi; c'eſt le ſentiment de Mornac ſur la Loy *decerximus.* 16. *C. de ſacroſanct. Ecclef.* de Papon, livre 2. titre 3. des préſomptions, Arreſt 4. de du Moulin en ſa Note ſur le Canon *Sacerdotes.* 16. *q.* 3. tiré du Concile 9. de Tolede, *can.* 8. où il remarque, que *ſervatur in praxi, probando quòd alienator erat diſſipator, ſed non deduceretur tempus ſucceſſoris, etiam diſſipatoris, ut fuit deciſum Arreſto Senatûs Pariſienſis :* Les Canoniſtes ſont de ce ſentiment.

Il y a un Arreſt donné au grand Conſeil le 20. Mars 1674. au profit de l'Abbé de Moneſtier ſaint Caffre, aggregé à l'Ordre de Cluny, par lequel il a eſté jugé que le Reglement porté par la Declaration du Roy, donnée au mois de Mars 1666. qui reçoit la preſcription centenaire à l'égard de l'alienation des biens Eccleſiaſtiques, n'a pas lieu pour les alienations vicieuſes faites ſans formalité, & ſans utilité de l'Egliſe; & que dans les preſcriptions des biens Eccleſiaſtiques le temps de celuy qui a fait l'alienation n'eſt point compté, meſme à l'égard des poſſeſſeurs de bonne foy.

Il y a une Declaration du Roy du 15. Decembre 1656. portant continuation aux Eccleſiaſtiques de racheter pendant dix années les biens vendus & alienez de leurs Benefices; & dans cette Declaration il y a une clauſe qui eſt à remarquer pour la déciſion de cette queſtion; voicy les termes : *Nous voulons qu'ils ſoient compris dans nos Lettres d'amortiſſement expediées au mois de Juillet 1646. attendu que le prix de l'alienation avoit eſté converty au profit de noſtre Couronne, & qu'ils viennent à l'Egliſe par rachat, & non par voye de nouvelle acquiſition; le tout ſans préjudice au droit qui appartient aux Beneficiers de rentrer dans leurs biens qu'ils feront voir avoir eſté alienez par contrats vicieux, ſans qu'en ce cas la preſcription puiſſe avoir lieu.* **46**

C'eſt à preſent la Juriſprudence preſque de toute la France; le **47** Parlement de Tholoze jugeoit autrefois, que quand le titre eſtoit vicieux, on ne pouvoit oppoſer de preſcription à l'Egliſe, quoy que centenaire; mais depuis c'eſt une maxime dans ce Parlement que les acquereurs des biens de l'Egliſe ſans ſolemnité ſont à couvert par la preſcription de 40. ans, en déduiſant neanmoins le temps qui s'eſt paſſé juſques au deceds du mauvais Adminiſtrateur qui a fait l'alienation, comme il a eſté jugé par pluſieurs

Arrefts rapportez dans la Bibliotheque Tholozaine , titre de l'alienation des chofes Ecclefiaftiques. Le Parlement de Grenoble a auffi jugé par fes Arrefts rapportez par Baffet , que la prefcription quadragenaire peut eftre oppofée à l'Eglife par un tiers detempteur , quoy que l'alienation ait efté faite fans formalitez.

48　　On demande premierement , fi la Tranfaction contenant une alienation des biens de l'Eglife , eft valable fans formalitez ? Il eft certain que fous ce mot *alienation* , la Tranfaction eft comprife , *l.* 11. §. *fed etfi. ff. fi quid in fraud. credit.* mais pour ce qui concerne la queftion dont il s'agit , on fait cette diftinction , *aut res traditur , aut retinetur* : Au premier cas c'eft une veritable alienation fujette aux formalitez requifes pour l'alienation des biens de l'Eglife , autrement il ne feroit pas difficile de les aliener , en fuppofant ou commençant un procez. Au fecond , lors que le poffeffeur retient la chofe en vertu de la Tranfaction , dont il joüiffoit auparavant , ce n'eft pas une alienation , puifque l'Eglife n'ayant point eu la propriété ny la poffeffion de la chofe , elle ne la peut perdre par la Tranfaction par laquelle le poffeffeur la retient , c'eft le fentiment de Chopin au Traité *de facra Polit. lib.* 3. *tit.* 7. *num.* 4. de Monfieur d'Olive en fes Arrefts , livre 1. chapitre 11.

49　　On demande en fecond lieu , fi un Ecclefiaftique peut valablement defavoüer le Seigneur duquel le fief dont il joüit à caufe de fon Benefice releve , & fi par un defaveu temeraire il fait tomber fon fief en commife , & quelles formalitez font requifes pour cét effet ? L'opinion commune eft , qu'il ne peut pas commettre le fief dependant de fon Benefice , par defaveu ou par felonie , parce qu'il n'en eft pas proprietaire , comme il a efté jugé par Arreft du 22. Aoûft 1573. entre les Chartreux du Val-Dieu d'une-part , & Jacques d'Iliers , d'autre , par lequel il fut ordonné , que les Chartreux feroient autorifer leur defaveu par le General de l'Ordre de la Grande Chartreufe de Grenoble.

Monfieur le Maiftre en fon Traité des fiefs & hommages , chapitre 2. remarque un Arreft du Mardy 2. Mars 1534. entre Maitre Jean Gilbert Avocat du Roy , appellant de Meffieurs des Requeftes du Palais , contre le Commandeur de Villeroy , par lequel la Sentence de Meffieurs des Requeftes fut infirmée , laquelle avoit fait main-levée audit Commandeur de la faifie feodale faite fur certains heritages à la requefte dudit Gilbert , faute d'homme, foy & hommage, sous pretexte que ledit Commandeur avoit desavoüé ledit Gilbert, le desaveu n'estant autorisé, ny decreté par le Superieur, comme il estoit requis. Et au cas que le desaveu ait esté fait du consentement du Superieur, plusieurs estiment que l'Eglise commet le fief *in perpetuum*; ce qui semble avoir esté préjugé par les deux Arrests remarquez cy-dessus, qui avoient ordonné que le desaveu seroit autorisé & decreté, la Cour voulant faire connoistre par là qu'un fief ne peut pas tomber en commise, si ce n'est du consentement du Superieur de l'Eglise à laquelle il appartient; & qu'ainsi le desaveu fait par le Beneficier seul, ou la felonie par luy exercée contre le Seigneur dominant, ne cause aucun préjudice à l'Eglise, il fait seulement confisquer les fruits au profit du Seigneur pendant la joüissance du Benefice.

Neanmoins je n'estimerois pas que le desaveu ainsi formé pût causer la commise du fief appartenant à l'Eglise, parce que c'est une espece d'alienation; & si nos Loix & nostre usage requierent des solemnitez & formalitez pour l'alienation des biens de l'Eglise, & qu'il y ait cause legitime pour la rendre valable, pouvons-nous dire que la commise qui est une alienation en pure perte, puisse avoir lieu sur les biens de l'Eglise?

Il faut dire aussi que l'Eglise ne peut point valablement emprunter de l'argent, & hypothequer ses biens, soit generalement ou specialement sans les formalitez requises pour l'alienation, & qu'il apparoisse de la necessité ou utilité, & de l'employ pour la sureté du creancier; ainsi par Arrest donné au Parlement transferé à Tours, du 23. Avril 1591. rapporté par Chenu Centurie 2. question 80. au profit de Maistre Antoine Fredeville Chanoine en l'Eglise Cathedrale de Clermont en Auvergne, intimé, contre le Chapitre de ladite Eglise, appellant d'une Sentence renduë par le Seneschal d'Auvergne, ou son Lieutenant à Clermont, il a esté jugé, que le Chapitre n'avoit pû emprunter 300. écus en l'année 1589. & hypothequer le revenu de l'Eglise, sous pretexte qu'en ladite année il y avoit eu sterilité qui avoit obligé de distribuer tout le vin provenu des dixmes aux Cloistres & Chapelains pour les entretenir, n'en estant rien resté aux Chanoines; c'est pourquoy ils avoient emprunté cette somme dont ils avoient receu chacun quarante livres; & par cét Arrest la Cour ordonne qu'ils rendroient cette somme de leurs deniers, sans qu'elle se pût prendre sur les biens de l'Eglise.

51   Quand il s'agit de faire caffer les alienations faites par l'Eglife, il faut fe pourvoir pardevant le Juge Laïc, parce qu'en France le Juge Ecclefiaftique n'en peut pas connoiftre.

52   Que fi c'eft celuy qui a fait l'alienation qui en pourfuit la caffation, il doit obtenir des Lettres de reftitution à caufe du confentement qu'il a prefté, mais fi l'alienation a efté faite par fon predeceffeur fans l'autorité du Superieur, il n'eft pas befoin de Lettres, on peut *rectà* agir par action petitoire, neanmoins l'ufage eft d'obtenir des Lettres.

53   Non feulement la neceffité particuliere d'une Eglife donne lieu à l'alienation de fes biens, mais auffi la neceffité publique donne lieu à l'alienation generale des biens de l'Eglife, ainfi le Clergé s'eft veu obligé de confentir à l'alienation des biens de

54   l'Eglife confiderablement depuis plus de fix vingt ans, pour furvenir aux guerres caufées principalement pour le fait de la Religion; mais pour rendre valable cette alienation, il faut la permiffion du Saint Siege: Le Pape Pie IV. en donna la permiffion par fon Bref du 17. Octobre 1564. le Pape Pie V. par fa Bulle

55   du 25. Juillet 1568. Gregoire XIII. par fes Lettres Apoftoliques du 24. Aouft 1574. & 18. Juillet 1576. & Sixte V. par fes Bulles du 30. Janvier 1585. & 30. Juillet 1587. & les alienations furent faites par des Commiffaires députez dans les Provinces, fuivant les formes requifes par les Lettres Patentes du Roy; mais toutes ces alienations faites pour les fubventions de l'Eftat, ne font pas perpetuelles ny incommutables, les Rois ayant fouvent accordé au Clergé des Lettres portant permiffion de retirer les Domaines par eux alienez pour la fubvention.

56   Quoy que les Ecclefiaftiques foient declarez exempts, tant par les Loix Civiles que Canoniques, de tous tributs, levées de deniers, fubventions & impofitions, non feulement pour leurs perfonnes, mais auffi pour les fonds, terres & heritages appartenans à l'Eglife; neanmoins les Docteurs & les Canoniftes ont toûjours eftimé que ces Exemptions & Privileges ceffent lorfqu'il s'agit de l'intereft public; les Papes mefmes qui leur ont accordé ces Immunitez, *cap. non minus. cap. adverfus, ext. de immunit. Ecclef. & cap. quanquam de cenfibus. in* 6. les ont toutefois obligez de contribuer comme les Laïcs aux neceffitez preffantes de l'Eftat.

57   Mais quoy que les biens des Ecclefiaftiques ayent efté alienez en vertu d'Edits & Declarations pour caufe de fubvention; neanmoins

moins les Rois ont depuis par d'autres Edits & Declarations, donné pouvoir aux Ecclesiastiques de rentrer dans leurs biens alienez, en remboursant les acquereurs, ou ceux qui avoient droit, du prix principal, meliorations, frais & loyaux cousts; **58** sçavoir par le Roy Charles IX. au mois de Janvier 1563. par le Roy Henry III. & par le Roy Henry IV. l'an 1596. à cause de la vilité du prix desdites alienations, & de la lezion énorme qui s'y rencontroit. Et par autre Edit du mois de Decembre 1606. le Roy Henry le Grand donna cinq années aux Ecclesiastiques pour rentrer dans leurs biens: & par une Declaration du mois de Septembre 1613. ce terme fut prolongé pour deux années.

Ces Edits & Declarations donnerent lieu à une contestation, **59** sçavoir si les Ecclesiastiques pouvoient rentrer dans leurs biens, ayans depuis les alienations qui en auroient esté faites, esté vendus par decret sur les acquereurs au profit des tiers detempteurs de bonne foy: Par Arrest du 9. Aoust 1614. rapporté par Chenu *loco citato*, il a esté jugé au profit des Ecclesiastiques.

La raison est, que ces Edits & Declarations portant permission aux Ecclesiastiques de rentrer dans leurs biens, avoient esté faits generalement contre tous possesseurs des biens alienez par les Ecclesiastiques pour cause de subvention.

Par autre Edit du mois de Juillet 1616. autre prolongation de **60** cinq ans fut accordée au Clergé pour rentrer dans ses biens; & depuis par autres Edits des années 1619. 1621. 1638. & 1646. autres delais ont esté accordez au Clergé, pour rentrer dans leurs biens alienez pour la cause susdite.

En l'année 1641. il y eut une Declaration du Roy du consen- **61** tement du Clergé, portant que les possesseurs des biens Ecclesiastiques alienez depuis l'année 1556. payeroient le huitiéme denier & les deux sols pour livre du prix des alienations des biens, droits & revenus des Ecclesiastiques, de quelque nature & condition qu'ils fussent, cens & rentes, alienez par les Ecclesiastiques depuis ledit temps, dependans des Archeveschez, Eveschez, Abbayes, Prieurez, Doyennez, Chapitres, Eglises, Chapellenies, Hostels-Dieu, Hospitaux, Maladeries, Commanderies, Prevostez, Aumosneries, Colleges, Fabriques, Communautez Ecclesiastiques, & de tous autres Benefices, payans ou non payans decimes, dans le Royaume: soit que les biens, rentes & droits, eussent esté vendus & alienez par adjudications & contrats de

Tome I. H h

vente , en deniers , grains & autres especes , rachetables & non rachetables.

62   Par le moyen du payement de cette taxe , il est declaré par cette Declaration , que les possesseurs joüiroient à perpetuité des biens , droits , cens & rentes par eux acquis , & qu'ils seroient maintenus en la joüissance d'iceux ; & qu'à l'égard de ceux qui se trouveroient sujets à remboursement , ils n'en pourroient estre depossedez qu'après 30. ans de joüissance , & en leur rembour-

63   sant en un seul payement le prix des ventes & alienations à eux faites, avec la taxe qu'ils auroient payée : Et à l'égard des possesseurs par baux emphyteotiques & longues années , ou autres , ils seroient tenus payer une année du revenu des choses à eux baillées par lesdits baux , & deux sols pour livre d'icelles ; au moyen dequoy ils seroient conservez en la joüissance du contenu dans leurs baux pour le temps qui resteroit à expirer d'iceux , & encore pendant cinq années outre & pardessus ledit temps.

64   Les baux qui ne sont que de trente ans ou au-dessous sont exceptez ; & les biens des Commanderies de l'Ordre de Saint Jean de Jerusalem.

65   Par cette Declaration , il est permis à ceux qui sont chargez de faire le recouvrement de cette taxe , de proceder par saisie réelle des biens immeubles qui y sont sujets ; & à cette fin d'establir

66   tels Commissaires que bon leur sembleroit , autres que ceux des saisies réelles , pour estre les criées faites & certifiées sur les lieux, vendus & adjugez aux Requestes de l'Hostel , ausquelles la connoissance en est attribuée , à l'exclusion de toutes autres Cours, Juges & Jurisdictions.

Que parce que le besoin d'argent estoit pressant pour la guerre , il est permis à toutes personnes , après les delais expirez , de payer lesdites taxes pour & au lieu des défaillans , & en vertu des quittances qui leur en seront expediées , de rembourser les acquereurs desdits biens , & se mettre en leur lieu & place , sans pouvoir estre depossedez que par les Ecclesiastiques après les trente années expirées.

Il est permis au Receveur desdites taxes , ou à ceux qui ont droit de luy , en vertu des quittances desdites taxes , de rembourser tels acquereurs & possesseurs desdits biens , droits & rentes qu'ils voudront , suivant le prix de leurs contrats ou adjudications faites par les Commissaires députez pour les alienations desdits biens , quoy que les possesseurs d'iceux pretendissent ne pouvoir eftre contraints à recevoir le rembourfement, fous pretexte que leurs alienations auroient efté faites pour les affaires & neceffitez particulieres des Benefices & Communautez : moyennant lequel rembourfement le Receveur, fes Procureurs ou ayans caufe joüiroient defdits biens, ainfi que pouvoient faire les poffeffeurs d'iceux, fans qu'ils puffent eftre depoffedez pendant 30. années, ny aprés ledit temps, qu'en leur rembourfant le prix des ventes & alienations, lefdites taxes, les deux fols pour livre, frais & loyaux coufts.

Que les Titulaires & poffeffeurs des Benefices dont dépendent les biens alienez, pourroient faire le rembourfement aux acquereurs & poffeffeurs d'iceux, en payant ladite taxe, & les deux fols pour livre, à l'exclufion dudit Receveur, en rembourfant par eux les acquereurs du prix de leurs contrats, à la charge par eux d'en faire leur declaration dans un mois aprés la fommation qui leur en auroit efté faite à perfonne ou domicile, ou au lieu de leurs Benefices; finon décheus.

Par Arreft du Confeil d'Eftat du Roy du 19. Juin 1641. donné en execution de la fufdite Declaration, il a efté enjoint aux poffeffeurs des biens fujets aux fufdites taxes, de mettre és mains dudit Receveur, ou fes Procureurs ou Commis, quinze jours aprés la publication de ladite Declaration & de cet Arreft, les Titres, Papiers & Enfeignemens de leurs acquifitions, alienations ou engagemens, & des biens & revenus dont ils joüiffent à titre de baux emphyteotiques, à vies & à longues années, ou les declarations au vray de ce qu'ils poffedent, & les baux des dernieres années de la vacance defdits biens; & que faute de ce faire dans ledit temps, ils y feroient contraints comme pour les propres deniers & affaires de Sa Majefté, même au payement des taxes qui feront faites par eftimation des biens qu'ils poffedent, & ce par faifie & vente de leurs biens, eftabliffement de Commiffaires à la perception du revenu d'iceux, &c.

Que lefdites taxes feront payées par preference à toutes dettes, 67 hypotheques & redevances, faifies faites ou à faire, mefme aux redevances, loyers, rentes & reconnoiffances annuelles, qui en pourroient eftre deües aux Ecclefiaftiques & Communautez, &c.

Par autre Arreft du Confeil d'Eftat du Roy du 25. Janvier 68 1642. donné en execution de la Declaration du mois de Juin 1641. il eft ordonné, que tous les biens donnez à cens & menuës rentes de bail d'heritage, ou autres au-deſſous de ſix livres pariſis, ſont exceptez deſd. taxes: & qu'à l'égard des autres biens alienez à cens & rentes, ou à rentes ſeulement rachetables ou non rachetables, & qui excederont leſd. ſix livres pariſis, ils ſeront compris eſdites taxes ſur le pied de l'évaluation des rentes portées par les contrats deſdites alienations, ſans y comprendre les cens, ny les ameliorations qui y auroient eſté faites : voulant que le prix deſdites rentes rachetables, dont le principal n'aura pas eſté évalué par les contrats d'alienation, ſoit ſur le pied du denier dixhuit, & des rentes foncieres non rachetables ſur le pied du denier vingt : & qu'à l'égard des biens donnez en emphyteoſe, la taxe en ſeroit reglée par la Declaration & Arreſts donnez en conſequence.

69 Par autre Arreſt du Conſeil d'Eſtat du Roy du 12. Fevrier 1642. il eſt ordonné que les taxes des biens alienez par les Eccleſiaſtiques, leſquels depuis les alienations ont eſté partagez entre les particuliers, ſeront faites ſur les contrats deſdites alienations, ou extraits d'iceux, & que tous les detempteurs de partie ou de portion deſdits biens alienez par un ſeul & meſme contrat, ſeront tenus dans le mois aprés la ſignification deſdites taxes, de convenir pardevant les Commiſſaires nommez par Sa Majeſté dans chaque Dioceſe, de la diſtribution d'icelles, & d'en faire les payemens aux Bureaux eſtablis, chacun pour ſa part & portion aux termes portez par ladite Declaration, & qu'autrement tous les detempteurs refuſans ou dilayans ſeront contraints ſolidairement au payement de ce qui ſera deub deſdites taxes, ſauf leur recours contre les autres.

70 Par autre Arreſt du Conſeil d'Eſtat du Roy du 2. Septembre 1642. il a eſté ordonné qu'à l'égard des poſſeſſeurs des biens alienez à titre de baux emphyteotiques, dont le droit de reverſion a eſté depuis par eux acquis ou par leurs auteurs, ils payeront pour eſtre confirmez à perpetuité en leur nouvelle acquiſition dudit droit de reverſion, une année de revenu preſent deſdits biens, de meſme que ſi les baux emphyteotiques ſubſiſtoient encore.

71 Par autre Arreſt du Conſeil d'Eſtat du Roy du 29. Novembre 1642. rendu contradictoirement entre les poſſeſſeurs des maiſons baſties au lieu dit les Coûtures Saint Gervais à Paris, alienées à titre de cens & deniers comptans, par les Religieuſes de l'Hoſpital Sainte Athanaſe, & Laurent Limouſin chargé du re-

couvrement desdites taxes, lesdits possesseurs ont esté condamnez au payement des taxes sur eux faites au Conseil, avec les deux sols pour livre.

Par autre Arrest du Conseil d'Estat du Roy, du 13. Decembre 1642. rendu contradictoirement entre les possesseurs à titre 72 de cens & rente du Clos des Jacobins à Paris, & ledit Laurent Limousin, lesdits possesseurs ont esté condamnez aux sommes ausquelles ils ont esté taxez, avec les deux sols pour livre.

Par autre Arrest du Conseil d'Estat du Roy, du 24. Ianvier 1643. rendu contradictoirement entre l'Université de Paris, pre- 73 nant le fait & cause pour les possesseurs des biens alienez par les Facultez & Colleges d'icelle, & ledit Limousin; il a esté ordonné que les detenteurs des biens alienez par l'Université, tant en Corps que par les Facultez & Colleges particuliers, payeront les sommes ausquelles ils ont esté taxez.

Par autre Arrest du Conseil d'Estat du Roy, du 29. Ianvier 1643. un nommé Roujeot a esté condamné à payer la taxe à luy faite, à cause d'un moulin, maison, jardin & terres en dépendans, par luy pris à longues années des Religieux, Prieur & Convent de l'Abbaye S. Germain d'Auxerre, dés le 27. Iuin 1551. cinq ans auparavant le temps porté par la Declaration du Roy, à la charge de leur payer par chacun an la somme de six-vingt livres de pension.

Par autre Edit du mois de Mars 1644. portant que les proprietaires, acquereurs, detempteurs, possesseurs & joüissans des biens vendus, alienez, engagez à cens, rentes, ou donnez à vie par Baux emphyteotiques, payables en grains ou argent, par les Maires, Eschevins, Consuls, Syndics, Capitouls, Jurats, Manans & Habitans des Villes, Bourgs, Bourgades, Villages & Hameaux, pour & au nom des Communautez du Royaume, depuis l'année 1556. jusques en ladite année, payeront le huitiéme denier du prix de leurs acquisitions, avec les deux sols pour livre, soit que les alienations ayent esté faites par ventes & adjudications, contrats volontaires, engagemens, alienations à faculté de rachat, ou par échange, ou autrement, excepté celles qui ont esté faites par la ville de Paris, Moyennant lequel payement les acquereurs des biens à eux vendus, alienez ou engagez, seront confirmez à perpetuité en la joüissance d'iceux. A l'égard de ceux qui ont acquis à faculté de rachat, ils n'en puissent estre dépossedez qu'après trente-cinq ans, du jour de la datte de la quitance de ladite taxe, en les remboursant ainsi qu'il est porté dans la Declaration de 1641.

76 Quant aux possesseurs par Bail emphyteotique, il est ordonné qu'ils payeront une année du revenu, & les deux sols pour livre, & par ce moyen qu'ils seront conservez & maintenus en la jouïssance de leurs Baux, & qu'ils n'en pourront estre dépossedez qu'aprés huit années de jouïssance, outre & pardessus le temps qui reste à expirer, &c.

77 Par autre Declaration du 15. Decembre 1656. le Roy a accordé aux Ecclesiastiques la faculté de rentrer dans leurs biens pendant l'espace de dix années, avec les clauses & conditions portées par les precedentes Lettres de prolongation par eux obtenuës le 15. Novembre 1638. sans que les quitances des taxes qui pourroient avoir esté payées par les particuliers Engagistes, pour estre continuez en la jouïssance de leurs engagemens pendant trente années, puissent empescher l'effet de cette Declaration : Et par cette Declaration le Roy ordonne, que les biens ainsi rachetez soient compris dans les Lettres d'amortissement expediées au mois de Juillet 1646. parce que le prix de l'alienation avoit esté au profit de sa Majesté, & qu'ils viennent à l'Eglise par rachat, & non par voye de nouvelle acquisition.

78 Par autre Declaration du 20. Decembre 1658. sa Majesté ordonne que tous acquereurs, possesseurs & detempteurs des biens, terres, seigneuries, maisons, cens, rentes, & autres droits immobiliers, vendus, engagez, alienez, ou baillez à Baux d'heritage, à vie, ou par emphyteose au dessus de vingt-neuf années, ensemble des biens, sans permission de sa Majesté, échangez, ou baillez à cens ou rente raquitable, ou irraquitable, provenus & émanez des Archeveschez, Eveschez, Abbayes, Benefices, Monasteres de l'un & l'autre sexe, Commanderies, Leproseries, Hôpitaux, Colleges, Fabriques, Marguilleries & Tresors d'Eglises, Confreries de devotion, d'Art, ou de Mestier, Villes, Bourgs, Hameaux, & generalement de tous gens de main-morte Ecclesiastiques ou Seculiers, soient & demeurent confirmez en leurs possessions & jouïssances, avec descharge pour le passé, & exemption pour l'avenir de tous droits deûs à sa Majesté à raison desdits biens; & encore d'estre par cy-aprés compris aux taxes, decimes, & autres impositions ordinaires ou extraordinaires faites ou à faire sur lesdits gens de main-morte, ou sur les biens à eux appartenans, ou par eux alienez : le tout à la charge de payer par lesdits detempteurs les sommes à quoy ils seront mode-rément taxez au Conseil de sa Majesté. En verifiant cette Decla-ration en la grande Chancellerie de France, on y verifia aussi l'Arrest donné en consequence au Conseil d'Estat, le 12. Février 1659. pour servir de reglement sur ce sujet.

Par Lettres Patentes du quatriéme Novembre 1659. le Roy a **79** établi une Chambre Souveraine pour le fait des alienations fai-tes par les gens de main-morte, & pour la recherche, taxe & li-quidation de ce qui doit estre payé par les detempteurs & posses-seurs desdites alienations, en consequence de la Declaration du Roy du 20. Decembre 1658.

Par autre Declaration du 12. Février 1661. le Roy ordonne, **80** que les Eglises & Fabriques du Royaume rentreront de plein droit & de fait sans aucune formalité de Justice, dans tous les biens, terres & domaines qui leur appartiennent, & qui depuis vingt ans ont esté vendus ou engagez par les Marguilliers, Habi-tans ou Communautez desdites Paroisses, sans la permission du Roy, & sans avoir gardé & observé les formalitez en tel cas re-quises & necessaires, pour autres causes que pour les propres af-faires & necessitez desdites Eglises & Fabriques, & dont les de-niers & prix de la vente ou engagement n'ont point tourné au bien & utilité des Fabriques : ce faisant ordonne que les posses-seurs & detempteurs d'iceux leur abandonnent la possession & joüissance libre & paisible, sans pouvoir repeter contre lesdites Eglises & Fabriques, le prix principal desdites rentes & enga-gemens, ny aucuns frais, loyaux cousts, despens, dommages & interests, en vertu des Actes & Contrats de leurs acquisitions & engagemens, lesquels il declare nuls & de nul effet à l'égard des-dites Eglises & Fabriques, sauf ausdits possesseurs & detempteurs de se pourvoir pour leur remboursement contre lesdits Habitans, Communautez & Marguilliers en leurs noms, ainsi qu'ils avise-ront bon estre, &c.

Par autre Declaration du 11. Novembre 1670. le Roy donne **81** la faculté aux Ecclesiastiques de rentrer dans leurs Benefices alienez, en vertu de la Bulle de Pie V. du 25. Juillet 1568. & des Lettres expediées en consequence; & ce pour cinq ans.

Par autre Declaration du 31. Octobre 1675. le Roy ordonne **82** que nonobstant l'Edit du mois de Novembre 1674. & confor-mément au Contrat passé par les Commissaires du Conseil du Roy & les Deputez de l'Assemblée generale du Clergé, le 11.

Septembre de ladite année 1675. les poſſeſſeurs des biens alienez des Archevefchez , Evefchez , Abbayes , Prieurez, Doyennez, Chapitres , Cures , Chapellenies , Prevoſtez , Commanderies, Hoſtels-Dieu , Hôpitaux , Maladeries , Aumôneries , Colleges, Fabriques , Monaſteres , Congregations , Communautez Eccleſiaſtiques , & de tous autres Beneficiers payans & non payans decimes, ſoient maintenus & confirmez en la poſſeſſion & joüiſſance de tous leſdits biens alienez deſdits Benefices & Communautez , pendant le temps & eſpace de trente années conſecutives , ſans que pendant ledit temps les Eccleſiaſtiques puiſſent racheter & reünir leſdits biens pour quelque cauſe que ce ſoit, nonobſtant tous Edits & Declarations cy-devant expediez , par leſquels il leur auroit accordé la faculté d'y rentrer : Qu'aprés leſdites trente années expirées , les Eccleſiaſtiques & Beneficiers ne puiſſent racheter leſdits biens alienez , ſinon en rembourſant actuellement comptant , & en un ſeul payement , le prix des alienations & engagemens deſdits biens, &c. & que dans les rembourſemens ſeront compris les impenſes, ameliorations & augmentations faites ſur leſdits biens , tant neceſſaires que celles qui auront eſté faites pour l'ornement , embelliſſement & plus grande commodité des bâtimens & lieux en dépendans , enſemble ce que leſdits detempteurs juſtifieront avoir payé tant en principal, que les deux ſols pour livre, en execution de ladite Declaration du 13. Juin 1641. & Arreſts donnez en conſequence & des preſentes, &c. & pour ce le Roy ordonne que leſdits poſſeſſeurs & detenteurs deſdits biens, droits, devoirs , cens, rentes & autres dépendans deſdits Archevefchez , &c. ſans aucuns excepter , qui ont eſté vendus , alienez ou engagez à faculté de rachat ou autrement, à prix d'argent ou à rentes , en deniers , grains , ou autres eſpeces, rachetables ou non rachetables , depuis l'année 1556. & qui n'ont eſté juſques à preſent retirez par leſdits Beneficiers & Eccleſiaſtiques , ſoient tenus de payer le huitiéme denier ſeulement du prix deſdites alienations , avec les deux ſols pour livre deſdites ſommes , &c.

83 Par Arreſt du Conſeil d'Eſtat du Roy , du 21. Mars 1676. il eſt permis à toutes perſonnes de payer les taxes du huitiéme denier , à faute par les redevables de les payer dans les termes portez par les Arreſts & Rolles du Conſeil.

84 Par autre Arreſt du 21. May 1676. il eſt fait deffenſes aux redevables du huitiéme denier , & refuſans de payer, de ſe pourvoir

ſur

sur leurs oppositions pardevant d'autres Juges que les Commissaires départis dans les Provinces, & par appel pardevant ceux nommez par sa Majesté.

Par autre Arrest du Conseil d'Estat du 29. Aoust 1676. qui 85 ordonne de faire payer le huitiéme denier des biens leguez aux Hostels-Dieu, vendus & alienez dans l'an, encore qu'ils n'ayent esté amortis.

Il sembloit qu'il n'y eût pas de difficulté dans la question, & que les acquereurs ne dussent point payer cette taxe; la raison est, que les gens de main-morte joüissent de ce privilege de pouvoir garder & retenir les choses à eux leguées & données pendant un an & jour, sans estre tenus de prendre des Lettres d'amortissement du Roy, & sans luy payer aucuns droits, ny aux Seigneurs desquels relevent les heritages donnez ou leguez, lors que les gens de main-morte en disposent dans l'an & jour; & qu'en disposant des choses données dans ce temps, elles passent en la personne des acquereurs comme si en effet ils les recevoient immediatement de la personne des testateurs ou donateurs, & qu'elles n'eussent point esté leguées ou données aux gens de main-morte: Or dans l'espece de l'Arrest, une terre avoit esté donnée à l'Hôtel-Dieu de Paris sous quelques charges, & l'Hôtel-Dieu la revendit dans l'année avec toutes les solemnitez requises, à l'effet d'employer l'argent provenant de la vente d'icelle, à des acquisitions plus utiles & plus avantageuses; & mesme on pretend qu'elle fut venduë ce qu'elle valoit & plus, attendu que l'acquereur estant de la famille du vendeur, avoit quelque interest pour la conserver dans la famille; ainsi il sembloit qu'il n'y avoit pas lieu d'obliger l'acquereur à payer le huitiéme denier. Et par l'Arrest, sur le recours demandé par l'acquereur contre l'Hôtel-Dieu, les parties ont esté mises hors de Cour & de procez. Il n'est pas necessaire de rapporter en ce lieu la raison de la décision, elle est manifeste.

Par autre Arrest du Conseil du 5. Septembre 1676. il a esté or- 86 donné que les acquereurs des biens de l'Eglise à cens & rente perpetuelle & non rachetable, seroient contraints de payer le huitiéme denier.

Par autre Arrest du Conseil d'Estat du mesme jour 5. Septem- 87 bre 1676. est ordonné le payement du huitiéme denier d'une maison alienée par l'Hôtel-Dieu d'Amiens, quoy que cét Hostel-Dieu n'en ait jamais joüy, ny mesme possedé par an & jour, &

Tome I.

qu'il n'y ait eu aucun amortissement ny indemnité payée. Cêt Arrest est conforme à celuy du 29. Aoust de la mesme année.

88   Par autre Arrest du Conseil d'Estat du 12. Septembre 1676. il est ordonné, que pour alienations d'Eglise à Eglise, quoy qu'il n'ait esté payé aucun droit d'amortissement ou d'indemnité, le huitiéme denier est deû.

89   Par autre Arrest du Conseil d'Estat du premier Octobre 1676. a esté ordonné, que tous possesseurs des biens d'Eglise à perpetuité, à prix d'argent, échange, cens & rentes, au dessus de six livres, confirmez par Arrest ou autrement, seront tenus payer le huitiéme denier, sans que tels payemens puissent nuire ny préjudicier aux droits qu'ils peuvent avoir de proprieté incommutable.

90   Par autre Arrest du Conseil du 3. Octobre 1676. sa Majesté renvoye au grand Conseil toutes les instances, procez & differends qui surviendront en execution de la Declaration du mois d'Octobre 1675. sans avoir égard aux Arrests de renvoy, & aux instances liées aux Parlemens auparavant cette Declaration.

91   Par autre Arrest du Conseil d'Estat du mesme jour, il a esté ordonné conformément à la Declaration du 31. Octobre 1675. aux Arrests du Conseil rendus en consequence les 5. Novembre & 15. Juin 1676. que tous possesseurs de biens d'Eglise alienez à titre de cens, rente ou échange, sous quelque titre & pretexte que ce soit, depuis 1556. qui auront payé le huitiéme denier, seront confirmez dans leur possession; & que ceux qui ne l'auront point payé, seront décheus des graces portées par ladite Declaration: & en consequence il est permis aux Ecclesiastiques de rentrer dans lesdits biens dont le huitiéme denier n'aura pas esté payé, en remboursant le prix principal de l'alienation, les sommes payées en 1641. & les impenses seulement utiles & necessaires.

92   Par autre Arrest du Conseil d'Estat du Roy, du 24. Octobre 1676. il est ordonné à tous Greffiers, Notaires, & autres personnes publiques, de délivrer à Maistre Pierre des Essars, ses Procureurs ou Commis, un estat signé d'eux, & certifié veritable, contenant les extraits des Contrats des biens d'Eglise alienez depuis 1656. de quelque nature qu'ils soient, ou une declaration signée & certifiée, comme ils n'en ont passé aucuns, à peine d'interdiction, de cinq cens livres d'amende, qui ne pourra estre reputée comminatoire ny surcise, & au payement de la

quelle ils seront contraints comme pour les propres deniers & affaires de sa Majesté.

Par autre Arrest du Conseil d'Estat, du 12. Novembre 1676. les Proprietaires des marais desseichez, & alienez par l'Eglise, ont esté condamnez de payer les sommes contenuës aux Rolles. **93**

Par autre Arrest du Conseil d'Estat, du 21. Novembre 1676. sont declarez sujets au huitiéme denier, les biens contenus dans les Transactions passées entre les Ecclesiastiques & les particuliers possesseurs, quoy qu'ils ayent esté alienez auparavant l'année 1556. **94**

Par autre Arrest du Conseil d'Estat, du 21. Novembre 1676. il a esté ordonné, que les Proprietaires des biens alienez de l'Eglise payeront le huitiéme denier, quoy qu'ils n'ayent pas esté alienez pour subvention, & ne soient pas sujets à retrait, & qu'ils n'ayent esté acquis par les Ecclesiastiques que pour servir d'hospice, & qu'ils n'en ayent joüy qu'en passant, comme d'un bien profane relevant de sa Majesté. **95**

Par autre Arrest du Conseil d'Estat, du 19. Decembre 1676. il est ordonné, que les Proprietaires des biens d'Eglise alienez & baillez à rente fonciere & perpetuelle, payeront le huitiéme denier, encore qu'ils soient Proprietaires incommutables, & qu'ils ayent fait le profit de l'Eglise, & qu'ils ayent esté deschargez de semblable taxe par Arrest du 27. Octobre 1645. **96**

Par autre Arrest du Conseil d'Estat du Roy, du 13. Février 1677. est ordonné le payement du huitiéme denier des alienations d'Eglise à Eglise, nonobstant qu'elles soient faites à perpetuité. **97**

Par autre Arrest du Conseil d'Estat, du mesme jour, a esté ordonné le payement du huitiéme denier des biens alienez à rente perpetuelle, en bled, grain, ou autre espece.

Par autre Arrest du Conseil d'Estat, du 10. May 1677. il est ordonné conformément à la Declaration du 31. Octobre 1675. & Arrest du Conseil du 21. Novembre 1676. que les Proprietaires des biens d'Eglise alienez seront contraints au payement du huitiéme denier des sommes contenuës aux Actes & Transactions passées entr'eux & les Ecclesiastiques, depuis l'année 1556. nonobstant que lesdits biens ayent esté alienez auparavant ladite année.

Par autre Arrest du Conseil d'Estat, du mesme jour, Maistre

Pierre des Effars a efté déchargé de l'affignation à luy donnée au Parlement, à la requefte des Principal & Bourfiers du College de Bayeux, fauf à eux à fe pourvoir au Confeil, ainfi qu'ils advieront bon eftre.

Par autre Arreft du Confeil d'Eftat du mefme jour, a efté ordonné, que la Declaration du 21. Octobre 1675. & Rôlles expediez en confequence, feront executez pour les acquifitions faites depuis ladite Declaration, comme pour celles faites auparavant, & aux mefmes claufes, charges & conditions.

Par autre Arreft du Confeil d'Eftat du 17. May 1677. il a efté ordonné, que les proprietaires des biens alienez de l'Hoftel-Dieu de Lyon, quoy que Laïque, payeront le huitiéme denier, fans avoir égard à l'Arreft de décharge par eux obtenu au Confeil le 17. Octobre 1645.

Autre Arreft du Confeil d'Eftat du 19. Juin 1677. qui ordonne le payement du huitiéme denier contre les proprietaires des biens alienez à cens & rentes de l'Hofpital de faint André de Bordeaux, nonobftant l'abandonnement qu'ils peuvent faire toutes fois & quantes defdits biens au profit dudit Hofpital.

Par autre Arreft du Confeil d'Eftat du mefme jour, eft ordonné que les proprietaires des biens alienez par l'Eglife payeront le huitiéme denier, quoy que lefdits biens n'ayent pas efté amortis ny poffedez pendant an & jour, & tous Jugemens & Ordonnances à ce rendus par les Commiffaires départis.

Par autre Arreft du Confeil d'Eftat du 26. Juin 1677. il a efté ordonné, que fans avoir égard à une Ordonnance de décharge renduë par Monfieur de Marillac, que le fieur Pineau proprietaire d'une maifon fcize à Poictiers, alienée au College des Jefuites, payera le huitiéme denier.

Par autre Arreft du Confeil d'Eftat du 17. Juillet 1677. il eft ordonné, que les proprietaires des biens d'Eglife alienez par baux à Gaudence, avec la faculté reciproque entre le poffeffeur & l'Ecclefiaftique de pouvoir remettre toutes fois & quantes lefdites alienations, payeront le huitiéme denier.

Par autre Arreft du Confeil d'Eftat du 21. Aouft 1677. un particulier a efté condamné à payer le huitiéme denier d'une alienation dont le contrat a efté caffé par Arreft ou Sentence, fix années auparavant la Declaration de 1675. & quoy qu'il n'en jouïffe pas comme proprietaire, mais feulement en qualité de gardien pour affurance de fon rembourfement.

Par autre Arreſt du Conſeil d'Eſtat du 2. Octobre 1677. a eſté ordonné le payement du huitiéme denier d'un bien échangé, enſemble du ſupplément qui a eſté payé depuis par Tranſaction, quoy que ledit ſupplément n'ait eſté donné que pour extinction de droits & de charges.

Il n'y a que le Roy qui puiſſe permettre ou ordonner des levées eſtre faites ſur les Eccleſiaſtiques dans le Royaume, enſorte que le Pape n'en a pas le pouvoir ; il ne peut pas meſme augmenter les taxes ordinaires des Benefices ſans la permiſſion du Roy, cõme il a eſté fort bien remarqué par Monſieur Bourdin Procureur general au Parlement de Paris, dans un petit Recueil des Immunitez de l'Egliſe Gallicane, en ces termes : *Le Saint Pere ne doit augmenter les taxes des proviſions qui s'obtiennent en Cour de Rome, ſans le conſentement du Roy & de l'Egliſe Gallicane.* 98

Les Rois ne ſouffrent point auſſi de levées faites par les Archeveſches & Eveſques ſur les Beneficiers & Eccleſiaſtiques de leurs Dioceſes, ſans ſon conſentement, pour quelque cauſe que ce ſoit, quoy que pieuſe & favorable. 99

Le Pape ne peut point ordonner des Queſtes eſtre faites ſur les Beneficiers du Royaume, ou de quelques Provinces, pour quelque cauſe que ce ſoit, ſans la permiſſion du Roy, ny par conſequent ordonner l'alienation du temporel des Benefices, à moins que le Roy n'y donne ſon conſentement, parce que le Pape n'a aucun pouvoir ſur le temporel des Benefices, lequel eſt ſous la protection des Rois de France. Ce fut la raiſon pour laquelle les Bulles du Pape Gregoire XIII. de l'an 1576. & de Sixte V. de l'an 1586. contenant permiſſion d'aliener du revenu & patrimoine de l'Egliſe de France, juſques à ſoixante mille livres de rente, furent debattuës par le Clergé, en ce qu'elles eſtoient conceuës avec la clauſe *etiam invitis Clericis* : Le Syndic du Clergé ſouſtint au contraire par ſes moyens d'oppoſition, que ny le Saint Pere ny le Roy, ne pouvoient ſans le conſentement du Clergé de France, permettre l'alienation de ſon temporel, à laquelle il conſentiroit toûjours en cas d'une preſſante neceſſité : & le Parlement de Paris & les autres Cours ſouveraines par leur Arreſt de verification deſdites Bulles, declarerent qu'elles ſeroient enregiſtrées ſans approuver la ſuſdite clauſe *invitis & contradicentibus Clericis* ; & ſans que par icelle il fût prejudicié aux libertez de l'Egliſe Gallicane. 100

103 Ce qui auroit lieu mefme, quoy que les Benefices dont on voudroit aliener le patrimoine, fuffent exempts des Ordinaires & foûmis au faint Siege.

104 On demande fi les biens des Communautez particulieres & Confrairies joüiffent du mefme droit & privilege que ceux de l'Eglife : Balde fur l'Authentique *hoc jus porrectum. C. de facrofanct. Ecclef.* eftime que non , parce que ce font des focietez profanes : Duarein eft de mefme avis , *lib. 7. cap. 9. de facr. Ecclef. Miniftr. ac Benef.* en ces termes : *Regiis conftitutionibus ea Comi Bacchique conventicula ut perniciofa Reipublicæ omnino interdicta funt.*

Chopin en fon Livre 3. de la Police Ecclefiaftique , titre 5. nombre 6. eft d'avis contraire , eftimant que les Confrairies eftans autorifées & eftablies fur un fondement de pieté , leurs biens ne peuvent point eftre alienez qu'en y obfervant les formalitez requifes pour l'alienation des biens d'Eglife.

En effet les biens des Confrairies font deftinez pour le Service Divin , & il ne faut pas confiderer les abus qui s'y commettent, les motifs en font bons , & les déreglemens qui s'y font gliffez, font à reformer , ce qui eft affez difficile : Ainfi par l'article 10. de l'Ordonnance d'Orleans, il eft défendu à tous Confreres d'employer les deniers qui reftent des revenus des Confrairies , après déduction faite des frais du Service, en autres ufages que pour faire baftir , fonder & entretenir un College ou Ecole dans les lieux où elles font inftituées. Boniface en fes Arrefts , tome 1. partie 1. livre 2. titre 6. chapitre 2. remarque un Arreft du Parlement de Provence du 4. Juin 1668. qui a caffé un bail à rente fait des biens d'une Confrairie , faute d'y avoir obfervé les formalitez requifes en l'alienation des biens de l'Eglife. Mais on tient le contraire dans le Parlement de Paris.

TITRE DEUXIE'ME.

Que les Charges doivent estre conferéas gratis.

Ut judices sine quoquo suffragio fiant.

NOVELLE HUITIE'ME

PREFACE ET CHAPITRE PREMIER.

Des Magistrats qui doivent estre créez sans suffrages.

De Magistratibus sine suffragii datione creandis.

SOMMAIRE.

CEtte Novelle contient une Preface & quatorze Chapitres, nous expliquerons seulement la Preface & le Chapitre premier, parce que tous les autres ne sont point d'usage : Ce titre est intitulé dans l'Edition d'Haloander, en ces termes: *Ut Præsides absque ulla datione pecuniæ ad officia mittantur.*

L'Empereur dit dans cette Preface, qu'il applique ses soins pendant les jours & les nuits à faire quelque chose qui plaise à Dieu, & à procurer du bien à ses peuples, à les faire vivre dans le repos, à leur oster les charges qui leur sont incommodes, & qui leur ont esté imposées sans sa participation. Que l'injustice s'est introduite par plusieurs moyens dans son Empire avec tant de force & d'excés, qu'elle a presque reduit ses peuples dans la derniere necessité, ensorte mesme qu'ils ne peuvent qu'a-
1 vec tres-grande peine payer les droits publics ordinaires, quoy qu'ils ne soient pas excessifs : & il attribuë la cause de ce malheur public à la venalité des Charges; car comment les Receveurs des deniers publics peuvent-ils recevoir les droits deüs au fisc, veu l'injustice que commettent depuis quelque temps les Empereurs & les Prefets du Pretoire, en tirant des sommes d'argent des Juges pour leur élevation, & les pertes qu'ils ont par ce moyen procurées à tout le peuple, les Juges voulant recouvrer sur les particuliers, les deniers qu'ils ont payez pour les Charges ausquelles ils ont esté élevez.

L'Empereur dit, que c'est ce qui luy a fait prendre resolution de reformer toutes choses & les reduire dans un meilleur estat, par une Loy commune & generale dans toutes les Provinces de son Empire, & que ses desseins seront executez, s'il peut faire ensorte que les Juges, & ceux qui ont l'administration des Provinces exercent la Justice, & s'acquittent de leurs emplois sans
2 rien exiger du peuple, se contentans des gages qui leur sont donnez par le fisc, *puris procuremus uti manibus, & ab omni abstinere acceptione pro illis, solis contentos iis, quæ à fisco dantur.* Et le moyen de les y obliger, est de donner des Charges aux Juges, sans qu'il leur en coûte rien, non pas mesme pour le droit des suffrages, tant pour ceux qui donnent les Charges, que pour tout autre.

3 *Suffragium*, dit Cujas, dans son Paratitle sur cette Novelle, est *pecunia, quæ suffragatoribus aulicis datur promittiturve honoris adipiscendi causâ, quo nomine erat actio, si certum petetur de suffragio, nec in honoribus, qui à Principe deferuntur, locus*

legi

legi Juliæ de ambitu. Et eodem suffragii titulo Principes etiam
ipsi qui honorem deferebant, pecunias accipiebant, quæ suffragia
honorum vocabantur in formula jurisjurandi huic Novellæ sub-
jecta.

L'Empereur rend la raison pour laquelle il veut que les 4.
Charges soient données aux Juges gratuitement, quoy que par
ce moyen il perde des revenus considerables, qui est que les
peuples s'enrichiront, quand les Juges ne feront sur eux aucunes exactions, & l'Empire & le fisc seront comblez d'abondance, lors qu'il n'aura que des Sujets opulens, *Consideravi-*
mus enim, quia licet quæstus immodicus imminuitur Imperio,
attamen nostri subjecti incrementum maximum percipient, si in-
demnes à judicibus conserventur; & Imperium & fiscus abundabit
utens subjectis locupletibus; & uno hoc introducto ordine, plurima
rerum & innumera erit ubertas.

Ce qui oblige les Juges qui achetent leurs Charges de faire 5
des exactions illicites sur les peuples, est, qu'il ne leur coûte
pas seulement ce qu'ils ont payé pour le droit des suffrages à
l'Empereur, mais ils sont obligez de donner, ou à ceux qui leur
donnent les Charges, ou à ceux qui les leur font avoir. Ainsi celuy qui donne à un par un mauvais principe, se trouve contraint de remplir plusieurs mains, *& sic uno principio illicito*
dato, plurimas necesse est manus circumire eum qui donationem
facit : & ce qui arrive, est, qu'ordinairement celuy qui achete
une Charge, n'a pas toutes les sommes qu'il est obligé de donner, il faut qu'il les emprunte, & qu'il s'incommode beaucoup
par ce moyen, ce faisant, il fait reflexion en luy-mesme, qu'il
faut qu'il tire de la Province autant d'argent qu'il en faut pour
se liberer de ses dettes, du sort principal qu'il a emprunté, &
des interests, & enfin de la perte qu'il a soufferte à l'occasion
de l'argent qui luy a esté presté. Il comptera aussi de mettre
entre les sommes que la Charge luy a coûtée, les dépenses extraordinaires qu'il a esté obligé de faire, qu'il est obligé d'avoir
avec luy un Assesseur, & plusieurs autres personnes qu'il n'auroit pas autrement; il se persuadera aussi qu'il faut amasser du
bien, & en mettre à part pour le temps à venir auquel peut-
estre il n'aura point d'employ. C'est pourquoy, dit l'Empereur,
il se trouve que les Juges tirent des Sujets, dix fois plus qu'ils
n'ont payé de leurs Charges à l'Empereur, ce qui par l'évenement retombe sur le fisc.

Tome I.

Et combien se commet-il de crimes qui ne peuvent estre imputez qu'aux vols que commettent ces Juges, dit l'Empereur
& quanta impiè talia fiunt, ad horum furtorum meritò relata
occasionem? Car ceux qui ont des Charges dans les Provinces,
considerant l'argent qui leur a coûté pour y parvenir, renvoyent
absous les criminels des crimes dont ils sont convaincus, leur
rendant la vangeance publique qu'ils ont meritée par leurs delits, condamnent les innocens, & ils en usent ainsi non seulement dans les affaires civiles, mais aussi dans les causes criminelles où il s'agit de la mort d'un homme. Ce qui oblige plusieurs personnes des Provinces de toutes conditions, Ecclesiastiques, Decurions, Officiers, Proprietaires d'heritages, menus
peuples, Laboureurs, & autres, d'adresser leurs plaintes pardevant l'Empereur, accusant les Juges de vols & d'injustices, &
il arrive mesme souvent des seditions, & il se fait aussi tres-
souvent des assemblées tumultueuses qui s'appaisent & se sepa-
rent à la fin, à l'occasion des deniers publics qui se levent sur
le peuple, & la venalité des Charges est la seule cause de tous ces
malheurs, *& omnino una quædam est hæc omnium occasio malo-*
rum, & accipere suffragium à judicibus, totius nequitiæ est
principium & terminus.

6   Ce passage de l'Ecriture Sainte, *Luc. 12. vers. 15.* est admirable & veritable, que l'avarice est la cause de tous les crimes
qui se commettent, principalement quand elle tombe dans l'esprit des Juges: *Est quoque hoc sacrorum eloquiorum mirabile &*
verum, quòd avaritia omnium sit mater malorum, maximè quan-
do non privatorum, sed judicum inhæret animabus. Car qui
ne croira pas pouvoir voler impunément, quand il fera reflexion sur les larcins & les voleries de l'Administrateur de sa Province? & voyant qu'il ne refuse rien pour de l'argent, n'aura-t'il
pas sujet de croire qu'il rachetera les crimes qu'il pourroit commettre? Delà vient qu'on commet des homicides, des adulteres,
des violences pour s'emparer des biens d'autruy, des batteries,
des enleyemens de filles, qu'on ruine le commerce en violant
les paroles & la foy qu'on a données, & enfin qu'on méprise
également l'autorité des Loix & des Juges, parce qu'on s'ima-
gine qu'on a le pouvoir de commettre tous ces crimes pour de
l'argent, & que les crimes se vendent comme des esclaves à vil
prix.

Enfin dit l'Empereur en la fin de cette Preface, il est impossible de rapporter toutes les méchancetez qui se font par le moyen des voleries que les Juges exercent dans les Provinces , parce qu'il semble qu'il n'y ait personne qui puisse les reprendre avec assurance , parce qu'ils répondroient qu'ils ont acheté leurs Charges , & qu'ainsi ils sont en droit de faire ce que d'autres feroient s'ils estoient en leur place. *Quis enim sine periculo non furetur , qui non latrocinabitur sine revu ad Administratorem respiciens ? Illum namque videns omnia auro vendentem , & præsumens quia quicquid egerit illicitum , hæc pecunias dando redimet: huic homicidium , & adulterium , & invasiones , & vulnera , & raptus virginum, & commerciorum confusio , & contemptus legum & judicum , omnibus hæc vænalis proposita esse putantibus , tanquam aliquod vilium mancipiorum. Sed neque sufficimus considerare & exponere quanta ex furto Provincialium judicum fiunt pessima ; nullo eos præsumente cum fiducia redatgrere , cùm illi repentè se emisse cingula pronuncient.*

Alexandre Severe dit une chose remarquable dans Lampridius , *necesse est , ut qui emit vendat: ego non patiar mercatores potestatum , quos si patiar , damnare non possim ? Erubesco enim punire illum hominem qui emit & vendit.*

Les raisons qui sont exposées dans la Preface de cette Novelle , ont obligé l'Empereur d'ordonner , que les Charges se donneroient *gratis* , sans qu'il en coûte rien à ceux à qui elles seroient données.

Tous les autres Chapitres de cette Ordonnance sont entierement inutiles en France, concernans principalement les fonctions des differens Juges & Magistrats des Provinces d'Orient, comprises dans l'Empire de Justinien : c'est pourquoy ce seroit perdre le temps que de les remarquer en ce lieu , nous observerons seulement ce que dit l'Empereur dans le Chapitre *itaque Deo* II. où il incite un chacun de rendre graces à Dieu de ce qu'il luy a inspiré de faire cette Ordonnance : *Itaque Deo & Salvatori nostro Jesu Christo omnes similiter offerant hymnos pro hac lege , quæ iis dabit & patrias habitare cautè , & proprias facultates habere firmissimè , & judicum frui justitiâ. Nam & nos proptereà eam posuimus , ut & justitiam quæ in lege est , valeamus Domino Deo vovere , & nosmetipsos & nostrum commendare Imperium , & non videamur despicere homines oppressos quos nobis tradit Deus , ut eis per omnia parcamus , ejus sequentes benignitatem ; ideoque quantum ad nos , consecretur hæc lex Deo;*

eo quòd nihil in mentem nostram veniens boni pro tuitione subjec-
torum relinquimus. Volentes enim inhonesta hæc & servilia furta
perimere, & nostros subjectos in quiete à Provincialibus judici-
bus conservare, propterea festinavimus gratis administrationes
eis dare, ut nec ipsis liceat delinquere, & abripere subjectis, quo-
rum causa omnem perferimus laborem, dedignantes imitari eos
qui ante nos imperaverunt, qui pecuniis ordinabant administra-
tiones, sibimetipsis auferentes licentiam administrationibus nocen-
tibus increpandi justè, & ipsi ea qui percipiebant, celando, justi
putati, & proprios Collatores propter hoc abripere à malis judi-
cibus non valentes; unde nec ipsis judicibus increpare poterant
agere castè occasione prædictæ causæ. Nos autem sufficientem im-
perio quæstum esse putamus, ut Collatores sola fiscalia conferant
tributa, & nihil aliud extrinsecus quæratur, quod subjectis om-
nem commoveat vitam.

Les Empereurs dont il parle en ce Chapitre, en ces termes
dedignantes imitari, &c. sont Leon & Anastase, qui avoient
mis toutes les Charges au plus offrant, au rapport de Suidas.

Aprés avoir exposé ce qui concerne cette Novelle 8. de la venalité des Charges, il ne sera pas inutile de faire voir ce qui s'ob-
7 servoit avant l'Empereur Justinien : pendant l'Estat populaire
les Magistrats estoient éleus par le peuple ; & pour rendre leurs
élections sinceres, sans fraude, & hors de soupçon, on deffendit
expressément les brigues, & on fit plusieurs Loix *de ambitu*, qui
8 deffendoient de briguer les suffrages du peuple, afin que les Charges fussent déferées à ceux qui les meritoient.

Plusieurs Loix ayant succedé les unes aux autres, & n'ayant
pû empescher la brigue des Charges, Auguste fit la Loy *Iulia*
de ambitu, par laquelle il deffendit expressément de briguer les
Charges, & d'acheter à prix d'argent les suffrages du peuple,
sous peine de cent écus d'or, & d'estre noté d'infamie, *l. 1. §. 1.*
ff. de amb. ut quo genere quis deliquerat, eo plecteretur, & qui illi-
cito modo honorem appetiverat, omni honore privaretur.

Pline *lib. 35. cap. 12.* dit, que Coponius fut condamné, *quod*
vini amphoram dono dedisset ei, cui suffragii latio erat; & que
peu s'en fallut que Marius ne fût condamné, parce que l'es-
claye d'un de ses amis fut trouvé parmy le peuple au temps qu'il
donnoit ses suffrages, dont il s'excusa, disant qu'il l'avoit envoyé querir de l'eau.

9 Toutes ces Loix ne purent empescher à Rome la brigue

des Charges , & qu'on ne diftribuaſt de l'argent au peuple pour acheter ſes ſuffrages : Nous voyons que pluſieurs Auteurs s'en plaignent.

> *emptique Quirites*
> *Ad prædam , ſtrepitumque lucri ſuffragia vertunt :*
> *Vænalis populus , vænalis Curia Patrum.*
> *Eſt favor in populo.*

dit *Petron. Arbiter* ; & comme dit *Lucain lib.* 1.

> *Hinc rapti faſces pretio , ſectorque favoris*
> *Ipſe ſui populus , lethaliſque ambitus urbi,*
> *Annua vænali referens certamina campo.*

La venalité des ſuffrages eſtoit devenuë publique à Rome, 10 ainſi que nous apprenons de Suetone *in Iulio ,* où il dit , *è duobus ejus competitoribus in Conſulatu Luceïo & Bibulo , Luceïum Cæſar ſibi junxit , pactus ut is , quoniam inferior gratiâ eſſet , pecuniâque polleret , nummos de ſuo , communi nomine pronuntiaret : quâ re cognitâ , optimates quos metus ceperat , nihil non cenſurum eum in ſummo Magiſtratu , concordi & conſentiente Collega , autores Bibulo fuerunt , tantumdem pollicendi , ac plerique pecunias contulerunt ; ne Catone quidem abnuente eam largitionem è Republica fieri. Igitur cum Bibulo Conſul creatus eſt.*

Ce qui donna lieu à Tibere d'oſter au peuple le droit des 11 élections & des ſuffrages , parce qu'il en arrivoit de grands inconveniens & de grandes conteſtations & ſeditions , & ſe reſerva à luy ſeul la faculté de conferer les Charges , & les autres Empereurs ſuivirent ſon exemple , delà vient que le Juriſconſulte Modeſtin dit en la Loy 1. *ff. de amb. hodie lex Iulia ceſſat in urbe, quia ad curam Principis Magiſtratuum creatio pertinet , non ad populi favorem.*

Juvenal qui vivoit ſous l'Empereur Domitian, dit en la dixiéme Satyre , en parlant du Droit , que le peuple avoit autrefois droit de donner des Charges publiques ;

> *Nam qui dabat olim*
> *Imperium , faſces , legiones , omnia , nunc ſe*
> *Continet , atque duas tantum res anxius optat ,*
> *Panem & Circenſes.*

Les Empereurs s'eſtant rendus maiſtres des Offices , & s'eſtant

attribué le droit de les donner à ceux qu'il leur plaisoit, il arriva un desordre qui n'estoit pas moins grand que le precedent
qu'ils avoient voulu empescher, car les Courtisans & les Favoris des Empereurs vendoient ouvertement leurs suffrages & leurs
recommandations auprés du Prince, ainsi dans ce temps-là les
Charges estoient venales, quoy que le prix n'entrast point dans
les coffres de l'Empereur. Alexandre Severe s'en plaint dans
Lampride, en ces termes : *Necesse est ut qui emit vendat ; at
ego non patiar mercatores potestatum, quos si patiar, punire non
possum. Erubesco enim punire eum qui emit & vendit.* Le mesme
Lampride *in Commodo* dit, *Provinciæ omnes venduntur, omnia
Cleander pecuniâ venditabat :* Or ce Cleander estoit le Favory
de l'Empereur Commode. Dion *in Vespasiano* parlant de Cenis
sa concubine, dit que *ipsa Magistratus procurationesque Provinciarum, & Officia militum ac sacerdotia, ipsa quoque Responsa Principis vendebat, quod ex voluntate Vespasiani fieri suspicio erat.*

Ce qui estoit donné aux Favoris du Prince pour obtenir des
Charges, estoit appellé *suffragium ;* mais parce que c'estoit par
ce moyen établir la venalité des Charges, laquelle se trouvoit
dangereuse à l'Etat & au public, l'Empereur Constantin deffendit expressément de donner aucune chose pour l'impetration des
Charges & Offices, sous des amendes considerables, *l. ad honores.
C. Theodos. de munerib. & honor. & l. un. C. Justin. de perfect.
dignit.* Mais Julien l'Apostat deffendit qu'il y eût aucune action
pour la repetition de ce qui auroit esté donné pour ce sujet ;
ainsi c'estoit tacitement rétablir ce qui avoit esté deffendu par
Constantin.

Theodose en la Loy unique *C. de suffrag.* donna action pour
exiger ce qui avoit esté promis pour l'impetration des Offices.

Honorius successeur de Theodose, deffendit generalement les
suffrages pour tous Offices, *l. r. C. Theod. de amb.* l'Empereur
Justinien ayant inseré la Constitution de Theodose en son Code
au titre *de suffragio,* avoit permis de donner de l'argent à ses
Favoris pour l'obtention des Offices, mais il l'a abrogée par
cette Novelle.

Les Offices estoient autrefois en France de simples Commissions
destituables à la volonté du Prince ; ils ont esté rendus perpetuels
par l'Ordonnance de Loüis XI. de l'an 1467. Et non seulement les
Offices de Judicature estoient non venaux, mais aussi les Offices

&e Finances, comme'il se justifie par l'Ordonnance du Roy Charles VII. qui porte, que non seulement les Offices de la Justice ordinaire, mais aussi ceux des Elections & Greniers à Sel, & mesme les Receptes, seroient conferées par élection, avec défense expresse de vendre aucun Office, soit de Judicature ou de Finances, conformément aux Ordonnances du Roy Saint Loüis & de Charles V. Loyseau au traité des Offices, livre 3. chap. 1. num. 65. rapporte deux anciens Arrests, qui ont jugé que les Offices de Finances n'estoient point venaux.

Enfin la necessité des affaires publiques a introduit premie- **15** rement la venalité des Charges de Finances, & comme ayant reconnu que ce commerce apportoit de grands revenus dans les coffres du Roy, on a trouvé à propos de mettre aussi en usage la venalité des Offices de Judicature, non pas d'abord par forme de vente, mais par forme de prest seulement, mais c'estoit un prest à jamais rendre, ou plûtost une vente déguisée de ce nom, comme remarque le mesme Auteur.

Toutes les anciennes Ordonnances, avant celle d'Orleans, défendent expressément la venalité des charges; celle d'Orleans en l'article 40. celle de Blois de l'an 1579. en l'article 100. & une autre donnée à Fontainebleau en Juillet 1582. la deffendent de mesme. Celle-cy au susdit article porte : *Voulons & ordonnons* **16** *qu'avenant vacation des Offices de Judicature aprés la reduction faite, ou de ceux des premiers Presidens de nos Cours Souveraines, nos Avocats & Procureurs Generaux, Lieutenans Generaux és Bailliages & Provinces & autres Officiers de Judicature, non sujets à suppression & reduction par l'Edit des Estats, y pourvoir gratuitement, sans qu'il soit payé aucune finance, de persónne de probité, vertu & fidelité requise, seront par Nous pourveus desdits Offices, aprés nous estre deuëment informez de leurs merites & qualitez.*

Peu de temps aprés, la venalité de toutes charges tant de Finance que de Judicature, est devenuë entierement publique; en l'année 1597. on abolit le serment que les Parlemens faisoient prester aux Officiers de Judicature qui se presentoient, de n'avoir point acheté leurs Offices; on n'avoit pas voulu jusques alors autoriser ny expressément ny tacitement, la venalité des Charges de Judicature, on esperoit qu'avec le temps les choses rentreroient dans leur ancien estat.

En l'année 1605, le Roy Henry IV. fit un Edit appellé **17** la Paulette, par l'avis de Charles Paulet Secretaire de la Chambre du Roy, par lequel les Officiers tant de Judicature que de Finance, payant au Roy au commencement de chaque année la soixantiéme partie du prix de l'Office, estoient pendant l'année dispensez des 40. jours, & avoient la survivance, & moyennant le payement de cette finance, l'Officier venant à mourir, son Office estoit conservé à ses heritiers.

Auparavant cét Edit, on achetoit la survivance à une seule fois, au lieu que par cét Edit il se paye par chacun an, c'est pourquoy on l'appelle le Droit Annuel, ce qui fait monter les Offices à un prix excessif, & nous les avons veu tellement augmenter, que le Roy a esté obligé de les fixer.

Tous les Auteurs se sont écriez contre la venalité des Charges, cela est à present inutile, veu qu'il est presque impossible d'y apporter du remede.

J'ay passé les autres Chapitres de cette Novelle comme peu utiles, nous nous contenterons de rapporter la Paraphrase de Julien.

PARAPHRASE
DE JULIEN.

CONSTITUTIO XV.

LI. Ut Magistratus sine pecunia fiant.

Omnes Magistratus sine pecunia creari decernimus; ut neque impunè aliquid detur, neque sine punitione aliquid à subjectis exigatur.

LII. De Vicario Afianæ regionis & Præfide Phrygiæ fublatis, & in Comitiis Phrygiæ Pacatianæ nomen tranflatis.

Vicarius Afianæ regionis , & Præfes Phrygiæ Pacatianæ, Comes Phrygiæ Pacatianæ nominetur , & babeat tam Vicarii quam Præfidis honorem , & utriufque Magiftratus annonas & capita babeat , & una tantum adparitione utatur ; permixta tamen ab utroque Magiftratu. Agat autem curam & tributorum exactionem. Sed & apparitio ejus duplices annonas & capita babeat. Comes autem Phrygiæ Pacatianæ nullam habeat communionem in Afiana Diœcefi , fed babeat quidem Comitis Phrygiæ Pacatianæ nomen : nullam autem habeat jurifdictionem extra territorium Phrygiæ Pacatianæ.

LIII. De Vicario Ponticæ fublato,& in Comitiis Galatiæ primæ nomen tranflato.

Qui ante Vicarius Ponticæ vocabatur , modo Comes Galatiæ primæ nominetur , & in milites habeat poteftatem , & utriufque Magiftratus annonas accipiat , id eft tam civiles quam militares honores. Ultra territorium autem primæ Galatiæ nullam habeat poteftatem. Utriufque autem Ponticæ Magiftratus apparitores mifceri oportet , & Comitianam appellari , & periclitari cum fuo Comite in exactionibus tributorum.

LIV. Ut nemo civilis vel militaris Magiftratus Vicarios habeat.

Nemo Magiftratus civilis vel militaris in municipiis ejus Provinciæ cui præeft , Vicarios fuos audeat mittere : fed fi quid tale fecerit , Magiftratus honore cadat.

LV. Ut Comites Orientis & Præfides Antiochiæ Officium habeant.

Magiftratus Comitis Orientis & Præfidis Antiochiæ unus fit , & utriufque adparitores mifceantur , & Comitiana adparitio appelletur , & primam Syriam habeat tantummodo Comes Orientis , dummodo illam regionem habeat , quæ Quiriftica ve-

Tome I.

L l

catur. Habeat autem & utriusque Magistratus annonas, & curam agat in tributorum exactionibus, & ut populares seditiones compescat, & civilem ordinationem conservet.

LVI. Ut omnes privati Præsidibus subiiciantur, & de sacramento à Præsidibus dando, & de furtis Præsidum.

Omnes privatos homines suppositos esse constitutio jubet, & omnibus Provinciarum Præsidibus tam in pecuniariis quam in criminalibus causis. Et hi autem qui à Constantinopolitana civitate discedunt, cujuscunque judicii calculos vel passionem habeant, subjecti sint Provinciarum præsidibus, ut non audeant sportularum nomine aliquid exigere supra modum sacris constitutionibus statutum. Hoc enim, si contempserit præses Provinciæ, de sua substantia resarcire damna Provincialibus cogetur. Liceat autem eis & de hujusmodi injuriis referre non solum majoribus Magistratibus, quibus suppositi sunt hi qui sportulas inclicitas exegerunt, sed etiam ipsi Imperatori. Liceat autem ipsis præsidibus, si viderint eos, qui calculos vel jussiones habeant, quod injustè vel violenter versati fuerint, refrænare, & non timere neque dignitatem eorum, neque cingulum, quo forte decorantur.

Oportet autem unumquemque, qui Magistratum gesturus est, antequam honorem accipiat, dare sacramentum quod neque dedit alicui pecuniam, neque lucrum impium capturus est. Si quis autem ab eo aliquid accipiat ultra ea quæ constitutio statuit, in quadruplum hoc reddat.

Curam autem agat præses Provinciæ, & in exactionibus tributorum, ut ea quæ exigere debet, non cum severitate exigat, nisi forte contumaces sint hi qui tributa debent. Habeat autem & adsessores circa se æquos & justos, & non inclinantes ad lucrum.

Quod si quis dederit aurum ut Magistratus fiat, posteaque in furto convictus sit in ipso Magistratu: & publicabuntur bona ejus, & in exilio mittendus erit, & corporales coërcitiones patietur. Nam Episcopum & primates civitatis, si viderint judicem injustè conversari, preces Imperatori porrigere oportet, ut principali indignationi pœnas impius luat.

LVII. Ut præsides quinquaginta dies faciant in Provincia sua postquam eis successum sit.

Præses Provinciæ postquam desierit esse præses, in eadem Provincia quinquaginta dies faciat, & publice pareat, & omnium suscipiat actiones. Quod si antequam quinquaginta dies prætereant, absconderit se; liceat unicuique & temere eum in Provincia, & omne quod furatus est, repetere ab eo, præsente tamen Episcopo, & rem discernente. Quod si ante quinquaginta dies fugerit, & comprehensus fuerit sive in Constantinopolitana civitate, sive in alia quacumque regione, retrahatur ad eam Provinciam cui præerat: & ea quæ furatus est, in quadruplum reddat. Hæc autem tota licentia Provincialibus data est, si in furto præsidem arguere maluerint. Nam in aliis causis antedicta observatio cessat.

LVIII. In quibus causis à præside detenti fori præscriptionem non habebant.

Nemo autem neque in criminali causa, neque in tributorum exactione, neque in populari seditione, & à præside Provinciæ tentus, fori præscriptione utatur.

LIX. Si milites præsidis Provinciæ jussiones non fecerint.

Ut autem in omnibus causis justitiam exequi possit præses Provinciæ, & milites qui in Provincia sedent, subjiciantur ei; quod si milites ei non obtemperaverint, & annona eorum prohibebitur, & militiam suam amittunt & corporales pœnæ subsistunt.

LX. De latrunculatoribus & biocolytis, & aphophlistis, & quomodo sacramentum à præside dandum sit.

Cumque in Provinciis præsides justi mittuntur, superfluum est, latrunculatores mittere, & eos quos biocolytas, id est, qui violentias prohibent, vel aphophlistas vocant, id est, eos qui privatis hominibus arma habere non concedunt, ne rapinas aut cædes faciant, sed neque magistro militum Orientis, vel aliis magistratibus licebit latrunculatores, vel biocolytas, vel aphophlistas, vel alios similes eis in provincias mittere. Sin autem aliquid tale perpetretur, hi qui missi sunt, Præsidiali potestati supponantur, & ultimum periculum patiantur, postquam ad Imperatorem hoc fuerit relatum. Hi autem qui miserunt eos, triginta librarum auri pœna coërceantur. Is autem qui Magistratus creatur, siquidem in Constantinopolitana civitate creatur præ oculis Imperatoris, vel præfecti prætorio, & Comitis rerum privatarum & cubicularii: sin autem in provincia Magistratum accipiat, ante Metropolitam & Primatem civitatis jurare debet. Jubet autem Constitutio & defensores civitatum nihil omnino, vel dare, nisi usque ad sexaginta solidos: vel accipere, nisi publicas annonas si quæ sint. Dat. XVII. Kal. Mai. Constant. Bilis. V. C. Cons.

---

sjuran-
quod
resta-
ab iis
i ad-
inistra-
nes ac-
iunt;

TITRE TROISIEME.

Du serment que les Juges sont obligez de prester.

SOMMAIRE.

1. Forme de serment par les Iuges, prescrit par l'Empereur.
2. Promesses des Iuges en prétant le serment.
3. Où se preste le serment par les Juges.
4. Prestation de serment, pourquoy introduite.

CEtte Constitution concerne seulement le serment des Juges, avant que d'entrer dans la fonction de leurs Charges: Haloander a mis dans l'inscription le mot *officia*, & la vulgate le mot *administrationes*.

Cette Constitution dans l'Edition vulgate n'est pas distinguée de la precedente, & ne fait pas nombre entre les Novelles, en sorte que la Novelle suivante est la neuviéme: & dans l'Edition d'Haloander, cette Constitution *jusjurandum*, &c. est la neuviéme.

I L'Empereur dans cette Constitution prescrit la forme du serment que les Juges sont obligez de prester en entrant dans leurs Charges: Ils sont tenus de jurer par le Dieu tout-puissant, par Jesus-Christ, par le Saint Esprit, par la Sainte Vierge, par les

Livres des faints Evangiles, qu'ils tiennent entre leurs mains, & par les faints Archanges Michel & Gabriel : *Per Deum omnipotentem & Filium ejus unigenitum, Dominum nostrum Jesum Christum, & Spiritum sanctum; per sanctam gloriosam Dei genitricem, & semper Virginem Mariam; & per quatuor Evangelia, quæ in manibus meis teneo; & per sanctos Archangelos Michaelem & Gabrielem.*

Ils promettent par ce ferment   2

Premierement, de rendre à l'Empereur & à l'Imperatrice, tout le fervice dont ils feront capables, en leur confcience & fans fraude, felon la charge qu'ils en ont receuë; *Puram confcientiam, germanumque fervitium me fervaturum facratiffimis noftris Dominis Juftiniano & Theodoræ conjugi ejus, occafione traditæ mihi ab eorum pietate adminiftrationis: & omnem laborem ac fudorem cum favore, fine dolo, & fine arte quacumque fufcipio in commiffa mihi ab eis adminiftratione de eorum imperio atque Republica.*

En fecond lieu, ils jurent & affirment qu'ils font Catholiques, & qu'ils prendront toûjours le party & les interefts de la Religion Catholique, & n'en fouffriront point d'autre autant qu'ils le pourront; *& communicator fum fanctiffimæ Dei Catholicæ & Apoftolicæ Ecclefiæ; & nullo modo vel tempore adverfabor ei; nec alium quemcumque permitto, quantum poffibilitatem habeo.*

En troifiéme lieu, ils affirment qu'ils n'ont rien donné ny promis pour eftre pourveus de la Charge en laquelle ils font receus; & que comme ils n'ont rien donné, auffi ils ne prendront rien que les droits qui leur font attribuez par le Prince : *Iuro quoque idem jusjurandum, quòd nulli penitus, neque dedi, neque dabo occafione dati mihi cinguli; neque occafione Patrocinii, neque promifi, neque profeffus fum de Provincia mittere, neque mittam, neque occafione dominici fuffragii; neque famofiffimis Præfectis adminiftrationem habentibus, neque iis qui circa eos funt, neque alii hominum ulli; fed ficut fine fuffragio percepi cingulum, fic etiam purè me exhibeo circa fubjectos piiffimorum noftrorum dominorum; contentus iis quæ ftatutæ funt mihi de fifco annonis.*

En quatriéme lieu, qu'ils deffendront les droicts du fifc, en contraignant par toutes voyes ceux qui refiftent au payement des droits qui luy font dûs, & traitant doucement ceux qui n'y font point de refiftance, & prenant la deffenfe des fujets de l'Empereur & de l'Imperatrice : *Et primùm omne habebo ftudium, ut*

fiscalia vigilantes inspiciam : & indevotos quidem & indigentes
necessitate, cum omni exigam vehementia , nequaquam sublima-
tus , neque ab hoc lucrum ipsum omnino considerans , aut per gra-
tiam vel odium exigens aliquem citra quam competit aut concedam
alicui: devotos autem paternè tractabo , & subjectos piissimorum
dominorum illæsos undique , quantum possibilitatem habeo , custo-
diam.

En cinquiéme lieu, qu'ils rendront la justice selon leur propre
conscience, & qu'ils seront équitables lors qu'il s'agira de la discipline publique : *& æquus in causis utrique parti , & in publicis*
disciplinis ero; nulli que parti citra quàm justum est , præstabo.

En sixiéme lieu, qu'ils puniront les crimes selon leur qualité
& les circonstances, & prendront la deffense des innocens, & enfin
qu'ils rendront la justice tant dans les affaires publiques que
particulieres , & ne souffriront pas qu'on fasse aucun préjudice
aux droits du fisc : *Exequar universa delicta , & omnem æquita-*
tem servabo secundum quod mihi visum fuerit justum , & eos qui-
dem qui innoxii sunt , undique innoxios illæsosque conservabo ;
noxiis autem imponam supplicium secundum legem ; & omnem
justitiam , sicut jam dictum est , in publicis & privatis con-
tractibus eis servabo ; & si comperero fiscum injustitiam pati.

En septiéme lieu , que pour rendre la justice comme il faut,
ils feront en sorte d'avoir avec eux des personnes qui employe-
ront conjointement leurs soins pour s'acquitter dignement de
leurs emplois, estant inutile qu'ils fussent seuls justes, ayans avec
eux des personnes capables de tous delits & malversations : voulans & consentans que si il s'en rencontroit ainsi auprés d'eux,
ils fussent garands & responsables des pertes & des dommages
qu'ils auroient causez : *Non ego solum hoc ago , sed etiam sem-*
per mihi assidentem , talem studebo assumere, & circa me omnes ,
ut non ego purus quidem sim ; qui verò circa me sunt , furentur
& delinquant. Si quis autem inveniatur circa me talis , & quod
fit ab eo , me sanare & eum expellere.

En huitiéme lieu , qu'ils veulent & consentent en cas qu'ils
contreviennent à leur serment, recevoir la punition deuë à leurs
crimes , tant dans ce monde que dans l'autre : *Si vero non hæc*
omnia ita servavero , recipiam hîc & in futuro sæculo in terri-
bili judicio magni Domini Dei , & Salvatoris nostri Iesu Christi;
& habeam partem cũ Iuda, & lepram Giesi, & tremorem Cain; &
insuper & pœnis quæ lege eorum pietatis continentur , ero subjectus.

Tous les Juges en France preſtent le ſerment au jour de 3
leur reception ; la preſtation du ſerment ſe fait ordinairement
en la Cour, d'où dépend & reſſortit l'Officier, comme des
Juges ordinaires aux Parlemens ; des Eleus & Grenetiers dans
les Cours des Aydes, des Officiers Comptables en la Chambre
des Comptes ; d'autres Officiers ſont receus & preſtent le ſerment au grand Conſeil , & quelques-uns dans les Preſi-
diaux.

Par le ſerment les Officiers jurent & promettent ſur les Saints
Evangiles, d'eſtre fideles au Roy, & garder exactement ſes Ordonnances ; & toutes les autres parties du ſerment, ainſi qu'il
eſtoit ordonné par l'Empereur, ne s'obſervent point en France.

Autrefois les Officiers de Judicature faiſoient ſerment qu'ils
n'avoient rien donné, payé ny promis pour avoir leurs Charges,
mais en l'année 1597. le Parlement abolit ce ſerment ; par la
raiſon de l'Empereur dans l'Authentique *Sacramentum. C. quan.*
mul. tut. offic. fœn. pet. lors qu'il abolit le ſerment que les meres
faiſoient en acceptant la tutelle de leurs enfans, qu'elles ne con-
voleroient point en ſecondes nopces ; parce que ce ſerment ne les
empeſchoit pas de contracter un autre mariage ; ainſi il arrivoit,
que *leges quæ perjuria puniebant , viam perjuriis aperirent.*

La preſtation du ſerment , comme il ſe void par ce titre , eſt
fort ancienne, elle ſe faiſoit anciennement entre les Payens auprés des Autels, & mettant la main deſſus, delà vient le Proverbe, *Amicus uſque ad Aras* , c'eſt à dire ſans rien épargner, excepté ce qui concerne la Religion.

Le ſerment a eſté introduit afin de retenir les peuples par une 4
eſpece de crainte de Dieu, *licet omnia Deo plena ſint , plurimum*
tamen valet ad metum delinquendi præſentiâ Religionis urgeri,
dit Symmaque , *lib.* 10. *Epiſt.* 54.

TITRE QUATRIE'ME.

Les biens de l'Eglise Romaine ne se prescrivent que par cent ans.

NOVELLE NEUVIE'ME.

SOMMAIRE.

Ut legum originem.

1 L'Empereur dans cette Novelle dit, que l'ancienne Rome est l'origine des Loix, & qu'elle a l'honneur d'avoir chez elle le souverain Pontificat ; que c'est pour cette raison qu'il veut faire une Ordonnance particuliere en faveur de la patrie, des Loix & de la source du Sacerdoce ; voulant que l'autorité de cette Loy s'étende jusques à toutes les Eglises Catholiques qui sont vers l'Ocean occidental ; & qu'ainsi cette Loy faite en l'honneur de Dieu, serve à toutes les Eglises pour leurs biens situez dans son Empire, tant en Occident qu'en Orient, qui leur appartiennent, ou qui leur appartiendront à l'avenir.

2 Et dautant que les anciennes Loix qui sont renfermées dans le Code au titre *de præscript.* 30. *vel* 40. *ann. l. sicut. l. omnes. l. notissimi.* bornent toutes les prescriptions par l'espace de 30. ans, excepté celle des hypotheques qu'elles ne terminent que par

un

un plus long espace, sçavoir de 40. années contre le debiteur, *d. l. cùm notissimi.* il declare qu'il ne veut pas qu'on excluë les Eglises par cette sorte de prescription, principalement quand il s'agit de la perte de leurs biens ou de leurs droits, ou des choses qui leur sont deuës, ordonnant qu'on ne pourra leur opposer 3 pour exception temporelle que la prescription de cent ans, leurs droits demeurant pendant ce temps en leur entier.

La raison pour laquelle il borne la prescription de l'Eglise à cent ans, est parce que ce temps est ordinairement le terme d'une longue vie, *cùm hoc tempus vitæ longævi hominis plerumque finis esse dignoscatur* : La pensée de l'Empereur estant à mon avis, que si un Administrateur des biens de l'Eglise souffre que la prescription d'iceux en soit commencée, ou par sa negligence, ou par intelligence avec celuy qui en acquiert la possession, il decede avant que cette prescription soit accomplie ; ensorte que son successeur puisse revoquer & retirer les biens de l'Eglise des mains des possesseurs.

L'Empereur ensuite adressant son discours au Patriarche de la Ville de Rome, il luy dit qu'il reçoive cette Loy qui sera à l'avenir utile à toutes les Eglises Catholiques d'Occident, & dont l'autorité passera jusques dans les Contrées de l'Orient, dans lesquelles il se trouve des biens appartenans à l'Eglise, faisant un sacrifice à Dieu de la protection qu'il donne aux choses qui luy sont dédiées ; ostant par ce moyen aux impies le secours injuste qu'ils pourroient fonder sur la prescription, *ut sit Deo omnipotenti dignum donarium, divinarum rerum tuitio ; nec iniquis hominibus impium remaneat præsidium, & tutus peccandi locus etiam scientibus relinquatur ; sed ille servetur innocens, qui reverà innoxius sit, nec improbâ temporis allegatione sese tueatur tempus pro puritate prætendens.*

Il dit, *vers. quod igitur,* que ce qu'il a consacré au Siege du grand Apostre Saint Pierre, est pour l'utilité de toutes les 4 Eglises qui sont dans les terres & dans les Isles de l'Occident, jusques aux confins de l'Ocean, qui conserveront à jamais la disposition favorable qu'il a faite en leur faveur. Voulant que cette Ordonnance ait lieu, tant pour l'Occident que pour l'Orient, où l'Eglise de Rome a des biens, & où elle en peut avoir. Enjoignant aux Juges superieurs & inferieurs de faire observer cette Ordonnance sur peine contre les particuliers y contrevenans, d'une amende pecuniaire de cinquante livres d'or.

Tome I.   M m

Nous ferons deux obſervations ſur cette Novelle.

5 La premiere eſt, qu'elle a eſté faite ſpecialement pour l'Egliſe de Rome, & pour toutes les Egliſes d'Occident, dont les biens ſe preſcrivoient par la preſcription ordinaire, par laquelle les biens des particuliers ſe preſcrivoient par le droit du Code, comme nous remarquons par ce qu'il dit en parlant des anciennes Loix & de la preſcription de 30. ans, *verſ. cùm enim antiqua. híc.* Mais pour les Egliſes d'Orient elles joüiſſoient de la preſcription de cent ans en vertu de la Loy *ut inter divinum. C. de Sacroſ. Eccleſ.* ſelon le ſentiment de Cujas ſur cette Novelle.

6 La deuxiéme eſt, que ſur la Novelle 111. cy-aprés, l'Empereur confirme la preſcription de cent ans pour les Egliſes; & qu'enfin il a reformé cette diſpoſition par la Novelle 131. *cap.* 6. par laquelle il a borné la preſcription contre les Egliſes à 40. ans; mais dautant que dans ce Chapitre il n'eſt point fait mention de l'Egliſe de Rome, on a pretendu qu'on ne luy pouvoit oppoſer que la preſcription de cent ans. Voyez ces Novelles dans leur ordre, & ſur la Novelle 131. où l'Authentique *quas actiones* eſt rapportée.

PARAPHRASE
DE JULIEN.

CONSTITUTIO VIII.

XLIV. De præſcriptione centum annorum Eccleſiæ competente Romanæ Civitatis.

PRæſens Conſtitutio, quæ Conſulatu Biliſarii. Kal. Mai. data eſt, jubet quidem ſacratiſſimam Eccleſiam Romanam centum annorum præſcriptione ſolum in ſuis actionibus removeri. Nihil autem de ea latius exponemus, quia innovata est ab alia Constitutione, quæ data est Consulatu Basilii.

TITRE CINQUIE'ME.

Des Referendaires du Palais du Prince.

De Referendariis sacri Palatii,

NOVELLE DIXIE'ME.

LEs Referendaires dont il est parlé dans cette Novelle, sont ceux qui expliquent au Prince les prieres que font les particuliers dans les Requestes qu'ils adressent à l'Empereur, & qui envoyent aux Juges les Ordonnances du Prince ; & par cette Novelle ils sont réduits au nombre de huit. On les peut comparer aux Maistres des Requestes.

PARAPHRASE
DE JULIEN.

CONSTITUTIO XVI.

LXI. De numero Referendariorum.

HÆC Constitutio jubet Referendarios quatuordecim, qui nunc sunt, esse ; donec autem ad octo perveniant, non liceat alium adjicere, ut statutus numerus eorum octo sit.

se Privi-
giis Ar-
niepifco-
Jufti-
anæ pri-
æ.

TITRE SIXIE'ME.

*Des Privileges de l'Archevefque de la premiere Jufti-
nienne , &c.*

NOVELLE ONZIE'ME.

QUelques-uns ont pretendu que la Thrace eftoit la patrie
de l'Empereur Juftinien ; mais cette Conftitution nous fait
voir que leur opinion eft mal fondée , & qu'il eft de la Pannonie, appellée à prefent Bulgarie : la Ville de la naiffance de
cét Empereur eftoit auparavant appellée Bederine felon Aga-
thias , & felon d'autres Acride ; & depuis cét Empereur luy
a donné fon nom.

Il obtint depuis du Pape Vigile , que cette Ville auroit le
titre & la Jurifdiction de Metropole ; & on luy foûmit les
Provinces de la Dace Mediterranée, de la Dace Ripenfe , de la
Triballie , de la Dardanie , de la Mefie fuperieure , & de la
Pannonie.

Elle fut appellée Juftinienne premiere , à caufe de fa dignité , à la difference d'autres Villes appellées Juftiniennes ; il y
en avoit une dans l'Ifle de Cypre , nommée Juftinienne feconde , lieu de la naiffance de Theodore , femme de Juftinien , &
une autre dans l'Afrique.

PARAPHRASE
DE JULIEN.

CONSTITUTIO XI.

De Privilegio Archiepiscopi primæ Iustinianæ Nov. X. quæ in aliis exemplaribus deest , & vetere libro.

Idem A. Catelliano viro beatissimo Archiepiscopo primæ Justinianæ.

MUltis & variis modis nostram patriam augere cupientibus, in qua prima Deus præstitit nobis ad hunc modum quem ipse condidit , venire, & circa sacerdotalem censuram eam volumus maximis incrementis ampliare , ut primæ Iustinianæ Patriæ nostræ pro tempore sacro antistitem non solum Metropolitanus , sed & Archiepiscopus fiat, & certæ Provinciæ sub ejus sint autoritate, id est tam ipsa Mediterranea Dacia quam Dacia Ripensis , necnon Missa secunda & Dardania , & Prævalitana Provincia, & secunda Macedonia , pars secundæ Pannoniæ , quæ in Bacensi est civitate ; cum enim in antiquis temporibus Iumii præfectura fuerit constituta , ibique omne fuerat Illirici fastigium , tam in civilibus quam Episcopalibus causis , postea autem Antilanis temporibus eisdem locis devastatis Apenninus Præf. Prætorio de finitima civitate in Thessalonicam profugus venerat : tunc ipsam præfecturam, & sacerdotalis honor sequutus est , & Thessalonicensis Episcopus non sua autoritate, sed sub umbra præfecturæ meruit aliquam prærogativam.

Cum igitur in præsenti Deo autore nostra Respublica aucta est, & utraque ripa Danubii jam nostris civitatibus frequentetur, & viminacium quam residua & litterata quæ trans Danubium sunt, nostræ ditioni subactæ sint : necessarium duximus ipsam gloriosis-

simam præfecturam in Pannonia nostra felicissima collocare, cum nihil quidem magni distat à Dacia Mediterranea secunda Pannonia : multis etiam spatiis separatur prima Macedonia à Pannonia secunda : Et quia homines semper bellicis sudoribus inhærentes non erat utile Reipublicæ ad primam Macedoniam per tot spatia tantasque difficultates venire, ideo necessarium nobis visum est ipsam præfecturam ad superiores partes trahere, ut juxta eam Provinciæ constitutæ facilius sentiant illius medicinam. Et ideo tua Beatitudo, & omnes præfatæ Iustinianæ sacrosancti Antistites Archiepiscopi habeant prærogativam & omnem licentiam suam autoritatem eis impartire, & eos ordinare, & in omnibus supradictis Provinciis primam habere dignitatem, summum sacerdotium, summum fastigium à sede creentur, & solum Archiepiscopum habeant nulla actione adversus Thessalonicensi Episcopo servanda. Sed tu ipse & omnes primæ Iustinianæ Antistites sint ejus judices & disceptatores : quidquid oriatur inter eos discrimen, ipsi hoc dirimant, & finem eximponant, & eos ordinent, neque ad alium quendam eant, sed suum cognoscant Archiepiscopum omnes prædictæ Provinciæ, & ejus sentiant creationem, & vel per se, vel per suam autoritatem, vel clericos mittendos habeant potestatem omnem, omnemque sacerdotalem censuram, & creationis licentiam. Sed & in aliquibus quæ est Provinciæ Dacia Ripensis ordinari volumus à tua Sanctitate Episcopum ut non in posterum sub meridiano Episcopo sit constituta : sed meridianus quidem maneat in meridiano, nulla communione cum aliquibus servanda. Aquensis autem Episcopus habeat præfatam civitatem & omnia ejus castella & territoria, & Ecclesias, ut possit honosiacarum scelus ex ea civitate æterna repellere, & in orthodoxam fidem transformare.

Ut igitur Beatitudo tua, nostri numinis dispositionem, Deo præsentem legem ad tuam venerabilem sedem transmisimus ut in perpetuum tale beneficium habeant Patriæ nostræ Ecclesiæ in Dei omnipotentis gloriam & nostri numinis sempiternam recordationem. Quando autem tuæ sedis gubernatorem ab hac luce decedere contigerit, pro tempore Archiepiscoporum ejus à venerabili Concilio Metropolitanorum ordinari sancimus, quemadmodum decet Archiepiscoporum hominibus oratum in Ecclesiis provehi nulla penitus Thessalonicensi Episcopo, neque ad hoc communione servanda. Beatitudo igitur tua, quæ nostra sanxit æternitas, modis omnibus ad effectum perducere non differat.

TITRE SEPTIE'ME.

Des Nopces incestueuses & criminelles.

NOVELLE DOVZIEME.

PREFACE ET CHAPITRE PREMIER.

Pro incestis.

SOMMAIRE.

1. *Loix touchant les nopces in-*
cestueuses. C. de incest. nupt.
imparfaites, & pourquoy.

2. *Peine contre les nopces in-*
cestueuses.

3. *Horreur des nopces incestueu-*
ses.

4. *Si & comment ces peines ont*
lieu contre les femmes.

5. *Nopces contraires à la nature,*
quelles.

6. *Quelles sont les nopces inces-*
tueuses.

7. *Entre quelles personnes elles*
se contractent.

8. *Authentique* incestas.

9. *Peine de l'inceste en Fran-*
ce.

10. *Peine de l'inceste par le*
Droit Canonique.

Uftinien dans cette Preface dit, que les Loix que les Em- 1
pereurs ont fait touchant les nopces incestueuses, *tit. Cod.*
de incest. nupt. sont imparfaites, parce qu'elles laissent impuny
le crime de ceux qui les contractent, & qu'elles punissent les
enfans qui en proviennent en les privant des biens de leur pere,
en sorte qu'elles punissent les innocens & renvoyent absous les
coupables, *Ut necessitas sit eos quidem qui peccant sine reatu esse;*
eos autem qui innoxii sunt, tanquam peccantes puniri.

Il ordonne dans ce premier Chapitre, que ceux qui contracte-2
ront des nopces deffenduës, incestueuses & criminelles, souffrent
la perte de leurs biens, au cas qu'ils n'ayent point d'enfans nez
d'un pretendu mariage legitime & permis par les Loix, sans

qu'ils puissent se servir des biens qui auroient esté donnez *nomine dotis*, voulant que tous leurs biens soient appliquez au fisc, pour avoir preferé des nopces deffenduës à celles qu'ils pouvoient contracter legitimement, pour avoir deshonoré leur fa-
3 mille, & avoir fait des choses si impies, que les animaux mesme en ont horreur, *confuderit quidem sobolem, nocuerit autem & generi; egerit verò quæ impia sunt & scelesta, & tamen concupierit qualia plurima etiam irrationabilia amovent animalia.*

Cette peine n'est pas introduite par le droit nouveau, puis qu'elle l'estoit déja par le droit ancien, §. *si adversus. Instit. de nupt. l. incesta. ff. de ritu nuptiar.*

Ce qui avoit lieu pareillement pour la donation *propter nuptias, l. 4. C. de incest. nupt.* parce que la dot & la donation *propter nuptias pari passu ambulant, argum. Novel. 97. & Authent. æqualitas. C. de donatio. ante nupt.*

Non seulement l'Empereur condamne à la confiscation des biens ceux qui ont commis ce crime, mais il veut aussi qu'ils soient dépoüillez de leurs Charges, & envoyez en exil : Et mesme il ordonne, que si c'est une personne de basse condition, il soit condamné au foüet, *quatenus discat castè vivere, & intra naturam se continere; non autem delectari & amare ultra terminum traditum nobis à natura, etiam his legibus repugnare.*

4 Il ordonne que les peines qu'il a imposées aux masles qui contractent de semblables nopces, auront lieu à l'égard des femmes qui les auroient contractées, n'ignorant pas qu'elles sont deffenduës par les Loix; de sorte que l'Empereur met une difference entre l'homme & la femme, en ce que l'homme est presumé sçavoir les Loix, & les deffenses qu'elles portent, *l. regula. ff. de jur. & fac. ignor.* mais la femme est censée n'avoir pas la connoissance des Loix, & il faut prouver qu'elle n'ignoroit pas les deffenses portées par icelles, pourveu qu'elle n'ait erré que contre le droit civil, comme si elle se marioit avec le fils de son frere, mais non pas si elle a erré contre le droit des gens, comme remarque fort bien Cujas sur cette Novelle, *mulier jus civile ignorare potest, jus gentium ignorare non potest. Unde si fortè nupserit filio, punietur omnimodo, quia naturâ probrum admisit. Idem si adulterium commiserit, quia naturâ probrum est, l. probrum. ff. de V. S. At non punietur, si nupserit filio fratris, dum existimat cum eo jure civili nuptias esse permissas.*

5 Les nopces qui sont contraires à la nature, sont celles qui sont
con-

tractées entre les afcendans & defcendans, en forte mefme que quelques animaux abhorrent ces fortes de conjonctions, comme il eft dit dans ce Chapitre, & comme remarquent Ariftote, Pline, & les autres Philofophes.

Il faut obferver en ce lieu quelles font les nopces inceftueufes, 6 pour cét effet nous remarquerons que les nopces font juftes ou injuftes, les nopces juftes font celles qui font autorifées & approu-vées par les Loix, premieres ou fecondes, & autres.

Les nopces injuftes font ou deffenduës par le droit naturel, ou par le droit civil, comme font celles qui font contractées entre le tuteur & la pupille, & quelques autres nopces, comme nous avons obfervées ailleurs.

Les nopces injuftes font ou inceftueufes, ou celles qui font feu-lement illegitimes & deffenduës, comme celles qui font con-tractées par des fils de famille fans le confentement de leur pere.

Les nopces inceftueufes font celles qui font contractées dans un degré de parenté ou d'alliance deffendu par les Loix, *inceftam illam conjunctionem vocamus veneream, quæ nuptias nullomodo admittere poteft inter perfonas quas cæftus ille veneris, feu cin-gulum legitimum, quo nuptiæ legitimæ inaugurabantur, exor-nare non poterit; quales pater & filius, mater, frater, forores, afcendentes, collaterales, confanguinei, in gradibus prohibitis, affines aliqui, & virgines quæ poft confecrationem Deo factam nupferint; quæ adulteratæ dici poffunt; quia & defponfatæ Deo videntur, Syntag. jur. univer. lib. 36. cap. 7.* L'incefte fe 7 commet en ligne directe ou en ligne collaterale: il fe com-met en ligne directe à l'infiny, parce que la prohibition du ma-riage s'étend dans cette ligne *in infinitum,* & cette prohibition eft du droit des gens. Mais en ligne collaterale l'incefte ne fe commet qu'entre ceux dont la Loy civile défend le mariage, comme entre les freres & les fœurs, entre ceux qui font *loco paren-tum & liberorum,* comme font les oncles, les tantes, les neveux & les niéces.

L'incefte en ligne directe eft plus énorme que celuy qui fe commet en ligne collaterale, *l.* 38. §. 2. *ff. de adulter.* Delà vient que la femme eft punie de mefme peine que l'homme, quand il s'agit d'incefte commis en ligne directe; mais la femme eft ex-cufée par l'ignorance du droit en cas d'incefte en ligne collate-rale, *d. l.* 38. §. 2.

Tome I.

N n

Il s'agit dans ce Chapitre de l'incefte commis tant par ceux qui ont contracté mariage enfemble , que par ceux qui vivent dans l'incefte par une conjonction fans mariage , fuivant le fentiment des Docteurs.

De cette Novelle a efté tirée l'Authentique *inceftas nuptias. C. de inceft. & inutilib. nupt.*

8   Authentique *Inceftas. C. de inceft. & inutilib. nupt.*

Inceftas nuptias contrahentis pæna eft confifcatio bonorum tam cæterorum quàm dotis , exilium etiam & cinguli , fi quo potitur , fpoliatio , verberatio quoque fi vilis eft. Fœmina quoque talia fcienter peccante , fimili pæna fubjuganda. Subftantia fic amiffa , liberis hoc ipfo fui juris effectis , fi quos habet legitimos applicetur , ut tamen pater ab eis alatur , quibus non obftantibus , fifco defertur.

9   L'incefte commis en ligne directe eft puny du dernier fupplice en France ; c'eft pourquoy les Ecclefiaftiques accufez de ce crime pardevant les Cours feculieres , ne peuvent decliner la Jurifdiction , *arg. Authent. inceftas. C. de fecund. nupt. l. adulterium. ff. ad leg. Jul. de adulter.*

Belordeau en fes Controverfes , livre 9. chap. 11. rapporte un Arreft du Parlement de Bretagne , du 29. Octobre 1599. par lequel un Preftre accufé d'incefte , avoit appellé comme d'abus du decret contre luy decerné par le Juge feculier , pretendant que c'eftoit à l'Official à luy faire fon procez ; il fut dit qu'il n'y avoit abus , & qu'il avoit efté bien jugé & decerné.

L'incefte fe commet auffi en collaterale entre le frere & la fœur , & les autres parens dont le mariage eft deffendu par les Conftitutions Canoniques : mais il n'eft capital qu'entre le frere & la fœur.

Ce crime dans les cas où il eft capital , emporte confifcation de biens dans les Provinces de confifcation , parce que qui confifque le corps il confifque les biens , fuivant l'art. 183. de la Couftume de Paris.

Eftant commis dans cette ligne entre les autres perfonnes entre lefquelles le mariage eft défendu , il n'eft pas puni de mort , la peine en eft arbitraire , felon le degré de parenté , & fi c'eft *inter eos qui funt loco parentum & liberorum.*

10   Par le Droit Canonique ceux qui contractent mariage *in gradu prohibito* par les Conftitutions Canoniques , font excommuniez. *Clement. 1. de confanguin. & affinit.* mais l'Evefque en peut décharger, *d. Clement. 1. in verbo obtinere.*

CHAPITRE II.

Les enfans legitimes de ceux qui ont contracté des nopces deffenduës, sont delivrez de la puissance paternelle, & prennent les biens de leur pere.

Si verò contigerit.

Dans ce Chapitre il ordonne, que si celuy qui a contracté des nopces deffenduës, a des enfans nez en legitime mariage en quelque degré qu'ils soient, ils sortent de sa puissance, & prennent sa succession & ses biens pour punition d'avoir contrevenu aux Loix, à la charge neanmoins qu'ils le nourriront, & luy donneront pendant sa vie les choses qui luy seront necessaires, parce que *licet legum contemptor & impius sit, tamen pater est.*

Cette peine n'est pas d'usage en France ; car si le pere n'est pas condamné à mort naturelle, ou à mort civile, il ne perd point la proprieté ny la possession & joüissance de ses biens.

Ut libe‑
legitimi
incestuo‑
forum
supplici‑
patris fi
juris
sant, &
ses patri
accipia

CHAPITRE III.

Dans quel temps cette Ordonnance doit estre observée, & quelle portion les enfans incestueux prennent dans les biens de leur pere.

Intra
quod
tempus
huic
Constitu‑
tioni lo‑
cus sit,
& quid
incestuo‑
si filii
juris ha
beant in
bonis par‑
tis.

SOMMAIRE.

Princip. & hoc quidem sequens.

1　L'Empereur declare dans le commencement de ce Chapitre, que les peines portées dans les precedens n'auront lieu que pour les mariages inceſtueux qui ſeront contractez aprés , & non pour ceux qui ont eſté contractez auparavant, au cas que ceux qui les ont contractez vivent dans la chaſteté , & ne s'y trouvent plus au temps de cette Loy ; car il n'eſt pas juſte de punir ceux qui ne ſont plus dans le crime.

Quant à ceux qui ſe trouveront liez par de ſemblables mariages ſubſiſtans encore aprés cette Ordonnance , l'Empereur leur permet de les diſſoudre dans deux ans, à compter du jour de la publication de cette Loy, & de ſe ſeparer veritablement & ſans feintiſe , auquel cas ils ſont à couvert des peines portées par cette Ordonnance.

Toutefois l'Empereur ne veut pas que tels mariages, quoy que contractez avant cette Loy, demeurent entierement impunis , mais auſſi il ne les rend pas ſujets aux peines portées contre ceux qui ſont contractez aprés , *nec omnino relinquimus innoxium , nec omnibus modis ſub acerbam indignationem ſubmittimus;* car il veut que ceux qui les ont contractez , ſatisfaſſent aux delits commis avant cette Ordonnance , *ſic prioribus ſatisfaciat,* par la confiscation de la quatriéme partie de leurs biens, le reſte appartenant à leurs enfans , qui leur eſt accordé par cette Loy comme eſtans innocens du crime de leur pere ; enſorte que quoy qu'ils ſoient ſeuls , & ſans qu'il ſe trouve d'autres enfans legitimes avec eux , nez en legitime mariage , ils ne doivent point eſtre exclus de la ſucceſſion de leur pere , à moins qu'il ne les ait desheritez pour quelque juſte cauſe.

§. *Si verò etiam nuptiæ.* 1.

2　Que ſi celuy qui a contrevenu à cette Ordonnance a des enfans nez en legitime mariage , & d'autres nez dans un mariage deffendu , l'Empereur ordonne que les trois quarts de ſes biens appartiendront à ceux qui ſont nez en legitime mariage , à moins qu'ils ne ſoient exclus de la ſucceſſion de leur pere par une juſte cauſe d'exheredation ; & que l'autre quart ſera pour ceux qui ſont inceſtueux , le fiſc emportant auſſi un autre quart de tous les biens ; de forte que le fifc emporte un quart de tous les biens, & les enfans inceftueux prennent un quart du reftant, & le refte aprés appartient aux enfans nez en legitime mariage.

Dans le verfet *Damus autem*, l'Empereur permet aux enfans legitimes & aux inceftueux d'eftre heritiers de leur pere, non feulement par Teftament, mais auffi *ab inteftat*, felon la maniere qu'il a prefcrite cy-deffus dans le commencement de ce Chapitre ; voulant que ce qu'il a ordonné à l'égard des enfans ait lieu, quoy que le pere aprés avoir contraſté & diffoud un mariage deffendu, en repudiant la femme qu'il auroit prife, en ait contraſté un autre ; fuivant la difpofition des Loix, ayant des enfans iffus de l'un & de l'autre. Ainfi il dit que par clemence il n'a point d'égard au temps paffé, c'eft à dire aux premiers nopces qui ont efté inceftueufes, en permettant que la dot foit renduë à la premiere femme ; car fuivant ce qui a efté dit cy-deffus, elle devroit eftre appliquée au fifc, *cap*. 1.

Que fi le mary ne renvoye pas la femme qu'il aura prife contre la difpofition de cette Ordonnance dans les deux ans, à compter du jour qu'elle aura efté publiée, l'Empereur veut qu'il perde entierement fes biens, & la femme ceux qu'elle luy avoit apporté en dot, & qu'ils encourent les peines portées cy-deffus, & les enfans qui en feront iffus, ne pourront rien prendre dans les biens de leur pere, ny dans la dot de leur mere.

Que s'ils ont des enfans legitimes nez avant un mariage inceftueux & deffendu, ces enfans peuvent prendre les trois quarts de leurs biens felon qu'il a efté dit cy-deffus, à la charge de les nourrir, & de leur fournir pendant leur vie ce qui leur eft neceffaire, l'autre quart eftant appliqué au fifc ; la femme mefme fouffrant la confifcation de fa dot.

Que fi celuy qui a contraſté un femblable mariage n'a point d'enfans legitimes, tous fes biens font confifquez.

Dans la fin de ce §. l'Empereur ordonne, que ce qu'il a eftably contre ceux qui ne diffolvent pas le mariage qu'ils ont contraſté contre cette Ordonnance, dans les deux cas, aura lieu auffi contre ceux qui contraſteront à l'avenir de femblables mariages.

La Novelle 17. *de mandat. Princip. cap.* 17. où il eft dit que les biens des condamnez ne font pas appliquez au fifc, mais

qu'ils font delaiſſez à leurs heritiers legitimes , n'eſt pas contraire à la diſpoſition de ce §. parce que la Novelle 17. ſe doit
entendre des crimes pour leſquelles la confiſcation n'eſt pas ordonnée expreſſément par quelque Ordonnance particuliere,
ainſi elle n'abroge pas la confiſcation portée dans le cas de la
Novelle *de inceſtis & nefariis nupt.* & c'eſt ainſi qu'il faut
auſſi répondre à la Novelle 134. §. *ult.* laquelle ne conſerve
pas ſeulement aux enfans les biens des condamnez , mais auſſi
à leurs parens juſques au troiſiéme degré.

Ce qui eſt porté dans ce Chapitre n'eſt point d'uſage en France , où les enfans nez hors le mariage legitime , ne ſuccedent
point à leurs pere & mere , & n'y peuvent rien pretendre , ainſi
que nous avons dit ailleurs plus amplement.

CHAPITRE IV.

Des enfans nez d'une concubine.

L'Empereur dit au commencement de ce Chapitre , que
la Loy qu'il a faite touchant les enfans nez dans le concubinage & legitimez par ſon Ordonnance par un ſubſequent
mariage , a cauſé quelque doute à quelques perſonnes ; c'eſt
pourquoy il eſt à propos de faire ceſſer les difficultez qu'elle
pourroit avoir laiſſées : & il dit que cette Loy ſe doit entendre ainſi , ſçavoir que ſi quelqu'un ayant des enfans nez en legitime mariage , ſa femme vient à mourir , ou qu'il s'en ſepare
ſelon les formalitez ordinaires , & qu'enſuite il ait habitude
avec une autre femme avec laquelle il pouvoit legitimement
contracter mariage , de laquelle il ait eu des enfans avant que de
l'avoir épouſée , & qu'après il la prenne pour femme , & que
les enfans nez pendant le concubinage luy reſtent , & qu'il n'en

ait aucuns nez de cette femme pendant son mariage, ou que s'il en avoit eu, ils fussent decedez, quelques-uns ont crû que les enfans nez en concubinage, ne pouvoient pas estre legitimez par le subsequent mariage de leurs pere & mere, parce que leur pere avoit des enfans vivans nez d'un premier mariage contracté legitimement, mais l'Empereur dit que leur doute est mal fondé, *nullam rectam & consequentem habet consonantiam.*

La raison est, que si les enfans nez de celle qui estoit auparavant la concubine de leur pere, sont legitimes, parce qu'ils sont nez en legitime mariage, ceux qui sont nez auparavant ce mariage doivent aussi estre legitimez, & leur pere meurt pere legitime, tant des enfans qu'il a eu d'un premier mariage, que de ceux qui sont nez en concubinage de la femme qu'il a épousée ensuite aprés leur naissance, quoy que de ce second mariage il n'ait eu aucuns enfans, ou que s'il en a eu, ils soient decedez avant luy: & la Loy luy permet de disposer à sa volonté de ses biens entre tous ses enfans, pourveu qu'il ne contrevienne point à celles qui veulent, que tous les enfans soient appellez à une certaine portion de la succession de leur pere.

Ainsi ces enfans nez hors le mariage, en consequence du mariage subsequent de leurs pere & mere, succederont à leur pere par son Testament, ou *ab intestat*, selon que le pere aura disposé de ses biens en leur faveur, & selon que la Loy le permet, & ils succederont comme enfans legitimes par l'un ou par l'autre, c'est à dire ou par le Testament de leur pere, comme heritiers testamentaires, ou par disposition de la Loy comme heritiers legitimes & *ab intestat*.

Enfin dit l'Empereur *vers. quid enim.* qu'est-il besoin d'une plus longue & plus ample Ordonnance, puisque la legitime & le nom d'heritiers siens qui leur convient, suffit pour faire voir qu'ils sont en la puissance de leur pere, & pour leur donner le secours contre le Testament de leur pere que les Loix fournissent aux enfans, & tout ce qui peut appartenir à ce nom, comme la plainte d'inofficiosité, & la possession des biens contre le Testament, §. *nostra. Institut. de exheredat. liberor.*

La Loy dont l'Empereur fait mention dans ce Chapitre, & qui a donné lieu à l'interpretation qu'il en a faite en ce lieu pour le doute qu'elle laissoit, est la Loy *cùm quis.* 10. C. *natural. liber.* Dans cette Loy l'Empereur dit, que les enfans nez en concubinage, dont les pere & mere se marient aprés ensemble, sont legitimes aussi bien que ceux qui sont nez desdits pere & mere pendant leur mariage. Mais il ne dit pas dans cette Loy si ils doivent estre reputez legitimes à l'égard de ceux qui seroient nez d'un precedent mariage; & c'est ce qui a donné lieu à quelques-uns d'en douter, ainsi que témoigne l'Empereur au commencement de ce Chapitre; & ce qui a pû augmenter leur doute, c'est que l'Empereur Zenon dans la Loy *Divi Constantini. 5. C. eod. tit.* dit que ces enfans nez avant le subsequent mariage de leurs pere & mere, sont legitimes *non existentibus justis & legitimis liberis*; ainsi il y avoit sujet de douter si ces termes obmis dans l'Ordonnance de Justinien en la Loy *cùm quis.* y devoient estre suppléez.

3   Le mariage subsequent est un moyen legitime en France de legitimer les enfans qui sont nez dans le concubinage, soit qu'il y ait d'autres enfans nez d'un precedent mariage, ou qu'il n'y en ait aucuns; ou qu'il y ait des enfans nez pendant ce subsequent mariage, ou non: par la raison que c'est le mariage qui rend les enfans legitimes; ce qui ne reçoit point de difficulté, pourveu qu'ils ne soient point nez en adultere, auquel cas ils ne peuvent point estre legitimez, comme nous avons dit ailleurs.

PARAPHRASE
DE JULIEN.

CONSTITUTIO XXXII.

De nefariis & incestis nuptiis.

SI quis nefariam & incestum atque damnatam matrimonium contraxerit, liberos autem ex legitimo priore matrimonio non habuerit:

habuerit : Statim suis facultatibus careat, & dos quæ ei data est, fisci viribus vindicetur. Post publicationem autem, & cinguli sui patiatur amissionem, & exilio puniatur. Quod si vilior sit persona & corporales coërcitiones subsistat, & uxor ejus contra leges nupta easdem pœnas patiatur, scilicet si nulla justa excusetur ignorantia.

CXI. Idem.

Sin autem liberi sint ei qui incestas contraxerit nuptias, illi autem liberi legitimi sint, qui forté ex alio matrimonio procreati sunt, pœna patris, sui juris fiant, & paternas accipiant facultates: sic tamen ut patri suo alimonias præbeant; & quæ necessaria sunt, administrent.

Hæc autem omnia valeant post biennium, quàm hæc constitutio fuerit intimata ; nam intra biennium omnes quidem illicitas nuptias, si quæ contractæ sint, dissolvi constitutio jubet sine pœna eorum qui nuptias illicitas contraxerunt.

. Liberis autem qui ex hujusmodi matrimonio nati sunt, tres partes bonorum paternorum præstentur, quarta fisco, scilicet si non ingrati sunt tales liberi, & alii liberi legitimi non sint, nam si alii liberi legitimi sunt : tunc quidem quartam partem fiscus capiat : cætera autem bona inter se legitimi liberi, & hi qui ex illicito matrimonio nati sunt, partiantur tam ex testamento quàm ab intestato.

Mulier autem quæ contra leges nupsit, suam dotem tantum accipiat ; sed hæc omnia intra biennium valeant, nam post biennium superiora præcepta valebunt, quæ in primo capite dicta sunt. Nam si post biennium in illicitis nuptiis aliquis permanserit, pœnis in primo capite dictis subiiciatur. Idemque dicimus, & si ante biennium novas illicitas contraxerit nuptias. Nam biennii indulgentia illis præstita est, qui jam contraxerunt contra leges matrimonia ut intra biennium separentur. Quod si non fuerint separati, sed perseveraverint in toto biennio: pœnis primi capitis subjiciatur.

CXII. De naturalibus liberis.

Si quis cum muliere libera consuetudinem habuerit, cujus nuptiæ interdictæ non sunt : & liberos illa procreaverit, posteaque instrumenta dotalia composuerit : ei non solum jam nati liberi

O o

legitimi & in potestate ejus sint, sed etiam posteà procreati. Dat. XVII. Kal. Jun. Constantin. Bilis. V. C. Consul.

Le Titre 8. qui contient la Novelle 13. de Prætoribus, est inutile en France.

TROISIE'ME COLLATION.

TITRE PREMIER.

De ceux qui font un commerce infame.

*de leno-
nibus.*

NOVELLE QUATORZIE'ME.

SOMMAIRE.

1. *Motif de cette Constitution.*
2. *Commerce de filles & de femmes en horreur dans les Republiques Chrestiennes.*
3. *Ordonnances contre les lieux infames.*
4. *Entreprise de Pie V. de chasser les femmes de mauvaise vie de la Ville de Rome.*

1 L'Empereur voyant que plusieurs hommes faisoient un commerce infame de filles & de femmes dans la Ville de Constantinople, qu'ils débauchoient mesme des filles qui n'avoient pas encore accomply leur dixiéme année; & que pour y réussir avec plus de facilité, ils retiroient chez eux des jeunes filles, sous pretexte de leur donner les choses necessaires, il crût qu'il falloit remedier à ces desordres; & pour cela il ordonna à tous ceux qui avoient exercé ce commerce de sortir de la Ville de Constantinople, *tanquam pestiferos & communes castitatis vasta-tores, & liberas ancillasque requirentes, & deducentes ad hujus-*

modi neceſſitatem, & decipientes, & habentes educatas ad uni-
verſam confuſionem, avec deffenſe ſur peine de la mort à aucune
perſonne de prendre des filles malgré elles, pour les proſti-
tuer.

La raiſon pour laquelle ce Prince fit cette Ordonnance,
marque qu'il eſtoit tres-vertueux : *Eo quòd Dei dona quæ circa*
noſtram fecit Rempublicam, volumus conſervari pura ab omni tali
neceſſitate, & Domini Dei circa nos munera eſſe & permanere di-
gna. Credimus enim in Domino Deo etiam ex hoc noſtro circa caſti-
tatem ſtudio, magnum fieri noſtræ Reipublicæ incrementnm : Deo
nobis omnia proſpera per talia opera conferente. Quatenus ergo nos
primi noſtri Cives caſta hac noſtra fruamini diſpoſitione, propte-
reà hac ſacratiſſima prædicatione utimur, ut ſciatis noſtrum
circa vos ſtudium, circa pietatem atque caſtitatem labores noſtros,
per quos in omnibus bonis cuſtodiri noſtram Rempublicam ſpera-
mus.

Toutes les Repub. Chreſtiennes du monde ont eu ces commer- 2
ces en horreur, auſſi ont-ils eſté introduits par le demon pour ren-
verſer les Temples du S. Eſprit, & faire triompher l'impureté de
l'innocence & de la pudeur ; que ſi celuy qui eſt accuſé d'adultere
eſt puniſſable de mort, ou qui a defloré une vierge par force,
eſt coupable de mort par la diſpoſition des Loix, celuy qui luy
en fournit les moyens n'eſt-il pas complice du meſme crime, &
partant ne doit-il pas eſtre ſujet à la meſme peine. Et meſme ſelon le ſentiment des Docteurs, *Lenocinium gravius & majus eſt*
crimen adulterio ; quia adulter in ſe tantam & in unam fæminam
peccat, leno autem peccat ipſe & duos pariter peccare facit ; & id.
circo graviter puniendus, l. Athletas. §. Lenocinium. ff. de in-
fam. Bartol. in l. is qui reus. ff. de public. judic.

Que ſi Lucien le plus grand des Athées, juge ce crime tres-
abominable, n'eſt-ce pas un argument convainquant qu'il l'eſt
en effet ?

Le Roy Charles IX. par ſon Ordonnance tenuë aux Eſtats
d'Orleans, article 101. deffend expreſſément tous bordels & 3
brelans, ordonnant que ceux qui les tiendront, ſoient punis ex-
traordinairement.

Il y a une ancienne Ordonnance du Roy ſaint Loüis de l'an
1254. qui ordonne, que les femmes de mauvaiſe vie ſeront chaſſées
de tous les lieux de ſon Royaume, avec confiſcation des maiſons qui auront eſté loüées à des perſonnes infames ; *qui verò*

domum publicæ meretrici scienter locaverit , volumus quòd ipsa domus incidat in commissum.

L'Ordonnance de 1560. a esté confirmée en ce point par un Arrest de la Cour donné pendant les Vacations le 15. Octobre 1588. qui deffend de tenir ces lieux publics sur peines pecuniaires.

4 Le Pape Pie V. voulut chasser toutes les femmes infames de la Ville de Rome ; mais cette entreprise ayant esté trouvée de difficile execution , & de perilleuse consequence dans la suite, il ordonna qu'elles se retireroient dans un certain quartier de la Ville : ce qui s'observe encore à present , parce que, comme dit saint Thomas, 2. q. art. 11. *in regimine humano illi qui præsunt rectè , aliqua mala tolerant , ne aliqua bona impediantur; vel etiam ne aliqua mala pejora incurrantur ;* & comme dit fort bien saint Augustin *in libro de Ordine; aufer meretrices de rebus humanis , turbaveris omnia libidinibus.*

PARAPHRASE
DE JULIEN.

CONSTITUTIO VIII.

CIX. De Lenonibus tollendis.

HÆC *Constitutio jubet neminem lenonem esse neque in urbe Imperiali , neque in Provinciis : & hoc prohibere debent Prætores & Præsides. Ultimo enim supplicio subjiciuntur , qui contra constitutionis hujus normam lenones esse ausi sint. Omnia autem instrumenta & fidejussiones apud lenones interpositas , vel à lenonibus contra bonos mores factas infirmas atque invalidas esse, hæc Constitutio jubet. Dat. Kal. Dec. CP. Bilis. Cons.*

La Novelle 15. de Defenforibus Civitatum , *eft inutile en France.*

TITRE TROISIE'ME.

Du nombre des Clercs qui doivent eftre ordonnez.

NOVELLE SEIZIE'ME.

De menfura ordinandorum Clericorum.

L'Edition d'Haloander porte pour titre de cette Conftitution , *ut Clerici ex una Ecclefia in aliam transferantur ad supplendum deficientium ftatutum numerum.*

Cette Conftitution eft comme une fuite & une dépendance de la Novelle 3. l'une & l'autre concernant l'Eglife Cathédrale de Conftantinople, qui avoit trois autres Eglifes annexées, dont elle entretenoit les Clercs.

On avoit ordonné dans ces Eglifes plus de Clercs que leur revenu n'en pouvoit fouffrir ; c'eft pourquoy l'Empereur dans la Novelle 3. avoit deffendu de fubftituer d'autres Clercs en la place de ceux qui excederoient, jufqu'à ce que le Clergé de ces Eglifes fût réduit au nombre ancien des Clercs, & tel que leur revenu pouvoit fupporter : & dans cette Novelle 16. l'Empereur ordonne, que fi le nombre des Clercs n'eft pas encore réduit à l'ancien nombre dans une Eglife, & qu'il le foit dans une autre, & qu'il en manque quelqu'un de l'ancien nombre, on n'en ordonne pas un autre pour mettre en fa place, mais qu'on en prenne un de l'Eglife dans laquelle il y en a un plus grand nombre qu'il ne faut, afin que par ce moyen les Clercs dans toutes les Eglifes foient réduits au nombre ancien. Par le contenu dans cette Conftitution, on void que l'infcription de l'Edition d'Haloander , eft plus convenable au fujet, que celle de la vulgate.

Voyez la Novelle 3. & la Novelle 8. *cap.*

PARAPHRASE
DE JULIEN.

CONSTITUTIO XII.

XLVIII. Quando liceat Clericis ab alia Ecclesia ad aliam transire.

SUperius Constitutionem legimus qua cavetur, ut numerus Clericorum certus sit in majore Ecclesia Urbis Constantinopolitanæ : hæc autem Constitutio jubet, ut ex aliis Ecclesiis superflui Clerici, idest, hi qui supra statutum numerum sunt, in locum mortuorum Clericorum majoris Ecclesiæ transferantur. Dat. XVII. Kal. Augus. C. P. N. Bilis. V. C. Cons.

TITRE QUATRIEME.
Des Ordonnances du Prince.

De Mandatis Principis.

NOVELLE XVII.

SOMMAIRE.

ges réelles dont les heritages font chargez.

7. *Juges doivent punir les cri-* *minels fans rien exiger de leurs biens.*

L'Empereur fait plufieurs Ordonnances dans cette Novelle, nous obferverons icy celles qui font les plus remarquables.

La premiere eft, que les Juges doivent rendre la juftice fans 1 rien exiger des particuliers, & prendre garde que les droits du fifc foient payez ; *ficut enim privatos injuftitiam paffos adjuvamus, fic & publicum illæfum manere volumus*, cap. 1.

La deuxiéme eft, que les Juges empefchent les feditions, & maintiennent la tranquillité publique autant qu'il eft poffible, & qu'ils ne fe laiffent point corrompre en confideration de la perte que des particuliers en pourroient recevoir, *cap.* 2.

La troifiéme eft, qu'ils jugent fommairement & en l'Audiance les affaires legeres & de petite confequence, fans les appointer, pour ne pas obliger les parties dans de grands frais, *cap.* 3.

La quatriéme, qu'ils ne permettent pas, que les criminels joüiffent d'aucuns privileges lorfqu'il s'agit de la punition des crimes, mais qu'ils les condamnent aux peines qu'ils meritent, & qu'ils ne renvoyent abfous aucuns accufez que fur leur innocence ; parce que la mort des coupables eft la confervation des autres, *reorum fupplicium alios omnes falvos facit*, cap. 5. *in princip.*

La cinquiéme, qu'ils fe rendent terribles aux méchans, & qu'ils faffent paroiftre une affection paternelle envers les bons, & envers ceux qui fe foûmettent volontairement à leur devoir & à l'obfervation des Ordonnances ; *talem verò præbebis temetipfum omnibus publicè & privatim, ut terribilis quidem fis delinquentibus, & indevotis circa fifcalia ; manfuetiffimus autem & mitis omnibus placidis & devotis, & paternam eis exhibens providentiam.*

La fixiéme, que les alienations des heritages fe faffent en forte que les acquereurs foient chargez des cens & autres redevâces auf- 2 quelles ils font fujets nonobftant toutes pactions contraires. Surquoy il faut obferver, qu'autrefois on doutoit fi les acheteurs eftoient tenus des tributs & charges réelles des heritages, lefquels ils avoient achetez à la charge qu'ils n'en feroient point tenus, & que les vendeurs les en acquiteroient. Ce doute a efté ofté par les Loix qui font mifes fous le titre du Code *fine cenfu vel reliquis fundum comparari non poffe.*

Par la Loy 2. il eft decidé, que l'acquereur eft tenu des arre- 3 rages de telles redevances, non seulement de ceux qui sont écheus de son temps, mais aussi de ceux qui sont écheus auparavant, & qui n'ont pas esté payez. La raison est, que ces charges sont réelles, & partant elles suivent les possesseurs & détenteurs des heritages, lesquels en peuvent estre valablement poursuivis à raison desdits heritages. De sorte qu'on ne reçoit point de convention au préjudice du fisc, ou de celuy auquel ces redevances sont deuës, *l. 1. 2. & ult. c. b. t.* car les pactions privées ne peuvent point préjudicier aux droits publics, *l. 28. & l. 42. ff. de pact.*

4 Mais les Loix contenuës sons ce Titre ne décident point si le vendeur en est tenu, & au cas que l'acheteur se trouve insolvable; ce qui a donné lieu à l'Empereur dans le Chapitre 8. de cette Novelle, de décider que le vendeur est tenu de s'obliger de garantir l'acheteur; & de ce Chapitre a esté tirée l'Authentique *Sed & periculum. C. de tit.*

Authentique *Sed & periculum C. sine censu vel reliquis.*

Sed & periculum in se recipere potest, si examinatione ante traditionem facta emptor minus idoneus inventus fuerit: tunc enim venditor apud gesta profiteri cogitur, quia periculo suo transpositio fit fiscalium tributorum.

L'usage de toute la France est conforme à la disposition des Loix du titre au Code *sine causa, &c.* & à l'Authentique *sed ut periculum*, en sorte que c'est à l'acquereur à payer le cens, sans qu'il en puisse estre deschargé par quelque clause & convention que ce soit, faite entre luy & le vendeur, par le Contrat 5 de vente. Et mesme il est sans doute que c'est à l'usufruitier à le payer, tant que dure l'usufruit, comme nous avons dit ailleurs. Mais le vendeur n'est point tenu de s'obliger de payer les arrerages du cens pour l'acheteur, parce que les fruits de l'heritage en répondent, & ils peuvent estre saisis faute de payement, suivant l'article 73. de la Coustume de Paris.

Pour ce qui est du quint & des lots & ventes, par qui ils sont deüs, & en quels cas, voyez les articles 23. 24. 73. & suivans, de la mesme Coustume, & nostre Commentaire.

6 Puisque les droits de cens & d'autres charges réelles sont deüs pour la chose & à raison de la chose, il s'ensuit que l'Eglise en est

tenuë

tenuë pour les heritages qu'elle a acquis, *Can. si tributum.* 27.
c. II. q. I. argum. c. I. Ext. de immun. Ecclef. & cap. I. eod.
tit. 156.

La septiéme regle est, que les Juges doivent punir les coupables de la peine deuë à leurs crimes, mais ils ne doivent pas toucher à leurs biens, ils les doivent laisser à leur famille & à leurs
heritiers *ab intestat*, par la raison qu'il en rend, *non enim res sunt*
quæ delinquunt, sed qui res possident; cependant les Juges ordinairement renversent cét ordre, car ils épargnent les criminels,
& ils n'épargnent pas leurs biens : *at illi reciprocant ordinem,*
eos quidem qui digni sunt pœnâ, dimittunt, illorum autem aufe-
runt res, alios pro illis punientes, quos lex fortè ad illorum vo-
cavit successionem.

Touchant la confiscation, voyez la Novelle 134.

PARAPHRASE
DE JULIEN.

CONSTITUTIO XXI.

LXVIII. *De Officio Rectoris Provinciæ.*

HÆC *Constitutio habet inscriptionem, Mandata Prin-*
cipis ; disponit autem quales esse oporteat Provinciarum
præsides : & interdicit eis aliquid à subjectis lucrari, quasi pu-
blicis annonis sufficientibus eis. Nam & tributa exigere & requi-
rere debent, ne forte fiscus diminutionem aliquam passus sit.

Oportet autem & causas privatorum cum æquitate eos audire,
& viliores quidem dirimere sine scriptis, & non concedere litiga-
tores ultra ea, quæ Constitutionibus continentur, in judicium ex-
pendere. Sin autem viles sint litigatores, & sine aliqua expensa
causas eorum cognoscere Præsidem oportet. Si enim hæc omnia cum
omni puritate fiant, nec facile in Constantinopolitanam civitatem

Tome I.

Provinciales concurrent : nam & si concurrerint, cùm per Magis-
tratus Provinciales nihil steterit, nullum responsum impetrabunt
à Principe. Jubet autem constitutio & agentes in rebus, vel alios
quoscumque qui à Constantinopolitana civitate jussiones majorum
judicum portant, prohiberi posse per Provinciarum præsides injustè
conversari.

LXIX. Idem.

Consuetudinarias jussiones ex quocumque judicio procedentes
Provinciarum præsides non recipiant : veluti de publico aquæductu,
de porta, de itineribus muniendis, & de pontibus, de imagini-
bus, de muris, de ædium excidio, utpote in publico loco ædifica-
tarum ; jubet autem nullam rationem habere præsides Provincia-
rum. Hujusmodi jussionum, nisi divinam Pragmaticam Sanctio-
nem intimaverint : posteaque præsidem indicare oportet per suam
relationem piissimo Principi, nam nec divinam Pragmaticam for-
mam temerè eum admittere constitutio permittit. Debet autem &
in operibus publicis suam diligentiam, atque instantiam præses
ostendere. Nam & Patrem civitatum ædificatione publicas co-
gere debet constituere.

Omnes autem milites qui in eadem Provincia sedent, imperio
præsidis subjici constitutio præcepit, nam & castigare eos delin-
quentes præsidi licet.

LXX. Idem.

Si quis crimine illigatus in judicio præsidis perductus fuerit,
& ne aliquid de eo cognoscatur, privilegio dignitatis vel mili-
tis usus fuerit, præses Provinciæ non recipiat eum, qui enim pri-
vilegium ad removenda crimina prætendit à præside, admitti non
debet.

Apparitores quoque refrænare præsidem oportet, & si inju-
riosè conversari voluerint, non permittere.

Sed & consiliarium & omnes homines suos purissimos habeat,
ut his tantum contenti sint, quæ eis publicum subministrat.

LXXI. Idem.

Præses Provinciæ fidem publicam non passim unicuique præ-
stare debet : immò etiam si dederit, usque ad triginta dies tan-
tum fides publica valere debet. Sed & condemnare eum debet, qui

intra terminos sanctorum sit , & exequi ab eo ita tamen ut competentem honorem sanctorum terminis conservet.

LXXII. Idem.

Termini Sanctorum non prosunt neque homicidis , neque adulteris, neque raptoribus virginum. Sed & si quis tributa fisco debeat , poterit intra sanctorum terminos ab eo exigi publicum debitum , ut tam œconomi quàm defensores Ecclesiarum ab hoc subveniant præsidi magis , quàm debitorem eripiant. Nam si quid tale fecerint , de sua substantia tributa fisco reddere compellantur.

LXXIII. Idem.

Præses Provinciæ non debet permittere tributorum exactoribus aliter tributa exigere, nisi prius declaraverint jugerorum quantitatem , & pro quibus prædiis & in quibus speciebus exactio sit. Quod si de tributis aliqua dubitatio emerserit , censuales quidem faciant expositiones cum omni subtilitate : referatur autem apud gloriosissimum pro tempore Præfectum Prætorio , & per amplissimum judicium ejus causa dubia dirimatur. Debet autem Præses Provinciæ cogere censuales etiam ut translationem faciant distractorum prædiorum , sine omni tamen detrimento. Sin autem ideo censuales translationem facere distulerint , quod emptores inopes esse putant , & hujus rei disceptatio Præsidialis erit. Et si dubitetur , utrum emptor idoneus sit an non , venditor autem paratus sit periculo suo translationem venditi prædii facere , audiri debet.

LXXIV. Idem.

Profectiones præsidum non oportet damnosas Provincialibus esse. Nam nec angarias præsidi , vel apparitioni ejus facere licet. Omnes enim omnino præsides annonis suis contentos esse constitutio jubet.

LXXV. Idem.

Non liceat Provinciarum præsidibus in iisdem provinciis , quas ipsi gubernant , vicarios suos constituere : sed nec militibus concessum est angarias à Provincialibus petere , vel quæcumque detrimenta eis facere : sed & si quid damni Provinciales sentiant , hoc præses ei de suo resarcire compelletur.

LXXVI. Idem.

Si quis jussionem portaverit præsidi de religionibus, liceat ei eam contemnere. Nam si quod canonicum acciderit, hoc præses cum Metropolitano Provinciæ disponere debet.

LXXVII. Idem.

Capitali crimine damnatorum bona non ad lucrum præsidis referri, sed cognatis punitorum reddi oportet.

LXXVIII. Idem.

Injusta Patrocinia tam prohibere, quam contemnere præses Provinciæ debet.

LXXIX. Idem.

Alieno Colonos sive capite censitos nemo suscipere audeat, sed & si susceperit, statim reddat: alioquin si non reddiderit, tertiam desertam propter colonorum vel adscriptitiorum absentiam suscepto-ribus eorum irrogari æquum est.

Curare autem etiam Præses Provinciæ debet, ne aliquid tale contingat; sed & si contigerit, etiamsi in aliam Provinciam coloni vel adscriptitii fugerint, per publicas litteras reducere eos debet; & hoc non solum in dominicis prædiis obtinebit, sed etiam in privatorum possessionibus: quarum forte aliqui curam habent, sive quod conductores sint, sive quod procuratores.

LXXX. Idem.

Si quis alienis agris vel ergasteriis titulos imposuerit, & nomen suum inscripserit, bonorum publicatione puniatur.

Unusquisque autem præses Provinciæ postquam ad Provinciam pervenerit, convocare debet Episcopum, & Clerum, & Primates civitatis: & hæc divina intimare mandata non solum in Metro-politana civitate, sed etiam in aliis Provinciis municipiis: ita ut per apparitores insinuentur, sine omni municipalium damno.

LXXXI. Idem.

Nemo privatus audeat arma tenere vel gerere. Hoc enim solis militibus concessum est. Hi quoque qui propter seditionem à Constantinopolitana civitate fugerunt, teneri debent à Provinciarum Præsidibus & custodiri. Nam & referre de eis præsides oportet, si de his sunt quos utpote seditiosos perscrutantur Magistratus populi Romani punire. Dat. xvi. Kal. Mai. C. P. Bisil. V. C. Consi.

TITRE CINQUIE'ME.

De la legitime des enfans, comment ils succedent ; des rapports & des partages ; de ceux qui nient.

NOVELLE XVIII.

L'Inscription de ce Titre en l'Edition d'Haloander, est conçûë en ces termes: *Ut si plures filii non sint quàm quatuor, legitima portio censeatur triens : si ultra quatuor, semis. Et ut naturales liberis, nullâ existente prole legitimâ, unâ cum matre ab intestato sextantem accipiant. Et ut collatio tam ex testamento, quàm ab intestato competat, nisi expressis verbis testator id prohibeat. Et de divisione bonorum in liberos factâ à parentibus & de eo qui proprium chirographum inficiatur. Deque aliis capitulis.*

Ce titre dans Cujas est en ces termes : *de hereditaria portione, & de collatione dotis, & de divisionibus bonorum, & de inficiatoribus, & de his qui alienas res tenere deprehenduntur ; & de his qui ex ancilla nascuntur.*

PREFACE ET CHAPITRE PREMIER.

Que la legitime des enfans est le tiers de leur portion he-
reditaire ab intestat, si ils ne sont que quatre
ou audessous, & qu'elle est la moitié de cette
portion s'ils excedent ce nombre.

SOMMAIRE.

L'Empereur dit dans la Preface, qu'il s'estonne comment les Legislateurs ont borné la legitime des enfans au quart de leur portion hereditaire, veu qu'ils appellent ce qui est laissé aux enfans par leurs parens, une dette dont ils s'acquittent envers eux, *l. scripto. in fi. ff. und. lib. & l. fin. ff. de Codicill.* permettant aux parens de disposer du reste de leurs biens à leur volonté mesme en faveur des estrangers, & des esclaves, & les enfans, en quelque nombre qu'ils soient, ne prennent qu'un quart de la succession qu'ils divisent entr'eux; desorte qu'ils se trouvent dans l'indigence aprés la mort de leur pere, du vivant duquel ils ne manquoient point de toutes les choses qui leur estoient necessaires.

L'Empereur commence le Chapitre premier, en difant que **1** les raifons qu'il a remarquées dans cette Preface, luy ont fervy de motif pour reformer la Loy qui ne donnoit aux enfans pour leur legitime que le quart de leur portion hereditaire *ab inteftat*, pour n'avoir pas de honte de la méprifer, & enfin pour determiner la chofe d'une maniere, que fi les pere & mere ont quatre enfans ou moins jufques à un, ils foient obligez de leur laiffer le tiers de tous leurs biens pour leur legitime : Mais fi ils en ont plus de quatre, ils foient tenus de leur laiffer la moitié de leurs biens, pour divifer aprés entr'eux également cette portion, fans que par les circonftances des chofes, l'un fût plus avantagé que les autres ; car il pourroit arriver qu'il y auroit de l'inégalité, *aliis quidem meliora, aliis verò deteriora percipientibus* ; c'eft pourquoy il ordonne, que tous les enfans qui partageront cette portion, feront égaux tant en la qualité des chofes que pour la quantité ; foit que le pere ait laiffé cette portion à fes enfans ou à titre d'inftitution, ou de legs ou de fideicommis ; ce qui a efté reformé par l'Empereur, Novelle 115. *cap. aliud quoque. 3.* Et le pere ayant laiffé cette legitime à fes enfans, peut difpofer du refte de fes biens à fa volonté, foit en faveur de quelques-uns de fes enfans, ou d'étrangers, & exercer fa liberalité à des perfonnes étranges, aprés avoir pris foin de celles que la nature luy a données, felon que la Loy le requiert, fuivant ces termes, *& naturâ primò curatâ competenter, &c.*

Dans la fin de ce Chapitre l'Empereur ordonne, que fon Ordonnance foit obfervée au profit de tous ceux aufquels la Loy a accordé la plainte d'inofficiofité pour l'ancienne legitime bornée au quart des biens du teftateur, comme il a efté dit cy-deffus.

De ce Chapitre a efté tiré l'Authentique *Noviffimâ lege* mife aprés la Loy *cùm quæritur. 6. C. de inofficiof. teftam.*

Authentique *Noviffimâ lege*, C. *de inofficio. teftam.* **2**

Noviffimâ lege cautum eft, ut fi quatuor fint filii vel pauciores, ex fubftantia deficientis, triens ; fi plures fint, femis debeatur eis quoquo relicti titulo, ex æquo fcilicet inter eos dividendus, cujus portionis nec ufufructu defraudari liberi à parentibus poffunt.

Cette Authentique contient quatre points ; Le premier exprime la quotité de la legitime conformément à ce Chapitre premier.

Le deuxiéme concerne la maniere par laquelle la legitime peut eftre laiffée, fçavoir à quelque titre que ce foit, furquoy il faut obferver que ce Chapitre a efté reformé en ce point par la Novelle 115. *cap.* 3. enforte que c'eft une erreur d'Irnerus d'avoir mis ces mots dans cette Authentique *quoquo relicti titulo*, veu que voulant faire obferver la derniere Jurifprudence, il devoit marquer que la legitime fe devoit laiffer aux enfans à titre d'inftitution, comme il fera remarqué fur la Novelle 115. *cap.* 3.

Le troifiéme eft, que la legitime laiffée aux enfans doit eftre partagée entr'eux également; ce qui fe doit entendre à l'égard de ceux aufquels elle eft laiffée, & qui font reduits à leur legitime; car les peres & meres peuvent inftituer leurs enfans dans differentes portions, pour leur tenir lieu de leur legitime.

Pour ce qui eft du quatriéme point, il nous fait voir que la legitime des enfans ne peut eftre chargée par quelque maniere que ce foit, ou en privant les enfans de l'ufufruit de leur legitime, ou autrement.

Mais parce que la legitime qui eft la matiere de cette Novelle, laquelle depuis qu'elle a efté introduite, a donné lieu à une infinité de conteftations, merite bien qu'on s'y arrefte, nous expliquerons les principales difficultez qui s'y peuvent rencontrer.

3 Quoy que les Docteurs & les Interpretes difent communément, que la legitime eft deuë par le droit naturel, neanmoins elle a efté inconnuë dans l'ancienne Jurifprudence Romaine: La Loy des XII. Tables donnoit aux teftateurs un ample pouvoir de difpofer de leurs biens, fans que perfonne y pût trouver à redire; la Republique eftoit intereffée dans l'execution des dernieres volontez, que l'on confideroit comme des Loix fouveraines, *uti paterfamilias fuper pecunia tutelave rei fuæ legaffit, ita jus efto*, dit cette Loy.

4 Les enfans eftoient incapables pour lors de reftraindre les dernieres difpofitions de leurs pere & mere; on préfumoit toûjours qu'ils avoient eu des raifons legitimes, dans lefquelles il n'eftoit pas permis de penetrer, pour avoir difpofé de leurs biens au préjudice de leurs enfans, & fi les peres avoient un pouvoir abfolu de vie & de mort fur eux, ils pouvoient avec beaucoup plus de raifon les exclure de leurs fucceffions.

Cependant

Cependant ce droit de difpofer entierement de fes biens, a efté 5
reftraint par deux raifons.

La premiere a efté pour empefcher, que les Teftamens ne de-
meuraffent fans execution, & qu'inutilement les hommes difpo-
faffent de leurs biens dans leurs Teftamens; ce qui arrivoit fouvent par deux caufes: La premiere, lors que les teftateurs difpo-
foient de tous leurs biens ou de la plus grande partie d'iceux au
profit des legataires; & la feconde, lors que les teftateurs char-
geoient leurs heritiers de reftituer leur fucceffion à d'autres aprés
leur deceds: dans ces deux cas les heritiers inftituez, chargez
de legs, abforbant tous les biens, ou de reftituer toute la fucceffion ou la plus grande partie d'icelle, eftoient obligez de renoncer à la fucceffion; ainfi le teftament eftoit inutile & fans
effet, & les teftateurs par l'évenement mouroient inteftats, *fi
nemo hereditatem adiit, omnis vis teftamenti folvitur,* dit le Jurifconfulte en la Loy *fi nemo. ff. de R. I.*

La Loy falcidie, après les Loix *Furia & Voconia,* fut eftablie 6
à l'effet de laiffer à l'heritier chargé de legs, la quatriéme partie
de la fucceffion; & les Senatufconfultes Pegafien & Trebellien
furent auffi eftablis, donnant droit à l'heritier chargé de reftitution, de retenir la quatriéme partie de la fucceffion; & par ce
moyen les dernieres volontez des teftateurs furent executées.

Ces Loix ne faifoient aucune diftinction entre les enfans des
teftateurs, & d'autres heritiers; la feule confideration de l'execution des teftamens, avoit donné lieu à leur eftabliffement; les
enfans en puiffance ou émancipez, & hors la puiffance, n'avoient
aucun droit de contefter ny de combattre le teftament de leurs
peres & meres; on introduifit dans la fuite l'ufage des exheredations, & les Loix permirent aux peres d'exhereder les enfans qu'ils avoient dans leur puiffance fans aucune caufe legitime,
parce qu'on préfumoit que le pere avoit raifon; à l'égard des
enfans qui n'eftoient pas en puiffance, ils pouvoient eftre paffez
fous filence; & les uns & les autres n'avoient aucun droit de fe
plaindre du teftament de leurs pere & mere, ou des autres afcendans, ny demander aucune part en leur fucceffion.

Comme on reconnut qu'il arrivoit fouvent que les peres infti- 7
tuoient des étrangers au préjudice de leurs enfans legitimes, en
obfervant les formalitez requifes par les Loix, de l'autorité defquelles ils fe fervoient pour faire cette injuftice, la Loy y pour-
vût en ordonnant que les peres & meres ne pourroient exhereder

Tome I.

leurs enfans fans une jufte caufe , & qu'ils feroient tenus leur
laiffer une part legitime dans leurs biens , laquelle fut arreftée &
reglée au quart de tous les biens du teftateur , à l'exemple de la
Falcidie, & du Senatufconfulte Trebellien.

8   Les Docteurs ne conviennent pas par quelle Loy cette portion
a efté reglée au quart de tous les biens du teftateur , Cujas en fes
Obfervations, *lib. 3. cap. 8.* eftime que l'Empereur Marc le Phi-
lofophe en eft l'Auteur ; & il fonde fon opinion fur l'autorité de
Nicephore , lequel au livre 3. *Ecclefiaft. hiftor. cap. 31.* fait l'é-
loge de deux Loix de l'Empereur Marc : La premiere eft celle
par laquelle les enfans fuccedent à leur mere *ab inteftat*, qui eft
le Senatufconfulte Orphitian , autrement la Harangue de l'Empereur Marc , & l'autre eft la Loy par laquelle il eft ordonné, *ut
liberis præteritis , & nihil de judicio parentum accipientibus qua-
drans hereditatis debeatur.*

Cependant on remarque par les Epiftres de Pline, *lib. 5. Epift.*
1. que Nicephore s'eft abufé , & que l'Empereur Marc n'a pas efté
l'Auteur de cette Conftitution ; dautant que Pline parlant d'un
differend qu'il avoit eu contre un nommé Curianus , touchant
une inftitution qui avoit efté faite à fon profit par Pomponia
Gratilla mere de Curianus ; il dit , *fi mater te ex parte quarta
fcripfiffet heredem , num quæri poffes ?* Ce qui fait connoiftre
que la portion des enfans à la quatriéme partie , eftoit limitée
dés auparavant le temps de cét Empereur ; car il eft certain que
Pline eft venu au monde fous Neron , & l'Empereur Marc n'a
regné que plus de cent ans aprés ; ainfi il ne peut pas avoir efté
l'Auteur de cette Conftitution.

9   D'autres eftiment que la Loy *Glicia*, qui a introduit la plainte
d'inofficiofité , a auffi reglé la portion des biens qui l'a fait ceffer,
c'eft à dire le quart des biens du teftateur : Cette Loy a efté publiée fous la Dictature de Claudius Glicia ; il en eft fait mention
dans Suetone *in Tiberio , cap. 2.* dans Florus *in Epitome lib.* 9.
Caïus a écrit un Livre particulier fur cette Loy , d'où a efté tirée la Loy 4. *ff. de inofficiof. teftam.* laquelle contient la raifon
pour laquelle la Loy *Glicia* a efté eftablie.

Quelques-uns pretendent que la Loy falcidie a donné lieu aux
Jurifconfultes d'introduire ce quart pour la legitime des enfans,
& quoy qu'il en foit , cette Jurifprudence a efté introduite par
un principe d'équité contre la rigueur du droit ancien pour fuppléer à la pieté des peres envers leurs enfans.

La legitime, felon les Docteurs, est une portion de celle que 10
peut esperer celuy à qui elle est deuë, dans la succession d'un
défunt, *glof. in Authent. Noviff. C. de inoffic. testam. Socin. in l.*
Gallus. §. & quid si tantum. num. 14. in princip. ff. de liber. &
posthum. Decius in l. 1. num. 3. versic. & adde. ff. si cert. petat.
& consil. 229. num. 5.

D'autres disent que c'est une portion deuë à ceux aufquels elle
est deuë par le droit naturel ; d'autres que c'est une dette naturelle du pere, *l. scimus. §. illud. C. de inoffic. testam.* D'autres
disent que c'est une portion deuë par le droit naturel, des biens
des pere & mere, que le fils auroit eu si il n'en avoit pas disposé à
son préjudice.

Peregrinus *in tract. de fideicommiff.* art. 36. *num.* 1. la definit
en ces termes : *Est portio successionis jure naturæ vel quasi, seu*
lege vel statuto, in causa testati debita.

Premierement, c'est une portion de celle que le fils auroit *ab* 11
inteftat dans la succession de son pere : d'où il s'ensuit que l'enfant qui ne peut point succeder, ne peut point aussi demander sa
legitime, comme il sera remarqué cy-après.

En second lieu, on dit que cette portion est deuë *jure naturæ*
vel quasi ; elle n'est pas deuë en effet par le droit naturel, puis- 12
que pendant plusieurs siécles elle n'a pas esté introduite ; mais
quasi ex jure naturæ debetur, parce qu'elle est deuë par l'équité naturelle, à laquelle les Loix se trouvent quelquefois contraires.

En troisiéme lieu, cette portion est deuë par les Loix, puisque
ce font elles qui l'ont introduite par une raison d'équité ; & l'ont
augmentée au profit des enfans : elle est deuë aussi par les statuts
particuliers des lieux.

En quatriéme lieu, elle est deuë *ex causa testati*, parce que *ab*
inteftato non debetur, veu que les enfans heritiers de leur pere
ab inteftat, prennent sa succession entiere, & ne font pas obligez
de se réduire à la portion qui a esté reglée par la Loy, & que leur
pere n'a pas pû leur oster.

Pour observer quelque methode en ce qui concerne la legitime, nous en diviferons le Traité en dix Sections.

La premiere, de ceux à qui la legitime est deuë.

La deuxiéme, de la qualité de la legitime.

La troisiéme, que les enfans font nombre pour regler la portion des legitimaires.

La quatriéme , si la legitime peut estre deffenduë ou chargée.

La cinquiéme, des moyens par lesquels ceux qui peuvent demander leur legitime en sont exclus.

La sixiéme , quelles especes de biens & de donations sont sujettes à la legitime.

La septiéme , quelles choses s'imputent sur la legitime.

La huitiéme , en quels biens se doit fournir la legitime.

La neuviéme , du supplément de la legitime.

La dixiéme est des actions competantes pour la legitime.

SECTION PREMIERE.

De ceux à qui la legitime est deuë.

SOMMAIRE.

Es enfans sont dans le premier ordre de succession, & tant par le droit Divin, que par le droit naturel & le droit civil, ils sont appellez à la succession de leurs peres & meres, & autres ascendans, à l'exclusion de tous autres, soient ascendans ou collateraux. **1**

L'Ecriture, *Num.* 27. *cap. omnipotens*, nous enseigne que la succession des peres & meres appartient à leurs enfans : Nous lisons dans ce Chapitre, que Dieu répondit à Moyse : *Justam rem postulant filiæ Salphaad; da eis possessionem inter cognatos patris* : Et au mesme lieu il est dit : *homo cùm mortuus fuerit absque filio, ad filiam ejus transibit hereditas; si filiam non habuerit, habebit successores fratres suos; quòd si fratres non fuerint, dabitis hereditatem fratribus patris sui; si autem nec patruos habuerit, dabitur hereditas iis qui proximi sunt.*

La Loy *cùm ratio. ff. de bonis damnator.* nous marque que le droit naturel s'est conformé au droit divin, en ce qu'il adjuge aux enfans les biens de leurs peres & meres.

Les Loix de toutes les Nations ont non seulement preferé les enfans dans la succession de leurs peres & meres & autres ascendans à tous autres, mais aussi leur ont assuré une certaine portion dans leurs biens, de laquelle ils ne peuvent pas les exclure si ce n'est par l'autorité des Loix, & ainsi qu'elles le requierent : delà vient que du vivant mesme du pere, les enfans sont presumez maistres & proprietaires de ses biens, en sorte que par sa mort ils n'en acquierent pas le domaine, mais seulement la possession, *l. in suis. ff. de liber. & posthum. §. sui. Institut. de hereditalib. quæ ab intest. defer.*

Par le Droit civil la succession intestate est deferée aux filles **2** concurremment avec les fils; & partant la legitime sur les biens de leur pere leur est également deuë, *l. maximum. C. de liber.*

præterit. Cependant le Droit en cette partie a esté corrigé par les Coustumes particulieres de quelques Provinces en France, où les filles sont excluses de la succession de leurs peres & meres par les masles ; ce qui s'observe par les Statuts particuliers d'Italie & de quelques autres Royaumes , conformément au chapitre *omnipotens.* tiré du Livre des Nombres , rapporté cy-dessus.

3 Depuis que le Senatusconsulte Orphitian a deferé aux enfans la succession de leur mere , ils ont eu droit de demander leur legitime sur ses biens , §. *sui. instit. de hereditatib. quæ ab intest. deferunt.* §. 1. *institut. ad SC. Orphitia. ubi glos. & Doctor.*

4 La legitime est deuë aussi aux enfans qui sont nez dans le mariage *in figura matrimonii* , disent les Canonistes , quoy que par après il soit cassé par quelque empeschement dirimant , *cap. ex tenore. ext. qui filii sint legit.* La raison est , que ces enfans-là sont reputez legitimes , & capables de succeder comme les autres enfans , selon le sentiment des Docteurs & des Canonistes , sur le chapitre *ex tenore.* Peregrinus *de fideicomm. art.* 24. *num.* 72. mais pour cét effet il faut que les contractans ayent ignoré l'empeschement , ou l'un d'eux , & que le mariage ait esté contracté dans la bonne foy , *cap. cùm inhibitio. ext. de clandest. desponsat. & ibi Doctores. glos. in cap. ex tenore.*

Mais quoy que les deux parties eussent connoissance de l'empeschement , si le mariage est rehabilité par une dispense du saint Siege , les enfans nez auparavant sont legitimes , pourveu que par le moyen de la dispense il pût estre contracté au temps de la conception des enfans , Abbas *in cap. per venerabilem. num.* 22. *qui filii sint legit.*

5 Les enfans legitimez par le subsequent mariage de leurs peres & meres , peuvent demander leur legitime , parce qu'ils sont capables de succeder , non seulement à leurs peres & meres , mais aussi aux autres ascendans , & à leurs parens collateraux , soit par testament ou *ab intestat* , Decius *consil.* 155. *col.* 1. 2. Ils excluent les filles de la succession par la disposition de la Coustume particuliere des lieux , Tiraquel. *tract. de jure primogenit. quæst.* 34. *num.* 54. Et ils participent à la noblesse de leur pere , Tiraquel. *de nobilit. cap.* 15. *num.* 21.

6 Neanmoins cette regle souffre une exception , lors que le mariage est contracté entre ceux entre lesquels il ne pouvoit pas subsister au temps de la conception des enfans ; car le mariage

ne pouvant pas produire un effet retroactif au temps de leur conception *repugnante fictione ,* les enfans nez auparavant ne font point capables de fucceder à leurs peres & meres, ny par confequent de demander leur legitime , *Socin. jun. confil.* 31. *num.* 44. *lib.* 6. *Salicet. in l. filium. verfic. fed attende. C. de fuis & legit. Peregrin. tract. de fideicomm. art.* 24. *num.* 49. & 50. *confil.* 22. *num.* ز. *lib.* 3.

Les enfans naturels ne peuvent point demander de legitime **7** fur les biens de leurs peres & meres, parce qu'ils font incapables de leur fucceder ; par la difpofition du Droit ils peuvent eftre inftituez par leur pere , & prendre conjointement avec leur mere *unciam dumtaxat* dans les biens de leur pere, au cas qu'il ait laiffé des enfans legitimes; & fi leur pere a laiffé par delà cette portion, le furplus doit demeurer aux enfans legitimes : que fi il n'y a point d'enfans legitimes vivans , ils peuvent eftre infti- tuez *ex affe* , en laiffant la legitime aux afcendans s'il y en a, **8** *§. confideremus , in hac Novel. & §. difcretis. Novel. quib. mod. natur. effic. fui , & Authent. licet. C. de natural. liber.* Lors qu'il y a des enfans legitimes, les enfans naturels ne fuccedent point *ab inteftat* ; & s'il n'y en a point, ils fuccedent *in duabus unciis tantum , d. Novel. quib. mod. natur. effic.* D'où il s'enfuit , qu'ils ne peuvent point demander de legitime , laquelle eft une por- tion de la fucceffion *ab inteftat ,* & qu'ils ne peuvent point auffi former la plainte d'inofficiofité contre le teftament de leur pere, *glof. in l.* 1. *ff. de bonor. poffeff. cont. tabul. Alexand. confil.* 74. *lib.* 2. *Dec. in l.* 1. *C. de bonor. poffeff. con. tabul.*

A l'égard de la mere les enfans naturels luy fuccedent, foit qu'el- **9** le laiffe des enfans naturels ou non, à moins qu'elle ne foit illuftre, fuivant la Loy *fi qua illuftris. C. ad SC. Orphitian.* & partant ils peuvent demander leur legitime , *glof. & Dd. in §. noviffimè. Inftitut. d. tit.*

Nous ne fuivons point en France cette difpofition , & les en- fans naturels ne fuccedent point à leur mere fans diftinction, non plus qu'à leur pere, comme nous avons marqué ailleurs ; & par- tant ils ne peuvent point demander leur legitime , mais feulement des alimens, au cas qu'ils ne foient point en état de gagner leur vie.

Les legitimez par Lettres du Prince font auffi incapables de **10** fucceder à leurs pere & mere, & par confequent incapables de demander leur legitime. Voyez la Novelle *quib. mod. natural. effic. fui.*

11 Les Canoniſtes traitent cette queſtion, ſçavoir ſi la legitime eſt deuë au Monaſtere dans les biens de celuy qui y a fait pro-feſſion ? Pluſieurs tiennent l'affirmative, *gloſ. in Authent. ſi qua mulier. in verbo, competere. C. de ſacroſanct. Eccleſ. Bald. conſil. 18. in 4. dubio, lib. 1. Jaſon in rubr. de liber. & poſthum. num.* 8.

Premierement, parce que le Monaſtere tient le lieu & la place d'un enfant, *loco eſt filii,* ſelon le ſentiment des Docteurs *in cap. in præſentia. ext. de probatio.*

En ſecond lieu, que par l'Authentique *ſi qua mulier. verſ. ſed ſi omnem. C. de ſacroſanct. Eccleſ.* il eſt dit, que *Monaſterium in taxandis portionibus debet pro perſona ingreſſi inter liberos con-numerari, ut ad eam partem, ad quam admittuntur filii natu-rales, & illud admittatur.*

La gloſe ſur le §. *ſi quis autem. lit. f. in fine, in Authent. de nupt.* finit cette queſtion, *an teſtamentum per ingreſſum Religio-nis revocetur,* & tient l'affirmative, & que pour empeſcher la caſſation du teſtament il faut laiſſer au Monaſtere la quatriéme partie des biens à titre d'inſtitution.

Pour l'opinion contraire, on dit que l'Empereur dans le §. *ſi quis autem. verſ. illud. in Authent. de nupt.* en parlant du Moine qui eſt entré dans un Convent ſans teſter, ordonne que ſa ſuc-ceſſion appartiendra au Convent : Mais que ſi il a teſté, il n'a pas eſté obligé de rien laiſſer au Convent, d'où il s'enſuit que par le Droit Civil les Monaſteres ne peuvent point demander de legitime ſur les biens de ceux qui y font profeſſion.

D'ailleurs il n'y a aucune Loy qui permette aux Monaſteres de demander la legitime ſur les biens de ceux qui y entrent.

12 C'eſt l'uſage de toute la France, que les Monaſteres ne ſucce-dent point à ceux qui y font profeſſion. Voyez *infrà* la No-velle 123. *cap.* 38.

C'eſt une queſtion ſçavoir ſi la legitime eſt deuë aux petits enfans ſur les biens de leur ayeul ou ayeule : Pour la déciſion de cette queſtion il faut diſtinguer, ou le pere eſt mineur, ou il eſt decedé. Au premier cas, les petits enfans n'ont aucun droit de legitime, parce qu'ils n'ont pas droit de ſucceder à leur ayeul, pourveu que le pere ne fût pas mort civilement, car en ce cas la mort civile eſt comparée à la mort naturelle, & produit le meſme effet.

Au ſecond cas, les petits enfans venans par repreſentation de leur pere, y exercent ſes droits, & prennent *ab inteſtat* la meſ-me

me portion à laquelle il auroit succedé, si il avoit survescu
l'ayeul, & en cas qu'il ait testé, ils peuvent demander la legitime
qui estoit deuë à leur pere, ou le supplément d'icelle, §. 1.
Authent. de hereditat. ab intest. §. cùm filius. Institut. eod. tit. Ce
qui a lieu, quoy que les petits enfans concourent avec leurs oncles
& tantes en la succession de l'ayeul, parce qu'ils y viennent par
representation de leur pere ; ainsi ils prennent la legitime non pas
in capita, mais *in stirpes*, pour & au lieu de leur pere.

Il y a quelque difficulté, sçavoir si lors que le deffunt n'a 13
laissé que des petits enfans d'un fils decedé sans autres enfans,
ny petits enfans ; si ces petits enfans peuvent demander leur
legitime selon leur nombre, en sorte que si ils excedent le nombre de quatre, ils puissent demander la moitié des biens du testateur, ou si ils n'en peuvent demander que le tiers, auquel leur
pere seroit restraint si il vivoit.

Peregrinus *tract. de fideicomm. art.* 36. *num.* 39. tient qu'ils
peuvent demander selon leur nombre le tiers ou la moitié ; par
la raison qu'ils ne succedent pas par representation de leur pere,
mais de leur chef ; la representation n'estant pas necessaire en ce
cas, lors qu'ils sont seuls heritiers.

Je ne suivrois pas le sentiment de cét Auteur, par la raison que
quoy que les petits enfans n'ayent pas besoin de representation
en ce cas, neanmoins ils ne peuvent succeder que par le droit de
leur pere, de mesme que quand il n'y a que des petits enfans
de deux freres decedez, en ce cas, quoy qu'ils soient dans le mesme degré, ils n'y viennent cependant que par representation ;
ainsi lors qu'il n'y a que des enfans d'un fils decedé, ils ne
peuvent prendre que la mesme portion que leur pere auroit
prise.

On demande si les petits enfans issus de la fille qui a renoncé à la succession de son pere, peuvent demander leur legitime? 14
Pour la decision de cette question il faut observer, que quoy que
par le Droit civil la renonciation à la succession non écheuë ne
soit pas valable, suivant la Loy *pactum quod dotali. C. de collatio.*
neanmoins elle est admise par le Droit canonique *accedente juramento, cap. quamvis. de pact. in 6.* & que cét usage s'est introduit en plusieurs endroits contre la disposition du Droit civil ;
ce qui a donné lieu aux Docteurs de traiter cette question, & de
proposer les cas suivans.

Le premier est, lors que la fille renonce à la succession de son

pere en recevant sa dot, & qu'elle le survit, dans ce cas ses enfans
ne peuvent point demander leur legitime en la succession de leur
ayeul ; par la raison qu'ils en sont exclus, parce que leur mere
les predecede, & qu'estant non recevables à la demander en consequence de sa renonciation, ils n'ont pas plus de droit qu'elle:
C'est le sentiment de Balde *in d. l. pactum quod dotali.* Que c'est
une maxime certaine entre les Docteurs, que les petits enfans
ne peuvent point demander de legitime du vivant de leur pere
ou de leur mere, quand mesme le pere ou la mere qui auroit
survescu, eut renoncé à la succession du deffunt, sans en avoir
rien receu, *Alexand. consil.* 75. *in fine,* num. 14. *lib.* 1. *Dec. consil.*
180. *col.* 3. *num.* 6.

Le deuxiéme est, lors que la fille a renoncé à la succession
de son pere sans avoir rien receu de luy, & qu'elle le survit ; en
ce cas, selon le sentiment de Balde *loco citato,* de Crassus §. *legitima. q.* 4. *num.* 2. *in fine,* & de quelques autres, les petits enfans
peuvent demander leur legitime en la succession de leur ayeul,
ainsi que leur mere auroit pû demander si elle n'avoit pas renoncé.

Nous ne recevons point en France cette opinion ; car la mere
estant vivante elle remplit son degré, & ne pouvant pas venir à
la succession du deffunt, ses enfans ne peuvent point y entrer,
ny par consequent demander leur legitime, estant une maxime
certaine (comme il a esté dit cy-dessus) que les enfans du vivant de leur pere ou de leur mere, ne peuvent point venir à la
succession de leur ayeul.

Lors que la fille a renoncé à la succession de ses pere & mere,
elle en est excluse, pourveu qu'elle ait esté dotée, car autrement
sa renonciation ne l'empescheroit pas de venir à leur succession;
c'est l'acceptation de la dot, quelque modique qu'elle soit, qui
rend la renonciation valable, c'est un contrat *do ut facias,* lequel
est obligatoire ; quelques Coustumes le declarent ainsi en termes
exprés ; quelques-unes mesme excluent expressément les filles
qui ont esté mariées par leurs peres & meres, de leurs successions, lors qu'elles en ont receu don, quelque petit qu'il soit, sans
autre renonciation ; la Coustume de Touraine en l'article 284.
porte : *Fille noble mariée par pere ou mere suffisamment appanagée, qui a eu don de mariage, est avec ses descendans, forclose
des successions de sesdits pere & mere, ayeul ou ayeule, & de celuy
d'eux qui a fait le don, encore qu'elle mourût du vivant de sesdits*

pere ou mere ; & ce tant qu'il y aura hoir masle , ou hoir descendant d'hoir masle. Et ne fera ladite fille ou sesdits descendans, part en ladite succession , combien qu'on ne luy eut donné qu'un chappel de roses , sinon qu'en faisant le contrat dudit mariage, luy eut esté reservé de venir à ladite succession , &c. Celles d'Anjou, du Maine & autres, en disposent de mesme.

Le troisiéme cas est , lors qu'il n'y a que des petits enfans d'autres enfans decedez : auquel cas les enfans de celle qui a renoncé , ne peuvent point succeder ; par la raison que leur mere estant excluse de la succession , ses enfans n'y peuvent point estre admis, ny par consequent demander leur legitime.

Le quatriéme , lors que celle qui a renoncé est decedée avant son pere , pour lors il y a plus de difficulté sçavoir si ses enfans peuvent demander leur legitime dans les biens de leur ayeul: Pour l'affirmative on dit

Premierement, que la renonciation de la mere ne nuit point à ses enfans, lesquels *jure proprio , & ex sua persona,* viennent à la succession de leur ayeul , & sans qu'ils ayent besoin de representation, suivant la Loy *si qua pœna. ff. de statu homin.*

En second lieu , parce que la renonciation de la mere est reputée conditionnelle , sçavoir au cas que la succession luy échée & qu'elle survive à son pere , *argum. leg. si sub conditione. ff. de solutio.* en sorte que si cette condition manque , & que la succession ne luy échée pas , parce qu'elle seroit decedée , sa renonciation devient nulle & sans effet , comme si elle n'avoit point esté faite; c'est le sentiment de Paul de Castres sur la Loy *pactum;* de Balde , de Bartole & d'autres , sur la mesme Loy. Et mesme Bartole sur la Loy *qui superstitis. in fine , ff. de acquir. vel amitt. heredit.* tient que cela auroit lieu, quoy que la mere eut renoncé tant pour elle que pour ses enfans ; par la raison qu'elle ne peut pas valablement renoncer au préjudice de ses enfans.

On dit au contraire , que la fille renonçant à la succession de son pere , moyennant la dot qu'il luy a baillée ; semble avoir receu la portion de la succession de son pere , qu'elle pouvoit esperer ; qu'en effet elle vend le droit qu'elle a de succeder à son pere , à ses freres & sœurs ; que dans cette vente on ne doit point avoir d'égard à la lezion qu'il pourroit y avoir , ny dans le temps de la renonciation , ny dans la suite , par quelque évenement que ce fût , à cause de l'incertitude des biens que le pere possede; & qu'ainsi les petits enfans ne peuvent rien pretendre en la succession de leur ayeul, offrant mesme d'y rapporter ce qui auroit esté donné en dot à leur mere, parce qu'ils viendroient directement contre son fait.

Quant à ce qu'on objecte, que les petits enfans viennent à la succession de leur ayeul *ex suo capite*, & non pas du chef de leur mere, quand elle est morte avant son pere, & qu'ainsi la renonciation de la mere ne préjudicie point aux droits de ses enfans dans la succession de leur ayeul. On répond, que les petits enfans viennent en effet à la succession de leur ayeul *ex sua persona*, que neanmoins ils ne peuvent succeder que dans la mesme part & portion de leur mere, & qu'ils doivent rapporter à la succession de l'ayeul ce qui a esté par luy donné à leur mere; d'où il s'ensuit, que si la mere a eu la portion qu'elle pouvoit esperer dans la succession de son pere, ses enfans après sa mort ne peuvent rien pretendre dans la succession de leur ayeul : Or quand une fille a renoncé à la succession de son pere, moyennant la dot qu'il luy a baillé, elle a par ce moyen receu par avance tout ce qu'elle pouvoit pretendre dans sa succession, au moins elle est presumée l'avoir receu ; ainsi ses enfans seroient mal fondez de pretendre plus de droit qu'elle n'en pourroit avoir dans les biens de son pere.

Cette question faisoit autrefois quelque difficulté, & comme remarque Brodeau, il y a eu quelques Arrests rendus en faveur des enfans : Montholon en ses Arrests, Arrest 11. en rapporte un prononcé à la Pentecoste 1582. qui a jugé au profit des petits enfans : Monsieur Loüet en remarque deux qui ont jugé au contraire ; le premier du 21. Avril 1564. & l'autre du 5. Avril 1569.

Bacquet au traité du droit d'Aubaine, chap. 21. nomb. 17. en remarque un autre du 14. Aoust 1593. lequel est aussi rapporté par Montholon, Arrest 79. A present on ne doute plus au Palais, que les petits enfans ne soient exclus de la succession de l'ayeul par la renonciation de leur mere.

16 La legitime est deuë aussi aux ascendans ; sur quoy voyez *infrà* la Novelle 118. *cap.* 2.

17 C'est une question si la legitime est deuë aux collateraux? Pour la décision de cette question il faut observer, comme il est remarqué sur la Novelle 21. *infrà*, *cap.* 47. que les freres & sœurs ne peuvent pas former la plainte d'inofficiosité contre

le teſtament de leur frere, ſi ce n'eſt lors qu'il a inſtitué une
perſonne infame & deshonneſte; ainſi hors ce cas les freres &
ſœurs ne peuvent rien pretendre dans la ſucceſſion de leur frere
quand il en a diſpoſé par teſtament; & tous les autres collateraux n'ont en aucun cas la plainte d'inofficioſité.

Au cas que les freres peuvent combattre le teſtament du deffunt par la plainte d'inofficioſité, on demande ſi le teſtament 18
eſt revoqué & caſſé pour le tout, ou ſeulement pour une partie,
juſques à concurrence de la legitime? Bartole ſur la Loy *fratres.*
q. 1. num. 3. & autres, tiennent que le teſtament eſt caſſé pour
le tout, en ſorte meſme que les legs n'en ſont point dûs, parce
que la plainte d'inofficioſité n'eſt pas accordée aux freres dans
ce cas, par la meſme conſideration qu'elle eſt donnée aux deſcendans & aux aſcendans, mais par une raiſon particuliere, fondée ſur l'incapacité de l'heritier inſtitué, lequel n'eſt pas plus
capable de retenir une partie de la ſucceſſion que le tout.

Ce ſentiment paroiſt contraire à la diſpoſition des Loix; ce
qui ſe prouve premierement, parce que tous les Docteurs conviennent, que ſi le deffunt avoit laiſſé la legitime à ſes freres,
ils n'auroient pas droit de ſe plaindre contre ſon teſtament, &
par conſequent il ſeroit valable, quoy que le teſtateur eut inſtitué une perſonne infame & deshonneſte. En ſecond lieu, parce que ſi cette raiſon avoit lieu, il s'enſuivroit que la plainte
d'inofficioſité auroit lieu au profit de tous autres collateraux
plus proches parens du deffunt qui auroit inſtitué une perſonne
infame; cependant la Loy ne l'accorde qu'aux freres.

Cette queſtion n'a pas beaucoup d'application à noſtre uſage,
car ou le teſtateur a diſpoſé de ce qu'il pouvoit par la Couſtume, ou il a diſpoſé de ce qui ne luy eſtoit pas permis; en ce
dernier cas, il eſt ſans doute que la diſpoſition eſt nulle, au
profit de qui que ce ſoit qu'il ait diſpoſé: que ſi ſa diſpoſition
n'eſt que des biens dont il pouvoit diſpoſer, ou il l'a fait au
profit de perſonne capable de la recevoir, ou au profit d'une
perſonne incapable; au premier cas elle eſt valable, & au ſecond elle ne l'eſt pas, en ſorte meſme que tous collateraux capables de ſucceder, en quelque degré qu'ils ſoient, peuvent
pourſuivre la caſſation du teſtament; & cette legitime des collateraux eſt inconnuë parmy nous. Ainſi il eſt inutile de traiter
la queſtion, ſçavoir ſi les freres auſquels le deffunt a laiſſé quelque choſe par ſon teſtament au deſſous de la legitime, peuvent

en demander le fupplément ; & fi la legitime des freres a efté augmentée par cette Novelle 18.

Nos Couftumes ont introduit une efpece de legitime pour les collateraux, qui eft une certaine portion des biens propres, foient naiffans ou anciens, dont on ne peut point difpofer par derniere volonté au préjudice des heritiers du fang, c'eft à dire de ceux qui y font appellez ; comme en la Couftume de Paris les quatre quints des propres fuivant les articles 292. & 295.

DEUXIE'ME SECTION.

De la quotité de la legitime.

SOMMAIRE.

15. *Si les petits enfans peuvent distraire la Trebellianique & la legitime.*

16. *Si la legitime des ascendans a esté augmentée par cette Novelle.*

17. *Si elle peut estre augmentée à la moitié.*

18. *Quelle est la legitime de la mere concourant avec plusieurs freres & sœurs du deffunt.*

19. *Quid, quand il y a des propres situez où l'Edit des meres est gardé.*

20. *Si la legitime des enfans augmente par l'augmentation des biens.*

21. *Augmentation extrinseque*

ce que c'est.

22. *Augmentation intrinseque ce que c'est.*

23. *A quel temps se doit considerer l'estimation des biens hereditaires.*

24. *Des pertes qui peuvent arriver en la succession, & qui retombent sur les legitimaires.*

25. *Quid, si les biens donnez par le pere à ses enfans étoient suffisans pour leur legitime lors de la donation, & qu'au temps de sa mort ils ne le fussent pas.*

26. *Si par cette Novelle la quarte falcidie a esté augmentée.*

LA legitime autrefois par le droit du Digeste & du Code, 1 n'estoit que la quatriéme partie de la portion deuë *ab intestat* à l'enfant dans les biens de son pere, après déduction faite des dettes, des frais funeraires, & des libertez leguées aux esclaves, *l. Papinianus. §. quarta. §. si quis mortis. ff. de inoffic. testam. & l. parentibus. C. eod. tit.* mais par cette Novelle elle est augmentée, suivant ce qui a esté dit dans le Chapitre 1. de cette Novelle. Auparavant la reformation de la Coustume de Paris, il n'y avoit 2 que la Coustume de Bourgogne qui regloit la legitime au tiers; & on suivoit pour lors dans celle de Paris & dans les autres la disposition de cette Novelle touchant la quotité de la legitime; enforte que Maistre Charles du Moulin sur les articles 2. & 3. du Chapitre 7. de la Coustume de Bourgogne, dit que ces articles se doivent entendre au cas que les enfans soient au-dessous de quatre.

Les Reformateurs de la Coustume de Paris ont trouvé plus 3 à propos de fixer la legitime à la moitié, sans distinction du nombre des enfans, en l'article 298. en ces termes: *La legitime est la moitié de telle part & portion que chacun enfant eut eu en la succession de ses pere & mere, ayeul ou ayeule, ou autres ascendans, si lesdits pere & mere, ou autres ascendans, n'eussent disposé par do-*

nations entre-vifs, ou derniere volonté, sur le tout déduit les det-
tes & frais funeraux.

4 Cette disposition a esté jugée si raisonnable, qu'elle a esté
inserée dans les Coustumes d'Orleans, de Chauny, & de Calais,
reformées depuis celle de Paris : Plusieurs Coustumes n'en parlent point, ce qui a donné lieu à la question, sçavoir si dans
ces Coustumes il faut suivre celle de Paris, pour ce qui concerne
la qualité de la legitime, ou la disposition du droit Romain? Monsieur Auzanet en ses Notes sur l'article 298. de la Coustume de
Paris, dit que la proportion du droit Romain n'est pas juste,
car lors qu'il y a cinq enfans, la legitime des enfans est plus
forte, que lors qu'ils ne sont que quatre, ou au-dessous, parce
que chacun des cinq enfans ne prend qu'une once & le quint
d'une autre once; au lieu qu'estant au nombre de quatre, chaque
enfant n'a qu'une once; neanmoins il est notoire que le droit
de chaque enfant doit estre moindre à mesure que le nombre des
enfans & copartageans augmente; ce qui se trouve dans l'ordre
estably par la Coustume, lors qu'en tous les cas elle regle la legitime à la portion de la moitié hereditaire, que chaque enfant
eut pris, s'il n'y eut point eu de disposition contraire. Que c'est
pour cette raison que les autres Coustumes, qui ne reglent point
la legitime des enfans, suivent à present par un usage commun
& Ordonnance non écrite, la Coustume de Paris pour le reglement de la legitime, au lieu que par une ancienne Tradition &
suivant les anciens Arrests, la legitime estoit reglée suivant le
droit Romain. Que cette disposition a esté suivie dans les Coûtumes qui n'en disposent point au contraire, comme en celle de
Senlis par un usage tacite, confirmé par un Arrest donné contradictoirement aux Enquestes le 29. Mars 1612.

Maistre Marie Ricard dans son Traité des donations, partie
3. *num.* 1616. est d'avis contraire, estimant, que quoy que la
disposition de la Coustume de Paris soit plus juste & plus équitable, en ce qu'elle conserve la qualité entre les enfans, elle ne
doit pas pour cela estre étenduë aux Coustumes qui n'en parlent
point au préjudice du droit Romain, qui y a toûjours esté observé en ce cas, & qui sert de droit commun dans la France au
defaut de nos Coustumes.

5 Les Arrests ont jugé diversement la question : Maistre Marie
Ricard *loco citato*, en remarque quatre qui ont jugé, que la legitime doit estre reglée suivant la disposition du droit Romain.

Le premier eſt du 20. Aouſt 1609. en la Couſtume de Char-
tres.

Le deuxiéme eſt du dernier Mars 1618. entre les Sardinys, dans
les Couſtumes de Blois, Valois & Vitry.

Le troiſiéme du 1. Avril 1620. en la Couſtume de Senlis.

Le quatriéme du 4. Decembre 1640. donné en l'Audiance de la
Grand'Chambre au Rôlle de Vermandois.

Monſieur Auzanet en remarque un du 29. Mars 1612. donné
en la Couſtume de Senlis, qui a jugé au contraire, que la legitime ſe doit regler ſuivant cét article de la Couſtume de Paris,

Il y en a un autre donné depuis en la quatriéme Chambre
des Enqueſtes, au rapport de Monſieur de Varoüy, le 30. Juillet 1661. qui a jugé la meſme choſe en la Couſtume de Troyes.

Le Grand ſur l'article 95. de la meſme Couſtume, gloſe 2.
nombre 6. dit, qu'on y obſerve la diſpoſition de la Couſtume de
Paris par un commun uſage, confirmé par pluſieurs Sentences
du Bailliage de Troyes, & par Arreſt du Parlement, nonobſtant
un Arreſt contraire cité par Coquille ſur la Couſtume de Niver-
nois, titre des donations, article 7.

Cette queſtion a encore eſté jugée de meſme par Arreſt du 6.
Septembre 1674. en procez par écrit, la Cour jugeant, que la
legitime des enfans en cas de ſubſtitution dans les Couſtumes de
Poiſtou, Anjou, Touraine & la Rochelle, ſe devoit regler ſuivant celle de Paris.

La queſtion n'eſt pas ſans difficulté; car la Couſtume de Paris
ne ſervant pas de Loy dans les autres Couſtumes, qui n'ont aucune diſpoſition ſur les matieres diverſement decidées par le
droit Romain & par la Couſtume de Paris, l'uſage tient lieu de
Loy, il en a l'autorité, & c'eſt un droit non écrit, tacitement
approuvé par ceux entre leſquels il s'eſt introduit; mais comme
cét uſage s'abolit par un uſage contraire; que d'ailleurs un uſage
ne s'introduit pas par un ſimple acte, mais par pluſieurs confirmez & autoriſez par pluſieurs Jugemens contradictoires; quand
cette queſtion ſe preſente dans une Couſtume, il faut voir quel
eſt le dernier uſage qui s'eſt obſervé.

Lorſque les biens ſujets à la legitime, ſe trouvent ſituez en 6
Provinces qui ſe ſervent de Loix & de Couſtumes differentes,
il la faut regler ſuivant les differentes Loix, Couſtumes & Uſa-
ges des lieux où les biens ſont ſituez, ainſi qu'il s'obſerve pour
doüaire.

Tome I.   S ſ

Nos Couſtumes ont introduit une autre eſpece de legitime, ſçavoir le doüaire, lequel tient lieu de legitime aux enfans, parce qu'on ne peut point avoir deux legitimes ; c'eſt pourqúoy les enfans qui ſe tiennent au doüaire, ne peuvent point demander leur legitime ou le ſupplément d'icelle, & ceux qui demandent la legitime, ne peuvent point demander le doüaire ; la legitime ſe prend en qualité d'heritier, & le doüaire au contraire ne ſe prend que par celuy qui renonce à la ſucceſſion, les qualitez de doüairier & d'heritier eſtant incompatibles enſemble, ſuivant l'article 251. de la Couſtume de Paris.

7   Les Docteurs tiennent que le fils chargé de reſtituer la ſucceſſion, peut diſtraire ſa legitime, conſiſtant au tiers de l'heredité, au temps du deceds de ſon pere ; & qu'avenant le jour de la reſtitution du fideicommis, il peut retenir la quarte Trebellianique, enſorte que cette quarte n'eſt pas confonduë dans la legitime ; c'eſt le ſentiment de Jaſon & des autres Docteurs ſur l'Authentique *Noviſſima. C. de inoffic. teſtam.*

La diſtraction de ce double droit eſt fondé ſur le droit Canonique au Chapitre *Raynutius*, & au Chapitre *Raynaldus. Ext. de teſtament.* & l'uſage de cette diſtraction s'eſt ainſi introduit, quoy que non autoriſée par le droit Civil : Les Docteurs meſme ont pretendu, que ſi le nombre des enfans excede quatre, ils peuvent pretendre la moitié pour leur legitime, & la quarte Trebellianique, en cas qu'ils ſoient chargez de reſtitution, ou la quarte falcidie, en cas qu'ils ſoient chargez de legs.

La raiſon de ce ſentiment eſt, que la legitime ne fait point partie de ce qui eſt ſujet à reſtitution, parce que la diſtraction en eſt accordée au fils par un droit particulier & ſeparé du teſtament ; ainſi elle ne doit point empeſcher que le fils chargé de reſtituer la ſucceſſion, ne joüiſſe du droit qui eſt accordé à tous autres, meſme étranges.

Ils fondent encore leur opinion ſur deux Loix : la premiere eſt la Loy *ſequens.* 68. *ff. de legat.* 2. dans cette eſpece : Une femme avoit eſté inſtituée par ſon pere avec clauſe de reſtitution, ayant receu de luy une donation entre-vifs : le Juriſconſulte ayant eſté conſulté, ſçavoir ſi dans la reſtitution du fideicommis eſtoient compris les biens donnez entre-vifs, il decide que non, par cette raiſon que *ea habitura eſſet, alio herede exiſtente.*

La deuxiéme eſt la Loy *pater.* 14. *ff. ad leg. falcid.* par la-

quelle il eſt decidé, que la fille qui eſt inſtituée par ſon pere en
une portion de la ſucceſſion, n'eſt pas obligée d'imputer ſur la
falcidie la dot qu'elle avoit receuë auparavant.

Ces Textes ne peuvent pas ſervir de fondement à cette opinion, parce qu'on ne peut imputer ſur la falcidie ou ſur la
Trebellianique que ce qui eſt pris des biens que le deffunt avoit
au temps de ſon deceds, qu'il a laiſſé dans ſa ſucceſſion, & non
de ceux dont il avoit diſpoſé auparavant entre-vifs.

L'opinion contraire eſt fondée ſur ce que les enfans ſont tenus
imputer ſur leur legitime tout ce qu'ils prennent en vertu du
teſtament de leur pere, & principalement ce qui leur eſt donné
à titre d'inſtitution, que la legitime leur eſt donnée pour leur
ſervir d'aliment, & par conſequent ſi le fils chargé de reſtituer
veut prendre la Trebellianique, il ne peut plus demander ſa legitime, ou ſur icelle il doit imputer la Trebellianique.

La queſtion ſemble decidée par la Novelle 39. *cap.* 1. dans
laquelle l'Empereur parlant generalement de ce que les enfans
inſtituez peuvent diſtraire du fideicommis univerſel dont ils ſont
chargez, réduit le retranchement à une ſeule quarte, leur permettant par une faveur particuliere de ſe ſervir des biens ſujets à reſtitution pour en conſtituer des dots & en faire des donations à
cauſe de nopces, ſi la quarte qui leur eſt affectée, n'eſt pas ſuffiſante: *Si quis de cætero reſtitutionem fecerit ſuarum rerum; primò quidem ſervet filio legitimam partem, non quartam: hoc enim
emendavimus, inopiam ejus plurimam reprehendentes; ſed tertiam modis omnibus, aut mediam ſecundum filiorum numerum.
Deinde ex reliqua ſubſtantiæ parte, ſi non ſuffecerit legitima pars
ad dotis aut antenuptialis donationis oblationem honeſtè & ſecundum perſonarum qualitatem & merita excipere etiam hoc eſt ad
reſtitutionem ſecundum quod adjectum legitimæ parti, dotem aut
antenuptialem facit donationem.*

Quoy qu'il en ſoit, c'eſt le ſentiment commun des Docteurs
ſur l'Authentique *Noviſſima.* de Peregrin. *tract. de fideicomm. art.*
3. *num.* 6. de Bartole, de Balde, Angel. Alexand. & de pluſieurs
autres citez par Peregrin. *loco citato* ; & l'uſage du Parlement
de Paris & des Parlemens du païs de droit écrit.

C'eſt auſſi le ſentiment commun, que la quarte falcidie n'eſt
point confonduë dans la legitime, Peregrin. *d. art.* 3. *num.* 55.
verſ. contrarium. Balde *conſil.* 46. *in 2. & alii.* parce qu'il n'y
a pas plus de raiſon pourquoy la Trebellianique ſoit confonduë

avec la legitime, & que la falcidie ne le soit pas; & que le fils chargé de restituer la succession fasse distraction de la Trebellianique sans préjudice de sa legitime; & qu'estant chargé de legs pour plus des trois quarts des biens du testateur, il confonde la falcidie avec sa legitime: La raison des Chapitres *Raynutius & Raynaldus* est commune à l'une & à l'autre; le fils prend sa legitime comme fils, & la Trebellianique comme heritier chargé de restituer l'heredité; & il ne peut par consequent aussi prendre & retenir la falcidie au cas qu'il soit chargé de legs, comme feroit tout heritier institué, étranger ou autre.

On adjouste que la legitime n'est pas comprise dans les fideicommis particuliers, à la delivrance desquels l'heritier est obligé par le testament; & partant le fils ayant pris son tiers pour sa legitime, il reste huit parties de l'heredité, sur lesquelles ces legs doivent estre payez; & partant si elles sont absorbées par la quantité des legs faits par le testateur, ils doivent souffrir la reduction portée par la falcidie.

Ainsi, quoy que le droit Canonique ait introduit la distraction de la legitime avec la Trebellianique, & qu'il n'ait fait aucune mention de la distraction de la falcidie, il y a lieu d'en étendre la disposition au cas obmis, où il y a parité de raison, & qu'il n'y a point de prohibition de le faire.

Ceux qui tiennent l'opinion contraire, objectent que les fruits s'imputent sur la falcidie, *glos. in l. quod de bonis. §. fructus. ff. ad leg. falcid.* & que la legitime & la Trebellianique se peuvent distraire, parce que les fruits ne s'imputent pas sur la Trebellianique, *l. jubemus. C. ad SC. Trebellian.* & par consequent on ne peut pas distraire la legitime & la falcidie.

On répond, que la legitime & la Trebellianique se distraient par les raisons susdites, & non pas parce que les fruits ne s'imputent point sur la Trebellianique; car la distraction de la legitime se fait, parce qu'elle n'est point sujette à restitution, *l. quoniam. C. de inoffic. testam.* & ce qui reste y est sujet, & dont par consequent le fils a droit de distraire la Trebellianique. Ainsi y ayant parité de raison entre l'un & l'autre, il n'y a pas lieu d'establir aucune difference sur ce sujet.

Neanmoins Monsieur Dolive en ses Arrests, livre 5. chapitre 27. dit que cette difference entre ces deux quartes, est observée au Parlement de Tholoze, & il rapporte deux Arrests de ce mesme Parlement, qui ont jugé que quand le fils est heritier, la falcidie cesse & est imputée sur la legitime ; le premier est du 19. Juin 1629. & l'autre du 7. Novembre 1632. & dit que tel est l'usage de ce Parlement ; parce que la distraction des deux quartes ayant esté introduite par l'erreur de nos Interpretes contre la dispositió du droit, elle ne doit point estre étenduë à la falcidie, par cette regle, que ce qui est introduit contre les regles de droit, ne doit point estre tiré à consequence, ny estre étendu d'un cas à un autre, d'une chose à une autre, ny d'une personne à une autre.

Le Parlement de Grenoble a rejetté cette difference, comme nous apprenons de Monsieur d'Expilly, lequel au Chapitre 11. de ses Arrests, rapporte un Arrest de ce Parlement, par lequel il a esté jugé, que la falcidie n'estoit point confuse dans la legitime.

Les Docteurs font une autre question, sçavoir si le fils a droit 9 de distraire la quarte Trebellianique, lors que les enfans à cause de leur nombre, ont la moitié pour leur legitime ? Quelques-uns pretendent qu'il n'y a pas lieu à la distraction de la Trebellianique, Balde *consil.* 94. *lib.* 2. Covarruv. *ad cap. Raynutius.* §. 11. *num.* 6. *de testam. Decius consil.* 228. *circa finem*, & quelques autres.

Le fondement de leur opinion est, qu'il seroit absurde que les enfans chargez de restituer la succession, emportassent une plus grande partie de l'heredité, que celle qu'ils restituëroient au fideicommissaire : or il est sans doute que leur portion seroit beaucoup plus forte que celle du fideicommissaire, puisqu'outre la moitié pour leur legitime, ils auroient encore le quart de ce qui resteroit.

L'opinion contraire est la plus commune, c'est celle de Peregrin. *d. art.* 3. *num.* 56. de Fachin. *lib.* 5. *cap.* 3. d'Anton. Thesaur. *decis. Pedemont.* 252. & des autres Docteurs qu'ils rapportent. La raison est, que la distraction de la legitime, soit du tiers ou de la moitié, a sa cause & son fondement particulier, ainsi elle n'empesche point celle de la Trebellianique, qui a aussi sa cause distincte & separée : que le droit Canonique qui a introduit cette double distraction, n'a fait aucune distinction entre la legitime lors qu'elle n'est que du tiers, ou lors qu'elle est de la moitié ; & partant il n'en faut point faire.

Plusieurs pretendent que la distraction de la Trebellianique n'a 10 pas lieu lors que le fils est chargé *purè & simpliciter* de restituer la succession, mais seulement lors qu'il n'en est chargé que sous condition, c'est le sentiment de Peregrin. *d. art.* 3. *num.* 52. de Panorme sur le chapitre *Raynutius num.* 26. & d'autres. Par la raison que ces chapitres du Droit canonique sur lesquels cette double distraction a esté fondée, se doivent entendre *in terminis* & dans le cas qui y est decidé, & non hors leur cas : Or dans ces Chapitres la double distraction est ordonnée dans le cas d'vn fideicommis conditionnel, & partant elle ne doit point estre étenduë au fideicommis laissé *purè & simpliciter.*

Ils ajoûtent, que la distraction des deux quartes concourant ensemble en mesme temps, & s'en faisant une imputation mutuelle, l'une sert d'empeschement à l'autre : veu qu'au contraire dans les fideicommis faits *in diem* ou sous condition, la distraction ne se faisant pas dans un mesme temps, la legitime estant une fois distraite & levée, ne peut pas empescher que la quarte Trebellianique ne se leve sur les biens sujets à restitution.

11   Voicy un exemple d'un fideicommis pur & simple, & sans jour ny condition : Un testateur laisse deux enfans, il institue l'aisné, & passe sous silence son puisné, & dans son testament il insere la clause codicillaire, dans ce cas le testament est nul à cause de la preterition du fils, & ce second prend la succession *ab intestat*, mais à cause de la clause codicillaire il est chargé *purè & simpliciter* de la rendre à son frere institué dans le testament, en prenant le tiers pour sa legitime, & à l'egard de la Trebellianique, par les raisons susdites & selon le sentiment de quelques Docteurs, il ne la peut pas distraire.

12   D'autres tiennent au contraire, que la distraction de la Trebellianique n'a pas moins lieu au cas du fideicommis laissé *purè & simpliciter*, que quand il est laissé sous condition, c'est le sentiment de Fachin *lib.* 5. *cap.* 2. & de Cujas *lib.* 8. *observatio. cap.* 3. & j'estime cette opinion mieux fondée, parce que la raison de la distraction de la Trebellianique avec la legitime, a lieu, soit que le fideicommis soit laissé *purè*, ou sous condition, sçavoir parce que le fils prend sa legitime *tanquam filius*, & il distrait la Trebellianique comme tout autre heritier chargé de restituer la succession, ce sont deux differens droits, fondez sur differentes causes, dont l'une ne met pas d'empeschement à l'autre, soit que le fideicommis soit pur ou conditionnel.

Faber en son Code *lib.* 6. *tit.* 16. *definit.* 7. dit, que l'usage du Parlement de Chambery est contraire, & en rapporte un Arrest, par lequel au cas fufdit la quarte Trebellianique cesse. Monsieur de Cambolas au livre 4. chap. 42. de ses Arrests, dit que c'est aussi l'usage du Parlement de Toloze.

Les Docteurs qui tiennent que quand le testament est confirmé par la clause Codicillaire, la distraction de la Trebellianique cesse, exceptent deux cas: le premier est, lors qu'il y a des freres qui succedent conjointement avec la mere, & lesquels en vertu de la clause Codicillaire sont chargez de rendre la succession à l'heritier institué ; car pour lors la mere seule prend la legitime, laquelle n'appartient pas aux freres, & les freres prennent la quarte; ce qui a esté jugé ainsi par Arrest du Parlement de Toloze, du 23. Decembre 1632. rapporté par Monsieur de Cambolas *loco citato,* au rapport de Monsieur de Resseguier, entre Daupies & Grimaud, l'ayeule ayant esté preterite dans le testament de son fils, dans lequel la clause Codicillaire avoit esté inserée, & par icelle les heritiers *ab intestat*, qui estoient l'ayeule & les freres de la testatrice, se trouvans chargez de rendre au mary heritier institué, ils furent maintenus dans la succession, sans avoir égard à l'institution, à la charge de rendre presentement au mary le fideicommis, en distrayant pour l'ayeule sa legitime, & la quarte pour les freres.

L'autre cas est lors que la validité du testament dépend du temps à venir, sçavoir lors qu'un posthume est preterit; car en ce cas si il naist aprés le deceds du pere, le testament estant confirmé par la clause Codicillaire, la double distraction a lieu, parce que *diverso tempore debentur*, sçavoir la legitime dés le temps du deceds du testateur; & la Trebellianique seulement au temps de la naissance du posthume : C'est le sentiment de Benedict. *in verbo, in eodem testamento.* 1. *num.* 243.

C'est encore une question si cette double distraction a lieu au profit des ascendans ? Les Docteurs sont partagez, Balde *in l. si à milite.* §. *fin. ff. de testam. milit.* Alexand. *in l. ratione.* §. *quod vulgo. num.* 11. Jason *in Authent. si qua mulier. C. de sacrosanct. Ecclesf.* Peregrin. *d. art.* 3. *num.* 53. & autres, que cét Auteur cite, tiennent que les ascendans n'ont pas droit de distraire la legitime & cette quarte, parce que les chapitres du Droit canonique qui ont introduit cette double distraction, ne doivent point estre étendus hors leur cas ; & à leur égard l'ancienne Jurisprudence n'a receu aucun changement.

Paul de Castres *consil.* 366. *in sec. dub. vol.* 1. Angel. *in d. l.*

si à milite. §. fin. & autres , font d'avis contraire ; parce qu'il n'y a pas plus de raison d'accorder ce droit aux enfans qu'aux ascendans ; car si les enfans prennent leur legitime comme enfans , & la Trebellianique comme heritiers, les ascendans prennent aussi la legitime comme ascendans , & la Trebellianique comme heritiers. Monsieur Dolive en ses Arrests, livre 5. chap. 27. dit, que tel est l'usage du Parlement de Toloze ; & dit avoir esté jugé ainsi par Arrest donné en la Chambre de l'Edit de Castres, le 5. Decembre 1608. fondé sur la faveur des ascendans, & sur ce que la succession des descendans n'est pas moins deuë aux peres & meres qu'aux enfans, & que la condition des ascendans est renduë presque égale à celle des enfans en ce qui concerne les legitimes , les institutions & exheredations, par plusieurs Constitutions de l'Empereur Justinien.

15 A l'égard des petits enfans, quelques-uns tiennent qu'ils ne peuvent pas distraire la quarte Trebellianique , parce que la disposition Canonique qui a introduit cette double distraction, ne reçoit point d'extension ; neanmoins la plus commune opinion est au contraire , parce que les petits fils succedans à leur ayeule entrent dans le degré de leur pere ; ainsi ils doivent jouir des mesmes avantages qui luy sont accordez.

16 Voyons presentement si la legitime des ascendans est augmentée au tiers ou à la moitié, comme celle des descendans : c'est une question qui partage aussi les Docteurs. Pour prouver qu'elle n'est pas augmentée, on dit :

Premierement, que cette Novelle establissant un droit nouveau contre la disposition du droit ancien , par lequel la legitime n'estoit que le quart des biens du deffunt , & cette Novelle ne parlant que des enfans, elle ne doit pas estre étenduë hors son cas, *argum. leg. præcipimus. C. de appellatio. l. sancimus. C. de testam.*

En second lieu, que la raison de cette nouvelle Constitution, sçavoir que par le grand nombre des enfans , la portion d'un chacun d'eux ne soit trop mediocre, en sorte qu'ils soient dans l'indigence après le deceds de leur pere, pendant la vie duquel ils avoient vescu dans l'abondance, n'a pas lieu à l'égard des ascendans, dont le nombre ne peut pas augmenter comme celuy des enfans ; ainsi leur legitime n'est que le quart, comme auparavant cette Novelle.

En troisiéme lieu, parce qu'il y a bien plus de raison pourquoy la legitime a esté augmentée pour les enfans que pour
les

les afcendans, la legitime eft deuë aux enfans par le droit naturel, *l. cùm ratio.ff.de bon. damnat.* veu qu'elle n'eft deuë aux afcendans que pour les confoler de la perte qu'ils ont faite, *miferationis ac pietatis confideratione.l.nam & fi parentibus. ff. unde lib.* Les dona- tions & autres difpofitions entre-vifs à titre lucratif, faites par les peres & meres, font revoquées en faveur des enfans nez depuis qu'elles ont efté faites, fuivant la Loy *fi unquam ;* mais el- les ne peuvent pas eftre revoquées eftant faites par les defcendans au profit des afcendans. On ajoûte, que fi quelqu'un a fon pere & fon fils, & qu'il ne puiffe pas fournir des alimens à l'un & à l'autre, il eft tenu d'en donner à fon fils, fans en donner à fon pere lors qu'il ne le peut pas : C'eft le fentiment de Bartole fur la Loy *nam quemadmodum. ff. de liber. agnofc.*

Plufieurs Docteurs par ces raifons tiennent cette opinion, Alexandre fur la Loy *in ratione.* §. *quod vulgo.* 7. *verf. poteft dubitari. ad leg. falcid.* Bertrand. *confil.* 29. *in 3. dubio. Jaf. in Authent. fi qua mulier. col. 2. verf. 2. quia. C. de facrof. Ecclef. & in l. generaliter.* §. *cùm autem. col. 3. in fine feptimæ limitat. C. de inftitut. & fubftitutio.*

La glofe *in* §. *fi verò verf. obfervando. in Authent. de triente & femiffe. in* §. *cùm igitur. verfic. allegationibus, in Authent. de non elig. fec. nub. & in l. omnium. ff. de ufufr. Iaf. & Bartol. in Authent. noviffima, Bald. Salicet. Caftrenf.* & la plus grande partie des Docteurs tiennent l'opinion contraire, fondez fur cet- te Novelle dans laquelle à la fin de ce Chapitre il eft dit, *hoc obfervando in omnibus perfonis, in quibus ab initio antiquæ quartæ ratio de inofficiofo lege decreta eft.* Que cette Novelle n'a pas efté faite pour reformer le droit ancien, mais pour y ajoûter, en forte que par le droit la legitime eftant deuë égale- ment aux enfans, & aux afcendans, *deficientibus liberis,* l'aug- mentation de la legitime doit eftre égale aux uns & aux autres, parce que cette nouvelle Conftitution n'a mis aucune differen- ce entre les uns & les autres. Et quoy que cette augmentation ait eu pour motif la faveur des enfans, & pour empefcher que par le grand nombre qui fe trouveroit aprés le deceds des peres & meres, ils n'euffent chacun que peu de chofe dans leurs biens, eftant reduits à leur legitime, confiftant feulement dans le quart de leur portion hereditaire, neantmoins la faveur des en- fans leur a procuré cét avantage, dont l'Empereur ne les a pas crû indignes, veu qu'en effet ils doivent eftre preferez à des étrangers. Ainsi quoy que la legitime des enfans soit plus favo-rable que celle des ascendans, celle des ascendans ne pouvant avoir lieu qu'en defaut d'enfans legitimes, elle est aussi tres-favorable.

Le Parlement de Paris pour les Provinces de Droit écrit qui sont dans son étenduë, & les autres Parlemens du Païs de Droit écrit, ont suivy cette opinion ; & tel est l'usage.

17　La legitime des ascendans ne peut estre augmentée qu'au tiers, veu qu'ils ne peuvent estre que deux qui la puissent demander ; mais on demande si elle est augmentée à la moitié lors qu'ils concourent avec les freres & sœurs du deffunt : Par exemple, si la mere concourt avec quatre freres & sœurs : Pour l'heri-tier institué on dit, que la distraction de la legitime ne pouvant estre demandée contre les heritiers instituez que par les ascen-dans, & non par les freres & sœurs, il n'y a qu'eux qui puissent entrer en consideration pour faire nombre ; car si la mere n'avoit point survescu son enfant, les freres & sœurs du deffunt ne pour-roient rien pretendre dans ses biens, n'ayant pas droit de former la plainte d'inofficiosité, ny de demander leur legitime, sinon au seul cas marqué cy-dessus ; c'est pourquoy lors qu'ils con-courent avec les ascendans, ils ne doivent point faire nombre pour augmenter la legitime des ascendans.

Maistre Marie Ricard en son traité des donations, partie 3. chap. 8. section 6. nomb. 1040. traite cette question, & tient que l'opinion contraire est mieux fondée & plus conforme à l'inten-tion de la Loy, qui apparemment a esté de recompenser les legitimaires par l'augmentation de la quotité, lors que les por-tions de ceux qui y sont appellez, diminuent par le nombre des personnes qui sont comptées en la computation, dont l'é-quité & la raison se rencontrent aussi bien lors que ceux qui servent à compter les portions, ne font point de part que quand ils partagent actuellement, veu qu'en l'un & en l'autre cas, les legitimaires n'ont point d'avantage.

Quelque estime que j'aye pour les opinions de cét Auteur, lesquelles sont ordinairement appuyées de raisons tres solides, je ne peux me ranger de son party sur cette question ; & pour faire voir que son sentiment ne peut pas subsister, c'est que quand l'enfant decedé a disposé de ses biens par testament au préju-dice de ses freres & sœurs, ils ne peuvent rien demander dans sa succession, si ce n'est au cas marqué en la Novelle 22. chap. 47.

& partant fi la mere fe rencontre avec les collateraux , la mere a droit de demander fa legitime à l'heritier inftitué , laquelle elle retient fans que les collateraux y puiffent rien pretendre , veu qu'elle n'eft donnée qu'aux afcendans, & les collateraux eftans exclus par le teftament du deffunt, & ne pouvant rien prendre dans fes biens, comment peuvent-ils faire nombre pour augmenter la legitime de la mere du tiers à la moitié ? Je ne trouve pas que l'efpece propofée puiffe faire une queftion.

Mais c'eft une queftion , fçavoir fi la mere concourant avec les freres & les fœurs du deffunt, lefquels neanmoins feroient exclus par fon teftament , peut demander la portion de tous les biens du deffunt, ou feulement le tiers de la portion qu'elle auroit euë *ab inteftat* ? Pour rendre cette queftion plus intelligible , il faut obferver, que la legitime n'eft que le tiers ou la moitié de la portion deuë *ab inteftat* , & partant dans la queftion propofée il faut voir quelle portion la mere auroit *ab inteftat* dans la fucceffion de fon enfant decedé, comme fi trois freres & fœurs concouroient avec elle, elle n'auroit qu'un quart de fa fucceffion ; ainfi il femble qu'elle ne puiffe pretendre que le tiers de la quatriéme partie: car quoy que les freres du deffunt foient exclus par fon teftament, & qu'il n'y ait que la mere qui puiffe y prendre fa legitime , elle ne peut regler fa portion que fur celle qu'elle pourroit avoir *ab inteftat* , eu égard au nombre de ceux qui fuccederoient avec elle.

Cette raifon a fait foûtenir cette opinion à Bartole fur la Loy 14. *C. de inoffic. teftam.* Mornac fur la Loy *nam & fi parentibus. ff. eod. tit.* en cite des préjugez. Monfieur Dolive en fes queftions, livre 3. chap. 3. eft de mefme avis: Brodeau fur Monfieur Loüet, lettre L. chap. 1. remarque trois Arrefts , qui l'ont jugé ainfi: Le premier a efté rendu en la cinquiéme Chambre des Enqueftes au rapport de Monfieur Jabin, le 22. Juillet 1590. & eft cité par Monfieur le Preftre en fes Arrefts, Centurie 3. chap. 91.

Le deuxiéme a efté donné en la quatriéme Chambre des Enqueftes, le 16. Janvier 1610. au rapport de Monfieur de Vertamont, entre Jeanne Mondar mere de Claudine Riviere,& maiftre Francois Ayguetard.

Le troifiéme eft du 22. Juin 1619. entre Jean Thevenon & Alexandre Petit.

Henris dans le premier volume de fes Arrefts , livre 6. queftion 16. rapporte un autre Arreft du Parlement de Paris , du

22. May 1633. qui a jugé conformément au precedent, que la legitime du pere ou de la mere se devoit regler au tiers de la portion qui luy eut appartenu *ab inteftat*, les freres conjoints des deux coftez concourans avec luy.

Mais le mefme Auteur dans le deuxiéme tome, livre 6. queftion 12. remarque un autre Arreft environ de l'année 1658. donné au profit du fieur Floquet, qui a jugé le contraire, que la legitime du pere devoit eftre reglée au tiers de tous les biens.

Le Parlement de Toloze a aufli jugé par fes Arrefts rapportez par Defpeiffes au traité de la legitime, fection 2. nomb. 3. conformément à ce dernier Arreft du Parlement de Paris, que la legitime des pers & meres dans ce cas eftoit le tiers de tous les biens. Par la raifon que le concours des freres & fœurs avec les peres & meres, ne leur ayant efté accordé que par privilege, lors que ce concours ceffe par quelque moyen que ce foit, les peres & meres fe trouvent feuls capables de contefter le teftament, & de pretendre droit fur fa fucceflion ; ainfi leur legitime doit eftre reglée, comme fi en effet ils euffent efté feuls heritiers *ab inteftat*.

La mefme queftion s'eft depuis prefentée au Parlement de Paris, en la troifiéme Chambre des Enqueftes, au rapport de Monfieur de Ribaudon : la teftatrice avoit inftitué un étranger, laiffant quatre freres & fœurs, aufquels elle avoit fait quelques legs, & avoit legué à fa mere la legitime qu'elle pouvoit pretendre: la difficulté eftoit comment elle fe devoit regler, fi c'eftoit le tiers de la portion qu'elle auroit eu *ab inteftat*, ou le tiers de tous les biens ; par l'Arreft il fut ordonné que la mere prendroit le tiers de tous les biens, en confirmant la Sentence du Lieutenant General à Villefranche en Beaujolois.

Quoy que cette jurifprudence paroiffe contraire à l'efprit de la Loy, neanmoins eftant confirmée par tant d'Arrefts, il n'y a pas lieu d'aller contre : D'où il s'enfuit que fi l'enfant avoit inftitué fes freres & fes fœurs pour fes heritiers, & qu'il eut inftitué fa mere pour fa legitime, la mere pourroit pretendre le tiers de tous fes biens, de mefme que fi le teftateur avoit inftitué des étrangers.

19 Il y a quelque difficulté lors que le deffunt a laiffé des propres, fçavoir quelle doit eftre la legitime de la mere dans les païs où l'Edit des meres eft receu ; fi c'eft le tiers des meubles &

acquefts, & le tiers feulement de la moitié de l'ufufruit des propres : Les Arrefts ont jugé que la mere ne pouvoit pretendre
que le tiers des meubles & acquefts, & le tiers de la moitié de
l'ufufruit des propres : Ce qui a efté jugé par les trois Arrefts citez cy-deffus des années 1590. 1610. & 1619.

Ce qui fait la difficulté eft, fçavoir fi la mere ne doit pas
avoir la moitié entiere de l'ufufruit des propres, veu que l'Edit
donne à la mere la moitié de l'ufufruit des propres, non pas à
titre de fucceffion feulement, mais auffi de legitime, en ces termes : *Pour tout droit de legitime, part & portion dudit heritage.* Neanmoins j'eftime que la mere ne peut demander que le
tiers de la moitié de l'ufufruit. La raifon eft, que l'Edit ayant reftraint la fucceffion de la mere dans l'ufufruit de la moitié des propres, elle ne peut prendre cét ufufruit qu'en qualité d'heritiere,
& non lors qu'elle renonce à la fucceffion, ou qu'elle en eft excluë autrement, comme par une jufte exheredation ; & puifque
la legitime n'eft que le tiers de la portion legitime, je ne vois pas
que cette queftion doive faire beaucoup de difficulté.

C'eft une grande queftion entre les Docteurs, fçavoir fi la le- 20
gitime des enfans augmente par l'augmentation des biens du pere
aprés fa mort ; ou fi au contraire les pertes qui font arrivées
dans les biens de la fucceffion aprés la mort du pere, diminuënt
la legitime ?

Pour ce qui eft de l'augmentation des biens, les Docteurs
diftinguent entre celle qui eft extrinfeque, & celle qui eft intrinfeque.

L'augmentation extrinfeque eft celle qui arrive par d'autres 21
caufes que par les biens hereditaires, comme par alluvion, par
droit d'accroiffement, & par d'autres femblables moyens. L'augmentation intrinfeque eft quand les chofes hereditaires augmentent de prix ; car il arrive fouvent que la valeur des chofes augmente ou diminuë, parce que l'eftimation des chofes dépend de
plufieurs circonftances qui changent ordinairement de temps en
temps.

La commune opinion eft, que fi la fucceffion eft augmentée
par une augmentation extrinfeque, la legitime n'eft point augmentée : La raifon eft, que la qualité des biens, pour fçavoir à
quoy fe monte la legitime, fe confidere au temps de la mort,
fuivant la Loy *cùm quæritur. C. de inoffic. teftam.* & la Loy *fi
patronum. 44. §. fi ex bonis. ff. de bon. libert.*

2　　La Loy *si patronum*. §. *si ex bonis.* decide, que quand il s'agit
de distraire la legitime du patron sur les biens de son affranchy,
on doit considerer le temps de son deceds, & que le patron à qui
la legitime est deuë, est exclud de demander l'augment qui arrive dans les biens de l'affranchy aprés sa mort, ou par occasion
d'un esclave qui seroit revenu *ab hostibus*, ou par alluvion, ou
par quelque autre cause.

Et quoy que cette Loy ne parle que de la legitime deuë au patron, neanmoins elle doit estre appliquée à la legitime deuë aux
enfans, parce qu'il y a parité pour l'une & pour l'autre; & cette
Loy ne decide qu'il faut avoir égard qu'au temps de la mort, que
parce qu'il se doit ainsi observer à l'égard de la legitime des descendans, *l. cùm quæritur. C. de inoffic. testam.*

On objecte la Loy *servi qui. 43. ff. ad leg. falcid.* où le Jurisconsulte Ulpian dit, que *servi qui apud hostes sunt, post mortem
testatoris reversi, quod ad falcidiam pertinet, locupletiorem faciunt
hereditatem.* Puisque ces esclaves augmentent la succession, &
par consequent la falcidie, il faut dire aussi qu'ils augmentent la
legitime.

On répond que ces esclaves augmentent la legitime comme la
falcidie, parce que ce sont des biens hereditaires qui retournent
à la masse de la succession, & c'est un droit de retour qui les re-
met dans le mesme estat qu'ils estoient avant qu'ils fussent en
captivité, & par ce droit on feint qu'ils n'ont jamais cessé de faire partie de la succession; ainsi on ne peut pas dire que ce soit
une augmentation extrinseque, puisque ces esclaves sont présu-
mez avoir fait partie de la succession au temps de la mort du
testateur.

Que si un legs avoit esté fait au deffunt, qui luy fut dû avant sa
mort, mais qu'il ne l'eut pas accepté ny repudié, son heritier
exerçant ses droits pourroit l'accepter ou le repudier, & s'il l'ac-
ceptoit, ce seroit une augmentation qui ne seroit pas extrinseque à la succession, parce qu'en mourant le testateur auroit laissé
entre les droits hereditaires l'action *ad petendum legatum*, ainsi
cette action n'est pas un profit extrinseque, puisqu'il fait partie de la succession; c'est pourquoy il l'augmenteroit, & augmenteroit aussi la legitime; & il faut dire pour une regle certaine
& fondée sur les principes de droit, que tout ce qui est acquis
à la succession aprés la mort de quelqu'un par une action qui luy
competoit au temps de sa mort, n'augmente pas sa succession par

une augmentation extrinseque, dautant que la chose qui est acquise par cette raison est un effet de l'action, laquelle estoit au nombre des droits hereditaires au temps de la mort.

Quant à l'augmentation intrinseque, comme celle qui provient de l'augmentation de la valeur des biens hereditaires, il y a quelque difficulté entre les Docteurs pour sçavoir en quel temps il faut faire l'estimation des biens de la succession ; si ce doit estre au temps de la mort du testateur, ou au temps que la legitime est demandée, pour determiner la quantité de la legitime : Car si c'est au temps de la mort du testateur que l'estimation doit estre faite, il s'ensuit que l'augmentation est pour l'heritier, & ne profite point aux legitimaires ; par exemple supposé que les biens hereditaires consistans en maisons & en terres valussent quinze mille livres au temps de la mort du testateur, qu'il n'eut laissé qu'un enfant, & que dans l'an aprés sa mort leur valeur fût augmentée de six mille livres, & qu'ainsi ils valussent vingt & un mille livres, si cette augmentation n'est que pour l'heritier, & qu'elle n'augmente point la legitime, l'enfant du testateur ne peut pretendre que le tiers se montant à cinq mille livres.

Plusieurs pretendent que l'estimation des biens hereditaires se doit considerer au temps de la mort du testateur, c'est le sentiment de Balde *in consil.* 22. *lib.* 4. La raison qu'ils en rendent, est qu'on considere pour la portion de la legitime le temps de la mort du testateur, suivant la Loy *cùm quæritur* ; & par consequent pour determiner la quantité de la legitime, il faut faire l'estimation des biens au temps de la mort du testateur. 23

Je ne crois pas que cette opinion se puisse soûtenir, veu que par la Novelle 115. l'Empereur a voulu, que la legitime se laissât à titre d'institution, ainsi le legitimaire a une portion dans la succession, qu'il prend en corps hereditaires, *quotam habet hereditatis.*

Pour la resolution de cette question, il faut distinguer ; car si le testateur a institué son fils pour le tiers de sa succession qu'il estoit obligé de luy laisser à titre d'institution, l'augmentation des biens hereditaires causée par l'augmentation de leur valeur, serviroit à ce fils legitimaire, parce que prenant un tiers de la succession, il auroit un tiers par indivis sur chaque chose hereditaire ; ainsi cette augmentation augmenteroit la legitime en augmentant la succession, n'y ayant en cela aucune autre difference entre l'heritier & le legitimaire, sinon que l'heritier auroit deux tiers dans la succession par indivis, & le legitimaire l'autre tiers aussi par indivis.

La difficulté qui peut arriver n'est qu'au cas que le pere instituë son fils *in re certa*, laquelle valût le tiers de sa succession au temps de sa mort, & que quelque temps aprés les autres biens de la succession augmentassent de prix, comme dans cét exemple. Un pere ayant seize mille livres de biens consistans en terres & maisons, instituë son fils pour une terre qui valoit au temps de sa mort six mille livres, les autres biens n'estans estimez pour lors que dix mille livres, appartenans à un autre heritier qu'il avoit institué pour le reste de ses biens : il arrive que six mois aprés la mort du testateur, la maison hereditaire qui appartenoit à l'heritier par droit successif, estoit augmentée de valeur de plus de la moitié, ou par un marché qu'on auroit estably auprés, ou par quelque autre cause impreveuë ; ainsi cette maison valant vingt mille livres, fait que la succession se monte à vingt-six mille livres, en comptant la valeur de la chose écheuë au legitimaire, & partant il devoit avoir prés de neuf mille livres pour sa legitime.

Dans cette espece le fils ne peut rien pretendre contre l'heritier pour l'augmentation de la valeur des biens hereditaires, suivant le sentiment de Decius *consil.* 228. d'Alciat. *consil.* 225. & 573.

La raison est, que le fils a esté saisi de sa legitime dés la mort du testateur, & elle luy appartient dés ce temps, *l. scimus.* §. *cum autem. C. de inoffic. testam.* Ainsi c'est au temps de la mort du testateur qu'il faut considerer la quantité des biens hereditaires, & leur valeur, pour voir si la chose en laquelle le legitimaire est institué, vaut le tiers des biens de la succession. Et il seroit injuste que le legitimaire profitât d'une semblable augmentation, parce que si quelques biens hereditaires perissoient, ou diminuoient de prix aprés la mort du testateur, la perte retomberoit sur l'heritier, la chose qui auroit esté laissée au legitimaire à titre d'institution luy demeurant. Pareillement si la chose laissée au legitimaire augmentoit de prix, ce profit appartiendroit au legitimaire, sans qu'il fût obligé de le communiquer à l'heritier ; il faut dire au contraire que le profit qui peut arriver dans les biens de la succession, doit appartenir à l'heritier. Ce qui a lieu mesme, quoy que l'augmentation fût arrivée entre la mort du testateur & l'adition d'heredité faite par l'heritier : La raison est, que l'acte par lequel un heritier apprehende une succession, a un effet retroactif au jour de la mort du teftateur ; enforte qu'il eft cenfé avoir eu la proprieté & la poffeffion des biens hereditaires dés ce jour, & il repreſente le deffunt dés le temps de ſa mort.

Quant aux pertes arrivées dans les biens hereditaires , il faut obſerver pluſieurs cas qui requierent differentes déciſions ; & que quelques Docteurs decident ainſi. [24]

Le premier eſt, ſi le fils legitimaire eſt inſtitué pour ſa legitime en une certaine portion de la ſucceffion, par exemple pour un tiers , pour cinq onces, ou pour une autre qualité ; en ce cas ſi les pertes ou les diminutions arrivent dans les biens hereditaires , c'eft une perte commune entre l'heritier & le legitimaire, les biens n'eſtans pas encore partagez.

Le deuxiéme eſt , ſi la choſe en laquelle le legitimaire auroit eſté inſtitué pour ſa legitime , periffoit aprés la mort du teſtateur ; comme ſi c'eſtoit une maiſon qui fut brûlée, renverſée, ou qui fut perie autrement ſans le fait de l'heritier, la perte regarderoit ſeulement le legitimaire, parce que *res ſua domino perit,* *l.* 9. *C. de pigner. act.* ce legitimaire ayant eu la proprieté & la poffeffion de cette maiſon dés le temps de la mort du teſtateur.

Le troiſiéme eſt , ſi la choſe laiffée au legitimaire pour ſa legitime , luy eſt évincée par Sentence du Juge, ſans que l'heritier puiffe imputer à ſa faute cette éviction, en ce cas c'eſt une perte qui regarde la ſucceffion, & c'eſt comme ſi le teſtateur n'avoit rien laiffé à ſon fils ; cependant ſon teſtament n'eſt pas infirmé, parce qu'il ne l'a pas paffé ſous ſilence, & qu'il l'a inſtitué ainſi que la Loy l'y obligeoit, quoy que cette inſtitution luy ait eſté inutile pour la choſe en laquelle elle eſtoit faite ; mais ce fils peut ſe pourvoir contre l'heritier pour avoir la valeur de la choſe qui luy a eſté évincée, au cas qu'elle valut plus que le tiers des biens hereditaires ; & ſi il ſe trouve qu'elle valût moins, il peut demander le tiers des biens hereditaires qui reſtent à l'heritier.

Le quatriéme eſt , que ſi d'autres choſes hereditaires periffent, la perte regarde ſeulement l'heritier , & non le legitimaire inſtitué *in certa re.*

Puiſque pour determiner la quantité des biens du teſtateur & regler ainſi celle de la legitime, il faut attendre au temps de la mort ; il s'enſuit que ſi un pere avoit donné de ſon vivant quelques biens à un de ſes enfans pour luy ſervir de legitime, que ces biens fuffent ſuffiſans pour lors, mais qu'au temps de ſa mort ils ne le fuffent pas, parce qu'il en auroit acquis d'autres depuis, [25]

TOME I.   V v ce fils peut demander le supplément de sa legitime ; c'est le sentiment de Paul de Castres & d'Alexandre sur la Loy *in ratione.* 30. *ff. ad leg. falcid.* c'est la décision de la Loy *si quando.* §. 1. C. *de inoffic. testam.* où il est dit, *si quis à patre certas res vel pecunias accepisset, & pactus fuisset, quatenus de inofficioso adversùs testamentum paternum querela ab eo minimè moveretur, &c. hujusmodi pacto filium minimè prægravari secundum Papiniani responsum, in quo definivit meritis magis filios ad paterna obsequia provocandos, quàm pactionibus adstringendos.*

Que si un fils n'a pas moins de droit de demander sa legitime, quoy qu'en recevant de son pere quelques biens, il ait renoncé au droit qu'il avoit de la poursuivre, ou le supplément d'icelle, à plus forte raison le peut-il faire quand il n'a point fait de convention, & qu'il a simplement receu certaines choses de son pere pour sa legitime. Ce qui est fondé sur ce que les biens d'un homme ne se considerent qu'au temps de sa mort, pour regler la legitime, *d. l. cùm quæritur.* ainsi un fils n'est pas censé capable auparavant d'en faire aucune convention, & toute convention au contraire est censée avoir esté extorquée, & est nulle par defaut de consentement.

On objecte, que si le pere estoit décheu entierement de ses facultez depuis qu'il auroit donné quelques biens à un de ses enfans pour sa legitime, cette perte ne retomberoit pas sur luy ; ainsi il faut dire au contraire qu'il ne doit pas profiter de l'augmentation de ses biens.

On répond, que le fils qui auroit receu quelques biens de son pere pour sa legitime, n'en souffriroit aucune diminution pour la perte des biens que son pere auroit soufferte, parce que par la donation que son pere luy auroit faite, il auroit acquis la proprieté des choses données irrevocablement ; ce qui n'empescheroit pas neanmoins qu'il ne pût se pourvoir contre le testament de son pere, au cas que ses biens fussent augmentez, pour avoir le supplément de la legitime, quoy qu'il y eut renoncé : La raison est, que telle renonciation seroit inutile, & ne produiroit aucun effet par ce que nous avons dit cy-dessus.

26 On demande si par cette Novelle la falcidie a esté augmentée, ensorte qu'elle aille au tiers ou à la moitié des biens du testateur suivant le nombre des heritiers ? On répond que non, parce que l'augmentation de la legitime n'a esté faite qu'en faveur des enfans ; car le nombre des enfans diminuant la portion des biens

de leurs pere & mere pour chacun d'entr'eux, l'Empereur a trouvé équitable de l'augmenter ; & la mesme équité ne se rencontre pas dans les heritiers étrangers que le testateur n'est pas obligé d'instituer, & ausquels il n'estoit obligé par aucune raison de laisser aucune partie de ses biens.

On objecte la Novelle 92. *de immensis donatio.* laquelle semble servir de fondement à l'opinion contraire ; car dans le commencement l'Empereur dit *falcidiam augentes non ignobili incremento*, en parlant de la Novelle *de triente & semisse.* Mais on répond, que ce que dit l'Empereur dans cette Novelle *de immens. donatio.* doit estre entendu de la legitime, parce qu'on se sert souvent de ce mot *falcidie* pour marquer toute quarte, quoy qu'elle ne provienne pas de cette Loy, comme remarque Gudelinus *de jur. noviss. lib. 2. cap. 11. num. 7.*

Toutefois quand les enfans ou les ascendans sont instituez heritiers, & qu'ils sont chargez de legs par delà le tiers qui leur est deub pour leur legitime, ils ont droit de distraire le tiers de leur portion, & non pas seulement le quart, parce qu'on ne les considere pas comme heritiers étrangers, mais comme heritiers ausquels la legitime est deuë, ensorte qu'ils ne retiennent pas le quart comme heritiers, mais le tiers comme legitimaires ; autrement la condition de ceux qui ne seroient pas instituez, seroit plus avantageuse que celle des heritiers.

SECTION TROISIE'ME.

Quels enfans font nombre pour regler la portion des legitimaires.

SOMMAIRE.

V v ij

1 IL faut pofer pour une regle certaine, que tous les enfans qui font dans le premier degré, fils ou filles, capables de fucceder, font nombre à l'effet de regler la portion des legitimaires au 2 tiers ou à la moitié ; à l'égard des petits enfans, ils font comptez *in ftirpes* ; enforte que tous les petits enfans venans d'un fils ou d'une fille, ne font comptez que pour un ; ce qui a lieu, foit qu'il y ait des enfans vivans au premier degré, ou lors qu'il n'y a que des petits enfans de plufieurs enfans decedez, parce qu'en ce cas tous les petits enfans viennent à la fucceffion de leur ayeul par reprefentation *in ftirpes*, & non pas *in capita*, enforte que *quotquot fuerint ex uno filio vel filia, habentur pro uno*. Et mefme au cas qu'il n'y ait que des petits enfans *ex uno tantum filio vel filia*, ils ne doivent eftre comptez que pour un feul, & ne prennent par confequent tous enfemble pour leur legitime que le tiers de la fucceffion, ainfi qu'il a efté remarqué cy-deffus, quoy que plufieurs Docteurs foient d'avis contraire, eftimans qu'en ce cas ils doivent chacun prendre leur legitime felon leur nombre, parce qu'ils viennent *ex fuo capite & perfona* ; mais lors qu'on confidere qu'il feroit abfurde que les enfans euffent plus de droit en la fucceffion de l'ayeul que leur pere n'auroit, fi il vivoit, puifque ce n'eft que par fon moyen qu'ils y viennent, il n'y a pas lieu de tenir cette opinion.

Toute la difficulté eft, fçavoir fi ceux qui ne fuccedent point 3 font nombre pour augmenter la legitime de ceux qui fuccedent, comme ceux qui auroient efté exheredez legitimement, ou qui fe trouveroient incapables de recueillir la fucceffion de leur pere : L'opinion commune eft pour la negative ; comme fi quelqu'un laiffe cinq enfans, & qu'il en exherede un, les autres ne peuvent demander que le tiers pour leur legitime : La raifon eft, que le fils exheredé ne pouvant rien pretendre dans la fucceffion de fon pere, elle appartient de plein droit aux autres enfans, fans qu'on puiffe dire qu'une partie d'icelle leur eft accruë par ce moyen : & puifque la legitime fe prend en qualité d'heritier, & qu'il n'y a que celuy qui peut eftre heritier qui la peut prendre, celuy qui n'eſt point heritier ne fait point nombre pour augmenter la legitime des autres ; c'eſt la diſpoſition expreſſe de la Loy *ſi poſt mortem. §. liberi. ff. de bon. poſſeſſ. cont. tabul.* où il eſt dit, *liberi qui contra tabulas habere non poſſunt , nec partem faciunt. Qui enim bonum eſt eis favere, ut partem faciant, nihil habituri ?*

Par cette Loy , ceux qui ne peuvent demander la poſſeſſion des biens contre le teſtament de leur pere, ne font pas nombre ainſi ceux qui ne peuvent rien pretendre dans la ſucceſſion, ne font pas nombre , parce que cela ſeroit inutile.

On objecte que la portion du fils exheredé accroiſt aux autres enfans, *l. qui repudiantis , & l. ſi ponas. §. ult. ff. de inoffic teſtam.* où il eſt dit, que ſi un de pluſieurs enfans exheredez renonce à la plainte d'inofficioſité, ſa portion accroiſt aux autres enſorte que le teſtament eſtant caſſé comme inofficieux, les autres enfans emportent toute la ſucceſſion. Que ſi la portion du fils exheredé accroiſt aux autres enfans, il s'enſuit qu'il fait nombre pour augmenter leur legitime.

On répond, que ſi un de pluſieurs enfans exheredez renonce à la plainte d'inofficioſité, c'eſt une neceſſité que la portion qui luy appartiendroit en la ſucceſſion, au cas qu'il voulût s'en ſervir, accroiſſe ; parce que le teſtament eſtant caſſé par l'action intentée par les autres, le teſtateur eſt cenſé mort *inteſtat*, ainſi ſes enfans viennent à ſa ſucceſſion legitime ; & celuy qui a renoncé à la plainte d'inofficioſité , eſt préſumé renoncer à la portion qu'il auroit, s'il avoit voulu ſe ſervir de l'action par laquelle il pouvoit combattre de nullité le teſtament de ſon pere.

Mais quand un enfant eſt desherité avec une cauſe legitime, il n'a aucune portion dans la ſucceſſion de ſon pere, ainſi on ne peut pas dire qu'elle accroiſſe aux autres , & il ne doit pas eſtre plus conſidcré que s'il n'eſtoit point.

Puiſqu'il n'eſt rien deub aux enfans desheritez en la ſucceſſion de leur pere, il s'enſuit que quoy que les autres enfans ſoient inſtituez *ex rebus certis*, ils peuvent prendre le tiers entier ou la moitié de leur portion hereditaire, ſans que la portion de l'enfant exheredé retourne au profit de la ſucceſſion ou de l'heritier inſtitué : Par exemple un pere laiſſe trois enfans , il desherite le premier, & inſtituë les deux autres pour luy ſucceder dans un tel heritage, lequel vaille leur legitime, comme eſtans trois : On demande s'ils peuvent pretendre que la portion de leur frere exheredé leur accroiſſe, ou ſi elle doit demeurer à la ſucceſſion ?

artole sur la Loy *pater filium. num.* 14. *ff. de inoffic. teftam.*
it que la portion de l'enfant exheredé appartient à l'heritier:
a raison eft, que les enfans non exheredez n'eftans pas heritiers
niverfels , mais inftituez *in rebus certis*, la portion de l'enfant
xheredé ne peut pas accroiftre à la leur , *arg. leg. Proculo. ff. de*
g. 2. Mais on répond à cette raison , qu'il n'eft pas befoin que
a portion de l'enfant exheredé accroiffe à ceux qui font heritiers
c leur pere , parce qu'en cette qualité ils prennent la legitime,
aquelle eft eftimée au tiers des biens de leur pere ; & par confe-
uent fi la chofe en laquelle ils font inftituez vaut le tiers de la
ucceffion du pere , ils doivent s'en contenter ; & fi elle vaut
noins , ils peuvent demander le fupplément ; ainfi ils n'acquie-
ent rien par le moyen de l'enfant exheredé , car il eft confideré
omme s'il n'eftoit pas au monde, à l'égard de la fucceffion pa-
ernelle , & je ne vois pas que le fentiment de Bartole foit appuyé
'aucun fondement folide.

　　C'eft une grande queftion entre nos Docteurs, fçavoir fi les
nfans qui font incapables de recueillir la fucceffion du deffunt,
ont nombre, non pas à l'effet de prendre leur part en la fuccefion , mais pour accroiftre aux enfans qui demandent leur legi-
ime; ou fi ceux aufquels la legitime eft demandée, en doivent
rofiter ? Pofons par exemple qu'un pere ait laiffé trois enfans,
ue l'un après la mort de fon pere ait renoncé à fa fucceffion pu-
ement & fimplement, fans avoir rien receu de fon pere, ou qu'il
oit incapable de demander fa legitime, comme s'il s'eft rendu
Religieux ; que l'autre foit legataire univerfel , & l'autre lega-
aire particulier, dont le legs ne foit pas fuffifant pour fa legitime,
c que tous les biens du pere montent à trente mille livres , toutes
lettes payées & déduites. Dans cette efpece, fi celuy qui eft Re-
gieux fait part, & que fa part accroiffe à celuy qui demande fa
egitime , il doit avoir un fixiéme pour fa part, & un autre fixié-
ne pour la legitime de l'incapable, ou de celuy qui a renoncé,
ar droit d'accroiffement , lefquelles enfemble font un tiers au
otal , les deux autres tiers de la fucceffion appartenans au lega-
aire univerfel. Que fi celuy qui a renoncé ne fait pas nombre, &
u'on confidere feulement ceux qui peuvent recueillir la fuccefion , le legataire particulier ne pourra pretendre que la moitié de
a portion *ab inteftat*, qui eft le quart au total de la fucceffion,
es trois quarts d'icelle devans appartenir au legataire univerfel.
Charondas fur l'article 298. de la Couftume de Paris , eft d'avis

que si ceux qui renoncent purement & simplement sans avoir
receu aucun avantage, ne demandent point leur legitime, leurs
parts demeurent en la succession, & y accroissent par la disposition de l'article 298. de ladite Coustume, qui decide que la legitime est la moitié d'icelle part & portion que chaque enfant eut
eu en la succession, si le pere ou la mere n'en avoit pas disposé
autrement: C'est pourquoy ceux qui sont incapables de recueillir les successions ne font pas nombre, & ne doivent pas estre
plus considerez que si ils estoient morts, comme les Religieux
Profez & les Religieuses, les bannis à perpetuité du vivant de leur
pere, les filles mariées & dotées, & qui ont renoncé à la succession
de leurs pere & mere par leur contract de mariage, & sans faire
compte d'eux, la succession sera partagée entre leurs heritiers qui
sont vivans, & la legitime estimée pour les enfans qui la demandent. C'est le sentiment de Boër. *decis.* 104. de *Benedict.* Conseiller au Parlement de Tholoze, sur le Chapitre *Raynutius, verbo, in eadem,* num. 125. de Chopin, titre des donations de la
Coustume de Paris, *num.* 12. où il dit, que la fille dotée, qui renonce, fait nombre.

Tronçon sur l'article 298. de la mesme Coustume, tient que
l'accroissement a lieu entre les enfans, c'est à dire que ceux qui
ne peuvent succeder, ne font point nombre.

Monsieur Auzanet dans ses Notes manuscrites sur le mesme
article, dit que la Coustume regle la legitime selon le nombre
des enfans, & porte que la legitime est la moitié de la portion
de chacun enfant, que neanmoins il a esté jugé que dans la computation de la legitime, on ne doit point considerer les enfans
qui ont renoncé, par Arrest du premier Fevrier 1620. au rapport
de Monsieur de la Nauve en la premiere Chambre des Enquestes,
entre les nommez le Houx, rapporté par Monsieur Bouguier,
lettre R. chap. 3. & que cette proposition doit produire de
grandes contestations, & qu'il est à observer que cét Arrest a esté
donné en la Coustume d'Amiens, & non en celle de Paris, laquelle contient une disposition contraire, & assigne la legitime
des enfans sur tous les biens des pere & mere, ayeul & ayeule,
comme si ils n'avoient pas disposé par donation entre-vifs ou par
derniere volonté, c'est à dire, que pour former la legitime, il faut
comprendre dans la masse des biens, non seulement les biens qui
restent entre les mains des pere & mere, & autres ascendans, mais
aussi ceux dont ils ont disposé entre-vifs ou par testament, que

comme ces termes *par toutes sortes de dispositions*, sont generaux, ils comprennent aussi les biens donnez & leguez à aucuns des enfans, ce qui oblige de comprendre au nombre des enfans ceux qui sont donataires & legataires, encore qu'ils ayent renoncé en consideration de leurs dons & legs.

Monsieur Mainard en ses Arrests, livre 4. chap. 24. tient que tous les enfans pour liquider la legitime, font nombre, en sorte que ceux qui demandent leur legitime, y prennent leurs parts & portions : La raison est, que la renonciation ne fait pas que la succession ne soit deferée à la fille par la disposition de la Coûtume, mais seulement qu'elle ne la peut pas acquerir au moyen de sa renonciation, en sorte qu'on peut dire qu'elle succede *quoad jus & effectum.* D'ailleurs, la portion que la fille a receuë luy tient lieu de sa portion hereditaire, & elle est censée l'avoir receuë par anticipation ; ainsi il est vray de dire que la fille qui a renoncé, a emporté une portion de la succession de son pere.

Cette opinion me semble contraire à la disposition de la Coûtume de Paris : La raison est, que la legitime ne se prend pas en masse pour tous les enfans, pour les distribuer par après entre ceux qui sont capables de la prendre ; mais chaque enfant en particulier peut prendre pour sa legitime, la moitié de la portion qu'il auroit en la succession s'il n'estoit pas reduit à sa legitime, ainsi au cas qu'il y ait quatre enfans venans à la succession, celuy qui demande sa legitime ne peut avoir qu'un huitiéme, parce qu'il n'y a que quatre heritiers, & que si le pere ne l'avoit pas reduit à sa legitime, il n'auroit qu'un quart dans sa succession.

A l'égard des enfans lesquels ont fait profession dans des Convents, il y a plus de difficulté ; la Coustume d'Auvergne au chapitre 12. article 14. porte : *Et ne fait le Religieux Profez part & portion en nombre d'enfans, pour compensation de la legitime, mais est reputé personne morte.* Du Moulin sur cét article en sa Note dit, *scilicet si nihil vel modicum accepit, ut jure Pontificio non licet dare pro ingressu, aliàs computabitur ad finem tamen augendæ legitimæ.* Celle de Bourbonnois en l'article 310. dit presque la mesme chose.

Maistre Marie Ricard en son Traité des Donations, partie 3. chap. 8. section 7. nomb. 1067. est d'avis contraire, estimant que les Religieux Profez & les Religieuses ausquelles le pere a constitué
tué

tué une dot, ne font point nombre, par la raison que ce qui est déboursé par le pere en ce cas, n'est pas tant une donation faite à la fille, puis qu'elle ne commence à avoir lieu, que quand elle est renduë incapable de posseder, qu'un bienfait & une espece d'aumosne exercée envers le Convent, & qui a plûtost Dieu pour objet que les hommes. Que d'ailleurs on ne peut pas dire, qu'il en soit de la Religieuse, comme de celle qui a renoncé par son Contrat de mariage, parce qu'à l'égard de celle-cy, elle est incapable de succeder, & elle n'en est excluë que par la renonciation portée par son Contrat de mariage, veu que l'autre est morte civilement, & incapable de succeder.

Cette opinion me semble la mieux fondée, dautant que les dotes des Religieuses sont prohibées par les Reglemens, & quoy qu'ils ne s'observent pas, toutefois on ne peut pas prouver les sommes qui ont esté données pour ces dotes, les Religieuses ou Religieux ne donnant point de quitances des sommes qu'ils reçoivent contre la disposition de ces Reglemens, en sorte qu'on presume qu'on ne leur a rien donné.

Il faut excepter dans les Coustumes qui disposent, que le fils 6 aisné doit prendre en la succession la part & portion telle qu'eut pris le fils ou fille Religieux ou Religieuse, si ils fussent demeurez au monde, car puisque dans ces Coûtumes les Religieux ou Religieuses sont representez par le frere aisné, & qu'il prend dans la succession la mesme portion qu'ils y auroient prise, s'ils n'avoient pas souffert la mort civile par la profession Monastique, ils doivent estre comptez & faire nombre, pour regler les portions hereditaires de ceux qui viennent à la succession, & pour regler la legitime de ceux qui y sont reduits.

Charondas en ses Réponses, livre 8. chap. 27. cite un Arrest du 16. Decembre 1570. qui a jugé, que les Religieux & Religieuses ne faisoient point nombre.

Il y a plus de difficulté au cas de la renonciation d'un enfant 7 à la succession de son pere : Pour la décision de cette question il faut proposer plusieurs cas.

Le premier est, lors que le pere ayant institué ses enfans dans leur legitime, & que l'un d'eux renonce, en ce cas quelques-uns estiment que sa portion n'accroist point à la succession, mais qu'elle accroist aux autres freres, ainsi il fait nombre. *Castrens. in* §. *si duobus col. ult. & consil.* 286. *in* 3. *casu num.* 2. Voyez *infrà,* si ceux qui renoncent font nombre.

Tome I.   X x

Le deuxiéme, lors que l'enfant renonce du vivant de son pere *nihilo accepto*, auquel cas si la renonciation est valable, il ne fait point nombre, *Bald. in l. unic. in 6. q. num.* 20. *C. quan. non petent. Paul. Castrens. in d. §. si duobus.*

Le troisiéme, lors que l'enfant a renoncé *aliquo accepto*, comme la fille en consequence de la dot qui luy a esté baillée par son pere, auquel cas quelques-uns estiment qu'il fait nombre, parce qu'il est presumé avoir eu sa part de la succession, & partant sa legitime, *Bald. loco citato, num.* 20. Guy Pape *decis.* 295. & 299. Paul de Castres *in d. §. si duobus.*

Cujas sur cette Novelle est d'avis contraire, parce que celuy qui ne succede point, *partem non facit, neque numerum.*

La premiere opinion me semble mieux fondée : car quoy que l'enfant qui renonce *aliquo accepto*, & pour se tenir à l'avantage qu'il a receu de son pere, & pour ne point risquer de la rapporter aux autres heritiers, en cas que la succession ne se trouvast pas assez avantageuse, pour faire une part égale à chacun de ses heritiers, ne soit pas en effet heritier, toutefois on peut dire qu'il a une portion de la succession, puis qu'il ne peut avoir rien receu de son pere qu'en avancement d'hoirie & de sa future succession ; ainsi dans ce cas & pour regler la legitime des autres enfans, il doit estre consideré & faire nombre : Et ce qui détermine encore à suivre cette opinion, est que les biens qu'il a receus de son pere, doivent entrer dans le compte general des biens du deffunt, pour trouver la quotité de la legitime, eu égard aux biens que le testateur a laissé au jour de son deceds, & à ceux dont il a disposé entre-vifs au profit de ses enfans ou de quelques-uns d'iceux. C'est le sentiment de la plus grande partie de nos Docteurs François, de Charondas en ses Réponses livre 8. chap. 27. de Boïer en sa décision 104. nomb. 9. & 10. & cite des Arrests du Parlement de Bordeaux, de Maistre Marie Ricard au Traité des donations, partie 3. chap. 8. section 7. nomb. 1065. Monsieur Auzanet en ses Notes sur l'article 298, de la Coustume de Paris, est aussi de cét avis.

Charondas *loco citato* cite trois Arrests des 21. Février 1565. premier Decembre 1571. & 14. Aoust 1586. qui ont jugé, que les enfans qui ont renoncé font nombre.

Monsieur Bouguier rapporte deux autres Arrests sur cette question : le premier a esté donné le deuxiéme Juin 1607. & rapporté par cét Auteur en la lettre R. nombre 2. par lequel il dit avoir esté jugé entr'autres choses, que les trois filles qui avoient renoncé à la succession de leur pere par leur Contrat de mariage moyennant la dot qu'elles en avoient receu, faisoient nombre pour regler la legitime d'une autre fille qui n'avoit rien receu; mais sur une autre circonstance particuliere remarquée par l'Auteur au nombre suivant, sçavoir que dans l'espece de cét Arrest le pere avoit fait renoncer ses trois filles au profit de son aisné, en sorte que par l'Arrest il fut ordonné, que l'aisné profiteroit des parts & portions que lesdites filles auroient dû prendre dans la succession du pere, si elles n'avoient point renoncé.

L'autre Arrest a esté donné le premier Février 1621. au rapport de Monsieur de la Nauve, & est rapporté par le mesme Auteur au nombre suivant, par lequel il dit avoir esté jugé au contraire, que les filles qui ont renoncé ne font point nombre.

Monsieur Auzanet dans ses Notes manuscrites sur l'article 298. de la Coustume de Paris, fait mention de cét Arrest, & dit qu'il a esté rendu dans la Coustume d'Amiens, qui contient une disposition contraire à celle de Paris, en ce que celle de Paris assigne la legitime des enfans sur tous les biens des pere & mere, ayeul & ayeule, comme s'ils n'avoient pas disposé par donation entre-vifs ou par derniere volonté; c'est à dire que pour former la legitime il faut comprendre dans la masse des biens, non seulement les biens qui restent entre les mains des peres & meres & autres ascendans au jour de leur deceds, mais aussi ceux dont ils ont disposé entre-vifs ou par testament; & que comme ces termes sont generaux, *par donation entre-vifs ou derniere volonté*, ils comprennent les biens donnez & leguez à aucuns des enfans: ce qui oblige de comprendre au nombre des enfans ceux qui sont donataires & legataires, encore qu'ils ayent renoncé en consideration de leurs dons & legs.

C'est la commune opinion, que les enfans qui ont renoncé *aliquo accepto* font nombre.

Les Docteurs ne conviennent pas encore sur la question, si celle qui est excluse par le Statut, fait nombre pour augmenter la legitime des autres enfans. Balde *in l. sancimus. C. de nupt.* *Alexand. consil. §. num.* 7. 8. & 11. *lib.* 2. tiennent l'affirmative, par les raisons suivantes.

La premiere, que la dot qui est reservée aux filles qui sont

8

Xx ij

excluses par la Couftume, leur tient lieu de legitime : & partant quoy qu'en effet elles ne foient pas admifes à demander leur legitime, elles y font neanmoins admifes quant à l'effet, puifque *dos loco legitimæ fubrogatur*, & partant elles font comprifes au nombre des enfans qui ont droit de legitime, ainfi elles font nombre pour augmenter la legitime des enfans qui la demandent.

La deuxiéme, que fi la fille n'eft pas admife à demander la portion entiere de la fucceffion qui luy appartiendroit fans la difpofition expreffe du Statut, elle eft admife à une partie, fçavoir à la dot laquelle luy eft refervée par le Statut ou la Couftume, laquelle eft reputée faire partie de la fucceffion, puis qu'elle luy eft donnée pour fa part & portion en la fucceffion, & partant elle fait nombre entre les enfans pour regler la legitime des autres.

La troifiéme, que c'eft l'intention de la Couftume, que la fille qu'elle exclud de la fucceffion moyennant une certaine dot, faffe nombre entre les enfans, dautant qu'elle n'eft excluë qu'en faveur des mafles, & pour conferver les biens dans la famille, & à ceux qui en portent le nom, & ne les point tranfporter dans une famille étrangere : Que fi elle ne fervoit point pour augmenter le nombre des enfans & faire monter leur legitime du tiers à la moitié, il s'enfuivroit que cette exclufion introduite par le Statut en faveur des enfans mafles, leur feroit préjudiciable, & procureroit un plus grand avantage aux heritiers inftituez, qui feroient peut-eftre des étrangers.

L'opinion contraire eft fondée fur ces raifons :

La premiere eft, que *qui excluditur à parte*, ne fait point nombre, *l. fi poft mortem. §. liberi. ff. de honor. poffeff. cont. tab. glof. in l. pater. ff. de inoffic. teftam. & ibi DD.*

La deuxiéme, que quand il s'agit d'une fucceffion, ou de partie d'icelle, ceux qui font incapables de fucceder, ne doivent pas eftre plus confiderez que fi ils n'eftoient pas au monde, *l. 1. §. fi pater. ff. de conjungend. cum emancip. lib. §. exheredatos. hac Nov.* 18.

La troifiéme, qu'il repugne que ceux qui font exclus d'une fucceffion, foient confiderez comme fi en effet ils y eftoient admis.

La quatriéme, que comme les enfans exheredez ne font point nombre, parce que *partem non faciunt*, auffi les filles qui font excluës de la succession par le Statut, ne font point nombre, puisque leur fort & leur condition est égale quant à la succession.

De ce qui a esté dit cy-dessus, que celuy qui a renoncé *aliquo accepto*, doit faire nombre pour augmenter la legitime des autres enfans, il s'enfuit que les filles qui font excluës par le Statut *reservatâ dote*, font nombre.

On demande si le droit d'accroissement a lieu dans la legitime : Bartole & Dynus fur la Loy *pater filium ff. de inofficio.* 9 *testam.* font de differentes opinions : Dynus tient l'affirmative, & Bartole au contraire : Salycet & autres fur l'Authentique *Novissima*, proposent & décident plusieurs cas fur cette question.

Le premier, lors que le testateur exherede un de ses enfans par une juste cause, & qu'il instituë les autres dans leur legitime, ou dans une certaine chose, & qu'il instituë un étranger pour le reste de sa succession : dans ce cas ils estiment qu'il n'y a pas lieu au droit d'accroissement, & que la portion de l'exheredé accroist à l'heritier institué, & non pas aux autres enfans instituez dans leur legitime, par la raison qu'il y a lieu de croire que ce n'a pas esté l'intention du testateur, que la portion du défaillant accrût aux legitimaires, lesquels ne font considerez que comme des legataires universels, mais à l'heritier institué dans la plus grande partie de sa succession : ce sentiment me paroist fans difficulté, parce que l'exheredé est reputé mort quant à la succession de son pere.

Le deuxiéme est, lors que le testateur a institué un étranger & ses autres enfans dans leur legitime, auquel cas le droit d'accroissement a lieu en faveur des enfans & non de l'heritier, pour les portions des défaillans, c'est le sentiment de Dynus, parce qu'ils font joints *à lege & ab homine*, & font reputez tacitement substituez les uns aux autres.

Le sentiment de Bartole est, qu'en ce cas il n'y a point d'accroissement au profit des enfans, & c'est l'opinion que je trouve mieux fondée : La raison est, que le testateur ayant institué tous ses enfans dans la legitime, il est censé les avoir voulu instituer chacun *in quota bonorum*, c'est à dire dans sa legitime, ils font joints *verbis*, & disjoints *re*, puisque ce n'est pas une mesme chose dans laquelle chacun d'eux est institué ; ils font disjoints *re*, puisque *partes funt divisæ à testatore*, de mesme que si le testateur avoit dit, *j'institué mes enfans pour cent à par-*

X x iij

tager entr'eux pour leur legitime ; auquel cas il est certain qu'il n'y auroit pas lieu au droit d'accroissement, parce que ce droit cesse dés que *quantitas terminata cuique est assignata, neque attenditur veritas sermonis* : ainsi supposé qu'un des enfans manque, sa portion n'accroist pas à ses freres & sœurs, qui ne sont joints avec luy que *verbis.*

Cependant si ils ne prennent pas sa portion par droit d'accroissement, ils la prennent quant à l'effet par un autre moyen, sçavoir parce que *deficiens partem non facit nec numerum,* ainsi leur legitime accroist, ce qui ne peut estre rendu intelligible que par l'exemple suivant : Un pere instituë ses deux enfans dans leur legitime, & un étranger dans le reste de ses biens: si les deux enfans acceptent, ils auront chacun le tiers en la moitié de la succession, qui est un sixiéme au total, les deux sixiémes faisant un tiers. Que si un d'eux est défaillant, celuy qui accepte ne peut pas prendre le sixiéme dans lequel son coheritier est institué conjointement avec luy dans sa legitime par droit d'accroissement, par la raison rapportée cy-dessus, qui est que *non sunt conjuncti re ;* car qui ne voit que le testateur a voulu les instituer chacun dans sa legitime, puisque la legitime de l'un n'est pas la legitime de l'autre? Autre chose seroit si le testateur avoit dit, *je les instituë dans un tel fond ou dans une telle somme, pour leur tenir lieu de leur legitime.* Dans ce cas estans joints *verbis* & *re,* veu qu'ils seroient instituez l'un & l'autre dans une mesme chose, il y auroit lieu entr'eux au droit d'accroissement.

Mais dans cette espece, celuy qui a accepté n'aura-t'il que son sixiéme pour sa legitime ? Il semble que non, par la raison que sa legitime ne consiste que dans cette portion ; neanmoins il faut dire le contraire, dautant que son coheritier *qui defecit* ne doit point faire nombre, puisque par une maxime receuë entre les Docteurs & fondée sur la disposition des Loix, ainsi qu'il est remarqué cy-dessus, *qui non admittitur ad partem, partem non facit nec numerum,* il ne doit point estre compté pour regler la legitime de celuy qui la demande, en sorte que c'est comme si il estoit seul & unique heritier *ab intestat,* auquel cas il auroit toute l'heredité si son pere n'avoit point testé à son préjudice, & sa legitime seroit le tiers de tous les biens, & partant dans cette espece la legitime de cét heritier doit estre le tiers des biens, non pas parce que la legitime de son coheritier *qui defecit* est accruë à la portion de laquelle il a esté institué, mais parce que le testateur n'a pas pû préjudicier à son droit & à la quantité de sa legitime, eu égard au nombre de ceux qui la demandent.

Cette resolution doit avoir lieu, à mon avis, non seulement dans le Droit Romain, mais aussi dans la Coustume de Paris, par laquelle la legitime des enfans est la moitié de la portion qu'ils auroient *ab intestat* si le pere n'avoit pas disposé de ses biens à leur préjudice : ainsi posé que le pere ait deux enfans, que par son testament il les reduise à leur legitime, & qu'il laisse le reste de ses biens à un étranger par un legs universel: dans ce cas la legitime de chacun est un quart au total, qui font ensemble la moitié de la succession, si on refuse le legs qui en est fait, celuy qui accepte n'aura-t'il que le quart pour sa legitime, il semble que non, puis qu'estans deux capables de succeder, il ne peut pretendre que la moitié de la moitié : neanmoins j'estime au contraire, que sa legitime est la moitié de toute la succession, parce que celuy qui est défaillant ne fait pas nombre, & qu'on ne le doit pas compter ; par la disposition de cette Coustume en l'article 318. les heritiers sont saisis des biens du deffunt dés le temps de sa mort, mais par l'article 316. nul n'est heritier qui ne veut ; de sorte que par la renonciation de celuy qui est presomptif heritier, c'est comme si en effet il n'étoit point habile à se porter heritier ; d'où il s'ensuit fort bien, que celuy qui accepte doit estre consideré comme seul & unique heritier *ab intestat*, & partant doit avoir sa legitime comme seul & unique heritier, & le legataire universel ne peut pas profiter de la portion en laquelle l'autre enfant a esté institué, ou qui luy a esté leguée, le testament du pere ne pouvant pas diminuer le droit qui est acquis à celuy qui accepte : & mesme il peut aussi renoncer au legs qui luy est fait, à l'effet de prendre sa legitime *ab intestat*, laquelle ne peut estre moindre que la moitié de toute la succession, auquel cas on ne pourroit pas dire que ce feroit par droit d'accroissement. Mais on demande si le pere pourroit ordonner dans son testament, que la portion de celuy qui seroit défaillant, demeurast à l'heritier, voulant que celuy des deux qui accepteroit sa legitime, n'eut selon le droit qu'un sixiéme dans sa succession, ou le quart dans la Coustume de Paris : l'affirmative semble bien fondée, veu qu'y ayant deux heritiers presomptifs au jour du deceds du pere, chacun d'eux ne peut pas pretendre plus que fa legitime portée par la Couftume, laquelle en ce cas n'eft que le quart de la fucceffion : Neanmoins j'eftime au contraire, que le pere ne peut pas préjudicier au droit que chaque enfant peut pretendre dans fa fucceffion dans la part des défaillans, non pas par droit d'accroiffement, mais parce que la legitime augmente ou diminuë felon le nombre des enfans qui demandent leur legitime. Il y a encore une autre raifon, fçavoir que nous tenons pour maxime certaine, que la legitime ne fe peut demander que *jure hereditario* ; il faut eftre heritier pour cét effet; ainfi celuy qui ne la demande point & qui renonce, n'eftant point heritier, on ne doit confiderer que celuy qui la demande pour la regler. Lors qu'il y en a d'autres qui ont renoncé *aliquo accepto*, il eft fans doute qu'ils font nombre, parce que ce qu'ils ont receu leur tient lieu de legitime, mais dans l'efpece propofée, j'eftime que le teftateur ne peut pas empefcher l'augmentation de la legitime de celuy qui la demande, n'eftant pas au pouvoir des teftateurs d'ordonner dans leur teftament *ne leges locum habeant, l. nemo. ff. de legat. 3.*

QUATRIEME SECTION.

Si la legitime peut eftre deffenduë, ou chargée.

SOMMAIRE.

C'Est une maxime certaine entre les Docteurs, qu'on ne peut **1** point ôter ou deffendre la legitime à ceux ausquels elle est deuë ; ce qui a lieu non seulement en faveur des descendans, mais aussi pour les ascendans, lors que la legitime leur est deuë.

Non seulement la legitime ne peut point estre prohibée en tout, mais aussi en partie, en sorte qu'elle ne peut recevoir aucune charge, & que ce qui a esté laissé à l'heritier pour sa portion hereditaire & sa legitime, chargé d'usufruit ou de fideicommis, est reputé laissé purement & simplement sans cette charge, jusques à concurrence de la legitime, à l'égard de laquelle les charges s'évanoüissent de plein droit, *l. omnimodo. l. quæ nuper. l. quoniam. C. de inoffic. testam. l. scimus. §. cum autem. & §. san-* **2** *cimus. C. eod. tit.* c'est le sentiment commun des Docteurs sur l'Authentique *Novissima.* Comme si cette portion hereditaire est chargée d'usufruit, il demeure consolidé à la proprieté ; si l'enfant est chargé de restituer après un certain temps la chose qui luy avoit esté laissée pour sa portion hereditaire, il demeure deschargé du fideicommis ; *hoc in præsenti addendum esse censemus, ut si conditionibus quibusdam vel dilationibus, aut aliqua dispositione, moram vel modum, vel aliud gravamen introducente, eorum jura qui ad memoratam actionem vocabantur, minuta esse videantur ? ipsa conditio, vel dilatio, vel alia dispositio, moram* *vel quodcumque onus introducens tollatur , & ita res procedat, quasi nihil eorum testamento additum esset , d. l. quoniam. C. de inoffic. test.*

Lors que le testateur avoit apposé une charge à la legitime de ses enfans par le droit ancien, elle rendoit le testament nul pour le tout ; mais par le droit du Code l'enfant ne peut point faire casser le testament de son pere, la charge seulement est aneantie, & comme si en effet elle n'avoit point esté apposée.

3   C'est une grande question entre les Docteurs, si la legitime estant laissée sous une condition, rend le testament nul pour le tout, ou si la legitime est seulement déchargée de la condition comme si elle n'avoit point esté apposée : Pour la décision de cette question on distingue trois sortes de conditions ; les conditions potestatives, les casuelles & les mixtes.

4   La condition potestative est celle qui dépend du fils à qui le testateur a laissé sa portion hereditaire ou sa legitime ; comme si la disposition est en ces termes : J'institue Titius pour sa portion hereditaire *si voluerit ;* ou *si præstabit Titio decem ;* car comme il dépend de luy d'accomplir cette condition, il peut estre heritier ou ne l'estre pas ; & il est sans doute que telle condition ne peut pas vicier le testament, *l. suus quoque. ff. de heredib. instituend.*

La Loy *quoniam in prioribus. C. de tit.* comprend les conditions potestatives, & veut qu'elles soient rejettées des institutions comme si elles n'y avoient point esté apposées ; la disposition de cette Loy est generale, ainsi elle se doit entendre de la condition potestative.

A l'égard de la condition casuelle ou mixte, & pour sçavoir si estans apposées à la portion hereditaire de l'enfant elle rend nul le testament, il faut observer que la condition casuelle est celle laquelle dépend *à casu & à fortuna ,* comme cette condition dont les Docteurs se servent pour exemple, *si navis ex Asia veniat.*

La condition mixte est celle qui dépend en partie du hazard & en partie de la volonté, comme si le testateur institue sa fille en sa legitime au cas qu'elle se marie, car en ce cas cette condition dépend du hazard, si la fille parvient à l'âge nubile ; & de la volonté de la fille, si estant parvenue à cét âge elle veut se marier.

5   Plusieurs Docteurs estiment, que si le fils est institué sous une

condition casuelle ou mixte, le testament est cassé.

Premierement, parce que le fils qui est institué sous ces conditions, si il n'est pas nommément exheredé sous une condition contraire, il est reputé preterit, car si la condition manque il est censé exheredé & preterit; mais si la condition arrive il est censé institué, *l. heres. ff. de acquir. heredit.* & partant le testament est infirmé pour le tout.

En second lieu, la Loy *Si pater. C. de institut. & substitut.* décide, que si le pere institué son fils qu'il a dans sa puissance, sous une condition qui ne dépende pas de luy, & qu'il ne soit pas exheredé *in defectum conditionis*, son testament n'est pas reputé valable; c'est aussi le sentiment de la Loy *suus quoque. ff. de heredib. instituend.* de la Loy *maximum. C. de liber. præterit.*

La legitime ne peut point estre chargée, quoy que ce soit *favore piæ causæ* :

Premierement, parce que cette exception n'est point fondée sur la disposition du Droit civil.

En second lieu, que la legitime des enfans est plus favorable que toute autre cause, selon le sentiment de saint Augustin, *ca. quicumque 17. q. 4. si quis velit Ecclesiam instituere & filium exheredare, alium quærat pro consilio quàm Augustinum; imò Deo propitio neminem inveniet.*

En troisiéme lieu, que la Loy *quoniam in prioribus. C. de inoffic. testam.* décide generalement & indistinctement que la legitime ne peut recevoir aucune charge, & par consequent elle ne peut point estre restrainte *favore piæ causæ.*

C'est une question, si lors que la charge imposée à la portion hereditaire des enfans, ou à leur legitime, se trouvant avantageuse aux enfans, doit estre rejettée? La commune opinion des Docteurs est pour l'affirmative, fondée sur les raisons suivantes.

La premiere est, que la raison pour laquelle la Loy *quoniam C. de inoffic. testam.* veut que toute charge & condition apposée à la legitime soit aneantie, est pour empescher le tort que ces sortes de charges & de conditions causeroient aux enfans; d'où il s'ensuit que quand elles ne causent point de préjudice aux enfans, elles ne sont point éteintes ny aneanties.

La deuxiéme, que quand la Loy deffend à quelqu'un de contracter sans y observer quelques formalitez, cela s'entend des

Contrats qu'il pourroit faire à fon préjudice, & non lors qu'il contracte pour fon avantage; ainfi le pere peut aliener le pecule adventif de fon fils, lors que l'alienation s'en trouve avantageufe au fils, *l. non ideo. C. de procurat. l. 1. ff. ne quid in loco publ.* comme fi la mere exherede fon fils pour fon avantage, voyant que fon pere diffipe tous fes biens, & inftituë un étranger & le charge de reftituer fa fucceffion à fon fils avec les fruits de fa legitime, lors qu'il fera devenu *fui juris* & hors la puiffance de fon pere.

8　　La fubftitution pupillaire du fils faite par le pere, eft pareillement valable, quoy qu'elle charge fa legitime, *l. ex tribus. C. de inoffic. teftam.* parce que cette charge eft avantageufe au fils, puis qu'elle luy donne un heritier, & que fi il decede, il ne decede point *inteftat.*

Lors que le pere a laiffé à fon fils plus que fa legitime, il peut charger ce qui excede, ce qui ne reçoit point de difficulté, il n'en eft pas de mefme de cette queftion, fçavoir fi ce qui excede peut eftre compenfé avec la charge impofée à la legitime, le teftateur ordonnant expreffément la charge, autrement il n'y auroit aucun doute, comme fi le teftateur inftituë fon fils fon heritier univerfel, fous plufieurs charges & conditions; en ce cas on tient communément, que la charge ne s'étend point fur la legitime, mais feulement fur ce qui excede la legitime; comme fi il eft chargé d'un fideicommis univerfel après fon deceds, il a droit de diftraire fa legitime & la quarte Trebellianique, comme non reputées comprifes dans le fideicommis, ainfi qu'il a efté dit ailleurs.

La raifon eft, que le fils ne prend pas fa legitime de la difpofition & par la volonté de fon pere, mais de la difpofition de la Loy; & partant quoy qu'elle fe prenne fur les biens du pere, elle fe prend fans charge ny condition, dont elle eft exempte.

9　　La difficulté n'eft que quand ce qui a efté laiffé à fes enfans, eft chargé d'ufufruit & de reftitution, ou qu'il confifte dans un ufufruit fans proprieté, en forte que ce qui eft laiffé, foit en fimple proprieté, ou fimple ufufruit, excede la quotité de la legitime, auquel cas on demande fi ce qui excede la legitime doit entrer en compenfation de l'un ou de l'autre, dont ils font privez. Par exemple, le pere fait fon fils fon heritier univerfel, & il legue à un étranger l'ufufruit de tous fes biens fans diftraction de fa legitime : il eft certain qu'en ce cas la charge d'ufufruit eft recompensée par la nuë proprieté de la moitié de la succession que le pere pouvoit luy oster, en sorte qu'il a beaucoup plus que si son pere l'avoit reduit à sa legitime, en ne luy laissant que le tiers de sa succession.

Quelques-uns estiment, que si l'enfant ainsi chargé accepte la disposition testamentaire de son pere, il est tenu de l'executer, sans qu'il puisse pretendre prendre sa legitime exempte de charge, mais qu'il peut refuser la disposition de son pere, & se tenir à sa legitime, *Bald. Salicet. & alii in l. instituta. C. de impuberib.* autrement, voulant prendre l'émolument, il seroit tenu d'en supporter les charges suivant le chapitre *qui sentit. de Reg. I. in 6.* & il seroit non recevable à vouloir diviser la disposition testamentaire de son pere, & voulant l'excuser dans une partie il seroit tenu de l'executer pour le tout, *l. cum à matre. C. de rei vendicat.* l'adition d'heredité rend celuy qui la fait, obligé envers les creanciers & les legataires à payer les dettes du testateur, & à accomplir sa volonté, *§. heres. Institut. de obligat. quæ ex quasi contr.*

D'autres au contraire tiennent, & c'est le sentiment que j'estime qu'il faut suivre, que le fils doit prendre sa legitime sans aucune charge, & ce qui excede, avec la charge & la condition à laquelle il luy a esté laissé; ainsi le testateur ayant institué son fils son heritier universel *in nuda & simplici proprietate bonorum*, le fils a droit de distraire le tiers de tous les biens sans charge d'usufruit, & prendre le reste à la charge d'iceluy.

La raison est, que la legitime est deuë à l'enfant dés le moment du deceds du pere, par la disposition de la Loy, en sorte que cette legitime est censée déslors estre distraite des biens du pere; c'est une dette du pere envers son fils, au préjudice de laquelle le pere n'a pû faire aucune disposition valable : ainsi toutes charges & conditions qui y seroient imposées sont aneanties, comme si en effet elles n'y avoient point esté imposées, celuy qui les a imposées n'ayant pas eu droit de le faire.

La disposition de la Loy *scimus. 36. §. cum autem quis. 1. C. de inoffic. testam.* y est expresse, dans laquelle l'Empereur veut & ordonne contre la disposition de l'ancien Droit, que les enfans puissent vendiquer leur legitime en pleine proprieté, sans qu'ils soient tenus d'imputer ce qui excede en simple proprieté ou en usufruit.

Nous trouvons entre les œuvres de Monsieur du Vair, un 10

Arrest par luy prononcé en Robes rouges le 9. Avril 1604. au Parlement de Provence, entre les enfans de Monfieur Oppede premier Prefident en la mefme Cour, par lequel il a efté jugé, que la legitime de la fille, auquel le pere avoit laiffé par teftament la moitié de l'ufufruit de fes biens au lieu de fa legitime, luy feroit fournie en corps hereditaires, ou la valeur en deniers, & que ce qui excedoit en ufufruit ne luy feroit pas imputé.

Il faut donc tenir pour une maxime certaine, que quoy que le fils ait accepté la difpofition de fon pere en fa faveur, il a droit de prendre fa legitime exempte de toutes charges, quelque chofe que le pere ait ordonné au contraire, fans qu'on puiffe oppofer au fils que *agnofcendo patris judicium fibi præjudicaverit*, par la raifon qu'il eft prefumé avoir reconnu & approuvé la difpofition de fon pere, en tant qu'elle eftoit legitime & permife, & qu'elle n'eftoit pas contraire aux Loix.

Que fi le pere legue à fon fils une certaine chofe, ou qu'il l'inftituë en icelle, à la charge qu'il s'en contentera pour fa legitime, quoy qu'il ait accepté la difpofition de fon pere, neanmoins fi la chofe qui luy eft laiffée, n'eft pas fuffifante pour fa legitime, le fils en peut demander le fupplément.

C'eft le fentiment de Balde fur la Loy *Si quando. §. fin. C. de inoffic. teftam.* où il propofe cette queftion dans cette efpece : Un pere laiffe à fa fille dans fon teftament une certaine fomme, & il luy ordonne de s'en contenter, fans qu'elle puiffe rien pretendre davantage fur fes biens, pour quelque caufe & raifon que ce foit ; après le deceds du pere la fille accepte le legs qui luy a efté fait, mais voyant que ce legs n'égale pas la portion qu'elle pouvoit pretendre pour fa legitime, elle en demande le fupplément à l'heritier, on demande fi elle eft bien fondée ? Cét Auteur décide en faveur de la fille, eftimant qu'on ne peut pas luy oppofer ny la difpofition du pere, ny l'acceptation qu'elle en auroit faite, par la raifon que la difpofition du pere, comme eftant contraire à celle de la Loy, eft non valable, *l. quoniam. C. de inoffic. teftam.* C'eft auffi l'opinion d'Alexandre *confil.* 89. *num.* 12. *lib.* 4. de *Dec. confil.* 89. *num.* 4. & d'autres.

I   Quoy que toutes charges, conditions & appofition de temps impofées à la legitime, foient declarées nulles, cependant les Docteurs tiennent communément, que le pere peut impofer des charges à la legitime de fes enfans pour un temps, lors qu'elles ne préjudicient point aux enfans, fuivant la Loy *filii C. de inoffic.*

testam. L'Empereur declare, que l'institution faite par la mere au profit de ses enfans, sous cette condition, *si filii à patre fuerint emancipati*, est valable, lors que la mere craint la dissipation que leur pere feroit de leurs biens, par la raison que cette disposition n'est pas desavantageuse aux enfans : Sur cette Loy la plus grande partie des Docteurs estiment, que le pere peut charger pour un temps la legitime de ses enfans, quand c'est pour leur utilité, *glos. in l. quoniam. C. d. tit. Bald. Salicet. Castr. Ias. Alexand. Chassan. in Consuetud. Burgund. & alii.*

Cette question donne lieu à une autre, sçavoir si la charge 1 imposée à l'enfant de ne pouvoir aliener sa legitime jusqu'à ce qu'il soit parvenu à sa majorité, l'empesche de pouvoir disposer des biens par derniere volonté ? Il semble que celuy qui est prohibé d'aliener jusqu'à ce qu'il soit parvenu à sa majorité, ne puisse pas disposer par derniere volonté des biens qui luy ont esté laissez à cette charge : La plus commune opinion est, que l'enfant en peut disposer par derniere volonté, *Alexand. consil. 155. num. 1. lib. 2. Ias. consil. 96. column. 5. vers. imò fortius. lib. 4. Tiraquel. de retract. consang. §. 1. glos. 9. num. 175.* La raison est, que la prohibition d'aliener est odieuse & contraire au droit commun, ainsi elle ne se doit entendre que des actes entre-vifs portant alienation, & non pas des dispositions de derniere volonté, lesquelles sont favorables, & ne se peuvent pas prohiber.

On peut ajoûter une autre raison, laquelle est beaucoup plus forte, sçavoir que la raison pour laquelle le pere peut prohiber son fils d'aliener sa legitime, est parce qu'il luy est avantageux : Or il n'est point avantageux à l'enfant de ne pouvoir disposer par derniere volonté de sa legitime, puisque telle disposition ne peut avoir effet qu'aprés son deceds, & partant il y a lieu de dire, qu'il en peut ainsi disposer.

C'est l'opinion commune du Palais, que le pere peut charger la legitime de ses enfans pour un temps, pourveu que ce soit pour leur avantage, & non autrement, en sorte neanmoins qu'il est en la disposition des enfans de se tenir à leur legitime, & refuser l'avantage qui leur a esté fait par leur pere par son testament : & au cas que les enfans soient decedez avant que d'avoir fait leur choix, on s'arreste à ce qui leur auroit esté plus avantageux ; & tel est l'usage.

Que si le pere a prohibé à son fils l'alienation de la portion qu'il luy avoit laissée, telle disposition est valable, au cas 13 qu'elle luy fût avantageufe, cependant elle n'empefche pas que l'enfant n'en puiffe difpofer par derniere volonté, au cas qu'il foit parvenu à l'âge requis par la Loy ou la Couftume : parce que ce qui eft introduit en faveur des enfans, ne doit point préjudicier à leurs droits, ainfi quand les peres & meres en mariant leur fille, luy donnent une fomme de deniers, avec ftipulation de propre à elle & aux fiens de fon eftoc, cofté & ligne, ils ne font pas prefumez avoir voulu l'empefcher d'en difpofer par teftament ou autre ordonnance de derniere volonté, mais feulement à l'effet que decedant *ab inteftat* & fans enfans, cette fomme appartienne à fes heritiers du cofté & ligne d'où elle procede.

14   La legitime peut eftre chargée de fubftitution pupillaire, felon la difpofition des Loix & le fentiment des Docteurs : la raifon eft, que le pere peut par un privilege fpecial tefter pour fon enfant, *l. 2. ff. de vulg. & pupill. fubftitut.* que le teftament du pere contenant cette fubftitution, eft cenfé le teftament du fils, *l. fi fundum. §. fin. ff. de legat.* 1. & par ce moyen le pere peut exclure de la legitime de fon fils ceux qui luy fuccedent *ab inteftat :* c'eft le fentiment des Docteurs fur la Loy *ex tribus,* & fur la Loy *ex facto. ff. de inoffic. teftam.*

    La Loy *quoniam. C. de inoffic. teftam.* n'eft point contraire à cette refolution, veu que quand il eft dit dans cette Loy, que toutes charges impofées à la legitime font rejettées, cela s'entend de celles par lefquelles par le droit ancien les teftamens pouvoient eftre infirmez par la plainte d'inofficiofité ; ce qui n'a jamais eu lieu à l'égard de la fubftitution pupillaire, laquelle eft autorifée par la Loy.

15   Il n'en feroit pas de mefme de la fubftitution fideicommiffaire, dont la legitime ne peut point eftre chargée : la raifon eft, que celuy à qui le fideicommis eft reftitué, fuccede au teftateur, & non à l'heritier chargé de reftituer : & au contraire, celuy au profit de qui la fubftitution pupillaire eft faite, fuccede au pupille & non au teftateur, *l. fi fervo. ff. de heredib. inftituend.* Dans la fubftitution pupillaire font compris les biens du pere & du fils, *l. fed & fi. §. ad fubftitutos. ff. de vulg. & pupill. fubftit. cap. fi pater. de teftam. in 6.* & la fubftitution fideicommiffaire ne comprend que ceux du teftateur, *l. coheredi. §. cum filia. ff. de vulg. & pupil. fubftitut.*

    Le pere peut auffi charger la legitime de fes enfans par la fubftitution exemplaire, de mefme que par la fubftitution pupillaire,

pillaire ; parce qu'il y a parité de raiſon.

Mais à l'effet que le pere puiſſe charger la legitime de ſon fils , par ſubſtitution pupillaire ou par la ſubſtitution exemplaire , il faut que le pere l'ait inſtitué en ſa legitime , autrement ce ſeroit une preterition du fils qui cauſeroit la nullité du teſtament du pere, & de la ſubſtitution pupillaire , §. 5. *Inſtitut. de pupill. ſubſtitut.*

Dans les Païs de Droit écrit on ne doute point que la legitime ne puiſſe eſtre chargée par une ſubſtitution pupillaire ou exemplaire ; ce qui n'a pas lieu dans la France coûtumiere, où ces ſubſtitutions ſont inconnuës.

Le pere ne peut point préjudicier à la legitime de ſes enfans 16 en déchargeant leur tuteur de faire inventaire des biens par luy delaiſſez au jour de ſon deceds ; car quoy qu'on preſume toûjours que le pere ne ſonge qu'à procurer de l'avantage à ſes enfans en la nomination d'un tuteur , & en ce qui concerne le tuteur par luy nommé, neanmoins parce que ce ſeroit un moyen indirect pour préjudicier à la legitime des enfans , c'eſt pourquoy ſans avoir égard à cette diſpoſition, le Juge doit contraindre le tuteur à faire inventaire ; c'eſt le ſentiment de Covarruvias *variar. reſolutio. lib.* 2. *cap.* 14. *num.* 3.

La charge impoſée ſur la legitime par le teſtateur, fondée ſur la diſpoſition de la Loy, eſt valable ; comme ſi le teſtateur laiſſe à ſa fille ſa legitime avec quelque charge, comme de reſtitution, ou autre, dans une Couſtume qui exclud les filles de la ſucceſſion de leurs peres & meres.

Dans les Couſtumes où le pere peut charger la legitime de ſes enfans , c'eſt une queſtion ſi il eſt cenſé avoir voulu charger la 17 legitime de ſon enfant, en luy défendant expreſſément l'alienation de ſes biens, ou en le chargeant de les reſtituer entierement. On dit pour prouver que la legitime n'eſt point compriſe dans cette prohibition generale d'aliener les biens, ou dans la reſtitution du fideicommis univerſel , que la legitime eſt reputée le patrimoine des enfans, leur eſtant deuë non pas *jure hereditario* , mais *tanquam quota bonorum* ; & qu'elle n'eſt point compriſe dans la reſtitution d'un fideicommis univerſel dont l'enfant auroit eſté chargé ; que dans cette queſtion il ne s'agit pas du pouvoir que le pere avoit de la charger, mais de ſa volonté ; que la legitime des enfans eſtant favorable, on ne preſume point de volonté contraire en la perſonne du pere ; il faut qu'elle

Tome I. Z z

soit expresse, ainsi dans l'espece proposée, l'enfant a droit de demander sa legitime.

On dit au contraire, pour prouver que le pere s'est servy du droit qu'il avoit de charger la legitime de ses enfans, que la legitime n'est point deuë aux enfans du vivant de leur pere, mais seulement aprés son deceds, en sorte qu'auparavant les enfans n'ont aucun droit de rien pretendre sur les biens de leur pere, dont il peut disposer à sa volonté, en estant le maistre, & partant le pere ayant disposé de tous ses biens generalement quelconques, il est censé y avoir voulu comprendre la legitime de ses enfans, parce que qui dit tout n'excepte rien, *l.* 1. *ubi DD. ff. de legat.* 1. & la declaration universelle de tous biens renferme tous les biens que le testateur possedoit au jour de son deceds, selon le sentiment de Peregrin. au traité *de fideicom. artic.* 40. *num.* 55. de *Menoch. consil.* 129. *num.* 7. *vers. cæterum. lib.* 2.

On ajoûte, que suivant le sentiment des Docteurs l'institution d'heritier comprend tous les biens dont le testateur pouvoit disposer, & mesme les biens sujets à restitution, *Surdus, consil.* 466. *num.* 9. *& consil.* 572. *num.* 62. par la raison que l'institution d'heritier comprend generalement tous les biens du testateur & ceux dont il pouvoit disposer, à moins qu'il n'en ait excepté quelques-uns, *l. si quis prioris. §. certum. & §. illud. C. de secund. nupt.* & puis qu'il pouvoit disposer des biens sujets à restitution à la charge de la restitution, il est donc censé les avoir compris dans l'institution.

8   On demande si le droit que les enfans ont de décharger leur legitime de toutes charges, passe à leurs heritiers, ou au fisc, ou à d'autres successeurs ? On dit contre les heritiers & autres successeurs, que pour décharger la legitime de toutes charges, il faut que l'enfant à qui le droit appartient, fasse sa declaration que telle est sa volonté, & partant en cas qu'il soit decedé auparavant, son heritier n'a pas la mesme faculté, il ne peut pas declarer la volonté & l'intention du deffunt, cette faculté est personnelle, & partant elle ne passe point aux heritiers, *l. quia personale. ff. sol. matrim. cap. cùm olim. ext. de privileg.* C'est l'avis commun des Docteurs, que la charge peut estre imposée aux heritiers de l'enfant, comme il a esté prouvé cy-dessus, & partant ils ne peuvent pas opposer contre les heritiers instituez, que la legitime n'a pû estre chargée, & en demander la décharge.

Ce qui fe prouve à l'exemple des biens de l'Eglife, lefquels quoy qu'ils ne puiffent eftre prefcrits que par un temps immemorial, fuivant l'Authentique *quas actiones. C. de facrofanct. Ecclef.* neanmoins dés qu'ils tombent entre les mains des particuliers, ils font fujets à la prefcription ordinaire, *Bartol. in l. eum qui. §. fin. ff. de public.*

On peut encore ajoûter, que la legitime a efté donnée aux enfans pour leur fervir d'aliment : Or la caufe des alimens ceffant par la mort de celuy auquel elle eft deuë, fes heritiers ne font plus en droit de contefter la difpofition du pere, comme eftant contraire aux droits de l'enfant, portant diminution de fa legitime, & partant ils font tenus de fe contenter de ce que le pere aura laiffé à celuy dont ils font heritiers, pour fa legitime, quoy qu'avec charge & condition de reftitution, ou autre femblable.

On dit au contraire pour les heritiers, que pour faire décharger la legitime des charges qui luy auroient efté impofées, la declaration de l'enfant n'eft pas neceffaire, puifque telle eft la volonté & la difpofition de la Loy, *l. quoniam in prioribus. C. de inoffic. teftam.* Par cette Loy l'Empereur veut que la legitime des enfans foit déchargée *ipfo jure* de toutes charges & conditions, en ces termes qui y font precis : *Ipfa conditio vel dilatio quacumque alia difpofitio moram vel modum introducens tollatur, & perinde res procedat, quafi nihil eorum teftamento additum fit.*

Que fi la charge eft ôtée *ipfo jure* de la legitime des enfans dés la mort du pere nonobftant fa difpofition, il s'enfuit qu'il n'eft pas befoin de la declaration de l'enfant pour cét effet, en forte que quoy qu'il foit decedé fans avoir fait connoiftre fa volonté, fes heritiers font bien fondez de le demander : ce qui fe prouve par l'exemple de la falcidie, dont la détraction appartient *ipfo jure* à l'heritier chargé de legs, fans qu'il foit neceffaire qu'il en faffe la demande, & ce droit qui luy appartient eft tranfmiffible à fes heritiers. C'eft le fentiment commun des Docteurs, de Balde fur la Loy *fcimus. in princip. C. de inoffic. teftam.* d'*Alexand. confil.* 55. *num.* 6. *confil.* 159. *num.* 6. *lib.* 2. & *confil.* 188. *num.* 1. *lib.* 6. de *Dec. confil.* 81. *num.* 1. *confil.* 218. *num.* 4. de *Fachin. Controverf. lib.* 11. *cap.* 10. de Guy Pape *quæft.* 93.

Cette opinion eft celle à mon avis qu'il faut fuivre, en forte que non feulement l'heritier de l'enfant peut demander fa legitime exempte de toutes charges, mais aussi le supplément d'icelle au cas que le pere luy ait laissé moins que sa legitime, *Ias. in l. posthumo. C. de bon. possess. cont. tabul.*

Il n'est pas vray que le droit de demander la legitime exempte de toute charge soit un droit personnel, car estant acquis à l'enfant dés le temps du deceds du pere, il n'est point personnel, c'est un droit qui luy est acquis, lequel par consequent est transmissible à ses heritiers, de mesme que tous ses autres biens & droits.

Quant à ce qu'on dit au contraire, que la legitime a esté introduite pour servir d'alimens aux enfans, & que la cause cessant, l'effet doit aussi cesser, on répond qu'il est vray que la legitime a esté introduite par cette raison, mais qu'estant acquise aux enfans dés la mort du pere purement & simplement, ils la transmettent à leurs heritiers comme leurs autres biens.

On demande si le pere ayant laissé à son enfant une maison ou un heritage pour sa legitime, l'enfant est tenu d'entretenir le bail à loyer ou à ferme fait par son pere : La commune opinion des Docteurs est pour la negative, autrement ce seroit une espece de charge imposée à la legitime ; ainsi celuy qui succede au Benefice, *non tenetur stare colono. Ias. consil. 94. lib. 1. Covarr. variar. resolutio. lib. 2. cap. 15. num. 6. Peregrin. de fideicomm. art. 40. num. 103.* Ce qui s'entend neanmoins selon nostre usage du successeur au Benefice, par toute autre que par permutation ou resignation, dautant que les successeurs aux Benefices par ces deux causes *tenentur stare colono*, ainsi que nous avons remarqué ailleurs.

Celuy à qui le fideicommis est restitué, n'est pas tenu d'entretenir le bail fait par l'heritier ou autre, chargé de restituer les biens sujets au fideicommis, parce que *resoluto jure dantis resolvitur jus accipientis, Dec. consil. 366. Peregrin. d. art. 40. num. 96.*

Le parent lignager qui exerce le retrait sur l'acquereur, a droit de retirer les choses venduës par son preneur, sans estre tenu d'entretenir le bail fait par le vendeur ou par l'acquereur, par la mesme raison que le droit du bailleur estant resolu, celuy du preneur l'est aussi.

Que si la portion que le pere a laissé à son enfant pour sa legitime vaut plus que sa legitime, j'estimerois qu'il seroit tenu d'entretenir le bail fait par son pere ; parce que cette charge ne seroit pas considerable pour la refuser, veu l'avantage que le fils auroit en ce qui excederoit sa legitime, à laquelle son pere pouvoit le reduire.

Quoy que les enfans du premier lit soient plus favorables 20 que ceux du second, neanmoins le pere ou la mere qui a convolé en secondes nopces, ne peut par aucune convention que ce soit portée par son Contrat de mariage, diminuer la legitime des enfans du second lit, & empescher qu'ils ne la prennent.

Monsieur Auzanet en ses Notes sur l'article 298. de la Coûtume de Paris, dit que les enfans issus d'un second mariage inégal contracté par leur pere qui estoit Marchand, avec une servante de cuisine, avec laquelle il avoit vêcu dans la débauche avant son mariage, doivent avoir leur legitime du tiers, nonobstant la convention contraire portée par le Contrat de mariage.

On peut bien stipuler que la femme n'aura point de communauté, & reduire son doüaire à une pension fort modique, & mesme rendre le doüaire de la femme viager sans qu'il soit propre aux enfans; mais le pere ne peut pas retrancher leur legitime, laquelle leur est acquise par la disposition de la Coustume, comme il a esté jugé par Arrest prononcé en Robes rouges le premier Juin 1629. par Monsieur le President de Belliévre, entre Louïse de Voulges, fille du premier lit dudit de Voulges Marchand Apoticaire, mariée à un nommé le Grand, & Magdelaine Royer seconde femme, comme tutrice de ses enfans.

SECTION CINQUIE'ME.

Des moyens par lesquels ceux qui peuvent demander leur legitime, en sont exclus.

SOMMAIRE.

1. *Moyens par lesquels les enfans sont exclus de la succession de leurs peres & meres.*
2. *Si la legitime peut estre ostée*

par la Coûtume, ou le statut particulier.

3. *La legitime est deuë par le droit naturel.*

Z z iij

4. *Legitime introduite pour ser-*
vir d'alimens aux enfans.

5. *Coûtume contraire aux bon-*
nes mœurs est sans effet.

6. *Sentiment des Docteurs, que*
la legitime peut estre ostée par
le statut ou Coûtume particu-
liere.

7. *Les alimens sont deus par le*
droit naturel.

8. *La legitime est deuë par le*
droit Civil.

9. *Legitime inconnuë chez les*
Romains pendant plusieurs sie-
cles.

10. *Si le statut peut priver les*
particuliers de leurs biens.

11. *Si la legitime des assendans*
leur peut estre ostée.

12. *Coûtumes qui excluent les*
enfans de leur legitime.

13. *Si dans la Coûtume de Pa-*
ris, le douaire des enfans du
premier lit, prejudicie à la le-
gitime des enfans du second
lit.

14. *Si le droit d'ainesse est pre-*
ferable à la legitime.

15. *Si les filles qui sont excluës*
de la succession en considera-
tion des mâles, peuvent pre-
tendre leur legitime, lorsqu'il
n'y a point de mâles.

16. *Si lors que la Coûtume ex-*
clud la fille en consideration
des mâles, la fille a renoncé à
la succession de son pere, elle
en est excluë lors qu'il n'y a
aucuns mâles.

17. *Si la fille qui a esté dotée*

par son pere, les masles decedans après, & son pere ensuite,
peut succeder avec ses sœurs
lesquelles n'auroient point esté
dotées.

18. *Quid, que lors la Coûtume*
porte que la fille mariée & dotée ne pourra venir à la succession de ses pere & mere.

19. *Quid, quand il n'y a que des*
filles qui ayent esté mariées
& qui soient veuves.

20. *Si celle qui a esté dotée peut*
se plaindre de la lesion enor-
me.

21. *Si la fille qui est excluë par*
la Coûtume, peut demander
le supplément de sa legitime.

22. *Si la Coûtume qui exclud*
les filles en faveur des masles,
est restrainte à la succession
de celuy qui a doté.

23. *Si la Coûtume qui exclud*
les filles de la succession des peres & meres, s'étend hors l'é-
tenduë d'icelle.

24. *Les Rois & les Juges n'ont*
point d'autorité hors leurs terres.

25. *Si les filles excluses par les*
Coûtumes peuvent prendre
part dans les reserves faites
aux enfans du premier lit.

26. *Si les gains nuptiaux que la*
femme qui s'est remariée, est
tenuë de reserver aux enfans
du premier lit, sont paternels.

27. *Si ces reserves ne se prennent*
que jure hereditario.

28. *Si les enfans peuvent renon-*
cer à leur legitime, du vivant
de leur pere.

29. *Si le fils peut renoncer à sa*
legitime au prejudice de ses
creanciers.

30. *Si l'heritier peut retenir la*
falcidie contre la volonté du
Testateur.

31. *Arrests qui ont jugé, que les*
enfans ne peuvent point
renoncer à leur legitime, au
prejudice de leurs creanciers.

32. *Si la confiscation des biens*
du pere prive les enfans de leur

legitime.

33. *Quid, au cas du crime de*
leze Majesté.

34. *Si au cas du crime de leze*
Majesté, le fisc est tenu four-
nir des alimens aux enfans du
condamné.

35. *Si en cas que le pere soit con-*
damné à mort civile, le fils
est tenu attendre la mort na-
turelle de son pere pour obte-
nir sa legitime.

36. *Si le fils perd sa legitime*
faute d'avoir fait Inven-
taire.

QUoyque les enfans & les ascendans au moins dans les païs de droit écrit, ayent droit de demander leur legitime, nean-moins ils en sont exclus par plusieurs causes, de mesme que les enfans sont exclus de la succession de leurs ascendans, ou les as-cendans de celle de leurs enfans par plusieurs moyens: Les moyens par lesquels les enfans peuvent estre exclus de leur legitime, sont ceux qui suivent, sçavoir l'exheredation pour une cause juste & legitime: Le Statut ou Coustume particuliere qui ex-clud les filles de la succession, & de la legitime de leurs pere & mere: La renonciation des enfans à la succession de leurs pere & mere, & à leur legitime.

Tous ces moyens seront expliquez les uns aprés les autres.

A l'égard du premier qui est l'exheredation, il est commun aux enfans & aux ascendans pour les exclure tant de la succes-sion que de la legitime, surquoy voyez *infrà*, la Novelle 118.

Pour ce qui est du second moyen, c'est une tres-grande que-stion entre les Docteurs, sçavoir si la legitime peut estre ostée par la disposition particuliere d'un Statut ou d'une Coustume: Pour la negative on dit:

Premierement, que la legitime est deuë aux descendans & aux ascendans par le droit naturel, *l. 3. in scripto. 6. in fine. l. fin. in princip. ff. de bon. damnat. liberos ad bona parentum natura simul & commune parentum votum admittit,* dit la Loy *in scri-*

pto ; & la Loy derniere au mesme titre porte : *cùm naturalis ratio quasi lex quædam tacita liberis parentum hereditatem adjiciat , velut ad debitam successionem eos vocando, &c.* L'Empereur dans la Novelle *de heredib. & falcid.* §. *primum itaque,* dit la mesme chose de la legitime, qu'elle est deuë par le droit naturel. Or ce qui est fondé & establi sur le droit naturel, ne peut estre entierement détruit par le droit Civil , *Naturalia enim jura sunt immutabilia , nec ea civilis ratio corrumpere potest ,* §. 11. *Instit. de jure natur. gent. & civ.* où l'Empereur dit, *naturalia quidem jura , quæ apud omnes gentes peræque observantur , divinâ quadam providentiâ constituta , semper firma atque immutabilia permanent; & §. ult. Instit. de legit. agnat. tut.* & partant une Coustume particuliere ne peut point oster aux enfans ny aux ascendans leur legitime , & telle Coustume ne peut point avoir force de Loy , ny d'obliger les Habitans, c'est le sentiment de Saint Thomas, 2. 2. *qu.* 61. *art.* 1. *in respons. ad* 1. *argument.* où il conclud, que *lex continens aliquid contra jus naturale , non habet vim obligandi , & can. erit autem lex.* 4. *distinct.*

4 En second lieu , que la legitime a esté introduite pour servir d'alimens aux enfans ; or les alimens sont dûs par le droit naturel aux enfans par les ascendans , & aux ascendans par les enfans, §. 1. *ibi , liberorum educatio , Instit. de jure natur. gent. & civ.*

5 En troisiéme lieu , que la Coustume qui est contraire aux bonnes mœurs est sans effet selon le sentiment des Docteurs , *in l. omnes populi. ff. de Instit. de jure , & in l. hac consultissima. C. de testam.* Or cette Coustume est contre les bonnes mœurs, puis qu'elle reduit les enfans dans la necessité.

En quatriéme lieu , que si le Testateur ne peut pas priver ses enfans de leur legitime sans une juste cause, comme il sera prouvé cy-aprés, la Coustume a bien moins de force pour le faire, veu que la disposition des Testateurs est declarée avoir autorité de Loy dans la Novelle *de nupt.* §. *disponat , & passim. ff. & Cod.* Et les Loix veulent & ordonnent qu'elle soit executée, mesme preferablement à la leur propre.

Bartole sur la Loy *Titio.* §. *Titio. num.* 6. *ff. de conditio. & demonstratio. Cynus in l. sancimus. C. de nupt. Dec. in l. jura sanguinis. ff. de R. J.* & autres tiennent cette opinion.

La plus grande partie des Docteurs estiment au contraire,
que

que la legitime peut eftre oftée par le Statut. Balde *Confil.* 465.
Salicet *in* *Authent.* *noviffima,* in 11. *quaeft.* *C. de* *inoffic.* *Teftam.*
Alexand. *Confil.* 168. Alciat *de praefumpt.* *Reg.* 1. *praefumpt.* 8. *ad*
fin. Mynfinger. *Centur.* 5. *Obfervat.* 43. *num.* 1. *Dyn. in cap. indul-*
tum de R. J. in 6. *Oldrad. Confil.* 107. & plufieurs autres.

Ce fentiment eft fondé fur les raifons fuivantes.

La premiere, que les alimens font deus aux enfans par le 7
droit naturel, comme il a efté dit cy-deffus, cependant ils peuvent eftre oftez par le droit Civil, fçavoir, lors que les enfans
ont dequoy d'ailleurs pour fe nourrir, les peres & meres ne font
pas tenus de leur en fournir, *l. fi quis à liberis.* §. *item refcripfit.*
ff. de liber. agnofc.

La deuxiéme, que la legitime eft deuë par le droit Civil, 8
& partant elle peut eftre oftée par le mefme droit, §. 3. *Inftit.*
de legit. agnator. tutela. Pour prouver que la legitime prend fon
origine du Droit Civil, on dit que par le droit naturel toutes
les chofes font communes, & que la diftinction des domaines n'a
efté introduite que par le droit des gens, *l. in hoc jure. ff. de*
Iuftit. & jure, & que pendant plufieurs fiecles la legitime eftoit
inconnuë chez les Romains, ainfi que nous avons obfervé cy-
deffus, & parmy plufieurs autres nations, & partant par le Statut
& la Couftume particuliere des lieux on peut reduire les chofes 9
en l'eftat qu'elles eftoient, auparavant que le droit Civil en eut
ordonné une certaine portion des biens des afcendans pour les
enfans.

La troifiéme, que par le droit ancien, le pere pouvoit tuër
fes enfans impunement, & partant on peut dire avec raifon que
la legitime peut eftre oftée par le Statut ou la Couftume particuliere.

La quatriéme, que le Statut peut priver quelqu'un de la proprieté de fes biens par quelque caufe, *l. Lucius. ff. de evictio. l.* 10
venditor. §. *fi conftat. ff. commun. praedior.* & partant il peut auffi
priver les enfans de leur legitime.

La cinquiéme, que ce qui peut eftre ofté par quelque evenement, peut eftre ofté par le Statut par quelque caufe legitime, parce que ce qui peut par quelque caufe ou evenement
n'avoir pas lieu, n'eft pas conftant & immuable, mais peut eftre
changé: or la legitime peut ceffer dans plufieurs cas, comme
lors que les pere & mere n'ont pas de biens pour donner la legitime à leurs enfans, ou que leurs biens font abforbez par leurs

creanciers ; & par conſequent le Statut peut les reduire à ne rien prendre pour leur legitime ſur les biens de leurs pere & mere.

La ſixiéme, que le Droit Canonique a approuvé cette diſpoſition, puis que dans le chapitre *Licet in fine, ext. de voto,* & dans le chapitre *Quàm periculoſum, 7. q. 1.* le Souverain Pontife confirme le Statut, par lequel l'aiſné ſuccede, *excluſis cæteris.*

Quelques-uns ſont d'une tierce opinion, eſtimant que le Statut ne peut pas oſter *in totum* la legitime, mais qu'il peut l'oſter en partie & la diminuer, en ſorte qu'il ſoit laiſſé quelque choſe aux enfans pour leur ſervir d'alimens.

11   A l'égard de la legitime des aſcendans ; c'eſt la commune opinion des Docteurs, que *Statuto tolli poteſt,* parce que par la Loy des douze Tables, la mere eſt excluë de la ſucceſſion de ſes enfans, ſans qu'elle y puiſſe rien pretendre, & partant cette legitime n'eſt pas du droit naturel ; & meſme auparavant que la legitime des enfans & des aſcendans eut eſté introduite, les enfans qui eſtoient hors la puiſſance de leur pere, pouvoient diſpoſer de leurs biens ſans rien laiſſer à leur pere ; que ſi la legitime des pere & mere eſtoit du droit naturel, & que comme telle elle ne pût eſtre oſtée par un Statut particulier, il s'enſuivroit qu'elle leur auroit eſté deuë dés auparavant, ſans qu'il eut eſté neceſſaire que le Droit Civil l'eût introduite.

La plus grande partie de nos Couſtumes en France donnent la legitime aux enfans, quelques-unes n'en parlent point, & d'autres permettent aux peres & meres de ne leur rien donner. Celles qui reglent la legitime des enfans, doivent eſtre obſervées, & les peres & meres n'y peuvent contrevenir, que pour des cauſes autoriſées & receuës.

Celles qui n'en parlent point, n'excluent point tacitement les enfans de leur legitime, au contraire elle leur eſt deuë, & ſe doit regler ainſi qu'il a eſté dit cy-deſſus.

12   Les Couſtumes de Tours, Lodunois & quelques autres excluent les filles de leur legitime en un cas : La Couſtume de Tours en l'article 284. porte ; *Fille mariée par mere, ou mere ſuffiſamment appanagée qui a eu don de mariage, eſt avec ſes deſcendans forcloſe des ſucceſſions de ſeſdits pere, mere, ayeul ou ayeule, & de celuy d'eux qui a fait ledit don, encore qu'elle mourût du vivant de ſeſdits pere ou mere ; & ce tant qu'il y aura hoir maſle, ou hoir deſcendant d'hoir maſle ; & ne fera ladite fille ou*

ſeſdits deſcendans part en ladite ſucceſſion, combien qu'on ne luy eut donné qu'un chappel de roſes, ſinon qu'en faiſant le contrat dudit mariage, luy eut eſté reſervé de venir à ladite ſucceſſion, ou que par leſdits pere & mere, ayeul ou ayeule, elle ou ſeſdits deſcendans euſſent eſté rappellez.

Par cet article, la fille qui a eſté mariée par ſes pere & mere, eſt excluë de leur ſucceſſion, & d'y demander ſa legitime, ou le ſupplément d'icelle, au cas qu'elle ait eu en mariage quelque don, quand meſme ce ne feroit qu'un don leger & tres-peu conſiderable tant qu'il y a des enfans maſles, ou des hoirs maſles deſcendans d'iceux: ce qui a eſté introduit pour conſerver & maintenir les familles, en laiſſant les ſucceſſions aux enfans mâles.

La Couſtume de Lodunois, & quelques autres ont une ſemblable diſpoſition, & quoy que ces Couſtumes ne faſſent point mention de la legitime, & ne declarent point expreſſement que la fille qui a eſté mariée avec don de mariage eſt excluë de ſa legitime, neanmoins elle en eſt excluë, quoy que pluſieurs Docteurs ſur cette queſtion, tiennent l'opinion contraire, fondez ſur cette regle, que *Statutum non extenditur ultra caſus expreſſos;* la raiſon eſt que la legitime eſt une portion de la ſucceſſion, & partant celuy qui eſt exclus de la ſucceſſion, eſt auſſi exclus de la legitime.

C'eſt une queſtion ſi dans la Couſtume de Paris, & dans celles qui donnent le doüaire en pure proprieté aux enfans, le doüaire des enfans du premier lit prejudicie à la legitime des enfans du ſecond lit: ſi cela eſt, il s'enſuit que par la diſpoſition de ces Couſtumes la legitime eſt oſtée aux enfans: Brodeau ſur Monſieur Loüet lettre D. chap. 4. remarque un Arreſt du 27. Mars 1629. qui a jugé pour le doüaire des enfans du premier lit: La raiſon eſt que le doüaire eſt un avantage donné par la Couſtume aux enfans, lequel au cas qu'ils s'y tiennent en renonçant à la ſucceſſion de leur pere, leur eſt acquis du jour du contrat de mariage de leurs pere & mere; en ſorte qu'il ne peut y eſtre prejudicié par aucune maniere que ce ſoit, par la naiſſance d'enfans nez d'un mariage ſubſequent ou autrement, ſuivant l'article 249. en ces termes: *Le doüaire Couſtumier de la femme eſt le propre heritage des enfans venans dudit mariage; en telle ſorte que les pere & mere deſdits enfans dés l'inſtant de leur mariage, ne le peuvent meſme engager, ny hypothequer, au prejudice de leurs enfans.*

Les enfans font reputez proprietaires du douaire dés le jour du mariage, ainfi c'est un mal-heur pour les enfans du fecond lit que leur pere fe foit remarié, n'ayant plus de biens pour leur laiffer leur legitime, il ne leur en peut point affurer au prejudice du droit acquis à fes enfans du premier lit, & telle eft la Jurifprudence du Parlement de Paris, & le fentiment commun du Palais.

L'article 298. qui donne à chaque enfant la moitié de fa portion de la fucceffion *à inteftat*, au cas que le pere en ait difpofé autrement à fon prejudice, n'eft point contraire à cette refolution ; dautant que cet article fe doit entendre au cas qu'il y ait des biens fur lefquels elle fe puiffe prendre ; ainfi les enfans du premier lit n'ont ny douaire ny legitime, fuppofé que leur pere eut vendu fes biens auparavant fon mariage, ou qu'il eut contracté tant de dettes qu'elles abforbaffent tous fes biens ; ce qui arrive aux enfans du fecond lit, lors que les biens du pere fuffifent feulement pour fournir le douaire aux enfans du premier lit, & qu'il ne refte rien pour la legitime des enfans du fecond lit.

4 C'eft encore une queftion fi le droit d'aîneffe eft preferable à la legitime des enfans, en forte qu'il prive les autres enfans de leur legitime en tout ou en partie, lors que les biens des pere & mere ne font pas fuffifans pour le droit d'aîneffe, & pour la legitime des enfans ? La nouvelle Couftume de Paris en l'article 17. decide cette queftion pour la legitime, voulant que fi il n'y avoit qu'un Fief dans la fucceffion du pere ou de la mere confiftant feulement dans le preciput & droit d'aîneffe, appartenant à l'aifné, les puifnez y prennent leur legitime, ou le douaire lequel eft au lieu de la legitime.

A l'égard des Couftumes qui n'en parlent point, j'eftime que cet article y doit eftre étendu, comme ayant efté adjoufté à la reformation de la Couftume, par une raifon d'équité.

5 On demande premierement fi les filles qui font excluës de la fucceffion en confideration des mafles, peuvent pretendre leur legitime lors qu'il n'y a point de mafles, & que le teftateur a inftitué des étrangers ? L'opinion commune des Docteurs eft pour l'affirmative, *Decius Confil.* 295. *col.* 2. *num.* 3. *lib.* 1. *Alexand. Confil.* 69. *fuper* 1. *dubio lib.* 1. *Craffus in* §. *teftamentum* q. 36.

Cette opinion eft confirmée par les raifons fuivantes.

La premiere, que où la raifon de la Loy ceffe, fa difpofition doit aussi cesser, ou la raison du Statut qui exclud les filles *mas-culorum contemplatione*, cesse lors que le testateur a disposé de ses biens au profit d'étrangers *deficientibus masculis*, & partant les filles au cas proposé peuvent demander leur legitime.

La deuxiéme, que la faveur des masles ayant donné lieu au Statut, elle ne doit point estre étenduë aux étrangers contre l'esprit & d'intention du Statut, & partant il faut laisser les choses dans la disposition du droit commun, qui donne la legitime aux enfans, *l. in his. ff. de legib. Authent. quas actiones. C. de sacrosanct. Ecclef.* Ainsi il est vray de dire, que tel Statut contient deux chefs; par le premier il exclud les filles, & par l'autre il enferme les masles; & partant les masles manquans, ou mesme estans exheredez, ou ne succedant point par quelque cause & raison que ce soit, les filles doivent avoir leur legitime.

Que si le pere avoit institué des étrangers ayant un fils & des filles au jour de son deceds, & que peu de jours aprés la mort du pere le fils mourût, il semble que les filles pourroient demander leur legitime comme dans l'espece precedente : Neanmoins l'opinion commune des Docteurs est au contraire, parce que les filles estans une fois excluës de la succession de leur pere *existentibus masculis*, elles ne peuvent plus y rien pretendre, *à privatione ad habitum non datur regressus*, *l. ejus qui ff. si cert. petat.*

On demande en second lieu, si lors que la Coustume exclud 16 la fille en consideration des masles, la fille a renoncé à la succession de son pere, elle en est excluë lors qu'il n'y a aucuns enfans masles, en sorte que les collateraux luy soient preferez? Il faut dire que non, par la raison que les masles manquans, lesquels sont la cause de la disposition de la Coustume, cette disposition ne peut avoir lieu, & la fille doit succeder à l'exclusion des collateraux; & la renonciation faite en faveur des masles, ne doit produire aucun effet lors qu'il n'y en a pas un, *l. his honoribus. §. auctis. ff. de vacat. muner.* Et si le pere a fait un testament dans lequel elle ait esté passée sous silence, elle peut demander sa legitime, ou le supplément d'icelle.

On demande en troisiéme lieu, si la fille qui a esté dotée par 17 son pere, les masles decedant aprés, & son pere ensuite, peut succeder avec ses sœurs lesquelles n'auroient point esté ny mariées ny dotées? Pour la décision de cette question, il faut observer plusieurs cas.

18　Le premier est, lors que la Coustume porte, que la fille mariée & dotée, ne pourra venir à la succession de ses pere & mere, & qu'elle appartiendra aux autres enfans : pour lors les sœurs non mariées se trouvans seules, excluent celles qui sont mariées, par la raison que celles qui sont mariées en sont excluës, non pas en faveur des masles seulement, la Coustume n'en parlant point, mais aussi à l'égard des filles non mariées. Et mesme au cas qu'il y ait des freres & des sœurs, les freres n'excluent pas les sœurs, la Coustume n'excluant que celles qui sont mariées ; & partant lors qu'il n'y a que des filles non mariées, elles excluent celles qui le sont.

19　Que si il n'y a que des filles qui ayent esté mariées, & qui soient veuves, il semble qu'elles puissent exclure celles qui sont actuellement dans le mariage, veu que celles qui sont veuves ne sont pas mariées ; cependant il faut dire le contraire, parce qu'il suffit qu'elles ayent esté mariées & dotées, pour estre semblables en ce point à celles qui sont mariées.

Le deuxiéme est, lors que les filles sont excluës en faveur des masles, auquel cas les filles non mariées ne les excluent point, *cessante causâ.*

Le troisiéme, lors que le frere dote sa sœur, & qu'il la fait renoncer à la succession de ses pere & mere & à la sienne, en sa faveur & de celle de ses heritiers ; en ce cas le frere estant mort laissant une sœur non mariée, elle exclud celle qui est mariée & qui a renoncé, en consequence de sa renonciation & de la clause contenuë en icelle. C'est le sentiment de plusieurs Docteurs.

20　On demande en quatriéme lieu, si la fille qui a renoncé à la succession de son pere moyennant la dot qui luy a esté donnée, peut se plaindre de l'enormité de la lezion? Les Docteurs tiennent l'affirmative lors que la lezion est énorme, parce que la dot pour laquelle la renonciation a esté faite, doit estre honneste, *arg. leg. cùm post. §. & generalitet. ff. de jure dot.* ce qui dépend des circonstances de la legitime, eu égard aux biens du pere, & de l'usage du lieu touchant la dotation des filles, comme remarque Paul de Castres *consil.* 275. *col.* 3. *super septimo dubio lib.* 1.

21　On demande en cinquiéme lieu, si la Coustume excluant de la succession intestate du pere la fille qui a esté mariée & dotée, elle peut demander le supplément de sa dot ou de sa legitime, au cas que son pere luy ait laissé par son testament une dot moindre que sa legitime? Cette question n'est pas sans difficulté, par-

la raison que la Couſtume n'excluant la fille dotée que de la ſucceſſion inteſtate, & ne parlant point du cas auquel le pere auroit
teſté, on a lieu de preſumer que ce cas non exprimé ſe doit regler par le droit commun, en ſorte que la fille doit ſe contenter
de la dot qui luy a eſté donnée en mariage par ſon pere, quoy
que moindre que ſa legitime, ſans pouvoir en demander le ſupplément : mais lors que le pere a fait un teſtament dans lequel
il luy a laiſſé une dot, elle doit eſtre égale à ſa legitime, ſinon
elle en peut demander le ſupplément, puiſque la Couſtume
n'en a pas diſpoſé au contraire, *l. commodiſſimè. ff. de liber. &
poſthum.*

On ajoûte, que dans les ſucceſſions on conſidere le temps du
deceds : or il n'eſt pas vray qu'au temps du deceds du pere, la
fille à laquelle il a legué une dot par ſon teſtament, ſoit dotée,
veu que la conſtitution de dot ne ſe fait que par contrat de mariage, & partant on ne peut pas pretendre avec raiſon, qu'elle
ait eſté dotée à l'effet de l'exclure de la ſucceſſion de ſon pere,
comme ſi il l'avoit mariée & dotée de ſon vivant, ainſi elle ne
doit pas eſtre excluë du ſupplément de ſa legitime.

Salicet *in Authent. noviſſima. num. 18. verſic. ſed ſcias. C. de
inoſſic. teſtam. & ibi* Jaſon *num. 58.* & quelques autres, tiennent
cette opinion ; mais Paul de Caſtres *conſil. 275. ſuper 1. punĉto,
col. 1. num. 2. verſ. nam hæc opinio. lib. 1.* Bartole ſur la Loy *Titio
centum. §. Titio genero. num. 5. ff. de condit. & demonſtrat.* & autres, ſont d'avis contraire, fondez principalement ſur ce que
quoy que la Couſtume n'exprime le cas du teſtament, neanmoins
elle le contient implicitement, & il ſuffit qu'elle ſoit excluë de
la ſucceſſion legitime & inteſtate, pour eſtre auſſi excluë de la
ſucceſſion *in cauſa teſtati* ; en ſorte qu'elle ne peut pas demander
le ſupplément de ſa legitime, ſon pere luy ayant laiſſé ſa dot par
ſon teſtament.

Cette opinion paroiſt mieux établie, car il ſeroit abſurde que
la fille fût d'une condition plus avantageuſe, ayant contre elle
la diſpoſition expreſſe de ſon pere, qui auroit fait un teſtament
dans lequel il luy auroit legué une dot moindre que ſa legitime,
que quand la volonté du pere ne ſeroit pas contre elle expreſſément, ſçavoir au cas qu'il ſeroit decedé *inteſtat,* auquel ſi il l'a-
voit dotée de ſon vivant d'une dot moindre que ſa legitime, elle
n'en pourroit pas demander le ſupplément.

On demande en ſixiéme lieu, ſi la Couſtume qui exclud les 22 filles dotées en faveur des masles , est restrainte à la succession de celuy qui a constitué la dot ? C'est l'opinion commune , que cette Coustume doit estre restrainte à la succession de celuy qui a doté , & qu'elle ne peut pas estre étenduë à d'autres , comme si c'est le pere qui a doté , la fille est excluë de sa succession , & non de celle de sa mere & des autres ascendans ; la raison est , que l'exclusion de la succession est fondée sur la dotation , & partant la fille qui est dotée ne peut estre excluë de la succession de celuy qui ne luy a rien constitué en dot.

Il faut excepter lors que la Coustume ordonne , que la fille dotée sera excluë de toute succession , car pour lors la constitution de dot est la cause pour laquelle elle est excluë des successions de ses pere & mere & autres ascendans , sans avoir égard par qui la constitution de dot a esté faite ; c'est l'avis de Balde *consil.* 73. *vers.* *est considerandum. lib.* 4. de Paul de Gastres *consil.* 91. *num.* 2. *lib.* 2. & d'autres.

23   On demande en septiéme lieu , si la Coustume qui exclud les filles mariées & dotées de la succession des peres & meres , s'étend sur les biens situez hors l'étenduë d'icelle ? La commune opinion des Docteurs est pour la negative ; la raison est , que la Loy ne peut étendre son autorité par delà le pouvoir de celuy qui l'a établie , *l. fui. ff. de jurisd. omn. jud. cap. fin. de Constitut. in* 6. & partant la Coustume qui a esté établie du consentement des habitans d'une Province , ne peut pas avoir de force hors de cette Province , pour laquelle elle a esté faite , & ne peut pas servir de loy pour regler les biens situez dans un autre lieu.

24   Les Rois & les Princes , hors leurs Royaumes , & les Juges hors l'étenduë de leur Jurisdiction , ne sont considerez que comme personnes privées & particulieres , selon le chapitre *per venerabilem. Ext. qui filii sint legit. cap. Imperator. cap. duo sunt cap. cum ad verum.* 96. *distinct.* & *cap. si duobus. Ext. de appellat. cap. quæ contra.* 8. *distinct.* Ainsi leurs Loix & leurs Ordonnances ne sont pas plus considerées que comme les dispositions des particuliers.

Cette opinion est suivie en France , où les Coustumes particulieres ne s'étendent point hors la Province , en sorte que la fille mariée & dotée , laquelle est excluë de la succession de ses pere & mere dans la Province de son domicile , ne peut rien pretendre dans les biens qui y sont situez ; mais elle succede dans les biens

biens situez dans les Provinces qui n'ont pas une pareille disposition. Il faut dire la mesme chose, quoy que les peres & meres
ayent leur domicile dans une Coustume où les filles succedent
avec les masles, ayant des biens situez dans une Coustume qui
les excluent estant mariées & dotées ; car en ce cas elles sont
excluës des biens situez dans cette Coustume, & succedent dans
les biens situez dans les autres Coustumes qui ne les excluent
pas.

On demande en huitiéme lieu, si dans les Coustumes qui ex- 25
cluent les filles mariées & dotées de la succession de leur pere,
elles peuvent prendre part avec les masles dans les reserves qui
sont faites aux enfans du premier lit des gains nuptiaux en consequence des secondes nopces de leur mere, par la Loy *hac edictali.*
C. de secund. nupt. & par la Novelle 22. *infrà, eod. tit.*

Les Docteurs sont partagez sur cette question, plusieurs tiennent qu'elles en sont excluës, *Angel. §. optimè. vers. ingratitudine.*
Novel. de nupt. Ripa in l. fœminæ. in princip. num. 10. C. de secund.
nupt. Tiraquel. in l. si unquam in verbo susceperit liberos. num. 107.
in fine. C. de revocand. donatio.

Cette opinion est fondée sur ce que les gains nuptiaux, que la 26
femme par ses secondes nopces est tenuë reserver à ses enfans du
premier lit, sont veritablement des biens paternels, lesquels sont
reputez tels par le moyen de la reserve ordonnée par la Loy,
comme si en effet le pere ne les avoit pas donnez à sa femme,
mais qu'ils fussent demeurez dans sa succession, l'usufruit reservé
à la femme, & partant la fille qui est excluë des biens paternels
n'y peut rien pretendre : car il en est de mesme de ces biens comme de ceux qui sont restituez en vertu d'un fideicommis, lesquels ne sont pas reputez biens de celuy qui fait la restitution,
mais du testateur qui a ordonné le fideicommis, *l. cohæred. §.*
cùm filiæ. ff. de vulg. & pupill. substitut.

On dit au contraire pour les filles,

Premierement, que la Loy *hac edictali* ne requiert pas pour 27
succeder dans ces gains nuptiaux, que la Loy reserve aux enfans
à cause des secondes nopces de leur mere, que les enfans soient
heritiers de leur pere, mais elle y appelle tous les enfans quoy
qu'ils ayent renoncé à sa succession, *Authent. hères. C. de secund.*
nupt. il suffit d'avoir la qualité d'enfant pour y prendre part, &
partant les filles n'en peuvent point estre excluës, quoy qu'excluës de la succession de leur pere.

Tome I.   B b b

En second lieu, que la Couſtume qui exclud les filles de la ſucceſſion des peres & meres, eſt contraire au droit commun, & partant elle ne doit point eſtre étenduë de la ſucceſſion du pere, qui eſt la choſe exprimée, à la ſucceſſion legale, en vertu de la Loy *hac edictali*, qui eſt le cas obmis, laquelle ſucceſſion legale ſe prend par un autre moyen que la ſucceſſion ordinaire, puis qu'elle eſt accordée aux enfans ſans qualité d'heritiers. Elle ſe prend en conſideration de l'injure que la mere a faite à ſes enfans par ſes ſecondes nopces, laquelle regarde generalement tous ſes enfans du premier lit; & partant l'avantage qui leur eſt accordé pour la reparation de cette injure, doit eſtre commun entr'eux; c'eſt le ſentiment de Balde ſur la Loy *hac edictali. in* 1. *lect. num.* 16. *verſ. modò quæritur.* d'Alexandre *in apoſtill. ad eundem Bald. in Authent. heres. C. de ſecund. nupt.* de Guy Pape *deciſ.* 228. Cette opinion eſt ſuivie en France, comme nous avons remarqué cy-devant ſur le titre *de ſecund. nupt.*

La renonciation à la legitime faite du vivant du pere, n'eſt pas un moyen pour en exclure les enfans; quoy qu'on puiſſe dire que chacun peut renoncer aux droits qui luy appartiennent, ou qui ſont introduits en ſa faveur, *l. penult. C. de pact. gloſ. in* §. *fin. verſ. quamvis. Inſtitut. de duob. reis cap. ad Apoſtolicam. Ext. de Regular.* que chacun peut diſpoſer de ſes biens à ſa volonté par actes entre-vifs, & que les conventions ainſi faites doivent eſtre valables, *l. ſi totum. l. eo mater. & l. ſi unquam. C. de revocand. donatio.* Et bien qu'on puiſſe ajoûter, que ſi on peut renoncer à la ſucceſſion future de quelqu'un, on peut bien avec plus de raiſon renoncer à une partie de ſes biens, comme à ſa legitime: Or on peut renoncer à la ſucceſſion future de quelqu'un de ſon conſentement, ſelon la Loy derniere *C. de pact. & ibi DD. Alexand. in l. ſtipulatio hoc modo. num.* 12. *ff. de V.O. conſil.* 113. *num.* 16. *& ſeq. lib.* 6.

On ne peut point renoncer à ſa legitime, par la Loy *ſi quando.* §. *illud. C. de inoffic. teſtam.* & meſme quoy que l'enfant ait eu une portion des biens de ſon pere du vivant du pere, qui pouvoit pour lors égaler ſa legitime, neanmoins ſi au jour de ſon deceds ſes biens ſe trouvent augmentez, l'enfant peut demander le ſupplément de ſa legitime, quoy qu'il y eût renoncé en recevant la donation que ſon pere luy auroit faite: C'eſt le ſentiment des Docteurs, de Balde, Salicet, Paul de Caſtres, Jaſon & d'autres, ſur le §. *illud.* de la Loy *ſi quando. C. de inoffic. teſtam.* Ainſi quoy que la fille renonce à sa legitime ou au supplément d'icelle en recevant sa dot de son pere, dans les lieux où telles renonciations ne sont point receuës, elle est recevable aprés la mort de son pere d'en demander le supplément, *l. partem. C. de collatio.* Dans le Parlement de Paris les renonciations aux successions des peres & meres qui dotent leurs filles, sont valables, en sorte qu'elles n'y sont point receuës tant qu'il y a des masles, comme nous avons dit ailleurs.

On demande si le fils peut renoncer à sa legitime au préjudice 29 de ses creanciers? Cette question partage les Docteurs, ceux qui tiennent l'affirmative, sont fondez sur les raisons suivantes.

La premiere est, que la legitime est une dette de la succession appartenante à l'enfant, fondée sur une cause lucrative, selon la glose & les Docteurs sur la Loy 3. *C. de jur. & fac. ignor.* que cette dette ne luy est deuë qu'au cas qu'il le veüille, & non autrement, à laquelle il peut volontairement renoncer selon le sentiment des Docteurs sur la Loy *scimus. C. de inoffic. testam.* Or tous les gains acquis par la disposition de la Loy peuvent estre repudiez au préjudice des creanciers, quoy qu'il semble que la proprieté en soit acquise dés le moment du deceds: la raison est, que les Loix qui deffendent de rien faire au préjudice de ses creanciers, s'entendent lors qu'il s'agit *de diminuendo patrimonio*, en alienant ses biens ou partie d'iceux, mais non lors qu'on refuse d'augmenter ses biens quand on le peut, *l. 1. §. utrum. ff. si quid in fraud. patro.*

La deuxiéme est, que l'heritier chargé de legs peut décharger les legataires de la falcidie, c'est à dire, leur faire la délivrance des legs entiers sans retenir la falcidie au préjudice de ses creanciers, *l. patrum. ff. quæ in fraud. credit.* quoy que la distraction de la falcidie se fasse *ipso jure, l. linea. l. Seius & Augerius. ff. ad leg. falcid.*

La troisiéme, que la legitime de l'enfant n'est pas dans ses biens, selon le sentiment de plusieurs, & partant il la doit demander, *l. scimus. junctâ glos. C. de inoffic. testam.*

On dit au contraire,

Premierement, qu'au jour du deceds du pere l'enfant a un droit acquis dans les biens de son pere pour sa legitime, que les debiteurs ne peuvent point diminuer leurs biens au préjudice de leurs creanciers, & qu'ainsi l'enfant ne peut point renoncer à sa legitime à leur préjudice.

En second lieu, que l'enfant a un droit acquis sur les biens de son pere pour sa legitime *etiam vivo patre*, & par consequent les creanciers du fils semblent avoir leur hypoteque sur sa legitime pour estre privez de leur deû, à laquelle partant il ne peut estre fait aucun préjudice.

En troisiéme lieu, que selon le sentiment de plusieurs le debiteur ne peut pas préjudicier aux droits de ses creanciers, *etiam in quærendis*, Peregrin. *de fideicomm. art.* 3. *num.* 129.

Quant au premier argument pour l'opinion contraire, on dit que la legitime estant acquise *ipso jure* à l'enfant, il n'est point en son pouvoir d'y renoncer au prejudice de ses creanciers; qu'il peut bien renoncer aux droits qu'il peut acquerir, & non à ceux qui luy sont acquis.

Et pour ce qui est du second, on répond que la comparaison n'est pas juste entre la legitime & la falcidie, en ce que la legitime par le droit nouveau est deuë *jure institutionis* & sans aucune charge ny condition, qu'elle est acquise à l'enfant *ipso jure* sans qu'il soit necessaire d'en faire demande pour luy estre acquise, que la charge imposée à la legitime est éteinte *ipso jure*, quoy que le pere en ait ordonné autrement en termes exprés, comme il a esté dit cy-dessus.

30 Il n'en est pas de mesme de la falcidie, car quoy qu'elle soit deuë *ipso jure* à l'heritier chargé de legs, neanmoins l'heritier ne la peut pas retenir contre la volonté du testateur; & que si l'heritier a payé tous les legs faits par le testateur, ou si il a restitué l'heredité entiere sans distraire la quarte Trebellianique, il ne peut plus en faire la distraction, ayant executé la volonté du testateur; & ses creanciers n'ont pas droit de la demander, par la raison que le droit des legataires & des fideicommissaires est plus fort que celuy des creanciers de l'heritier, ausquels il n'est pas presumé avoir prejudicié en accomplissant entierement la volonté du deffunt.

Les Arrests ont jugé, que les enfans ne peuvent point renoncer
31 à leur legitime au préjudice de leurs creanciers. Bacquet au traité des droits de Justice, chap. 21. nomb. 356. en rapporte un prononcé à Pasques en robes rouges, l'an 1589.

Monsieur Auzanet dit, que les creanciers peuvent demander au nom de leur debiteur la legitime, ou le supplément d'icelle, sans le consentement de leur debiteur, mesme en cas de contravention de sa part, pourveu que la dette soit anterieure à l'ouverture de la succession sujette à la legitime ; mais si la dette est posterieure à l'écheance de la succession, son action n'est pas recevable : Il dit avoir esté jugé ainsi par Arrest donné en la Chambre de l'Edit, le dernier jour d'Aoust mil six cens dix-huit.

Mais la distinction que fait cet Auteur n'est pas clairement expliquée ; il est certain que les creanciers peuvent poursuivre la legitime de leur debiteur, nonobstant la renonciation par luy faite à icelle, au cas que la renonciation soit faite aprés l'action intentée par le creancier ; mais si elle est faite auparavant, la renonciation est valable, excepté contre le creancier, dont la creance estoit anterieure à l'ouverture de la succession ; parce qu'ayant un droit acquis sur les biens de son debiteur il n'a pas pû luy prejudicier ; c'est-là à mon avis la distinction que veut faire cet Auteur. Ce qui doit recevoir une autre distinction entre le creancier hypotequaire & le chirographaire ; car le chirographaire n'a aucun droit réel sur les biens de son debiteur, ainsi le debiteur en a pû disposer à sa volonté ; veu qu'au contraire le creancier, hypotequaire a un droit réel sur les immeubles & droits immobiliaires, qui appartiennent ou échéent à son debiteur.

Toutefois si le debiteur avoit receu une somme en deniers pour son droit de legitime, de ses freres & sœurs avantagez, & que par ce moyen il eut renoncé au droit qu'il pouvoit avoir de prendre sa legitime en corps hereditaires, les creanciers du debiteur ne seroient plus recevables à demander la legitime aux enfans avantagez pour & au nom de leur debiteur. La raison est, que ce droit estant éteint par ce moyen, les creanciers n'y seroient plus recevables ; ils devroient s'imputer de ne l'avoir pas poursuivy dés l'ouverture de la succession.

On demande si la confiscation des biens du pere prive les enfans de leur legitime ? La plus commune opinion des Docteurs est que les enfans n'en sont point privez ; la raison est que le fisc est successeur universel du pere, & comme tel il est tenu de payer toutes les dettes jusques à concurrence de l'émolument, *l. 2. C. ad leg. Jul. de vi pub.* Or la legitime des enfans est une dette du pere tant naturelle que civile, & partant le fisc en est tenu. Que si le pere ne peut pas en priver ses enfans par une declaration expresse de sa volonté, *argum. leg. omnimodo. l. quoniam in prioribus. C. de inoffic. testamento* ; il ne le peut pas faire indirectement par ses delits ; ainsi au cas que ses biens passent au fisc par confiscation, la legitime des enfans doit estre prise sur les biens confisquez.

33   Il faut excepter lors que la confiscation est ordonnée pour crime de leze-Majesté, auquel cas selon le sentiment commun des Docteurs & la disposition de la Loy *quisquis. §. filii verò. C. ad leg. Jul. Majest.* les enfans sont privez de leur legitime : cette Loy est en ces termes : *filii verò quibus vitam Imperatoriâ specialiter lenitate concedimus, paterno enim deberent supplicio perire, in quibus paterni, hoc est hereditarii criminis exempla metuuntur à materna vel avita omnium etiam Provinciarum hereditate & successione habeantur alieni, testamentis extraneorum nihil capiant, sint perpetuò egentes & pauperes, infamia eos paterna semper concomitetur, ad nullos unquam honores, ad nulla Sacramenta perveniant; sint postremò tales, ut iis perpetuâ egestate sordentibus, sit eis mors solatium, & vita supplicium.*

Les enfans chez les Romains estoient privez de leur legitime, en consequence des grands crimes commis par leur pere, selon le témoignage d'Alexandre *ab Alexand. genial. dier. lib. 3. cap. 23. in princip.* D'où il s'ensuit que les enfans ne pouvoient point demander au fisc des alimens sur les biens confisquez, ny les filles des dotes. *Peregr. tract. de jure fisci, lib. 5. tit. 1. n. 76. in fine.*

34   Quelques-uns neanmoins estiment, que le fisc est tenu fournir des alimens aux enfans sur les biens confisquez; c'est le sentiment de Paul de Castres, *Consil. 80. lib. 1. de Dec. consil. 376. in fine, & consil. 519. num. 5.* & d'autres, par la raison que le fils est reputé creancier de son pere pour ce qui concerne ses alimens, ou le fisc est tenu de payer les dettes de celuy dont les biens sont confisquez; & partant le fils est recevable à demander des alimens sur les biens de son pere, aprés que la confiscation en a esté ordonnée.

Leur sentiment est fondé sur ce que dans la Loy susdite, il est ordonné qu'en cas de crime de leze-Majesté commis par le pere, *relinquenda est vita filiis,* or les enfans ne peuvent point vivre sans aliment; & partant l'intention de cette Constitution est que le fisc soit tenu de fournir des alimens aux enfans du condamné.

Cette raison ne semble pas valable, parce que quand les biens sont confisquez sans la confiscation du corps, comme parlent nos Coustumes; c'est-à-dire, *reservatâ vitâ,* le condamné ne peut point demander des alimens sur les biens; & partant les enfans de celuy qui est condamné & dont les biens sont confisquez pour crime de leze-Majesté, ne peuvent point demander des alimens.

En cas de condamnation au bannissement avec confiscation 35 des biens du pere, c'est une question si le fils peut demander sa legitime, ou si il doit attendre la mort naturelle de son pere? La commune opinion est que le fils peut demander la distraction de sa legitime sur les biens confisquez, & cette opinion est fondée,

Premierement sur la Loy 1. *in princip. ff. de bon. damnat. ibi quando vita adimitur, civitas, aut libertas amittitur, filii etiam concepti, & non nati portionem ex bonis patrum damnatorum accipiunt*; ce terme, *accipiunt*, s'entend du temps de la condamnation, autrement la Loy n'auroit pas manqué de le declarer.

En second lieu dans la mesme Loy, il est dit, que la legitime n'est point deuë aux enfans qui ne sont point nez ny conceus, & partant elle est deuë à ceux qui sont nez ou conceus au temps de la condamnation & avec effet; autrement il ne seroit pas vray de dire qu'elle seroit deuë aux enfans nez & conceus, & cette difference entre les enfans nez, & ceux qui ne le sont pas, seroit inutile.

En troisiéme lieu, lors que quelqu'un est chargé de fideicommis au cas qu'il decede *sine liberis*, c'est au temps de la condamnation que l'on considere, si cette condition est arrivée ou non, & non aprés, suivant le sentiment des Docteurs; & partant il en faut dire de mesme de la legitime, pour laquelle on doit considerer le temps de la condamnation, & non celuy de la mort naturelle du pere dont les biens ont esté confisquez; c'est le sentiment de Balde sur la Loy derniere, *C. de bon. damnat.* & c'est l'usage.

Il en faut dire de mesme, au cas que le pere entre dans un Monastere; car pour lors la legitime est deuë aux enfans dés son entrée dans le Convent sans attendre sa mort naturelle; voyez *infrà*, l'Authentique, *si qua mulier. C. de Sacrosanct. Ecclef.*

On demande si le fils perd sa legitime faute d'avoir fait in- 36 ventaire? Les Docteurs distinguent plusieurs cas pour la resolution de cette question.

Le premier est, lors que la question est entre l'enfant & les creanciers du pere, auquel cas on tient que l'enfant perd sa legitime, *ob non confectum inventarium*, lors qu'il s'agit de dettes certaines & pour caufe onereufe comme pour preſt ou autre: La raiſon eſt que l'heritier qui ne fait point d'Inventaire eſt preſumé avoir retiré plus que ſa legitime en payant meſme toutes les dettes ; de forte que quoy que les biens de la ſucceſſion ne fuſſent pas ſuffiſans, il ſeroit tenu de les payer de ſes propres biens, & tel eſt l'uſage.

Que ſi il s'agit de dettes fondées ſur une cauſe lucrative; comme de donation ou de fideicommis, ſoit univerſel ou particulier, pluſieurs eſtiment que l'enfant peut prendre ſa legitime, parce que les diſpoſitions faites à titre lucratif ne prejudicient point au droit de la legitime ; qu'elle eſt deuë aux enfans, *de corporibus hereditariis, abſque aliquo facto*, & ſans aucune charge ny condition, *l. ſcimus. §. repletionem. l. quoniam in prioribus. C. de inoffic. teſtam.* & que le pere n'a pû rien faire au prejudice d'icelle, *Peregr. de fideicomm. art.* 36. *num.* 140. *& alii.*

D'autres eſtiment au contraire que l'enfant perd ſa legitime, ce qui ſe prouve

Premierement, parce que l'heritier perd ce qui luy eſt deu par la ſucceſſion, faute de faire un Inventaire valable, *l. fin. §. in computatione. C. de jure deliber.* & à plus forte raiſon il doit perdre ſa legitime, laquelle eſt une dette par une cauſe lucrative, *Gloſ. in l.* 3. *C. de jur. & fac. ignor.*

En ſecond lieu la Loy derniere, *C. de jure deliber.* ordonne generalement & indiſtinctement à tout heritier de faire Inventaire ſous peine de payer toutes les dettes, & elle n'excepte point les heritiers qui ſont fondez en droit de prendre leur legitime, & partant ils n'ont pas droit de la prendre.

En troiſiéme lieu, que l'heritier qui n'a point fait Inventaire, eſt preſumé avoir ſouſtrait des biens de la ſucceſſion ſuffiſante pour payer toutes les dettes, & ſatisfaire aux legataires, de faire la reſtitution dont il avoit eſté chargé par le Teſtateur. *Nov. de heredib. & falcid. §. ſancimus*, & ſi l'heritier eſtranger eſt tenu d'y ſatisfaire meſme *de ſuo*, l'heritier qui a droit de legitime, doit eſtre tenu auſſi au prejudice de ſa legitime.

Il ne ſert de rien de dire au contraire, que la legitime ne peut point eſtre chargée, & que toute charge qui luy ſeroit impoſée, eſt éteinte *ipſo jure*, dautant que cela s'entend des charges & conditions impoſées par le Teſtateur ; mais l'enfant peut perdre par ſon propre fait ſa legitime, quoyqu'il ne la puiſſe point perdre par le fait d'un autre.

SIXIE'ME

SIXIE'ME SECTION.

Quelles especes de biens & de donations sont sujettes à la legitime.

SOMMAIRE.

Tome I.　　　　　　　　　　　C c c

tenteurs peuvent estre pour-｜re de son vivant pour leur le-
suivis pour la legitime.　｜gitime.
21. Les enfans n'ont aucun｜22. Le doüaire tient lieu de le-
droit sur les biens de leur pe-｜gitime aux enfans.

1　NOn seulement les dispositions testamentaires & de derniere volonté doivent souffrir la reduction pour fournir la legitime aux enfans; mais aussi les dispositions & donations faites
entre-vifs, conformément aux Loix du titre au Code *de inofficios. donatio.* L'Empereur Alexandre semble avoir esté le premier, qui ait ordonné la revocation des donations inofficieuses à
proportion de ce qui peut estre pretendu par les enfans pour
leur legitime; nous en remarquons le Rescrit addressé à Claudia-
nus Julianus Prefet de la ville de Rome, inseré dans la Loy
Titia. 87. §. Imperator. ff. de legat. 2. en ces termes: *si liquet
tibi, Juliane charissime, aviam ob invertendam inofficiosi querelam, patrimonium suum donationibus in nepotem factis exima-
nisse, ratio deposcit id quod donatum est, pro dimidia parte revocari.* Et depuis quelques Empereurs successeurs d'Alexandre, ont
aussi fait plusieurs Constitutions en faveur de la legitime des
enfans, contenuës dans le titre au Code *de inofficios. donat.*

2　A l'égard des dotes, il sembloit qu'elles devoient estre dé-
chargées de l'action de la legitime; par la raison qu'elles sont
beaucoup plus favorables, les donations entre-vifs estant faites à
titre lucratif, & les dotes estans données & constituées à titre
onereux pour soûtenir les charges du mariage.

3　Aussi voyons-nous que les dotes ne peuvent point estre revoquées en consequence des alienations faites au prejudice des
creanciers, suivant la Loy derniere. *§. si à socero. ff. quæ in fraud.
credit.* au moins à l'égard du mary.

4　Neanmoins les Empereurs ont jugé à propos de rendre les dotes sujettes à la legitime des enfans de mesme que les donations,
l. un. C. de inoffic. dot. laquelle est tirée de deux Constitutions,
lesquelles sont dans le Code Theodosien, sous le titre *de inofficios. dotib.*

5　Quelques-uns pretendent, que cette Loy doit estre renfermée
dans son espece, sçavoir au cas de la dot constituée par la mere
à son second mary, & non pour les dotes constituées par les peres & meres à leurs filles; mais il n'y a pas lieu de faire cette
difference, dautant que l'Empereur Constantius a decidé le pre-

mier cette queſtion, en ordonnant par une Conſtitution generale que toutes les dotes qui épuiſent les biens des peres & des
meres, au prejudice de la legitime qui eſt deuë aux enfans, ſeroient ſujettes à reduction auſſi bien que les donations entre-vifs,
laquelle Conſtitution eſt au Code Theodoſien, ſous ledit titre
de inofficieſ. dot.

On ne doute point au Parlement de Paris, dans la Couſtume 6
de Paris & dans celles qui donnent une legitime aux enfans, que
les dotes des filles n'y ſoient ſujettes; par la raiſon que la legitime eſt deuë par le droit naturel, ainſi les peres & meres n'y
peuvent point prejudicier par des donations entre-vifs, faites à
quelques-uns de leurs enfans, ou à des étrangers, ou par des
conſtitutions de dot, quoy qu'elles ſoient faites à titre onereux.
Mais cette queſtion s'eſt preſentée dans le Parlement de Paris en
la Chambre de l'Edit le 3. Decembre 1642. ſçavoir ſi la fille
qui avoit renoncé aux ſucceſſions de ſes pere & mere, pouvoit
faire rapporter à ſes freres & ſœurs les ſommes à eux données
par Contrat de mariage juſques à concurrance de la legitime,
quoy qu'ils ſe tinſſent aux avantages qui leur avoient eſté faits :
Par l'Arreſt il a eſté jugé au profit de la fille, qui eſtoit Damoiſelle Marie de Saint Vaaſt, contre Maiſtre Charles de S. Vaaſt,
Notaire au Chaſtelet de Paris, & Renée de S. Vaaſt.

Pour la fille, on diſoit que par l'article 307. de la Couſtume
de Paris, les enfans avantagez par leurs pere & mere peuvent ſe
tenir à leurs dons & avantages, & renoncer à leurs ſucceſſions,
la legitime reſervée aux autres ; c'eſt à dire, que les donations
qui ſont faites à quelques-uns des enfans par leurs pere & mere, ſont chargées de la legitime des autres enfans :
Or la Couſtume n'oblige point les enfans de demander leur legitime en qualité d'heritiers ; ils la demandent en vertu de la
diſpoſition de la Couſtume, qui n'a pas voulu permettre cette
injuſtice, qu'entre les enfans il y en euſt qui fuſſent avantagez par
leurs pere & mere, & que les autres n'euſſent rien : il ſuffit qu'ils
ayent la qualité d'enfans pour eſtre bien fondez dans la demande de leur legitime ; la Couſtume les rend creanciers de ceux
qui ſont avantagez, & pour cette qualité il n'eſt pas neceſſaire de
prendre celle d'heritier.

On diſoit au contraire, que la legitime ne ſe peut demander
que par celuy qui eſt heritier, la legitime eſtant une portion de
la ſucceſſion ſuivant l'article 298. de la Couſtume de Paris ; que

d'ailleurs il s'agiſſoit d'une ſomme de deniers, qui avoit eſté donnée par le pere à ſon gendre pour la dot de ſa femme, l'article
307. de ladite Couſtume, devant s'interpreter des immeubles
donnez aux enfans, & non des meubles & choſes mobiliaires, leſquels n'ont point de ſuite par hypotheque, & que ſi cela eſtoit
autrement, il n'y auroit point de ſeureté de contracter des mariages, en recevant les dotes des femmes en deniers comptans.

Monſieur l'Avocat General Talon dit, qu'il s'agiſſoit d'u-
ne queſtion de droit importante & fort neceſſaire ; ſçavoir ſi les
gendres ou les enfans qui ont eu des donations en faveur de
mariage, ſont tenus de fournir ou ſuppléer la legitime aux autres enfans qui n'ont rien touché des ſucceſſions de leurs pere
& mere, ou moins qu'il ne leur appartenoit par la Couſtume : d'u-
ne part on peut conſiderer que ce ſeroit une choſe bien rude &
entierement contraire à la diſpoſition de la Couſtume de Paris,
par laquelle en l'article 307. il eſt permis aux enfans, auſquels
leur pere & mere ont donné, de ſe tenir à leur don, en s'abſtenant de l'heredité ; Privilege introduit par la Loy municipale qui
leur doit eſtre inviolablement conſervé, d'autant plus que l'un
des enfans obligeant ſes freres & ſœurs à rapporter les ſommes
qu'ils ont receuës, il ne pourroit eſperer choſe quelconque pour
ſa legitime s'il y avoit des creanciers, comme il y en a en ce fait,
qui luy ſeroient preferez, puis que par l'art. 298. de la meſme Coûtume, la legitime ne ſe prend qu'aprés les dettes payées, & par
le meſme article la legitime eſt definie la moitié de telle part &
portion, que chacun enfant eut eu en la ſucceſſion de ſes pere &
mere, s'ils n'euſſent diſpoſé par donation entre-vifs ou de derniere
volonté ; ce qui eſtant dit en termes generaux, & ayant lieu
meſme à l'égard des étrangers, doit à plus forte raiſon eſtre plus
favorablement entendu pour les enfans, afin qu'on ne leur puiſſe pas arracher les avantages qui leur ont eſté faits à l'occaſion de leur mariage, ou en conſideration de leur obeïſſance.

La faveur des dotes a toûjours eſté grande, & les Loix ont eu
ſoin de les conſerver aux femmes pour l'intereſt particulier des
familles, afin qu'elles fuſſent plûtoſt recherchées en mariage. Et
de là meſme il s'enſuit une autre raiſon, que la condition des
maris doit eſtre encore eſtimée plus favorable, dautant qu'ils
reçoivent ces avantages à titre entierement onereux, & qui ſont
comparez par les Loix à ceux qui contractent par vente & par
achat, ou par contrat de preſt, & en qualité de creanciers ; de
ſorte que ce ſeroit une tromperie publique, & par maniere de

dire une fraude legitime , comme l'appelle Sidonius , si aprés
cela il estoit permis aux autres enfans de renverser leurs Contrats, retirer le bien qu'ils ont receu, & ne leur laisser que les seules
charges du mariage. Chose déplorable, que nulle prudence ne
pouvant prévoir, ne doit pas estre sujette à punition ou à dommage , ce qui causeroit sans doute infinis troubles & dissentions
dans les ménages & dans les familles ; & ne seroit-il pas fâcheux,
que des gendres qui auront peut-estre receu leur mariage en deniers, aprés en avoir disposé pour l'établissement de leur fortune
& de leur famille, aprés avoir soûtenu pendant plusieurs années
les charges du mariage, fussent non seulement frustrez de l'esperance qu'ils peuvent avoir conceuë, de trouver encore quelque
chose dans la succession de leur beau-pere, mais aussi qu'y renonçant ils fussent obligez de rapporter ce qui n'est plus en nature,
& dont quelquefois la meilleure partie aura esté employée en des
dépenses superfluës & tres-inutiles : car quelle plus grande seureté & précaution pourroit-on desirer de la part des gendres,
que de recevoir tout ce qu'on leur promet en deniers comptans,
puis qu'ils n'ont aucune suite par hypoteque , & qu'il ne reste
rien aprés cela qui puisse estre envelopé en la bonne ou mauvaise
fortune de leur beau-pere, ny par consequent dépendre du succez
de leurs affaires ; & principalement cela seroit de dangereuse
consequence au temps où nous sommes , auquel plusieurs personnes entrans dans des alliances qui ne sont relevées que par la
consideration des biens , leur fortune dépendroit de celle d'autruy, ils seroient toûjours en inquietude & sans aucune assurance de
ce qui leur appartient si legitimement : veu que le Jurisconsulte
sur pareille raison, a déchargé un mary de la recherche des deniers
dotaux dans la meditation d'une banqueroute, tout ainsi qu'un
creancier qui en pareil temps reçoit ce qui luy est deû : *in mari-*
tum non dandam actionem magis quàm in creditorem, qui à frauda-
tore quod ei deberetur, accepit , dit la Loy *si fraudator* §. *si à so-*
cero ff. quæ in fraud. cred. Et d'ailleurs il est dit, que le libertin qui marie sa fille, n'est pas presumé en ce faisant vouloir frauder son patron de la legitime qui luy est dûë aprés sa mort, &
que partant le patron ne peut pas faire revoquer la constitution
dotale qui le prive de son droit, comme il est dit en la Loy 1. §.
sed si libertus ff. si quis in fraud. patron. comme aussi tous ceux
qui baillent leurs filles en mariage seroient tous les jours abusez,
si aprés avoir fait estat d'un bien qui a esté donné en faveur de

mariage à leur gendre , & fur quoy ils y ont confenty & reglé
fur iceluy toutes les conventions matrimoniales , la mauvaife
conduite ou le defaftre des peres & meres & de leurs gendres fur-
venant par aprés, pouvoit rendre inutile leur prévoyance & ruiner
toutes leurs pretentions ; ce qui fait voir que c'eft une ouverture
pour rendre les mariages plus difficiles , & remplir de confufion
toutes les affaires des hommes , qui font principalement appuyées
fur cette efpece de Contrats defquels dérivent la foy & la feureté
de tous les autres ; & fi la fille qui a renoncé à la fucceffion de
fon pere en recevant quelque chofe par fon Contrat de mariage,
ne revient pas à la fucceffion quoy qu'opulente , foit que fon
pere en ayant beaucoup luy en eut donné bien peu , foit que depuis il eut acquis de grands biens , fi elle ne peut demander le
fupplément de fa legitime (il a efté ainfi jugé par les Arrefts)
fi elle ne peut profiter de la fortune de fon pere , pourquoy parti-
cipera-t'elle à fon malheur & à fa difgrace ? N'eft-ce pas encore
contre l'équité , laquelle veut que la raifon du profit & du dommage foit reciproque : Enfin la legitime ne fe prend que fur les
biens du pere ; ce qui a efté donné , *eft extra caufam bonorum* , il
n'eft plus reputé eftre dans les biens , & on en peut difpofer. Il
n'eft donc pas raifonnable que des enfans qui ont receu des donations en faveur de mariage , s'abftenant de l'heredité , les rapportent pour fournir la legitime à leurs fœurs.

Mais d'autre part , cette queftion fe peut expliquer par l'obfervation des raifons du Droit Romain & de la difpofition de la Coûtume de Paris. Pour ce qui eft du Droit Romain , il eft conftant,
que la legitime y eft fort bien établie & recômandée, comme une
dette civile & naturelle : que fi elle eft obmife par un pere , ou
fi elle n'eft pas laiffée à titre d'inftitution , le teftament eft caffé
comme inofficieux , & nulle difpofition n'eft valable , qu'à cette
condition de conferver la legitime ; à l'exemple dequoy ce qui
n'avoit lieu qu'à l'égard de la querelle d'inofficiofité pour toute
une fucceffion , a efté étendu par la mefme raifon aux donations inofficieufes : car tout ainfi que pour reftraindre la puiffance des legs trop amplement permife par la Loy des douze
Tables , les efprits des hommes eftans artificieux à éluder l'autorité des Loix , il fallut que les Loix *Furia* & *Voconia* , & depuis
la *falcidie* interpofaffent leur autorité pour retrancher l'excez de
cette licence : de mefme les peres voyant qu'ils ne pouvoient
par une exheredation injurieufe priver leurs enfans de leurs biens,

ils épuiſoient leurs facultez par des donations immenſes qu'ils faiſoient pendant leur vie. L'Empereur Alexandre Severé permit aux enfans, à l'exemple de la querelle d'inofficioſité, de ſe plaindre des donations inofficieuſes par un Reſcrit envoyé à Clau-dianus Julianus, Prefet de la ville de Rome, lequel ne ſe trouve pas dans le titre du Code *de inoff. donat.* mais dans la Loy *Titia* 87. §. *Imperator ff. de leg.* 2. avec cette difference neanmoins, que la querelle d'inofficioſité renverſoit entierement les teſta-mens, & reduiſoit les choſes *ab inteſtat*, & les donations n'eſtoient revoquées que juſqu'à la concurrence de la legitime, pourveu toutefois qu'elles n'excedaſſent pas la moitié ou les deux tiers, auquel cas elles pouvoient eſtre caſſées pour le tout, ſi la fraude eſtoit verifiée, & par le fait en ſoy, & par l'apparence viſible d'un deſſein & d'un conſeil frauduleux, au préjudice de la legi-time des enfans. Juriſprudence qui a eſté ſuivie & approuvée tant par les Empereurs Valerian & Galien, qui l'appellent *auxi-lium æquitatis*, en la Loy 2. C. *de inoff. donat.* que par Juſtinian en la Novelle 92. *de immenſ. donat. in fil. fact.* dont eſt tirée l'Authentique *undè & ſi parens*, C. *de inoff. teſtam.* Et parce que cette voye eſtoit fermée aux peres qui vouloient déméſuré-ment avantager aucuns de leurs enfans à la ruine des autres, ils s'aviſoient de leur faire de grandes conſtitutions dotales, ou do-nations en faveur de mariage, parce que cela ſembloit plus favo-rable que les autres avantages à titre purement lucratif. L'Em-pereur Conſtantius étendit encore la diſpoſition des Loix de l'inofficioſité aux donations qui ſeroient faites pour cauſe de dot & de mariage, ainſi qu'il ſe voit en la Loy unique C. *de inoff. dotib.*

Et bien qu'il ſemble que cette Loy ſe doive entendre ſeule-ment de la dote conſtituée par une veuve à un ſecond mary, au préjudice de ſes enfans du premier lit, en ce qu'il eſt dit : *cum omnia bona à matre tua in dotem dicantur exhauſta;* neanmoins cette diſpoſition eſt generale dans ſon origine, & comprend in-differemment toute ſorte de dotes: car dans le Code Theodoſien, dont elle a eſté tirée, cette Loy de Conſtantius y eſt generale, & ces paroles n'y ſont pas appoſées; mais il y a une autre Loy qui eſt du meſme Conſtantius & Julianus, où il eſt dit, *dote ab uxore marito data, filios ex priori matrimonio, &c.* De ces deux Loix Tribonian en a voulu faire une, mais il n'a pas abrogé la premiere, laquelle eſt demeurée dans ſa force pour la diſpoſition generale. Ce qui se voit encore plus manifestement, en ce que les Empereurs Leon & Anthemius, qui ont esté depuis Constantius & Julianus, ont fait une Loy particuliere pour la veuve qui convole en secondes nopces, qui est la Loy *hac edictali. C. de secund. nupt.* laquelle autrement n'eût pas esté necessaire.

Aussi est-il constant par la resolution de la pluspart des Docteurs, que les donations ou autres alienations à titre lucratif, font sujettes à souffrir la déduction de la legitime : Et quoy que quelques-uns ayent voulu distinguer, que cela a lieu seulement pour calculer & compter la legitime, & sçavoir à quoy elle se monte, *ut sit pinguior*, y faisant entrer en compte telles alienations; neanmoins tous sont d'accord, qu'à l'égard des enfans, & entr'eux il y a toûjours action revocatoire jusqu'à la concurrence de la legitime des donations qui sont faites à aucuns d'entr'eux, à quoy est formelle l'Authentique *unde & si parens C. de inoff. test.* Et quant aux dots & donations en faveur de mariage, ces mesmes Docteurs ont beaucoup disputé si elles estoient sujettes subsidiairement à la legitime des autres enfans. Paul de Castres sur la Loy premiere C. *de inoff. test. Matthæus de afflictis decis.* 86. & auparavant eux, Bartole sur la Loy *Titia* §. *Imperator ff. de legat.* 2. ont resolu l'affirmative; les autres ont distingué à l'égard du mary, disant qu'on devoit differer ce supplément durant son mariage, par l'argument de la Loy *si fraudator* §. *si à socero ff. quæ in fraud. cred.* Mais le plus grand nombre ne fait pas compte de cette distinction, parce que la legitime est deuë dés l'instant du deceds du pere, & ne peut estre differée, que ce ne soit ouvrir la porte à frauder ou charger la legitime, & empirer la condition des enfans.

On a encore distingué si la dot a esté constituée *en heritages ou en deniers*, comme les deniers n'estans plus & se trouvans consommez par le mary, & toutefois la meilleure opinion a prévalu contre cette distinction, dautant qu'on ne peut pas dire que les deniers dotaux ne soient plus en nature, puis qu'il est certain que le mary demeure toûjours obligé à la restitution d'iceux; aussi est-ce l'esprit de nostre Jurisprudence & de la Coûtume de Paris, par laquelle cette question doit estre terminée; ce qu'il sera bien-aisé de juger, quand on aura reconnu par ordre la disposition, le sens & l'intention de la Coustume. Il est constant que la Coustume de Paris a tranché toutes les difficultez des Interpretes du Droit Romain, touchant les déductions & les

actions.

actions revocatoires en faveur de la legitime, sur les biens alienez par donations entre-vifs ; outre que c'est la decision d'un
ancien Arrest de l'an 1558. qu'on appelle communément *l'Ar-*
rest des Brinons. La preuve en est claire par les articles 272. &
298. de la Coust. de Paris, & par le premier desquels il est loisible
de donner & disposer entre-vifs de tous ses biens à personnes
capables ; l'autre définit la legitime, la moitié de telle part &
portion que chacun enfant eut eu en la succession de ses pere &
mere, s'ils n'eussent disposé par donation entre-vifs, ou derniere
volonté. Mais c'est indubitablement à l'égard des étrangers pour
lesquels la legitime n'a pas d'action revocatoire, & il est permis
à un homme de donner tout son bien entre-vifs, mesme au préjudice des enfans, ce qui n'estoit pas ainsi dans le droit Romain:
La raison de cette difference se peut tirer du droit de puissance,
& de la participation de seigneurie, *quia vivo patre quodammodo*
domini existimantur, l. in suis ff. de lib. & posth. & mesme à l'é-
gard des donations que la Loy *Cincia* avoit limitées : d'où il re-
sulte, que la Coustume n'a derogé au droit commun qu'en faveur des étrangers donataires, & qu'à l'égard des enfans l'equité naturelle & le droit commun subsiste sans aucune restriction,
comme il se voit par les articles 303. 304. 306. & 307. de la
Coustume de Paris, qui est le droit particulier que la Coustume
a étably entre les enfans. Par l'article 303. pere & mere ne peuvent par donation entre-vifs, par testament & ordonnance de
derniere volonté, ou autrement, en maniere quelconque, avantager leurs enfans venans à leurs successions, l'un plus que l'autre. Par le 304. les enfans venans à la succession doivent rapporter ce qui leur a esté donné, pour avec les autres biens de la succession estre mis en partage entr'eux, ou moins prendre. Par
le 306. ce qui a esté donné aux enfans de ceux qui viennent à
la succession, est pareillement sujet à rapport : Et par le 307.
la Coustume ajoûte, que *neanmoins où celuy auquel on auroit*
donné, se voudroit tenir à son don, faire le peut, en s'abstenant
de l'heredité, la legitime reservée aux autres enfans. Article qui
semble avoir esté transcrit mot à mot, & traduit des termes de
l'Authentique *unde & si parens C. de inoff. test.* où il est dit,
licet ei qui largitatem meruit, abstinere ab hereditate, dummodo
suppleat ex donatione, si opus sit, cæterorum portionem.

    La disposition de ces articles montre que l'esprit de la Cou-
tume est de viser principalement à l'egalité. Le desir de l'ega-

lité paroift, en ce qu'on ne peut avantager les enfans l'un plus
que l'autre, venans à la fucceſſion, & qu'ils doivent rapporter,
& neanmoins pour ne pas ôter aux peres la liberté entiere de dif-
poſer, la Couſtume permet aux enfans de ſe tenir aux donations
qui leur ont eſté faites; mais à deux conditions, de renonciation
à la fucceſſion, & que la legitime ſoit reſervée aux autres enfans.
Et de fait, lors que l'art. 272. dit, qu'il eſt permis generalement
de donner tous ſes biens entre-vifs, il eſt ajoûté *à perſonnes capables*, mots qui ſont conſiderables : car les enfans ne ſont pas
capables de recevoir des donations de leurs pere & mere, ſi ce
n'eſt aux conditions des articles 303.304. & 307. Les 303. & 304.
établiſſent la prohibition de l'avantage, & la neceſſité du rapport. Le 307. eſt l'exception conceuë par ce terme *neanmoins*,
qui donne la faculté & le pouvoir de ſe tenir à la donation,
comme un benefice de la Couſtume, mais en s'abſtenant & reſervant la legitime, qui ſont deux conditions conjointes enſemble:
De maniere que la conſervation de la legitime n'eſt pas moins
neceſſaire pour joüir de la donation, que la renonciation à
l'heredité.

Et il faut obſerver, que la Couſtume uſant de ces paroles,
la legitime reſervée aux autres enfans, ce ſont termes non ſeulement conditionels, mais encore imperatifs de la diſpoſition
expreſſe de la Loy, qui retranche elle-meſme, & reſerve cette
portion, qu'elle entend n'eſtre point alterée par donations, à
l'avantage de quelques-uns des enfans au préjudice des autres.
La raiſon eſt, que la Couſtume a ſuivy les juſtes mouvemens de
la nature, & a conſideré que ſans eſtre pere dénaturé, on ne
pouvoit ny entre-vifs, ny par teſtament, priver des enfans de
la legitime, pour laiſſer tout ſon bien aux autres, & diminuer
cette petite portion, qui leur eſt ſi neceſſairement attribuée.
Et c'eſt ſur ce ſujet, que ſaint Ambroiſe a fait cette éloquente
plainte contre les peres qui commettent cette ſorte d'injuſtice:
*quis reperit tam immitia patrum jura ? quis inter naturæ fra-
terna conſortia fratres impares fecit ? unius patris filii diverſa
ſorte creduntur, alius totius paternæ ſortis adſcriptionibus inun-
datur, alius hereditatis patriæ deplorat exhauſtam atque inopem
portionem ;* c'eſt ainſi qu'il déſigne & qualifie la legitime, *nun-
quid natura diviſit merita filiorum ? ex pari omnibus tribuit quod
adnaſcendi utique vivendi poſſint habere ſubſtantiam. Ipſa nos do-
ceat non diſcernere patrimonio quos titulo germanitatis æquaſtis,*

non debitis his, ut id communiter habeant, in quod à natura sub-
stituti sunt invidere. Et cela d'autant plus, que c'est une maxime indubitable & receuë de tous les Theologiens, Canonistes
& Jurisconsultes, que *legitima nec statuto, nec ulla humana*
potestate tolli potest ; ce qu'entr'autres a remarqué du Moulin
sur la Coustume de Paris, §. 8. glose 4. Maxime qui doit servir
de regle pour interpreter les Loix & les Coustumes en cette
matiere.

Mais celle de Paris est encore si expresse en cela, qu'on y peut
reconnoistre clairement, quel peut avoir esté son sens & son intention sur ce sujet, pour servir d'interpretation certaine à l'art. 307.
s'il en avoit besoin, de quelque plus grande que la propre teneur
des termes ausquels il est conceu ; car par l'article 17. estant dit,
que s'il n'y a pour tout bien dans une succession qu'un seul fief,
consistant en un seul manoir, basse-court & enclos d'un arpent,
sans autre appartenance ny autres biens, il appartiendra à l'aisné
pour son droit d'aisnesse & preciput ; il ajoûte par aprés, sauf
toutefois aux autres enfans leur droit de legitime sur le fief.
Article qui a passé en la derniere reformation, suivant l'avis de
du Moulin, & qui avoit esté contesté, & n'avoit pû passer lors
de la redaction de l'ancienne Coustume ; tellement que cette
reserve de legitime se trouve ajoûtée par l'equité d'un article
nouveau composé des Arrests, suivant la raison & l'esprit de la
Coustume : Aussi est-ce une dette necessaire & favorable qui ne
peut estre ostée par les peres mesmes, sinon en matiere d'exheredation & pour juste cause : & encore sont-elles d'ordinaire peu
favorables, soit parce qu'elles procedent de pure cruauté, &
faute de naturel, qui doit estre toûjours corrigé ; soit par erreur,
quand un pere, comme il arrive souvent, a mieux esperé de sa
fortune, s'il a plus fait qu'il ne pouvoit, ou si ses facultez sont
diminuées : car c'est lors qu'il le faut aider & y pourvoir, pour
ne pas priver ses enfans de l'affection qu'il leur portoit, & de
la charité à laquelle il estoit obligé : Par la mesme raison, que
la Loy Romaine a dit en un autre cas, *repentini casus iniquitatem*
per conjecturam maternæ pietatis emendandam esse, particulierement dans l'espece & à l'égard d'une fille, dont la consideration est non seulement aussi forte que celles qui ont esté mariées, veu qu'elles ne se deffendent que par la faveur de la dot,
mais encore plus favorable, puisque le pere estoit obligé de la
doter par la Loy civile & canonique, & que l'interest & l'hon-

nesteté publique exigeoient ce devoir de sa pieté : dautant mesme que les Empereurs Romains faisans cette Loy rigoureuse pour le crime de leze-Majesté , qui couvre de toute sorte d'infamie les enfans des condamnez, en leur faisant porter partie des peines du crime de leur pere, les reduit en tel estat, *ut his perpetuâ egestate sordentibus sit & mors solatium , & vita supplicium,* jusques à les priver de toutes successions directes & collaterales; toutefois ils ont excepté de cette rigueur ce sexe foible & miserable , & ont reservé en ce cas la legitime aux filles sur les biens confisquez , *l. quisquis. C. ad L. Jul. Majest.*

Mais comme ces Empereurs ont donné cela tant à la pudeur commune & generale, qu'à leur propre charité , comme peres communs de leurs Sujets , & se sentans par maniere de dire , tenus à ce devoir en cette qualité; aussi ne peut-on pas nier , que ce ne soit la pensée ordinaire des peres , leur plus grand soin, une charge & un office auquel ils sont particulierement obligez. C'est une dette qui leur est demandée autant de fois que leurs enfans se presentent devant eux ; & c'est ce qu'a voulu dire un Poëte Grec, que la fille nubile, & qui passe l'âge ἐπίγαμος, qu'on peut expliquer par le mot de S. Paul *superadulta ,* encore qu'elle ne parle pas, dit toutefois beaucoup par son silence , que toutes les fois qu'elle regarde son pere , les yeux luy disent assez ce qu'elle demande; & Diphilus le Comique appelle la fille qui est en cét estat, une amere & fâcheuse reserve, θαμείον πικρόν. Que si on dit que c'est priver les enfans donataires du benefice de renoncer , qui est le droit commun , & de la Coûtume: La réponse y est prompte, que ce privilege leur demeure tout entier, aussi bien que l'avantage de leur donation, laquelle ne leur est pas ostée , mais seulement retranchée & diminuée en son excez à proportion de la legitime qui est deuë aux autres enfans qui n'ont rien eu; outre que ce privilege est conditionel, & que la faculté de joüir de son don n'est attribuée qu'à cette charge.

Ce n'est pas aussi donner ouverture aux creanciers, pour faire retracter les donations precedentes, & rendre tous les enfans égaux en leur ostant tout, & ne leur laissant rien des biens de leurs peres & meres; dautant que la consideration de la legitime des enfans est toute autre à cet égard que celle des creanciers, lesquels ne peuvent avoir aucune action revocatoire des alienations qui precedent leurs contrats , au lieu que les liberalitez des peres envers quelques-uns de leurs enfans, quoy que ce soit alienation au respect des étrangers, sont neanmoins estimées faire encore partie des biens d'un pere entre les enfans, comme estans demeurées en sa famille, & n'ayans esté vray-semblablement faites qu'à des enfans en cette qualité d'enfans, & toûjours en avancement d'hoirie, dans le vœu commun qu'ils puissent revenir à la succession & par forme d'un partage anticipé, au lieu qu'à l'égard des creanciers, le bien donné entrevifs est déja mis à couvert, & par cet effet au moyen d'une donation valable, & dans l'intention du pere mesme & de toute la famille. Et de fait les Coustumes d'Anjou article 260. du Maine article 334. de Bretagne article 346. Touraine article 307. Grand-Perche article 125. Châlons article 100. qui ordonnent, que *les enfans renonçans à la succession, seront tenus de rapporter ce qu'eux ou leurs enfans ont eu, mesmes en mariage,* ont esté interpretées par les Arrests, que le rapport, quoy qu'expressément ordonné en ce cas de renonciation, ne se devoit faire qu'à l'égard des enfans & non pas au profit des creanciers, mesmes precedens les donations ou contrats de mariage; comme il a esté jugé par un Arrest notable de cette Chambre du 17. Aoust 1616. au rapport de Monsieur Rubentel. De maniere que comme il y auroit bien moins de raison, aussi y a-t-il moins à craindre de la part des creanciers en la Coustume de Paris qui n'est pas si dure, & quant à ce qu'on a dit que ce qui est donné en mariage ou autrement, est estimé hors les biens; & partant n'est sujet aux accidens & aux charges qui surviennent depuis, cette raison n'est pas considerable; si on observe qu'en la Coûtume de Paris ce que le pere donne à ses enfans, est toûjours entendu avoir esté donné en avancement d'hoirie, tellement que le pere semble posseder encore dans la masse de ses biens, & dans l'esperance que ses enfans e remettront un jour dans sa succession, pour y prendre quelque hose de plus. Bref, ce qui est donné à des enfans n'est pas tellement aliené, que ce ne soit à la charge perpetuelle du rapport ou e renoncer; mais la legitime reservée aux autres enfans, en quoy consideration mesme des mariages payez en deniers comptans, : peut pas beaucoup servir par la raison qui a esté déja touée, que le mary est obligé à la restitution, & qu'il a esté jugé r l'Arrest des Lafilez, que la fille qui veut venir à la succesn, est obligée de rapporter sa dot que son mary a receuë, ene qu'il l'ait consommée, & n'est pas quitte pour rapporter au

Ddd iij

lieu, & ceder fes actions contre les heritiers de fon mary. Auff
n'eft-ce pas une objection de grand poids que celle qui eft tirée
de l'Argument de la Loy premiere, *ff. fi quid in fraudem patroni.*
du libertin qui mariant fa fille, n'eft pas eftimé faire fraude au
droit de legitime de fon patron, parce que c'eft chofe bien diver-
fe & ce n'eft pas merveille, fi l'intereft d'une fille mariée com-
battant avec celuy du patron qui n'eft fondé qu'en un droit fei-
gneurial à prendre aprés la mort du libertin dans fa fucceffion:
Le Jurifconfulte a panché plûtoft du cofté de la nature pref.-
rable, fans doute à la rigueur des reftes d'un droit de fervitude,
ayant dit nettement qu'en ce cas *pietas patris non eft reproban-
da*, & d'où il s'enfuit une puiffante raifon au contraire, tirée du
mefme efprit de la Jurifprudence, que ce feroit une pieté blâ-
mable & reprehenfible en la perfonne d'un pere, s'il vouloit
tranfporter tout aux uns, & ne laiffer rien aux autres de fes enfans, encore moins fi cela arrivoit par mauvaife fortune & inconvenient, & que ce fuft entierement contre fon intention, comme il arrive le plus fouvent pour le regard de la raifon alleguée
de la fille qu'on a fait renoncer par un contrat de mariage, tant
s'en faut qu'elle puiffe appuyer l'opinion de ceux qui ne veulent pas approuver ce recours de legitime, qu'elle peut eftre
plus fortement retorquée contre eux-mefmes; car fi ce privilege de cette renonciation folemnelle qui eft faite par un contra
de mariage, par une Loy de famille favorifée entre les François
que l'on reconnoift eftre les Auteurs de ce Droit; a efté tant eftimé, que nulle reftitution n'a efté admife pour ces fucceffions
écheoir, parce que la dot quelle qu'elle foit, eft reputée en ce cs
tenir lieu de legitime; cela montre manifeftement, que la fil'
mariée & qui n'a point renoncé, ne reçoit fon mariage que con-
me une partie de la fucceffion de fon pere pour y revenir fi b
luy femble, & comme demeurant par efperance dans la comm
nion d'un mefme Droit, avec le refte de la famille pour atten
l'evenement de la bonne ou mauvaife fortune, au moment de
mort de fon pere afin de s'en délivrer alors, s'il y avoit à per
& conferver fes avantages; mais en communiquant auffi aux
tres enfans, ce miferable recours d'une legitime à fuppléer ou fc
nir. Tellement que fi la fille qui a renoncé lors de fon mari.
n'eftoit pas fujette à cette action de legitime, il s'enfuivroit
ce feroit à caufe de fa renonciation, & partant que celle qu
pas renoncé & pouvoit rendre fa condition meilleure en cas l

y euſt à gagner lors de la ſucceſſion écheuë, en doit eſtre indubitablement tenuë à comparaiſon de l'autre qui eſt excluë par ſon contrat de mariage. D'autant plus qu'il ſe trouve dans les Livres de noſtre Droit François, qu'autrefois à Paris le fils ou la fille mariez par leur pere, eſtoient mis par ce moyen hors la famille & ne revenoient plus à la ſucceſſion : De maniere que le changement de ce Droit en celuy qui eſt reçû dans la Couſtume, fait connoiſtre que les enfans mariez n'ont cet avantage que par forme de partage proviſionnel en la ſucceſſion de leur pere; que ce qu'ils reçoivent eſt eſtimé faire partie de ſes biens, en ſorte qu'il eſt ſujet à rapport, comme c'eſt auſſi parlà qu'on commence les partages, & qu'il en fait le plus ſouvent la meilleure part : Et enfin que c'eſt toûjours à condition expreſſe s'ils ſe veulent tenir à leurs donations, ainſi qu'il leur eſt permis par la Couſtume, de fournir ou ſuppléer la legitime à leurs freres & ſœurs, avec leſquels ils ont continué la participation d'une eſperance de meilleur ſuccés; & quant à la conſequence, conſideration qui ſembleroit la plus forte & toucher davantage le public, elle n'eſt pas ſi grande que celle d'introduire un nouveau droit, qui formeroit une inégalité fort injuſte entre des enfans d'un meſme pere, pour en accommoder les uns, & reduire les autres à la mendicité, d'autant plus qu'au premier cas l'inconvenient procede d'un mal univerſel; à ſçavoir de la corruption des mœurs de nôtre ſiecle, dont le luxe effrené, ayant porté les Offices à des prix exceſſifs, & les dépenſes au delà de toute meſure & proportion, a fait monter ſi haut les mariages, qu'à le bien prendre, on peut dire que c'eſt la ruine des uns & des autres; & c'eſt auſſi pourquoy les Republiques bien policées ont eſtimé qu'il y falloit mettre une borne. Platon l'a ſouhaité, & l'une de nos Ordonnances en contient un article, qui regle les mariages à dix mille livres pour le plus; & quoy qu'elle ſemble abrogée par un uſage contraire, & qu'elle paſſe maintenant pour une Loy de la Republique imaginaire, la raiſon demeure toute entiere, pour dire que ceux qui ont contracté & ſtipulé des avantages au delà de l'Ordonnance, ne ſont pas recevables à alleguer la conſequence, au préjudice de ceux qui par ce moyen ſeroient privez de toute part & portion en la ſucceſſion de leurs pere & mere, exheredez en effet, & rendus entierement miſerables : *Sequamur potius naturam & honeſtatem, nec nos extra rerum naturam ambitus ponat.* Joint que la raiſon de quelques Docteurs eſt non ſeulement une aſſez pertinente réponse à cette plainte de la part des gendres, lors qu'ils ont dit, que tout homme qui se marie estoit presumé s'estre bien enquis & informé de la condition du party qu'il prend ; pour dire qu'ayant voulu courre ce hazard, il ne s'en peut prendre aprés cela qu'à luy-mesme ; mais aussi elle sert pour faire voir qu'il est peut-estre avantageux au public, qu'on connoisse qu'il y a peu d'assurance dans les familles de ceux qui ont fait en peu de temps une fortune prodigieuse, & dont les richesses sont nouvelles ; & partant qu'il n'est pas mauvais qu'on soit aucunement forcé par la raison de cette crainte, à preferer l'alliance de ceux dont les biens viennent de plus loin & dont la source est moins troublée, comme dit Themistius, & la maison plus remplie d'honneur & de vertu, que de richesses & d'abondance : Enfin la condition des gendres & des enfans auparavant mariez sera toûjours bonne, en ce qu'ils ont joui des choses à eux données, qu'il auront eu mesme plus de legitime, & que pour reserver aux autres cette petite miserable portion, il ne leur sera retranché qu'une partie de ce qu'ils ont eu, comme s'ils contribuoient eux-mêmes aux alimens necessaires de personnes si proches, à quoy ils sont obligez en tel cas & par honneur & par conscience. De sorte que, soit qu'on s'attache à la lettre & à la disposition de la Coustume, soit qu'on en recherche les raisons, il se trouvera que les termes sont exprés & formels, & que c'est le vray esprit & l'intention de la Loy, laquelle n'a pas dérogé en ce point, à la disposition generale du droit Romain, que nous devons d'autant plus volontiers embrasser pour interpreter nos Loix municipales quand elles ne sont point contraires, que veritablement la Loy Romaine est la raison écrite, ainsi que quelques Coustumes l'appellent, qui nous doit servir de regle d'équité, pour suppléer ou expliquer ce qui manqueroit dans nos Coustumes, les premiers mouvemens de Justice qui resultent de semblables especes, il se peut dire que cette derniere opinion est plus juste & plus favorable que l'autre. Tellement qu'il y a lieu d'ordonner, que les freres & sœurs de Marie de S. Vaast luy fourniront sa legitime à proportion de ce qu'ils ont receu, deduction faite de ce qu'elle pourroit avoir touché.

L'usage est comme nous apprenons par cet Arrest, d'accepter la succession par benefice d'inventaire, par celuy qui veut demander sa legitime à ceux de ses freres & sœurs, qui ont esté avantagez ; par ce moyen il a droit de demander sa legitime, de mefme que s'il s'eftoit porté heritier pur & fimple , & aprés avoir exercé le droit que cette qualité luy donne, ayant *repris franchement & quittement* le retranchement des donations qui ont efté faites entre-vifs au préjudice de la legitime, il peut renoncer à fon benefice & à la fucceffion. Et les creanciers n'ont pas droit de fe vanger fur les biens, que le legitimaire a retirez de fon chef, fur lefquels ils n'avoient aucun droit, dautant que ces biens n'eftant pas des biens de la fucceffion, & n'eftant point obligez & affectez aux creanciers ; le legitimaire ne peut point en eftre pourfuivy pour payer les dettes de fon pere ou de fa mere fur fes propres biens, par de là de ce qui fe trouve en la fucceffion.

Il y a quelque difficulté, fçavoir fi la dot qui a efté donnée à 8 la fille, qui a renoncé aux fucceffions futures de fes pere & mere, doit entrer dans la contribution avec les autres donations , au cas qu'elles excedent la legitime qui pouvoit appartenir à la fille qui l'a receuë , eu égard aux biens que fon pere a laiffé au jour de fon deceds ?

Il femble qu'il feroit trop rigoureux d'obliger une fille de rapporter ce qu'elle auroit par delà fa legitime, attendu que fi elle avoit eu beaucoup moins qu'il ne luy appartenoit pour fa legitime, elle ne feroit pas recevable d'en demander le fupplément, ne pouvant rien gagner elle ne doit rien perdre; & puis que quelque fortune que fon pere eut fait, elle n'en eut point profité, il n'eft pas jufte que le peu qu'elle fe trouve avoir receu, foit fujet à un retranchement , pour la legitime des autres enfans.

On dit au contraire, & c'eft mon avis, que la legitime des enfans eftant une dette du droit naturel, le pere n'y peut point préjudicier par quelque maniere que ce foit, foit directement ou indirectement, comme en dotant fes filles, & les faifant renoncer à fa fucceffion ; car il pourroit arriver, qu'un pere ayant de grands biens auroit donné cent mil francs & plus à une de fes filles, & l'auroit fait renoncer à fa fucceffion, & que dans la fuite par quelque infortune il feroit tombé dans la perte de tous fes biens, de forte que les autres enfans n'auroient point leur legitime ny douaire, comme dans les Couftumes où le douaire n'eft que viager; & par ce moyen ils feroient privez des alimens qui leur font deus fur les biens de leur pere, & dont il n'a pû difpofer à titre lucratif à leur préjudice.

Tome I.   E e e

Toutes donations faites à titre lucratif sont sujettes à la legitime des enfans, quoy que faites auparavant leur naissance, & qu'elles n'ayent point esté revoquées par la Loy *si unquam. C. de revoc. donatio.* La raison est, que la legitime est une dette fondée sur le droit naturel, laquelle est preferable à toutes donations & dispositions, que le pere pourroit faire à titre lucratif.

9   Les donations faites aux Eglises & aux lieux pieux, & pour quelque cause pieuse que ce soit, est sujette à la legitime des enfans, quoy que la falcidie ne puisse point se distraire des dispositions pieuses, suivant la Novelle 131. La raison de la difference est, que la legitime est une dette du droit naturel, à laquelle le pere ne peut point prejudicier par quelque maniere que ce soit, mais la falcidie a esté introduite plûtost en faveur des testateurs que des heritiers, pour empescher qu'ils ne decedent intestats, les heritiers par eux instituez refusans de recueillir leur succession absorbée de legs.

   Maistre Anne Robert en son recueil d'Arrests en rapporte un du 12. Fevrier 1583. dans l'espece de la legitime adjugée à un pere sur les biens de son fils, qui les avoit épuisé par des dispositions pieuses faites au profit des pauvres & des Eglises.

o   Ce qui ne doit recevoir aucune difficulté, veu que nous voyons que la Coustume de Paris en l'article 292. défend expressement aux testateurs de pouvoir disposer des quatre quints des propres, qui sont une espece de legitime pour les collateraux, au préjudice des heritiers des propres, quoy que ce soit pour cause pieuse.

1   On tient que ce qui est donné par le pere à son fils pour luy tenir lieu de titre Sacerdotal, ne peut estre reduit sous pretexte de la legitime des autres enfans, comme il a esté jugé par Arrest donné en l'Audiance de la Grand' Chambre le Samedy 3. Avril 1629. ce qui est fondé sur l'interest de l'Eglise, & non sur celuy qui a receu la donation; d'où il s'ensuit que la donation ne doit estre qu'en usufruit seulement, & ne doit pas exceder ce qui se donne pour un titre Clerical.

2   C'est une question, sçavoir comment les donataires & les legataires doivent contribuer entr'eux à la legitime des enfans; c'est l'opinion commune que si les biens que le pere a laissé *ab intestat* ne sont pas suffisans pour la legitime des autres enfans, elle se prend auparavant que de toucher aux donations entre-

vifs, fur les donations teftamentaires & à caufe de mort, parce
que les biens dont le teftateur a difpofé dans fon teftament font
partie de fa fucceffion : c'eft pourquoy fi les enfans trouvent des
biens fuffifans dans la fucceffion de leur pere pour leur legitime,
ils n'ont pas droit de s'addreffer aux donations entre-vifs ; que
d'ailleurs la plainte d'inofficiofité contre les donations entre-vifs
n'a efté introduite que fubfidiairement , lors que celle contre
le teftament inofficieux ne fe trouve pas fuffifante.

Et à l'égard des donations à caufe de mort & teftamentaires,
foit qu'elles foient faites en differens temps, comme dans un teftament , ou dans un codicille , ou par une donation à caufe de
mort , dans les lieux où telles donations font receuës ; elles n'ont
entr'elles aucune priorité ny pofteriorité , parce que l'on ne confidere que le temps qu'elles prennent leur effet, qui eft au jour
de la mort, de forte que tous ceux qui fe trouvent profiter de ces
difpofitions , font tenus de contribuer à la legitime chacun à proportion de l'émolument qu'il en tire : ainfi la falcidie fe prend
fur toutes les donations à caufe de mort , comme fur les legs &
les fideicommis, & mefme fur les donations quoy que conceuës
entre-vifs , faites entre le mary & la femme, dautant que telles
donations ne font confirmées que par la mort du donateur, &
partant elles ne font confiderées que comme donations à caufe
de mort, *l. in donationib.* 12. *C. de donat. int. vir. & uxor.*

Quelques-uns pretendent que les legs pieux n'y contribuent
qu'au cas que les autres difpofitions teftamentaires & à caufe de
mort ne foient pas fuffifantes. On dit pour cette opinion, que la
quarte falcidie ne fe diftrait pas des legs pieux, la faveur de ces
difpofitions les exempte de cette charge. *l. fi quis ad declinan-
dam* 37. *C. de Epifcop. & Cler. & Auth. fimiliter , C. ad l. falcid.*
Et qu'il eft à prefumer que le teftateur auroit preferé les legs pieux
aux autres , & qu'il n'en auroit point laiffé d'autres, s'il avoit fceu
que fes difpofitions euffent efté revoquées en partie pour fournir la
legitime à fes enfans.

On dit au contraire , & c'eft l'opinion commune, que les legs
pieux ne font point en cela preferez aux autres, parce que pour
eftablir une prerogative, il faut une Loy expreffe & particuliere ;
que la prefomption de la volonté du teftateur ne peut pas fervir
de decifion; que nous voyons que les legs pieux ne fe peuvent
point prendre fur les quatre quints des propres qui doivent eftre
laiffez aux heritiers , fuivant l'art. 295. de la Couftume de Paris,

en sorte que si le testateur a disposé de plus qu'il ne pouvoit, les legs souffrent le retranchement de mesme que les autres à proportion.

Quand il y a un legataire universel, les enfans se doivent adresser à luy auparavant que de venir aux legataires particuliers, parce qu'il ne prend que ce qui reste des biens du testateur, toutes charges payées, & qu'il est *loco heredis*, ainsi il est tenu des charges comme l'heritier, excepté qu'il n'en est tenu que jusques à la concurrence des dettes, de mesme que tout successeur universel comme le fisc. Or la legitime est une dette de la succession, laquelle par consequent doit estre acquittée par les heritiers, ou par ceux *qui loco heredis sunt*. Il est vray que les legataires & les fideicommissaires particuliers contribuent également & à proportion avec le fideicommissaire universel à la Trebellianique, qui est deuë à l'heritier institué, *l. 2. & 7. ff. ad SC. Treb. & l. 2. C. ad leg. falc.* mais on ne peut pas tirer de là une consequence pour la legitime, dautant que la quarte Trebellianique a esté introduite pour conserver les testamens, & empescher qu'ils fussent sans effet & sans execution ; ce qui estoit également de l'interest des legataires & fideicommissaires tant universels que particuliers ; il estoit juste qu'ils contribuassent tous également & à proportion à fournir cette quarte Trebellianique à l'heritier institué.

Lors que les donations & dispositions testamentaires estant discutées, sans que la legitime des enfans soit fournie, les donataires entre-vifs sont obligez de contribuer ce qui manque : mais c'est une difficulté s'il n'y a que les derniers donataires qui en soient tenus, en sorte qu'on discute premierement les dernieres donations entre-vifs ?

Charondas sur la Coustume de Paris art. 298. tient, que la legitime se doit prendre sur toutes les donations & legs particuliers par contribution; Monsieur Ricard au Traité des Donations partie 3. chapitre 8. section 9. *num.* 1114. & Monsieur Auzanet sur l'art. 298. de la Coustume de Paris, tiennent que la legitime se prend sur la derniere donation, & ainsi successivement en remontant.

La raison qu'en rend Monsieur Ricard est, que les premieres donations ne peuvent pas estre condamnées d'inofficiosité, s'il reste encore au donateur des biens suffisans pour fournir la legitime à ses enfans ; mais ce sont les dernieres donations qui sont cauſe qu'il ne s'eſt pas trouvé aſſez de biens dans la ſucceſſion du donateur, pour fournir la legitime à ſes enfans : & ſi la legitime ſe prenoit ſur toutes les donations à proportion, il dépendroit du donateur de revoquer en partie les donations qu'il auroit faites en faiſant d'autres donations, leſquelles abſorberoient tous ſes biens, en ſorte que ſes enfans ne trouveroient pas leur legitime, laquelle ſe prenant ſur toutes les donations, les premieres pourroient eſtre conſiderablement diminuées ; ce qui ſeroit contraire aux principes de la donation entre-vifs, laquelle eſtant parfaite par l'acceptation du donataire, elle ne peut recevoir d'atteinte par le fait & la volonté ſeule du donateur. Il confirme cette opinion par la Loy *ſi libertus* §. *ult. ff. de jur. patr.* qui décide, que quand l'affranchy a fait alienation de ſes biens en fraude de ſon patron, dans le deſſein de le priver de la portion qu'il doit avoir ſur ſes biens, les dernieres doivent eſtre épuiſées avant que de toucher aux premieres, *ſi quis planè non ſimul alienaverit, ſed quaſdam res ante, quaſdam poſtea, in poſterioribus Favianæ & Calviſianæ locus erit*, dit cette Loy. C'eſt la diſpoſition de la Couſtume d'Anjou en l'art. 335. en ces termes: *Qui donne plus de ſon heritage & patrimoine qu'il ne peut, à diverſes perſonnes ou pluſieurs, le don ſera reſcindé à chacun des donataires ſuivant la grandeur du don ; ſi ainſi eſt que les dons ſoient faits à iceux donataires pour en joüir aprés le deceds du donateur, & non plûtoſt. Mais ſi d'aucuns des dons dont le donateur ſe dépoüille & ſaiſit les donataires de ſon vivant, ceux qui ſeront en ſaiſine des premiers dons, qui n'excederont point, joüiront d'iceux dons.* La premiere partie de cét article concerne les donations à cauſe de mort, & l'autre les donations entre-vifs.

La Couſtume du Maine en l'article 347. en diſpoſe de meſme.

Monſieur de Cambolas livre 3. chap. 30. remarque un Arreſt du Parlement de Thoulouze, du dernier Janvier 1603. qui a ordonné, ſuivant cette opinion, que les legitimes ſeroient payées par le dernier donataire à la décharge des premiers.

Pluſieurs Docteurs ſont de cét avis, Bartole ſur la Loy 1. C. *de inoff. donat. num.* 5. Balde *num.* 8. & Paul de Caſtres, *num.* 6.

Faber ſur le Code titre *de inoff. don. defin.* 3. & 7. eſt d'avis contraire, eſtimant que la legitime ſe doit prendre ſur toutes les donations à proportion, parce que *in his donationibus ſimul*

junctis fraudandi animus præsumitur. C'est aussi le sentiment
de Perezius sur le mesme titre, nomb. 6. de Cujas en ses Observations, livre 5. chap. 14. de du Moulin *consil.* 35. *num.* 24. &
de Maistre Loüis le Grand sur l'art. 138. de la Coust. de Troyes,
glose premiere, nombre 14.

Le fondement de cette opinion est, que tout ce qui est donné
par les peres & meres à leurs enfans, est reputé donné en avancement d'hoirie & de leurs futures successions, & à la charge de
la legitime des autres enfans, suivant la disposition expresse de
l'art. 307. de la Coustume de Paris.

Cette question a esté decidée par deux Arrests contre les premiers donataires.

Le premier a esté donné entre les enfans de saint Vaast Notaire, remarqué cy-dessus: ledit de saint Vaast avoit marié trois
enfans, & leur avoit donné à chacun douze mille livres; il en
restoit deux, qui se plaignoient & demandoient leur legitime,
les premiers donataires pretendoient qu'il n'y avoit que les derniers qui devoient la leur fournir; par l'Arrest il fut ordonné
qu'elle se prendroit sur tous les donataires.

Le second a esté donné en l'Audiance de la grand' Chambre,
le Jeudy quatorziéme Mars 1675. en confirmant la Sentence des
Requestes du Palais, entre les enfans du sieur Faverolle Bour-
geois de Paris. Monsieur de Lamoignon Avocat General dit en
la cause, qu'il falloit faire grande difference entre les legitimaires estrangers & les enfans; que quelques Docteurs, comme Cujas
sur la Loy *Seia ff. de leg.* 2. avoient remarqué, que les premiers
n'avoient pas droit de pretendre la legitime contre toutes sortes
de donations, au lieu que ceux-cy prenoient leur legitime sur
toutes sortes de donations, de quelque qualité qu'elles fussent,
suivant la Loy *si totas C. de inoff. donat.* Quelquefois les donations estoient absolument revoquées, comme dans l'espece de
la Loy *si libertus ff. de jur. patr.* & dans celle de la Loy 8. *C. de
revoc. donat.* ou pour l'ingratitude des donataires; mais que dans
les autres cas elles estoient seulement retranchées, pour ce qui
manquoit à la legitime; pour raison dequoy les legitimaires
avoient leurs actions contre les donataires, soit qu'ils fussent enfans ou étrangers; entre lesquels neanmoins il y avoit cette difference, qu'à l'égard des étrangers les premiers donataires doivent estre garantis par les derniers, quoy que les uns & les autres
dans le droit, fussent obligez de suppléer la legitime, *l. si li-*

bertus §. *ult. ff. de jur. patr.* mais que cela ne devoit point avoir
lieu fuivant la difpofition des art. 298. & 307. de la Couftume
de Paris, dont l'efprit eft de garder l'égalité entre les enfans
autant qu'il fe peut faire; que d'ailleurs, il femble que ce foit
auffi l'efprit du donateur, lequel ayant donné à quelques-uns
de fes enfans, eft cenfé avoir voulu que l'égalité fût confervée
entr'eux, mais que la fortune avoit renverfé fes defseins, & détruit fes efperances. Et par ces raifons & l'Arreft de faint Vaaft,
Monfieur l'Avocat General conclut à ce que la legitime fût prife
fur toutes les donations, & fes conclufions furent fuivies par
l'Arreft.

Il faut dire auffi, à mon avis, que quand les donations entre- 13
vifs fe trouvent faites les unes au profit des enfans, & les autres
au profit de perfonnes étranges, la legitime doit eftre prife fur
tous les donataires à proportion.

Quant aux Couftumes qui ne permettent pas de difpofer entre- 14
vifs de tous fes propres, j'eftime que le retranchement doit eftre
fait, premierement de ce qui a efté donné des propres plus qu'il
n'eftoit permis par la Couftume, ce qui ne doit pas recevoir de
difficulté; en forte mefme que ce retranchement doit eftre fait,
avant que les legitimaires puifsent pourfuivre les legataires &
donataires à caufe de mort; dautant que les donations faites contre la prohibition de la Couftume font nulles.

On demande au cas de la confifcation des biens du fils pour 15
raifon de quelque crime par luy commis, eftant chargé de reftituer aprés fon deceds les biens que fon pere luy auroit laifsé par
fon teftament, fi le fifc peut diftraire fur ces biens exerçant les
droits du fils, la legitime & la Trebellianique? Pour la décifion
de cette queftion, il faut obferver,

Premierement, que dans les cas où le pere a pû deffendre la
diftraction, l'ayant en effet deffendu & prohibé, le fifc ne la
peut pas demander; parce qu'il n'a pas plus de droit que le fils,
qui eft chargé de la reftitution des biens.

En fecond lieu, que fi dans le cas que le pere ne peut prohiber la diftraction de la legitime, il n'a pas laifsé de la deffendre,
& que le fils ait accepté la fucceffion, le fifc ne la peut pas demander, parce qu'il n'a pas plus de droit que le fils; car le fils
ayant accepté la fucceffion en vertu du teftament du pere, par
lequel il luy deffendoit la diftraction de fa legitime, il y a tacitement renoncé, & partant il n'auroit pas pû la pretendre, ny
le fifc par confequent.

La queſtion reçoit plus de difficulté lors que le pere a laiſſé ſes biens à ſon enfant avec prohibition de les aliener pour quelque cauſe & raiſon que ce fût, juſqu'à ce qu'il eut accomply vingt-cinq ans, ſçavoir ſi en cas de confiſcation de ſes biens pour crime auparavant cét âge, le fiſc peut demander ſa legitime ſur ces biens ? Quelques-uns tiennent, que la legitime eſt deuë au fils ſur les biens du pere, nonobſtant la prohibition de les aliener juſques à vingt-cinq ans accomplis, & qu'ainſi le fiſc luy ſuccedent dans ſa legitime, c'eſt le ſentiment de Peregrinus *tract. de jure fiſci, lib. 1. tit. 1. num. 79.* de *Clarus* §. *fin. quæſt. 78. num. 10.* & d'autres.

D'autres eſtiment au contraire, que le fiſc ne peut point demander la legitime du fils, par la raiſon que la volonté du pere ayant eſté que le fils ne pût aliener les biens qu'il luy laiſſoit juſques à vingt-cinq ans, en faveur ou des parens du pere, ou de ceux qu'il auroit ſubſtitué à ſon fils, il eſt cenſé avoir voulu que ſi ſon fils mouroit avant cét âge, ſes biens ou partie d'iceux, ne fuſſent point transferez au fiſc : & quoy que le fils pût renoncer à cét avantage en ſe tenant à ſa legitime, neanmoins le fiſc n'a pas le meſme droit : on doit dans ce cas conſiderer *quid utilius* au fils, & parce qu'il luy eſtoit plus avantageux d'accepter les biens de ſon pere avec cette charge, le fiſc n'a pas droit de conteſter la diſpoſition du pere.

16 Par le droit ancien l'action d'inofficioſité eſtoit détruite par le deceds de celuy à qui elle competoit, à moins qu'il ne l'eût commencé avant ſa mort, *l. 5. 6. & 7. ff. de inoffic. teſtam.* Mais par la Loy *ſi quis* 84. & la Loy *ſcimus. C. d. tit.* elle paſſe aux deſcendans : la legitime ſaiſit en France, parce qu'elle eſt conſiderée comme une portion de la ſucceſſion, & que les ſucceſſions ſaiſiſſent les heritiers, ſuivant l'article 318. de la Coûtume de Paris, & par conſequent l'action pour demander la legitime, ou le ſupplément d'icelle, paſſe aux heritiers, ſoient deſcendans ou collateraux, lors que l'enfant eſt decedé ſans la demander.

17 Les creanciers peuvent auſſi pourſuivre le droit de leur debiteur abſent, comme il a eſté jugé par Arreſt du 7. Juillet 1629. donné ſur un appointé au Conſeil en la grand' Chambre, par lequel la Cour a adjugé la legitime d'un homme abſent, quatorze ans auparavant le deceds de ſa mere, à ſes creanciers, telle qu'il la pouvoit demander en ſa ſucceſſion, en donnant caution

de

de la rendre & reſtituer , au cas qu'il fût juſtifié par ſes freres qu'il eſtoit decedé avant ſa mere.

Puiſque les enfans ſont ſaiſis de leur legitime, il s'enſuit qu'ils ne ſont pas tenus d'en faire demande aux heritiers , mais qu'ils peuvent former la complainte , & provoquer directement à partage , *in Gallia filius non tenetur venire per actionem ſupplementi , ſed eſt ſaiſitus de ſua legitima, & habet intereſſe* , pour *recta* demander partage & ſequeſtre *in caſu moræ* , dit du Moulin ſur la Couſtume de Berry, titre 18. article 3.

Nous pouvons encore conclure du meſme principe, que les fruits de la legitime ſont deûs aux enfans du jour du deceds, comme il a eſté jugé par les Arreſts rapportez par Mr Loüet, lettre F. nomb. 7. & par Brodeau au meſme lieu.

Les fruits ne ſont pas dûs de meſme par le Droit Romain, parce que les legitimaires ne ſont pas ſaiſis de leur legitime par ce droit , ils n'ont que l'action d'inofficioſité pour faire caſſer le teſtament , ou pour demander le ſupplément de leur legitime, de ſorte que les fruits ne ſont dûs que du jour de la demande, à l'égard des fruits qui eſtoient pendans lors du deceds, ils augmentoient la ſucceſſion ſuivant la Loy *item veniunt* §. *fructus ff. de hered. petit.* en ſorte que ceux auſquels la legitime ou le ſupplément d'icelle eſtoit adjugé, en profitoient pour leur part & portion, *l. in falcidia ff. ad leg. falcid.*

Neanmoins par cette regle, *le mort ſaiſit le vif* , qui ſe pratique par tout le Royaume , les fruits de la legitime ſont dûs aux legitimaires du jour du deceds, & meſme dans le Païs de Droit écrit.

De ce que la legitime eſt une portion de la ſucceſſion , on tire encore deux conſequences. La premiere , que les enfans ne la peuvent demander du vivant de leur pere nonobſtant ſon mauvais ménage & la diſſipation de ſes biens : La ſeconde, que l'action en demande de legitime dure trente ans , & meſme dans le Païs de Droit écrit , à cauſe de cette regle *le mort ſaiſit le vif* , qui a lieu par tout le Royaume : Par le Droit Romain , la plainte d'inofficioſité eſtoit bornée à cinq ans , du jour de l'adition d'heredité , parce qu'elle tendoit à faire caſſer les teſtamens dont la faveur eſtoit tres-grande : Mais comme nous conſiderons l'action en demande de legitime , comme tendante à une portion de la ſucceſſion, & que l'action en demande d'heredité eſt une action perſonnelle contre les heritiers, laquelle par

Tome I.   F ff le Droit Romain dure trente ans, *l. 7. C. de pet. hered.* l'action en demande de legitime dure trente ans par toute la France.

A l'égard des tiers détenteurs qui auroient acquis du donataire, on demande s'ils peuvent estre pourfuivis par l'action réelle, & par quel temps ? Par exemple, un pere donne à son fils un heritage que ce fils donataire aliene du vivant de son pere; après son deceds il se trouve que les autres enfans n'ont pas leur legitime, & que le fils donataire contre lequel ils ont agy pour raison d'icelle, n'est pas solvable, M. Ricard au Traité des Donations, partie 3. chap. 8. section 13. nomb. 1162. tient que les enfans legitimaires peuvent pourfuivre ceux qui ont acquis de bonne foy cét heritage. En effet, la donation n'en a pû estre faite qu'à la charge de la legitime, & ceux qui ont acquis la chose donnée ne l'ont pû aussi acquerir que sous la mesme condition. Mais cette action contre les tiers détenteurs, se prescrit par dix ans entre presens, & vingt ans entre absens, comme estant une action réelle.

La legitime n'est deuë aux enfans qu'après le deceds de leurs peres & meres, & non de leur vivant, suivant la Loy *cùm quæritur. C. de inoffic. testam.* & la Loy 1. §. *si impuberi. ff. de collat. bon.* la Loy premiere §. *interdum. ff. de vulg. & pupil. substitut.* & la Loy derniere *ff. de liber. agnosc.* & le sentiment des Docteurs sur ces Loix : D'où il s'enfuit, que les enfans n'ont aucun droit sur les biens de leur pere *ipso vivente* pour leur legitime, quoy que quelques-uns soient d'avis contraire, disans que la legitime leur estant deuë *titulo oneroso*, ils ont hypoteque sur ses biens dés le temps du Contrat de mariage de leurs pere & mere, *Menoch. de præsumpt. lib. 3. præsumpt. 29. num.* 104. Que c'est pour cette raison que les enfans peuvent faire casser, ou au moins rediger les alienations de biens faites par leur pere à titre lucratif, jusqu'à concurrence de leur legitime.

Pour prouver au contraire, que les enfans n'ont aucun droit ny hypoteque sur les biens de leur pere pour leur legitime, & que ne leur estant deuë qu'au jour de son trépas, ils ne peuvent point faire casser les alienations qu'il avoit faites à titre onereux sans fraude : Quant aux alienations faites à titre lucratif, elles ne peuvent point nuire à la legitime des enfans, par la raison qu'elle leur est deuë comme une dette, en sorte que telles alienations sont reductibles jusqu'à concurrence de la legitime des enfans ; ce qui s'observe ainsi dans la Coustume de Paris, qui permet aux peres & meres de difposer de leurs biens à titre lucratif, *falvâ liberorum legitimâ*.

Lors que le pere diffipe fes biens , quelques Docteurs tiennent que le fils peut luy demander fa legitime ; & ils fondent leur opinion ,

Premierement, fur la Loy *Imperator. ff. ad SC. Trebellian.* dans laquelle le Jurifconfulte propofe cette efpece : Un pere eftoit chargé de reftituer aprés fa mort une fucceffion à fes enfans ; le pere ufant mal des biens fujets à reftitution, les enfans pretendirent qu'il devoit mefme de fon vivant leur en faire la reftitution: Le Jurifconfulte confulté *quid juris ?* il répondit en faveur des enfans ; d'où on peut tirer cette conféquence , que la legitime eftant deuë aux enfans par leur pere par le droit naturel , ils la peuvent demander lors qu'il diffipe fes biens.

En fecond lieu, fur la Loy derniere §. *penult. C. de fentent. paff.* où il eft decidé ; fi le pere diffipe fes biens, on luy en peut ôter l'adminiftration pour fournir des alimens à fes enfans , & leur conferver les biens de leur pere : & par confequent , ils ont bien plus de droit en cas de diffipation apparente , de luy demander leur legitime.

En troifiéme lieu, que fi la femme peut agir pour la repetition de fa dot contre fon mary, lors que *ad inopiam vergit*, felon la Loy *ubi adhuc. C. de jure dot.* les enfans peuvent auffi agir contre leur pere en cas de diffipation de biens , pour obtenir leur legitime.

On dit au contraire , que la legitime n'eft deuë aux enfans qu'aprés la mort du pere , & non autrement , comme il a efté prouvé cy-deffus ; & tel eft l'ufage de toute la France.

Dans les Couftumes de France où le doüaire , foit couftumier ou prefix eft propre aux enfans , il leur tient lieu de legitime ; & les peres & meres ne le peuvent aliener , engager , ny hypotequer , ny diminuer le droit qui appartient à leurs enfans dés le jour du mariage ; & les creanciers pofterieurs au Contrat de mariage ne peuvent pretendre aucun droit fur les biens du pere, qu'aprés la diftraction du doüaire au profit des enfans , fuivant l'article 249. de la Couftume de Paris ; c'eft pourquoy les enfans ne fe mettent point en peine de leur legitime fur les biens de leur pere pendant fa vie. Mais dans les Couftumes où le doüaire des enfans n'eft que viager pour les femmes , & qu'il n'appartient point aux enfans, en cas de diffipation de biens &

de prodigalité apparente, les enfans peuvent implorer le fecours du Juge pour faire interdire leur pere ; cela eft rare, mais en juftifiant d'une grande prodigalité le Juge y doit pourvoir.

SEPTIE'ME SECTION.

Quelles chofes s'imputent fur la legitime.

SOMMAIRE.

C'Est une regle certaine, que ce que le fils prend d'ailleurs 1
que des biens de son pere, ne doit point estre imputé sur
sa legitime.

Cette regle semble incontestable & sans exception, parce 2
que la legitime est une portion de la succession de celuy qui
la doit : Or dans la succession de quelqu'un, on ne peut pas
comprendre les biens qui ne luy appartenoient pas, & c'est la
raison pour laquelle on déduit les dettes, pour voir la quantité
des biens de celuy de la succession duquel il s'agit, & quand il
faut estimer la legitime, *l. & sine scriptura. 5. C. ad SC. Tre-*
bellian. De cette regle nous tirerons plusieurs consequences.

La premiere est, que ce qui seroit payé au fils par le pere, 3
pour ce qu'il luy devoit, ou ce que le pere se trouveroit devoir à son fils au temps de sa mort, devroit luy estre payé sans
diminution de sa legitime : La dot de la mere, que le fils prend
prealablement sur les biens de son pere, n'est point imputée sur
la legitime, parce que c'est une dette qu'il faut acquiter comme
les autres, avant que d'estimer la quantité des biens du pere,
pour sur le restant en tirer la legitime.

La deuxiéme est, que ce que le fils prend des biens de son 4
pere *conditionis implendæ causâ*, ne s'impute point sur sa legitime : Par exemple un pere fait son testament, & ayant institué son
fils *in re certa*, ou en une portion de sa succession, il institue un

autre heritier pour le reste de ses biens, si il donne à son fils un tel fond, c'est le sentiment de Peregrin. *art. 36. num.* 105. & je crois qu'il est bien fondé, car si la legitime se doit laisser à titre d'institution suivant la Novelle 115. il s'ensuit que tout ce qui ne se prend pas aprés la mort du deffunt par le fils en qualité de son heritier, ne doit pas estre imputé sur sa legitime: & on peut argumenter de la legitime par la falcidie : Or tout ce qui ne se prend point par l'heritier en qualité d'heritier ne s'impute point sur la falcidie, nous avons la Loy *quod autem.* 74. §. *ad leg. falcid.* qui y est formelle, où le Jurisconsulte Caïus dit, *Quod autem dicitur, si ex judicio defuncti quartam habeat heres, solida præstanda esse legata, ita accipere debemus, si hereditario jure habeat: Itaque quod quis legatorum nomine à coherede accepit, in quadrantem ei non imputatur.* Et c'est aussi pourquoy les fruits de la succession & des choses leguées sous condition, ou à un certain temps diminuent la falcidie, parce qu'ils se prennent par l'heritier à titre d'institution, jusques à l'evenement de la condition & du jour, *l. quod in bonis.* 15. §. *fructus. l. falcidia.* 45. *l. circa.* 66. *ff. ad leg. falcid.*

Pour revenir à la legitime, il est certain que ce que le fils prend du coheritier *conditionis implendæ causâ,* ou d'un legataire, n'est pas hereditaire, puisqu'il dépend de la volonté de ce coheritier ou de ce legataire, ce qui a lieu pareillement pour la falcidie, comme si un heritier est institué, si il donne cent à son coheritier, cette somme ne s'impute pas sur la falcidie à ce coheritier, auquel ils sont donnez, *l. id autem.* 76. *l.* 91. *in princ. ff. d. t.* parce que *capiuntur per mortis captionem,* & non pas *jure hereditario.*

5　Il y auroit plus de difficulté pour ce qui seroit pris *per modum* : Par exemple un testateur institué un estranger pour son heritier, & son fils pour une certaine chose ou pour une portion de la succession moindre que la legitime, comme pour le quart: & il charge cet estranger de donner cent à son fils, en ces termes; *j'institué Mevius pour les trois quarts de ma succession, à la charge qu'il donnera cent sur sa portion à mon fils:* On demande si les cent que le fils reçoit de son coheritier, doivent estre imputez sur la legitime ? Plusieurs Docteurs se declarent pour l'affirmative, parce que ces cent sont pris *ex substantia testatoris,* c'est un bien hereditaire, ainsi ils doivent diminuer la legitime : De plus ils se prennent *ex judicio defuncti,* de sorte

que fi cet inftitué fe porte heritier, il pourra eftre pourfuivy par
le fils pour avoir les cent dont il a efté chargé envers luy : il n'en
eft pas de mefme de ce qui'eft pris, *conditionis implendæ caufa*,
car comme l'inftitution eft faite fous cette condition, fi l'inftitué donne cent, il faut qu'il les donne avant que d'apprehender
la fucceffion, parce que c'eft une condition appofée à fon inftitution, laquelle doit eftre accomplie avant qu'il prenne qualité,
mais quand un heritier eft chargé de donner telle chofe de la portion hereditaire, foit en argent ou autrement, cette chofe doit eftre
reputée hereditaire & venir *ex judicio defuncti*.

On pourroit objecter que ce qui fe prend comme legs ou fideicommis par l'heritier, ne s'impute pas fur la Falcidie, la
Loy *in quartam*. 91. *ff. ad leg. falcid.* y eft expreffe : *In quartam
hereditatis, quam per legem falcidiam heres habere debet, imputantur res, quas jure hereditario capit, non quas jure legati, vel
fideicommiffi, vel implendæ conditionis causâ accepit ; nam hæc in
quartam non imputantur*, & qu'ainfi ce qui fe prend *jure legati
vel fideicommiffi* ne s'impute pas fur la legitime.

On répond qu'il y a grande difference entre l'un & l'autre, en 6
ce que par la difpofition de la Loy Falcidie, l'heritier a droit
de retenir la quarte de toute la fucceffion pour la poffeder en
qualité d'heritier : Or ce que l'heritier prend en vertu du legs
qui luy eft fait, il ne le prend pas comme heritier, mais comme
legataire & à titre particulier : ainfi il ne doit pas imputer fur fa
quarte ce qu'il prend en qualité de legataire ; autrement il s'enfuivroit, que fi le teftateur avoit legué une chofe qui valût le quart
de la fucceffion, il ne pourroit rien retenir comme heritier ; ce qui
feroit contraire à la Loy Falcidie : Mais fi les legs abforbent tous
les biens de la fucceffion, l'heritier retire la quarte Falcidie, &
il fouffre luy-mefme de la diminution pour le legs qui luy a efté
fait, à proportion des autres legataires.

Mais les legs qui font faits à celuy qui a droit de legitime, font 7
imputez fur fa legitime, parce que fur la legitime s'impute tout
ce qui fe prend *ex fubftantia teftatoris & ex ejus judicio*: Or ce
qui fe prend *per modum*, fe prend *ex fubftantia teftatoris & ex
ejus judicio*, ainfi il doit eftre imputé fur la legitime. Cela avoit
lieu ainfi par le droit ancien, par lequel la legitime pouvoit
eftre laiffée *quovis titulo*, mais la Novelle 115. ayant changé cette Jurifprudence, & l'Empereur ayant voulu que la legitime fût
laiffée à titre d'inftitution, il faut dire de la legitime ce que nous
avons dit de la falcidie.

Au contraire fi un pere avoit inftitué fon fils pour la moitié de fa fucceffion, mais qu'il l'eut chargé de legs pour la valeur du quart de fa fucceffion, en forte qu'il ne luy reftât que le quart ayant payé tous ces legs ; mais fi plufieurs legataires manquoient, ou repudioient les legs qui leur feroient faits, ou ne feroient pas capables de les accepter, de maniere qu'il reftât au fils au moins le tiers de la fucceffion, en ce cas il ne pourroit pas pretendre que les legs qui luy feroient reftez, ne feroient pas imputez fur fa legitime, parce que ces legs eftant toûjours demeurez en la fucceffion & entre les biens hereditaires, ce qui eft refté à ce fils de la portion en laquelle il a efté inftitué, luy eft demeuré comme hereditaire, & il l'a pris comme heritier ; c'eft pourquoy on doit confiderer fi ce qu'il a fans charge vaut le tiers des biens de la fucceffion ; car à l'égard des legs dont l'heritier eftoit chargé, & qu'il n'a pas payez pour la repudiation ou l'incapacité des legataires, ils font cenfez n'avoir jamais efté laiffez ; ce qui a lieu mefme à l'égard de la falcidie, laquelle eft diminuée par les legs qui ne font pas acceptez, & qui demeurent à l'heritier qui en eftoit chargé, c'eft la decifion de la Loy *id autem.* 76. §. 1. *ff. d. t. Qua ratione placuit legata, qua legatarii non capiunt, cùm apud heredes fubfederint, hereditario jure apud eos remanere intelligi ; & ideo quadranti imputanda ; nec quicquam intereffe, utrum ftatim ab initio legatum non fit, an, quod legatum eft, remanferit.*

De la regle que nous avons eftably, il femble que les legs doivent eftre imputez fur la legitime, parce qu'ils fe prennent & des biens du deffunt, & par fon teftament ; cela eftoit obfervé ainfi par l'ancien droit, mais depuis que par la Novelle 115. la legitime a dû eftre laiffée à titre d'inftitution, on doit conclure que les legs ne s'imputent pas fur la legitime, de forte que le fils inftitué heritier pour une moindre partie que le tiers de la fucceffion, peut demander le fupplément de fa legitime, quoy que la portion en laquelle il a efté inftitué, jointe au legs qui luy ont efté laiffez, excede le tiers des biens hereditaires : c'eft le fentiment de Cujas fur la Loy *quod bonis.* 15. §. *penult. ff. ad leg. falcid.* que ce qui eft legué au fils ne s'impute pas fur fa legitime. La raifon eft, que comme les heritiers ne font pas obligez de tenir compte des legs qui leur font faits dans les partages qui font faits des fucceffions, parce qu'ils ne les prennent pas comme heritiers mais comme legataires & étrangers, *& per præceptionem* hors part & fans confufion ; aufsi il faut dire que ces prelegs ne diminuent point la legitime, laquelle fe doit prendre *jure here-ditario ;* car il ne fuffit pas que ce qui fe prend foit des biens du teftateur ; mais il faut qu'il le prenne en qualité d'heritier.

Toutefois fi le teftateur avoit ordonné dans fon teftament, que tel legs feroit imputable fur la legitime, le fils ayant accepté la fucceffion, il feroit obligé de l'y imputer, en quoy il ne fouffriroit aucun dommage, puifque fa portion de ce legs vaudroit au moins fa legitime, & l'heritier en acceptant le legs s'obligeroit à executer la volonté du teftateur ; finon il devroit le repudier & demander le fupplément de fa legitime, c'eft-à-dire au lieu du quart de la fucceffion, prendre le tiers de tous les biens hereditaires.

Puifque les legs ne s'imputent pas fur la legitime ; les donations à caufe de mort ne s'y imputent pas auffi par la mefme raifon, lefquelles par le droit ancien s'y imputoient, fuivant la Loy *Papinianus.* 8. §. *fi quis mortis causâ. ff. de inofficio. teftam. & l.* 25. *eod.*

La troifiéme eft, que ce que le fils prend en vertu de la fubftitution pupillaire, n'eft point imputé fur la legitime, mefme à l'égard des biens du pere aufquels le fils eft fubftitué pupillairement, & qu'il prend par le moyen de cette fubftitution, comme dans l'exemple fuivant : Un pere inftituë fon fils fon heritier pour une portion moindre que la legitime, & il en inftituë d'autres, entre lefquels eft un fils en bas âge, auquel il fubftituë ce premier : il arrive que la fubftitution pupillaire a lieu au profit de ce premier, lequel prend la portion hereditaire du pere écheuë au fils fubftitué, de tous les biens de ce fils fubftitué qu'il avoit d'ailleurs : On demande, fi le fils au profit duquel la fubftitution pupillaire eft faite, & qui a recueilli les biens fujets à la fubftitution, peut demander le fupplément de fa legitime, au cas que les biens paternels qui luy font écheus par le moyen de la fubftitution pupillaire, fuffent fuffifans pour le fupplément de la legitime ? On répond qu'il eft bien fondé de demander le fupplément de fa legitime : La raifon eft, que par la fubftitution pupillaire faite à fon profit, il n'a pas fuccedé à fon pere mais à fon frere, que fon frere par l'apprehenfion qu'il a faite de l'heredité a confondu la fucceffion paternelle avec fes biens, que des biens du pere & du fils ils ne s'eft fait qu'un patrimoine, qui eft celuy du fils, & que le fils eft prefumé n'avoir rien pris de la fucceffion.

Tome I.   Ggg.

de son pere, c'est pourquoy il a le mesme droit de pourfuivre le supplément de fa legitime, comme fi la fubftitution pupillaire n'avoit point efté ouverte à fon profit.

C'eft le fentiment de Peregrinus, *art. 36. num.* 104.

10 La quatriéme eft, que fi le pere du teftateur l'avoit autrefois inftitué, & l'avoit chargé de rendre une certaine chofe à celuy qu'il voudroit de fes enfans, & que le teftateur l'eut reftitué à un de fes enfans, lequel il auroit inftitué pour une moindre portion que fa legitime, en ce cas neanmoins ce fils pourroit demander le fupplément d'icelle, quoy que la portion & cette reftitution faite en confequence du teftament de l'ayeul valuffent plus que la legitime : La raifon, eft que ce qui feroit reftitué par la volonté de l'ayeul au petit fils, ne feroit pas *ex fubftantiâ aut difpofitione patris;* & le fils prend ce qui luy eft reftitué, d'ailleurs que de la fucceffion de fon pere.

11 La cinquiéme eft, que ce qui fe prend *ex alieno judicio*, ne s'impute pas fur la legitime, comme dans l'efpece fuivante : Un pere inftituë fa fille, & en cas qu'elle decede fans enfans il legue à fa femme mere de fa fille une certaine chofe de fes biens, & il luy fubftituë Mevius. Il arrive que la fille meurt fans enfans : On demande fi la mere peut imputer fur la legitime qui luy eft deuë en la fucceffion de fa fille, le legs qu'elle a receu après la mort de fa fille ? Il faut dire que ce legs ne doit pas eftre imputé fur la legitime de la mere, parce qu'elle ne l'a pas pris fur les biens de fa fille, mais fur ceux de fon mary & par fon teftament.

12 Cujas en fa Confultation 24. propofe une autre efpece qui contient une femblable decifion, qui eft telle : Mon ayeule & ma mere qui fe devoient reciproquement quelques fommes, font un accord entr'elles, qu'elles fe déchargent mutuellement des fommes dont elles fe trouveroient redevables l'une envers l'autre, & elles m'en font une donation entre-vifs en faveur de mariage. Ce Docteur eftant confulté, fçavoir fi ce que ma mere m'a donné qu'elle devoit à fa mere, doit eftre imputé fur la legitime qui m'eft deuë dans fes biens, dit qu'il a répondu qu'il n'y avoit pas lieu à l'imputation, parce que *non venit directò ex donatione matris, fed ex donatione aviæ. Non venit etiam directò ex judicio matris, fed ex judicio aviæ, quandoquidem id ultrò avia mea dum affectat ut mihi donet optimo jure omnia fua bona, remittit matri obligationem, ut & viciffim mater bona aviæ abfolvat omni onere omnique obligatione.*

C'eſt par cette raiſon que ce qui eſt acquis en uſufruit par **13**
droit d'accroiſſement, n'eſt pas imputé ſur la legitime:par exemple un pere laiſſe l'uſufruit d'un fond à ſon fils & à un autre, il
arrive que par la mort, l'incapacité ou par la repudiation de cet
autre uſufruitier, la moitié de l'uſufruit accroiſt au fils : On demande ſi tout cet uſufruit eſt imputable ſur la legitime? On répond que le fils n'en doit imputer que la moitié, parce que l'autre moitié luy a eſté acquiſe par droit d'accroiſſement, & par conſequent *non judicio patris.*

Il y a encore une autre raiſon pourquoy dans l'eſpece propoſée par Cujas ce qui m'a eſté donné par ma mere pour s'acquitter envers mon ayeule, n'eſt pas imputable, c'eſt parce que c'eſt
une donation entre-vifs laquelle ne s'impute pas ſur la legitime,
à moins qu'elle n'ait eſté faite ſous cette condition qu'elle y ſeroit
imputée, *l. ſi non mortis. ff. de inofficio. teſtam. l. ſi quando. §. & ge-*
neraliter. ff. eod.

Il y a ſur cette premiere regle des doutes qu'il eſt à propos de
reſoudre.

Le premier eſt, ſi deux freres ayant des biens communs, & l'un **14**
des deux n'ayant point d'enfans, donnant à la fille de l'autre une
partie des biens communs pour la doter, ces biens peuvent eſtre
imputez ſur la legitime qui luy appartient ſur les biens de ſon
pere, comme ayant eſté donnez en contemplation du pere de la
fille? Pluſieurs ſont de cette opinion, c'eſt le ſentiment de Peregrinus *art.* 36. *num.* 110. qui dit meſme, que quoy que ce frere
n'eut pas donné à ſa niéce des biens communs, mais de ſes biens
propres, neanmoins ces biens ſeroient imputables ſur la legitime,
au cas qu'ils euſſent eſté donnez en conſideration du frere. Neanmoins je ne peux pas ſuivre cette opinion, dautant que quoy que
le frere ait donné des biens communs à ſa niéce en contemplation de ſon frere, on ne peut pas dire que ce fut des biens du pere, puis qu'ils ne luy ont jamais appartenu, & il ne ſert de rien
de dire, que le pere en qualité d'heritier de ſon frere y auroit ſuccedé, parce que ce ne ſont pas des biens du pere, & qu'il n'y a
que ce qui ſe prend à titre d'inſtitution qui ſe puiſſe imputer ſur
la legitime, ou ce qui a eſté donné par le pere de ſon vivant.

Le deuxiéme, ſi la dot donnée par l'ayeul paternel à ſa petite **15**
fille, doit eſtre imputée ſur la legitime de la fille en la ſucceſſion
de ſon pere? Les Docteurs font cette diſtinction, ſçavoir que ſi le
fils a des biens ſuffiſans pour doter ſa fille, il eſt cenſé l'avoir do-

tée en confideration de fon fils, parce que c'eftoit à luy à la doter.
Mais fi le fils eft pauvre & qu'il n'ait pas dequoy doter fa fille,
l'ayeul eft cenfé l'avoir dotée en confideration d'elle-mefme,
c'eft le fentiment de Peregrinus *de fideicomm. art.* 37. *num.* 5. &
de Decius *confil.* 87. *num.* 5. Il arrive ainfi quelquefois que l'a-
yeul dote fa petite fille, pour la feule confideration de fa petite
fille, comme quand l'ayeul dote la fille de fon fils qu'il a desherité : ou fi l'ayeul qui auroit inftitué fon fils, avoit legué la dot à
fa petite fille ; en ce cas le pere feroit le debiteur de la dot envers
fa fille ; il en faut dire de mefme lors que l'ayeul laiffe à fa petite
fille fa dot par derniere volonté. Ou mefme fi l'ayeul luy a donné fa dot par acte entre-vifs, n'eftant pas encore nubile : en tous
ces cas la dot eft donnée à la petite fille *folâ neptis contemplatione.*

Dans tous les cas efquels la dot eft donnée en contemplation
de la petite fille, elle n'eft point imputable fur fa legitime dans
les biens de fon pere ; mais elle fe doit imputer fur icelle, lors qu'-
elle eft donnée par l'ayeul *contemplatione filii,* c'eft le commun
fentiment des Docteurs ; cependant fans admettre cette diftinction
je crois que le fils eft obligé d'imputer fur fa legitime la dot qui
a efté donnée à fa fille par fon pere, la Loy *dotem. ff. de collatio.*
le decide en termes formels : *dotem, quam dedit avus, an poft
mortem avi mortuâ in matrimonio filiâ, patri reddi oporteat,
quæritur. Occurrit æquitas rei, ut quod pater meus propter me
filiæ meæ nomine dedit, proinde fit, atque ipfe dederim. Quippe
officium avi circa neptem ex officio patris erga filium pendet.
Et quia pater filiis, ideo avus propter filium nepti dotem dare
debet.*

Puis que la dot donnée par l'ayeul à la petite fille, eft reputée eftre donnée par le fils, & que le fils la peut repeter avenant
la mort de fa fille ; il s'enfuit que la fille la doit imputer fur
la legitime, qu'elle a droit de prendre fur les biens de fon
pere.

16 Le troifiéme, fi le fils eft obligé d'imputer fur fa legitime dans
la fucceffion de fon pere, la dot que l'ayeul a donnée à fa petite fille *contemplatione filii* ? C'eft le fentiment des Docteurs que
la dot en ce cas foit imputée au fils fur fa legitime dans la fucceffion de fon pere : mais au contraire quand la dot a efté donnée *contemplatione neptis,* elle n'y eft pas imputable. *Peregrin.
art.* 37. Que fi l'ayeul leguoit fimplement la dot à fa petite fille,

elle ne feroit pas imputable au fils fur fa legitime, à moins que
le teſtateur n'eut declaré que ce legs feroit fait en contemplation de fon fils, & pour le décharger de l'obligation qu'il avoit
de doter la fille. Il faut dire neanmoins ſuivant la Loy *dotem*,
remarquée cy-deſſus, que le fils eſt obligé d'imputer ce qui a
eſté donné en dot par fon pere à fa fille, fur fa legitime, puiſqu'il faut toûjours dire que ce qui eſt donné en dot par le pere
à la petite fille eſt donné en contemplation du fils ſuivant cette Loy.

Puis que le pere eſt cenſé avoir donné la dot à fa fille, laquelle luy a eſté donnée par fon ayeul, cette dot eſtant imputée à la fille fur fa legitime dans les biens de fon pere, il s'enſuit
que la fille ne peut pas demander une autre dot à fon pere, parce
qu'une fille ne doit pas avoir deux dots.

Le quatriéme, ſi un pere avoit donné la dot à fa fille, & qu'il **17**
luy leguât fa legitime dans fon teſtament, la dot devoit eſtre
imputée fur fa legitime. Il faut dire que la dot doit eſtre imputée fur la legitime, à moins que le pere n'eut declaré qu'il vouloit
que la legitime fût priſe fans imputation. La raiſon eſt, que la dot
s'impute fur la legitime, & dans le doute de la volonté du pere
il faut ſuivre le droit commun.

Le cinquiéme, ſi les petits fils imputent fur leur legitime dans **18**
les biens de leur ayeul la dot qu'il a donnée à leur mere, au cas
qu'ils viennent à la ſucceſſion de leur ayeul par le predeceds de
leur mere ? On répond, qu'ils la doivent imputer en cas qu'ils
ayent ſuccedé à leur mere ; car ſi le pere avoit ſtipulé qu'elle luy
feroit renduë avenant le deceds de fa fille, ils ne feroient pas
obligez de l'imputer ; mais y ayant ſuccedé en qualité d'heritiers
de leur mere, ils la doivent imputer, parce qu'ils ne ſuccedent
à leur ayeul que par repreſentation de leur mere : Or ſi leur mere
ſuccedoit à fon pere, elle imputeroit fur fa legitime la dot qu'elle en auroit receuë, & par conſequent il faut dire, que les petits
fils ſont obligez de l'y imputer, ſoit qu'ils concourent avec leurs
oncles & tantes, ou ſeulement avec d'autres petits fils de l'ayeul.
Que s'ils venoient ſeuls à la ſucceſſion de leur ayeul fans oncles,
ou tantes, ou autres petits fils, en ce cas ils ne feroient pas obligez de l'y imputer, parce qu'ils auroient ſuccedé à la dot de
leur mere comme heritiers de leur mere, & qu'ils ne viendroient
pas à la ſucceſſion de leur ayeul par repreſentation de leur mere,
mais de leur chef, & comme ſes plus proches parens. Ce qui

arriveroit au cas que l'ayeul eut inftitué un étranger pour fon heritier, & eut inftitué fes petits fils enfans de fa fille pour leur legitime : La difficulté feroit, fi ces petits fils feroient obligez d'imputer fur leur legitime la dot que leur mere auroit receuë de leur ayeul, & en laquelle ils auroient fuccedé à leur mere. En ce cas je croirois que ces petits enfans ne feroient pas obligez de l'y imputer. Que fi au contraire l'ayeul inftituoit fon fils pour fon heritier, & qu'il inftituaft fes petits fils *ex filia,* en ce cas je crois qu'ils feroient obligez de l'y imputer, parce que fi leur ayeul eftoit decedé *inteftat,* ils auroient fuccedé avec leur oncle par reprefentation de leur mere, & ils auroient efté obligez de rapporter la dot qui auroit efté donnée à leur mere, ainfi ils la doivent imputer fur leur legitime, dautant que la legitime eft le tiers de la part & portion qu'ils auroient euë *ab inteftat* dans les biens de leur ayeul, fur laquelle portion il auroit fallu imputer la dot qui auroit efté donnée à leur mere.

Il faut dire auffi, que les petits fils font obligez d'imputer fur leur legitime en la fucceffion de leur ayeul, la dot qui a efté donnée à leur mere, quoy qu'ils ayent renoncé à la fucceffion de leur mere, quand ils concourent avec d'autres enfans, & au cas qu'ils vinffent *ab inteftat* à la fucceffion de leur ayeul : La raifon eft, que fi l'ayeul eftoit decedé *inteftat,* ils auroient efté obligez de rapporter à fa fucceffion la dot qui auroit efté donnée à leur mere, comme elle auroit fait fi elle avoit vefcu ; ainfi il faut dire qu'ils y font obligez, n'ayant pas plus de droit en la fucceffion & fur les biens de leur ayeul aprés fa mort, que leur mere auroit fi elle vivoit.

19   On demande fi les petits enfans qui ont renoncé à la fucceffion de leur pere, font tenus d'imputer fur la legitime qui leur eft deuë par leur ayeul, ce qu'il a donné à leur pere ? Maiftre Charles du Moulin en fon Confeil 35. nomb. 26. tient l'affirmative ; comme au contraire ce qui a efté donné au petit fils doit eftre imputé fur la legitime du fils, comme il a efté jugé par Arreft du 14. Aouft 1654. rapporté par Charondas fur l'art. 298. de la Couftume de Paris.

Monfieur Auzanet en fes Notes fur le mefme article dit, que par Arreft du 25. Février 1669. entre les fieurs de Medavy & Grancey d'une part, & Dame Eleonore d'Eftampes de Valencey, mere de Monfieur de Mouchy d'Hoquincourt Marefchal de France, & Meffire Gabriel de Mouchy d'Hoquincourt d'autre,

il a esté jugé, qu'un enfant reduit à la legitime par la disposition de son pere, n'est point obligé d'imputer sur icelle ce qui a
esté donné à ses enfans, neanmoins les enfans sont obligez de
rapporter aux successions de leurs pere & mere & autres ascendans, par l'article 306. non seulement les avantages qui leur ont
esté faits, mais encore ce qui a esté donné à leurs enfans : La
raison de la difference est, qu'en l'espece de l'article 306. les enfans trouvent dans la succession des biens au delà de la legitime,
mesme en rapportant ce qui a esté donné à leurs enfans ; & en
ce faisant, ils sont obligez à leurs ascendans de ce qu'ils n'ont
point disposé des biens qui se trouvent dans leur succession ; au
lieu qu'en l'espece de l'article 298. les enfans ne trouvent qu'u-
ne legitime, contre la disposition & l'intention expresse de la
Coustume.

Pour moy, j'estime que cét Arrest a jugé contre l'esprit de la
Coustume ; car puisque la legitime est de la moitié de la portion
que l'enfant auroit eu en la succession de ses pere, mere, ayeul,
ou ayeule, si ils n'avoient pas disposé de leurs biens à son préjudice, il s'ensuit que pour liquider cette portion il faut imputer
tout ce qui seroit sujet à rapport en la succession, au cas que cét
enfant qui demande sa legitime, se portast heritier ; & partant il
doit imputer les avantages faits à ses enfans, ou imputer les
avantages faits à son pere par son ayeul, en la succession duquel
il demande sa legitime.

Quoy qu'il soit vray que ce qui est pris hors des biens du pere
ne soit pas imputable sur la legitime, l'opposé n'est pas pareillement vray, sçavoir que tout ce qui est pris des biens du pere est
imputable, c'est pourquoy il faut voir ce qui se doit imputer sur
la legitime de ce qui est pris des biens du pere ; & pour cela il
faut observer, que ce que le fils a fait des biens de son pere, ou
il l'a pris par derniere volonté, ou par actes de disposition
entre-vifs : Ce sont deux points qu'il faut examiner l'un après
l'autre.

Nous expliquerons le premier point par les observations qui
suivent.

La premiere est, que le fils est obligé d'imputer sur sa legitime
ce qu'il a eu des biens de son pere en vertu de la substitution
vulgaire, ou de la substitution fideicommissaire, parce que celuy
au profit duquel la substitution vulgaire ou la fideicommissaire
est ouverte, succede au testateur, & non pas à celuy qui estoit

institué & qui n'a pas apprehendé la succession , ou qui estoit chargé d'en faire la restitution. Ce qu'il faut entendre neanmoins, si au temps de la mort du testateur la substitution vulgaire estoit ouverte , & si le fideicommis estoit pur ; car s'il estoit conditionnel , ou qu'il fut fait à la mort de l'heritier , c'est à dire, que l'heritier institué ne fut chargé de restituer qu'à sa mort, & que cét heritier ne fut pas mort au temps du deceds du pere, il ne seroit pas imputable sur la legitime : La raison est , que ce qui est laissé sous condition ou dans un certain temps , ne peut pas estre imputé sur la legitime, laquelle est deuë dés la mort du testateur , & ne peut estre chargée par aucune maniere que ce soit , par l'apposition d'une condition , ou d'un certain temps. De sorte que si un pere avoit laissé à son fils un quart de sa succession par titre d'institution , & qu'il eut chargé son heritier de luy rendre une certaine chose de ses biens au temps de la mort de cét heritier : en ce cas le fils pourroit demander à cét heritier le supplément de sa legitime , sans préjudicier au fideicommis dont cét heritier auroit esté chargé envers luy au temps de sa mort.

Il faut dire le contraire de la substitution pupillaire, laquelle ne se doit pas imputer sur la legitime , comme il a esté dit cy-dessus , parce que celuy qui prend la substitution pupillaire ne succede pas au testateur, mais au pupille.

21 La deuxiéme est , que le droit d'accroissement dans la proprieté est imputé sur la legitime : Par exemple, un pere institué son fils & un étranger pour une chose valant la moitié de ses biens , & il les joint *re & verbis* , de sorte que l'un & l'autre acceptant l'heredité , ils partageroient par leur concours cette moitié , & ils n'en prendroient par ce moyen qu'un quart de la succession ; mais il arrive que cét étranger repudie la succession, ou enfin il ne la recueille pas , ainsi sa portion accroist au fils, lequel au lieu du tiers qu'il devoit avoir pour sa legitime , emporte la moitié des biens du testateur par droit d'accroissement : On demande s'il peut demander le supplément de sa legitime, parce que le testateur ne luy auroit voulu laisser que le quart de sa succession , l'autre quart luy estant venu par droit d'accroissement ? Il faut dire que le quart que ce fils a pris par droit d'accroissement doit estre imputé sur sa legitime , parce qu'il le prend à titre d'institution , & par la volonté du deffunt , lequel a institué son fils & cét étranger chacun pour la moitié de sa succession;

de

de sorte neanmoins que par leur naturel concours ils ne pouvoient prendre que la moitié de cette moitié, c'est à dire, le quart au total, parce qu'il leur auroit laissé à tous deux la mesme moitié, ou la mesme chose valant la moitié de sa succession.

Il en seroit aussi de mesme au cas que le testateur eut institué son fils & un étranger, dans l'usufruit d'un fond, conjointement *re & verbis*, l'étranger n'ayant point apprehendé la succession, par la mesme raison. Mais si cét étranger aprés avoir apprehendé la succession, perdoit l'usufruit par incapacité ou autrement, & qu'ainsi la moitié d'iceluy accrût au fils, ce droit d'accroissement ne seroit pas imputé sur sa legitime, parce qu'ayant esté acquis à cét étranger avant l'accroissement, on ne peut pas dire que la moitié qui en appartenoit à cét étranger, ait esté acquise au fils par la volonté & la disposition du deffunt, mais plûtost *ex alieno facto*, & comme un gain qui luy est venu par hazard; c'est ce que dit l'Empereur Justinian dans la Loy *Scimus*. §. *repletionem. C. de inofficios. testam. repletionem autem fieri ex ipsa substantia patris, non si quid ex aliis causis filius lucratus est, vel ex substitutione, vel ex jure accrescendi, ut putà ususfructus: humanitatis etenim gratiâ sancimus, ea quidem omnia quasi jure adventitio eum lucrari, repletionem autem ex rebus substantiæ patris fieri.*

La troisiéme est, que l'imputation a lieu dans l'espece suivante, qui est remarquable: Un pere institue son fils, & il le charge de restituer la moitié de sa succession à Titius aprés la mort de son fils, & il le charge de restituer l'autre moitié à Mevius en cas qu'il mourût sans enfans. Il arrive que Titius decede avant le fils, ainsi cette moitié devient caduque, & la restitution fideicommissaire cesse: en suite ce fils decede sans enfans, de sorte que la substitution fideicommissaire est ouverte par ce moyen pour la moitié de la succession du pere, au profit de Mevius. Les heritiers de ce fils pretendent que cette moitié ne doit pas estre imputée sur la legitime du fils, parce que l'imputation sur la legitime se doit faire au temps de la mort, & il ne suffit pas qu'une chose soit prise des biens du pere, & mesme par sa derniere volonté, pour estre imputée sur sa legitime, à moins qu'au temps de la mort du testateur la legitime ne soit laissée entiere à celuy auquel elle est deuë: de sorte que le fideicommis fait dans un certain temps aprés la mort du testateur, ne seroit pas imputable sur la legitime. Cependant il faut dire le

Tome I.   H h h

contraire, & que ce fideicommis qui devient caduc par la mort
du fideicommissaire, doit estre imputé sur la legitime : La raison
est, que ce dont l'heritier est chargé sous condition, luy appartient dés la mort du testateur, & n'est pas separé de la succession
tant que la condition est en suspens, & à plus forte raison quand
la condition manque ; parce qu'en ce cas l'heritier n'acquiert
rien, mais il retient ce qui luy estoit acquis, & il n'acquiert point
de nouveau la proprieté des choses, ou plûtost il ne cesse point
d'estre proprietaire de celles qui luy appartenoient auparavant.

Nous expliquerons ce qui regarde le deuxiéme point, sçavoir
si les choses que le fils a prises des biens de son pere par actes
entre-vifs, doivent s'imputer sur sa legitime ; c'est la disposition
expresse du Droit ancien, que ce qui est donné entre-vifs par le
pere à son fils, ne s'impute pas sur sa legitime : Nous avons la
Loy *si non mortis causâ. in princ.* 25. *ff. de inofficiof. testam.*
si non mortis causâ fuerit donatum, sed inter vivos, hac tamen
contemplatione ut in quartam habeatur, potest dici inofficiosi que-
relam ceffare, si quartam in donatione habet, &c. & la Loy *Si*
quando. §. *& generaliter. C. eod.* D'où il s'ensuit, que si la
donation est faite sans cette condition, elle n'est pas imputable
sur la legitime ; la raison qu'en rend Cujas en sa Consultation 24.
est, parce que *vivente patre donatio inter vivos bonis ejus sepa-*
rata est, & legitima liberis debetur eorum bonorum tantùm quæ
morientis fuerunt, l. cùm quæritur. C. de inofficiof. testam. De
plus, il y a encore une autre raison, qui est que l'imputation
ne se fait que des choses, que quelque Loy a declarées expressément estre imputables, *l. penult. C. de collatio.* où l'Empereur
Justinian dit, *ea tantummodo ex his quæ conferuntur, memoratæ*
portioni computabuntur, pro quibus specialiter legibus ut hoc fieret
expreffum est.

23 Par cette Loy 25. *ff. d. t.* la donation entre-vifs estoit imputée
sur la legitime quand elle estoit faite à la charge qu'elle y seroit
imputée ; ce qui n'a plus lieu depuis que par la Novelle 115. la
legitime doit estre laissée à titre d'institution.

On objecte, que la donation entre-vifs est sujette à rapport,
& par consequent elle se doit imputer sur la legitime.

On répond, que la consequence n'est pas bonne, & que tout
ce qui est sujet à rapport n'est pas imputable sur la legitime.
La raison de la difference est, que tout ce qui a esté pris des

biens du pere, doit eſtre rapporté par ceux qui partagent ſa ſucceſſion *ab inteſtat*, afin de conſerver l'égalité entre les enfans,
& que l'un ne ſoit pas plus avantagé que les autres. Mais il n'en
eſt pas de meſme à l'égard de la legitime, car on n'y impute pas
ce qui a eſté pris des biens du teſtateur, dautant que la legitime
ne ſe prend que ſur les biens qui ſe trouvent luy appartenir au
temps de ſa mort, *d. l. cùm quæritur*, parce qu'il ne s'agit point
de garder l'égalité entre les enfans, puis qu'ils ne viennent point
à la ſucceſſion inteſtate de leur pere; mais n'ayant pas inſtitué
ſes enfans comme il le devoit, il faut les favoriſer autant qu'il
eſt poſſible; c'eſt ce que dit Cujas en ſa Conſultation 24. *in fine*,
en parlant de la Loy *penult. C. de collation.* qui veut que tout
ce qui eſt pris des biens du pere ſoit ſujet à rapport, mais qu'il
n'y ait que ce que la Loy a declaré expreſſément imputable,
qui ſoit imputé ſur la legitime; & il dit ſur cette regle, *quæ*
regula ſatis evidenter docet, quàm non ſit temerè quidvis impu-
tandum liberis in legitimam; quamque hac in re favendum ſit
liberis potius exheredatis, vel ex minore parte heredibus inſtitu-
tis, quàm aliis heredibus ſcriptis.

Quant à ce qui eſt donné pour cauſe de dot, il eſt imputa- 24
ble ſur la legitime, de meſme que ce qui eſt donné par donation
propter nuptias : La raiſon eſt, que la Loy *quoniam. in C. de*
inoſſic. teſtam. l'ordonne ainſi; *juſtâ præſumptione hæc videntur*
liberis dari hac contemplatione ut cedant in legitimam & quaſi
mortis cauſâ, l. 3. §. penult. ff. de bon. liber. La meſme preſomption n'a pas lieu à l'égard des donations ſimples, c'eſt pourquoy
il n'y a point de Loy qui les declare imputables.

Dans nos Couſtumes on impute ſur la legitime tout ce qui eſt 25
ſujet à rapport; la raiſon eſt, que la legitime eſt partie de la portion hereditaire, d'où il s'enſuit que tout ce qui eſt rapportable
en la ſucceſſion eſt imputable ſur la legitime; or les dotes &
les donations entre-vifs ſont rapportables à la ſucceſſion, &
partant imputables ſur la legitime. A l'égard des choſes qui
ſont ſujettes à rapport à la ſucceſſion, voyez ce que nous a-
vons dit ſur l'article 304. & ſuivans, de la Couſtume de
Paris.

On demande ſi les enfans qui demandent leur legitime, ſont 26
tenus d'imputer ce qu'ils ont receu par donation entre-vifs à
l'égard des étrangers : Par exemple, un pere a fait des avan-

tages à tous fes enfans , qui excedent leur legitime , & par derniere volonté il difpofe de tous fes biens au profit d'une perfonne étrangere : les enfans conteftent cette difpofition , pretendans n'eftre point obligez d'imputer fur leurs legitimes ce qu'ils ont receu de leur pere par donation entre-vifs ; dautant que cette imputation ne doit avoir lieu qu'entre les enfans, dont les uns ne peuvent eftre enfemble donataires & heritiers de leur pere, à l'égard des autres, mais que ces deux qualitez fe peuvent rencontrer en une mefme perfonne à l'égard des perfonnes étranges , ainfi les enfans peuvent eftre legitimaires & donataires , fans eftre obligez d'imputer fur leur legitime les avantages qu'ils ont receus de leur pere contre des étrangers, au profit defquels il n'a pû difpofer de fes biens par derniere volonté à leur préjudice, & fans laiffer leur legitime fur les biens qui fe font trouvez luy appartenir aprés fon deceds.

Neanmoins il faut dire le contraire , & que l'imputation fe fait tant à l'égard des étrangers, que des enfans avantagez par le pere : La raifon eft , que la legitime & l'action d'inofficiofité n'ont efté introduites , que pour empefcher les liberalitez exceffives au profit des perfonnes étranges , ou de quelquesuns des enfans , au préjudice des autres que les parens mettent en oubly ; *inductum eft ut de inofficiofo teftamento agere poffint liberi , qui quæruntur aut iniquè fe exheredatos , aut iniquè præteritos :* Or les enfans ne peuvent pas fe plaindre d'avoir efté preterits & oubliez , lors qu'ils ont receu des biens de leur pere par donations entre-vifs & en avancement d'hoirie ; & partant l'action d'inofficiofité doit diminuer à proportion de ce qu'ils ont receu , de forte qu'ils ne peuvent fe plaindre qu'à raifon de ce qu'ils ont moins que leur legitime.

HUITIE'ME SECTION.

En quels biens se doit fournir la legitime.

SOMMAIRE.

C'Est une question en quels biens se doit fournir la legitime? 1
Pour la resolution de cette question il faut observer que la
legitime estant deuë à titre d'heritier, elle donne droit en la chose, de sorte que ceux qui la doivent fournir, ne peuvent pas se
liberer de cette action, en offrant aux legitimaires de la recompenser en deniers ou autres choses qui ne soient pas de la succession & des biens de leur pere : Il faut la livrer en corps hereditaire, dans lesquels ils ont un droit semblable à ceux qui sont heritiers, c'est le sentiment des Docteurs sur la Loy *scimus.* 36.§.
sancimus, & sur l'Authentique *novissima. C. de inoffic. testam.*

Neanmoins cette rigueur n'est pas observée, au contraire on 2
tient que le Juge peut assigner aux enfans certains biens pour
leur legitime, & laisser les autres aux heritiers, selon qu'il jugera
plus commode & plus utile aux uns & aux autres, *l. non amplius.*
§. *bonorum. ff. de legat.* 1. ce qui se doit faire lors que les biens
du deffunt ne se peuvent pas commodement partager, *Bartol.*
in l. suus quoque, num. 10. *quæst. ult. versic. dum tamen. ff. de he-*
redib. instituend. Jason in l. non amplius. §. cùm bonorum. num. 9.
vers. adde quod. ff. de legat. 1.

Que si les biens du défunt peuvent commodement estre partagez, 3
le Juge ne peut pas ordonner que les legitimaires seront tenus
de se contenter de certaines choses particulieres de la succession,

par la raison qu'ils sont creanciers d'une certaine portion d'icelle pour leur legitime, laquelle par consequent leur est deuë *in corporibus hereditariis*, & que *aliud pro alio solvi non potest creditori, l. 2. §. 1. ff. si cert. petat.* ainsi ils sont bien fondez de demander cette portion dans leurs biens hereditaires.

4 Et mesme le testateur ne peut pas obliger ses enfans de prendre leur legitime en argent comptant, parce qu'elle leur est deuë par la disposition de la Loy independemment de la volonté du pere, sur les biens de la succession; que ce seroit une charge qui luy seroit imposée, que les enfans pourroient avoir plus d'interest de prendre leur legitime sur les biens immeubles de la succession qu'en argent comptant, ainsi ils ne sont point tenus d'executer la volonté du deffunt duquel ils ne tiennent point leur legitime, c'est le sentiment de Bartole *loco citato*, & des autres Docteurs.

Quelques Docteurs neanmoins ont esté d'avis contraire, estimant que le testateur peut ordonner que ses enfans prennent leur legitime *in pecunia*, par ce que *pecunia hereditaria* fait partie des biens de la succession, *l. fin. in fine, C. de V. S.*

Pour la conciliation de ces opinions, il faut dire que quoy que dans la rigueur les enfans puissent pretendre leur legitime dans tous les biens particuliers de la succession, neanmoins ils doivent regler leur droit par une équité raisonnable, comme il arrive dans le partage des biens d'une succession, que le Juge doit laisser une espece de bien à l'un parce qu'il ne se peut diviser, en recompensant d'une autre espece de biens son coheritier ou associé, suivant la Loy 3. *ff. comm. divid.* & le §. *eodem Instit. de offic. judic.* Il suffit que les legitimaires ayent des biens de la succession, qui leur puissent fournir leur legitime.

5 Il y a quelque difficulté, sçavoir au cas que la chose soit indivisible, si le legataire la doit retenir en recompensant le legitimaire, ou si le legitimaire la doit avoir en recompensant le legataire? Par la Loy *si secundus. ff. ad leg. falcid.* si il est inutile d'avoir la chose, & que le legitimaire n'ait pas le mesme interest de l'avoir, elle luy doit estre laissée, comme au cas d'un chemin legué pour aller à sa terre. Que si elle convient également à l'un & à l'autre, il y auroit lieu à la licitation. La raison est, que la legitime donne droit de proprieté de la portion de la chose au legitimaire; par ce moyen ils se trouvent associez & coproprietaires; & partant la chose ne se pouvant partager elle doit estre licitée.

NEVFIEME SECTION.

Du supplément de la legitime.

SOMMAIRE.

LE supplément de la legitime est proprement le parfournis- 1 sement de ce qui manque à la portion qui appartient à l'enfant pour sa legitime sur les biens de son pere, appellé par les Docteurs *repletio legitimæ*; comme si le pere a donné cent à son fils, & que sa legitime monte à six-vingt, dans ce cas vingt font le supplément de la legitime du fils qui se trouve reduit à sa legitime; d'où il s'ensuit que le fils estant institué heritier par son pere dans une petite portion de ses biens, ne peut pas former la plain- 2 te d'inofficiosité pour le faire casser, mesme quoy qu'il ne soit institué que *in uno nummo*, selon le sentiment de plusieurs Docteurs; mais il peut demander le supplément de sa legitime. C'est l'usage de toute la France, non seulement dans les païs de Droit écrit, mais aussi dans les Coustumes où les enfans peuvent estre reduits à leur legitime : La Coustume de Paris y est expresse, permettant aux peres & meres de pouvoir disposer de leurs biens au profit de personnes capables, soit par acte entre-vifs ou par ordonnance de derniere volonté, en laissant la legitime seulement à leurs enfans; pourveu neanmoins que si c'est par dernie-re volonté, ils ne disposent pas par delà le quint des propres, suivant les articles 292. & 295.

Le supplément de la legitime suppose qu'il ait esté laissé aux enfans une portion d'icelle, autrement il y auroit nullité au testament pour cause de preterition selon le Droit Romain dans le païs de Droit écrit, & non dans la France Coustumiere, dans laquelle au moins dans la plus grande partie de nos Coustumes, les peres & meres peuvent disposer de leurs biens par testament, sans faire mention de leurs enfans ou de quelques-uns d'iceux, auquel cas les enfans ausquels il n'a esté rien laissé peuvent demander leur legitime, & si ils ont receu quelques choses, soit par donation entre-vifs en advancement d'hoirie, ou par derniere volonté, il peuvent demander le supplément de leur legitime.

3 Tous ceux qui peuvent demander leur legitime, peuvent aussi en demander le supplément, au cas qu'il leur ait esté laissé moins que la valeur de leur legitime; ainsi non seulement les descendans peuvent le demander, mais aussi les ascendans ausquels la legitime est deuë.

4 Ce qui a esté dit de la renonciation à la legitime, doit estre appliqué à la renonciation au supplément d'icelle, de sorte que quoy que l'enfant en recevant une donation de son pere en avancement d'hoirie s'en soit contenté, renonçant à la succession future de son pere, & au droit de demander le supplément de sa legitime; neanmoins si la donation n'equipolle pas sa legitime, nonobstant cette renonciation, il en peut demander le supplément; par la raison que le supplément de la legitime est deuë, *eodem jure quo legitima*. D'où il s'ensuit, que quoy que le fils ait accepté la disposition testamentaire du pere, par laquelle il auroit declaré vouloir qu'il s'en contentât pour tout droit de legitime, si il est moindre que sa legitime, il en peut demander le supplément, à moins que le fils en acceptant le legs eut declaré qu'il renonçoit au droit de demander le supplément; autrement il est recevable à le demander, parce qu'on a lieu de presumer qu'il a pretendu se servir du droit qui luy estoit accordé par la Loy, nonobstant la disposition contraire de son pere, laquelle ne peut point luy prejudicier, si il ne le declare en termes exprés; cette clause portée par le testament de se contenter de ce qui est laissé au fils, est une charge imposée à la legitime du fils, laquelle par consequent est ostée *ipso jure*, & elle ne peut produire aucun effet, à moins que le fils n'y donne son consentement exprés; c'est le sentiment de Guy Pape *Decis.* 93. d'Alexandre *consil.* 8. *num.* 21. *lib.* 3. *consil.* 69. *num.* 3. *lib.* 1. *consil.* 89. *num.* 14. *lib.* 4. de Jason *consil.* 60. *num.* 1. *lib.* 1. de

P el

Paul de Caſtres *conſil.* 73. *num* 2. *&* 5. *lib.* 1. & tel eſt l'uſage dans la Couſtume de Paris.

Le ſupplément doit eſtre fourny par l'heritier ſuivant l'Authentique *ut cùm de appellatio.* §. *cæterum*, & non par les fideicommiſſaires ou legataires univerſels, ou particuliers, ce qui ne doit recevoir aucune difficulté, veu que la legitime de meſme que le ſupplément d'icelle doivent eſtre fournis par l'heritier, cette dette eſtant une dette de la ſucceſſion. Dans la Couſtume de Paris & celles qui ont une pareille diſpoſition, la legitime ou le ſupplément d'icelle, doivent eſtre fournis par les heritiers *à inteſtat*, au cas qu'ils ayent accepté l'heredité, ou par les legataires univerſels, voyez *infrà*, ſur quels biens ſe prend la legitime.

Il faut dire auſſi du ſupplément, ce qui a eſté dit de la legitime, que quoy qu'il n'ait point eſté demandé par l'enfant eſtant mort auparavant que d'en avoir fait la demande, mais aprés le deceds de ſon pere, les heritiers du fils le peuvent demander, par la raiſon que le ſupplément eſt acquis au fils dés le moment de la mort de ſon pere: ou les droits acquis, quoy que non demandez ſe tranſmettent aux heritiers, que le ſupplément eſt une partie de la legitime, & que la partie ſe regle par le meſme droit que le tout, parce que *pars continetur in toto, l. aſſe toto. ff. de heredib. inſtituend. & cap. acceſſorium. de R. I. in* 6.

DIXIE'ME SECTION.

Des actions competantes pour la legitime.

SOMMAIRE.

IL y a pluſieurs actions introduites pour pourſuivre la legitime.

La premiere est l'action personnelle *ex lege,* qui est accordée aux enfans tant pour leur legitime, que pour le supplément d'icelle, *l. scimus. & l. omnimodo. C. de inoffic. testam.* Et cette action est personnelle *in rem scripta,* parce que *datur adversus bona hereditaria.*

La deuxiéme est l'action personnelle *ex testamento,* qui a lieu, lorsque le pere a laissé la legitime à ses enfans, suivant le sentiment des Docteurs sur la Loy *Si quis. C. de inoffic. testam.*

2 La troisiéme est, selon quelques-uns, l'action hypotequaire contre les possesseurs des biens sujets à la legitime, par la raison que si cette action compete aux legataires pour les legs qui leur sont laissez, suivant la Loy premiere *C. commun. de legat.* elle doit estre accordée aux legitimaires pour leur legitime : Estimant mesme que cette action a lieu, quoy que la legitime n'ait point esté laissée par testament, dautant que l'enfant est creancier de son pere *in legitima,* que la legitime est preferée aux legs, & partant cette action doit avoir lieu *ad consequendum legitimam* avec plus de raison, que *ad consecutionem legati.*

D'autres estiment au contraire, que quand la legitime n'est point laissée par testament, les legitimaires ne peuvent point se servir de cette action, parce que l'action hypotequaire est accordée aux legataires, & ils ne l'auroient pas autrement, & partant les legitimaires ne l'ont point, parce qu'il n'y a aucune Loy qui la leur accorde ; & il ne sert de rien de dire, que l'enfant est creancier *in legitima,* pour pretendre se servir de cette action, veu que tout creancier n'est pas creancier hypotequaire, *l. ult. C. etiam ob chirographum pecun.* Et quoy que la cause de la legitime soit plus favorable que celle du legs, neanmoins il ne s'ensuit pas que les legitimaires ayent droit de se servir de cette action : autrement il s'ensuivroit que tout creancier auroit hypoteque sur les biens de la succession, parce que tous creanciers hypotequaires ou chirographaires, sont preferez aux legataires, ce qui n'est pas vray.

La quatriéme est l'action en demande d'heredité, appellée *petitio hereditatis,* laquelle a lieu *pro petenda legitima,* parce que la legitime est *quota hereditatis,* & partant celuy qui demande sa legitime demande une partie de l'heredité ; c'est le sentiment de Balde sur la Loy *Si quis. vers. tertiò, quia secundum. C. de inoffic. testam.*

3 C'est une question entre les Docteurs, sçavoir quel est le droit

des legitimaires contre les possesseurs & détenteurs des biens sujets à leur legitime, & de quelle action ils peuvent se servir
contre eux pour obtenir leur legitime? On tient communément,
que quand il y a des biens dans la succession suffisans pour fournir la legitime, les legitimaires ne peuvent point agir contre les
tiers détenteurs & possesseurs des biens qui y sont sujets, par
la raison que l'enfant doit prendre sa legitime *pro arbitrio ju-*
dicis; & comme il n'est pas juste de poursuivre des tiers détenteurs de bonne foy, lors que les debiteurs sont solvables, c'est
pourquoy la succession estant solvable, les legitimaires ne peuvent s'adresser qu'aux biens de la succession, c'est le sentiment
de Peregrinus *tract. de fideicommiss. art.* 36. *num.* 143. *in*
fine.

Lors qu'il y a dans la succession des biens suffisans pour la
legitime des enfans, l'opinion commune est, que les legitimaires doivent discuter les heritiers, & après discussion ils peuvent s'adresser aux legataires.

La discussion des heritiers se fait chacun pour sa part & portion, dautant que cessant l'action hypotequaire, ils ne peuvent
estre tenus chacun que pour leur part & portion.

Que si les heritiers & les legataires sont non suffisans, les legitimaires peuvent poursuivre les acquereurs des biens de la succession, comme sujets à la distraction de la legitime.

On demande par quel temps la legitime ou le supplément
d'icelle se peuvent prescrire? Il semble que l'enfant soit toûjours
recevable après quelque temps que ce soit à demander sa legitime, parce que celuy qui est heritier du pere est en mauvaise
foy, sçachant que la legitime est deuë à l'enfant, & partant il
ne peut pas prescrire l'action competante à l'enfant pour le
demander.

Neanmoins l'opinion commune des Docteurs est, que la legitime se prescrit par trente ans, sans aucune esperance de restitution : La raison est, que toute action personnelle se prescrit par
trente ans, *l. sicut*, *l. si quis. C. de prescript.* 30. *annor.* Et le
mesme temps est requis pour prescrire contre l'action pour le
supplément de la legitime; c'est le sentiment de Balde sur la
Loy *Si quis. num.* 6. *C. de inoffic. testam.* & des autres Docteurs,
ce qui est sans difficulté, veu que le supplément se peut demander par action personnelle contre l'heritier, & que toute
action personnelle se prescrit par trente ans.

CHAPITRE II.

La legitime des enfans des Decurions font les trois quarts des biens de leur pere.

L'Empereur veut que la legitime des enfans des Decurions, foient les trois quarts des biens de leur pere, en confequence des charges qu'ils font obligez de fupporter en qualité de Decurions; c'eft pourquoy il leur faut plus de biens.

CHAPITRE III.

Si le pere laiffe la proprieté de fes biens à fes enfans, & qu'il en laiffe l'ufufruit à fa femme.

L'Empereur dit dans ce Chapitre, qu'il deffend une chofe qui femble rude & cruelle, quoy qu'elle foit fondée à l'occafion de quelque Loy : Qui eft que plufieurs font des teftamens dans lefquels ils inftituent leurs femmes, avec beaucoup de foibleffe pour elles, fe dépoüillant de l'amour paternel envers leurs enfans, laiffant à leurs femmes l'ufufruit de tous leurs biens, & la fimple proprieté à leurs enfans; car il eft permis à un mary de laiffer par teftament l'ufufruit de tous fes biens à fa femme, par la Loy *Si ufumfructum. C. fi fecundo nupfer. mul. l. 37. ff. de ufufr. legat. & l. 18. C. de excufatio. tutor.* Ce qui donne lieu de croire que l'intention de ces teftateurs feroit auffi de faire paffer la proprieté de leurs biens à leurs femmes, & de faire perir leurs enfans de neceffité ; car pendant la durée de cét ufufruit, où peuvent-ils prendre dequoy fe nourrir, puifque leur pere leur a tout ofté par l'inftigation de leur mere, qui les a privez des chofes qui leur font neceffaires pour la vie? C'eft fur ce fondement que l'Empereur ordonne, qu'à l'avenir les peres & meres feront obligez de laiffer à leurs enfans l'ufufruit & la proprieté des biens qui leur appartiennent, pour leur legitime, *fi vult filiarum non repenté fame morientium , fed vivere valentium vo-*

cari patter : ce qui doit eftre obfervé à l'égard des autres afcendans.

De ce Chapitre on tire cette confequence, que la legitime des enfans ou des afcendans ne peut point eftre chargée, en forte que fi un pere inftituoit fon fils fon heritier, & le chargeoit de reftituer fa fucceffion aprés fa mort, ce ne pourroit eftre qu'à la referve de la legitime, laquelle doit appartenir fans charge à ceux aufquels elle eft deuë, quoy que la charge fût appofée pour caufe pieufe ; c'eft le commun fentiment des Docteurs. Toutefois la charge appofée à la legitime du fils qui ne fe feroit pas porté heritier, pafferoit au fubftitué.

Que fi le fils eftoit inftitué par delà fa legitime, & qu'il fût chargé, la charge ne feroit que pour ce qui excederoit fa legitime, quoy que plufieurs tiennent l'opinion contraire, comme Menochius *lib.* 2. *confil.* 196. & autres: La raifon qu'ils en rendent eft, que le fils ayant accepté la fucceffion, il eft cenfé l'avoir acceptée avec la charge. On répond à cette raifon, que le fils eft prefumé avoir voulu prendre la fucceffion à condition qu'il prendroit fa legitime fans aucune charge, de la manicre que la Loy veut qu'elle parvienne aux enfans, c'eft à dire, *fine onere;* de forte que la charge appofée à l'égard de la legitime, eft reputée inutile & fans effet, comme eftant contraire à la difpofition de la Loy.

Ce qui eft conforme à ce Chapitre, où l'Empereur ne veut pas qu'un pere inftituë fes enfans dans la proprieté de fes biens fans l'ufufruit, laiffant l'ufufruit à fa femme, voulant en ce cas, que les enfans prennent l'ufufruit de leur legitime, l'ufufruit du refte appartenant à la mere.

Difons au contraire, que fi un pere inftituoit fon fils dans l'ufufruit de tous fes biens, laiffant la proprieté à un autre, ce fils auroit droit de prendre la proprieté du tiers des biens du teftateur, & l'ufufruit du total, au cas qu'il n'y eût point d'autres enfans qui empefchaffent cette joüiffance.

Le fils mefme pourroit pretendre l'ufufruit des biens jufques à fa legitime, quoy que fon pere eut legué l'ufufruit de tous fes biens à quelqu'un du confentement du fils, qui auroit foufcrit au teftament, parce que le fils feroit prefumé y avoir efté contraint par fon pere, toutefois Peregrinus art. 36. nomb. 87. eft d'opinion contraire : Autre chofe feroit, fi aprés la mort de fon pere il avoit confenty expreffément à telle charge, en renonçant au droit qu'il avoit de prendre sa legitime en pleine proprieté, suivant le sentiment de du Moulin sur Decius, *consil.* 687.

Mais on demande *quid juris* dans cette espece? Un pere instituë son fils son heritier universel, & le charge de restituer à Titius toute sa succession après sa mort, sans la distraction de sa legitime, & il declare, qu'il ne consent pas à cette charge, qu'il ne l'instituë que pour sa legitime, instituant pour les deux tiers de sa succession, celuy envers lequel au premier cas il charge son fils de fideicommis. Si le fils a accepté toute la succession, on demande s'il est obligé de la restituer toute entiere après sa mort sans la distraction de sa legitime? Je crois que le fils ne seroit pas recevable à vouloir distraire sa legitime ; car quoy que le pere ne puisse pas deffendre expressément la distraction de la legitime, ne pouvant pas faire que les Loix ne soient observées dans son testament, toutefois ayant donné le choix dans son testament à son fils, ou de prendre toute sa succession à la charge de la restituer, ou de n'en prendre que la legitime ; & ayant preferé de prendre toute la succession avec la charge du fideicommis, il ne peut plus changer de volonté, puisque par le choix qu'il a fait, il a renoncé tacitement à sa legitime, en faisant un choix qu'il croyoit plus avantageux, comme en effet il le pouvoit estre, s'il avoit vescu plusieurs années. La renonciation à sa legitime en ce cas a autant de force, que si elle estoit expresse : Il n'en seroit pas de mesme, si le pere avoit institué son fils *in re certa* qui excedast sa legitime, sous quelque charge ; car quoy que le fils eut accepté l'institution, toutefois cette acceptation n'estant que generale & n'emportant qu'une renonciation tacite au droit de sa legitime, elle n'empescheroit pas qu'il ne la pût prendre entiere & sans aucune charge.

Puisque le testateur ne peut pas charger la legitime de ses enfans par aucune maniere, il s'ensuit qu'un pere ne pourroit pas instituer son fils dans une certaine partie de sa succession moindre que la legitime, luy deffendant expressément de demander le supplément sur peine de decheoir de la portion en laquelle il l'auroit institué. Et quoy que le fils ait accepté l'institution, toutefois il peut demander le supplément, parce que la peine apposée par le testateur à cette institution est inutile estant faite contre les Loix ; & on n'en peut induire qu'une renonciation faite à la poursuite du supplément de sa legitime, laquelle ne produit pas le mesme effet que la renonciation expresse, suivant la Loy *expreſſa* 195. *ff. de* R. *I.*

Il faut dire auſſi que ſi le fils avoit pris ce en quoy ſon pere l'auroit inſtitué heritier pour ſa legitime, & qu'il en eût donné une reconnoiſſance à l'heritier inſtitué par ſon pere, il n'auroit pas moins de droit de demander le ſupplément de ſa legitime, par-ce qu'il n'y auroit renoncé que par une renonciation tacite, laquelle ne pourroit point préjudicier.

Non ſeulement le fils a droit de prendre ſa legitime ſans char-ge mais, auſſi ſon heritier, quoy que ce ſoit ſon heritier collate-ral ou un heritier teſtamentaire, qui excerce les droits du fils, le fils eſtant decedé aprés le pere avant que d'avoir pourſuivy l'heritier inſtitué par le pere, pour le ſupplément de ſa legiti-me, à moins que le fils n'y eut renoncé expreſſément, ou qu'il y eut des circonſtances qui fiſſent connoiſtre que ſon deſſein n'é-toit pas de le demander. Toutefois ſi le pere avoit chargé ſon fils impubere de reſtituer aprés ſa mort la portion en laquelle il l'au-roit inſtitué, ſi ce fils mouroit en bas âge, toute la portion ſans la diſtraction de la legitime, devroit eſtre reſtituée au préjudice de l'heritier du pupille : la raiſon eſt que ce ſeroit en vertu de la ſubſtitution pupillaire, laquelle peut comprendre tous les biens du pupille ſubſtitué, mais ſi ce pupille mouroit en puberté, cette ſubſtitution eſtant éteinte, la reſtitution ou la ſubſtitution fidei-commiſſaire dont le pere l'auroit chargé, auroit lieu excepté ſa legitime entiere, laquelle ſeroit diſtraite pour ſon heritier.

Nous obſerverons icy un cas auquel une charge peut eſtre appoſée à une legitime, ſçavoir lors que la charge eſt pour l'uti-lité du fils, comme ſi le pere deffend à ſon fils d'aliener la cho-ſe en laquelle il l'inſtituë, pour luy tenir lieu de legitime, juſques à ce qu'il ſoit parvenu à un certain âge, comme juſques à ce qu'il ait accomply ſa vingt-cinquiéme année & meſme par delà, au cas que le pere connoiſſe que ſon fils ſoit prodigue, & qu'il ne diſſi-pe ſes biens, c'eſt le commun ſentiment des Docteurs, Petr. Gre-gor. *lib.* 44. *cap.* 5. *num.* 29.

La raiſon pour laquelle la legitime ne peut point eſtre chargée d'aucune charge, eſt parce que c'eſt comme une dette de laquelle s'acquitte celuy qui la laiſſe, & comme un debiteur ne peut point charger le legs de ſa dette fait à ſon creancier, *l.* 7. *ff. de leg.* 3. auſſi le pere ne peut-il charger la legitime qu'il laiſſe à ſon fils, *l.* 32. *l.* 36. *C. de inofficioſ. teſtam.*

C'eſt l'uſage de tous les Parlemens de France, que la legitime ne peut point estre chargée d'usufruit, de restitution, ou d'autre charge, il faut excepter un cas auquel la legitime peut estre chargée de restitution, sçavoir lors que le fils se trouve mauvais ménager & qu'il dissipe tous ses biens, auquel cas quelques Arrests ont jugé que les peres & meres pouvoient par une juste prévoyance assurer la proprieté de leurs biens à leurs petits enfans. Voyez mon Commentaire sur l'article 298. de la Coustume de Paris glose 1. *num.* 44. *& seqq.*

CHAPITRE IV.

Comment les enfans descendans par les femmes doivent succeder ab intestat.

Quemad-
modum
liberi ab
intestato
per fœ-
mineum
sexum
succedere
debeant.

L'Empereur dans ce Chapitre abroge ce qui s'observoit par l'ancien Droit, à l'égard des petits fils & de leurs descendans, qui n'estoient pas heritiers siens aux testateurs, ny dans leurs puissance, & qui pour cela avoient à intestat un tiers moins que ceux qu'ils representoient, auroient eu s'ils avoient vécu: Par exemple, un ayeul mourant & laissant un fils & des petits fils d'une fille morte, si la fille eut vécu au temps de la mort de son pere, elle eut partagé par moitié sa succession avec son frere, mais ses enfans qui la representent, prennent dans la succession de leur ayeul un tiers moins que leur mere auroit pris, ainsi dans cette espece ils ne peuvent prendre que les deux tiers de la moitié, §. *Divi autem Principes. J. de hereditatib. quæ ab intest. deferunt.* La raison qui en est renduë est, *ut amplius aliquid sit eis qui non solùm naturæ, sed etiam veteris juris suffragiis muniuntur, portionem nepotum vel neptum, vel deinceps paulo minuenda posse existimaverunt, ut minus tertiâ parte acciperent, quàm mater eorum, vel avia fuerat acceptura, &c.*

Pareillement par le Droit ancien, quand une femme mouroit & laissoit des petits enfans d'un fils, ces petits enfans succedoient à leur ayeule avec leurs oncles & leurs tantes, & prenant moins du tiers dans sa succession que leur pere auroit pris s'il avoit vécu, suivant la Loy *illam non merito. 19. C. de collation.* mais l'Empereur a abrogé cette disposition ancienne, *non enim excipimus ulterius nepotes qui ex filio paternis avis accrescunt, &c.* il faut lire *patruis*, au lieu de *patruis avis* : à moins qu'on ne prenne improprement *paternus avus* pour *patruus*.

L'Empereur donc par cette Novelle abroge les deux cas mentionnez cy-deſſus, auſquels les petits fils ne ſuccedoient pas en la place de leur pere ou mere, pour la meſme portion, voulant qu'ils ſuccedent comme ſuccederoit leur pere ou leur mere, ſi luy ou elle venoit à la ſucceſsion du deffunt : La raiſon qu'il en rend eſt que le maſle & la femelle ne contribuent pas moins à la generation des enfans l'un que l'autre, ainſi il n'eſt pas juſte que les enfans d'une fille ayent moins qu'elle n'auroit eu ſi elle avoit vécu ; *Neque enim maſculus ipſe in ſe, neque femina ſolùm ad nativitatis propagationem ſufficiens eſt ; ſed ſicut utrumque eorum coaptavit Deus ad generationis opus, ita etiam nos eandem utriſque ſervamus æqualitatem.*

L'Authentique *quæ tertiæ*, tirée de cette Novelle en ce Chapitre, a eſté miſe aprés la Loy *illam merito.* comme dérogeant à ſa diſpoſition :

Authentique *Quæ tertiæ. C. de collatio.*

Quæ tertiæ portionis diminutio correctionem novo jure capit, ad æqualitatis juſtitiam reducta in omnibus talibus perſonis.

L'Empereur dans le §. *ſed nec uſque.* dit, que la diſpoſition contenuë dans le commencement de ce Chapitre n'a pas toûjours lieu, mais ſeulement à l'égard des enfans nez en legitime mariage, quoy qu'il eut eſté contracté ſans convention de dot ; dautant que le ſeul conſentement des parties de vivre l'un avec l'autre d'un amour conjugal fait le mariage, & ſuffit pour rendre legitimes les enfans qui naiſſent d'une ſemblable conjonction, car le mariage fait la dot, mais la dot ne fait pas le mariage, c'eſt à dire que le mariage peut eſtre ſans la dot, mais la dot ne peut pas eſtre ſans le mariage, *dotem celebrant nuptiæ ; nuptias autem dotes non faciunt, ſed conjunctorum affectus.* Ce qui a lieu pareillement à l'endroit de ceux qui ſont nez dans le concubinage, mais qui ont eſté après legitimez par un ſubſequent mariage, ſuivant la Loy *cùm quidam*, & la Loy *nuper. C. de natural. liber.* Mais cette ordonnance n'eſt pas pour ceux qui ſont nez hors de mariage, & qui ne ſont pas legitimez, c'eſt pourquoy l'Empereur dit en la fin de ce §. *& hæc ſit ſanctio legitimæ ſobolis.*

Tome I.　　　　　　　　　　　　　Kkk

Cette Novelle est observée tant dans la France Couſtumiere que dans les Païs de Droit écrit, deſorte que les petits fils ſuccedent en la place & par repreſentation de leur pere, & ils ont les meſmes droits, & les meſmes avantages qu'il auroit eu s'il avoit vêcu, & meſme les petits fils & les petites filles ſuccedent par repreſentation au droit d'aîneſſe que leur pere auroit pris ſur les biens de l'ayeul, s'il avoit vêcu, c'eſt la diſpoſition de la Coûtume de Paris en l'article 324. Il faut excepter dans quelquesCoûtumes qui ont des diſpoſitions contraires, par leſquelles les filles eſtans mariées & dotées ſont excluës de la ſucceſſion de leurs peres & meres qui les dotent.

CHAPITRE V.

Des Concubines, & des enfans naturels, & comment ils ſuccedent à inteſtat.

De concubinis, & naturalibus liberis, quomodo ab inteſtato ſuccedēt.

L'Empereur dit dans ce Chapitre, que par les anciennes Loix faites touchant les Concubines & leurs enfans, il eſtoit permis à celuy qui avoit une Concubine & des enfans naturels, & des enfans legitimes, de donner par teſtament à ſa Concubine & à ſes enfans naturels ſeulement un douziéme de ſa ſucceſſion, & que n'ayant point d'enfans legitimes, il pouvoit leur laiſſer juſques à la moitié de ſes biens, ce qui eſt porté ainſi dans la Loy 1. & 2. *C. de naturalib. liber.* mais parce que ces Loix ne parlent que des avantages que les peres peuvent faire par teſtament à leurs enfans naturels, & non pas de ce que ces enfans peuvent prendre dans les biens de leur pere *ab inteſtat*, c'eſt pourquoy il ordonne que ſi celuy qui a une Concubine & des enfans naturels, decede ſans femme legitime & ſans enfans auſſi legitimes, ſes enfans naturels prennent un ſixiéme de ſa ſucceſſion pour le partager entr'eux & leur mere par portions égales.

Cette Novelle a eſté reformée par la Novelle 89. *quib. mod. natur. efficiunt. cap.* 12. §. 2. & 3. où l'Empereur permet aux peres de diſpoſer de tous leurs biens en faveur de deux enfans naturels, quand ils n'ont point d'enfans legitimes. Voyez cette Novelle.

En France par un droit generalement obſervé, les enfans naturels ne fuccedent point *ab inteftat* à leurs peres & meres, & la Concubine n'a aucuns droits fur les biens de fon Concubinaire : Quant aux difpofitions teftamentaires, nous en parlerons cy-aprés en la Novelle 89.

CHAPITRE VI.

Des rapports.

SOMMAIRE.

L'Empereur dit dans ce Chapitre qu'il a crû à propos de faire une Loy de ce qui y eft contenu ; fçavoir fur ce qu'il y a des anciennes Loix, qui veulent que fi les parens decedent *ab inteftat*, les rapports fe faffent dans leurs fucceffions par leurs heritiers felon la difpofition de ces Loix, qui font au Code du titre *de collationibus.* Mais que si au contraire les peres decedent ayant testé sans avoir parlé du rapport, il n'ait pas lieu, & que celuy qui a receu quelque chose la retienne, soit par cause de dot ou autrement ; & que neanmoins il poursuive les choses qui luy sont laissées par testament ; c'est la disposition des deux premieres Loix du Code au titre *de collatio.*

Mais l'Empereur dit, que ce n'est pas entierement son opinion, & qu'il veut que le rapport se fasse à la succession de celuy qui est mort *intestat*, ou qui a laissé un testament : La raison qu'il en rend est qu'il est incertain, si le testateur n'a point oublié d'ordonner le rapport, son dessein estant qu'il fut fait, *quoniam incertum est ne forsan oblitus datorum, aut præ tumultu mortis angustiatus, hujus non est memoratus,* en sorte que le rapport soit observé en partie selon la disposition du droit ancien qui ordonnoit le rapport en la succession *ab intestat* ; & cette Novelle en ce Chapitre, ordonne le rapport en l'un & en l'autre cas, c'est-à-dire, soit que celuy de la succession duquel il s'agit, soit decedé *intestat*, ou qu'il ait fait un testament, à moins qu'il n'ait deffendu expressément qu'il fût fait, voulant que celuy auquel il auroit donné quelque chose, retint ce qui luy auroit esté donné, & prît ce dont le testateur auroit disposé en sa faveur dans son testament. L'Empereur finit au Chapitre, ordonnant que tout ce qu'il a étably touchant les rapports dans ses autres Ordonnances, soit observé.

2   De ce Chapitre a esté tirée l'Authentique *ex testamento*, mise aprés la Loy 1. C. *de collation.*

Authentique *ex testamento.* C. *de collatio.*

Ex testamento & ab intestato cessat dotis & aliorum datorum collatio, ita demum si parens hoc designavit expressim ; aliis quæ de collatione dicta sunt, suum robur obtinentibus.

3   La glose sur cette Authentique, *in verbo datorum*, dit qu'elle se doit entendre de la donation qui est faite pour cause, comme celle qui est faite pour dot, *propter nuptias*, ou *causâ militiæ*, mais non pas de la donation simple ; voulant que cette donation ne soit pas sujette à rapport, toutefois il faut suivre l'opinion de Cujas, *Observ. lib. 3. cap. 30.* qui veut que cette Authentique s'entende de toute espece de donation ; & je ne vois pas pourquoy plusieurs Docteurs font cette distinction entre la donation entre-vifs, & la donation *ob causam*, puis que dans ce

Chapitre l'Empereur dit, qu'il veut que le rapport se fasse entierement & avec égalité, *omnino esse collationes, & exinde æqualitatem.*

Par la disposition de la Coustume de Paris en l'article 304. **4**
& autres suivans, le rapport n'a lieu qu'entre les enfans qui se portent heritiers, en sorte qu'il n'est pas permis aux peres & meres d'avantager un de leurs enfans plus que les autres, venans à leurs successions, suivant l'article 383. de la mesme Coustume ; mais les enfans qui ont esté avantagez, soit par donations entrevifs ou testamentaires, peuvent se tenir aux avantages qui leur ont esté faits, suivant l'article 307. Voyez ce que nous avons dit du rapport sur ces articles, & la disposition des autres Coutumes en la Conference.

Le rapport est tellement necessaire dans la Coustume de Pa- **5**
ris entre les enfans qui viennent à la succession, qu'il n'est pas au pouvoir des peres & meres de le defendre à leurs enfans venans à leur succession, suivant l'article 303. & l'article 304.

L'article 304. de cette Coustume porte : *les enfans venans à* **6**
la succession de pere ou mere, doivent rapporter ce qui leur a esté donné, pour avec les autres biens de la succession, estre mis en partage entr'eux, ou moins prendre. Cet article porte ; *les enfans venans à la succession ;* par la raison que ceux qui renoncent, sont dechargez du rapport par l'article 307. d'où il s'ensuit ; que si le pere a fait un testament dans lequel il a fait des legs à ses enfans ou à quelques-uns d'eux, ils ne sont pas tenus au rapport, en sorte que nous ne suivons pas cette Novelle en ce Chapitre, qui oblige les enfans venans à la succession, soit en vertu du testament, ou par la disposition de la Loy de rapporter ; La raison est que nos testamens ne contenant point l'institution d'heritiers, les enfans peuvent recevoir du testament de leur pere, sans estre tenus au rapport ; l'égalité n'est ordonnée par la Coustume entre les enfans que quand ils viennent à la succession, parce qu'en qualité d'heritiers ils representent la personne de leur pere, & en cette qualité ils doivent estre tous aussi avantagez les uns que les autres ; mais quand ils renoncent à la succession, soit qu'ils prennent quelque legs du testament de leur pere ou non, il n'y a aucune raison qui les oblige de rapporter aux autres les avantages qu'ils ont receus entre-vifs, pour estre partagez avec les biens de la succession.

Nous avons neanmoins quelques Coustumes qui obligent **7**
tous les enfans à rapporter entr'eux tous les avantages qui leur

ont esté faits par celuy de leurs pere & mere, de la succession duquel il s'agit, sans qu'il leur soit loisible de se tenir à leur don, comme dans la Coustume d'Anjou.

8   La disposition de l'article 303. de la Coustume de Paris qui
défend aux peres & meres d'avantager un de leurs enfans plus que
les autres venans à leur succession, a paru si équitable, qu'elle a
esté étenduë aux autres Coustumes qui n'en parlent point, par Arrest du 15. Avril 1606.

9   Tous avantages faits directement ou indirectement sont prohi-
bez, ainsi un pere ne peut pas appeller à sa succession ses enfans
& charger la portion hereditaire de l'un, ou portion d'icelle, de
substitution & les autres non, parce que cette charge cause une
inégalité, laquelle est défenduë pas la Coustume entre enfans
venans à la succession.

10   L'avantage fait sous une vente simulée seroit nul, & comme
tel seroit sujet à rapport, & on n'adjoûteroit pas foy à la declaration du pere faite dans le Contrat, qu'il auroit receu le prix de
la vente, au cas qu'on pût faire voir le contraire, *conclusum est
quòd in venditione facta filio vel genero, confessio patris non valet
de recepto ; etiamsi Notarius dicat pretium numeratum coram se,*
dit du Moulin sur l'article 124. de l'ancienne Coustume.

11   On presumeroit aussi un avantage indirect, si le pere donnoit
une quitance à son fils de l'administration qu'il auroit euë de ses
biens sans en rendre compte, *l. omnes. ff. quæ in fraud. credit.
l. si sponsus. §. si uxor. ff. de donatio. inter vir. & uxor.* Charondas sur l'article 303. de la Coustume de Paris, remarque un
Arrest du 22. Janvier 1569. par lequel une quittance donnée par
le pere à son fils, qui avoit pendant un temps considerable gou-
verné sa marchandise, a esté declarée nulle.

12   On presume aussi frauduleuse & pour un avantage indirect,
la reconnoissance faite par le pere, que son fils luy a presté une
somme de deniers, qu'il ordonne dans son testament qu'elle luy
soit renduë, *non enim valet confessio in ultima voluntate facta in
ejus favorem, in quem non potest consistere donatio, l. qui testamentum. 27. ff. de probatio. l. cùm quis decedens. 37. §. Titia. ff. de
legat. 3. & ibi DD.*

13   Mais la reconnoissance faite par un autre acte, comme par une
obligation, a plus de force, & est moins suspecte de fraude, suivant la glose sur la Loy *qui testamentum* ; dautant qu'on n'est pas
si facile à reconnoistre une dette par un acte obligatoire, & qui

peut eftre mis à execution contre celuy qui le donne, que par un teftament, ou autre acte de derniere volonté. Toutefois en l'un & en l'autre cas il y a lieu de prefumer de la fraude, & le doute ne peut eftre decidé que par des circonftances & des conjectures. Et fi il apparoift au Juge que telles obligations ont efté faites par le pere pour avantager fon fils, elles doivent eftre declarées nulles, comme il a efté jugé par plufieurs Arrefts.

Ce feroit encore une grande prefomption de fraude, fi cette claufe eftoit contenuë dans l'obligation, que *le fils n'en pourroit rien demander de fon vivant.*

Cette qualité d'heritier oblige tellement les enfans à rapporter les avantages qu'ils ont receus de leurs peres & meres, que par Arreft du 20. Avril 1682. donné en la quatriéme Chambre des Enqueftes, après plufieurs Audiances, il a efté jugé, que l'heritier beneficiaire ne peut pas s'exempter du rapport envers fes coheritiers; car quoy que l'heritier par benefice d'inventaire ne fouffre point de confufion de fes biens avec ceux du deffunt, ny de confufion de dettes & actions, neanmoins ce n'eft qu'en cela feul que fa qualité d'heritier ne produit point les effets de celle d'heritier pur & fimple, fuivant la Loy *Scimus. C. de jure deliber.* par laquelle l'Empereur Juftinien a introduit le benefice d'inventaire, à l'égard feulement des creanciers, & non des heritiers entr'eux; ainfi la difpofition de cette Loy ne peut pas eftre étenduë d'un cas à un autre.

On demande fi le fifc eftant en la place d'un heritier, peut demander aux autres heritiers, qu'ils rapportent les avantages qu'ils ont receus : Chopin fur le titre des Succeffions de la Couftume de Paris, nomb. 19. tient que non. C'eft auffi l'avis de Chaffanée fur la Couftume de Bourgogne, titre des Succeffions, article 2. *Vix autem eft ut fifcus, qui in privati jus fuccedit, coheredis ab altero depofcat collationem ei datorum.*

La Couftume de Normandie en l'article 345. ne donne point au fifc le droit d'aifneffe, comme exerçant le droit de l'aifné : Cét article porte, *Le fifc ou autre creancier fubrogé au droit de l'enfant avant le partage, n'a le privilege de prendre le preciput appartenant à l'aifné à caufe de fa primogeniture, mais aura feulement part égale avec fes autres freres.*

Cette difpofition doit eftre obfervée, à mon avis, touchant le rapport : La raifon eft, qu'il n'a efté introduit qu'en faveur des enfans pour conferver entr'eux l'égalité, ceffant laquelle faveur il n'y auroit point de rapport, de mefme qu'il n'y en a point en ligne collaterale : D'où il s'enfuit, que le fifc ou les creanciers d'un des enfans ne s'en peuvent pas prévaloir contre les autres enfans, à l'effet de leur faire rapporter les avantages qu'ils ont receus de celuy de la fucceffion duquel il s'agit, ou moins prendre en fa fucceffion.

Pour ce qui eft du droit d'aifneffe il n'en feroit pas de mefme dans noftre Couftume, & dans celles qui n'ont pas une pareille difpofition à celle de Normandie, dautant que l'aifné en eft faifi comme heritier de fon pere, il n'eft pas obligé de le demander, il le prend avec fa portion hereditaire, & partant il le tranfmet à tous ceux qui y ont intereft ; & le droit de le prendre paffe au fifc & aux creanciers, comme exerçant les droits de l'aifné.

CHAPITRE VII.

Des partages faits par les parens entre leurs enfans.

Et quod fapè nobis.

SOMMAIRE.

L'Empe-

L'Empereur dans ce Chapitre dit, qu'il a trouvé à propos de renfermer dans cette Ordonnance ce qu'il a jugé luy-mesme plusieurs fois, car il est arrivé tres souvent, que des peres ayant plusieurs enfans, & voulant entr'eux partager leurs biens pour empescher les procez qu'ils pourroient avoir aprés leur mort **1** pour le partage de leur succession, les ont engagez dans de plus fortes contestations. Ces peres ayant dessein de diviser leurs biens entre leurs enfans, ils les devoient partager entierement entr'eux sans rien laisser qui ne fût divisé, & ne voulant pas les mettre en danger d'avoir des procez aprés leur mort pour le fait du partage, ils devoient faire leurs parts & portions, & les autoriser de leurs signatures, & laisser ainsi à leurs enfans un partage qui ne pût laisser entr'eux aucune occasion de procez. Mais ils n'en **2** usent pas ainsi, ils en écrivent une partie eux-mesmes, souvent interrompuë par des entre-lignes écrites d'une écriture étrangere, & d'une méchante écriture & peu lisible, mise entre des mains peu fidelles, & ils font écrire le reste par quelqu'un qui écrit sous eux, qui estant corrompu & gagné par quelques-uns des enfans, ne suit pas l'intention du pere, delà naissent une infinité d'occasions de procez, dans l'incertitude si l'acte contient entierement la volonté du pere, ou s'il a esté fait par adresse & quelque feinte en faveur de celuy qu'il auroit voulu, qui est ainsi l'auteur & la cause de tous les differends qui naissent dans la suite entre les enfans.

Sur ce fondement, l'Empereur pour ôter entre ses Sujets toutes occasions de disputes, ordonne que si quelqu'un veut diviser tous ses biens ou une partie entre ses enfans, il en fasse le partage **3** dans son testament, si faire se peut : & que s'il ne le peut faire pour les diverses circonstances qui empeschent souvent les hommes d'executer leurs volontez, comme s'il n'avoit pas le temps de tester estant pressé par la mort, ou pour d'autres raisons, il peut neanmoins faire un acte des choses qu'il veut partager entre ses enfans, souscrire à chaque partage, ou faire signer tous ses enfans entre lesquels il fait le partage, & par ce moyen s'asseurer de son execution, car ce qui se fait ainsi, ne peut pas manquer d'estre accomply, & il n'a pas besoin d'autres precautions. Et il ordonne, que les partages qui seront faits autrement, l'acte estant fait sans ordre & sans témoins, ne servira aucunement aux enfans, lesquels feront un autre partage entr'eux, comme si ea

effet leur pere n'en avoit fait aucun, sans qu'ils puissent estre
contraints d'executer celuy qui seroit fait par leur pere, estant
fait sans témoins, dans l'incertitude s'il auroit esté fait selon sa
volonté, & les Juges qui font les partages ne pourront aussi estre
contraints de suivre en cela la disposition du pere à l'effet d'un
semblable partage, *l. filii. l. si cogitatione. l. ult. C. fam. ercisc.
l. si filia. §. si pater. l. ex parte. §. intestato. ff. eod. tit.* Car il faut,
dit l'Empereur, pourvoir adroitement à la seureté des enfans,
& ne pas abroger mal à propos une partie du Droit ancien, ou
laisser dans l'erreur ce qui peut donner occasion à des procez
difficiles à terminer, & mesme qui souvent ne se peuvent décider, & qui font la cause d'une infinité de crimes qui se commettent.

Nous observerons suivant ce Chapitre, que les partages faits
par les peres & meres de leurs biens entre leurs enfans estoient
valables, quoy qu'ils n'eussent ny la forme de testament, ny de
codicille, & de quelque maniere qu'ils fussent faits, *quacumque voluntatis nuncupatione. l. parentibus. C. de inofficios. testam.*
4. Mais ce chapitre ordonne pour rendre l'acte valable fait par le
pere pour le partage de ses biens entre ses enfans, fait hors son
testament, que le pere souscrive à chaque partage, ou qu'il y
fasse souscrire ses enfans, ou qu'il soit fait en presence de deux
témoins au moins, qui y signent, ainsi qu'il est requis par la
Loy derniere *C. famil. ercisc.* Toutefois il faut dire, que la signature du pere est necessaire s'il sçait écrire, & que la particule
aut se prend pour la conjonctive *&*; en sorte qu'il faut que le
pere signe le partage, & qu'il le fasse signer par ses enfans pour
plus grande seureté, ou qu'il le fasse en presence de témoins, qui
signent avec luy les partages contenus dans l'acte qu'il auroit
fait; suivant la Novelle 107. *infra. de testam. imperf. cap.* 1. où
il parle des partages *vide*. Ou on peut dire qu'en cela cette
Novelle a esté reformée, par la Novelle *de testamentis imperf.*
qui requiert la souscription du pere pour la validité du partage.

De ce Chapitre a esté tirée l'Authentique *Si modo.* mise a-
prés la Loy derniere au Code *famil. ercisc.* qui permet au pere
de faire le partage de ses biens entre ses enfans, de quelque
maniere qu'il luy plaist, & cette Novelle ajoûte la forme qui
5. y doit estre gardée *ad majorem cautelam filiorum.*

Authentique *Si modo C. famil. ercisc.*

Si modo subiiciatur huic scripturæ vel ipsius parentis, vel omnium inter quos sit partitio, liberorum subscriptio.

Nous avons receu en France cette Novelle, & les peres & 6
meres y peuvent faire le partage de leurs biens entre leurs enfans,
soit par testament, ou par un acte separé; & tels partages sont
valables, soit qu'ils soient passez pardevant Notaires, ou qu'ils
soient faits sous signature privée : Que si ils sont faits pardevant Notaires, celuy qui le fait doit signer l'acte qui en est passé,
s'il sçait écrire, sinon il doit estre fait mention qu'il ne sçait
pas écrire, suivant l'Ordonnance. Que s'il est fait sous signature privée, il doit estre entierement écrit de la main du pere,
& signé de luy, à l'exemple des testamens olographes, car un
partage qui doit estre executé aprés la mort de celuy qui le
fait, est une espece de derniere volonté, dans laquelle il faut
obvier aux surprises autant qu'il est possible; c'est pourquoy il
ne faut point recevoir tels actes qui soient écrits de main étrangere, soit en partie ou pour le tout.

Pour la validité d'un partage, il n'est pas necessaire qu'il soit
signé par les enfans entre lesquels il est fait, toutefois cela 7
s'observe pour plus grande précaution, afin que les enfans
qui l'ont signé, ne puissent point contrevenir à leur propre
fait.

Quand un partage est fait, il doit estre executé par les enfans, pourveu qu'il ne préjudicie point à la legitime ny au droit 8
d'aisnesse, quoy que l'égalité ne soit point gardée au moins dans
les Coustumes qui permettent aux peres & meres d'avantager
leurs enfans les uns plus que les autres, comme il a esté jugé
par plusieurs Arrests rapportez par Brodeau sur M. Loüet, lettre P. chap. 24.

Tels partages sont reputez une ordonnance de derniere volonté, quoy que declarez donations entre-vifs, & revestus des for- 9
malitez requises pour les rendre valables, & comme tels ils sont
revocables à la volonté de ceux qui les ont faits. On remarque
trois Arrests qui l'ont jugé ainsi : le premier a esté donné conformément aux conclusions de Monsieur l'Avocat General Bri-

quet , le Mardy cinquiéme May 1645. en l'Audiance de relevée , fur l'appel interjetté d'un appointement en droit rendu
par le Senefchal d'Anjou ou fon Lieutenant à Angers , fur des
Lettres obtenuës par un pere & une mere , pour eftre reftituez
contre une démiffion par eux faite de tous leurs biens au profit de leurs enfans , moyennant la fomme de fix cens livres par
chacun an.

Le deuxiéme a efté donné en l'Audiance de la grand' Chambre , le quatorziéme May 1647. conformément aux conclufions de Monfieur l'Avocat General Talon , par lequel il a
efté jugé, que telle donation eft revocable, quoy que les biens
euffent fait fouche en la perfonne des petits enfans.

Le troifiéme a auffi efté donné en l'Audiance de la grand'
Chambre , conformément aux conclufions de Monfieur l'Avocat General Talon , le 19. Mars 1671.

Ces Arrefts ont efté rendus dans l'efpece des donations faites
de tous biens ; mais quand elles font faites *per modum quotæ*,
la Cour a jugé qu'elles n'eftoient point revocables ; c'eft l'efpece d'un Arreft du deuxiéme May 1657. donné en l'Audiance
de la grand' Chambre , de relevée.

L'Empereur n'a accordé le droit de faire partage de fa fucceffion qu'aux afcendans , & c'eft ce que nous fuivons en France ; en forte qu'en collaterale on n'admet point de femblables
partages, comme il a efté jugé par Arreft du quatorziéme Aouft
1587. qui eft le 147. des Arrefts de le Veft. Mais celuy qui
ne laiffe que des collateraux, peut faire un teftament , par lequel
par forme de legs il laiffera à un chacun de fes prefomptifs heritiers les chofes qu'il voudroit faire tomber dans fa portion au
cas qu'il luy fût permis de faire un partage ; ce qui fe doit entendre des meubles , acquefts & conquefts immeubles , car pour
les propres les quatre quints appartiennent aux heritiers que la
Couftume fait en ces fortes de biens, fans que celuy auquel ils
appartiennent , en puiffe difpofer par derniere volonté à leur
prejudice , par une efpece de partage ou autrement.

CHAPITRE VIII.

De celuy qui nie fa fignature, ou qu'il a receu l'argent
qui luy a efté compté.

Studium verò malevolentiæ.

SOMMAIRE.

L'Empereur dit dans ce Chapitre que la Couſtume qu'il a re- 1
connu dans pluſieurs de nier leur ſignature, luy a fait confirmer derechef la Loy établie à la requeſte d'un de ſes Tribuns
appellé Aquilius, laquelle a eſté pour cela nommée Aquilia, qui
condamnoit ceux qui nioient fauſſement leur ſignature au double de ce qui y eſtoit contenu : & dans cette Loy il y a pluſieurs
autres chefs qui ſe rapportent preſque au meſme ſujet, ſçavoir
pour les dommages cauſez par quelqu'un à un autre, ou par les
legs faits à l'Egliſe, pour leſquels la condamnation du double à
lieu *propter inficiationem*, ce qui eſt contenu dans les Inſtituts au
titre *de lege Aquilia*. Mais la ſeverité de cette Loy eſt ſortie de
l'uſage par une indulgence qui a entretenu la mauvaiſe foy de pluſieurs perſonnes, c'eſt pourquoy l'Empereur dit qu'il eſt neceſſaire de condamner à la peine portée par cette Loy ceux qui nie-
ront fauſſement leurs ſignatures. Que ſi quelqu'un produit une

reconnoissance ou promesse faite par son debiteur, & que le deffendeur dise qu'elle n'est pas de luy, quoy qu'en effet elle soit écrite
de sa main, en sorte qu'il soit obligé de la justifier; ou que ce debiteur reconnoissant sa signature, & qu'il allegue contre la demande du demandeur, que la somme qu'il a confessé devoir au
demandeur, ne luy a pas esté comptée, & que le demandeur ju-
2 stifie le contraire; l'Empereur ordonne que dans ces deux cas,
le deffendeur soit condamné au double de la somme contenuë
dans la promesse: Et il dit qu'il fait cette Ordonnance, non pas
parce que les Loix anciennes luy plaisent, mais parce que c'est
un moyen de diminuër les procés, en ce que ceux qui seront poursuivis pour executer le contenu en leurs promesses, avoüeront plûtost pour éviter la peine du double, ce qu'ils sont obligez de
confesser.

    L'Empereur ordonne donc, que la condamnation du double
sera observée dans les cas mentionnez cy-dessus, sur peine pour
le Juge qui y contreviendroit d'estre sujet à la mesme condamnation envers le demandeur.

3   Dans le verset *hæc autem dicimus*, L'Empereur fait une exception, ou allegue un cas auquel la condamnation du double
n'a pas lieu *propter inficiationem*, sçavoir lors que le demandeur
renonçant à faire preuve que la promesse qu'il a pardevers luy,
est écrite de la main du deffendeur, & qu'il a bien voulu qu'il fût
déchargé de sa negation en prétant le serment qu'il luy auroit
deferé pour lors, quoy que le demandeur ait deferé le serment
à son debiteur aussi-tost aprés sa negation, & que le deffendeur
ait avoüé que la promesse produite estoit écrite de sa main, neanmoins il ne sera pas condamné au double de ce qui sera contenu
dans sa promesse: La raison est, que *parcitur sponte confitenti, l.
4. §. 6. C. de hæret. l. 11. ff. de in jus vocan. l. 11. in fi. ff. de in-
terrogat. l. 65. in fin. ff. de furt.* & comme remarque la glose sur
ce Chapitre, *in verbo. voluerit si relevas me in uno onere proban-
di, & ego te debeo in alio relevare, scilicet in pæna dupli, l. eum qui.
ff. de jurejur.*

    Ces mots *sacramento rei nunc usque abnegationem factam sol-
vi voluerit*, sont tres-difficiles à interpreter, je crois qu'ils se doivent ainsi entendre, *voluerit actor reum absolvi & liberari ex sua
abnegatione per præstitum juramentum*; car celuy qui defere le
serment à son debiteur, le rend juge luy-mesme de sa cause, & il

met en fa main fon abfolution, *l. 2. l. 31. ff. de jurejur. l. 1. C. de reb. credit.* de forte que ce ferment presté a plus de force qu'une tranfaction, *l. 19. & l. 29. C. de tranfaction,*

Que fi aprés une longue procedure le demandeur s'en rapporte au ferment du deffendeur, & que le deffendeur avoüe ce pourquoy le ferment luy aura efté deferé, en ce cas il eft auffi déchargé de la condamnation du double, mais il eft obligé de payer tous les frais & les dépens faits depuis la demande jufques au ferment presté, lefquels auront efté finis & terminez par le ferment du deffendeur.

Dans le verfet *fi quis autem adnumerationem*, l'Empereur dit, que fi quelqu'un nie qu'un autre luy ait presté de l'argent, & qu'en fuite le demandeur en faffe preuve, & que ce deffendeur vueille alleguer les payemens qu'il auroit faits fur cette fomme, l'Empereur deffend que le demandeur foit obligé de luy en tenir compte, & de les diminuer fur la fomme qu'il devroit, ordonnant qu'il foit contraint de payer toute la fomme pour la peine de fon inficiation. Ce que l'Empereur Zenon avoit ordonné avant Juftinien, dans la Loy *conductores. C. loca.* qui femble contenir une femblable decifion, l'Empereur deffendant que le Juge puiffe eftre détourné par quelque maniere que ce foit, d'obf.erver une Loy qui eft fi jufte.

Que fi au contraire le deffendeur affigné pour payer le contenu dans fa promeffe, produit la quittance du demandeur, & que le demandeur nie qu'elle foit écrite de fa main, & que le deffendeur le juftifie, non feulement le payement contenu en la quittance fera mis en compte & en diminution de la dette, mais auffi il en faudra ajoufter encore autant. Par exemple, je dois à Titius cent piftoles, je luy en ay payé trente dont j'ay quittance écrite & fignée de fa main, & il nie que cette quittance foit de luy, non feulement la fomme de trente piftoles y contenuë fera deduite fur celle de cent contenuë en ma promeffe, mais auffi il en faudra ajoufter trente autres dont je feray prefumé avoir fait le payement, pour punir par ce moyen la negation de mon creancier, de forte que cette quittance me vaudra en confequence pour la fomme de foixante piftoles. Et en ce cas ce qui a efté dit cy-deffus *verf. hæc autem dicimus,* a lieu à l'égard du demandeur, au ferment duquel le deffendeur pourra s'en rapporter fi la quittance qu'il a en fes mains, eft écrite de luy.

Que fi un procés fe pourfuit fous l'authorité des curateurs qui ne regardent pas les curateurs, & que neanmoins ils ayent fait quelque negation contre leur propre écriture, la peine deüe à leur temerité ne retombe point fur ceux aufquels ils ont efté nommez curateurs, mais fur les curateurs mefmes, pour avoir fait une negation fi honteufe.

L'Empereur finit ce Chapitre, en declarant que s'il y a quelque condamnation plus rigoureufe du double, du triple, ou du quadruple, établie par les anciennes Loix, ou par les Ordonnances des Princes, elle fera executée felon la forme & teneur, fuivant mefme qu'il eft contenu dans les Inftituts ou dans les Loix du Digefte, pour plufieurs raifons & circonftances, pour lefquelles

8 la condamnation du double a lieu pour autre caufe, que *propter negationem*, comme pour caufe de vol non manifefte, ainfi des autres, pour lefquelles il faut voir les Inftituts au titre des actions où il eft parlé des actions *in fimplum, duplum, triplum, & quadruplum*, cette Ordonnance n'eftant pas pour détruire les anciennes, mais pour y eftre ajouftée, & eftre executée avec elles felon leur difpofition.

9 De ce Chapitre a efté tirée l'Authentique *contra qui propriam*, mife aprés la Loy *cùm fidem. 4. C. de non numer. pecun.* à laquelle cette Novelle a efté ajoûtée pour la decifion des cas qui y font contenus, établiffant une peine nouvelle contre ceux qui contreviennent aux deffenfes qui y font contenuës.

Authentique *Contra qui propriam. C. de non numer. pecun.*

Contra qui propriam feripturam qua convenitur, abnegat, vel numerationem inficiatur, convictus in duplum condemnetur, nifi facramento illato confiteatur; tunc enim non fumitur, nifi in expenfas circa probationes factas, actoris juramento declarandas. At fi poft numerationis inficiationem prætendat folutionem omnimodo folidum exigitur, nec prodeft jam facta folutio. Contrà fi actor literas fuas à reo prolatas abneget, eadem fit & pænæ & jurisjurandi forma. Hac pænâ curatori infligendâ, fi de fuis literis quæftionem referat in caufa ejus quem curat.

Par l'Edit du mois de Decembre 1684. Regiftré au Parlement le 22. Janvier 1685. article 11. ceux qui denient leurs fignatures ou écritures, font condamnez en cent livres d'amande envers le Roy dans les Cours Souveraines; & en cinquante livres

dans

dans tous les autres Sieges & Jurisdictions, & en pareille somme envers qui il appartient dans les Justices des Seigneurs particuliers, outre les dépens, dommages & interests des parties.

Cet Edit n'a pas établi un droit nouveau en France, il n'a fait que confirmer l'Ordonnance du Roy Charles IX. de l'an 1563. article 8. qui condamne au double celuy qui dénie sa promesse, mais elle n'estoit point observée.

CHAPITRE IX.

Des exceptions injustes des possesseurs.

Illud quoque in judiciis.

L'Empereur dans ce Chapitre dit que si le possesseur d'un fonds est poursuivy par quelqu'un par action hypothecaire, comme par le creancier hypothecaire de celuy dont il a acquis l'heritage hypothequé à sa dette, & que ce possesseur nie que ce fonds ait jamais appartenu à celuy que pretend le demandeur, & qu'ensuite aprés que le demandeur a justifié ce qu'il a avancé, le deffendeur veüille se servir du droit de celuy qui veritablement estoit le proprietaire de ce fonds, ce possesseur est décheu de sa possession *propter inficiationem*, sauf à ce possesseur de prouver le droit qu'il pretend avoir de la personne de celuy dont il a nié avoir acquis ce fond.

L'Ordonnance contenuë dans ce Chapitre est entierement inutile en France, dautant que celuy qui pretend avoir quelque droit d'hypotheque sur un fonds, & faire par consequent declarer ce fonds affecté & hypothequé à sa dette contre le possesseur d'iceluy, il est obligé de prouver son hypotheque sur ce fonds, & qu'au temps que son hypoteque a esté constituée, ce fonds estoit en la possession de son debiteur, & ce n'est pas au possesseur à faire voir qu'il l'avoit acquis auparavant, parce que c'est à celuy qui agit, à justifier sa demande & ses pretentions, & les moyens de sa demande.

CHAPITRE X.

Comment les Concubines de condition servile peuvent devenir femmes de leurs Concubinaires.

Jome-
-Con-
binæ
vilis)
ditio-
s con-
cutæ,
gitimæ
ores
nt,

Quod autem ab aliquibus.

PArce que ce Chapitre est entierement inutile, nous dirons sommairement ce qu'il contient ; sçavoir que les enfans nez d'une Concubine libre , ou affranchie , ou esclave , mais qui a esté depuis affranchie, sont rendus legitimes par le mariage de leurs pere & mere , soit qu'aprés le mariage contracté il soit survenu quelques enfans, & qu'ils vivent, ou qu'ils soient morts aprés leur naissance, ou mesme qu'il n'en soit survenu aucun. Voyez cy-dessus, *de incestis nupt. capite dubitatum.*

PARAPHRASE
DE JULIEN.

CONSTITUTIO XXXIV.

CXIV. De legitima portione liberis à parentibus relinquenda.

OMnes tam masculi quam fæminæ decedentes , si unum filium habeant, tertiam partem substantiæ suæ ei relinquant falcidiæ nomine , eodem obtinente jure : & si duos vel tres vel quatuor liberos dereliquerint. Sin autem ultra quatuor sint : dimidiam *partem substantiæ paternæ habeant, ut in hoc casu falcidia lex dimidiam partem contineat, id est, sex uncias substantiæ defuncti. Nulla autem differentia est, utrum ab institutione hæredis, an fideicommissi datione legitima pars liberior præstita sit: Hoc autem quod de filiis & filiabus dicimus, teneat etiam in omnibus descendentibus personis, quibus scilicet de inofficioso agere permissum est.*

C X V.   De Curialibus liberis.

Curiales prioris, id est, præcedentis capitis observatione excepti sunt: hi enim liberis suis curialibus novem uncias substantiæ suæ relinquere coguntur: tres autem reliquas uncias, in quas voluerint personas transmittant. Sed tamen ea lex jura de inofficioso testamento querelæ non mutat, nam solam quantitatem falcidiæ legis dilatavit, (id est auxit.)

C X V I.   Si liberis suis nudam proprietatem quispiam reliquerit.

Si quis liberos & uxorem habens in ultimis suis elogiis jusserit totius substantiæ suæ uxorem quidem usumfructum habere, liberos autem nudam proprietatem, quid juris sit. Et dicimus usque ad partem legitimam falcidiæ habituros liberos etiam usumfructum proprietatis : reliquam autem ususfructûs portionem uxori dandam : quia si nudam proprietatem sine ullo ususfructûs solatio habeant liberi, nihil prohibet eas fame perire. Hæc autem quæ diximus, teneant tam in patre defuncto, quam in avo & proavo & in omnibus superioribus personis, eodem videlicet jure observando. Et si mater decedens marito suo usumfructum totius patrimonii sui reliquerit, & liberis suis nudam proprietatem : idem (est) & in avia & in proavia.

C X V I I.   Quemadmodum ab intestato liberi per fœmininum sexum descendentes parentibus suis succedere debeant.

Si quis nepotes ex filio reliquerit, & ex filia nepotes vel neptes: pariter ad hereditatem avi defuncti ab intestato vocentur : & non minus tertia parte, sicut antea accipiant : sed integram portionem consequentur nepotes ex filia nati, qualem accipiunt

Mmm ij

nepotes ex filio procreati. Item si avia decesserit nepotibus ex filio & neptibus ex filia derelictis, omnes pariter ad hereditatem aviæ suæ vocentur : & omnino nulla sit differentia utrum omnes nepotes sint, an neptes : & utrum ex filio, an ex filia procreati sint. Item si quis sine dotalibus instrumentis, sed sola nuptiali affectione matrimonium contraxerit, & liberos habuerit, posteaque soluto (priore) matrimonio secundas nuptias cum alia muliere contraxerit, & dotalia instrumenta ei fecerit, & alios liberos habuerit : omnes liberi ejus tam ex primi matrimonio nati, quam ex secundis nuptiis procreati pariter ad hereditatem vocentur, quamvis prius matrimonium sine dotalibus instrumentis contractum est.

CXVIII. De concubinis & naturalibus liberis.

Si quis neque liberos legitimos habens, neque uxorem legibus cognitam decesserit, & concubinam reliquerit, ex qua filios naturales habuit : (Concubinam autem dicimus talem, quæ libera constituta in domo defuncti erat, usque ad mortem ejus, & si liberi naturales ex ea in domo ejus ab ipso procreati sunt & nutriti) hæc igitur si ita sint : veniant simul tam ipsa concubina, quam liberi ejus naturales ab intestato in substantiam defuncti : non ut totam accipiant, sed ut duas uncias tantum consequantur substantiæ defuncti patris, & distribuantur inter eos & matrem : ita tamen, ut mater unius liberi portionem accipiat, & per capita divisio rerum fiat. Quod si concubina ante concubitorem suum decesserit, & filios naturales reliquerit : nihilominus duas uncias liberi naturales consequantur : hæc autem de ea concubina dicimus, quæ sola erat in domo defuncti concubitoris. Alioquin si complures fuerint mulieres, quas in concubinatu defunctus habeat, ex quibus & liberos naturales habuerit, nulla licentia dabitur neque concubinis, neque liberis earum ad successionem defuncti venire : quoniam meretrices magis quam concubinæ tales mulieres sunt, cum quibus passim defunctus dormiebat : sed illam solam cum progenie sua ad hereditatem defuncti vocamus, quæ quodammodo uxorem legitimam imitatur : & nulla differentia est, utrum naturales ejus liberi masculi aut fœminæ sint, hoc autem in futurum tempus obtinere constitutio jubet.

C XIX. De Collatione dotis & ante nuptias donationis.

Si quis pro filia sua dotem genero dederit, vel propter nuptias donationem pro filio suo nurui præstiterit : posteaque ipse pater decesserit testatus sive intestatus, & non specialiter expresserit, ut nulla collatio fiat dotis vel antenuptias donationis. Si hoc igitur ita sit, is qui succedere patri voluerit, cogitur conferre dotem vel antenuptias donationem.

C XX. Si res suas pater inter liberos distribuerit.

Si quis res suas liberis suis distribuere velit sive in testamento, sive alia quadam voluntate : liceat quidem ei hoc facere : dum tamen distributionem confirmet sua subscriptione. Quod si ipse subscribere nolit, faciat liberos suos subscribere, inter quos & rerum distributio fit, quod si non ita fecerit, vel etiam sine testibus, voluntatem suam condiderit : sciat eam nullius esse momenti. Ideoque liberi ejus omnes ita substantiam ejus partiantur inter se, ac si sine ulla distributionis voluntate parens eorum decessisset.

C XXI. Si quis prolatam manum suam negaverit.

Si quis prolatam manum suam negaverit, & dixerit talem scripturam suam non esse, ita ut postea actor probationibus vexetur & aliis difficultatibus : vel si litteras quidem suas agnoverit, dixerit autem pecuniam sibi numeratam à creditore non esse, in utroque casu si convictus sit, in duplo debitam quantitatem actori præstet. Quod si judex contra præsentem legem judicaverit : ipse pœnam actori reddat. Hæc autem ita se habent : nisi forte actor probationibus abrenuntians ab initio sacramentum reo detulerit : tunc enim si reus sacramentum dare noluerit, sed veritatem confessus fuerit, dupli pœnam evitabit. Quod si longiore tempore extenso litigio ad sacramentum actor recurrerit, posteaque reus sacramenti timore veritatem confessus fuerit : dupli quidem pœnam evitabit : cogatur autem omnes impensas, quas actor propter improbitatem ejus fecerit, sacramento actoris præstare. Si quis autem dixerit sibi nullam adnumeratam esse pecuniam : postea autem confessus sit, & dixerit etiam se particulares solutiones solvisse : quamvis re vera persolverit, attamen nihilominus integram sor-

rem exsolvat. Sed & si reus litteras actoris protulerit, easque suas esse actor negaverit, & postea reus veritatem probare potuerit: cogatur actor non solum illud imputare reo, quod litteris declaratur, sed etiam alterum tantum persolvat pœnæ nomine mendacii sui, & in hoc casu sacramenti ratio eadem habeatur tam in actoris quàm in rei persona.

C X X I I. Idem.

Quod si litigium per tutores vel curatores ventiletur: pone enim principales personas impuberes esse vel adolescentes, tunc pœnæ exactio propter improbam negationem adversus ipsos tutores vel curatores competat. Hæc autem Constitutio nullam facit innovationem in legibus quæ duplum vel quadruplum in quibusdam casibus exigi præcipiunt.

C X X I I I. De improbis possessorum exceptionibus.

Si quis rerum detentator in rem actione ab aliquo conventus dixerit actorem rerum dominum non esse: actor autem probaverit se dominum esse, & probationibus convictus reus postea dicat hypothecarum titulo vel alio quodam jure ad se res pertinere: Tali pœnæ subiiciatur, ut adhuc lite in suspenso constituta, res ad actorem transferantur: & post translatam possessionem, tunc, si quas sibi putaverit actiones competere, eas moveat is, qui transposuit possessionem.

C X X I V. Quomodo concubinæ servilis conditionis constitutæ legitimæ uxores fiant.

Si quis neque legitimam uxorem habens, neque liberos legibus cognitos, ancillam autem suam concubinam habuerit, & liberos ex ea susceperit, posteaque eam cum liberis suis manumiserit, & jus annullorum aureorum eis impetraverit, & natalibus eos restituerit, instrumentaque dotalia conscripserit; quamvis postea nullos habuerit liberos: attamen & uxor legitima sit, & liberi, qui ante dotalia instrumenta sunt nati, tam legitimi, quàm in potestate patris sui naturales efficiantur, & successionem ejus ab intestato accipiant. Dat. Kal. Mart. C. P. BILIS. V. C. Conf.

TITRE SIXIE'ME.

Des enfans nez avant le mariage.

NOVELLE XIX.

L'Empereur dit, que l'Ordonnance qu'il a faite en interpretation de la Loy *cùm quis*. & de la Loy *nuper. C. de natural. liber.* qui est dans la Novelle *sup. de incest. nupt.* a lieu pour les affaires pendantes & qui ne sont pas encore terminées par jugement ou par transaction. Voyez ce Chapitre de la Novelle *de incest. nupt.* pour n'estre pas obligez de repeter icy ce que nous avons dit sur le mesme sujet. Ainsi dans ce cas les Ordonnances sont établies pour les affaires passées & pour celles qui sont à venir, quand ces Ordonnances sont faites pour l'interpretation d'une ancienne Loy ou Ordonnance, parce qu'elles n'établissent rien de nouveau, & qu'elles ne font que confirmer la jurisprudence des anciennes Loix, conformément à la Loy 7. *C. de leg.* en ces termes : *Leges & Constitutiōes futuris certum est dare formam negotiis, non ad facta præterita revocari, nisi nominatim & de præterito tempore, & adhuc pendentibus negotiis cautum sit.*

La Novelle 20. de ceux qui dans les causes d'appel font la charge d'Huissiers ; & la Novelle 21. *de Armeniis*, sont inutiles en France.

QUATRIEME COLLATION.
TITRE PREMIER.

Des Nopces.

NOVELLE XXII.
PREFACE ET CHAPITRE PREMIER.

SOMMAIRE.

1. *Motif de cette Constitution.*
2. *Immortalité procurée aux hommes par le mariage.*
3. *Le mariage regarde tous les hommes en general.*
4. *Constitutions des Empereurs Theodose & Leon, touchant les secondes nopces.*

CEtte Novelle contient quarante-huit Chapitres, une Preface & un Epilogue; & dans Scringer elle est intitulée *de secundis nuptiis*; dans Julien c'est la Constitution 36. & intitulée *de solutione secundarum nuptiarum, & de secundis nuptiis.*

L'Empereur dans la Preface de cette Novelle dit, qu'il a fait plusieurs Loix nouvelles, par lesquelles il a reformé les choses qu'il avoit auparavant établies & ordonnées; mais qu'il a reconnuës depuis avoir quelque defaut, en faisant connoistre 1 à ses Sujets la maniere qu'il faut vivre. Mais que ce qu'il ordonne dans cette Novelle est une loy commune à tous les hommes, imposant un ordre convenable aux choses. Car si le mariage est si utile, qu'il semble procurer par un admirable artifice l'immortalité au genre humain, se conservant continuellement par 2 la generation des enfans, par une providence particuliere de la Divinité, c'est avec raison que l'on a de tres-grandes considerations pour le mariage.

En

En effet, toutes les Loix qui ont esté faites, ne regardent pas tous les hommes, & ne sont pas propres pour toutes choses & en tout temps, mais le mariage est pour tous les hommes, puisque c'est par luy seul que le genre humain se renouvelle, c'est pourquoy il requiert des soins & des applications beaucoup plus grandes que toutes les autres choses.

Les anciennes Loix ne penetroient pas assez au sujet des secondes nopces, permettant aux peres & aux meres de passer à des seconds mariages sans les priver des avantages & des gains accordez aux premieres nopces, & la simplicité des premiers temps en estoit la cause. Mais au temps de l'Empereur Theodose, premier de ce nom, on s'appliqua sur cette matiere avec plus de soin; les Empereurs qui le suivirent en firent le sujet de leurs occupations, & l'Empereur Leon le dernier d'entr'eux, en fit de rigoureuses Ordonnances.

L'Empereur dit en avoir fait pareillement plusieurs qui sont renfermées dans le volume des Ordonnances sur ce sujet; & qu'ayant examiné les choses plus à fond avec des desseins plus premeditez; il a crû qu'il y avoit beaucoup à reformer, non seulement dans les Constitutions des autres Empereurs, mais aussi dans celles qu'il avoit établies: Et il dit, qu'il ne croit pas qu'il luy soit honteux de corriger ce qu'il a luy-mesme ordonné; & de prévenir la correction qui pourroit estre faite dans la suitte par d'autres.

Pour l'intelligence du Chapitre premier, il faut remarquer que Theodose qu'il appelle *major*, est Theodose premier de ce nom, qui a fait la Loy *generaliter. de secund. nupt.* & la Loy *si qua mulier. eod. tit.*

Par les autres Empereurs il entend Theodose second, qui a fait la Loy *cum aliis sanctionibus. d. tit.* & l'Empereur Leon dont il parle, a fait la Loy fameuse *hac edictali.*

La construction du commencement de cette Preface est assez difficile, elle se doit entendre ainsi: *Plurimæ leges positæ sunt à nobis ad meliora dantes viam singulis partibus eorum quæ anteà à nobis sancita & disposita sunt, & quæ visa sunt nobis non se rectè habere, hoc est, non ritè esse sancita.*

L'Empereur dit dans le commencement de ce Chapitre, qu'il y a deux choses à observer pour cette Ordonnance; la premiere est expliquée dans ce Chapitre, & l'autre est exposée dans le Chapitre suivant.

Tome I.   N n n

La premiere est, que ce qui a esté étably avant cette Ordonnance, tant par l'Empereur que par ceux qui l'ont devancé, touchant les secondes nopces, soit executé selon sa forme & teneur, pour le temps qui s'est passé jusques à cette Ordonnance, sans que pour le passé elle puisse y déroger ou y apporter aucun changement ; ce qui a esté fait avant cette Constitution, n'ayant rien de commun avec elle, au moins pour le passé : l'Empereur voulant que cette Constitution ait lieu seulement pour l'avenir pour les mariages qui se contracteront, soit seconds, troisiémes ou autres, dans les gains nuptiaux, & dans les successions à venir des enfans : De sorte que si quelques secondes nopces ont esté contractées auparavant, ou s'il est écheu quelques successions aux parens par la mort de leurs enfans d'un premier mariage, ou que ceux qui avoient convolé en secondes nopces, avoient perceu des gains nuptiaux par le moyen des dots, donations à cause de nopces, ou par quelque autre moyen, soit qu'il y ait des enfans issus du second mariage, ou qu'il n'y en ait point, l'Empereur ordonne que chaque chose sera observée selon son temps, & que les hommes & les femmes joüiront des avantages procurez par les Loix precedentes, soit qu'ils se remarient, ou qu'ils demeurent dans le veuvage, ou qu'ils ayent déja succedé à leurs enfans, ou enfin qu'ils ayent fait toute autre chose, voulant que le tout soit observé suivant la disposition des anciennes Loix.

Dans le verset *illis enim credentes*, l'Empereur rend la raison pour laquelle cette Ordonnance n'a lieu que pour l'avenir, qui est qu'autrement il semble qu'on pourroit blâmer ceux qui se sont fié sur les anciennes Loix & ont contracté sur leur autorité, de n'avoir pas sçeu qu'un jour elles seroient abrogées, & de ce qu'ils se sont assurez sur ce qui se faisoit ordinairement, & de ce qu'ils n'ont pas apprehendé ce qui n'estoit pas fait, mais qui se pouvoit faire un jour, ce qui seroit absurde ; c'est pour cela qu'il veut que toutes choses demeurent dans leur vigueur jusques à la presente Ordonnance, & que les choses qui ont esté faites auparavant, soient executées selon l'aurorité des Loix precedentes.

CHAPITRE II.

Que ceux qui ont passé en secondes nopces , puissent se remettre la peine portée par cette Constitution.

LA seconde chose qu'il faut remarquer sur cette Novelle est, que les conjoints par mariage peuvent se décharger & remettre par testament la peine portée par cette Ordonnance contre ceux qui passent aux secondes nopces, en sorte qu'un chacun peut disposer de ses biens, selon qu'il est permis par les Loix anciennes & selon les bonnes mœurs, *disponet itaque unusquisque super suis, ut dignum est, & sit lex ejus voluntas ;* conformément à la Loy des douze Tables, qui permet de disposer de ses biens à sa volonté, en ces termes, *uti legassit quisque de sua re, ita jus esto,* personne ne pouvant disposer des biens d'autruy sans son consentement, quoy qu'il impetrast une permission du Prince, ou par quelque autre maniere.

Que si le testateur n'a rien dit ny ordonné dans son testament, qui ne fût permis par des Loix établies auparavant, & n'a rien fait contre les Loix generales, en ce cas les Constitutions portées dans les Chapitres de cette Novelle doivent estre gardées au cas des secondes nopces.

On ne suit pas en France la disposition de ce Chapitre, n'estant pas permis à ceux qui contractent mariage de décharger le survivant des peines portées par l'Edit du Roy François II. contre les secondes nopces : La raison est, que cét Edit ne concerne point l'interest du predecedé, mais des enfans qui naistront de leur mariage, au préjudice desquels le survivant ne peut point passer aux secondes nopces qu'en subissant les peines portées par cét Edit, ce qui est marqué dans sa Preface contenant les motifs pour lesquels les peines y sont établies, conformément aux Constitutions des Empereurs.

CHAPITRE III.

De la substance du mariage, & comment il se dissoud.

Nuptias itaque.

1 L'Empereur dans ce Chapitre dit, que le seul consentement de l'homme & de la femme de vivre ensemble en cette qualité, fait le mariage, conformémeht à la Loy *nuptias. ff. de R. I.* en sorte qu'il n'est pas necessaire pour la substance du mariage, qu'il y ait un contrat portant constitution de dot ou de donation *propter nuptias.*

2 Que si les parties ont contracté mariage par un pur motif d'affection l'un pour l'autre, sans constitution de dot ou de donation *propter nuptias,* il faut que la dissolution ou la separation suive le mariage, parce que *eorum quæ in hominibus subsequuntur, quicquid ligatur, solubile est.*

La dissolution du mariage qui se fait par la mort d'une des parties, n'emporte point de peine, mais celle qui intervient par le fait & la faute d'un des conjoints, emporte une peine contre luy, comme il sera dit cy-après.

Par l'ancienne Jurisprudence il n'y avoit aucune peine portée contre celuy qui dissolvoit le mariage qui avoit esté contracté par le seul consentement des parties sans constitution de dot, mais l'Empereur a esté le premier qui en a estably, par la Loy derniere *C. de repud.* par laquelle il a ordonné, que si un mary repudioit sa femme sans cause, le mariage estant fait *sine dote & donatione propter nuptias,* il seroit condamné envers sa femme à luy donner la quatriéme partie de ses biens ; voulant que cette peine eut pareillement lieu contre la femme qui feroit divorce avec son mary sans cause legitime, comme il sera dit cy-après.

Le seul consentement des parties, selon la disposition Canonique, 3 ne fait pas le mariage, à moins qu'il n'ait esté donné en face d'Eglise; par la raison que c'est un Sacrement lequel ne se peut pas faire autrement, *Can. omne.* 27. *q.* 2. *ca. sicut.* 23. *q.* 2. Ainsi nous pouvons définir le mariage, un Sacrement, par lequel l'homme & la femme contractent une union inseparable par une communication de tous droits divins & humains.

Par l'Ordonnance de Blois article 44. il est expressément def- 4 fendu aux Notaires de recevoir aucunes promesses de mariage par paroles de present, c'est à dire, que par les Contrats de mariage qui se passent pardevant eux, les parties doivent promettre reciproquement de se prendre l'un l'autre au nom de mariage, & le faire celebrer & solemniser en face d'Eglise le plûtost que faire se pourra, à leur commodité; mais par ces Contrats les contractans ne doivent pas se prendre l'un l'autre reciproquement & presentement pour mary & femme.

Il y a eu depuis plusieurs Arrests du Parlement en forme de reglement, qui ont fait les mesmes deffenses aux Notaires.

Ce Chapitre est inutile, en ce qu'il permet aux conjoints par mariage de se separer de corps, la separation de corps n'estant permise que par Sentence du Juge, ainsi que nous avons dit ailleurs.

CHAPITRE IV.

Des divorces qui se font du consentement des parties, & par d'autres manieres.

De divorciis bonâ gratiâ factis, & aliis modis.

Distrahuntur.

LEs mariages se dissolvent pendant la vie des contractans, dit l'Empereur dans ce Chapitre; les uns par le mutuel consentement des parties, leur convention estant la seule cause de leur separation. Les autres reçoivent leur dissolution par quelque occasion raisonnable, & c'est une separation qui se fait *bonâ gratiâ*, c'est à dire, par un accord mutuel des contractans, *sine querela*,

& sine libello repudii. D'autres se dissolvent sans aucune cause, & d'autres par quelque cause raisonnable. Voyez touchant le divorce la Novelle 117.

CHAPITRE V.

De la Profession Monachale.

SOMMAIRE.

1 LEs mariages se dissolvent par une occasion raisonnable, comme quand un des conjoints fait profession dans un Convent, passant de la vie mondaine à la vie retirée & religieuse ; car en ce cas par une Loy faite par l'Empereur, dont il est fait mention au Code *de. Episcop. & Cleric. l. fin. in fi.* il est permis au mary ou à la femme de se retirer dans un Convent, nonobstant le mariage qu'ils auroient contracté, celuy qui se retire envoyant à l'autre un libelle de separation en peu de mots, qui luy sert pour se consoler de la perte qu'il fait ; en ce que tout le gain que les contractans ont stipulé par le Contrat de mariage pour le survivant, appartient à celuy qui est abandonné, soit l'homme ou la femme ; parce que quant au mariage, il est presumé mort choisissant un autre genre de vie qui n'est pas compatible avec le mariage, *eo quòd & iste quantum ad matrimonium videtur mori, aliud pro alio vitæ eligens iter.*

2 De ce Chapitre nous tirons cette consequence, que quand nous faisons quelque accord avec quelqu'un à nostre profit pour avoir lieu au temps de sa mort, cela s'entend tant de la mort ci-vile que de la mort naturelle. Ainsi par la Loy derniere au Code *in fi. C. de Episcop. & Cleric.* les biens acquis au Monastere par

la profeſſion Monachale, y demeurent, quoy que celuy qui l'a-
voit faite s'en ſoit retiré. La raiſon eſt, qu'eſtant mort civilement
par l'entrée dans le Convent, il y a transferé la proprieté de ſes
biens irrevocablement, cette mort produiſant les meſmes effets
en ce cas que la mort naturelle.

On objecte la Loy *ex ea parte.* 121. §. 2. *ff. de V. Q.* en cés **3**
termes : *In inſulam deportato reo promittendi ſtipulatio ita con-*
cepta, cùm morieris, dari? non niſi moriente eo committitur.
C'eſt à dire, que ſi je ſtipule avec Titius qu'il me donnera
cent lors qu'il mourra, & qu'il ſoit condamné à la déportation
qui eſt une mort civile, la ſtipulation neanmoins n'aura lieu que
lors qu'il ſera mort de la mort naturelle, de ſorte qu'auparavant
je ne pourray pas exiger les cent qu'il m'avoit promis *cùm more-*
retur. D'où il s'enſuit, que les gains nuptiaux accordez par Contrat de mariage au profit du ſurvivant, n'appartiennent au ſurvivant qu'aprés la mort naturelle de celuy qui a fait profeſſion
dans un Convent.

La gloſe pour la conciliation de ces textes dit, que dans ce
Chapitre il s'agit *de Monachiſmo,* & que dans ce §. il s'agit
de deportato : c'eſt une conciliation qui n'eſt pas difficile à faire,
car en liſant le texte on voit bien qu'il s'agit dans l'un de la mort
civile par la profeſſion Monachale, & dans l'autre de la mort
civile cauſée par la déportation ; mais la veritable conciliation
conſiſte à rapporter la difference qui ſe trouve entre ces deux eſpeces de mort civile, & pourquoy la profeſſion Monachale produit les meſmes effets que la mort naturelle au cas du mariage, &
de l'execution de ſes clauſes, & que la déportation n'en fait pas
de meſme pour l'execution d'une ſtipulation.

La raiſon de la difference eſt, que la profeſſion Monachale eſt **4**
reputée une mort naturelle tant pour celuy qui l'a faite que pour
les autres, en ſorte qu'il ne peut faire aucun acte qui ſoit valable,
ny pour luy ny pour les autres, qu'il n'y a aucune eſperance qu'il
retourne au monde, & qu'ainſi c'eſt une mort perpetuelle comme la mort naturelle, qui doit produire les meſmes effets, &
principalement quant à l'execution des clauſes portées par le
Contrat de mariage ; car l'Empereur a voulu, que celuy qui
ſouffre la ſeparation & la diſſolution du mariage par cette maniere, profitaſt des clauſes contenuës au Contrat ; comme ſi en
effet celuy qui a fait profeſſion, eſtoit mort, pour luy ſervir de
conſolation de la perte qu'il faiſoit.

Il n'en eſt pas de meſme du deporté, car s'il eſt reputé mort en ce qu'il eſt dépoüillé de tous ſes biens, toutefois il a eſpe-rance d'eſtre reſtitué dans ſon ancien eſtat par l'indulgence du Prince ; il eſt meſme capable de quelques effets civils, puiſque le mariage qu'il auroit contracté eſt conſervé, *non utique depor-tatione diſſolvi matrimonium*, dit la Loy. *ſed ſi aliâ.* 5. §. 1. *ff. de bon. damnat.* & ſuivant cette Novelle *inf. cap.* 13.

De plus, dans la Loy *ex parte. d.* §. il eſt parlé d'une ſtipulation faite *cùm morieris*, ce qui ne ſe peut entendre que de la mort na-turelle, & auparavant qu'elle ſoit arrivée le ſtipulant ſeroit mal fondé de vouloir pretendre l'execution de la promeſſe qui au-roit eſté faite à ſon profit, car le fiſc qui repreſente celuy qui eſt deporté, & qui entre en ſon lieu & place, ne peut pas eſtre pour-ſuivy pour le payement de la choſe promiſe, qu'au temps que l'obligé auroit eſté tenu de payer.

Les mariages legitimement contractez ne ſe peuvent point diſ-ſoudre par aucune cauſe, parce que *quod Deus conjunxit nemo ſe-paret ;* il faut excepter lors que le mariage n'a pas eſté conſommé, car pour lors, ſelon la diſpoſition des Canons, une des parties peut ſans le conſentement de l'autre, ſe retirer de ce monde, & faiſant profeſſion donner la faculté à l'autre de paſſer à d'autres nopces, *tot. tit. ext. de converſ. conjugat.*

CHAPITRE VI.

De l'impuiſſance.

Per accuſationem quoque.

SOMMAIRE.

7. Si les parties peuvent demeu-r r enfemble, quoy que le ma-ry foit conftamment impuif-fant.

8. Si en cas d'impuiffance la

femme peut demander fa dot & fes conventions matrimo-niales.

9. Autre queftion pour fait d'impuiffance.

LE mariage eft caffé par une caufe neceffaire & legitime, quand celuy qui l'a contracté, fe trouve incapable de le confommer pour fait d'impuiffance, au cas qu'il ait paffé deux années, à compter du jour du mariage, fans en avoir fait la con-fommation, fuivant la Loy *in caufis, C. de repud.* & pour ne pou-voir pas faire paroiftre fa virilité, la femme ou fes parens peu-vent faire diffoudre le mariage, & luy envoyer un acte de repudia-tion, pour eftre executée mefme contre la volonté du mary; & la dot qu'elle luy auroit apportée luy doit eftre renduë, & quant à la donation *propter nuptias,* qu'il luy auroit faite, elle demeu-re pardevers luy, n'étant pas jufte qu'il reçoive en cela aucun dommage. Cependant l'Empereur dans cette Novelle reforme la Loy *in caufis,* voulant qu'au lieu de deux années il faille at-tendre trois ans pour pourfuivre la caffation du mariage pour caufe d'impuiffance, parce qu'il eft arrivé plufieurs fois que tel qui n'avoit pû confommer le mariage dans deux années, s'eftoit trouvé capable enfuite de le faire, *edocti namque fumus ex iis quæ ante hæc provenerunt, quofdam amplius quam biennium tem-poris non valentes, poftea potentes oftenfos miniftrat filiorum pro-creationi.*

De ce Chapitre eft tirée de l'Authentique *Sed hodie. C. de re-pudiis.*

Authentique *Sed hodie. C. de repudiis.*

Sed hodie non biennium folùm, fed triennium numerari ve-lumus ex ipfo tempore copulationis computandum.

La difpofition de ce Chapitre ne s'entend pas indiftinctement, mais feulement lors qu'on n'eft pas certain de l'impuiffance du mari; car fi après le mariage contracté on en a des preuves cer-taines, la femme peut déflors demander la diffolution du ma-riage, parce que *fruftrà expectatur eventus, cujus nullus eft ef-*

Tome I.   O o o feƈtus, *cap.* cùm contingat. 36. *ext. de* offic. & poteſt. judic. *de* leg.

4 Les Papes ont conformé leurs Conſtitutions à cette Authentique, *cap.* laudabilem ext. de frigid. & malefic. Ce Chapitre contient la limitation ſuſdite, ſçavoir, *ſi tamen prius frigiditas probari non poſſit*, comme ſi par la viſitation du mary & le rapport des Experts, il apparroiſſoit quelque vice ou deffaut au mary qui luy oſtât pour toûjours la faculté de pouvoir connoiſtre ſa femme, il ſeroit inutile d'ordonner qu'ils demeuraſſent trois ans enſemble. C'eſt le ſentiment des Docteurs, qu'en ce cas il ne faut pas attendre ce temps, *cum conſtat de frigiditate*, gloſ. Abbas, Joan. Andr. & autres ſur ce Chapitre ſont de cet avis.

5 L'impuiſſance ſe conſidere de trois manieres, ou elle eſt evidente & manifeſte ou apparente, & vray-ſemblable, ou douteuſe & preſomptive : au premier cas le Juge d'Egliſe doit d'abord prononcer ſur la ſeparation & nullité du mariage, ſans aucune cohabitation ; parce que *in claris non eſt opus conjecturis, & fruſtra expectatur tempus, cujus nullus eſt futurus eventus.*

Le ſecond cas, ſi l'impuiſſance eſt apparente & vray-ſemblable, on ſe contente de la declaration des conjoints, qu'ils n'ont pû conſommer leur mariage par un deffaut naturel, que les experts declarent avec ſerment.

Au troiſiéme cas, on ordonne que le *triennium* ſoit gardé.

6 Chopin en ſon Traité *de Polit. Eccleſiaſt. lib.* 2. *tit.* 7. *num.* 22. rapporte un Arreſt du Parlement de Paris du 12. Aouſt 1602. par lequel la Cour, ſur ce que l'Official de Lyon avoit ordonné aprés la viſitation de la femme qui s'eſtoit trouvée entiere, & le rapport des experts ſur l'impuiſſance du mary, que les parties acheveroient le *triennium,* dit qu'il avoit eſté mal & abuſivement prononcé, & renvoya les parties pardevant le Juge d'Egliſe, autre que celuy dont eſtoit appel, pour leur eſtre fait droit ſur la diſſolution du mariage.

Le meſme Auteur remarque un autre Arreſt du 19. Janvier 1606. qui a jugé la meſme choſe.

Lors que le mary ſe trouve impuiſſant par quelque cauſe ou vice non apparent, les conjoints ſont tenus d'attendre les trois ans, aprés lequel ſi l'impuiſſance dure, ils peuvent demander la diſſolution du mariage.

Les trois ans ſe comptent du jour de la celebration du mariage, suivant l'Authentique *sed hodie*, ce qui est sans difficulté.

Quoy que l'impuissance soit une cause legitime de dissolution 7 du mariage, neanmoins il n'est pas permis aux parties de la consentir volontairement, & sans y observer les solemnitez requises, conformément à la Novelle 117. *cap.* 20.

Il est loisible aux parties nonobstant l'impuissance de demeurer ensemble & vivre comme mary & femme dans l'honneur & la dignité du mariage, parce que le mariage vray & legitime consiste en l'union des cœurs plûtost qu'en celle du corps, *si maritus uxore potiri non possit, vel suo vel uxoris vitio, quam habere non poterat ut uxorem, eam secum retineat ut sororem, can. requisisti. §. 4. 1. cap. consultationi. 4. de frigid. & malefic.*

On demande, si au cas de la dissolution du mariage pour cau- 8 se d'impuissance, la femme peut demander sa dot, les interests, son douaire & son preciput, au cas que le mary soit decedé avant que le mariage soit cassé, & declaré non valablement contracté: Il semble que non, parce que l'impuissance est un empeschement dirimant, que où il n'y a point de mariage, *non est dos neque donatio propter nuptias, neque datur dotis repetitio;* & qu'ainsi la femme ne peut point pretendre ses conventions matrimoniales, & les avantages qui luy sont accordez par iceluy, comme sont le douaire & preciput, ou l'augment de dot.

On dit au contraire, que le seul consentement des parties fait le mariage, *l. 32. ff. de R. I.* que le mariage est reputé valablement contracté avec un impuissant, jusqu'à ce qu'il soit jugé autrement; que mesme les Arrests ont jugé qu'il estoit permis aux parties de vivre & demeurer ensemble comme mary & femme, & partant jusqu'à ce que le mariage soit cassé il est presumé valable, & il produit ses effets suivant & conformément aux dispositions de la Coustume, selon laquelle le mariage a esté contracté, & les conventions des parties.

Cette question s'est presentée dans le Parlement de Tholoze dans cette espece: Bernard Rolland & Jeanne Yversens contractent mariage en l'année 1602. six jours aprés ladite Yversens voyant l'impuissance de son mary elle retourne chez sa mere, & intente contre son mary demande en separation & dissolution du mariage pour fait d'impuissance, pardevant l'Official d'Alby, surquoy aprés visite & rapport de Medecins, il fut ordonné

que les parties demeureroient enfemble pendant deux mois: Rolland en interjetta appel pardevant l'Official de Bourges, l'in-
ftance qui y fut portée, y fut pourfuivie pendant deux ou trois
ans, & demeura indecife & fans eftre jugée, & les parties demeu-
rerent feparées,& aprés dix-neuf ans le mary vint à mourir, la femme pourfuivit fes heritiers pour la repetition de fa dot, leur de-
manda fon augment, fes bagues & joyaux & autres avantages
portez par fon contrat de mariage avec les interefts de fa dot, attendu que pendant le temps de ce mariage & de la feparation des
conjoints, le mary avoit toûjours joüy de la dot fans bailler mefme des alimens à fa femme. Les heritiers foûtenoient au contraire,
que la femme ne pouvoit demander ny fon augment ny autres
conventions qui ne peuvent eftre demandées qu'en vertu d'un veritable mariage : fur ces conteftations , par l'Arreft du 7. May
1622. donné au rapport de Monfieur de Pompignac en la deuxiéme Chambre des Enqueftes, les heritiers furent condamnez
à rendre à la demandereffe fa dot, augment, robes & bagues qu'elle prouveroit avoir efté retenuës par fon mary, avec les interefts
de la dot, depuis le temps qu'elle s'eftoit retirée d'avec
luy.

La decifion de cet Arreft me femble fort jufte, dautant que
le mary eftoit decedé auparavant que le mariage eut efté caffé :
Lors qu'un mariage eft caffé pour fait d'impuiffance, le mary eft
condamné & par corps à la reftitution de la dot de fa femme, & à
fes dommages & interefts qui fe doivent ajuger, eu égard à la
qualité des perfonnes & aux biens de la femme, & conventions &
avantages faits par le mary à fa femme, par fon contrat de mariage.

CHAPITRE VII.

De la captivité.

Sed etiam captivitatis.

L'Empereur dit, que le mariage fe diffoud par la captivité de
l'un des conjoints de la mefme maniere qu'il fe diffoud par
le mutuel confentement des parties, ce qui n'eft fondé que fur

une fubtilité, qui eft que l'un des contractans eftant tombé dans le malheur de la fervitude, cette égalité d'état qui eft requife entre ceux qui fe marient ne fe trouvant plus, le mariage ne peut plus fubfifter, *fervitute femel fuperveniente alteri perfonæ, fortunæ inæqualitas æqualitatem ex nuptiis manere non finit*, telle eftoit la difpofition du droit ancien, *l.* 1. *ff. de divort. l. fi ab hoftibus. l. fi quis. ff. folut. matrim. l. in bello. §. medio. ff. de capt. & poftlim.* Mais l'Empereur ayant feulement égard à l'humanité, & à ce qui eft plus équitable entre les hommes, ordonne que les mariages demeureront dans leur vigueur nonobftant la captivité de l'une des parties, jufques à la mort de l'une ou de l'autre, & qu'elles ne pourront paffer à d'autres nopces, fi elles ne veulent contrevenir à fon Ordonnance, par une entreprife temeraire, & eftre fujettes aux peines qui y font portées, fçavoir à l'égard du mary qu'il ne peut pas reprendre la donation à caufe de nopces qu'il avoit faite à fa femme, & la femme ne peut pas reprendre fa dot & la donation à caufe de nopces, ce qui eft fignifié par ces termes, *& pœnis fuccumbere ; illum quidem ante nuptias donationis dicimus exactioni, illam verò dotis.*

Que s'il eftoit incertain fi celuy qui feroit pris par les ennemis feroit vivant ou non, en ce cas l'autre des conjoints feroit obligé d'attendre cinq ans, aprés lefquels n'ayant point appris de nouvelles certaines de la mort de celuy qui feroit en captivité, il pourroit paffer en d'autres nopces. Cette efpece de divorce eft mife entre ceux qui fe font *bonâ gratiâ*, par les Legiflateurs qui ont precedé Juftinien, *l. uxores. ff. de divort. & repud.* & fans que l'une des parties en fouffre aucune peine, en forte que dans ce cas il n'y a pas de repudiation, les contractans eftant éloignez de beaucoup l'un de l'autre, & le mary ne peut pas pretendre gagner la dot, ny la femme la donation *propter nuptias*, & l'un & l'autre confervent les biens qui leur appartiennent.

L'abfence ou la captivité ne font point en France des moyens pour diffoudre un mariage valablement contracté, & celuy qui eft prefent, ne peut point convoler en fecondes nopces, qu'il n'ait receu des nouvelles certaines de la mort de l'autre des conjoints, par la raifon que le mariage eftant legitimement contracté, eft un Sacrement, & partant ne fe peut diffoudre *quoad vinculum*, que par la mort de l'une des parties.

CHAPITRE VIII.

De la servitude de la peine.

Quod autem prius.

L'Empereur dans ce Chapitre ordonne que le mariage ne se diffoudra point par la condamnation aux metaux, abrogeant par ce moyen la Loy *sunt quidam.* 17. *ff. de pœn.* par laquelle ceux qui estoient condamnez à cette peine, devenoient incapables de tous les effets civils : l'Empereur voulant que les personnes libres conservent leur estat & leur condition de libres.

La condamnation aux metaux n'est point en usage en France, mais on luy peut comparer la condamnation aux galeres, laquelle n'est pas un moyen pour diffoudre le mariage.

CHAPITRE IX.

De l'état servile découvert de l'une des parties.

Si verò decretum.

CE Chapitre contient une autre cause de dissolution de mariage, sçavoir au cas que par Sentence du Juge, un des conjoints ait esté declaré esclave, lequel estoit affranchi au temps du mariage : La raison est que la servitude est une espece de mort civile, qui a beaucoup de rapport avec la mort naturelle, & l'Empereur ordonne en ce cas que les contractans reprennent ce qui leur appartient, & que le gain nuptial qui estoit stipulé en cas de mort, soit acquis aux enfans sur les biens de celuy qui est prononcé esclave, & que le reste de ses biens luy demeure, pour estre acquis ensuite à son maistre, *infr. ut nulli judic. §. fin.*

Ce Chapitre est inutile en France.

CHAPITRE X. XI. & XII.

De ceux qui ont épousé une femme esclave qu'ils croyoient libres.

Si verò ab initio.

De iis qui ancillam duxerunt putantes esse liberam.

L'Empereur dans ce Chapitre expose un cas auquel le mariage contracté n'est pas cassé, mais est nul dés son commencement; sçavoir lors que quelqu'un a contracté mariage avec une femme esclave qu'il croyoit libre, & qui est ensuite declarée esclave. La raison est fondée sur l'inégalité des contractans, *sup. cap. sed etiam.* & *l. si ignorans. C. sol. matrim.* & que le mariage ne peut pas estre contracté par des esclaves, *princ. instit. de nupt.* lesquels sont incapables des effets civils tel qu'est le mariage. C'est pourquoy il n'y a aucuns gains nuptiaux à pretendre, mais il faut rendre en ce cas de part & d'autre tout ce qui a esté apporté & qui appartient à l'un & à l'autre.

Ce qui a lieu ainsi lors que le maistre a ignoré le mariage de son esclave, qu'il n'y a point donné son consentement, & qu'on ne le peut pas convaincre qu'il ne l'ignoroit point, & qu'il n'avoit point voulu s'y opposer par malice & à dessein, ou par negligence. Car si le maistre donnoit son esclave à quelqu'un en mariage & declaroit que c'est une femme libre, en ce cas le mariage seroit valablement contracté, & cette femme auroit la liberté. Il en faut dire de mesme au cas que le maistre sçachant le mariage de son esclave, & qu'il ne l'eut pas témoigné à dessein & par dol, car ce mariage seroit valablement contracté, comme si le maistre y avoit donné son consentement dans le commencement.

Et au verset *& multo potius,* l'Empereur declare que le mariage contracté par des esclaves est valable, au cas que leurs maistres les eussent abandonnez auparavant, estant travaillez de quelque fascheuse maladie, ou qu'ils n'eussent pas eu soin d'eux comme ils auroient dû, ou enfin qu'ils n'eussent pas voulu conserver la puissance de maistres qu'ils avoient sur eux. La raison est, que par ce moyen ils ont esté rendus libres, & ils ont esté faits indépendans, suivant le titre *pro derelicto,* parce que ce qui est abandonné par le maiftre, ne luy appartient plus, ainfi ils ne pouvoient plus à l'avenir eftre inquietez par ceux, qui n'en vouloient plus avoir la poffeffion.

CHAPITRE XIII.

De la deportation.

De deportatione,

Deportatio tamen.

LA deportation n'eft pas un moyen pour diffoudre le mariage, comme elle eftoit autrefois, *l.* 56. *ff. folut. matrim.* & l'Empereur Conftantin a cru qu'il eftoit de la clemence d'un Prince d'empefcher que les mariages fe puffent diffoudre par la deportation, *l. res uxoris.* 24. *C. de donatio. int. vir. & uxor.* & cette difpofition a efté trouvée favorable par l'Empereur Juftinien, comme il marque dans ce Chapitre ; c'eft pour cette raifon qu'il ne la rapporte pas plus au long, & qu'il n'en explique point les effets, puis que le mariage eft confervé felon qu'il a efté contracté, conformément à l'Ordonnance de l'Empereur Conftantin.

La mort civile arrivée par une condamnation à mort par contumace, par un banniffement à perpetuité, ou aux galeres perpetuelles, n'eft pas un moyen pour diffoudre un mariage, parce que le mariage eft un Sacrement qui ne fe diffoud que par la mort d'un des contractans, lors qu'il a efté valablement contracté.

CHAPITRE XIV.

Si l'abfence du mary pour occupation militaire eft une caufe de diffolution.

Novimus autem.

L'Empereur dit dans ce Chapitre, que l'Empereur Conftantin a fait une Loy, qui eft la Loy *uxor.* 7. *C. de repud.*

par

par laquelle il a ordonné, que si un mary estoit occupé dans
les armes, & qu'il fût quatre ans sans faire sçavoir de ses nouvelles à sa femme, & sans luy faire connoistre l'affection qu'il
auroit pour elle, il luy seroit permis de passer à un second
mariage, faisant sçavoir auparavant au Maistre de la milice, ou
au Capitaine sous lequel seroit son mary, qu'elle auroit dessein de
se remarier; & en ce cas elle auroit droit de reprendre sa dot,
mais elle ne gagneroit pas la donation *propter nuptias* qui luy
auroit esté faite par son mary. Mais l'Empereur Justinian dit,
qu'il trouve que cette Ordonnance en use avec trop de preci-
pitation, permettant trop tost à la femme de se remarier, parce que ce n'est pas une peine moins grande pour le mary qui
est dans les troupes d'estre privé de sa femme, que d'estre pris
par les ennemis, *actibus enim bellicis occupato marito uxoris
privationem inferre non minor est pœna, quàm ab hostibus
capi.*

C'est pour cette raison qu'il deffend à la femme de passer à
des secondes nopces, qu'après dix ans passez du départ de son
mary, ayant observé pendant ce temps les formalitez suivantes, qui sont de luy avoir écrit plusieurs fois, ou de luy avoir
fait parler par plusieurs personnes pour son retour; & après
cela s'il renonçoit à son mariage, ou qu'il negligeast de répondre aux sollicitations de sa femme, elle écrivit au Maistre
de la milice, ou au Capitaine, ou au Tribun des soldats, pour
sçavoir si son mary seroit decedé; en suite dequoy elle presen-
tast Requeste à l'Empereur, pour obtenir la permission de se
remarier. Et l'Empereur ordonne, que si elle contractoit mariage sans avoir observé ces formalitez, le mariage seroit fait
contre les Loix, & cette femme condamnée aux peines portées contre ceux qui contractent des mariages deffendus par
les Loix.

L'Empereur a depuis abrogé cette Ordonnance par la Novelle *inf. matri. & avia. cap. quod autem*, par laquelle il défend à la femme de se remarier avant la mort de son mary.
Voyez *infrà* cette Novelle.

CHAPITRES XV. & XVI.

Des caufes de diffolution qui emportent condamnation de peine.

DAns le commencement de ce Chapitre l'Empereur dit, que les caufes de diffolution de mariage qui fe font fans aucune condamnation de peine, & qui font contenuës en general fous les divorces qui fe font *bonâ gratiâ*, ont efté expliquées dans les Chapitres precedens ; mais que dans les autres on doit rechercher la caufe du divorce provenant du mary ou de la femme, pour punir celuy des conjoints qui a caufé la diffolution du mariage, par la perte des chofes qu'il a données à l'autre, c'eſt à dire, ou de la dot ou de la donation *propter nuptias.* Et ces caufes contiennent plufieurs parties differentes, fuivant les anciens Legiflateurs.

En fecond lieu, que l'Empereur Theodofe le jeune a fait une Ordonnance touchant les feparations, qui eſt la Loy *confenfu. C. de repud.* dans laquelle il rapporte plufieurs caufes de feparation, entre lefquelles il y en avoit quelques-unes qui eſtoient obfervées avant luy, & d'autres qu'il avoit introduites. Et l'Empereur Juſtinien dit, qu'il en a établi d'autres pour punir celuy des conjoints qui fe trouvera avoir caufé mal à propos la diffolution du mariage.

Suivant l'Ordonnance de cét Empereur Theodofe, fi la femme a juſtifié que fon mary eſt coupable du crime d'adultere, ou d'homicide, ou qu'il s'eſt fervy de poifon, ou qu'il a excité des feditions, ou qu'il a rendu fa femme coupable du plus grand des crimes en machinant contre l'intereſt de l'Empire, ou qu'il a eſté condamné comme fauffaire, ou qu'il a eſté condamné d'avoir violé les fepulcres, ou qu'il a volé les maifons facrées, ou qu'il a commis des larcins, ou qu'il a receu chez luy ceux qu'il connoiſſoit pour voleurs, ou qu'il eſt du nombre de ceux qui font appellez *abigei*, c'eſt à dire, qui s'appliquent à faire mourir les beſtiaux d'autruy, ou à les transporter dans des lieux éloignez, ou qu'il s'eſt emparé des perfonnes libres, ou enfin qu'il a mené une vie fi luxurieufe, qu'il eſt tombé dans une grande dépravation à la veuë de fa femme & d'autres perſonnes, ce qui anime les femmes mariées, & principalement celles qui vivent dans la chaſteté, *quod maximè mulieres nuptas, ut potè circa cubile ſtimulatas exaſperat, & præcipuè caſtas :* ou ſi elle fait voir que ſon mary a dreſſé des embuſches à ſa vie, ou par le poiſon, ou par le glaive, ou par quelque autre maniere que ce ſoit, *multæ namque hominibus ad malitiam viæ ſunt :* ou s'il s'eſt ſervy de verges pour la mal-traiter.

Pour les cauſes exprimées cy-deſſus, l'Ordonnance faite par l'Empereur Theodoſe permet à la femme de ſe ſeparer d'avec ſon mary, d'exiger ſa dot, & la donation entiere que ſon mary luy auroit faite, non ſeulement au cas qu'elle juſtifiaſt que ſon mary ſe feroit rendu coupable de toutes celles qui ont eſté mentionnées, mais auſſi au cas qu'il n'y en ait que deux, & meſme une ſeule.

Mais auſſi la femme peut donner à ſon mary des cauſes legitimes de ſeparation, comme ſont celles qui ſuivent, ſçavoir ſi elle eſt convaincuë d'adultere, ou d'uſer de poiſon contre la vie des hommes, ou d'avoir commis homicide, ou d'avoir enlevé des perſonnes libres, ou violé des ſepulcres, ou d'eſtre ſacrilege, ou de donner retraite aux voleurs, ou ſi elle a de coûtume de ſe trouver dans des feſtins avec des perſonnes qui ne luy ſont ny parens ny alliez, où ſi elle couche hors de ſa maiſon contre la volonté de ſon mary, où ſi elle ſe trouve ſouvent aux jeux & ſpectacles publics, ou ſi elle a attenté à la vie de ſon mary par quelque maniere que ce ſoit, ou ſi elle eſt complice avec ceux qui entreprennent quelque choſe contre l'Empire, ou ſi elle eſt convaincuë de fauſſeté, ou d'avoir battu ſon mary : la meſme Ordonnance de l'Empereur Theodoſe permet au mary de repudier ſa femme pour une de ces cauſes, de retenir la donation *propter nuptias* qu'il luy auroit faite, & de gagner la dot qu'elle luy auroit apportée.

L'Empereur ordonne dans le §. 3. que ſi l'un des conjoints veut ſe ſeparer d'avec l'autre ſans aucune cauſe legitime, & diſſoudre par ce moyen le mariage qu'ils auroient contracté, il ſoit ſujet aux peines dont il a fait mention cy-deſſus, qui ſont de perdre la dot ou la donation *propter nuptias :* Voulant de plus, que ſi c'eſt la femme qui veüille ſe ſeparer ſans cauſe, elle ne puiſſe paſſer à un ſecond mariage qu'aprés cinq ans, de ſorte que le mariage qu'elle contracteroit auparavant, ſeroit criminel

& contre la diſpoſition de la Loy, permettant à un chacun de le dénoncer au Juge , & d'accuſer la femme qui l'auroit contracté.

Il ordonne dans le §. 4. que ſi la femme ſe ſepare d'avec ſon mary ſur quelque cauſe legitime, ou au contraire que le mary ſe ſepare d'avec elle ſans cauſe, il ſoit ſujet aux peines portées par la ſuſdite Ordonnance, c'eſt à dire, que la femme reprenne ſa dot, & gagne la donation *propter nuptias* qu'il luy auroit faite, avec deffenſes à elle de ſe remarier avant que l'année ſoit paſſée du jour de la ſeparation. Il n'en eſt pas de meſme à l'égard du mary, car ſoit qu'il gagne la dot de ſa femme, parce qu'elle ſe ſeroit ſeparée d'avec luy ſans cauſe, ou meſme que voulant ſe ſeparer d'avec ſa femme pour des cauſes qu'il pretendoit legitimes, voulant par ce moyen gagner la dot de ſa femme, & qu'il ait eſté debouté de ſa demande, en ces deux cas il peut paſſer à des ſecondes nopces dés que la ſeparation eſt faite, par la raiſon qui en eſt renduë dans ce §. *quoniam nulla circa ſobolis confuſionem rationabilis eſt ſuſpicio, quod in mulieribus ante anni completionem reEtè prohibetur:* & c'eſt pour cette raiſon que l'Empereur Anaſtaſe a deffendu aux femmes de paſſer à des ſecondes nopces à moins qu'un an ne fût paſſé, à compter de la ſeparation, quoy qu'elle eut eſté faite *bonâ gratiâ.*

L'Empereur dans le §. 5. ajoûte trois cauſes de ſeparation à celles qui ſont dans l'Ordonnance de l'Empereur Theodoſe: La premiere eſt, ſi la femme s'eſt procuré à deſſein l'avortement pour ôter par ce moyen à ſon mary l'eſperance d'avoir des enfans: La deuxiéme eſt, ſi la femme eſt ſi laſcive qu'elle prenne le bain avec des hommes: La troiſiéme eſt, ſi pendant ſon mariage elle parle de ſe remarier avec un autre: Voulant que pour l'une de ces trois cauſes le mary puiſſe la repudier & faire le gain porté par l'Ordonnance de l'Empereur Theodoſe.

Quoy que la mort civile en pluſieurs cas ſoit comparée à la naturelle, neanmoins elle ne cauſe pas la diſſolution du mariage *quoad vinculum*, le lien du mariage eſtant indiſſoluble, autrement que par la mort de l'un des conjoints. Mais la mort civile cauſe la ſeparation du mariage quant aux effets civils, comme la diſſolution de la communauté, laquelle eſt partagée entre le fiſc ou le donataire de la confiſcation & la femme, au cas qu'elle accepte la communauté. Sur quoy voyez ce que nous avons dit ſur l'article 183. de la Couſtume de Paris.

Quant au douaire, il ne s'adjuge point à la femme pendant la vie du mary, mais seulement une pension alimentaire. Voyez ce que nous avons dit sur l'article 255. de la mesme Coustume.

CHAPITRE XVII.

Celuy qui est ascriptice ne peut pas épouser une femme libre.

Ascrip- tius libe- ram mu- lierem habere non po- test.

L'Empereur dit dans ce Chapitre, que celuy qui est *ascripti- tius* ne peut pas épouser une femme libre, & si le mariage avoit esté contracté entre telles personnes il seroit nul, & il n'y auroit ny dot ny donation à cause de nopces. Voyez dans le Code ceux qui sont appellez *ascriptitii*, au titre *de agricol. & censit.*

CHAPITRE XVIII.

Des Mariages contractez sans Contrat portant constitu-tion de dot & de donation.

Propter nuptias.

De nup- tiis sine dotalibu instru- mentis cōtract

L'Empereur adjoûte dans ce Chapitre à l'Ordonnance de l'Empereur Theodose, que si le mary repudie sa femme sans cause, la femme prenne la quatriéme partie des biens de son mary, au cas que le mariage ait esté contracté par le seul consentement des parties, sans aucun Contrat portant constitu-tion de dot & de donation *propter nuptias*, ce qu'on appelle un mariage contracté *sine dotalibus instrumentis.* Comme au con-traire, si la dissolution du mariage arrive par la faute de la fem-me, le mary a droit de prendre le quart des biens de sa femme, & la femme ne peut pas se remarier qu'aprés cinq ans passez: mais si c'est par la faute du mary, elle se peut remarier un an aprés la separation.

Ce Chapitre est inutile en France.

CHAPITRE XIX.

Filius vel filia in parentũ præjudicium non mittit repudium.

Le fils ou la fille ne peut pas diſſoudre ſon mariage au préjudice de ſes pere & mere.

L'Empereur dans ce Chapitre dit, que le fils ou la fille ne peut pas diſſoudre ſon mariage au préjudice de ſes pere & mere, ce qui arriveroit ſi le fils par exemple vouloit ſe ſeparer d'avec ſa femme ſans cauſe, ſon pere ayant conſtitué pour luy à ſa femme une donation à cauſe de nopces avec pacte de gain avenant la diſſolution du mariage ; car ſi la femme pouvoit exiger cette donation du pere qui l'auroit conſtituée pour ſon fils, parce que ſon mary auroit fait divorce avec elle ſans cauſe, cette ſeparation ſe feroit au préjudice du pere ; mais comme le mariage des enfans en puiſſance ne ſe peut contracter ſans le conſentement de leur pere, auſſi ne doit-il eſtre diſſoud ſans ce meſme conſentement , & ſi il l'eſtoit autrement il n'auroit aucun effet contre les peres & meres.

Cette Conſtitution eſt inutile en France.

CHAPITRE XX.

De ſolutione matrimonii per mortem alterius.

De la diſſolution du mariage par la mort de l'un des conjoints.

SOMMAIRE.

L'Empereur dans le commencement de ce Chapitre dit, que [1] la mort eſt la cauſe de la diſſolution du mariage, comme de beaucoup d'autres choſes, c'eſt pourquoy ſi la femme vient à mourir, le mary gagne la dot, ou ſi au contraire le mary predecede, la femme gagne la donation à cauſe de nopces, s'ils ſont ainſi convenus par le traité de mariage, que le ſurvivant gagneroit la dot ou la donation à cauſe de nopces. Et telle convention eſt valable, quoy que les avantages & les gains ne ſoient pas égaux, pourveu que les conventions ſoient égales, ſuivant l'Ordonnance de l'Empereur Leon en la Loy *ex morte. C. de paćt. convent. tam ſup. dote.* Par exemple, s'il eſt convenu que le mary gagnera la moitié de la dot de ſa femme avenant la mort d'icelle, il faut auſſi qu'il ſoit convenu qu'avenant la mort du mary, la femme emportera la moitié de la donation *propter nuptias*, & le paćte ne ſeroit pas recevable s'il eſtoit convenu que la femme ne gagneroit que le tiers de la donation *propter nuptias.*

Au contraire ce paćte eſt valable, par lequel il eſt convenu que [2] le ſurvivant gagnera entierement la dot ou la donation *propter nuptias*, quoy que la donation *propter nuptias* ſoit plus forte que la dot, comme ſi la femme n'avoit apporté en dot que dix mille livres, & que la donation fut de douze mille livres. L'Empereur Juſtinian dit avoir fait une Ordonnance ſur cette matiere, en interpretation de la Loy *ex morte.* qui eſt la Loy *lege Leonis.* 10. *C. eod. tit.* où il dit, que ſi l'un fait une convention d'un gain plus avantageux pour luy au cas de la mort de l'autre, & l'autre au contraire convienne d'un gain moins conſiderable au cas de ſurvie, il eſt pour lors incertain ſi le paćte qui eſt le plus fort aura lieu, ou ſi c'eſt celuy qui contient un moindre gain, & l'Empereur ordonne, que le plus grand gain ſera reglé ſur le plus petit, de ſorte que ſi l'un eſtoit convenu de gagner le tiers, & l'autre de gagner ſeulement le quart, celuy qui aura ſtipulé de gagner le tiers ne gagnera que le quart au cas qu'il ſurvive. Et il rend la raiſon pour laquelle *minus non augetur ad paritatem majoris*, ſçavoir parce qu'il faut empeſcher autant qu'il eſt poſſible, l'excez des liberalitez. Il y a une autre raiſon, ſçavoir que *minus continetur in majori*, & non pas au contraire, *l. rogatus.* 33. *ff. mand.*

L'Empereur a depuis abrogé cette Novelle par la Novelle

de æqualitate dotis 97. *cap.* 1. par laquelle il a ordonné, que l'égalité feroit gardée pour la convention du gain de la dot & de la donation à caufe dé nopces, tant pour la qualité que pour la quantité, en forte que le mary ne peut pas gagner une plus grande fomme fur la dot de fa femme fi elle decede avant luy, qu'elle auroit gagné de la donation à caufe de nopces fi elle l'avoit furvefcu. Voyez cette Novelle en fon lieu.

3   L'Empereur dit dans le §. 1. que le mariage eftant diffoud fuivant les diftinctions expliquées dans les Chapitres precedens, il eft glorieux & avantageux aux conjoints de s'en tenir à leur premier mariage, & de ne pas affliger des enfans en paffant à d'autres nopces ; quoy faifant, ils reprennent les biens qui leur appartiennent, c'eft à dire, la femme fa dot, & le mary la donation *propter nuptias* qu'il avoit faite à fa femme au cas qu'elle luy furvefcût ; & le furvivant emportera le gain ftipulé, ou fur la dot, ou fur la donation à caufe de nopces, & ce gain devient propre à celuy qui le fait, fans que ces gains de dot ou de donation à caufe de nopces different en aucune façon des autres biens qui leur font propres, en forte que le furvivant peut difpefer du gain qu'il a fait par telle convention, de la maniere qu'il luy plaift, foit par actes entre-vifs, ou par derniere volonté, conformément à l'Ordonnance faite par Juftinian en la Loy *fi quis prioris.* 8. §. 1. & 2. *C. de fecund. nupt.*

4.   Par le §. 1. l'Empereur permet au pere ou à la mere de difpofer à fa volonté des gains nuptiaux qu'il a faits par la mort du predecedé, au cas qu'il ne fe remarie pas, quoy qu'il y ait des enfans iffus de leur mariage.

Par la Novelle 118. *neque virum ex dote,* l'Empereur a abrogé cette difpofition ; voulant qu'au cas qu'il y ait des enfans, la dot ou la donation *propter nuptias* foit confervée aux enfans, en forte que le furvivant n'en ait que l'ufufruit.

Depuis par la Novelle *ut fratrum filii.* 127. §. *quia verò mulieres,* il a ordonné que le furvivant qui ne fe remarieroit pas, auroit fa part en proprieté de la donation ou de la dot, ainfi qu'un des enfans, avec l'ufufruit des autres parties de la dot ou de la donation. Voyez cy-aprés la Novelle 118.

5   L'Empereur par le §. 2. déroge au §. 2. de la Loy fufdite du Code *de fec. nupt.* ordonnant que fi le furvivant a des enfans, & qu'il les inftituë pour une partie de fes biens, & qu'il inftituë des étrangers pour le refte de fes biens, & que les chofes qu'il

auroit

auroit gagnées par le deceds du predecedé, luy foient reftées, ou qu'il n'en ait aliené qu'une partie, elles doivent appartenir à fes enfans pour le tout, & on ne doit pas dire qu'il a eu deffein de les aliener, parce qu'il auroit inftitué un autre heritier que fes enfans. Et par confequent s'il a inftitué fes enfans pour des portions inégales, ces gains ne fe diviferont pas entr'eux fuivant les parties pour lefquelles ils font inftituez heritiers, mais ils les partageront également : Comme au contraire s'il a inftitué un étranger pour tous fes biens, ayant pourveu à la legitime de fes enfans par quelque autre difpofition, comme par legs, fideicommis, ou autre derniere difpofition avant la Novelle *ut cùm de appellatio. cap. aliud.* ils les diviferont entr'eux également, quoy qu'ils ne foient pas fes heritiers.

La raifon fur laquelle l'Empereur a étably cette Ordonnance, eft qu'il y a lieu de croire que le pere n'ayant pas aliené de fon vivant ces gains nuptiaux, ou ne les ayant pas hypotequez par une hypoteque expreffe, ou ne les ayant pas laiffez à quelqu'un par une declaration expreffe & fpeciale, a voulu les referver à fes enfans, comme ne les ayant acquis que pour les leur laiffer; & l'Empereur veut qu'ils foient donnez aux enfans par une faveur particuliere & en vertu de cette Ordonnance, quoy qu'ils ne foient ny heritiers de leur pere ny de leur mere; ou qu'il y en ait quelques-uns qui foient heritiers, & que les autres renoncent à leur fucceffion; & il dit que cela luy femble plus équitable que tout ce qui avoit efté étably auparavant par les autres Empereurs, comme par l'Empereur Leon, *l. hac edictali. §. fin. C. de fecund. nupt.* & par l'Empereur Theodofe, *l. generaliter. in fin. C. eod.*

Et dautant que ces gains font laiffez par une faveur de la Loy, 6 l'Empereur dit que la portion des enfans dans ces biens ne doit point eftre diminuée par aucun avantage entr'eux, fi ce n'eft à l'égard de ceux qui auroient donné lieu à la diminution de leur portion par leur ingratitude envers le furvivant de leurs pere & mere.

De ce qui a efté dit cy-deffus, il s'enfuit que quoy que quelques-uns des enfans ayent efté inftituez par la mere, neanmoins elle n'eft pas préfumée avoir voulu que l'augment & les gains nuptiaux, dont elle pouvoit difpofer à fa volonté, ne s'eftant pas remariée, fuffent compris dans l'inftitution, parce qu'on eftime que le furvivant a voulu garder cette égalité, que les pe-

Tome I.

Q q q

res font obligez de fuivre dans la diftribution de leurs biens entre leurs enfans, afin de donner un moyen égal de conferver la
vie à ceux aufquels ils l'ont également donnée, *æquum eft*, dit
l'Empereur Leon dans la Novelle 19. *ut quemadmodam omnibus
liberis ex æquo vitam impertiti funt, ita etiam ad hanc facultates
impertiantur, nequaquam verò velut ancipiti librâ his levius quid-
dam, illis verò gravius pro inæqualitate animi fui attribuant.*

Cette queftion s'eftant prefentée au Parlement de Tholoze
dans cette efpece : Marguerite de Benoift femme de deffunt
Maiftre Nogeroles Confeiller au Senefchal, avoit eu de ce mariage quatre filles & un fils nommé Pierre, lequel elle inftitua
heritier par fon teftament ; quelque temps aprés, les biens de la
mere & du fils ayant efté mis en diftribution generale par leurs
creanciers, ils firent trois demandes ; la premiere de l'augment
entier que ladite de Benoift avoit fur les biens du pere, dont le
fils joüiffoit, comme eftant heritier de fa mere, laquelle ne
s'eftant point remariée, ils difoient qu'elle eftoit en droit de
choifir un de fes enfans en l'augment, ce qu'elle avoit fait en infti-
tuant Pierre fon heritier ; les autres enfans foûtenoient au contraire que l'augment fe devoit partager également entr'eux, &
que ledit Pierre n'y avoit que fa portion comme chacun des autres enfans : Par Arreft donné en la feconde Chambre des Enqueftes le 19. Fevrier 1631. au rapport de Monfieur d'Affefat,
il fut jugé au profit des enfans contre les creanciers de Pierre.
Cét Arreft eft rapporté par Monfieur de Cambolas en fes Arrefts, livre 6. chapitre 16.

De ce Chapitre a efté tirée l'Authentique *nunc autem*, mife aprés
la Loy *fi quis prioris. C. de fec. nupt.*

Authentique *nunc autem. C. de fecund. nupt.*

*Nunc autem nifi expreffim tranfponat in alios, præfumitur ipfis
confervare talia lucra.*

C'eft le fentiment commun des Docteurs, que fi le furvivant
des pere & mere qui a convolé en fecondes nopces, a inftitué
heritier un étranger, il n'eft pas préfumé avoir voulu transfe-
rer en fa perfonne les gains nuptiaux ; par la raifon que la préfomption eft en faveur des enfans. Menoch. *lib.* 3. *præf.* 20.
Alciat. *de præfumpt. reg.* 1. *præf.* 5. Barbof. *in collect. ad hanc*

Authent. & que ces gains sont reservez aux enfans *quodam hono-re præcipuo*, Gotofred. sur le Chapitre 4. de cette Novelle.
Voyez la Novelle 127. *cap.* 3.

CHAPITRE XXI.

Des Enfans ingrats.

De ingra-
tis liberis

SOMMAIRE.

1. *Si la portion de l'enfant in-grat dans les gains nuptiaux accroist aux autres enfans.*
2. *Quid, si tous les enfans sont ingrats.*
3. *Si pour prendre part dans les gains nuptiaux par les petits enfans, il faut qu'ils soient*
heritiers de leur pere.
4. *Si la representation renfer-me necessairement la qualité d'heritier.*
5. *Si les exheredez prennent part dans ces gains nuptiaux.*
6. *Si les enfans exheredez peu-vent demander le douaire.*

CE Chapitre est une suite du precedent, & dans le com-mencement l'Empereur dit que si un des enfans s'est rendu indigne de participer dans ces gains nuptiaux en consequence de son ingratitude envers le survivant de ses pere & mere, sa portion accroistra aux autres qui n'en ont pas usé de mesme, afin d'apprendre aux enfans par l'exemple de leur frere privé des avantages qu'il pouvoit esperer après la mort de son pere, à ren-dre l'honneur & le respect qu'ils doivent à leurs parens.

Que si tous les enfans ont esté si malheureux que d'estre in-grats envers le survivant de leurs pere & mere, ces gains appar-tiendront aux heritiers instituez, comme si en effet ils faisoient partie des biens du testateur, les enfans estans indignes de rece-voir aucuns avantages de leurs parens qu'ils n'ont pas honorez comme ils devoient.

Que si il y a des enfans vivans, & que d'autres soient morts, qui ayent laissé des enfans au temps de la mort de leur pere, la portion de ces gains qui auroit appartenu au fils, appartient à ses enfans, au cas qu'ils soient heritiers de leur pere, & s'ils n'ont pas esté heritiers de leur pere, la portion du fils decedé demeure aux autres enfans , freres & sœurs du fils decedé. Et l'Empereur ordonne que cela soit executé, non seulement pour la dot, & la donation à cause de nopces , constituées par le Contrat de mariage , mais aussi pour les gains introduits cy-dessus pour les mariages qui sont contractez *sine dotalibus instrumentis*, lesquels au cas qu'ils se trouvent entre les biens du survivant au temps de sa mort , appartiennent à ses enfans, ainsi qu'il a esté dit cy-devant.

3   L'Empereur dans ce §. decide que les enfans de l'enfant qui seroit decedé , ne prennent point part dans les gains nuptiaux, lesquels sont reservez aux enfans par l'article precedent, & qui leur appartiennent, quoy qu'ils ne soient point heritiers, à moins que ces petits enfans ne soient heritiers de leur pere, ce qui semble faire de la difficulté, que les enfans prennent ces avantages sans la qualité d'heritiers, & que leurs enfans ne les prennent point sans estre heritiers de leur pere: Pour entendre la question il faut donc observer que par le Chapitre *deinceps autem. 20. §. fin.* les enfans prennent part dans les gains nuptiaux faits par leur mere, quoy qu'ils ne soient ny heritiers de leur pere ny de leur mere, voicy les termes : *& dabuntur hæc filiis honore præcipuo ex nostra lege , licet non fiant heredes aut patris , aut matris, aut utriusque.*

Dans le Chapitre *si quis enim. 21. in fine*, il decide que si un des enfans est decedé avant la mere laissant des enfans, que ces enfans ne peuvent point prendre la part dans ces gains nuptiaux que leur pere auroit prise, s'ils ne sont heritiers de leur pere, quoy que leur pere les eut pris, ayant renoncé à la succession de sa mere ; *si verò filiorum alii quidem inter vivos sint, alii verò defuncti quidem sint, filios autem relinquant, defuncti portionem illius damus filiis, si heredes sint patris, alioqui ad fratres deducimus.*

Il semble qu'il y ait une espece de contrarieté entre ces deux décisions , ou au moins qu'il n'y ait pas de raison pour laquelle l'Empereur ait mis de la difference entre ces deux cas , car les enfans ne prennent part dans ces gains nuptiaux qu'en qualité d'enfans , & par le seul benefice de la Loy ; de mesme que dans nos Coustumes les enfans prennent le douaire en renonçant à la succession de leur pere, & mesme quoy qu'ils renoncent aussi à celle de leur mere ; que c'est la seule qualité d'enfans qui leur donne le droit de prendre part dans ces avantages ; que comme les petits enfans viennent de leur chef & sans le benefice de la reprefentation à la fucceffion de leur ayeul ou ayeule, de leur chef *& ex fua perfona*, & par la feule qualité d'enfans, à la charge neanmoins de ne prendre que la mefme portion que leur pere auroit prife, fuivant la Loy *fi qua pœna.* 7. *ff. de his qui fui vel alieni*, par laquelle le petit fils fuccede à fon ayeul, quoy que fon pere foit mort civilement par la condamnation au banniffement, & qu'ainfi le fils du deffunt foit incapable de luy fucceder ; & partant fi le fils eft mort, ou de mort naturelle, ou de mort civile, fes enfans ont droit de prendre la portion qu'il auroit prife dans ces gains nuptiaux, & de la mefme maniere que luy, c'eft à dire, quoy qu'ils ne foient ny heritiers de leur ayeul, ny de leur pere.

On dit au contraire, pour prouver que les petits enfans ne prennent point de part dans ces avantages, fi ils ne font heritiers de leur pere, qu'il y a grande difference entre ces deux cas, fçavoir qu'au premier la Loy accorde les gains nuptiaux aux enfans du premier lit, enforte qu'ils leur appartiennent independemment de leurs pere & mere, lefquels n'y peuvent point préjudicier ; mais au fecond les enfans de celuy qui eft decedé auparavant la mere, ne les peuvent pretendre que par le droit qui eftoit acquis à leur pere de fon vivant ; or les droits du pere ne peuvent paffer en la perfonne des enfans qu'en cas qu'ils foient fes heritiers, parce que par ce moyen ils reprefentent fa perfonne, & non autrement.

Quant à ce qu'on dit que la reprefentation ne renferme pas neceffairement la qualité d'heritier ; & que pour reprefenter fon pere, il n'eft pas neceffaire de luy fucceder, & que le petit fils reprefente fon pere en la fucceffion de l'ayeul ; & cependant il n'eft pas neceffaire d'eftre fon heritier : que le petit fils prend la place du pere, qu'il entre dans fon degré, il fuccede à l'ayeul de fon chef *& ex fua perfona*, & non du chef de fon pere: On répond que l'Empereur a voulu que cela fuft ainfi obfervé pour la reprefentation en matiere de fucceffions, mais qu'il a ordonné le contraire en ce qui concerne les gains nuptiaux, que la difpofition y eft precife ; & qu'ainfi il n'y a pas lieu de la contefter par aucune raifon, quelque forte qu'elle foit ; que c'eft à nous à la fuivre & à l'executer, & d'en chercher le motif.

On peut adjoufter que la raifon & le fondement de cette décifion eft, que le droit accordé par la Loy aux enfans, eft perfonnel, & qu'il eft acquis à l'enfant qui predecede fa mere, en sorte qu'il ne peut passer aux enfans de ceux à qui il est acquis, qu'en qualité d'heritiers.

5　Quoy que les enfans prennent part dans ces gains nuptiaux, sans estre heritiers de leurs pere & mere, neanmoins ceux qui sont exheredez n'y peuvent rien pretendre ; La raison est, que par leur ingratitude envers leurs pere & mere, ils se sont rendus indignes de participer à ces avantages, lesquels quoy qu'ils leur soient reservez par la seule disposition de la Loy, ils se prennent neanmoins sur les biens de ceux dont ils ne peuvent aucunement profiter à cause de leur ingratitude, ainsi qu'il s'observe dans le païs coûtumier, tant à l'égard de la legitime, que du doüaire, dont sont exclus les enfans exheredez, ainsi que nous avons dit ailleurs.

6　Il faut dire, conformément à ce qui est decidé par ce Chapitre, que les enfans exheredez par leur pere ne peuvent point demander le doüaire de leur mere, quoy qu'ils soient heritiers de leur mere ; C'est le sentiment de Maistre Charles du Moulin sur l'article 137. de l'ancienne Coustume, num. 1. en ces termes: *Fallit, si illi sint ingrati, ut possint exheredari ; quia tunc poterunt privari, Authent. neque C. de secund. nupt. & tunc spectat ad patrem privare ; & ingratitudo erga eum attenditur à qua dos, vel lucrum proficiscitur; nec mirum, quia saltem ut per legem fin. C. de revocand. donatio.* Monsieur Auzanet en ses Notes sur l'article 249. de la Coustume de Paris, dit, *liberi ingrati & exheredati* sont exclus du doüaire, comme estant une espece de portion hereditaire; mais la seule ingratitude ne suffit pas pour l'exheredation, il faut qu'il y ait un acte par lequel pour l'injure faite au pere par son fils, il l'ait exheredé & privé de sa succession.

On peut adjouster que le doüaire est une partie des biens du pere, que le fils prend comme une legitime anticipée ; ou par le consentement exprés du pere par son Contrat de mariage, ou par la disposition coûtumiere : or l'exheredation produit son effet, non seulement sur les biens que le fils exheredé peut prendre en qualité d'heritier de son pere, ou sur ceux qu'il peut prendre par la seule provision de la Loy : ainsi l'exheredation prive le fils aisné de son droit d'aisnesse, quoy qu'il luy appartienne par la disposition de la Loy, & que les peres & meres n'y puissent point préjudicier.

On dit encore que si l'exheredation ne privoit pas du doüai-

re, ce seroit en vain que les Loix auroient introduit les exheredations, pour maintenir les enfans dans le respect envers leurs
pere & mere; car ne pouvans pas prendre leurs biens en qualité
d'heritiers, ils les prendroient, au moins une grande partie, en
qualité de doüairiers. Ce que du Moulin dit sur l'article 43. de
nostre Coustume, *num.* 2. est à remarquer, que l'exhereration
des enfans ne les prive pas seulement de la succession de leur
pere & de la legitime qu'ils peuvent esperer sur ses biens, mais
aussi des alimens : *propter ingratitudinem licet parentibus nedum
exheredare liberos ingratos, sed etiam eis alimenta denegare, l. si
quis à liberis. §. item iudex. ff. de liber. agnosc. eâdem ratione pater non tenetur filiam ingratam dotare, sicut non debetur ei legitima,
quia ingratitudo tollit debitum naturale. Et liberi primi matrimonii erga parentem, qui transivit ad secunda vota, perdunt beneficium concessum à l. hac edictali. C. de secund. nupt. text. in l. fin.
C. eod. tit. & hoc ne occasione assumptâ lucri jam quæsiti contrà
parentes protervi insurgant efferanturque, & naturæ inhonorent
leges.*

CHAPITRE XXII.

Des secondes Nopces.

SOMMAIRE.

L'Empereur aprés avoir parlé des gains nuptiaux pour ceux 1
qui ne passent point à des secondes nopces, expose dans ce

Chapitre ce qui regarde ceux qui contractent un second mariage, trouvant à propos de faire pour eux une Ordonnance particuliere. Et pour expliquer cette matiere avec plus d'ordre, il fait cette distinction : Où ceux qui se remarient n'ont point d'enfans de leur premier mariage, & ils en ont des secondes nopces : Ou au contraire ils en ont de leur premier mariage, & ils n'en ont point de leur second : Ou ils en ont de l'un & de l'autre : Ou ils n'en ont point ny de l'un ny de l'autre : ce sont quatre cas qui sont expliquez dans ce Chapitre.

2 Au premier & au dernier cas, les secondes nopces ne font aucune difficulté ; & quant aux hommes il n'y a aucune observation à faire ; ensorte que les gains nuptiaux provenans de leur premier mariage, ils leur appartiennent en pleine proprieté, & ils n'ont aucun sujet de craindre de les perdre ; mais à l'égard des femmes, si elles contractent des mariages precipitez, c'est à dire avant l'an expiré du deüil de leurs maris, elles sont sujettes à des peines differentes ; au cas qu'elles ayent des enfans de leur premier mariage, ou qu'elles n'en ayent point. La Loy n'a point étendu les mesmes peines contre les maris qui passent dans ce temps à des secondes nopces, elle ne les oblige point de pleurer leurs femmes, les pleurs sont une marque de la foiblesse, elles sont propres aux femmes, & peu convenables aux hommes ; *l. 9. ff. de his qui not. infam. fæminis lugere honestum est, viris meminisse,* dit Tacite, *de morib. German.*

3 Le deüil des femmes pour la mort de leurs maris ne duroit autrefois que dix mois, parce que ce temps estoit le temps legitime pour la conception des enfans & l'accouchement ; mais depuis on a trouvé à propos que les femmes pleurassent pendant douze mois la perte de leurs maris, & demeurassent pendant ce temps dans la continence, ce temps estant principalement destiné pour cét effet, comme dit Cujas sur cette Novelle : *hodie præstituti sunt duodecim ; nam & morte mariti soluto matrimonio mulieri luctus inducitur non tantùm ob incertum uteri confusionemque sanguinis, sed etiam ob memoriam & reverentiam defuncti mariti ; quandoquidem etiam si intra annum peperit, annuum luctum peragere debet, nisi hoc à Principe vel à Senatu impetraverit ut sibi intra legitimum tempus nubere liceret.*

Que si elles n'ont point d'enfans 1. elles sont notées d'infamie, 2. elles sont privées des avantages qui leur ont esté faits par leurs premiers maris, 3. elles ne peuvent avantager leurs seconds maris

de plus du tiers de leurs biens. 4. elles ne peuvent point recevoir les liberalitez qui leur sont faites par des étrangers, comme une succession, un fideicommis, un legs, une donation à
cause de mort, lesquelles doivent demeurer à l'heritier du défunt, ou au coheritier de celle qui auroit esté instituée pour une
portion de la succession.

Que s'il y a d'autres heritiers instituez, ils doivent estre appellez à toute la succession, & s'il n'y en a point, les heritiers
ab intestat luy sont preferez, à l'exclusion du fisc : & l'Empereur rend la raison pour laquelle il exclud le fisc en ce cas,
ne aliquo modo talia corripiens , videretur filii providere utili-
tati.

Pour ce qui est des biens qui estoient provenus des liberalitez
du premier mary, ils passent à dix ordres de personnes, lesquelles y succedent selon leur rang & le droit de parenté, desquelles il est fait mention dans l'Edit du Preteur, qui sont le
pere, la mere, l'ayeul, l'ayeule, le fils, la fille, le petit fils,
la petite fille, & le frere & la sœur, §. 1. *Instit. de honor. possessio.*
de sorte que les biens venus de la part du mary doivent retourner à ses parens selon l'ordre de cét Edit; mais comme l'ordre
des successions a esté changé par la Novelle *de hereditat. ab*
intest. cap. 1. il faut dire que ces biens retournent aux parens du
premier mary, selon l'ordre des successions étably par cette
Novelle. Et au defaut de parens les biens sont transferez au
fisc.

La cinquiéme peine est, que cette femme ne peut pas succeder *ab intestat* à ses parens jusqu'au degré ordinaire; mais le
droit de venir à leur succession est borné pour elle au troisiéme
degré, de sorte que si elle est par delà, elle n'y peut pas estre appellée, & ceux de la succession desquels il s'agit auront d'autres
heritiers, suivant la Loy 1. §. *eadem. C. de secund. nupt.*

Quant à la premiere peine qui est l'infamie, si celle qui se remarie dans l'an du deüil a des enfans du premier mariage, elle
peut estre remise par Lettres du Prince, & s'il y a des enfans,
elle peut supplier l'Empereur de l'en décharger, sans pouvoir
obtenir par le Rescrit du Prince autre utilité, que cette décharge.

Toutefois elle pourroit se faire décharger des autres peines
par le Rescrit du Prince, en observant ce que l'Empereur ordonne; sçavoir pourveu qu'elle donne purement & simplement

& sans condition à ses enfans du premier lit , la moitié de ses biens, sans s'en referver l'usufruit , laquelle doit estre partagée entr'eux également ; & s'il y a des enfans des fils , ces petits fils y succederont en la place de leur pere, pour la mesme portion qu'il auroit euë : & si les enfans decedez n'ont point laissé d'enfans , leur portion accroistra aux autres : Mais si tous les enfans sont decedez, la mere en ce cas reprend cette moitié de ses biens qu'elle leur auroit donné , pour se consoler de leur perte , *habeat consolationem suæ infelicitatis mater:* Ce qui se doit entendre ainsi , au cas que ces enfans soient decedez sans avoir testé ; car s'ils avoient disposé de la portion des biens que leur mere leur auroit donné , leur disposition seroit valable.

Dans la fin du §. 1. de ce Chapitre l'Empereur dit, que ce sont-là les peines des secondes nopces , contenuës dans cette Loy, lesquelles autrefois estoient renfermées dans trois Ordonnances, qui sont la Loy 15. *C. ex quib. cauf. infam.* la Loy 1. *C. de secund. nupt.* & la Loy 4. *C. ad Tertullian.*

4 　On n'a point receu en France cette disposition du Droit Romain concernant l'infamie contre les secondes nopces contractées avant l'an du deüil, non pas mesme dans les Provinces de Droit écrit, suivant le precepte de l'Apostre , qui permet aux femmes de se remarier dans l'an du deüil sans encourir cette peine ; *cùm secundum Apostolum mulier , viro suo mortuo , ab ejus sit lege soluta, nubendi cui vult tantùm in Domino liberam habeat facultatem , non debet legalis infamiæ sustinere jacturam , quæ licet post viri obitum infra tempus luctûs (scilicet unius anni spatium) nubat , concessâ sibi tamen ab Apostolo utitur potestate, cap. ult. Ext. de secund. nupt.*

Les autres peines sont en usage dans les Païs de Droit écrit, ainsi que nous apprenons de Monsieur Maynard & des autres Arrestographes , que j'ay remarquez sur ce titre au Code ; & en mon Commentaire de la Coustume de Paris sur l'art. 279. glose 1. *num.* 14. *& seqq.* où le Lecteur aura recours.

5 　C'est une question si dans les Païs de Droit écrit celle qui fiance dans l'an du deüil par paroles de present, est sujette aux peines portées contre celles qui se remarient dans ce temps: Maynard en ses Arrests , livre 3. chap. 96. dit avoir esté jugé contre une femme, laquelle fut privée de l'augment pour avoir fiancé dans l'an par paroles de present. Par autre Arrest du Parlement de Tholoze , du treiziéme Janvier 1586. au procez

d'un nommé Barnabé, la femme fut privée de la succession de son fils, pour avoir fiancé dans l'an par paroles de present : Mais il a esté jugé au contraire, que quand les fiançailles sont faites par paroles de futur, la femme n'encourt point les susdites peines : Monsieur de Cambolas dit avoir esté ainsi jugé par Arrest du vingtiéme Février 1590. au rapport de Monsieur de Toupignoy, que la femme qui avoit fiancé trois mois aprés la mort de son mary par paroles de futur, ne devoit point estre privée du legs qui luy avoit esté fait par son mary : La raison est, que les fiançailles par paroles de present sont reputées mariage, mais que les fiançailles par paroles de futur *spem tantùm continent futurarum nuptiarum* ; que les Loix n'ont imposé les peines que contre les mariages, & non contre les fiançailles ; que les peines ne s'étendent point, & principalement dans ce cas, veu que les fiançailles peuvent n'estre pas suivies du mariage selon le commun proverbe, qui dit, que *tel fiance, qui n'épouse pas.*

Monsieur de Cambolas en ses Arrests, livre 5. chap. 11. remarque un Arrest du Parlement de Tholoze, qui a jugé que la femme qui se remarie dans l'an du deüil avoit pû recevoir d'un étranger par donation entre-vifs ; ce qui n'est pas contraire à cette Constitution, & pour mieux entendre la question, voicy le fait: Jeanne Sadoule avoit esté mariée en premieres nopces avec Belou, & de son mariage avoit eu un fils ; le mary avoit institué son fils son heritier, & au cas qu'il decedast sans enfans, il luy avoit substitué Belou frere du testateur, & fait quelques legs à sa femme. Belou decede laissant sa femme & son fils vivans, son fils decede en suite, & huit mois aprés le deceds du mary, ladite Sadoule convole en secondes nopces avec Germain la Coste, par l'entremise de Belou frere de deffunt son mary, lequel estant Prestre avoit fait la ceremonie du mariage, & donné en faveur dudit mariage à ladite Sadoule, les biens qu'il avoit eu de son frere par ladite substitution & deceds de son neveu. Ce mariage ayant esté ainsi contracté, Plancade comme plus proche parent dudit Belou, demande d'estre maintenu aux biens des Belou pere & fils, parce que ledit Belou Prestre & ladite Sadoule s'en estoient rendus indignes ; ladite Sadoule ne pouvant s'excuser de la faute qu'elle avoit commise par celle de Belou Prestre qui avoit consenty à son mariage, les secondes nopces ainsi contractées dans l'an du deüil estans contre l'hon-

nesteté & les bonnes mœurs, & les parens par consequent ne pouvans point remettre les peines portées par les Loix contre ces
mariages precipitez.

Sur cette contestation par Arrest du 16. Juillet 1630. donné
au rapport de Monsieur de Segla, le procez ayant esté party en
la deuxiéme Chambre des Enquestes, & départy en la premiere,
ladite Sadoule fut privée de l'augment, du legs & des autres
avantages qui luy avoient esté faits par son mary, & de la succession de son fils, & le tout fut adjugé audit Plancade, ledit
Belou Prestre s'en estant rendu indigne. Et quant aux biens
avenus audit Belou Prestre, par la substitution de son frere, &
par la mort de son neveu, qu'il avoit donnez à ladite Sadoule
en faveur de mariage, ils furent adjugez à ladite Sadoule, contre le sentiment neanmoins de plusieurs qui estoient d'avis de
l'en priver aussi, par la disposition de la Loy 1. *C. de secund.*
nupt. qui veut, que celle qui se remarie ne puisse rien recevoir
par le testament des étrangers, ny legs, ny donation à cause de
nopces, ny autrement; & par cette Novelle en ce Chapitre, en
ces termes : *neque extrinsecus sentiet largitatem, neque percipiet*
penitus ab ullo extraneorum, non hereditatem, non fideicommis-
sum, non legatum, non mortis causâ donationem, sed hæc ve-
niant aut maneant penes heredes defuncti, aut coheredes ejus.

Mais la raison de la décision est, que ces Loix ne parlent que
de ce qui a esté laissé par un étranger par testament ou donation
à cause de mort, & non pas de ce qui a esté donné entre-vifs,
suivant le sentiment d'Accurse sur la Loy premiere *C. d. tit.*
& de Cujas sur cette Novelle, les peines ne recevant point d'extension d'un cas à un autre.

7 De ce Chapitre il s'ensuit, que la mere qui s'est remariée
dans l'an du deüil, peut estre instituée par son fils; car par cette
Constitution *l. in fi. C. de sec. nupt.* elle peut succeder *ab in-*
testat jusques au troisiéme degré; que par ces Constitutions elle
n'est point privée de la succession testamentaire des étrangers,
& partant il n'y a rien qui l'empesche de prendre la succession
de ses enfans, qui luy est deferée par leur testament; cette question s'estant presentée au Parlement de Tholoze, par Arrest du
17. Decembre 1599. donné au rapport de Monsieur de Cadilhac,
en la premiere Chambre des Enquestes, aprés partage en la seconde, il a esté jugé au profit de la mere.

CHAPITRE XXIII.

De la femme qui passe aux secondes nopces aprés l'an du deüil, du gain de la dot, & de la donation à cause de nopces.

SOMMAIRE.

1. *Si la femme qui se remarie aprés l'an du deüil, perd les avätages qui luy ont esté faits par son mary.*
2. *S'il faut faire difference entre la dot & la donation à cause de nopces, pour ce qui regarde les gains nuptiaux.*
3. *Authentique* in donatione

C. de nupt.
4. *Si ce qui est donné en consideration du mary, est reputé un gain nuptial.*
5. *Difference entre la donation* propter nuptias, *ou l'augment de dot, & les presens qu'on donne à la femme le lendemain des nopces.*

AVant que d'entrer dans l'explication de ce Chapitre, nous observerons que l'Empereur explique jusqu'au dernier Chapitre de cette Novelle, les peines dont sont punies les secondes nopces, qui sont communes aux hommes & aux femmes ; & la premiere commence dans ce Chapitre, jusqu'au Chapitre *optimè vero*, laquelle consiste en ce que le pere ou la mere qui se remarie, n'a que l'usufruit des gains nuptiaux provenant du predecedé.

L'Empereur dans ce Chapitre dit, que si la femme passe à des secondes nopces aprés l'an du deüil de son mary, n'ayant point d'enfans de ce mariage, elle n'a aucun sujet de craindre de perdre les avantages qu'elle a receus de son mary ; mais si elle a des enfans, elle ne peut avoir que l'usufruit des liberalitez qu'elle en a receuës : Ce qui se doit entendre non seulement de la donation *propter nuptias* faite à la femme par son mary, mais aussi de tout autre avantage dont la proprieté doit estre reservée & appartenir aux enfans dés le temps des secondes nopces de leur mere.

Il en faut dire de mesme des avantages que le mary a receus

(marginal note:) Si mulier ad secūdas nuptias post annum luctūs transfierit, & de lucro dotis & ante nuptias donationis

de sa femme , au cas qu'il se remarie & qu'il ait des enfans de son premier mariage, quoy qu'il les ait en sa puissance, car ses enfans acquierent la proprieté de ces avantages dés que leur pere a contracté un second mariage : ce qui est signifié par ces mots, *sed tamen domini secundum proprietatem talium erunt venientium mox in eodem simul cum secundæ uxoris conjunctione. Venientium (supple) largitatum. In eos , id est , filios.*

2　　Dans la fin de ce Chapitre *vers. & non discernimus*, l'Empereur dit qu'il ne faut mettre aucune difference entre la dot & la donation *propter nuptias* en ce cas, soit que la dot ou la donation *propter nuptias* ayent esté constituées par les contractans, ou par quelqu'un de leur famille pour eux, ou mesme par quelque étranger : ce que l'Empereur ajoûte, pour obvier à la question qui auroit esté proposée à l'égard de la donation *propter nuptias* : sçavoir si ce qui auroit esté dit de la dot, devroit aussi avoir lieu pour cette donation, quoy que cette question ne fasse aucune difficulté, puisque cette donation semble estre comprise dans la dot, & que ce qui est étably de l'une doit estre pareillement étably pour l'autre.

De ce Chapitre a esté tirée l'Authentique *in donatione C. de nuptiis.*

3　　　　　Authentique *In donatione C. de nupt.*

In donatione propter nuptias , etiamsi alius pro viro dederit, deserit eam proprietas.

4　　Les Docteurs font une question sur cette Authentique, sçavoir si quelqu'un a donné à la femme, non pas pour & au nom du mary, mais en consideration du mary, si ce seroit un gain reputé nuptial à l'effet de le faire perdre à la femme qui convoleroit en secondes nopces : Ludovic. Roman. *Consil.* 439. & autres, estiment que non , par la raison que cette Constitution est penale, & que les peines ne reçoivent point d'extension dans une fiction, *l.* 3. §. 6. *ff. de negot. gest. l.* 1. §. 4. *ff. de fonte.*

D'autres veulent au contraire, que les choses ainsi données soient reservées aux enfans du premier lit, par la raison qu'étant données *contemplatione mariti* , elles sont reputées avoir esté données par le mary mesme.

Il faut, à mon avis, suivre la plus commune opinion , que ce qui est donné *contemplatione mariti* , n'est pas sujet à l'Edit

des fecondes nopces, parce que telle donation n'y eft point comprife ; que d'ailleurs elle ne diminuë point les biens du mary.
Bechet au traité des fecondes nopces, chap. 13. remarque un
Arreft du Parlement de Bordeaux, donné au rapport de Monfieur Banoulier en 1610. qui a jugé, que fi la donation ou conftitution de dot a efté faite à la femme par fon Contrat de mariage, en confideration feule du mary par les parens d'iceluy, ou
mefme par des étrangers, la femme en perd la proprieté en convolant en fecondes nopces.

Mais fi pendant le mariage un parent du mary donnoit à la
femme, les chofes données luy demeureroient, quoy qu'elle convolât en fecondes noptes ; *idem* de la donation faite au mary
par un parent de la femme, comme il a efté jugé par Arreft du
Parlement de Grenoble de l'an 1606. rapporté par Monfieur
d'Expilly, plaidoyé 19. au profit d'un pere contre fon fils,
pour un legs fait par l'ayeul maternel de ce fils à fon gendre.
C'eft auffi l'avis de *loan. à Ripa in repet. leg. fæminæ. C. de fecund. nupt. num.* 26. où il fait cette diftinction des donations
faites lors du mariage, & de celles qui font faites pendant iceluy,
*quia lucrum donationis ante nuptias præfumitur magis ex caufa
filiorum acquifitum, quàm cætera lucra.* D'ailleurs *in prohibitoriis pæna debet habere locum in cafu vero & non ficto, l.* 3. §.
hæc verba. ff. de negot. geft. & les cas fpecialement refervez ne
s'étendent jamais hors leurs limites, *l. jus. ff. de legib.*

Pareil Arreft a efté donné au Parlement de Paris le feptiéme
Mars 1648. fur l'appel d'une Sentence du Senefchal de Lyon,
entre Gafpard Jacquet & confors, d'une part, & Melchior
Mornieu d'autre ; dans l'efpece des dons & gratifications qui fe
font ordinairement dans la ville de Lyon aux femmes le lendemain de leurs nopces par les parens de leurs maris, quoy qu'ils
foient confiderables ; par lequel il a efté jugé, que ces dons &
gratifications ne font point fujets à la referve. L'Arreft fondé
fur ce qu'il y a grande difference entre la donation *propter nuptias* & l'augment, & les prefens qu'on donne à la femme ; que
ce qui eft donné par donation *propter nuptias* à la femme, qu
pour caufe de dot au mary, eft prefumé avoir efté donné pour
& au lieu de celuy qui eftoit chargé de faire la donation ou la
conftitution de dot, & que c'eft en fa feule confideration & non
autrement, à moins qu'il n'apparoiffe du contraire, ainfi le mary
ou la femme eft cenfé l'avoir fait ; & fi la donation eft faite à la

femme, on presume qu'elle est faite au mary pour luy donner le moyen de la faire à la femme, *celeritate conjungendorum actuum.*

Qu'il n'en est pas de mesme des gratifications qui se font à la femme, lesquelles sont presumées faites pour l'amour d'elle & pour sa seule consideration ; que les Loix ne parlent que de la donation à cause de nopces, & de la constitution de dot, ainsi elles ne doivent point s'étendre aux presens qui se font à la femme particulierement, qu'on ne peut pas pretendre luy avoir esté faits *contemplatione mariti* ; il est vray que le mariage contracté avec le mary, a donné lieu aux parens d'iceluy à faire des presens à sa femme, mais on ne les luy fait que pour marquer à la femme l'estime qu'on fait de sa personne ; ainsi elle seule en est le motif & le fondement.

Quelques-uns font une autre distinction entre les dons faits par des parens en ligne directe, & ceux qui sont faits par des parens en ligne collaterale ; qu'à l'égard des dons faits par des parens en ligne directe, ils sont sujets à la reserve, soit qu'ils ayent esté faits en contemplation du futur mariage, ou pendant iceluy, parce que, comme dit le Jurisconsulte en la Loy *dotem. ff. de collat. dot. occurrit æquitas rei, ut quod pater meus propter me filiæ meæ nomine dedit, proinde sit atque ipse dederim.* Ce qui a esté jugé ainsi par Arrest du Parlement de Tholoze, du mois de May 1619. rapporté par Monsieur de Cambolas livre 4. chap. 17. par lequel il fut ordonné, que la nommé Rosilhomme reserveroit à ses enfans du premier lit les biens à elle donnez par l'ayeul paternel de ses enfans.

L'Arrest du Parlement de Grenoble est contraire ; mais il y avoit une circonstance qui faisoit connoistre, que le legs fait par l'ayeule maternelle à son gendre, avoit esté fait seulement en consideration du gendre, sçavoir qu'elle avoit institué sa fille son heritiere, & avoit fait un legs à son mary qui n'estoit pas considerable.

Charondas sur l'article 279. de la Coustume de Paris, fait la mesme distinction entre ce qui a esté donné à la femme par les parens en ligne directe de son mary, est sujet à la reserve ; & que ce qui est donné par les heritiers collateraux, n'y est pas sujet. Monsieur Ricard en son Traité des donations, partie 3. nomb. 1352. estime sans distinction, que tout ce qui est donné à la femme par les parens de son mary, n'est point sujet à cette reserve :

referve : Pour moy j'eftime que cette diftinction eft bien fondée, & qu'on la doit fuivre, à moins qu'il n'y ait quelques circonftances particulieres qui obligent de s'en écarter.

CHAPITRE XXIV.

Quid juris ? *Si celuy qui fe remarie aliene ou oblige les biens qui luy viennent à* primo conjuge.

POur rendre les enfans du furvivant des pere & mere qui fe remarie, plus affurez de la proprieté des liberalitez provenans du predecedé des pere & mere, l'Empereur défend dans ce Chapitre aux peres & meres qui fe remarient, de les aliener ny obliger, voulant que fi celuy qui fe remarie les aliene ou oblige, fes biens foient dés lors obligez à fes enfans pour leur feureté ; ne leur permettant pas neanmoins d'empefcher le furvivant de faire ce qu'il luy plaift à l'égard de ces liberalitez, parce que *erubefcit lex caftigatores filios genitoribus ftatuere* ; mais il declare pour peine contre ceux qui feront de femblables acquifitions, que les Contrats qui en auront efté faits, feront nuls & de nul effet, *tale erit, quale nec geftum, nec fcriptum quod factum eft* : Ordonnant que les enfans & leurs fucceffeurs pourront les revendiquer contre les acquereurs, fans qu'on leur puiffe oppofer que la prefcription de trente ans, qui en auroit transferé par le moyen de la poffeffion la proprieté en la perfonne de ceux qui les auroient acquifes.

Cette prefcription de trente ans ne commence à courir contre les enfans que quand ils font fortis de la puiffance de leur pere par l'émancipation, ou par la mort, à moins que dans ces deux cas ils ne fuffent encore pupilles, car leur âge mettroit obftacle à la prefcription. Que s'ils eftoient puberes, cette prefcription commenceroit à courir contre eux, mais ils pourroient fe faire reftituer, en quoy la prefcription de trente ans differe des prefcriptions qui s'accompliffent par un moindre temps ; car ces prefcriptions ne commencent point à courir contre les mineurs, de forte qu'ils n'ont point befoin de fe faire reftituer contre ; mais la prefcription de trente ans commence à courir contre eux, fuivant la Loy derniere *C. in quib. cauf. in integr. reftit. neceff. non eft.*

La raison de la difference est, que les autres prescriptions sont odieuses, provenant de la rigueur du Droit, estant plus avantageux au mineur que ses biens ne soient pas prescrits, que de pouvoir se servir du benefice de restitution contre la prescription de ses biens; c'est la raison que marque l'Empereur Justinian dans cette Loy. *melius enim est, intacta minorum jura servari, quàm post causam vulneratam remedium quærere.* Mais parce que la prescription de trente ans passe le temps de la majorité, c'est pourquoy cette prescription commence à courir contre luy, Touchant l'alienation des avantages & gains nuptiaux, voyez *infrà* le Chapitre 26.

CHAPITRE XXV.

Les gains nuptiaux venans d'un premier mariage passent aux enfans qui en sont issus, par les secondes nopces du survivant des pere & mere.

Venient autem talia.

SOMMAIRE.

1. En quel cas les gains nuptiaux appartiennent aux enfans issus du premier lit.
2. Si ces avantages se partagent entr'eux également.
3. *Authentique* lucrum. C. de secund. nupt.
4. Si cette *Authentique* s'entend quoy que le survivant n'ait pas

pris les gains nuptiaux immediatement de la personne du predecedé.
5. Si les enfans qui renoncent y prennent part.
6. S'il faut estre capable d'estre heritier pour y prendre part.
7. Si l'aisné y prend son preciput & droit d'aisnesse.

LES gains nuptiaux & les liberalitez qui viennent du predecedé des conjoints au survivant, appartiennent en proprieté aux enfans qui sont issus du mariage quand le survivant se remarie, pour estre partagées également entr'eux, sans qu'il soit en la liberté du survivant de les donner aux uns & les ôter aux autres, ainſi qu'il eſtoit permis par la diſpoſition du Droit ancien, *l. generaliter.* §. *dividendi.* & *l. in quibus.* in fi. *C. de ſecund. nupt.* mais l'Empereur a abrogé cette juriſprudence dans ce Chapitre, & par la Novelle *de non diligendo.* 2. §. *proſpeximus.*

La raiſon qu'il en rend en ce lieu eſt, que *omnes ſecundis ſimili-* *ter exhonorati ſunt nuptiis.* Il ajoûte une autre raiſon, qui eſt que les parens ſuccedent tous à leurs enfans, ainſi les enfans leur doivent ſucceder *quemadmodum omnium filiorum ſimiliter* *heredes exiſtunt parentes, & non alii quidem ſuccedunt, alii verò* *non ; cur non ſimiliter & ipſi omnibus ex æquo, quantum ad hoc,* *conferant, ſed alios quidem eligant, alios verò deſpiciant.*

Cette derniere raiſon n'eſt pas valable. Premierement, parce que les parens ne ſuccedoient pas ſeuls à leurs enfans, puiſque les meres eſtoient meſme excluës de leurs ſucceſſions par leurs enfans maſles freres du défunt. 3. *Inſtitut. de Senatuſc. Tertull.* En ſecond lieu, parce que les enfans pouvoient diſpoſer de leurs biens au préjudice de la portion qui auroit appartenu autrement au ſurvivant de leurs pere & mere, en leur laiſſant ſa legitime, *tot. tit. ff. C. de inofficioſ. teſtam.* & cependant par cette Novelle & par la Novelle *de non eligendo. d. cap.* le ſurvivant des pere & mere convolant en ſecondes nopces, ne peut pas diſpoſer des liberalitez provenans du predecedé au préjudice de ſes enfans, auſquels la proprieté d'icelles appartient ; ainſi cette raiſon n'eſt pas juſte.

Mais la raiſon pour laquelle tous les enfans doivent ſucceder également eſt, que la Loy a voulu, que la proprieté de ces gains nuptiaux & des liberalitez venans du predecedé appartint aux enfans, comme pour punir celuy qui ſe remarie d'avoir perdu la memoire du predecedé, y ayant lieu de croire que le predecedé n'auroit pas avantagé de ſes biens le ſurvivant au préju-dice de ſes enfans, s'il avoit ſçeu que le ſurvivant ſe remarie-roit.

Et dautant que la proprieté des gains nuptiaux & des libera-litez du predecedé des conjoints appartient aux enfans iſſus du mariage, à cauſe du tort que le ſurvivant leur fait en ſe rema-riant, il s'enſuit que la proprieté des gains & des liberalitez ne leur appartiendroit pas moins, quoy que le predecedé eut de-claré qu'il vouloit qu'aprés ſa mort le ſurvivant en diſpoſaſt à ſa volonté, comme en ayant la pleine & entiere proprieté, parce que ce n'eſt pas en conſideration du deffunt que ces gains

font ôtez au furvivant, maïs en faveur de fes enfans, & puifque
la Loy leur accorde ce privilege & la proprieté de ces biens, il
faut dire que le predecedé n'y a pû contrevenir par quelque
maniere que ce foit, fuivant le chapitre *deinceps autem. fup. hoc.
cap.* où l'Empereur dit, *unde fi præmium eft ex lege defcendens in
eos, nullâ adjeftione neque turbetur, neque minuatur, &c.*

Les enfans fuccedent dans ces biens & ces avantages chacun
felon leur part & portion, & fi l'un d'eux eft decedé, il tranfmet
fon droit à fes enfans, en forte qu'ils fuccedent en la mefme
portion que leur pere auroit eu s'il avoit vefcu, & ils partagent
enfuite cette portion entr'eux également, & le furvivant des pere
& mere n'en peut pas avantager un de fes enfans du premier lit
au préjudice de la portion qui appartient à chacun des autres,
*non permittimus parentibus non reftè introduftam eleftionem
inter eos, neque alii quidem filiorum dare; alium fecundis verò
exhonorare, omnes enim fimiliter exhonorati funt nuptiis.*

De ce Chapitre a efté tirée l'Authentique *lucrum* mife aprés
la Loy *fæminâ. 3. C. de fecund. nupt.* qui permettoit au furvivant de difpofer de ces gains & avantages receus du predecedé,
en faveur de qui il vouloit entre fes enfans.

3　　Authentique *lucrum C. de fecund. nupt.*

*Lucrum hoc æqualiter inter liberos lege diftribuitur, non arbi-
trio parentis permittitur.*

4　Cette Authentique s'entend quoy que le furvivant des conjoints n'ait pas pris les avantages & gains nuptiaux immediatement de la perfonne du predecedé, mais par une perfonne inter-
pofée, pourveu que ce foit des biens du predecedé, mais fi ce
font des biens du donataire, je n'eftime pas que ces biens doivent
eftre reputez gains nuptiaux, *argum. l. 5. in princip. ff. de jure
dot. l. 10. §. 6. ff. de vulg. & pupill. fubftitut.*

5　Les enfans qui renoncent à la fucceffion de celuy qui a fait
les avantages, n'ont pas moins de droit d'y prendre leur part &
portion, que ceux qui font heritiers, par la raifon que cette portion ne leur appartient pas par la difpofition du pere, mais par
le benefice de la Loy, ainfi l'arrogateur ne peut pas valablement
fubftituer dans la quarte, qu'il doit laiffer à l'arrogé, *l. fi ar-
rogator. 22. ff. de adoptio.*

De-là vient que les enfans du second lit, quoy qu'ils foient heritiers de leur mere, ne prennent rien dans les avantages qui luy ont efté faits par fon mary.

Neanmoins il faut eftre capable d'eftre heritier ; c'eft pourquoy les puifnez dans la Couftume de Ponthieu n'y prennent rien, parce qu'ils ne prennent rien dans les biens de leurs peres & meres en qualité d'heritiers ; ce qui a efté jugé ainfi par Arreft donné en l'Audiance de la Grand'Chambre le 26. Juin 1597. conformément aux conclufions de Monfieur l'Avocat general Marion, par-lequel la Cour adjugea à l'aifné mafle les avantages faits à la mere qui avoit convolé en fecondes nopces.

Ainfi la fille qui eft excluë de la fucceffion de fon pere par le ftatut, ou par fa renonciation par Contrat de mariage, eft inhabile à prendre part dans ces avantages.

Neanmoins quelques Docteurs font d'avis contraire, Guy Pape, *quæft.* 228. *num.* 10. & 13. le Feron fur la Couftume de Bordeaux, titre des Teftamens, §. 16. Boër. *decif.* 187. & autres : En effet la queftion n'eft pas fans difficulté, parce que ces referves font fondées fur un cas particulier & fur la difpofition de la Couftume, & appartiennent aux enfans, quoy qu'ils renoncent à la fucceffion, en confequence de l'injure que leur mere leur fait par fes fecondes nopces.

Maiftre Marie Ricard en fon Traité des donations, partie 3. *num.* 1390. tient que le fils aifné doit prendre fon preciput & droit d'aifneffe dans le fief refervé en confequence des fecondes nopces de la femme ; je ne ferois pas de fon avis, dautant que le droit d'aifneffe ne fe prend par l'aifné qu'en qualité d'heritier ; c'eft pourquoy l'aifné ne prend point fon preciput & droit d'aifneffe dans le doüaire couftumier, fuivant l'article 250. de la Couftume de Paris, la condition des enfans eftant égale, en ce qu'ils prennent le doüaire couftumier comme proprietaires d'iceluy du jour du Contrat de mariage ; auffi les enfans prennent les referves comme proprietaires en vertu de la difpofition de la Loy par les fecondes nopces de leur mere.

CHAPITRE XXVI.

Du gain de la dot & de la donation à cause de nopces, accordé par le Contrat de mariage au cas qu'il n'y ait point d'enfans.

Quoniam infirmas declaravimus.

SOMMAIRE.

1 L'Empereur a défendu cy-dessus l'alienation des gains nuptiaux au cas qu'il y ait des enfans, mais parce qu'il restoit quelques difficultez sur cette matiere, il les explique dans ce Chapitre & dans d'autres suivans: Dans celuy-cy il dit que si le

survivant des pere & mere vient à mourir, laiſſant des enfans vivans de ſon mariage, l'alienation qu'il auroit faite des gains
nuptiaux eſt entierement nulle au cas que ſes enfans ſoient vivans
au jour de ſon deceds, comme il eſt décidé dans le Chapitre *ſi
verò ſit ſoboles* de cette Novelle, & au Chapitre *hoc quoque* de
la Novelle *de non eligendo.*

Mais s'il arrive que tous ſes enfans ſoient morts auparavant [2]
le ſurvivant qui auroit convolé des ſecondes nopces, *tunc ex
affectu ratum erit quod alienatum eſt : quis enim hoc etiam infrin-
gat, filiis (quibus videlicet hoc ſervavimus) non exiſtentibus ?*
En effet l'alienation doit eſtre valable, puis qu'elle n'a eſté infirmée qu'à cauſe des enfans, leſquels eſtant morts, & ayant par
leur mort fait ceſſer la cauſe de la nullité de l'alienation faite par
le ſurvivant, elle doit reprendre ſes forces, comme ſi en effet au
temps du deceds du predecedé il n'y avoit aucuns enfans vivans,
convaleſcit interdum, quod interdum poterat non ſubſiſtere, l. 29.
& l. 210. ff. de R. I.

Par les termes de cette Conſtitution, il paroiſt que l'Empereur confirme les alienations des gains nuptiaux faites par le ſurvivant, au cas que tous ſes enfans decedent avant luy, puiſque
ces alienations ne ſont infirmées qu'en faveur des enfans ; cependant tous les Docteurs ne conviennent pas que ce ſoit-là l'eſprit & l'intention de l'Empereur ; & pour éclaircir ce doute, il
faut obſerver, que par la Loy *fæminæ. C. de ſecund. nupt.* celuy
qui ſe remarie ne perd pas irrevocablement les avantages qu'il
avoit receu du predecedé, il eſt ſeulement obligé de les conſerver à ſes enfans du premier lit ; & meſme par cette Loy il a la
faculté d'en élire un ; & ſi tous les enfans decedent auparavant
le ſurvivant, *omne quod, quoquo modo perceperit, pleno proprietatis jure obtineat; atque in his nanciſcendi dominii, & teſtandi
circa quæ voluerit, liberam habeat facultatem,* ſelon cette Loy,
c'eſt à dire que le ſurvivant en ce cas a droit de diſpoſer à ſa volonté de ce qui luy a eſté laiſſé par le predecedé, & de ce qui
luy eſt écheu par la ſucceſſion de ſes enfans; parce que c'eſt la
meſme choſe au ſurvivant de n'avoir point eu d'enfans ou d'en
avoir eu, & qui ſoient morts; c'eſt ainſi que ſe doivent entendre ces mots de cette Loy, *ſi nullam habuerit ſucceſſionem x
priore matrimonio, vel natus nati-ve deceſſerint,* c'eſt le ſentiment
d'Accurſe, qui tient que ces mots *ſi ſucceſſionem non habuerit,*
regardent le commencement de la Loy, *ut ubi non ſunt filii matrimonii, ibi non ſint pæna.*

Que par la Novelle 2. *de non eligendo*, l'Empereur decide conformément à la Loy *faeminae. C.d. tit.* que la mere qui se remarie, ne peut aliener les avantages qu'elle a receus de son premier mary, & que l'alienation est revocable, & pour oster le doute qui pourroit provenir de cette décision, il adjouste, *nec hoc omnibus modis, sed in suspenso & alienatio, & evacuatio manet ; nam si manserint superstites filii, evacuabitur omnino quod factum est, si vero praemoriantur omnes matris filii, erit contractus firmus.*

Et que cette Novelle 22. *hoc capite* 26. suivant ce qui a esté dit cy-dessus, decide pareillement & clairement que le survivant des pere & mere a la pleine & entiere proprieté des gains nuptiaux, au cas qu'au jour de son deceds il n'y ait aucuns enfans vivans de son premier mariage, estans decedez auparavant le survivant, ils adjoustent que c'est le sentiment de Julian dans la Novelle 36. §. 14. qui est d'autant plus considerable pour la décision de cette question, qu'il estoit au temps de l'Empereur dans ce Chapitre 14. parlant d'une femme, laquelle avoit stipulé la troisiéme partie de la donation à cause de nopces, au cas qu'il n'y eût aucuns enfans vivans, il dit que cette portion entiere luy doit appartenir, si tous ses enfans la predecedent ; *si contigerit omnes liberos mori sine liberis, necesse est totam tertiam portionem matrem habere, quam habuisset si ab initio nullis liberis superstitibus priores nuptiae solutae fuissent,* & partant selon le sentiment de cét Auteur, celle qui se remarie emporte tous les gains nuptiaux, au cas que ses enfans viennent à mourir avant elle.

Ceux qui sont d'opinion contraire, disent pour faire voir que les secondes nopces font perdre au survivant des pere & mere la proprieté des gains nuptiaux incommutablement & irrevocablement dés lors des secondes nopces, & qu'elle est acquise aux enfans du premier lit,

Premierement, que la Loy *faeminae. C. de secund. nupt.* a esté corrigée par toutes les autres Constitutions, lesquelles ostent à la mere qui se remarie la proprieté des gains nuptiaux incommutablement & sans esperance de retour, suivant ces termes de la Loy *generaliter. C. d. tit. dominium autem rerum quae liberis servatur, ad liberos pertinere decernimus,* lesquels emportent une privation precise & absoluë, & sans esperance de retour.

La Loy *hac edictali. §. his illud. C. eod. tit.* decide la mesme chose chofe en termes qui ne laiffent aucun lieu d'en douter, *ufufructu duntaxat vitæ fuæ temporibus potiatur, alienatione rerum penitus interdictâ,* quant à ce qui eft dit dans la mefme Loy *in fine,* que tous les enfans venans à mourir, *luctuofum lucrum redit ad matrem,* cela ne fe doit entendre que des chofes mobiliaires, & feulement pour la part que la mere gagne *ex cafu mortis liberorum & pacto dotali.*

La Loy derniere. *C. de fecund. nupt.* tirée des Bafiliques par Cujas, eft contraire à cette Conftitution, voulant expreffément que fi le furvivant fe remarie, les gains nuptiaux appartiennent aux heritiers de fes enfans, excepté feulement ce qui luy a efté donné par Contrat de mariage par le predecedé fous la condition expreffe *non exiftentium liberorum.*

Que la Novelle 2. & cette Novelle 22. *cap.* 26. & l'Authentique *fed & fi,* qui en eft tirée, & qui decident, que les enfans decedans avant la mere, *redit ad matrem dominium,* fe doivent entendre du retour, non pas pour le tout, mais feulement pour ce qui luy eft donné par Contrat de mariage *ex pacto non exiftentium liberorum,* ce qui eft clairement expliqué par les termes qui fuivent, *refiduum autem conceditur quibuflibet defuncti heredibus, fi quid ergo ex his alienaverit pro fupra fcripta portione confirmatur alienatio, quare fi fola heres extiterit mater, in folidum ad ipfam redit, vel alienationem fequitur.*

Dans la Novelle 2. l'Empereur dit indiftinctement, *lucrum antenuptialis donationis mox omnium filiorum proprietatem fieri,* & que la mere n'en a que l'ufufruit, excepté la portion qu'elle doit avoir *ex pacto non exiftentium liberorum, reliquum verò erit filiæ, & moriens hoc transmittet ad fuos heredes qui ex lege vocantur.*

Au §. fuivant, l'Empereur femble fufpendre l'effet de l'alienation faite par la mere, & la vouloir rendre valable au cas que tous les enfans predecedent, cependant on reconnoift facilement que ce n'eft pas pour le tout, & qu'il reftraint l'alienation à la feule portion que la mere gagne *in cafu non exiftentium liberorum,* c'eft pour cette raifon qu'il declare que le Contrat fera en ce cas *pro parte firmus,* & *pro parte infirmus;* & il adjoufte, *fecundum hoc quidem quod permanet apud matrem occafione pacti filiorum non exiftentium, valebit, fecundum hoc verò quod transmittitur ad filii fucceffores, infirmus erit.* D'où il s'enfuit que la proprieté des avantages que les fecondes nopces acquierent aux

Tome I.   T t t

enfans du premier lit, ne retourne point à la mere par leur predeceds, mais qu'elle demeure aux heritiers des enfans, excepté seulement la portion que la mere gagne *ex pacto non existentium liberorum.*

Dans le Chapitre 23. de cette Novelle 22. aprés que l'Empereur a dit, que la mere ayant offensé ses enfans par un second
mariage, *tunc omni largitate ad eam deveniente, lex eam secun-
dam proprietatis privat partem, solùm ei derelinquens usumfructum ;* & ensuite il adjouste, *quòd omnis deserit eam proprietatis
modus, in iis quæ à priori viro in eam venerunt, & filii ea percipient, & proprietatis erunt domini secundum tempus quo mater
conjuncta est alii viro,* ainsi la proprieté de ces gains est perduë
pour la mere irrevocablement, si ce n'est pour la portion qu'elle peut gagner *ex morte liberorum.*

Dans le Chapitre 26. l'Empereur dit, que tous les enfans venans à mourir, l'alienation des avantages est renduë valable *ex
effectu*, mais cela se doit entendre seulement pour la portion
qu'elle peut gagner *ex pacto non existentium liberorum*, ainsi
qu'il est expliqué dans la suite de ce Chapitre.

Dans ce mesme Chapitre, l'Empereur donne pouvoir aux enfans de tester & disposer des avantages que leur mere a perdus
par ses secondes nopces, encore qu'elle les survive, excepté
la portion qui luy appartient *ex parte non existentium liberorum;*
& quand l'Empereur dit, que la mere ayant aliené les avantages,
manet causa in suspenso, sequentibus committenda fortunis, cela
ne se peut entendre que de la portion que la mere pouvoit gagner *ex pacto non existentium liberorum.*

Dans ce mesme Chapitre l'Empereur rappelle une Constitution precedente par luy faite, par laquelle il avoit ordonné
la mesme chose touchant la perte de ces avantages ; cette Loy
n'est pas la Loy *corruptionem. C. de usufr.* ainsi que pretend Accurse mal à propos, comme remarque Cujas, mais une Constitution Grecque, laquelle manquoit au titre du Code *de secund.
nupt.* & qui y a esté depuis traduite en latin par Cujas, & ensuite inserée par Godefroy dans le Cours civil, *si filii*, dit cette
Loy, *quorum parentes ad secundas venerunt nuptias, ante eos
decesserint, proprietas lucrorum nuptialium ad filiorum heredes
etiam extraneos testamento scriptos perveniet, deducto eo quod in
casum orbitatis parentem lucrari convenit, quod etiam pro rata observatur, uno ex pluribus filiis ante parentem mortuo ; &*

enfuite il decide , que l'alienation faite ne peut fubfifter que pour la portion que la mere peut gagner *in cafu non exiften-tium liberorum* , & que le refte eft revoqué par l'heritier des enfans.

La Novelle 68. decide la mefme chofe, car en faifant mention de la Loy *hac ediɛtali.* qui eft de l'Empereur Leon , *de lu-cris in cafu non exiftentium liberorum* , rappellant fes Conftitutions qui l'avoient corrigée, il declare encore que la mere qui s'eft remariée, gagne feulement en proprieté par le deceds de fes enfans , ce qui luy eftoit donné par fon Contrat de mariage *in cafu non exiftentium liberorum* , & que le refte appartient aux heritiers de fes enfans.

Quoy qu'aprés avoir examiné tous ces Textes on reconnoiffe que l'Empereur Juftinien ait voulu que par les fecondes nopces la femme qui fe remarie, perde irrevocablement la proprieté des gains nuptiaux, ce qui paroift tres-clairement par la Novelle 68. neanmoins plufieurs Auteurs n'ont pas fuivy cette difpofition, pour eftre trop rigoureufe, *Benediɛt. in verbo, & uxorem, decif.* 5. *num.* 85. eftime que les enfans eftans tous decedez, la mere reprend la proprieté des gains nuptiaux, *fi omnes*, dit cét Auteur , *filii nati ex primo matrimonio vivâ matre moriantur , he-rede fortè extraneo in teftamento ultimi filii inftituto , & matre in fola legitima inftitutâ , certè proprietas bonorum paternorum filii aut filiorum ab inteftato mortuorum , qua per tranfitum ad fecunda vota fuerat privata , revertitur ipfo jure ad eam , cum caufa privationis fuæ effet favor liberorum primi matrimonii quæ nunc ceffat.*

Faber en fon Code, livre 5. titre 5. *definit.* 16. eft auffi de cét avis : *Parentes , qui per fecundas nuptias amiferunt proprieta-tem , eam recuperant , fi poftea omnes liberi præmoriantur , domi-nium quod ex unius conjugum liberalitate in conjugem tranflatum ad communes liberos rediit per tranfitum ad fecundas nuptias; non omnino liberis , fed ita demum fi fupervivant ; alioquin recurrit ad parentem fuperftitem , cujus nuptiis quæfitum fuerat , proinde fi ponas deceffiffe filium , vivâ matre , fecundis jam nuptiis funefta-tâ , non poterit filius de iis bonis pro arbitrio , aut qua aliâ ullâ ratione difponere , nam dominium quidem liberis purè acquiritur per fecundas nuptias , fed non irrevocabiliter , ficut nec parenti fecundas poftea nuptias ineunti fuerat irrevocabiliter quæfitum, & quæ legis poteftas parenti dominium abftulerit favore commu-*

nium liberorum, eadem præ defunctis liberis communibus, in sola-
tium, & quasi finita causa idem dominium superstiti parenti
restituit.

Gudelin. *de jure noviss. lib.* 1. *cap.* 12. *num.* 15. tient, que
les dernieres Constitutions de l'Empereur ont dérogé à la Loy
fæminæ.

3. L'Edit des secondes nopces ne s'est pas en ce point conformé aux dernieres Constitutions de l'Empereur Justinien, car
cette Ordonnance ne parle que d'une simple reserve que la mere
est tenuë de faire des liberalitez de son premier mary au profit
de ses enfans du premier lit; & partant elle n'est obligée qu'envers eux à une simple restitution; d'où il s'enfuit que s'ils sont
decedez avant elle, elle conserve & retient la pleine proprieté des
gains nuptiaux; qu'elle n'en est point depossedée du vivant de
ses enfans, cette reserve n'estant faite en faveur des enfans que
pour la prendre aprés le deceds de leur mere; elle est conditionnelle; ensorte que si les enfans decedent, elle est censée n'a-
voir jamais esté apposée.

Que si la mere a disposé des biens sujets à la reserve, l'alienation est inutile, revoquée & cassée par les enfans qui survivent leur mere; & s'ils decedent tous avant elle, elle est bonne
& valable; comme au contraire si les enfans auparavant leur
mort arrivée avant celle de leur mere, en avoient disposé, ou
les avoient obligé & hypotequé, leur disposition seroit inutile
& sans effet; c'est l'espece d'un Arrest remarqué par Monsieur
Loüet, lettre N. chapitre 3. donné au rapport de Monsieur
Fouquet en la cinquiéme Chambre des Enquestes, au procez
des Bellangers.

4. A l'égard des Provinces de droit écrit, on pretend que ces dernieres Constitutions y doivent estre observées nonobstant cét
Edit, parçe que le Roy François II. a declaré expressément à
à la fin de cét Edit, qu'il n'entendoit pas déroger aux autres
Loix & Coustumes gardées dans son Royaume, en ce qu'elles
se trouveroient plus rigoureuses contre les secondes nopces; c'est
le sentiment de Maistre Claude Henris en ses Arrests, tome 1.
livre 4. chapitre 4. question 13. où il rapporte un Arrest du
Parlement de Paris, donné en la quatriéme Chambre des Enquestes du 30. Avril 1633. qui a jugé contre la mere,

Mr de Cambolas au livre 6. chap. 4. de ses questions, rapporte
un Arrest du Parlement de Tholoze du 2. May 1630. qui a jugé

au contraire, que la mere qui avoit convolé en secondes nopces, avoit conservé la proprieté des liberalitez de son premier mary, parce qu'elle avoit survescu ses enfans, les enfans n'ayant pû transmettre les mesmes biens à leurs heritiers, ny en disposer.

L'Empereur ayant dans le commentement de ce Chapitre decidé, que si les enfans decedent tous, l'alienation faite par la mere survivante est valable, selon la restriction marquée cydessus, & conformément à la Novelle 68. il dit en suitte *vers. sed hic quidam.* qu'il se presente un autre cas subtil, & qui n'est pas sans difficulté, qui est entre les deux cas marquez au commencement du mesme Chapitre: dont le premier est, lors que le survivant decede auparavant ses enfans, auquel cas l'alienation est nulle, & l'autre, lors que tous les enfans decedent auparavant le survivant.

Ce troisiéme cas est, lors que quelques-uns des enfans, qui 5 estoient vivans au temps de la mort du predecedé de leurs pere & mere, sont decedez avant le survivant, en ce cas si celuy des enfans qui meurt, a des enfans, la portion qu'il auroit euë dans ces gains nuptiaux, passe à ses enfans, comme il a esté dit cydessus : Mais si ce fils n'a point d'enfans, sa portion n'appartient pas entiere au survivant des pere & mere, mais il en prend selon le pacte qui a esté fait pour le gain de la dot ou de la donation *propter nuptias*, & le reste passe aux heritiers de ce fils, soient ses freres, ou des étrangers.

Et ce que l'Empereur dit des étrangers, s'entend de ceux qui sont instituez heritiers par le fils, qui ne seroient pas autrement ses heritiers *ab intestat :* car le fils estant parvenu à sa puberté aprés la mort de son pere, peut faire un testament; mais la mere estant morte la premiere, le fils ne pourroit pas tester du vivant de son pere dans la puissance duquel il seroit, non pas mesme des biens qui ne seroient pas acquis au pere par le fils, *l. ult. §. filiis. C. de bon. quæ liber. & l. Imperator. ff. ad Trebell.* C'est pourquoy l'Empereur adjoûte ces termes en parenthese, *quod maximè in matre contingit*, qui signifient, qu'il arrive plus souvent, que les enfans laissent des heritiers étrangers, quand leur mere a survescu leur pere. La mesme chose peut aussi arriver le pere ayant survescu, au cas qu'il ait emancipé son fils.

Pour entendre le cas dont nous venons de parler, il faut observer que quelquefois les contractans conviennent par leur contrat 6 de mariage, que le survivant ne gagne rien de la dot ou de la donation *propter nuptias*, au cas qu'il y ait des enfans vivans au temps de la mort du survivant, & cette convention s'appelle *pactum in casu non existentium liberorum*. Quelquefois au contraire, ils conviennent du gain d'une partie de la dot, ou de la donation *propter nuptias*, au cas qu'il n'y ait point d'enfans. Posons dans ce dernier cas, que les contractans soient convenus, que si il n'y a point d'enfans, le survivant gagnera le tiers de la dot, qu'au temps de la mort du pere il y avoit deux enfans, & qu'en suitte l'un d'eux decede avant la mere : On demande si la mere gagne quelque chose dans la donation *propter nuptias*, par la mort de son fils arrivée aprés celle du pere ? Il est certain qu'au temps de la mort du pere la mere n'avoit rien gagné en la donation *propter nuptias*, parce que pour lors il y avoit des enfans, & que le pacte du gain du tiers de la dot ou de la donation *propter nuptias* a esté fait *in casu non existentium liberorum* ; mais un des enfans estant mort, la mere doit gagner le tiers dans sa portion, c'est à dire, le tiers de la moitié de la donation *propter nuptias*, qui est le sixiéme au total.

La raison est, que s'ils mouroient tous elle auroit le tiers de la donation entiere : c'est pourquoy quant à la partie qui retourne au survivant par la mort d'un de ses enfans, l'alienation qu'il en auroit faite avant que d'avoir contracté un second mariage est valable, estant infirmée pour le surplus ; ainsi l'alienation faite par le survivant est en suspens, & dans le doute si elle sera infirmée ou conservée : car elle sera infirmée pour le tout, si tous les enfans sont vivans au temps de la mort du survivant, ou elle sera valable pour le tout, s'ils sont tous morts, ou elle vaudra pour une partie, & elle sera infirmée pour le tout.

7   Comme remarque la glose sur ce Chapitre *in verbo. moriantur.* le pacte *de lucranda parte dotis vel donationis propter nuptias*, au cas qu'il n'y ait point d'enfans, ne peut point avoir lieu par la mort d'un des enfans, au cas qu'il y en ait d'autres vivans ; car ce sont deux pactes qui sont differens & contraires, c'est pourquoy l'un ayant son effet, l'autre devient inutile, *l. si ita quis. ff. de V. O. l. si plures. ff. de condition. institut. & l. si ita fuerit. ff. de manum. testam.* Ainsi quand il y a quelques enfans vivans, le pacte fait au cas qu'il n'y en ait point, ne peut pas avoir lieu, mesme à l'égard de ceux qui sont decedez dans le temps du deceds des pere & mere, parce qu'il est constant qu'il y a des enfans, & la mort des enfans n'empesche pas qu'il n'y en ait d'autres ; car

comme remarque la glose *d. loco. si aliquid est in pluribus faciendum, non sufficit fieri in uno, l. pater Severinam, ff. de conditio. & demonstrat. l. 1. C. de conditio. insert & l. jubemus. §. sin autem. C. ad Trebellian.* C'est pourquoy il ne suffit pas qu'un des enfans soit decedé, *ergo non debet sufficere unum mori, cùm secundum verba pacti secundi, oporteat quòd nullus remaneat.*

La glose répond à cette difficulté, que ce droit a esté étably par la seule volonté de l'Empereur, & sans aucun fondement raisonnable, *potest dici hæc jura magis esse voluntaria, quàm rationabilia; quia sic volo, sic jubeo, &c. secuti pleraque jura Imperatorum sunt.*

On demande si le pacte du gain d'une partie de la dot ou de 8 la donation *propter nuptias,* a lieu pour la portion d'un des enfans qui decede, soit qu'il ait fait testament, ou qu'il soit mort *intestat?* Il faut dire que ce pacte produit son effet en faveur du survivant, ce qui est marqué en ces termes cy-dessus, *sive disponant suas substantias, sive etiam intestati moriantur,* lesquels n'ont pas beaucoup de connexion avec ce qui est auparavant, c'est pourquoy Godefroy sur ce Chapitre, lettre L. dit que ce lieu est fort obscur.

L'Empereur dit avoir déja étably cette disposition & ce droit nouveau par son Ordonnance, & cette Ordonnance est la Novelle *de non eligendo. cap. hoc autem.* car ce pacte n'avoit pas lieu par le droit ancien.

De la Novelle *de non eligendo* §. *hoc autem,* & de cette Novelle 22. *hoc cap.* a esté tirée l'Authentique *sed & si quis. C. de secund. nupt.*

Authentique *Sed & si quis. C. de secund. nupt.* 9

Sed & si quis ex his præmoriatur absque progenie, redit ad matrem dominium, quantum requiritur ex pacto non existentium liberorum, residuum autem conceditur quibuslibet defuncti heredibus. Si quid ergo ex his alienaverit, pro suprà scripta portione confirmatur alienatio. Quare si sola heres extiterit, in solidum ad ipsam redit, vel alienationem sequitur.

Cette Authentique décide conformément à ce qui est dit dans ce Chapitre, & dans le §. *hoc autem* de la Novelle 2. & à la Novelle 68.

Premierement, que si un des enfans decede sans enfans avant
la mere, la mere retient en pleine proprieté la portion des gains
nuptiaux qui appartenoit à cét enfant à cause des secondes nopces de la mere, eu égard à ce qui luy a esté donné par son Contrat de mariage sous la condition *non existentium liberorum ;*
ce qui est tres-facile à entendre, par ce qui a esté expliqué
cy-dessus.

En second lieu, que le reste de la portion des gains nuptiaux
qui appartenoit à l'enfant decedé, à cause des secondes nopces
de sa mere, appartient à ses heritiers ; ce qui se doit entendre des
heritiers legitimes ou *ab intestat.*

En troisiéme lieu, que si la mere a aliené une partie de ces
gains nuptiaux, l'alienation sera valable à raison de ce qu'elle
retient en pleine proprieté par la mort de cét enfant, en vertu du
pacte *non existentium liberorum.*

En quatriéme lieu, que si la mere est instituée heritiere par
cét enfant, elle retient la portion entiere qui luy appartenoit à cause de secondes nopces ses, sans que cette portion
soit restrainte à celle qu'elle a droit de prendre par la mort de
son enfant en vertu du pacte *non existentium liberorum :* & si elle
a aliené ses gains nuptiaux, l'alienation est conservée pour toute
la portion que cét enfant avoit en iceux.

10   L'Empereur dit dans le §. *& super iis quoque,* qu'à l'égard
des avantages dont les enfans du premier lit acquierent la proprieté, parce que le survivant de leurs pere & mere aura convolé en secondes nopces, on ne doit point considerer si ces enfans sont heritiers du premier decedé ou du survivant de leurs
pere & mere ; ou s'il y a quelques-uns d'entr'eux qui soient heritiers, & d'autres qui ne le soient pas ; voulant que ceux qui se
trouvent vivans au temps de la mort du survivant, partagent entr'eux également ces avantages.

Toutefois l'ingratitude des enfans envers le survivant, peut
estre cause qu'ils soient privez de succeder dans ces gains & ces
avantages ; car l'Empereur dit, que son Ordonnance n'est pas
contraire à celles qui sont faites touchant l'ingratitude des enfans, & qu'il a de la consideration pour les parens, & que par
ce moyen il veut obliger les enfans à leur porter l'honneur &
le respect qu'ils leur doivent. Et l'ingratitude pour laquelle les
enfans peuvent estre privez de ces avantages, s'entend tant à l'é-
gard du premier decedé que du survivant.

Il fembleroit neanmoins, que les enfans ne devroient pas en eftre privez pour ingratitude commife contre le furvivant, parce que ces biens femblent eftre des biens du premier decedé. On répond, que ces biens ont efté faits propres au furvivant, mais que par la difpofition de la Loy la proprieté leur en doit eftre refervée au cas qu'ils furvivent le furvivant, ainfi ils les prennent comme appartenans au furvivant ; c'eft pourquoy il peut en priver ceux qui fe rendront indignes de pretendre leur fucceffion. On peut dire auffi, conformément à ce §. que fi le predecedé avoit desherité un de fes enfans, il ne pourroit rien pretendre dans ces biens ; car quoy qu'ils fuffent devenus propres au furvivant par la donation qui luy en auroit efté faite par le predecedé, toutefois il eft vray de dire, que ce font des biens du predecedé, dont l'enfant ingrat eft indigne de participer. C'eft auffi la difpofition de la Loy 10. *C. de fecund. nupt.* par la raifon que *exheredatio extinguit omne jus filii, idque adiicitur legi 6. C. de fecund. nupt. quæ vetat filiæ relinqui minus legitimâ,* dit Godefroy fur la Loy 10. *loco citato.*

De ce Chapitre a efté tirée l'Authentique *hæres. C. de fec. nupt.*

Authentique *Hæres lucro. C. de fecund. nupt.*   11

Hæres lucro cedunt liberis, licet heredes non fint patris, aut matris, aut utriufque, nifi fuerint ingrati, & probetur ingratitudo.

Il y a un cas auquel les enfans ingrats ne font pas exheredez à caufe des fecondes nopces de leur mere, marqué dans le Chapitre 35. *infrà hac Novel.*

L'Edit des fecondes nopces a efté fait conformément aux difpofitions des Loix Romaines touchant les fecondes nopces ; & par le fecond chef de cét Edit il eft porté, que les femmes veuves ne peuvent faire part à leurs nouveaux maris des dons & liberalitez qu'elles ont receuës de leurs premiers maris ; mais qu'elles font tenuës les referver aux enfans communs d'entr'elles & leurs maris.   12

C'eft le fentiment commun des Docteurs, que les enfans juftement exheredez ne peuvent rien pretendre dans les retranchemens des avantages faits au fecond mary ou à la feconde femme. *Boër. decif.* 201. *num.* 5. *Barri lib.* 1. *num.* 35. *tit. de incapacit.* & autres, font de cét avis.

Tome I.   V u u

13   C'eſt une queſtion ſi les filles qui ont renoncé à la ſucceſſion
de leurs pere & mere, en ſont excluës : Brodeau ſur Monſieur
Loüet, lettre N. chap. 3. tient que non, par la raiſon que la fille
qui a renoncé, ne prend point de part dans ces biens, comme
eſtans de la ſucceſſion de ſon pere ou de ſa mere, ny comme procedans de leur liberalité, mais par le benefice de la Loy & de
l'Edit, & par une eſpece de fideïcommis legal, & de reſtitution
neceſſaire & forcée, que la mere à cauſe de ſon ſecond mariage
eſt tenuë de faire également & indiſtinctement à tous ſes enfans
du premier lit, & par conſequent la fille n'eſt point excluë par
ſa renonciation à un bien qui luy eſt deferé & acquis par la Loy
& par l'Ordonnance, en un cas qu'on ne peut pas dire avoir
eſté préveu lors de ſa renonciation, en laquelle par conſequent
il n'eſt pas compris : Que d'ailleurs la Novelle 22. donne les
biens ſujets à reſtitution aux enfans du premier lit, ſoit qu'ils
ſoient heritiers, ou qu'ils ayent renoncé à la ſucceſſion, ſuivant
l'opinion de Ferrerius ſur la déciſion 228. de Guy Pape, & de
pluſieurs autres Docteurs qui y ſont citez, de Monſieur Mainard
tome 1. livre 4. chap. 2. de Papon livre 16. tit. 4. Arreſt 9. & autres; ce que j'eſtime bien fondé.

CHAPITRE XXVII.

De non
alienâda
niſi por-
tione
unius
minus
accipien-
gis

*Le pere ou la mere qui ſe remarie, ne peut pas avantager
ſa ſeconde femme ou ſon ſecond mary de ſes biens, plus
que le moïns prenant de ſes enfans en peut avoir.*

SOMMAIRE.

1. *Ordonnance de l'Empereur
Leon touchant les avantages
faits par ceux qui convolent
en ſecondes nopces.*

2. *Si elle a lieu contre l'ayeul
& l'ayeule qui ſe remarient.*

3. *Si les avantages ôtez au ſecond mary, retournent aux
ſeuls enfans du premier lit.*

4. *Si les enfans exheredez y
prennent part.*

5. *Authentique* ad eos C. de
ſecund. nupt.

6. *Edit des ſecondes nopces.*

7. *Si les enfans ſuccedent au
droit de leur pere decedé, pour
prendre part dans les avantages ôtez au ſecond mary.*

8. Si les enfans du second lit en profitent.

9. Loix Romaines n'ont pas d'autorité dans la France coûtumiere.

10. Si le retranchement des avantages demeurent dans les biens de celuy qui a convolé en secondes nopces.

11. Arrest qui a jugé la question.

12. Si il peut avantager ses enfans du second plus que ceux du premier.

13. Si l'avantage fait aux enfans du second est valable, le second mary stipulât pour eux.

14. De l'avantage fait au second mary à la charge qu'en cas qu'il luy soit contesté, il appartiendroit aux enfans du second lit.

15. Quid, de l'institution du mary faite par la femme à la charge de rendre à ses enfans.

16. Si la donation estant moindre que la legitime, l'avan-

tage fait au second mary y doit estre reglé.

17. Si le retranchement accordé aux enfans du premier lit, doit estre imputé sur leur legitime.

18. Quand il y a un droit d'aisnesse sur les biens de la mere, sur quoy se prend la legitime des autres enfans.

19. Si la legitime doit estre prise avant le retranchement.

20. Quid, quand la mere a donné tous ses biens au second mary.

21. Si pour trouver la legitime des enfans, il faut rapporter à la masse les avantages faits au second mary.

22. Si le second mary prend part dans le retranchement.

23. Si les enfans sont tenus rapporter ce que leur mere leur a donné avant son second mariage.

24. Si la reduction des avantages se fait aussi au profit des petits enfans.

L A seconde peine des secondes nopces est traitée depuis ce Chapitre jusques au Chapitre si verò solum usumfructum, par laquelle le survivant des pere & mere qui se remarie, ne peut pas avantager sa seconde femme ou son second mary de ses biens, plus que le moins prenant de ses enfans en peut avoir.

L'Empereur dit au commencement de ce Chapitre, qu'il trouve fort juste l'Ordonnance faite par l'Empereur Leon touchant les avantages qui se font par ceux qui convolent en secondes nopces, à leurs secondes femmes ou à leurs seconds maris, & cette Ordonnance est contenuë dans la Loy hac edictali, jusqu'au §. his illud. C. de secund. nupt.

Cette Ordonnance porte, que le survivant des pere & mere qui se remarie ne peut pas avantager son second mary ou sa seconde femme de ses biens, plus qu'un de ses enfans peut avoir de ses biens, ce qui se doit entendre au cas que tous ses enfans luy succedent également; mais si un des enfans avoit moins que les autres, parce que celuy de ses pere & mere qui se seroit remarié, luy auroit moins laissé qu'aux autres, pour lors il ne pourroit avantager sa seconde femme ou son second mary, plus que celuy de ses enfans qui prendroit le moins, emporteroit de sa succession, ou de ses biens par donation entre-vifs, ou par derniere disposition.

Cette portion qui devoit estre laissée aux enfans, estoit par le droit ancien la quatriéme partie de la portion que chaque enfant pouvoit esperer en la succession de ses pere & mere; mais elle a esté augmentée par la Novelle *de triente & semisse*, par laquelle l'Empereur a voulu que cette portion fût le tiers ou la moitié, suivant le nombre des enfans, à moins que ceux qui pourroient autrement pretendre cette portion qu'on appelle la legitime, n'en fussent exclus pour cause d'ingratitude.

2   Il faut dire aussi que cette Ordonnance a lieu contre l'ayeul ou l'ayeule qui se remarie, quoy que celuy qui se remarie n'ait que des petits enfans, soit d'un fils ou d'une fille; car il ne peut pas avantager celuy avec lequel il se remarie, plus que les petits enfans d'un fils ou d'une fille prennent dans ses biens.

Ce mesme Empereur Leon dans cette Constitution ordonne avec raison, que ce qui excede la portion du moins prenant dans l'avantage fait au second mary ou à la femme, retourne aux enfans du premier lit, pour estre partagé entr'eux également, à 3 l'exclusion des enfans issus du second mariage, lesquels y estoient appellez conjointement avec ceux du premier lit, pour estre participans de ce qui estoit osté au second mary ou à la seconde femme, en ce qu'il excedoit la portion du moins prenant, par la Loy *quoniam præterita. 9. C. de secund. nupt.* qui dérogeoit en ce point à la Loy *hac edictali*, que l'Empereur rétablit par cette Novelle dans ce Chapitre, voulant que conformément à la Loy *hac edictali*, ce qui est osté à celuy qui est avantagé plus que la Loy ne le permet, soit seulement donné aux enfans du premier lit, sans qu'il soit permis de donner au second mary ou à la seconde femme par des personnes interposées, c'est à dire, de donner à d'autres personnes, pour faire revenir la donation au second mary ou à la seconde femme, ou mesme supposant une vente faite à une personne étrange, pour faire revenir la chose à celle qui ne peut pas recevoir, & dans ce cas la vente ou l'acte simulé est nul & sans effet, parce que *plus valet quod agitur, quàm quod simulatè concipitur*, *Cod. plus val. quod agit.*

Au verset *hoc autem quod plus est*, il est dit, que les enfans qui se sont conservez dans le respect envers leurs pere & mere, partagent entr'eux ce qui excede les avantages que le survivant de leurs pere & mere pouvoit faire legitimement à celuy avec lequel il a contracté un second mariage, à l'exclusion de ceux qui se sont rendus ingrats à leur égard, par une cause d'ingratitude prouvée en Justice, & telle que les Loix requierent pour causer l'exheredation, & l'Empereur rend la raison pour laquelle les enfans ingrats sont exclus de participer à ces avantages avec les autres, *ne fortè propter spem hujus possessionis contra parentes accedant, & protervi sint, & naturæ injurientur leges.*

Dans la fin de ce Chapitre il est dit, que si un des enfans vient à mourir, ses enfans luy succederont dans la portion qu'il auroit euë dans les avantages qui auroient esté faits excedant ce qui seroit permis par la Loy, ainsi qu'il a esté dit cy-dessus.

De ce Chapitre a esté tirée l'Authentique *ad eos.* mise aprés la Loy *quoniam præterita. C. de secund. nupt.*

Authentique *ad eos. C. de secund. nupt.* 5

Ad eos solos etiam nunc pertinet; & si quis ex iis præmoritur relictâ sobole, portio ejus ad eam defertur.

L'Edit des secondes du Roy François II. a esté dressé sur la Loy *hac edictali C. de secund.* & sur cette Novelle, portant au premier chef.

1. *Que les femmes veuves ayans enfans, ou enfans de leurs enfans, si elles passent à de nouvelles nopces, ne peuvent & ne pourront en aucune façon que ce soit, donner de leurs biens, meubles, acquests ou acquis par elles d'ailleurs que leur premier mary, ny moins leurs propres, à leurs nouveaux maris, pere, mere, ou enfans desdits maris, ou autres personnes qu'on puisse presumer estre par dol, ou fraude interposées, plus qu'à un de leurs enfans, ou enfans de leurs enfans: Et s'il se trouve division inégale de leurs biens, faite entre leurs enfans, ou enfans de leurs enfans, les dona-*

tions par elles faites à leurs nouveaux maris, seront reduites &
mesurées à raison de celuy des enfans qui en aura le moins.

7 De ces termes *ou enfans de leurs enfans*, il s'enfuit que les
enfans succedent au droit de leur pere decedé, dans la portion
qu'il auroit euë dans les avantages qui auroient esté faits excedans ce qui seroit permis par la Loy, suivant cette Authentique
ad eos solos.

8 A l'égard des enfans du second lit, ils ne peuvent point profiter avec les enfans du premier lit, du retranchement des avantages faits à un second mary ou à une seconde femme, parce
que cette Novelle en ce Chapitre en exclud precisément les enfans du second lit, & elle les reserve seulement aux enfans du
premier lit, abrogeant la Loy *quoniam præteritæ. C. de secund.*
nupt. Ce qui a esté jugé ainsi par Arrest du quatriéme Juillet
1606. entre des parties du païs de Forests, qui se regle par le
Droit écrit, rapporté par Brodeau sur Monsieur Loüet, lettre N. chap. 3.

L'Edit n'a point parlé en ce cas, ainsi il semble que dans la
France coûtumiere on doit suivre la disposition de ce Chapitre,
c'est le sentiment de Maistre Marie Ricard en son Traité des
Donations, partie 3. chap. 9. glose 4. nomb. 1320. Cependant la
question n'est pas sans difficulté à l'égard des Provinces coûtu-
9 mieres, dautant que les Constitutions de l'Empereur Justinien
n'y ont pas autorité en ce cas ; on s'en sert seulement comme
d'une raison écrite, comme nous avons dit ailleurs : & l'Edit
n'en parlant point, & le Roy disant seulement dans la Preface,
qu'il a loüé & approuvé les Loix & Constitutions Romaines,
touchant les secondes nopces, il ne leur donne pas pour cela autorité de loy dans le Royaume, ainsi il laisse à l'arbitrage des Juges
de décider les contestations qui peuvent survenir à l'occasion des
secondes nopces, hors ce qui est expressément porté dans les
deux chefs de cét Edit, selon qu'ils le trouveront juste & raisonnable.

Il y a lieu de croire que l'intention du Roy en deffendant seulement d'avantager un second mary ou une seconde femme de
ses biens, plus que le moins prenant des enfans peut amender
10 de la succession, a esté que le retranchement demeure dans la
succession & les biens de celuy qui a fait l'avantage, en sorte
que les enfans du second lit en profitent de mesme que ceux du
premier, parce que la succession du pere devant estre partagée

également entre tous ses enfans, soient du premier, second, ou
autre lit, on n'en doit point oster ces retranchemens, puisque
l'Edit n'en parle point.

Henris en ses Arrests, tome 1. livre 4. chap. 6. question 58. **11**
rapporte un Arrest du 7. Septembre 1645. sur un appel du Seneschal de Lyon, par lequel le retranchement a esté partagé également entre les enfans du premier lit & du second. Cét Auteur
dit, que la mesme chose a esté jugée par autre Arrest intervenu
au procez d'entre Jacquet & Mornieu. Que si la Cour l'a jugé
ainsi entre personnes domiciliées au païs de Droit écrit, qui ont
receu des Rois de France par privilege, la grace d'observer le
Droit Romain comme Loy, il y a lieu de dire avec plus de raison, que cette Jurisprudence doit estre gardée dans les Provinces
dans lesquelles ce Droit n'a pas autorité de Loy.

Quoy que par cette Novelle en ce Chapitre 27. & par l'Edit **12**
des secondes nopces, le survivant des pere & mere ne puisse pas
avantager de ses biens plus que le moins prenant de ses enfans,
neanmoins il peut avantager ses enfans du second lit plus que
ceux du premier, reduisant ceux du premier à leur legitime,
la Loy ayant laissé la faculté au pere de disposer de ses biens entre ses enfans selon qu'il le juge à propos, pourveu qu'il ne diminuë point la legitime des uns pour avantager les autres, & en
ce point les Loix ne mettent aucune difference entre les enfans
du premier ou du second lit, car quand le pere donne à ses enfans du second lit, il est censé donner en leur seule consideration,
& non à celle de leur mere, en sorte qu'ils ne sont pas presumez
personnes interposées, à l'effet de faire parvenir à sa seconde
femme ce qu'il leur donne, & cette disposition en faveur des enfans du second lit n'est point contraire à la Loy, qui défend les
avantages excedans ceux que peut avoir l'enfant le moins prenant, *omni circumscriptione si qua per interpositam personam, vel
alio quaquo modo fuerit excogitata, cessante,* & comme dit
Cujas sur la Loy *hac edictali. C. de secund. nupt. filio communi
ut donet mater, naturalis affectio facit, privigno ut donet noverca, maritalis affectio facit, non certè novercalis, privignum
semper accipiam pro persona supposita, & excogitatam fraudem
edicto suspicabor in privigno, non in filio communi.*

On demande si l'avantage fait aux enfans communs par la **13**
femme, son second mary stipulant pour eux est valable, & si
cét avantage est presumé fait en consideration du second mary?

Les Docteurs sont partagez sur cette question, Fachin dans ses Controverses, livre 3. chap. 66. décide la question par la Loy *Sulpitius. ff. de donatio. inter vir. & uxor.* dans laquelle le Jurisconsulte ayant proposé une espece semblable, il répond, *si color vel titulus, ut sic dixerim, donationi quæsitus est, nihil valebit traditio ; id est si hoc egit uxor, ut aliquid ex ea re interim commodi sentiret maritus ; alioquin si solo ejus ministerio usa est, & id egit ut res cum omni emolumento per patrem posteà ad filium transiret, cur non idem perinde sit ratum, ac si cum extraneo tale negotium contraxisset, hoc est, extraneo in hanc causam tradidisset.* C'est à dire, que s'il paroît que ce soit en fraude de la Loy, & pour procurer un avantage indirect, il doit appartenir aux enfans du premier lit : mais si le second mary n'en tire aucun avantage, & qu'il ne soit interposé que pour un simple ministere, il n'y a pas lieu au retranchement ; comme si la femme donne une portion de ses biens à celuy de ses enfans du second lit que son mary voudra choisir, en ce cas il est sans doute que la femme ne donne rien à son mary.

14   Que si la femme donnoit à son mary à la charge que si l'avantage luy estoit contesté par les enfans du premier lit, elle le donne à ses enfans du second, en ce cas c'est un avantage sujet à retranchement, dont les enfans du second lit ne peuvent point profiter, parce qu'ils ne sont appellez sous condition que pour faire valoir l'avantage prohibé, puisque la donation n'est faite aux enfans, qu'en cas qu'elle soit contestée à leur pere : car quoy que le testateur puisse imposer une peine à son heritier au cas qu'il n'accomplisse pas ses dernieres volontez, neanmoins il ne le peut pas faire à l'effet de contrevenir à la disposition de la Loy, ainsi qu'il est decidé par la Loy unique au Code *de his quæ pœna nom.* en ces termes : *quod si aliquid facere vel legibus interdictum, vel aliàs probrosum, vel etiam impossibile jussus aliquis eorum fuerit, tunc sine ullo damno etiam neglecto testatoris præcepto, servabitur.*

15   Cette question s'est presentée, sçavoir si la femme instituant son mary à la charge de rendre à ses enfans, cette institution est sujette au retranchement en faveur des enfans du premier lit ? Pour les enfans du premier lit, on dit que par cette institution le beaupere est plus avantagé qu'aucun des enfans, puis qu'il devoit joüir des biens de leur mere pendant sa vie, que c'estoit un pretexte pour faire un plus grand avantage au second mary

en

en fraude de la Loy, suivant la décision de la Loy *Sulpitius. ff. de donatio. inter vir. & uxor.* dans laquelle le Jurisconsulte estant interrogé, si la donation d'un champ qu'une femme avoit faite à son mary, à la charge de le rendre à leur fils aprés sa mort, estoit valable, il répond avec cette distinction : *si color vel titulus, ut sic dixerim, donationi quæsitus est, nihil valebit traditio, id est, si hoc egit uxor ut aliquid ex ea re interim commodi sentiet maritus, alioquin si solo ejus ministerio usa est, & id egit ut vel revocare sibi liceret, vel ut res cum omni emolumento per patrem posteà ad filium transiret, cur non id proinde sit ratum ac si cum extraneo tale negotium contraxisset :* Dans cette espece la femme ayant voulu que son mary joüist de ses biens pendant sa vie, & ne l'ayant chargé de rendre qu'aprés son deceds, elle s'estoit en effet servie de la personne de ses enfans pour faire un avantage prohibé à son mary.

On disoit au contraire pour le second mary, que quoy que sa femme ne pût luy donner plus qu'à un de ses enfans du premier lit qui en avoit eu le moins, toutefois l'ayant chargé de rendre, elle l'avoit pû valablement instituer : que la Loy *Sulpitius* se devoit entendre quand la mere avoit voulu se servir de la personne de ses enfans pour donner à son mary, comme quand elle donne à un des enfans de son mary, conformément à la Loy 3. §. 4. *ff. de donatio. inter vir. & uxor.*

Sur ces raisons, par Arrest du Parlement de Tholoze, donné au mois de Février 1590. entre Antoine Cothure & Jean Viel, au rapport de Monsieur de Mansencal, rapporté par Monsieur de Cambolas, il a esté jugé, que l'institution estoit valable.

Cét Auteur dit avoir esté jugé de mesme par autre Arrest sus datté, donné en la seconde Chambre des Enquestes, sur une institution que le mary avoit faite de sa femme, à la charge de rendre à leurs enfans, entre Catherine Bione & Jean Chabert.

Ces Arrests ont jugé contre la disposition de l'Ordonnance, car puisque celle qui se remarie ne peut pas avantager son second mary plus que le moins prenant de ses enfans, cela s'entend qu'elle ne peut pas donner à son second mary, soit en proprieté ou en usufruit, plus que le moins prenant, & l'avantage qu'elle luy auroit fait, mesme en usufruit, excedant la portion du moins prenant, seroit reductible à la portion du moins prenant.

Ce qui est dit dans ce Chapitre & dans le premier chef de l'Edit, donne lieu à plusieurs questions.

Tome I.   X x x

16   La premiere , fi la donation eftant moindre que la legitime, l'avantage fait au fecond mary ou à la feconde femme, y doit eftre reglé : ou s'il faut regler l'avantage fuivant la legitime que l'enfant moins prenant peut avoir dans les biens de fa mere? Cette queftion n'eft pas fans difficulté : Du Moulin dans fes Notes fur le confeil 158. d'Alexandre, volume 5. Cujas fur la Loy *hac edictali*, & Coquille en fon Inftitution du Droit François, titre des droits des mariez, eftiment que l'avantage doit eftre reglé par la portion de l'enfant moins prenant, quoy que moindre que fa legitime : C'eft auffi le fentiment de Salicet fur la Loy *hac edictali. quaeft. 7.* de *Stephan. Bertrand. verbo, ita tamen.*

Neanmoins du Moulin contraire à luy-mefme, fur *Decius confil.* 246. *num. ult. verbo, in primis,* dit pour regle & maxime generale, *aut unus filiorum minus habens, eft limitatus infra legitimam ; & tunc ipfo jure ufque ad legitimam suppletur, debet vitricus habere quantum eft portio legitimae dicti privigni, aut eft limitatus supra legitimam, & poteft vitricus habere quantum ille privignus, & non plus.*

Balde fur la mefme Loy, Fachin. *lib.* 3. *cap.* 67. Barri *lib.* 1. *tit. de indign. num.* 35. font d'avis contraire, que l'avantage du fecond mary ou de la feconde femme, doit eftre reglé à la legitime de l'enfant, qui a eu moins que fa legitime.

Tronçon fur l'article 279. de la Couftume de Paris, femble eftre de mefme avis, lors qu'il dit fur cét article *verbo* au préjudice dés portions, que les donations faites en faveur de mariage par ceux qui convolent en fecondes noptes, font reductibles à la moindre portion que l'un des enfans du premier lit eut pû avoir pour fa legitime, & dit avoir efté jugé ainfi par Arreft du vingtiéme Aouft 1583. entre la veuve de Jean Durand d'une part, & Jeanne Durand intimée d'autre, fur procez par écrit. Cét Arreft eft auffi cité par Chopin, *num.* 8.

La Loy *hac edictali* a donné lieu aux deux opinions differentes ; cette Loy ordonne, *tantum poffe relinqui ac donari vitrico, quantum relictum vel donatum eft uni ex filiis primi matrimonii, cui minus eft relictum*; & quoy que cét enfant puiffe demander le fupplément de fa legitime, cela ne donne pas droit au fecond mary ou à la feconde femme, de demander une portion égale, dautant que ce que cét enfant a par le moyen de ce fupplément, *non dicitur ei relictum à parente,* & partant on n'y doit point avoir égard pour y proportionner l'avantage fait au second mary, ou à la seconde femme.

L'opinion contraire a aussi pour fondement la mesme Loy, en ces termes, *quòd si plures liberi fuerint, singulis æquas partes habentibus, minimè plus, quam ad unumquemque eorum pervenerit, ad eorum liceat vitricum novercamve transferri, &c.* où ce terme *pervenerit* confirme beaucoup ce sentiment, le supplément de la legitime vient à cét enfant de mesme que ce qui luy est donné par son pere ou par sa mere ; ainsi l'avantage du second mary ou de la seconde femme se devant regler *ei quod pervenerit*, on doit avoir égard au supplément de sa legitime.

En second lieu, ces termes, *sin autem non æquis portionibus ad eosdem liberos memoratò transierint facultates, tunc quoque non liceat plus eorum noverca, &c. quam filius, vel filia habet, &c.* prouvent encore cette opinion, parce que l'enfant a non seulement ce qui luy a esté laissé par son pere ou sa mere, mais aussi le supplément de sa legitime ; & par consequent pour regler l'avantage du second mary & de la seconde femme, il faut avoir égard à la legitime de l'enfant.

En troisiéme lieu, la Loy *quoniam C. eod. tit.* dit *his ampliora quæ uni filio vel filiæ ex anteriori matrimonio progenitis, danda vel relinquenda sunt* ; d'où on peut conclure, qu'il faut avoir égard au supplément de la legitime, parce que la legitime est *id quod dandum & relinquendum est.*

En quatriéme lieu, la Loy *hac edictali* porte, *ita tamen ut quarta pars, quæ eisdem liberis debetur ex legibus, nullomodo debeatur, nisi ex iis causis quæ de inofficioso excludunt querelam,* c'est à dire, qu'on ne peut donner au second mary ou à la seconde femme plus qu'aux enfans du premier lit, en sorte neanmoins que la quatriéme partie de leur portion hereditaire *ab intestat,* leur soit laissée, c'est à dire leur legitime, laquelle estoit selon le Droit ancien *quarta portio ab intestato debita* ; d'où il s'ensuit, que si elle ne leur est pas laissée entiere, le second mary ou la seconde femme peut avoir plus qu'il n'a laissé à cét enfant, car si on ne luy a pas laissé, il n'a pas moins de droit de l'avoir, puis qu'on ne luy peut pas refuser le supplément de sa legitime.

L'Edit semble ôter cette difficulté par ces termes, *à raison de celuy des enfans qui en aura le moins* ; c'est à dire, soit que cét enfant ait receu une partie des biens par donation entre-vifs ou par derniere volonté, & que cette portion n'eſtant pas ſuffiſante pour ſa legitime, il en ait demandé le ſupplément.

Neanmoins les anciens Arreſts ont jugé, que l'avantage ne ſe regloit point ſur la legitime de l'enfant moins prenant, mais ſur ce qui luy avoit eſté laiſſé par ſon pere ou ſa mere, ces Arreſts ſont remarquez par Chopin ſur la Couſtume d'Anjou, livre 3. chap. 1. titre 1. nomb. 9. par Chenu queſtions 65. & 66. Monſieur Mainard livre 9. chap. 31. dit, qu'il a eſté auſſi jugé de meſme au Parlement de Tholoze. Monſieur d'Expilly chap. 167. de ſes Arreſts dit, que la meſme Juriſprudence s'obſervoit au Parlement de Grenoble, les Arreſts du Parlement de Bordeaux remarquez par Monſieur Mainard, livre 9. chap. 11. ont jugé la meſme choſe.

Brodeau *loco citato in fine*, dit que les anciens Arreſts jugeoient ainſi, mais que la Cour a jugé depuis autrement: Henris en ſes Arreſts, tome 1. livre 4. queſtion 58. dit auſſi, que c'eſt à preſent la juriſprudence du Parlement de Paris, ce qui a eſté ainſi jugé par Arreſt donné en la ſeconde Chambre des Enqueſtes, au rapport de Monſieur le Clerc de Courcelles, le 24. Juillet 1660.

Monſieur de la Rocheflavin, livre 2. lettre M. titre 4. art. 41. Monſieur Mainard livre 3. chap. 74. & Monſieur de Cambolas livre 4. chap. 18. atteſtent, que la meſme juriſprudence eſt à preſent obſervée au Parlement de Tholoze.

Bouvot en ſes queſtions notables, partie 1. *verbo*, donation, queſtion 5. part. 2. *verbo*, legitime, queſtion 4. dit que c'eſt auſſi l'uſage du Parlement de Dijon.

Le Parlement de Bordeaux a toûjours jugé au contraire, que le retranchement ſe doit regler à la moindre portion, quoy qu'elle n'égale pas la legitime deuë à l'enfant: Il y en a deux Arreſts des années 1603. & 1608. rapportez dans Monſieur Mainard, livre 9. chap. 11. & 31. Béchet au traité des ſecondes nopces, chapitre 30. dit en avoir remarqué quelques autres rendus entre des parties de la Province de Xaintonge.

Il faut tenir pour maxime dans le Parlement de Paris, qu'encore que l'enfant qui auroit receu quelque donation ou avantage de ſa mere, ſe tint à ſa donation ſans demander le ſupplément de ſa legitime; neanmoins l'avantage du ſecond mary ne laiſſeroit pas d'eſtre reglé à ſa legitime; la raiſon eſt, que ſelon l'eſprit de l'Edit on ne doit pas conſiderer ce qui a eſté donné ou laiſſé à l'enfant, mais ce qui luy appartenoit pour sa legitime, autrement il seroit au pouvoir de la mere de reduire à peu de chose la donation qu'elle auroit faite à son second mary, en donnant une tres petite portion à un de ses enfans, lequel par une convention tacite & secrette faite avec ses autres freres & sœurs, ne laisseroit pas de recevoir d'eux sa part entiere, en sorte que l'équité veut pour oster toute occasion aux fraudes, de regler ainsi les avantages faits aux seconds maris & aux secondes femmes, à la legitime de chaque enfant.

On demande premierement, si ce qui excede en la donation 17 faite au second mary, ce qui est permis par l'Edit, & qui appartient aux enfans du premier lit par la disposition du Droit, doit estre imputé sur leur legitime? Par exemple, une femme ayant trois enfans donne à son second mary plus que le quart de ses biens, & fait un partage inégal du reste de ses biens entre ses enfans, en sorte que l'un d'iceux n'a pas sa legitime, il demande aux autres le supplément, lesquels luy opposent, que ce qu'il a eu du retranchement de la donation immense & excessive luy a fourny ce supplément, qu'en la legitime on impute tout ce que l'enfant a eu des biens de son pere ou de sa mere, *l. quoniam Novella 1. simus §. repletionem. C. de inofficios. testam. l. ut liberis C. de collatio.*

On dit au contraire, qu'encore que ce retranchement vienne des biens de la veuve, cependant c'est contre sa volonté, & qu'il a esté donné aux enfans *in pœnam* de la donation immense faite au second mary, que la legitime est deüe par le droit naturel, mais que cette reduction vient par une espece de delit de la mere qui a convolé en secondes nopces. C'est le sentiment commun des Docteurs, que ce retranchement ne doit point estre imputé sur la legitime, de Fachin *lib.* 3. *cap.* 70. Bertrand sur la Loy *hac edictali*, Monsieur de la Rocheflavin *loco citato*, remarque un Arrest du Parlement de Tholoze de l'année 1575. qui l'a jugé ainsi ; & Monsieur Mainard livre 3. chap. 78. en cite un autre du mois de May 1578.

Quand il y a un droit d'aisnesse, qui emporte une partie des 18 biens de la mere au profit de l'aisné, la legitime des puisnez ne se prend en beaucoup d'endroits, que sur ce qui reste des biens de l'heredité ; ce qui donne lieu à la question, sçavoir si l'avantage du second mary ou de la seconde femme, doit se prendre eu égard à tous les biens, y compris le droit d'aisnesse. Cha-

X x x iij

rondas en ses Réponses, livre 9. chap. 59. remarque un Arrest du Parlement de Paris, du 21. Juillet 1565. qui a jugé, qu'en la donation on avoit seulement égard, à ce que chacun des puisnez pouvoit avoir en la succession, sans toucher au droit d'aisnesse. C'est le sentiment de Brodeau *loco citato.*

19 On demande en second lieu, si la legitime doit estre prise avant le retranchement des avantages faits au second mary, ou à la seconde femme?

C'est l'usage de ce Parlement & du Parlement de Tholoze, de prendre la legitime sur tous les biens delaissez par la mere au jour de son deceds, des biens qu'elle a donnez à ses enfans sujets à rapport, & des choses données au second mary; parce que la legitime se prend sur tous les biens qui sont sortis de la possession du donateur à titre lucratif. Monsieur Mainard livre 3. chap. 79. dit, qu'il a esté jugé ainsi. C'est le sentiment de Bertrand sur la Loy *hac edictali, num.* 13. de Barri *lib.* 1. *cap. de indig. num.* 35. de Faber *lib.* 14. *cap.* 14. *conject.*

20 Que si la femme a donné tous ses biens à son second mary, sans rien laisser à ses enfans, la commune opinion est, que tous les enfans & le second mary doivent partager également. C'est le sentiment de la glose *verbo, dividi. l. hac edictali,* en ces termes: *Filii primi matrimonii revocant, ut sint æquales cum secundo conjuge,* de Bartole sur la Novelle 22. *cap. optime* 27. *num.* 5. de Paul de Castres *in Authent. præterea, C. unde vir & uxor.* de Balde sur la Loy *hac edictali,* de *Decius consil.* 245. *num.* 2.

Bertrand sur la mesme Loy, *num.* 11. en consequence de ces termes de la glose du Chapitre *optime,* Novelle 22. *quia unum habet jure naturæ, aliud delicto transeuntis ad secunda vota,* estime que les enfans du second lit, ausquels il n'a rien laissé, doivent avoir premierement leur legitime & partager en suitte le restant par portions égales: C'est aussi l'avis de Faber *lib.* 14. *cap.* 17. *conjectur. vix est ex interpretibus, qui neget legitimam prius detrahendam esse, ratione illa quod dubitari non possit, quin hoc casu legitimam habeat filius ex dispositione legis, non ex judicio testatoris.*

21 On demande en troisiéme lieu, si pour trouver la part qui doit appartenir à chaque enfant, il faut rapporter à la masse les avantages faits au second mary, ou seulement les biens donnez à tous les enfans, & les biens delaissez par la mere; de sorte que si la part d'un des enfans est moindre que l'avantage fait

au second mary, l'excedant soit donné aux enfans ? Par exemple,
la femme a fait donation de trente mille livres à son second mary
ayant deux enfans, lesquels toutes dettes payées ne se trouvent
avoir que quinze mille livres des biens de leur mere, si dans cette espece on met dans la masse l'avantage fait au second mary,
estimé quinze mille livres, chaque enfant & le second mary auroient chacun dix mille livres : mais si on considere que la portion des biens delaissez ou parvenus à chaque enfant, n'est que
de sept mille cinq cens livres, & qu'en ce faisant l'avantage du
mary excedera cette portion de pareille somme de sept mille cinq
cens livres, le mary ne pourra prendre que cette somme, qui est
la moitié de celle qui luy a esté donnée, & l'autre moitié appartiendra aux enfans, parce que le retranchement doit leur appartenir *in pœnam immensæ donationis.* M. Ricard *loco citato num.*
1315. dit que tel est l'usage.

Il semble neanmoins selon ces termes de l'Edit, *que telles do-*
nations seront reduites à la raison de celuy qui en aura le moins,
qu'il faut seulement considerer la portion qui a esté laissée à
l'enfant moins prenant, & que sur icelle il faut regler l'avantage
fait au second mary, que d'ailleurs les enfans ne prennent pas ce
qui vient du retranchement du chef de leur mere, mais du benefice de la Loy, & partant les avantages faits au mary ne doivent pas entrer dans la masse pour regler les parts des enfans.

C'est le sentiment de Monsieur Ricard, que la donation faite
au second mary doit estre reglée selon la part qu'emporte l'enfant du chef de sa mere, soit par sa succession, ou par les donations qu'elle luy auroit faites, & il dit, que quand il s'agit de
faire ce retranchement avec des enfans qui sont tous donataires
ou legataires de leur mere, & qui ont renoncé à sa succession,
on se regle sur l'avantage fait au second mary, qu'on rapporte
au legs ou à la donation faite à l'enfant moins avantagé, sans
qu'on s'arreste à faire le rapport de tous les avantages faits tant
au second mary qu'aux enfans, pour regler les parts, ce que je
trouve plus conforme à l'esprit de l'Edit & de la Loy *hac edicta-*
li : Car l'Edit porte, *ne peut donner à son nouveau mary plus*
qu'à l'un des enfans, & la Loy *hac edictali* dit la mesme chose,
non potest plus vitrico relinquere & conferre quàm filio vel filiæ,
ainsi il faut rapporter l'avantage fait au second mary avec la
portion du moins prenant.

C'est une difficulté, sçavoir si le second mary prend part 22 dans ce retranchement ; la glose fur la Loy *hac edictali, verbo, di-vidi*, tient l'affirmative : c'eft auffi l'avis de quelques Docteurs citez par Fachin, *lib. 3. cap. 69.* fondez fur ce qu'il eft permis par cette Loy & par le §. *optimè Novell. 22. de nupt.* de donner autant au fecond mary, qu'à chacun des enfans du premier lit.

Bertrand fur cette Loy *verf. ita tamen num. 159.* & Fachin au mefme lieu, tiennent la negative, dautant que la Loy a bien permis à la femme qui fe remarie, de donner autant à fon nou-veau mary qu'au moins prenant de fes enfans : mais auffi elle a ordonné pour peine contre celle qui excede ce qui eft permis par la Loy, que ce qui fe trouveroit exceder dans les dons & les avantages faits au fecond mary, feroit retranché au profit des enfans : C'eft pourquoy ce retranchement les regarde feuls, ayant efté introduits en leur faveur feulement, & en haine de ceux qui convolans en fecondes nopces, donnent plus qu'il ne leur eft permis, & des feconds maris & des fecondes femmes qui accep-tent telles donations.

Les termes de la Loy *hac edictali.* §. *fin. verò*, y font exprés, *id quod plus relictum vel donatum aut datum fuerit, tanquam non fcriptum, neque derelictum, vel donatum, aut datum fit ad perfonas deferri liberorum, & inter eos dividi jubemus ;* ce qui eft encore repeté dans la Novelle 22. chap. 27. *quod plus eft in eo quod relictum aut datum eft omnino, aut novercæ, aut vi-trico, ac fi neque fcriptum, neque relictum aut datum, vel do-natum, competit filiis, & inter eos folos ex æquo dividitur, ut patet.*

C'eft auffi l'avis de Coquille, queftion 149. qui dit, que tel eft l'ufage : Ce fentiment eft trop bien fondé fur la difpofi-tion de la Loy *hac edictali*, & de la Novelle 22. & fur la raifon, pour s'en écarter.

23   On demande en quatriéme lieu, fi les enfans du premier lit font obligez de rapporter ce que leur mere leur a donné avant fon fecond mariage, ou moins prendre dans le partage qu'ils font de la fucceffion avec fon fecond mary ? Cette queftion a efté jugée par Arreft donné en la quatriéme Chambre des En-queftes, au rapport de Monfieur Merault, le deuxiéme Avril 1683. rapporté dans la neuviéme partie du Journal du Palais, page 163.

Ce qui eft fort jufte & conforme à l'efprit de l'Edit & de la
                                                          Couftume

Couſtume de Paris, car l'Edit porte, que la femme veuve ne peut donner à ſon ſecond mary plus qu'à un de ſes enfans le moins prenant; d'où il s'enſuit, qu'il faut ſçavoir quels avantages ont eſté faits à tous les enfans, en ſorte que le rapport n'eſt pas moins neceſſaire entre freres & ſœurs, qu'à l'égard des étrangers qui y ont intereſt, dautant que tout ce qui eſt donné par pere & mere à leurs enfans, eſt reputé donné en avancement d'hoirie, ſuivant l'art. 278.

Quelques Couſtumes veulent, que les filles mariées ſoient excluës des ſucceſſions de leurs pere & mere, en ſorte meſme qu'elles ne peuvent pas demander leur legitime, quoy qu'il ne leur ait donné aucune choſe en faveur de mariage; & l'uſage de toute la France permet aux peres & meres en mariant leurs filles & les dotant, de les exclure de leurs ſucceſſions, & de pouvoir demander le ſupplément de leur legitime; ce qui donne lieu à une queſtion, ſçavoir ſi dans ce cas l'avantage du ſecond mary doit eſtre rendu inutile, au cas que les filles n'ayent rien eu du tout, ou eſtre reglé à la quantité des biens qui aura eſté donnée à la fille, quoy que moindre que ſa legitime? Il ſemble ſelon les termes de la Loy & de l'Edit, que les filles quoy que non heritieres, doivent eſtre conſiderées; car le deſſein de la Loy & de l'Edit, n'a eſté que d'empeſcher qu'un ſecond mary ne pût eſtre plus avantagé que le moins prenant des enfans; d'où il s'enſuit fort bien, que l'avantage du ſecond mary ſe doit regler ſuivant la dot qui aura eſté donnée par la mere à ſa fille, en la mariant & la privant de ſa ſucceſſion.

Le Parlement de Roüen regle les donations faites au ſecond mary ſelon le nombre des enfans, & non ſuivant la part du moins prenant, dautant que par la Couſtume de Normandie les filles, en quelque nombre qu'elles ſoient, n'ont qu'un quart; ainſi il ſe trouveroit que l'avantage du ſecond mary ſeroit tres peu de choſe, eu égard au nombre des filles qui partageroient au tiers; & il y a eſté rendu un Arreſt du 27. May 1666. qui a ordonné, que le ſecond mary auroit un cinquiéme dans les biens de ſa femme qui avoit un fils & trois filles. Cét Arreſt eſt remarqué par Baſnage ſur l'article 405. de la Couſtume de Normandie.

Cependant il faut dire le contraire, parce que bien que la Loy & l'Edit ſe ſoient ſervis du mot *enfans*, & non du terme *heritiers*, ils n'ont neanmoins conſideré que les enfans qui peuvent venir à la ſucceſſion, puiſque les avantages faits au ſecond mary ne

Tome I. Y y y

préjudicient qu'aux enfans qui peuvent venir à la succession, &
non à ceux qui en sont exclus, soit en vertu de la disposition de
la Coustume, ou en vertu de leur consentement porté dens leur
Contrat de mariage, il s'ensuit qu'il n'y a qu'eux qui doivent
estre considerez pour sur les parts qu'ils auroient eu dans les
biens de leur mere, regler la portion & l'avantage de leur beau-
pere.

Quand l'un des enfans a esté exheredé par la mere, il est sans
doute qu'il ne doit point estre consideré à l'effet de regler l'avantage du second mary, dautant que quant à la succession de sa
mere *habetur pro mortuo*, il n'est plus reputé de la famille, ainsi
il ne doit estre d'aucune consideration.

24   La reduction des avantages faits au second mary ne se fait pas
seulement en faveur des enfans, mais aussi des petits enfans, comme il est porté expressément par la Loy *hac edictali*, & par l'E-
dit, *idem statuendum est in personis avi, avia, proavi, proavia
nepotum, vel neptum, pronepotum, vel proneptum* : la Loy
in omnibus & la Loy *si quis C. eod. tit.* en disposent de mesme;
ce que Cujas sur la Loy *hac edictali* remarque en ces termes, *in
omnibus constitutionibus hujus tituli liberorum & parentum nomen
latissimè accipi; parentum dici usque ad tritavum, liberos usque
ad trinepotes* : & conformément à ces Constitutions l'Edit porte,
ou enfans de leurs enfans.

Cependant le texte de ces Loix & de l'Edit semble égaler les
petits fils aux enfans du premier degré, en sorte que l'avantage
du second mary soit reglé à la part du moins prenant d'un des
petits enfans dans les biens de l'ayeule, neanmoins il faut dire
le contraire; la raison est, que quand aprés le deceds d'un des
enfans du premier lit il faut faire un retranchement, ses enfans
le representent, *nepotes subeunt locum filii*; de mesme que quand
il s'agit de regler la legitime, tous les petits enfans d'un fils decedé ne sont comptez que pour un, comme representant leur
pere. C'est le sentiment de tous les Docteurs, & partant il faut
aussi conclure, que quand il s'agit de faire la reduction des avantages du second mary à la portion du moins prenant des enfans,
les petits enfans ne sont comptez que pour un. C'est l'opinion
de Balde, de Bertrand, de Charondas sur l'Edit des secondes
nopces, livre 3. & la glose de Godefroy sur la Loy *Si quis
prioris C. de secund. nupt.* Ce qui doit estre reputé sans difficulté.

La queſtion ſeroit plus grande s'il y avoit pluſieurs petits enfans d'un meſme fils decedé, & ſans aucun concours d'autres enfans, auquel cas Bertrand *loco citato* eſtime qu'ils auroient tous droit de faire la reduction eu égard au moins prenant d'entr'eux, & s'ils partageoient également, le ſecond mary auroit une portion égale, comme s'ils eſtoient quatre, le ſecond mary auroit un cinquiéme, & chacun enfant un ſixiéme. C'eſt l'avis de Salicet ſur l'Authentique *noviſſima. quæſt. 6. C. de inofficioſ. teſtam.* d'Alexandre *conſil.* 63. *lib.* 2. de Bouvot part. 1. lettre S. *verbo,* ſecondes nopces, queſtion 2.

Monſieur de Cambolas livre 4. chap. 18. remarque un Arreſt du Parlement de Tholoze du 16. May 1619. qui a jugé, que tout ce qui eſt pris par les petits enfans ne doit eſtre conſideré que comme une meſme portion, ſur laquelle doivent eſtre reduits les avantages faits au ſecond mary, & non pas ſur ce que chacun des petits enfans prend en particulier.

Le Parlement de Paris a jugé le contraire, par Arreſt donné en la troiſiéme Chambre des Enqueſtes l'an 1651. remarqué par Brodeau ſur Monſieur Loüet, lettre N. nomb. 3. Le Parlement d'Aix a jugé la meſme choſe par Arreſt du 16. Avril 1580. rapporté par Stephanus, déciſion 2. dans une eſpece qui ſe doit regler par les meſmes principes. Il s'agiſſoit de la legitime de cinq enfans qu'un fils unique avoit laiſſé, ſçavoir ſi elle devoit eſtre de la moitié dans les biens de l'ayeul, comme eſtans tous conſiderez ſucceder de leur chef, & non du chef de leur pere & repreſentant leur perſonne, ou s'ils n'en devoient avoir que le tiers, comme ils auroient, s'ils avoient repreſenté leur pere, ſuivant la diſpoſition de la Novelle *de triente & ſemiſſe,* qui regle la legitime à la moitié, ou au tiers, ſuivant le nombre des enfans.

Il ſemble plus convenable à nos principes de ſuivre la déciſion de ces Arreſts, que le ſentiment contraire, dautant qu'on doit conſiderer les ſucceſſions en l'eſtat qu'elles ſe trouvent au jour du deceds de celuy des biens duquel il s'agit, tant à l'égard des biens qui s'y rencontrent, que des perſonnes qui la recueillent, & les petits enfans venans à la ſucceſſion de leur ayeule comme heritiers principaux, chacun de ſon chef, & en vertu de ſon propre droit, de ſorte qu'il y a autant de portions principales dans la ſucceſſion, qu'il y a de petits enfans : tellement que le mary ne peut pretendre regler ſon avantage qu'à la portion du moins prenant de ces petits enfans, dont les portions font égales.

Au contraire, s'il y a plufieurs petits enfans de plufieurs enfans decedez, parce qu'ils fuccedent tous par reprefentation *in ftirpes*, ils doivent auffi eftre confiderez de mefme en la reduction des donations faites au fecond mary, en forte que trois petits enfans d'un fils, & quatre d'un autre fils, ne feroient confiderez que pour deux, & partant la mere pourroit donner à fon fecond mary le tiers de fes biens, & on ne confidereroit pas en ce cas la part du moins prenant d'un des petits enfans; mais fi tous les petits enfans d'un fils avoient tous enfemble moins que la legitime deuë à leur pere, l'avantage du fecond mary devoit eftre reduit à cette legitime, & avoir par confequent dans l'efpece propofée, le quart des biens de la mere.

CHAPITRE XXVIII.

Si le beau-pere ou la belle-mere ayant efté plus avantagé que la portion de l'enfant moins prenant, on confidere le temps de la mort du furvivant des pere & mere qui a paffé en fecondes nopces.

SOMMAIRE.

Quia verd hattenus.

L'Empereur dit dans ce Chapitre, que les Loix n'ont point encore determiné quel temps il faut confiderer pour regler les avantages faits par celuy qui fe remarie à fa feconde femme ou à fon fecond mary; fi c'eft le temps de la donation, ou le temps de la mort de celuy qui fait l'avantage; & il refoud qu'il faut avoir égard au temps de la mort de celuy qui s'eft remarié.

'An viricus vel noverca habet fufque mus ex illis primi matrimonii afpiciur temus moris bifubie

1 La raison pour laquelle il faut plûtoft confiderer le temps 2 de la mort, eft qu'il arrive fouvent pendant la vie, des malheurs qui produifent des effets contraires à ceux qu'on attendoit, & qu'on avoit lieu d'attendre ; par exemple il peut arriver, ou que le nombre des enfans fera diminué, ou mefme que les biens feront diminuez de valeur, ou qu'une partie fera perie, ainfi on ne peut pas regler les avantages faits par le furvivant des pere & mere, à la portion de l'enfant moins prenant qu'au temps de fa mort.

C'eft l'ufage de toute la France, que la reduction des dona- 3 tions faites aux feconds maris par les femmes qui fe remarient, ne fe doit faire qu'au jour du deceds de celles qui les ont faites, foit pour le nombre des enfans, ou pour la qualité des biens ; car auparavant, comme au temps du Contrat de mariage, fi la donation eft faite par le Contrat, ou pendant le mariage, dans les Couftumes qui le permettent, on ne peut pas fçavoir quelle eft la quantité des biens que chaque enfant peut avoir, fuivant les Loix & l'Edit, cette quantité dependant du nombre des enfans & des donations, qui peuvent eftre faites par la mere à fes enfans ; ainfi cela ne fe peut fçavoir & connoiftre qu'au temps de la mort, auquel temps on fait inventaire des biens.

Quoy que l'Edit n'en parle point, il faut fuivre la difpofition 4 de cette Novelle, veu qu'il n'y eft point dérogé par cét Edit ; c'eft l'ufage du Parlement de Tholoze, comme nous apprenons de Monfieur Maynard, livre 3. chap. 85. & de Monfieur de Cambolas, livre 2. chapitre 36. Monfieur Loüet, lettre N. chapitre 2. remarque un Arreft du Parlement de Paris du 7. Septembre 1584. donné au rapport de Monfieur Ruellé en la troifiéme Chambre des Enqueftes, prononçé en robes rouges par Monfieur le premier Préfident de Harlay.

Chopin fur le titre des donations de la Couftume de Paris, num. 8. en rapporte un autre prononcé par Monfieur le Préfident Briffon à la Pentecofte l'an 1586.

Brodeau fur Monfieur Loüet, lettre N. chapitre 2. en rapporte d'autres qui ont jugé la mefme chofe.

Monfieur de Cambolas dans fes Arrefts, livre 2. chapitre 66. en rapporte deux autres du Parlement de Tholoze ; le premier a efté donné en la première Chambre des Enqueftes aprés partage en la Grand'Chambre au rapport de Monfieur de Montrabe, & prononçé par Monfieur le premier Préfident Dufaur le 12.

Septembre 1598. Dans l'espece de cét Arrest un mary ayant un
enfant du premier lit, avoit donné à sa seconde femme un augment de 2500. liv. faisant moitié de sa dot selon la Coustume de
Tholoze, au jour du deceds du mary ses creanciers posterieurs
au Contrat de son second mariage, absorberent tous ses biens,
aprés l'augment payé à ladite femme de 2500. liv. l'enfant du
premier lit pretendit que la moitié de cét augment devoit estre
retranché en sa faveur, parce que son pere n'avoit pû avantager
sa seconde femme de plus qu'il pouvoit amender de ses biens, que
conformément au Chap. precedent & à la Loy *hac edictali*, l'excedant devoit estre retranché au profit des enfans du premier lit,
& que pour connoistre si l'avantage excede, il faut considerer
seulement le temps du deceds de celuy qui a fait l'avantage, suivant ce Chapitre 28. & non pas le temps auquel l'avantage a esté
fait : C'est ce qui fut jugé par l'Arrest au profit de l'enfant du
premier lit, auquel la moitié de l'augment fut adjugée, à l'exclusion des creanciers du pere, parce que les retranchemens leur
sont reservez par le benefice de la Loy, & non par la disposition
du pere ou de la mere.

CHAPITRE XXIX.

Comment les gains venans du second mariage se partagent
entre les enfans des premieres & secondes nopces.

SOMMAIRE.

Nec illud quoque.

1   L'Empereur dit dans ce Chapitre, qu'il ne faut point passer
ce que l'Empereur Theodose-le-jeune a establi avec raison

dans la Loy *cùm aliis. 4. C. de fecund. nupt.* lors qu'il ordonne, que fi la mére qui convole en fecondes nopces, a des enfans du premier lit, en a enfuite de fon fecond mariage, & qu'elle furvive fon fecond mary, fes biens propres appartiendront à fes enfans du premier & du fecond lit, pour eftre partagez en-tr'eux également en cas qu'elle decede *ab inteftat :* mais qu'à l'égard des donations *propter nuptias* qu'elle auroit receuës de fes deux maris, elles doivent eftre refervées aux enfans pour leur appartenir en pleine proprieté, c'eft à dire, que la donation faite par le premier mary doit appartenir aux feuls enfans du premier lit, & la donation faite par le fecond mary doit auffi appartenir feulement aux enfans du fecond mariage, quoy que la mere ne convole pas à de fecondes nopces.

A l'égard de la donation *propter nuptias*, il n'y a aucune diffi-culté qu'elle ne doive appartenir aux feuls enfans du premier lit, à caufe de l'injure qui leur a efté faite par leur mere pour avoir convolé en fecondes nopces : mais pour la donation faite par le fecond mary, il y a raifon de douter qu'elle doive appartenir feulement aux enfans du fecond mariage, fans que les enfans du premier y puiffent rien pretendre ; car les enfans du fecond lit n'ayant point receu la mefme injure, puifque leur mere feroit decedée fans convoler aux troifiémes nopces, il femble que cet-te donation devroit refter dans les biens de la mere, comme à elle appartenant, pour eftre partagée aprés fa mort entre tous fes enfans du premier & du fecond mariage ; toutefois l'Empe-reur dans ce Chapitre décide le contraire, conformément à la Loy *cùm aliis.*

La raifon qu'il en rend eft, qu'il ne doit pas importer aux en-fans du premier mariage que leur mere fe remarie, & qu'ils profi-tent de ce que leur mere n'a pas fait l'injure qu'elle pouvoit faire aux enfans de fon fecond mariage : *Quid enim hoc prioribus profit, quid autem invideant priores filii fecundis, fi non & illi tertiis injuriam paffi funt nuptiis ?* Ce qui eft fondé fur ce que la dona-tion *propter nuptias* eft un bien qui vient du pere, ainfi il eft jufte qu'elle foit confervée à fes enfans, autrement il y auroit une tres grande inégalité fi les enfans du premier lit avoient à eux feuls la donation *propter nuptias* faite par leur pere à leur mere, & qu'ils partageaffent encore celle qui auroit efté faite à leur mere par leur beau-pere.

Et d'autant que ce qui a efté dit cy-deffus de la donation

propter nuptias, doit avoir lieu pareillement pour la dot à l'é-
gard du mary qui paſſe en ſecondes nopces & qui a des enfans
des deux lits, parce qu'il y a parité de raiſon, l'Empereur l'ordonne ainſi, *verſ. ex rerum verò.*

3   Dans la fin de ce Chapitre l'Empereur met une difference entre la donation *propter nuptias* & la dot, & les autres gains que
le pere ou la mere a fait par ſes ſecondes nopces, c'eſt à dire,
par les liberalitez de la ſeconde femme ou du ſecond mary,
comme par legs ou fideicommis qui luy auroient eſté faits, voulant qu'au cas que celuy qui auroit receu ces liberalitez, ne paſſe
pas aux ſecondes nopces, ils luy appartinſſent en pleine proprieté, fiſſent partie de ſes biens & de ſa ſucceſſion, pour en
pouvoir diſpoſer à ſa volonté. Mais au cas qu'il paſſaſt au troiſiéme mariage, tels gains appartiendroient en proprieté aux enfans iſſus des ſecondes nopces.

   Il eſt de l'uſage de toute la France, que les avantages faits à
la femme qui ſe remarie, par ſon premier mary, appartiennent
aux ſeuls enfans du premier lit, à l'excluſion des enfans du ſecond lit, conformément à cette Novelle & à l'Edit des ſecondes
nopces.

4   Quant aux avantages faits à la femme par ſon ſecond mary,
ayant des enfans du premier & du ſecond lit, au cas qu'elle ne
ſe remarie pas, ils ſont reſervez aux enfans du ſecond lit dans
les Païs de Droit écrit, par la raiſon qu'en rend l'Empereur dans
ce Chapitre; mais dans les Païs de Droit coûtumier je n'eſtime-
rois pas que cette diſpoſition eût lieu, mais que les avantages
faits par le ſecond mary devroient eſtre partagez entre les enfans,
ſoit du premier ou du ſecond lit, qui ſe porteroient heritiers de
leur mere, & non autrement. La raiſon eſt, que par l'Edit des
ſecondes nopces les femmes ne ſont tenuës reſerver les liberalitez de leurs deffunts maris aux enfans communs, qu'au cas
qu'elles ſe remarient, & partant ſi elles ne ſe remarient point,
elles conſervent ces liberalitez, elles en ont la proprieté, & ces
biens ſe trouvans au jour de leur deceds, ſont partie de leur ſucceſſion pour appartenir à leurs heritiers, & la partager comme
leurs autres biens, ſoient acqueſts ou propres.

5   Ce qui eſt decidé par l'article 279. de la Couſtume de Paris,
qui porte que *quant aux conqueſts faits avec ſes precedens maris,*
n'en peut diſpoſer aucunement au préjudice des portions dont les
enfans deſdits premiers mariages pourroient amender de leur mere;

                                                    &

& neanmoins succedent les enfans des subsequens mariages ausdits conquests avec les enfans des mariages precedens, également venans à la succession de leur mere : Comme aussi, les enfans des precedens lits succedent pour leurs parts & portions aux conquests faits pendant & constant les subsequens mariages. Or les dons faits par le second mary à la femme sont reputez conquests en sa personne, & en cas qu'elle ne se remarie pas, elle en peut disposer comme de chose à elle appartenante; & partant on les doit reputer dans sa succession comme ses autres biens, non sujets à la reserve.

CHAPITRE XXX.

Les gains provenans du premier mariage doivent estre conservez aux enfans qui en sont issus au cas des secondes nopces du survivant, de quelque maniere que le premier mariage ait esté dissous.

Quia verò lucra.

L'Empereur ordonne dans ce Chapitre, que les gains provenans du premier mariage soient conservez aux enfans qui en sont issus, au cas des secondes nopces du survivant de leurs pere & mere, de quelque maniere que le premier mariage ait esté dissous; & il dit, que dans les Chapitres precedens il a fait des Ordonnances sur les gains qui proviennent des premiers mariages, en consequence de la dissolution d'iceux, qui arrive par la mort de l'un des conjoints, parce que c'est le cas le plus frequent, *secundum rationis frequentiam;* & qu'il ajoûte à ces Ordonnances, que les gains qui viendront de l'un des conjoints par le moyen de l'autre, seront reservez aux enfans de leur mariage, quoy que le mariage soit dissous par le divorce, bien qu'il soit fait *bona gratiâ,* ou autrement, par les manieres remarquées cy-dessus §. *distrahuntur. h. t.* soit que ces gains consistent dans la dot ou la donation *propter nuptias,* de mesme que si la dissolution du mariage estoit arrivée par la mort de l'un des conjoints. Ordonnant aussi que cette disposition aura lieu à l'égard des femmes qui ne sont point dotées, suivant l'Ordonnance qu'il

a faite contre celuy qui diffout un mariage qui eft fait fans
conftitution de dot, *l. fin. in princ. C. de fecund. nupt. & fup. h. t.*
cap. fed à nobis aliquid, par laquelle il punit celuy qui eft caufe
de la diffolution du mariage par le divorce, par la perte de la
quatriéme partie de fes biens, & le gain de cette partie doit eftre
refervé aux enfans iffus du mariage, & mefme en cas de divorce
on ne confidere pas par la faute de qui le mariage eft diffous,
mais il faut dire indiftinctement, que tous les gains que l'un des
deux a faits, doivent eftre confervez pour les enfans iffus du
mariage, foit que ce mariage foit le premier ou le fecond, encore
que le troifiéme n'ait pas efté contracté.

Ce Chapitre eft inutile, veu que les mariages legitimement contractez ne fe peuvent point diffoudre *quoad vinculum.*

CHAPITRE XXXI.

Si les conjoints par mariage peuvent diminuer ou augmenter
la dot & la donation propter nuptias, *contre ce qui*
eft porté par le Contrat de mariage.

Si liceat augere vel deminuere dotem vel donationé propter nuptias primi vel fecundi matrimonii.

SOMMAIRE.

1. *Loix faites pour l'augmen-tation de la dot & de la dona-tion* propter nuptias.

2. *Interpretation des termes de ce Chapitre.*

3. *Authentique* nunc inhibe-tur. C. de donatio. ante nupt.

4. *Si elle eft obfervée en Païs Coûtumier.*

De augmentis autem.

L'Empereur dit dans le commencement de ce Chapitre, qu'il
y a eu plufieurs Loix faites fur l'augmentation & la di-
1 minution de la dot & de la donation *propter nuptias*; ces Loix
font dans le Code au titre *de fecund. nupt.* depuis la premiere
jufques à la Loy *fi conftante*, par laquelle l'Empereur ordonne,
que non feulement les dots & les donations *propter nuptias* pourront eftre augmentées, conformément aux Loix precedentes,
mais auffi qu'elles peuvent eftre conftituées pendant le mariage,

quoy qu'il ait esté fait *sine dotalibus instrumentis :* Permettant
que comme elles peuvent estre augmentées pendant le mariage,
elles puissent estre aussi diminuées du consentement des parties.
Toutefois pour ce qui est de la diminution de la dot ou de la
donation à cause de nopces au cas d'un second mariage, l'Empereur dit, que pour ne détruire point en quelque maniere l'Ordonnance de l'Empereur Leon, qui est en la Loy *hac edictali,*
quand il y a des enfans du premier lit, il ne permet point la
diminution de la dot ou de la donation *propter nuptias* faite par
celuy qui passe en secondes nopces. Par cette Loy il est ordonné, que chacun des enfans du premier lit, le moins prenant, ait
autant que le second mary ou la seconde femme, *d. l. hac edicta-*
li, & §. *optimè sup. hac Novel.* C'est pourquoy si le survivant des
pere & mere qui se remarie, constituë une dot ou une donation
propter nuptias qui soit considerable, ou fait quelque autre liberalité à celuy ou à celle avec qui il contracte ce second mariage,
& qu'ensuitte il diminuë sa dot ou sa donation, pour la rendre
conforme à la volonté de la Loy, les enfans du premier lit n'en
souffriront aucune perte par cette diminution, comme estant prohibée par cette Novelle. Et c'est ainsi qu'il faut entendre ces
termes, *si enim immensam obtulerit dotem aut antenuptialem do-*
nationem parens, aut aliquid largiatur aliud ; deinde sentiens
quò ferat lex, abbreviet quod factum est, & diminuat dotem aut
antenuptialem donationem, nequaquam lucrum erit filiis, quod
datum est, sed licebit lucrari aut vitricum aut novercam, filiis se-
cundum hæc læsis. Le sens de la fin de ce Chapitre est tres-difficile à prendre, car les termes dont il est conceu, semblent con-   2
tenir un sens contraire à celuy que je luy ay donné, cependant
c'est l'interpretation que luy donnent tous les Docteurs. Julianus
Antecesseur remarqué cy-aprés, & Cujas sur cette Novelle 22. disent en ces termes : *dos & donatio propter nuptias ampliari vel au-*
geri potest constante matrimonio, imò & constitui, itemque diminui
constante primo matrimonio. In matrimonio secundo liberis exi-
stentibus ex primo diminui non potest, ne fraus fiat legi hac edic-
tali, ut si secundo marito data vel cauta sunt mille in dotem, quia
debet etiam mater singulis liberis prioris matrimonii relinquere aut
dare mille, fortè ut liberos fraudet, idest ut ne mille singulis dare
compellatur, utque minuat portionem liberorum manente matri-
monio, si fingat se minuere dotem, hoc non fit jure. Quin & ge-

Z z z ij

neraliter evitandæ fraudis causâ in secundo matrimonio inhibetur
diminutio dotis.

Voicy, à mon avis, de quelle maniere il faut difpofer les termes de ce Chapitre : *quod dictum eft de diminutione dotis vel*
donationis propter nuptias, fi fecundæ contrahantur nuptiæ, non
permifimus ut fiat diminutio dotis vel donationis propter nuptias,
fi fint filii ex prioribus nuptiis, contra Conftitutionem Leonis quæ
extat in l. hac edictali. C. de fecund. nupt. Etenim fi pater vel
mater obtulerit magnam dotem vel donationem propter nuptias,
aut aliquid aliud largiatur, deinde conftante matrimonio velit
imminuere, & ita reducere ut tantumdem filiis ex priori matri-
monio natis, dare poffit ; quod à dicta lege hac edictali intro-
ductum eft pro utilitate liberorum primi matrimonii nihil ipfis
proderit, fed vitricus vel noverca confequetur id quod datum eft
nomine dotis vel donationis propter nuptias, licet inde damnum
patiantur liberi, quod tamen fieri non permittimus.

De ce Chapitre a efté tirée l'Authentique *Nunc inhibetur,*
3 inferée au Code *de donatio. antenuptial.*

Authentique *Nunc inhibetur. C. de donat. antenupt.*

Nunc inhibetur diminutio ut fraus fiat liberis prioris matrimo-
nii, quorum unicuique, etiam cui minus datum eft, dare tantum
cogitur, quantum fecundæ uxori : ita etiam à parte uxoris.

La Conftitution de ce Chapitre n'a aucune application au
4 Droit coûtumier, car felon la Jurifprudence coûtumiere on ne
peut rien changer dans les Contrats de mariage, on n'en peut
point alterer les claufes & les conventions, & les conjoints par
mariage ne fe peuvent faire aucuns avantages, foit par actes
entre-vifs, ou par ordonnance de derniere volonté, au moins
dans la Couftume de Paris, & dans la plus grande partie des
autres Couftumes, fi ce n'eft par don mutuel, fuivant les articles
280. & 282. Sur quoy voyez mon Commentaire fur ces articles.

CHAPITRE XXXII.

De l'ufufruit laißé à la femme par le mary, ou de la do-
nation qui luy a esté faite avant le Contrat de mariage.

De ufu
fructu
uxori à
marito
relicto,
vel do-
natione
ante cõ
tractum
matri-
monium.

SOMMAIRE.

1. *Peine contre les secõdes nopces.*
2. *Abrogation de la Loy 1. C. si secund. nupt.*
3. *Authentique hoc locum C. si secund. nupt.*
4. *Si la femme perd l'ufufruit qui luy a esté donné par son mary, au cas qu'elle se remarie.*
5. *Condition si non nupserit, rejettée.*
6. *Conjoints par mariage ne se peuvent avantager en la Coûtume de Paris.*

Si verò solum ufumfructum.

L'Empereur propose dans ce Chapitre la troisième peine des secondes nopces, qui avoit lieu par le droit du Code, mais qu'il a abrogée par ce Chapitre & par le suivant; & dans ce Chapitre il dit, que si le mary laisse à sa femme, ou la femme à son mary par derniere volonté seulement, l'ufufruit de ses biens, le pere ou la mere à qui l'ufufruit estoit legué, perdoit cét ufufruit au cas qu'il convolast en secondes nopces, par la Loy 1. au Code *si secund. nupt.* ainsi qu'il auroit perdu la propriété de ce qui luy auroit esté donné, suivant la Loy *fæminæ. C. eod.* & cét ufufruit estoit aussi-tost rendu aux enfans de celuy qui l'avoit legué, obligeant mesme le survivant legataire à la restitution des fruits perceus depuis le second mariage contracté aux enfans, au cas qu'ils fussent impuberes: & telle estoit la disposition de cette Loy. Mais l'Empereur dit, qu'il n'a pas trouvé cette disposition fort juste, ordonnant que si l'ufufruit est laissé, celuy auquel il aura esté laissé, en jouisse pendant sa vie, à moins que la donation ne luy en ait esté faite à la charge qu'elle seroit infirmée & revoquée au cas qu'il passast en d'autres nopces.

Z z z iij

De ce Chapitre a esté tirée l'Authentique *hoc locum.* mise aprés la Loy unique *C. si secundò nupt. mul.*

3　Authentique *Hoc locum. C. si secund. nupt.*

Hoc locum habet si datus vel relictus fuerit eâ lege ut ex secundis nuptiis interiret, alioquin perseverat, sive relictus esset, sive donatus, quibus casibus licuit. Sed usufructus in dote, sive antenuptias donatione lege permissus, non potest à testatore derogari.

4　Cette Authentique contient deux parties : Dans la premiere, il est decidé que si le mary a donné l'usufruit d'un fond à sa femme, elle ne le perd pas par ses secondes nopces, à moins que le mary n'en ait fait la donation avec cette clause expresse, que l'usufruit seroit éteint par les secondes nopces de la femme.

　　Il semble que cette Constitution impose une peine aux ma-
5　riages, lesquels au contraire sont dignes de recompense, *argum. princip. Institut. de excusatio. tutor. vel curat.* & que c'est une condition qui met obstacle au mariage, à la condition *si non nupserit*, apposée dans une disposition, *habetur pro non adjecta, l. 2. in fine, C. de viduit. ind. toll.* & par consequent un mary ne peut pas donner l'usufruit à sa femme à la charge qu'il sera éteint, *si nupserit.*

　　On répond premierement, que cette condition n'est pas une peine, mais une clause qu'un testateur ou donateur appose à sa liberalité, ce qu'il peut faire, comme nous avons remarqué ailleurs.

　　En second lieu, que la condition *si non nupserit* apposée à la virginité, est non valable, *& pro non adjecta habetur*, mais elle doit estre accomplie lors qu'elle est apposée à la viduité, en sorte que cette condition apposée à un legs est reputée nulle, *si virginitati apponatur, l. 63. & seq. ff. de conditio. & demonstrat.* mais elle est valable & doit estre accomplie *si viduitati apponatur, Novel. 22. §. 24. & Authent. cui relictum. C. de viduit. toll.*

　　La deuxième partie est, que le mary ne peut pas oster à sa femme par son testament, l'usufruit qu'elle a *in donatione propter nuptias*, en vertu de la clause & convention portée par le Contrat de mariage : La raison est, que cét usufruit est deû & appartient à la femme *ex contractu :* Or ce qui est deû en vertu d'un Contrat, ne peut estre osté par testament, parce que le Contrat est le consentement de deux personnes, & le testament n'est que la volonté du testateur seulement.

La disposition de ce Chapitre est inutile dans la Coustume de 6 Paris, par laquelle les conjoints par mariage ne se peuvent point avantager l'un l'autre, mais dans les Coustumes qui leur permettent de s'avantager par donation entre-vifs ou par derniere volonté, l'usufruit legué au survivant seroit valable, & au cas qu'il fût legué avec cette condition *si non nupserit,* le legs est perdu au cas des secondes nopces. Voyez *infra* le Chapitre 44.

CHAPITRE XXXIII.

L'usufruit constitué pour la dot ou pour la donation à cause de nopces, n'est point détruit par les secondes nopces du survivant.

Si autem in dotem.

Si usus fructus dotis nomine vel propter nuptias donationis constituatur, ut ille semper maneat,

L'Empereur dit dans ce Chapitre, que ce qui est ordonné dans le precedent n'a lieu que pour l'usufruit qui a esté donné ou legué par liberalité, car s'il estoit constitué pour servir de dot ou de donation *propter nuptias,* il ne pourroit pas estre éteint par les secondes nopces de celuy auquel il auroit esté laissé, Ordonnant qu'en ce cas ce qui auroit esté étably par les anciennes Loix, soit executé, sçavoir par la Loy 3. *C. de secund. nupt.* & *sup. h. t. cap. si verò sit soboles,* en sorte que le survivant en joüiroit sa vie durant, quoy que le predecedé eut ordonné dix mille fois le contraire.

La raison est, que c'est un gain accordé par la Loy, lequel par consequent ne peut estre osté par la volonté d'un particulier, *quod enim ex lege datum est lucrum, privatus auferre modis omnibus non valebit.* Car quoy que le survivant se remarie, lequel gagneroit la pleine proprieté de la donation *propter nuptias,* ou de la dot par la disposition de cette Novelle s'il ne s'estoit pas remarié, neanmoins en se remariant la Loy luy donne l'usufruit de cette donation ou de la dot, c'est pourquoy il n'est pas jufte que les contractans contreviennent à la volonté de la Loy, laquelle eft avantageufe au furvivant des pere & mere, & ne caufe pas un grand préjudice aux enfans, puifque la proprieté leur eft confervée, & comme dit Cujas fur cette Novelle *ufumfructum retinet optimo jure tranfiens ad fecundas nuptias, etiam fi aliud cautum conventum-ve fit ; quia etfi bona fuiffent data in dotem vel donationem propter nuptias, lege competeret eorum bonorum ufusfructus contrahenti fecundas, nec poffet adimi cautione privatorum.*

Ce qui eft porté dans ce Chapitre eft d'ufage en France, felon ce qui eft dit dans le Chapitre precedent.

CHAPITRE XXXIV.

Le pere ne perd pas l'ufufruit qu'il a dans les biens maternels appartenans à fes enfans, ou dans les gains nuptiaux qu'il a faits, pour avoir convolé en fecondes nopces.

Quoniam omnino ad memoriam.

De rebus maternis vel nuptialibus lucris, ut in his paret n6 ambitus ; ufumfructum ;

L'Empereur dit dans ce Chapitre, que puis qu'il eft parvenu aux Loix qui traitent de l'ufufruit, il eft à propos d'inferer dans les Ordonnances qu'il a fait, ce qui avoit déja efté étably par trois autres Ordonnances ; par lefquelles il eft ordonné, que le pere a l'ufufruit de tous les biens qui échéent à fes enfans du cofté de leur mere, des gains nuptiaux qu'il fait par la mort de fa femme, & des autres acquis par d'autres moyens, quoy qu'il convole en fecondes nopces.

Il y a trois Loix qui parlent des acquifitions que font les enfans *ex linea materna*, qui font la Loy 1. 2. & derniere *C. de bon. mat.* dans lefquelles les Empereurs difent, que le pere a l'ufufruit des biens maternels des enfans qui font en fa puiffance, & la Loy derniere dit, que le pere ne perd pas cet ufufruit par fes fecondes nopces.

Nous avons les premieres Loix du titre *C. de bonis quæ liber.* qui donnent au pere l'ufufruit des gains nuptiaux, dont la proprieté appartient à fes enfans par fes fecondes nopces.

La

La Loy *cùm oportet.* & la Loy *cùm non solùm. C. de bon. quæ liber.* donnent au pere l'ufufruit des biens que les enfans qu'il a dans fa puiffance acquierent d'ailleurs que du cofté maternel, excepté les biens caftrenfes & quafi caftrenfes, dans lefquels le pere n'a aucun droit, fuivant ces Loix *cùm oportet, & cùm non solùm.* & la Loy 1. §. *nec caftrenfe. ff. de collat. bonor.* & la Loy 2. *ff. ad SC. Macedonian.* Et l'Empereur parle de ces Loix, lors qu'il dit que les peres ont l'ufufruit pendant leur vie de ces fortes de biens *fine cafu,* c'eft à dire, fans qu'ils foient en danger de le perdre, par la difpofition des Loix qui ont efté établies avant luy, lefquelles il confirme & autorife par cette Ordonnance, pour eftre executées felon leur forme & teneur.

Ce Chapitre eft en ufage dans les Païs de Droit écrit.

CHAPITRE XXXV.

Si la mere peut revoquer la donation qu'elle auroit faite à ses enfans, pour cause d'ingratitude, ayant passé à d'autres nopces.

Si mulier res quas filiis donaverit, quafi ab ingratis poft fecundas nuptias revocare voluerit,

SOMMAIRE.

1. Si la mere peut revoquer la donation faite à fes enfans pour ingratitude, ayant convolé en fecondes nopces.
2. Caufes pour lefquelles la revocation feroit valable.
3. *Authentique* quod mater. C. de revocand. donatio.
4. Si dans les crimes la feule volonté eft puniffable.
5. Comment ces mots mettre la main fur fa mere, s'entendent.
6. Si on eft puniffable pour l'avoir voulu battre.
7. Comment un enfant eft cenfé avoir caufé la perte des biens de fa mere.
8. S'il n'y a que les trois caufes marquées dans l'*Authentique*, par lefquelles la mere peut revoquer la donation faite à fon enfant ingrat.
9. Si l'*Authentique* quod mater. a lieu à l'égard du pere.
10. Si la mere pourroit revoquer les donations faites à fes enfans ingrats pour d'autres caufes arrivées avant fes fecondes nopces.

Tome I.

Mater tamen donans.

1 L'Empereur traite dans ce Chapitre la quatriéme peine des secondes nopces contre la femme, & il dit, que la mere qui
auroit fait quelque donation à ses enfans, ne pourroit pas la revoquer pour cause d'ingratitude, au cas qu'elle eût convolé en d'autres nopces. La raison qu'il en rend, est que le fils est censé n'a-
voir esté poussé à l'ingratitude envers sa mere ; qu'à cause de
l'injure qu'elle luy a faite en se remariant, *non enim ex pura videtur voluntate ingratitudinem introducere, sed secundas nuptias
considerans, ad hanc venisse cogitationem putabitur ;* & la revocation ne peut avoir lieu que pour trois causes d'ingratitude énoncées dans ce Chapitre, sçavoir *nisi apertè filius aut circa vitam
ipsam insidians matri, aut manus inferens impias, aut circa substantiæ totius ablationem agens adversus eam aliquid declaretur.*
Par la Loy 7. au Code *de revocand. donatio.* laquelle est des
Empereurs Constantin & Constance, la mere qui s'est remariée,
ny celle qui vivroit dans le desordre, ne peut pas revoquer pour
quelque cause d'ingratitude que ce soit, les donations qu'elle
auroit faites à ses enfans, *de cæteris autem, qui portentosæ vili-
tatis abjectæque pudicitiæ sunt, satis etiam tacitè cautum putamus. Quis est enim, qui his aliquid arbitretur tribuendum esse,
cùm etiam illis, quæ jure secundas tantùm contraxerunt nuptias,
nihil ex his privilegiis tributum esse velimus ?* Et l'Empereur n'a
derogé à cette Constitution par ce Chapitre, qu'en restraignant
2 cette Loy, & permettant à la mere qui s'est remariée, de revoquer les donations qu'elle auroit faites à ses enfans pour trois
causes seulement énoncées cy-dessus ; c'est pourquoy de ce Chapitre a esté tirée l'Authentique *quod mater.* mise aprés la Loy
7. C. *de revocand. donatio.*

Authentique *Quod mater. C. de revocand. donatio.*

3

*Quod mater filio donat, ex ingratitudine non revocatur, post-
quam transit ad secundas nuptias, nisi ex tribus causis. Prima,
si vitæ ejus insidiatur: Item si manus impias in eam intulerit:
Tertia, si totius substantiæ molitus est jacturam.*

A l'égard de la premiere cause, il suffit pour donner un juste sujet à la mere de revoquer la donation par elle faite à son fils, qu'il ait attenté à sa vie, soit par fer, par poison, ou autrement, quoy qu'il n'ait pû executer son dessein, ce mot *insidians* dans le texte marquant *nudum conatum* selon le sentiment des Docteurs ; joint que par la Loy *Pompeia*, celuy qui a acheté du poison pour empoisonner son pere, est coupable de parricide, quoy qu'il ne s'en soit pas servy, *l. 1. in fine. ff. ad leg. Pompei. de parricid.* Dans les crimes capitaux on considere la volonté, & non pas l'évenement, *l. 14. ff. ad leg. Cornel. de Sicar.* pourveu neanmoins qu'on ne soit pas demeuré dans une simple volonté de commettre le crime, car c'est dans ce cas qu'on dit que *cogitatio delictum non contrahit, nec pænam meretur, l. 18. ff. de pæn.* mais qu'il y ait quelque fait qui marque que si le crime n'a pas esté execute, c'est que l'occasion n'en a pas esté favorable, la Loy 1. *in princip. ff. ad leg. Cornel. de Sicar.* nous en fournit un exemple dans celuy *qui ambulat cum telo hominis occidendi causâ,* lequel elle declare coupable d'homicide, comme si en effet il avoit executé son dessein.

La deuxiéme cause est, lors que l'enfant a mis la main sur sa mere, c'est à dire, qu'il l'a battuë & mal-traitée ; en sorte que ces termes *manûs injectio* ne se prennent pas à la lettre & dans leur propre signification, car que ce soit avec la main, avec le pied, ou avec quelque instrument qu'il ait battu sa mere, il est sujet à la peine portée par cette Constitution : mais il ne suffiroit pas qu'il eût levé la main ou un baston, pour fraper sa mere, il faut que l'injure soit réelle, & qu'en effet il l'ait frapée ; ce qui est marqué par ce terme *intulerit,* qui signifie *non affectum, sed effectum.* En quoy il faut observer, qu'il y a grande difference entre cette cause & la premiere, en ce que quand il s'agit d'homicide, il suffit de la volonté, suivie de quelque fait qui marque que l'execution n'a dépendu que d'occasion, ou de quelque circonstance ; comme si l'enfant tire un pistolet sur sa mere, & que le coup ait manqué, il est sans doute qu'il est coupable de parricide, comme s'il l'avoit tiré ; mais quand il s'agit de maltraiter ou de battre, on n'est pas puny pour l'avoir voulu faire, quoy que le defaut d'execution ne puisse estre imputé qu'à quelque hazard, comme s'il estoit survenu quelqu'un qui eut empesché l'enfant de battre sa mere, & d'executer son dessein.

Soit que le fils ait voulu luy-mesme attenter à la vie de sa mere, ou qu'il ait chargé quelqu'un de le faire, ou qu'il l'ait luy-

mesme battuë, ou fait battre par quelqu'un, il est également
coupable, parce qu'en fait de crime *qui per alium facit, per se
facere videtur, argum. leg.* 15. *in princip. ff. ad leg. Cornel. de
Sicar.*

A l'égard de la troisiéme cause, il est assez difficile de marquer dans quels cas un enfant est censé avoir procuré la perte de
tous les biens de sa mere, cela dépend beaucoup des circonstan-
7 ces que le Juge doit examiner, car s'il l'a fait, le pouvant faire
avec raison, comme s'il embarrasse sa mere dans un grand procez
pour le fait de sa tutelle, qu'elle auroit gerée & administrée auparavant ses secondes nopces, & que par ce moyen il luy cause
la perte de tous ses biens, on ne luy peut rien imputer, parce que
dolo non facit, qui suo jure utitur, l. nullus. ff. de R. I. Mais si
il luy suscite par d'autres quelques procez par des moyens in-
justes, soit par subornation de témoins, supposition de fausses
pieces, ou autrement, c'est une cause legitime d'ingratitude, pour
laquelle conformément à ce Chapitre, elle peut revoquer les donations qu'elle luy auroit faites.

8　　On demande si pour quelque autre cause d'ingratitude que
ce fût, la mere ne pourroit point revoquer les donations faites à
quelqu'un de ses enfans? Il semble que non, parce que *inclusio
unius est exclusio alterius*, l'Empereur ayant declaré que la revocation se pouvoit faire pour l'une de ces trois causes, il a tacitement exclud toutes les autres.

D'autre costé, on dit que l'intention de l'Empereur a esté de
permettre la revocation des donations faites par les meres qui se
remarient, à leurs enfans, pour des causes considerables d'ingratitude, dont il auroit rapporté trois exemples, qui semblent renfermer generalement toutes les autres, en sorte qu'il y a lieu de
presumer que son intention a esté, que pour d'autres causes qui
sembleroient aussi considerables, la mere pût aussi revoquer les
liberalitez qu'elle auroit faites à ses enfans: Ce qui se prouve par
cét exemple, que quoy que l'Empereur n'ait pas expressément
permis à la mere de revoquer les donations faites à son fils, au
cas qu'il ait donné charge à un autre d'attenter à sa vie; neanmoins on ne peut pas disconvenir qu'elle le pourroit avec raison,
comme si le fils avoit trouvé un moyen pour la faire soupçonner
d'adultere par son mary, d'en commencer l'accusation, & que
le fils eut suborné des témoins contre elle, & que dans la suitte
elle fût renvoyée absoute de l'accusation, ayant justifié son inno-

cence & la ſubornation des témoins, ne ſeroit-ce pas une injure
aſſez atroce & meſme plus grande que la ſeconde cauſe enoncée
par l'Empereur, pour revoquer la donation qu'elle auroit faite
à ſon fils?

On demande premierement, s'il n'en faut pas dire de meſme 9
du pere qui a contracté un ſecond mariage? La Gloſe reſoud
que non, parce qu'il n'y a point de Loy qui le declare, ainſi il
ne faut pas à ſon égard s'écarter du droit commun; de plus, c'eſt
qu'il n'y a pas parité de raiſon, car on n'a pas tant ſujet de croire
que le pere ſe dépoüillera entierement de l'amour paternel envers
ſes enfans, comme la foibleſſe du ſexe feminin nous perſuade
que l'amour des enfans ne ſe rencontre pas avec celuy d'un ſecond mary; en ſorte qu'elle peut revoquer les donations faites à
ſes enfans pour les cauſes d'ingratitude qui ſont receuës par le
droit.

On demande en ſecond lieu, ſi la mere pourroit revoquer les 10
donations par elle faites à un de ſes enfans, pour quelque autre
cauſe d'ingratitude que celles portées par ce Chapitre, precedentes les ſecondes nópces de la mere : il ſemble que non, parce
que c'eſt une des peines contre les ſecondes nopces, que la mere
ne puiſſe pas revoquer les donations faites à ſes enfans pour cauſe
d'ingratitude, que pour une des cauſes portées par cette Conſtitution, ainſi il n'importe que la cauſe ſoit arrivée devant ou pendant les ſecondes nopces, & on n'y doit avoir égard qu'au cas
qu'elle ſe trouve ſuffiſante, ſuivant cette Conſtitution. Neanmoins il faut dire le contraire, parce que la raiſon pour laquelle
l'Empereur ne permet pas à la mere qui s'eſt remariée, de revoquer les donations faites à ſes enfans ingrats, eſt qu'il y a lieu
de preſumer que les ſecondes nopces de leur mere ont eſté la
cauſe de l'ingratitude de ſes enfans envers elle, *non enim ex pura*
videtur voluntate ingratitudinem introducere, ſed ſecundas nuptias
conſiderans, ad hanc veniſſe cognitionem putabitur : d'où il s'enſuit, que pour connoiſtre ſi la cauſe de la revocation des donations eſt ſuffiſante, il faut avoir égard au temps qu'elle eſt arrivée.

Voyez *infrà* la Novelle 28. touchant les cauſes d'exheredation, & noſtre uſage.

CHAPITRE XXXVI.

La femme qui a convolé en secondes nopces, ne joüit pas des privileges de son deffunt mary.

Non tamen permittimus.

L'Empereur impose en ce Chapitre la cinquiéme peine contre les secondes nopces des femmes, ordonnant que celles qui se remarient ne joüissent pas des honneurs & des privileges de leurs premiers maris, voulant qu'elles suivent l'estat & la condition de ceux qu'elles ont épousé, par la raison qu'il en rend, *quæ enim priorum oblita est, non rursus ex Principibus adjuvabitur.* Ce qui est conforme à la Loy *filii.* §. 1. *ff. ad municipal.* & à la Loy *cùm te. C. de nupt.*

Par l'Edit du Roy Henry III. de l'an 1586. les femmes joüissent des honneurs, exemptions, noblesse & privilege de leurs maris, non seulement de leur vivant, mais aussi aprés leur deceds, pourveu qu'elles ne se remarient point, car par le mariage estans censées mesmes personnes que leurs maris, elles perdent les droits & les privileges qu'elles avoient acquis de leurs premiers maris, en sorte mesme qu'elles n'en peuvent point joüir aprés le deceds de leurs seconds maris. C'est le sentiment de Tiraqueau en son traité *de nobilitate*, chap. 15. nomb. 38. de Guy Pape, decis. 349. & 381. suivāt la Loy *fæminæ.* §.*ff. de Senatorib.*

CHAPITRE XXXVII.

Des affranchies qui se marient à leurs Patrons.

Jucundum quoque.

L'Empereur ordonne dans ce Chapitre, pour une autre peine des secondes nopces, que si un Patron épouse la femme qu'il aura affranchie, & qu'il fasse en suitte divorce avec elle,

elle ne pourra pas du vivant de ce premier mary se remarier à un autre sans son consentement : & si elle le fait, le mariage qu'elle aura contracté sera nul & de nul effet, & la Loy declare un tel mariage une fornication, *tales nuptias fornicationem lex judicat & corruptionem, sed non nuptias, nec matrimonium, ex quo injuriæ non decentes ei qui libertatem imposuit, fiunt.*

Ce Chapitre contient la sixiéme peine des secondes nopces contre les femmes, & qui ne reçoit point d'application à nostre usage.

CHAPITRE XXXVIII.

Les pupilles doivent estre élevez chez leur mere, au cas qu'elle ne se remarie pas.

Ejusdem quoque Principis.

L'Empereur ordonne dans ce Chapitre, conformément à l'Ordonnance de l'Empereur Alexandre, *l.* 1. *C. ubi pupill. educ.* que les enfans soient élevez chez leur mere, à moins qu'elle ne convole en secondes nopces, parce que *omnium mater fide dignior ad filiorum educationem videtur.*

Mais on demande pourquoy la mete n'a pas droit d'élever ses enfans quand elle est remariée, puisque le beaupere peut estre tuteur des enfans de sa femme, *l. fin. C. de contrario judic. tut.* La Glose *in d. l.* 1. met cette difference, sçavoir que *educatio posset vitæ ejus plerumque magis insidiosa esse quàm tutela.*

La septiéme peine des secondes nopces est expresse dans ce Chapitre contre les femmes.

Ce Chapitre n'est pas observé en France, où lorsque la mere se remarie, on charge ordinairement le beaupere & la mere de la tutelle des enfans, c'est nostre usage, à moins qu'il n'y eut des raisons pour les en priver, comme s'il y avoit lieu de craindre la dissipation de leurs biens, & que les biens du beaupere & de la mere ne fussent pas suffisans pour répondre de leur mauvaise administration, ou si leur condition donnoit occasion de croire que les enfans ne seroient pas élevez comme ils devroient, ce qui dépend entierement des circonstances.

CHAPITRE XXXIX.

Si le mary a rendu la dot à sa femme pendant le mariage.

Dotes autem.

adhuc
ftan-
ma-
monio
en
litis
orl
t per-
vit.

L'Empereur défend au mary dans ce Chapitre, de rendre la dot à sa femme pendant le mariage, si ce n'est aux cas exprimez par la Loy, qui font pour avoir dequoy se nourrir & ses enfans, pour acheter un fonds qui se trouveroit avantageux, pour donner des alimens à ses pere & mere, ou à son mary, *l. mutus. §. manente. ff. de jure dot.* & pour d'autres causes qui font rapportées dans le titre *de jure dot. si constant. matrim. & solut. matrim. ff. & C.* & l'Empereur ordonne, que la restitution de la dot sera reputée une donation, *dotis repræsentatio est instar donationis prohibitæ, l. 1. C. si constant. matrim.* De sorte que si la femme qui auroit receu sa dot venoit à mourir avant son mary, le mary pourroit la repeter des heritiers de sa femme, avec les interests depuis la restitution, pour en profiter suivant le pacte fait dans le Contrat de mariage *de lucranda dote,* pourveu qu'il ne se remarie pas, car en ce cas il seroit obligé de la reserver aux enfans issus du mariage, ainsi qu'il est ordonné cy-dessus.

Que si le mary n'avoit pas receu la dot de sa femme pendant le mariage, & qu'il luy eut renduë, & qu'elle vint à mourir avant luy, ce seroit une donation qui n'auroit point d'effet par la mort de la femme avant le donateur, ainsi le mary pourroit exiger la dot de sa femme aprés son deceds de ses heritiers, au cas que par le Contrat de mariage il fût convenu *de lucranda dote,* s'il la survivoit.

De ce Chapitre a esté tirée en partie l'Authentique *eisdem pœnis.* mise aprés la Loy *si qua mulier. C. de secund. nupt.* laquelle sera mise *infra* aprés la Novelle *de restitutio.*

Ce Chapitre contient la huitiéme peine contre les secondes nopces.

La restitution de la dot ne se fait en France par le mary pendant le mariage, qu'au cas de la separation de biens.

CHAPITRE

CHAPITRE XL.

Si la mere qui a la tutelle de ses enfans se remarie.

SOMMAIRE.

1. *Peine de la mere qui a la tutelle de ses enfans, lors qu'elle se remarie.*
2. *Mere qui se remarie est excluë de la tutelle de ses enfans.*
3. *Si les enfans du second lit sont exclus en ce cas de la succession des enfans du premier.*
4. *Arrests qui ont jugé la question.*
5. *Quid, si les enfans decedent en puberté.*
6. *Si la mere qui s'est remariée mineure sans avoir fait nommer un tuteur à ses enfans, en peut estre relevée.*
7. *Si cette peine a lieu dans la France coûtumiere.*

Si autem tutelam.

L'Empereur dit dans ce Chapitre, qui contient la neuviéme peine contre les secondes nopces, que si la mere est tutrice de ses enfans ayant fait serment qu'elle ne passeroit point à d'autres nopces, méprisant en suitte son premier mariage & le serment qu'elle auroit presté par ses secondes nopces, avant que d'avoir demandé un tuteur pour ses enfans, d'avoir rendu compte de son administration, & de s'estre acquittée du reliqua de son compte, la Loy veut que les enfans ayent hypoteque non seulement sur les biens de leur mere, mais aussi sur ceux de leur beaupere ; cette Loy est la Loy seconde au §. *sed ne. C. quan. mal. tutor. offic.* voulant qu'elle soit excluë de leur succession, au cas qu'ils decedent avant leur puberté, quoy que le pere l'eut appellée à leur succession par la substitution pupillaire, suivant la Loy *omnem matri. C. ad SC. Trebell.*

Telle est la disposition des Loix qui ont esté faites par les Empereurs qui ont precedé Justinian, lequel *vers. nos autem.* dit qu'il s'étonne que les anciennes Loix ont puny de peines si legeres l'impieté d'une femme qui a si peu d'égard au serment qu'elle a presté, qu'elle retourne à des nopces precipitées, mé-

Bbbb

prifant la colere de Dieu, la memoire de fon premier mary, & la charité envers fes enfans ; veu qu'au contraire ces mefmes Loix condamnent avec tant de feverité celle qui fe remarie avant que le temps du deüil foit paffé, quoy qu'elle n'ait point d'enfans, par cette feule raifon qu'elle agit contre l'honnefteté ; c'eft pour cela que l'Empereur ordonne, que les femmes qui feront fi teme-raires que de violer de femblables fermens, feront punies outre les peines énoncées au commencement de ce Chapitre, à toutes celles aufquelles font condamnées les femmes qui fe remarient avant l'an du deüil, portées par les anciennes Loix, comme il a efté dit cy-deffus, voulant qu'elle foit fujette à l'infamie, & à tout ce qui eft contenu dans ces Loix, & aux mefmes peines aufquelles font fujettes celles qui paffent aux fecondes nopces, fçavoir qu'elles fupplient l'Empereur de les vouloir décharger de l'infamie, qu'elles foient obligées de donner la moitié de leurs biens à leurs enfans, fans qu'elles en puiffent retenir l'ufu-fruit, fans établir aucune difference entre celle dont il eft parlé dans ce Chapitre, & celle qui fe remarie : *Nos autem miramur quòd mulierem fic impiam conftitutam, ut etiam hoc ipfo jusju-randum negligeret, & fic ad immaturas nuptias deveniret, tribus maximis neglectis, Deo & defuncti memoriá & charitate filio-rum, ita parvis fubdiderunt poenis ; & illam quidem, qua ante luctuofum tempus,& nec omnino mater filiorum confiftit, puniunt amarè, &c.* dit l'Empereur dans le commencement de ce Cha-pitre. Et l'Empereur veut *verf. fi vero etiam.* que la mere qui eft tutrice de fes enfans naturels, foit expofée aux mefmes peines que celle qui adminiftre la tutelle de fes enfans legitimes, pour eftre contrevenuë à la difpofition de cette Ordonnance.

Dans la fin de ce Chapitre, l'Empereur ordonne que les Inten-dans dans les Provinces, & le Prefet de la ville de Conftanti-nople, avec le Preteur, auront le foin de faire mettre cette Or-donnance à execution, fuivant fa forme & teneur.

L'Empereur par la Novelle 94. a abrogé le ferment que les meres faifoient pour obtenir la tutelle de leurs enfans. Voyez *infrà* cette Novelle.

C'eft l'ufage dans les Païs de Droit écrit, que les meres qui fe remarient avant que d'avoir fait nommer un tuteur à leurs enfans, foient excluës de leur fucceffion, au cas qu'ils decedent avant leur puberté, conformément à la difpofition de ce Chapitre. C'eft le fentiment de M. de Cambolas en fes Arrefts, livre 5. chap. 31.

Ce mefme Auteur traite une autre queftion, fçavoir fi les en- **3**
fans du fecond lit font aufli exclus de la fucceffion des enfans du
premier lit, qui font leurs freres & fœurs uterins.

Pour les enfans du fecond lit on dit, que les peines ne fouffrent
point d'extenfion d'un cas à un autre, & d'une perfonne à une
autre, & qu'ainfi la Loy n'ayant expreffément privé que la mere
de la fucceffion de fes enfans, faute de leur avoir fait nommer
un tuteur auparavant que de paffer aux fecondes nopces, au cas
qu'ils decedent en pupillarité, elle ne doit pas eftre étenduë aux
enfans iffus du fecond mariage de leur mere. La Loy *divi fratres.*
ff. de jure Patron. y eft expreffe, dans laquelle il eft dit, que fi le
fils du patron a accufé l'affranchy de fon pere d'un crime capital,
pour laquelle accufation il ne pourroit pas fucceder à cét affranchy, neanmoins le fils de l'accufateur peut demander la poffeffion des biens de l'affranchy de fon ayeul, parce que la peine
deuë à l'accufateur ne doit pas paffer contre fon fils. Ainfi il
femble que par parité de raifon, quoy que la mere fe foit renduë
indigne de la fucceffion de fes enfans au cas fufdit, fes enfans du
fecond lit ne doivent pas fouffrir la mefme peine.

Monfieur de Cambolas en fes Arrefts, livre 5. chap. 31. rap- **4**
porte un Arreft du Parlement de Tholoze, donné au rapport de
Monfieur de Boiffet en la feconde Chambre des Enqueftes, le 18.
May 1614. par lequel il a efté jugé, que les enfans du fecond lit
devoient fucceder aux enfans du premier, comme eftans plus proches, en attendant neanmoins après le deceds de la mere, afin
qu'elle n'en pût point profiter pendant fa vie.

Par autre Arreft rapporté par le mefme Auteur, du mois de
Janvier 1627. au rapport de Monfieur de Chaftanet à la Tour-
nelle, il a efté jugé, que non feulement Helene Ducros feroit
privée de la fucceffion de la fille qu'elle avoit euë du premier
mariage, decedée avant fa puberté, mais aufli que Marie de Pul-
varel fille du fecond mariage & fœur uterine de ladite deffunte,
devoit eftre privée de la fucceffion, laquelle fut adjugée aux
parens du premier mary.

Il y eut Requefte civile obtenuë contre l'Arreft, mais fans y
avoir égard il fut confirmé.

Cét Auteur rapporte un troifiéme Arreft du huitiéme Juin
1633. donné au rapport de Monfieur de Moulnorry, par lequel les freres uterins furent privez de la fucceffion du fils
iffu du premier mariage, la mere s'eftant remariée fans avoir

demandé des tuteurs pour son fils.

5   La mere qui se remarie sans avoir fait pourvoir de tuteur à ses enfans, n'est pas privée de leur succession lors qu'ils decedent en puberté, suivant la disposition des Loix qui ont étably cette peine contre les femmes qui se remarient sans avoir fait pourvoir de tuteur à leurs enfans, *l. omnem. C. ad SC. Tertull. l. sciant. C. de legit. heredib. l. 2. C. quan. mul. tut. offic. fun. pot.*

  Justinien dans ce Chapitre voulant augmenter les peines contre les secondes nopces, parle au commencement, de celles qui sont portées par la Novelle de Theodose, *matri* (dit-il) *interdicit filii successionem impuberis morientis, licet ex substitutione pater eam venire ad filii dixerit successionem;* & il ne change point le cas auquel les peines sont restraintes par la Novelle de Theodose, qui est lors que les enfans succedent en pupillarité, & non lors qu'ils decedent après : Monsieur de Cambolas en ses Arrests, livre 6. chap. 36. rapporte un Arrest du Parlement de Tholoze donné au rapport de Monsieur de Saintjean, en la seconde Chambre des Enquestes, le 23. Juin 1635. qui a jugé, que cette peine ne s'étendoit pas lors que les enfans decedoient après la pupillarité.

6   C'est une question, si la mere mineure de vingt-cinq ans, qui s'est remariée sans avoir fait nommer un tuteur à ses enfans, ny rendu compte de sa gestion, en peut estre relevée, en sorte qu'elle ne soit point sujette à la peine portée par ce Chapitre ? Monsieur de Cambolas livre 6. chap. 43. rapporte un Arrest du 25. May 1633. donné au rapport de Monsieur de Rabaudy, en la premiere Chambre des Enquestes, qui a jugé en faveur de la mere : l'Empereur dans la Loy derniere *C. si advers. delict.* dit, que la mere mineure qui n'a point demandé des tuteurs pour ses enfans, n'est pas privée de leur succession, parce que c'est une indulgence accordée en faveur de l'âge; mais il semble que quand la mere est privée de la succession pour s'estre remariée sans avoir demandé des tuteurs pour ses enfans, quoy qu'elle soit mineure, elle doit estre punie de la peine portée par ce Chapitre, parce que cette peine est imposée pour raison des secondes nopces, & que celles qui se remarient quoy que mineures de vingt-cinq ans, sont sujettes aux peines établies contre les secondes nopces : Neantmoins il faut dire le contraire, parce que par la Novelle de Theodose & Valentinian *de tutorib.* les deux cas des parens qui ne demandent pas des tuteurs dans l'an, & de la femme qui se

remarie fans avoir fait pourvoir de tuteur à fes enfans, font enfemble ; & aprés avoir parlé du premier il eſt dit , *idem obſervari volumus , & ſi mater legitimâ liberorum tutelâ ſuſceptâ , ad ſecundas venerit nuptias ,* & puiſque les parens mineurs qui font tombez dans cette faute eſtans mineurs, en peuvent eſtre relevez, il en faut dire de meſme de la mere, laquelle s'eſt remariée fans demander des tuteurs à ſes enfans eſtant mineure.

Dans la France coûtumiere, où il eſt ſuffiſamment pourveu à l'intereſt des enfans dont la mere ſe remarie, par l'hypoteque qu'ils ont ſur les biens de leur beau-pere, cette peine n'eſt point en uſage, & les meres qui ſe remarient, ne perdent rien pour n'avoir pas fait nommer un tuteur à leurs enfans : C'eſt le ſentiment de Papon au ſecond des Notaires , livre 5. titre des Tutelles, d'Imbert en ſon Enchiridion au meſme titre , & c'eſt l'uſage de ce Parlement.

7

CHAPITRE XLI.

Du legs fait aux enfans par le pere ou la mere ſous condition , où l'Empereur confirme l'Ordonnance de l'Empereur Zenon.

Si ſub côditione pater vel mater legatâ liberis ſuis reliquerit, côfirmat legem Zenonianam Côſtitutio,

SOMMAIRE.

Placet quoque nobis.

L'Empereur dit dans ce Chapitre, où il expoſe la dixiéme peine des ſecondes nopces, qu'il approuve l'Ordonnance de l'Empereur Zenon, qui ordonne que le pere qu'un teſtateur auroit chargé d'un legs envers ſon fils ſous condition , ou dans un certain temps, ne pourroit pas eftre contraint de donner la caution *legatorum fervandorum caufâ*, c'eft à dire, qui fe donne pour la feureté des legs qui font faits *fub conditione vel die*, à moins qu'il ne convole en fecondes nopces : Ce qui eft une autre peine impofée à ceux qui contractent des fecondes nopces.

1 La Conftitution de l'Empereur Zenon, dont il eft fait men-tion dans ce Chapitre, eft contenuë dans la Loy *jubemus.* §. 1. *C. ad SC. Trebellian.* Cette Loy ne parle point de caution, com-me fait le titre *ut legat. nom. caveat.* laquelle eft une bonne & fuffifante caution qui fe fait *datis fidejufforibus*, mais *de fimplicî & mera promiffione.* Dans cette Novelle il y a le mot *cautio*
2 qui fignifie auffi celle qui fe fait par l'intervention des fidejuf-feurs : mais Cujas qui eft fuivy par Godefroy fur cette Novelle, dit que la Novelle Grecque porte le mot ἀσφάλιαν qui ne figni-fie pas une caution fuffifante, mais qui fe prend *pro fecuritate fimplici & nuda cautione*, en forte que ce mot eft mal interpreté par ce mot Latin *cautio.*

3 Ce terme *cautio* appofé dans ce Chapitre, a donné lieu à une contestation au Parlement de Tholoze, fçavoir fi les heritiers du teftateur qui avoit legué une fomme au pere, qui s'eft depuis remarié, avoient pû la luy payer fans l'obliger de bailler caution, le pere eftoit devenu infolvable, & les enfans pretendoient que les heritiers eftoient tenus de leur payer une feconde fois la fomme qu'ils avoient déja payée au pere : cependant par Arreft du 21.
4 Février 1623. au rapport de Monfieur de Caffagnau, le procez ayant efté party en toutes les Chambres, il fut jugé les Cham-bres affemblées, que le payement fait au pere eftoit valable, & les heritiers furent renvoyez abfous de la demande à eux faite : La raifon de cét Arreft eft, que le pere, quoy qu'il fe fût remarié, n'eftoit pas tenu de bailler bonne & fuffifante caution.

Ainfi on ne pouvoit rien imputer aux heritiers qui n'avoient pas exigé cette caution, puis qu'ils n'y eftoient pas obligez par cette Novelle. On ajoûtoit, que la Loy *fancimus.* & la Loy derniere *C. de adminiftr. tut.* qui oblige le debiteur du pupille pour payer avec feureté au tuteur ce qu'il doit au pupille, de le faire ordonner par le Juge, n'ont lieu qu'à l'égard des tuteurs, & non du pere.

La raifon pour laquelle le fils ne peut pas exiger de fon pere une caution fuffifante, eft le refpect qu'il luy doit, ce qui doit

avoir lieu tant à l'égard des enfans en puiſſance, que des enfans émancipez, ſuivant la Loy *filio.* *ff.* *ut legat. ſeu fideicom.*
ſerv. cau. cav. en laquelle le Juriſconſulte demande *ſi pendente*
conditione filius emancipatus ſatis petat, an audiendus ſit, ut
beneficium patris ei ſit oneroſum. À quoy il répond, *melius eſſe*
per mediocritatem cauſam dirimere, ut cautioni tantùm cum hypo-
theca ſuarum rerum committatur, parce que ces cautionnemens
qui ſe font par l'intervention de fidejuſſeurs, ne ſe peuvent pas
exiger honneſtement d'un pere par un enfant, *l. Imperator.* 50.
ff. ad SC. Trebell.

    C'eſt une queſtion, ſi la mere qui ſe remarie, eſt tenuë de bail- 5
ler bonne & ſuffiſante caution, ou ſi elle n'eſt tenuë que de donner une ſimple ſeureté à ſes enfans par une conſtitution d'hypoteque ſur ſes biens? La Novelle de Leon & Majorian *de ſanctimon.*
& vid. ordonne que la mere qui ſe remarie ayant des enfans du
premier mariage, *dato fidejuſſore proſpiciat, qui ſalva fore cor-*
pora omnia ſponſalitiæ largitatis evidenti ſponſione promittat.

    Leon & Severe dans la Novelle *de abrogat. capit. injuſt. Divi*
Major. corrigent cette Novelle comme injuſte, & déchargent
les meres de cette caution, *in illa tamen parte matribus conſu-*
limus, ne eas neceſſitas dandæ fidejuſſionis adſtringat; ſatis enim
filiis proſpicitur, quibus & alienatorum vindicatio competit, &
ex maternis bonis perditarum reintegratio facultatum, ut legis
aſperitas emendetur.

    Leon & Anthemius ordonnent dans la Loy *hac edictali.* §. *his*
igitur. C. de ſecund. nupt. que la mere qui ſe remarie ſoit tenuë
de bailler *idoneam fidejuſſionem* pour ſeureté aux enfans, qu'elle
leur reſtituëra les effets mobiliaires qu'elle a eu par donation à
cauſe de nopces, ou par quelque autre maniere, de ſon mary,
& qu'autrement la joüiſſance en demeure aux enfans en baillant
caution pour les intereſts.

    L'Empereur Juſtinien dans la Novelle 2. chapitre 4. veut, que
ſi la donation à cauſe de nopces conſiſte en argent comptant,
ou en d'autres effets mobiliaires, la mere qui ſe remarie ſoit tenuë
de bailler caution de les rendre aprés ſon deceds, ſinon elle ne les
peut pas prendre.

    Dans ces Novelles ce mot *cautio* eſt employé, mais ſuivant 6
l'opinion de Cujas ſuivie par pluſieurs, ce terme ne ſe prend
pas en ce lieu pour la caution ſuffiſante, mais pour la ſimple
promeſſe, & que quoy que la Novelle 42. chap. 41. ne parle

que du pere, plusieurs estiment qu'elle se doit entendre tant du pere que de la mere, dautant que cette Novelle se rapporte à la Loy *jubemus* de l'Empereur Zenon, laquelle parle conjointement du pere & de la mere : C'est le sentiment de Contius, de Monsieur de Cambolas, & d'autres. On peut ajoûter, que le respect qui empesche le fils en puissance d'exiger une caution suffisante de son pere, a lieu à l'égard de l'enfant emancipé, comme il a esté dit cy-dessus ; & partant aussi quand il s'agit de l'exiger de la mere.

Cujas sur le §. de la Loy *hac edictali. C. de secund. nupt.* estime au contraire, que le pere n'est tenu que d'une simple promesse, & la mere de bailler suffisante caution, y ayant en ce cas une grande difference entre le pere & la mere ; *notandum est hac in parte*, dit cét Auteur, *cùm agitur de fidejussoribus dandis, hanc legem loqui tantùm de matre, quia scilicet à patre liberi satisdationem sine rubore exigere non possunt; cultus major debetur patri, cùm & potestas patria liberorum sit penes patrem, nulla penes matrem.*

Cette caution a lieu dans les Païs de Droit écrit, mais dans la France coûtumiere le survivant du pere ou de la mere qui se remarie, n'est point tenu de bailler caution de restituer ce dont il est chargé envers ses enfans, excepté la mere, laquelle est tenuë de donner caution suffisante pour son doüaire au cas qu'elle se remarie, par l'article 264. de la Coûtume de Paris. Voyez *suprà* ce que j'ay dit de la caution sur la Novelle 2.

CHAPITRE XLII.

Des Clercs qui ne peuvent contracter mariage.

Sed & si quis.

L'Empereur dans ce Chapitre défend aux Clercs de se marier, excepté les Chantres & les Lecteurs, lesquels se peuvent marier, mais s'estant mariez ils ne peuvent plus aspirer à l'Ordre de Prestrise. Il permet en suite au Laïque de parvenir aux Ordres de Soudiacre, de Diacre, & de Prestre, quoy qu'il se soit marié aprés avoir repudié sa femme, pourveu qu'elle fût fille quand il l'auroit prise pour femme ; car si elle estoit femme, soit qu'elle fût veuve, ou qu'elle fût separée d'avec son mary, ou enfin qu'au temps du mariage il ne la pût pas avoir pour femme, ou mesme s'il se trouvoit avoir contracté des secondes nopces ; ce que l'Empereur ordonne pour la onziéme peine des secondes nopces.

De ce Chapitre a esté tirée l'Authentique *multo magis*, mise aprés la Loy *cum qui*. 19. *C. de Episcop. & Cleric.*

Authentique *Multo magis. C. de Episcop. & Cleric.*

Multò magis ergo cessant eorum conjugia ; soli enim Cantores Lectoresque nuptias contrahere permittantur ; aliis autem omnibus penitus interdicimus. Verumtamen si & ipsi ad secundas pervenerint nuptias, nequaquam ad Sacerdotii culmen ascendant.

Par la disposition Canonique les Clercs qui n'ont que les Ordres mineurs peuvent se marier, mais ils déchéent des droits & privileges de Clericature, & perdent leurs Benefices ; mais ceux qui ont les Ordres majeurs, ou un d'iceux, ne peuvent point se marier, *tot. distinct*. 26. 232. *cap.* 1. *cap. quod ad. & cap. diversis. Ext. de cler. conjug.* Voyez cy-dessus la Novelle 6. au chapitre 4. où il est parlé du celibat des Clercs.

CHAPITRES XLIII. & XLIV.

Si le mary fait un legs à sa femme à la charge qu'elle ne se remariera point, & sur la Loy Julia Miscella.

SOMMAIRE.

si mar
tus ita
reliquer
uxori,
ad secu
das nup
tias n
transfear
& ad h
gem le
la Mis
cellam

Quæ verò nunc sequitur.

1   L'Empereur traite dans ce Chapitre 43. des legs qui sont laissez par le mary à sa femme à la charge qu'elle ne se remariera point aprés sa mort : Il dit au commencement, que la matiere qui fait le sujet de ce Chapitre est fort ancienne, & qu'elle a esté souvent reformée, non seulement par les Empereurs qui
l'ont devancé, mais aussi par luy-mesme ; que neanmoins elle
n'est pas encore venuë à la perfection qu'elle pourroit avoir, &
pour laquelle il fait les Ordonnances contenuës dans ce Chapitre.

2   La Loy appellée *Miscella*, qui est tres-ancienne, n'ayant principalement pour objet que la generation des enfans, permettoit
aux femmes de se remarier, quoy que leurs maris leur eussent
défendu par leurs testamens de convoler en secondes nópces, &
leur eussent fait quelques legs à condition qu'elles demeureroient
dans le veuvage ; mais cette Loy les obligeoit de faire serment
qu'elles ne contraĉtoient un second mariage que dans la volonté
3   d'avoir des enfans, & en ce faisant elles prenoient les legs qui
leur estoient faits : & cette Loy donnoit à la femme, à laquelle
le mary avoit fait un legs *si non nuberet*, la faculté de prendre
ce legs en faisant ce serment dans l'an de la mort de son mary,
qu'elle se remarioit *spe filiorum, non libidinis causâ*.

   Par la disposition de la mesme Loy quand l'an estoit passé,
cette femme ne pouvoit pas recevoir son legs qu'en donnant caution qu'elle ne se remarieroit point, & cette caution estoit ap-
4   pellée la caution Mutiane, qui estoit une caution juratoire.
Toutefois Julius Miscellus n'a pas esté l'auteur de cette caution,
car Quintus Mutius Scevola l'avoit ordonnée auparavant pour
toutes les conditions *in non faciendo*, suivant la Loy *mutiane.*
5. *in princ. ff. de conditio. & demonstratio.* où le Jurisconsulte
Ulpian dit, *mutianæ cautionis utilitas consistit in conditionibus,*
quæ in non faciendo sunt conceptæ, ut putà, si in Capitolium non
ascenderit ; si Stychum non manumiserit, &c.

   C'estoit-là la disposition de la Loy *Miscella* ; mais l'Empereur voyant que plusieurs femmes se remarioient nonobstant la

ferment qu'elles avoient fait de ne pas convoler en fecondes
nopces, non pas tant dans le deffein d'avoir des enfans que pour
fatisfaire à leur paffion, & qu'ainfi elles contrevenoient à la volonté de leurs maris decedez, dit qu'il avoit trouvé à propos
de remedier à l'inconvenient qui arrivoit par la partie de cette
Loy qui fembloit la plus fainte, puis qu'elle concernoit le ferment, en empefchant à l'avenir les parjures aufquelles elle donnoit lieu, & défendant les fermens, qui eftoient ordinairement
des moyens & des occafions certaines des parjures ; & cette reforme a efté faite par l'Empereur en la Loy 2. au Code *de indic.*
viduit.

Dans le verfet *nam nec illud.* il rend la raifon pour laquelle il
avoit défendu que ce fermēt ne fût pas prefté par les femmes,fça-
voir parce que cette Loy n'obligeoit pas feulement à ce ferment,
comme il eftoit à propos, les femmes qui n'avoient point d'enfans, mais auffi celles qui en avoient de leurs premiers maria- 6
ges, ce qui déplaifoit & à Dieu & aux Manes des maris decedez,
puifque c'eftoit une occafion prochaine de parjure, & que la
generation des enfans eft un prefent de la fortune : car il arrivoit fouvent que les femmes fe marioient plûtoft *cupidinis caufâ,*
que pour avoir des enfans, ainfi elles eftoient parjures ; & que
celles qui s'eftoient veritablement remariées *procreandorum cau-*
fa, n'en avoient pas pour cela.

Dans le verfet *quia igitur hac.* l'Empereur remarque l'inconvenient de la Loy 2. au Code, qui luy donne occafion de la reformer par cette Novelle ; car ayant déchargé les femmes de ce
ferment par cette Loy, & leur ayant permis de recevoir ce qui
leur feroit laiffé par leurs maris à la charge qu'elles ne fe rema-
rieroient point, il avoit negligé par ce moyen l'execution de la
volonté des teftateurs, qui eftoit une des deux chofes qu'il y
avoit à remarquer dans ce point ; car il ne fuffifoit pas d'empefcher le parjure qui eftoit la premiere, mais il falloit faire
mettre à execution les volontez des teftateurs, lefquelles n'é- 7
toient pas executées par la difpofition de la fufdite Loy 2. *Cod.*
de ind. viduit. c'eft pour cette raifon qu'il dit avoir pris refolution de la reformer, ne voulant pas que les dernieres Ordonnances des deffunts demeurent fans execution, quand elles ne
font pas contraires aux Loix, *non enim volumus deficientium*
nihil illicitum habentes voluntates fruftrari. Cependant c'eftoit
une chofe qui n'eftoit pas facile à faire, car en ordonnant qu'une

femme qui prend le legs qui luy eſt fait par ſon mary à la charge qu'elle ne ſe remariera pas, exécutera la volonté du teſtateur, & qu'ainſi elle ne pourra pas ſe remarier, ſuivant la Loy
ancienne *Julia Miſcella*, c'eſt une Ordonnance qu'on trouvera
avec raiſon trop ſevere & trop rigoureuſe pour la femme; Que
ſi au contraire on ſuit la Loy 2. au Code *de indict. viduit.* qui
a eſté établie depuis la Loy *Iulia Miſcella*, & ſi on permet à
la femme de ſe remarier & de prendre le legs qui luy auroit
eſté fait par ſon mary *ne nuberet*, c'eſt un tres-grand crime que
de negliger la volonté d'un deffunt, en permettant à ſa femme
de ſe remarier & de recevoir le legs qu'il luy avoit fait à la charge qu'elle ne paſſeroit point à de ſecondes nopces, & d'affliger
ainſi ſes Manes par le mépris qu'on auroit pour l'execution de
ſes dernieres ordonnances, *noviſſimi ſceleris eſt deſpicere volun-*
tatem defuncti, ita facta autem, ut ei detur licentia nubendi,
& accipiendi quod relictum eſt, & per omnia contriſtandi prio-
rem maritum.

En conſequence de cette derniere raiſon l'Empereur fait ſon
Ordonnance, qui eſt dans le Chapitre ſuivant, dans lequel il
ordonne,

B Premierement, que ſi le mary a fait un legs à ſa femme à la
charge qu'elle ne ſe remarieroit pas, ou la femme au mary ſous
la meſme condition, le legataire a le choix, ou de recevoir le
legs en s'abſtenant des ſecondes nopces, ou de renoncer au legs
au cas qu'il veüille ſe remarier.

En ſecond lieu, pour empeſcher que les choſes ne ſoient toûjours en ſuſpend, ſçavoir ſi le legs vaudra ou non, ou que le legs
qui auroit eſté payé, ne fut repeté par les ſecondes nopces qui
ſeroient contractées dans la ſuitte, il ordonne pour terminer cette difficulté, que le legataire ne pourra pas demander ſon legs
pendant l'an de la mort du teſtateur, à moins que le mary auquel
le legs auroit eſté fait, n'eut pris les Ordres de Preſtriſe, ou que
la femme n'eut fait profeſſion dans un Convent, *ut pote nequa-*
quam nuptiarum exiſtente ſpe.

En troiſiéme lieu, que ſi l'an eſt paſſé le legataire pourra recevoir ſon legs, à la charge neanmoins que ſi c'eſt un immeuble
il luy ſera delivré à ſa caution juratoire, avec hypoteque tacite
de tous ſes biens, que s'il convole en ſecondes nopces il le
reſtituëra tel qu'il l'avoit receu, avec les fruits qu'il aura perceus *medio tempore.*

En quatriéme lieu, que fi le legs confifte dans un meuble, il fera pareillement delivré au legataire fous les mefmes charges, c'eft à dire, de la caution juratoire, & de l'hypoteque tacite de tous fes biens, au cas qu'il ait des biens fuffifans pour la feureté de l'heritier, eftant obligé de reftituer la chofe telle qu'elle luy auroit efté donnée, en forte qu'il feroit obligé de dédommager l'heritier de la diminution ou déterioration qui feroit arrivée.

En cinquiéme lieu, fi c'eft de l'argent comptant, le legataire qui l'aura receu, eft obligé de le reftituer avec les interefts qu'il en aura pû percevoir; furquoy on s'en rapportera à fon ferment. Que s'il ne l'avoit pas donné à intereft, mais qu'il s'en fût fervy pour fes affaires propres, il eft obligé de le rendre avec quatre pour cent par chaque année pour les interefts.

En fixiéme lieu, que fi le legataire n'a pas des biens fuffifans pour la feureté de l'argent qui luy auroit efté legué, il peut eftre contraint par l'heritier de bailler un fidejuffeur; & s'il n'en pouvoit point donner, le legs luy devroit eftre delivré à fa caution juratoire, & fous l'hypoteque tacite de fes biens, ainfi qu'il a efté dit cy-deffus.

En feptiéme lieu, que fi le legataire fe remarie, l'heritier ait droit de revendiquer ce qui a efté delivré au legataire contre tout poffeffeur, de mefme que s'il n'avoit jamais efté donné au legataire : Ce qui doit mefme eftre obfervé pour la reftitution de ce qui auroit efté legué, foit meuble ou immeuble, au cas qu'il dût eftre reftitué par le moyen des fecondes nopces contractées par le legataire.

En huitiéme lieu, que fi le legs eft en argent comptant, que le legataire ne puiffe pas donner de fidejuffeur, & qu'il n'y ait pas lieu de s'affurer fur luy pour la reftitution d'iceluy au cas des fecondes nopces, il doit demeurer entre les mains de celuy qui eft chargé de ce legs, à la charge d'en payer pour interefts quatre pour cent, jufques à ce que ce legataire fe remarie, duquel en ce cas il repeteroit les interefts qu'il luy auroit payez, ou qu'il foit certain que ce legataire ne fe remariera pas, comme s'il a pris les Ordres de Preftrife, ou s'il eft decedé; car s'il s'eft fait Preftre, la fomme qui luy a efté leguée luy doit eftre delivrée; la condition fous laquelle la reftitution devroit eftre faite, ne pouvant arriver; au fecond le legs devroit eftre payé à fes heritiers, fans qu'ils fuffent obligez de rien diminuer fur le principal en consequence des interests qui auroient esté payez au legataire.

En neuviéme lieu, que ce qui a esté ordonné cy-dessus doit avoir lieu au cas que le legs fait à quelqu'un, soit fait par un autre que par un des conjoints par mariage à l'autre, soit qu'il soit fait à un homme, ou à une femme, sous une condition casuelle, comme celle de ne se marier pas, l'Empereur voulant que son Ordonnance soit observée en ce cas, tant pour ce qui regarde la délivrance des legs faits sous de telles conditions, que pour leur restitution, au cas que les legataires n'ayent pas accomply les charges ausquelles les legs leur auroient esté faits, ou au cas qu'ils ayent empesché l'execution ou l'accomplissement des conditions apposées à leurs legs.

En dixiéme lieu, que cette Ordonnance ajoûtée à celles que l'Empereur a faites à l'occasion de la Loy *Julia Miscella*, soit executée selon sa forme & teneur, & ce qu'elle contient, sans pour cela déroger à ce que l'Empereur a luy-mesme ordonné dans ses autres Ordonnances, dans les autres cas ausquels il n'a pas dérogé par celle qui est renfermée dans ce Chapitre.

En onziéme lieu, que cette Ordonnance doit avoir lieu en faveur des heritiers, des substituez, ou de ceux qui sont chargez envers quelqu'un à la charge qu'il ne se mariera pas, soit pour une partie d'une succession, ou d'un legs; c'est à dire, que ceux ausquels le testateur a laissé quelque chose, soit par legs ou par fideicommis, sont obligez de donner les seuretez susdites à ceux de qui ils le reçoivent: Ainsi le donataire à cause de mort sous cette charge y est obligé envers l'heritier. Que si un testateur avoit institué un seul heritier sous cette charge, telles seuretez seroient par luy baillées aux substituez s'il y en avoit, ou aux heritiers legitimes venans *ab intestat* à la succession du deffunt: Toutefois l'Empereur fait une exception, sçavoir quand le testateur a declaré qu'il vouloit que son heritier particulier ou universel, le legataire ou le fideicommissaire, ou le donataire à cause de mort, prissent ce qu'il leur auroit laissé sans estre obligez à l'observation de cette Ordonnance, c'est à dire, à donner la caution & la seureté qu'elle requiert, la raison qu'en rend l'Empereur est, que *sequenda est defuncti voluntas; studii enim nostri est defunctorum conservare secundum legis voluntates*, cette caution n'estant exigée qu'en faveur du testateur pour l'execution de ses dernieres volontez, il en peut décharger ce-

luy qui autrement feroit obligé de la bailler , felon la Loy 2.
& la Loy penult. *C. ut in poſſeſſ. legat.* & la Loy *jubemus.* §.
in ſupradictis. C. ad Trebellian.

De ce Chapitre a efté tirée l'Authentique *cui relictum.* mife
aprés la Loy 2. au Code *de indicta viduit.*

Authentique *cui relictum. C. de indict. viduit.*   9

 *Cui relictum quid fuerit à conjuge , vel à qualibet perſona ne
ſecundas ineat nuptias , intra annum quidem non petat niſi ſpes
nuptiarum deficiat ; poſt annum verò capiat , præſtitâ cautione rei
cum fructibus reſtituendæ , ſi contrà fecerit.*

 *Pro re immobili jurata cautio fiat cum hypothecis : pro mobili,
ſi perſona ſit idonea , eadem ſit cautio ; alioqui & fidejuſſor exigitur , ſi præſtari poteſt.*

 *Contractis nuptiis res data vindicari poteſt ; quod ſic admitti-
tur , ac ſi ei relictum vel ordinatum non eſſet.*

De ce Chapitre ne contient pas une peine des fecondes nopces,
puis qu'elle eſt commune aux fecondes nopces.

De cette Authentique il s'enfuit, que la condition *ſi non nupſerit*, ne peut pas eſtre appofée au legs fait à celuy ou à celle qui
n'eſt point encore engagé dans le mariage, auquel cas cette condition *haberetur pro non adjecta*, & le legs vaudroit, quoy que
le legataire eut contracté mariage ; par la raiſon que c'eſt une
peine impofée aux fecondes nopces , *l. fin. C. de bon. matern. l. 1.
& tot. tit. C. de ſecund. nupt. & hac Novel. 22. hoc cap.*

Bacquet au Traité des Droits de Juſtice , chap. 21. nomb.
333. tient que cette Authentique n'eſt pas gardée en France,
tant pour les premieres nopces que pour les autres, ſuivant le
confeil de l'Apoſtre , & que nonobſtant la condition *ſi non
nupſerit*, & les nopces contractées, le legs eſt deû. Neanmoins
le Parlement de Paris a jugé le contraire dans l'efpece d'un
teſtament , par lequel le teſtateur avoit fait un legs à fa femme , en ces termes : *Je donne & legue tous & chacuns les meubles que j'auray lors de mon deceds , à ma femme Guillon Cornu,
pour luy appartenir en proprieté , à condition qu'elle demeurera
veuve le reſte de ſes jours , ſans laquelle condition je ne luy au-
rois rien donné. Pour cét effet je veux & entends , que bref eſtat*

*soit fait après mon decés de mes meubles, afin que le cas arri-
vant, la moitié retourne à mes heritiers.*

Le teftateur eftant decedé fans enfans, fa femme fe remarie
dans fix mois, ce qui donna lieu aux heritiers du mary de contefter ce legs à fa veuve : La conteftation fut portée d'abord
pardevant le Prevoft du Mefnil-Dobton, lequel confirma le
legs. Sur l'appel pardevant le Juge de Houdan, la Sentence
fut infirmée, & la femme fut condamnée à la reftitution du
legs. L'appel eftant interjetté de cette feconde Sentence pardevant le Bailly de Montfort-Lamaury, Juge fuperieur des deux
autres, la premiere Sentence qui ordonnoit la délivrance du
legs fut confirmée : & fur l'appel en la Cour, le procez diftri-
bué en la troifiéme Chambre des Enqueftes au rapport de Monfieur Rancher, par Arreft du 27. Février 1674. la femme fut
condamnée à la reftitution du legs, conformément à l'Authentique *cui reliëtum.*

Pour moy j'eftime qu'il y a raifon de fuivre cette Authentique, dautant que fi les fecondes nopces font confiderées comme odieufes, & comme une marque d'incontinence, & punies
par les Loix de toutes les Nations, on ne doit point permettre
à ceux & à celles à qui la viduité eft impofée, de contrevenir
à la volonté des teftateurs, & de vouloir recevoir leurs liberalitez fans executer la condition de la viduité à laquelle ils les
ont faites. Que fi les Romains ont eu autrefois pour motif
l'intereft de la Republique, pour décharger de cette condition ceux à qui elle eftoit impofée, que nous voyons que cette raifon ait ceffé, & que l'Empereur Juftinien ait ordonné,
que cette condition feroit accomplie fur peine de perdre les
avantages aufquels elle fe trouveroit annexée, ne devons-nous
pas dire, que cette derniere Conftitution doit eftre obfervée
parmy nous, puifque la Republique n'a aucun intereft dans
la frequentation des feconds mariages, & que la France ne manque pas de fujets, & qu'on doit confiderer la volonté des teftateurs comme une Loy dont on doit, autant qu'il eft poffible,
procurer l'execution.

CHAPITRE

CHAPITRE XLV.

De l'administration de la donation à cause de nopces, dont il a esté parlé cy-dessus en la Novelle 2. chap. 4.

Et quia parum.

L'Empereur dit au commencement de ce Chapitre, où il traite la douziéme peine des secondes nopces, que parce qu'il a dit peu de chose cy-dessus dans la Novelle 2. chap. 4. de la caution qui se donne aux enfans pour leur seureté, au cas des seconds mariages, & qu'il a fait mention de la Loy *hac edictali,* laquelle est de l'Empereur Leon touchant les secondes nopces, qui veut, que si la mere qui se remarie ne peut pas donner un fidejusseur à ses enfans pour la seureté de la donation *propter nuptias,* elle soit obligée de leur restituer les choses données, à la charge que les enfans seront tenus de luy en payer les interests de quatre pour cent, mais il dit que l'Ordonnance qu'il a faite sur ce sujet est meilleure que celle de l'Empereur Leon, ajoûtant une sous-division à la Loy établie par cét Empereur. Et pour cela il dit, qu'il ordonne ce qui est contenu dans une Ordonnance qu'il a faite il y a long-temps, qui est dans la Novelle 2. chap. 4. sçavoir, que si un mary a fait une donation à cause de nopces à sa femme, si elle consiste en immeubles, la mere en peut elle-mesme avoir la joüissance, & en percevoir les fruits, prendre les biens donnez pour en joüir, sans estre obligée d'en recevoir les interests de la main de ses enfans, eu égard à l'estimation de ces biens, à la charge neanmoins, qu'elle aura le mesme soin pour la conservation de la proprieté d'iceux, à laquelle la Loy oblige tout usufruitier, pour les rendre en bon estat à ses enfans au cas qu'ils la survivent : ou pour en avoir la pleine proprieté au cas qu'ils decedent tous avant elle, suivant le pacte *de lucranda donatione in casu non existentium liberorum,* le reste de leurs biens appartenant à leurs heritiers.

Ce qui est dit dans ce Chapitre *si omnes moriantur,* se doit interpreter suivant le Chapitre *quoniam autem infirmas,* où il est dit *verf. unde si pluribus.* que la mere acquiert la proprieté de la donation *propter nuptias* seulement pour la partie qui en appartenoit à un des enfans qui meurt, en vertu du pacte *non existentium liberorum;* c'est aussi l'interpretation qu'il faut faire de la Novelle *de non eligendo. cap.* 4. Voyez cy-dessus le Chapitre *quoniam autem infirmas.*

Que si la donation consiste en argent comptant, ou en d'autres choses mobiliaires, la mere est obligée de prendre les interests de quatre pour cent, de la somme qui luy est donnée *propter nuptias,* ou de l'estimation des choses mobiliaires, dans lesquelles consiste cette donation, sans qu'elle puisse obliger ses enfans de luy donner de l'argent comptant en luy presentant la caution susdite, à moins que dans la verité la succession du mary fût suffisante, & qu'il y eût de l'argent comptant, & que les choses qui auroient esté accordées pour la donation *propter nuptias* ne s'y trouvassent, comme des habits & autres choses semblables : Toutefois la mere a le choix, ou de prendre les choses pour en joüir en donnant un fidejusseur, ou de recevoir les interests susdits, qui sont à raison de quatre pour cent, ainsi reglez tant par l'Ordonnance de l'Empereur Leon en la Loy *hac edictali.* §. *bis aliud.* que par celle de l'Empereur en la Novelle *de non eligendo. cap. aliud.*

Dans le verset *si verò permixtæ.* si la donation consiste en immeubles & en meubles, ce qui a esté dit cy-dessus pour les immeubles sera observé pour les immeubles, & ce qui a esté dit pour les meubles aura lieu pour les choses mobiliaires dans lesquelles consiste la donation ; à la charge que la mere aura soin des immeubles, pour les restituer tels qu'elle les aura pris.

Voyez *suprà* la Novelle 2. *cap.* 4. & le Chapitre 41. de cette Novelle 22.

CHAPITRE XLVI.

Comment les meres succedent à leurs enfans.

SOMMAIRE.

De suc-cessione metrum in bonis filiorum pro qua parte sit, & quomodo.

DDdd ij

Hinc nos alia.

1 L'Empereur traite dans ce Chapitre comment les meres qui se remarient, succedent à leurs enfans, dont il dit avoir fait une Loy il y a long-temps, envoyée à Hermogenes avant le Consulat de Belliſaire, le 17. des Calendes d'Avril, qui eſt la Novelle *de non eligendo.* au Chapitre *cùm igitur.* par laquelle il dit avoir ordonné, que les meres succederont à leurs enfans qui decederont ſans enfans, conjointement avec leurs freres, ſans qu'en cela il y ait aucune difficulté en aucun cas, ce qui eſt ſignifié par ces termes *ſine cautione*, c'eſt à dire, *ita ut in nullo caſu ſit cavendum;* & la mere acquiert la pleine proprieté de la portion qui luy échet en la ſuccesſion de ſon fils, ſoit qu'elle paſſe aux ſecondes nopces avant ou aprés la mort de ſon fils, abrogeant en cette partie toutes les autres Loix qui ont des diſpoſitions contraires, ſçavoir la Loy *fœmina.* §. *fin. C. de ſecund. nupt.* & la Loy *mater. C. ad Tertullian.*

Au verſet *hanc autem noſtram.* l'Empereur ordonne, que la Novelle *de non eligendo.* au Chapitre *cùm igitur.* n'aura lieu qu'à l'égard des meres qui ont contraété mariage avant la preſente Novelle *de nuptiis. hoc cap.* voulant que ceux d'entre les aſcendans, qui en conſequence de la Novelle *de non eligendo. d. çap.* ont pris quelque choſe des propres de leurs enfans par leurs ſuccesſions *ab inteſtat*, les retiennent, & meſme que le droit de les percevoir à l'avenir leur ſoit conſervé, ſoit qu'ils ayent contraété des ſecondes nopces avant ou aprés que la ſuccesſion de leurs enfans leur eſt écheuë. Mais à l'égard des meres qui contraéteront un ſecond mariage aprés cette Novelle *de nuptiis. hoc cap.* il ordonne que ce qui ſuit ſoit obſervé, où il abroge en partie la diſpoſition du Chapitre *cùm igitur.* comme nous allons voir.

Pour venir à la nouvelle Ordonnance contenuë dans ce Chapitre *hinc nos.* l'Empereur dit, qu'il faut obſerver que l'enfant de la ſuccesſion duquel il s'agit, ſoit maſlé ou femelle, decede ayant laiſſé un teſtament, ou inteſtat, & qu'il eſt à propos de parler de la ſuccesſion teſtamentaire, & venir aprés à la ſuccesſion inteſtate de l'enfant, des biens duquel il eſt queſtion.

2 Quant à l'enfant qui a teſté, il dit que ſa derniere volonté doit eſtre executée, quoy qu'il ait inſtitué ſa mere pour toute

ſa ſucceſſion, ou ſeulement pour une partie, par la raiſon que les dernieres volontez doivent eſtre executées, de ſorte que la mere en ce cas joüit en pleine proprieté de ce que ſon fils luy a laiſſé par ſon teſtament, & il prouve l'équité de cette diſpoſition, parce que le fils pourroit inſtituer un étranger pour ſon heritier, auquel les ſecondes nopces de la mere du teſtateur n'auroient cauſé aucun préjudice, *ſicut enim licebat relinquere alicui extraneorum, & nihil heredi ſecundæ mulieris nocebant nuptiæ, ita matri relinquens.*

Par cette raiſon non ſeulement le fils peut laiſſer à ſa mere dans ſon teſtament des biens qui luy ſont écheus d'ailleurs que de la ſucceſſion ou du coſté de ſon pere, mais auſſi des biens paternels, ſans que les autres enfans, freres & ſœurs du deffunt, s'y puiſſent oppoſer en aucune façon.

Que ſi le fils decede inteſtat, la mere ayant déja convolé en   3 ſecondes nopces, ou y paſſant aprés la mort de ſon fils, en ce cas la mere eſt appellée à ſa ſucceſſion conjointement avec ſes freres & ſœurs, ſelon l'Ordonnance de l'Empereur en la Novelle *de non eligendo. cap. cùm igitur.* Mais avec cette diſtinction, qu'à l'égard des biens paternels écheus au fils, la mere n'y ſuccede avec ſes autres enfans que dans l'uſufruit ſeulement, de la portion qui luy échet, ſoit qu'elle ait déja contracté des ſecondes nopces, ou qu'elle les contracte aprés la mort de ce fils : En quoy l'Empereur déroge au ſuſdit Chapitre *cùm igitur.* qui admet la mere en la portion des biens paternels écheus à ſon fils decedé, en pleine proprieté, & c'eſt de cela dont l'Empereur parlant *verſ. hanc autem noſtram.* a dit qu'il ne ſeroit obſervé qu'à l'égard de celles qui avoient déja contracté mariage avant cette derniere Ordonnance, voulant qu'elle n'eut lieu que pour l'avenir, & non pas pour le paſſé, ainſi qu'il le declare à la fin de cette Novelle *verſ. ſic igitur præſens.*

Il ſemble que le Chapitre *quoniam infirmas. ſup. h. t.* ſoit contraire à ce Chapitre *hinc nos. verſ. ſed quanta quidem.* car dans le Chapitre *quoniam infirmas.* la mere ſuccede à ſon fils dans la portion des biens paternels, en pleine proprieté, en vertu du pacte *de lucranda donatione propter nuptias.* Cependant il n'y eſt pas contraire, dautant que la mere n'y ſuccede qu'en vertu de ce pacte, & qu'au contraire elle n'y ſuccederoit que pour l'uſufruit, ſuivant ce Chapitre *hinc nos.* qui ne parle de la ſucceſſion dans les biens paternels, qu'au cas que le pacte   4 fufdit n'ait point efté mis dans le Contrat de mariage, car ce pacte inferé donne un droit à la mere, qu'elle n'auroit pas autrement.

C'eft la conciliation de la Glofe fur ce Chapitre *hinc nos. in verbo. ufum :* toutefois on pourroit dire pour concilier ces deux Chapitres, que dans le Chapitre *quoniam infirmas.* il eft parlé de la donation *propter nuptias*, dont la fimple proprieté appartenoit en partie au fils decedé, y ayant dans le Contrat de mariage des pere & mere le pacte *de lucranda donatione propter nuptias*, au cas qu'il n'y eût point d'enfans lors du decedé de la mere; & fi la mere n'acquiert point la proprieté de fa portion de la donation *propter nuptias*, en la fucceffion du fils, elle n'en acquereroit rien, puis qu'elle en a déja l'ufufruit : Mais que dans ce Chapitre *hinc nos.* il n'eft point parlé des biens paternels, excepté la donation *propter nuptias*, comme l'Empereur le declare en ces termes, *& hæc dicimus in rebus quæ extra nuptialem donationem funt.*

A l'égard des autres biens écheus au fils d'ailleurs que de ceux de fon pere, la mere y fuccede en pleine proprieté pour fa portion, conformément à la Loy établie par l'Empereur, qui eft la Loy derniere au Code *ad Tertullian.* dont il parle dans le Chapitre *& quoniam mater. inf. h. t.* & qu'il dit avoir befoin de la reforme qu'il en a faite.

Ce que l'Empereur a dit des biens paternels, fe doit entendre à l'exception de la donation *propter nuptias*, à l'égard de laquelle la mere n'a que l'ufufruit, & ne fuccede point à fon fils en la portion en laquelle il avoit la fimple proprieté, l'Empereur voulant qu'à l'égard d'icelle, ce qu'il a ordonné dans la Novelle *de non eligendo. cap. antenuptiali.* & dans cette Novelle *de nuptiis. cap. fi verò expectet.* & ce que l'Empereur Leon a étably dans la Loy *hac edictali. cap. his illud. in princ.* où il eft dit, que la mere n'a que l'ufufruit de la donation *propter nuptias*, la proprieté d'icelle eftant refervée aux enfans, il faut excepter le cas du Chapitre *quoniam infirmas.* en vertu du pacte *non exiftentium liberorum.*

Ce qui eft dit dans la fin de ce Chapitre eft fort obfcur, voicy les termes : *Sed & in aliis rebus hæc fancimus, & deinceps ipfi tradimus quæcumque poft nuptialem donationem funt à patre venientia filio, aut ex aliis caufis, tam ex teftamento, quàm ab inteftato fucceffionibus, ratione contra ingratos filios un-*

tique , & super illis rebus servatâ , quando manifestæ causæ in-
gratitudinis demonstrantur : aliorum omnium , quæ de successio-
nibus dicta sunt parentum in filiis , aut filiorum in parentibus,
intactis manentibus.

L'Empereur declare , qu'il a fait ses Ordonnances touchant
les autres biens du fils qui ne luy sont pas écheus du costé du
pere ; & qu'il comprend dans d'autres Constitutions qu'il a
faites , tous les biens du fils du costé paternel , outre la donation à cause de nopces, c'est à dire, la portion dans ladite donation , dont il a la proprieté, à cause des secondes nopces de
la mere , & tous les autres biens qui luy sont écheus, soit par
successions testamentaires, & legitimes , dans lesquelles il veut
que ce qui est ordonné touchant l'ingratitude des enfans, lors
que les causes d'icelle en sont justifiées, ait lieu contre la mere
pour l'exclure de la succession de son fils ; & que ce qui est
ordonné touchant les successions des décendans ou des ascendans,
soit par testament ou *ab intestat* , soit gardé.

La traduction d'Haloander de la fin de ce Chapitre, est plus
claire , voicy les termes : *Cæterum hæc in aliis rebus sanci-*
mus , & sequenti legi tradimus , quæcumque extra donatio-
nem antenuptias filio à patre , aut ex aliis causis , sive ex testa-
mento , sive ex successionibus ab intestato accesserunt , ut quas de
ingratis filiis dictum est , id cum vera ingratitudinis causa osten-
ditur , ex omni parte in his etiam rebus servetur , omnibus aliis,
quæ de successione parentum in filiis , vel filiorum in parentibus
dicta sunt , inviolabiliter custodiendis.

De ce Chapitre & du Chapitre 3. de la Novelle 2. a esté
tirée l'Authentique *ex testamento. C. de secund. nupt.*

Authentique *ex testamento. C. de secund. nupt.*

Ex testamento quidem succedit mater liberis suis , qui convo-
lavit ad secundas nuptias , sicut institutas quilibet. Ab intestato
quoque vocatur , sive ante mortem filii , sive posteà secundas
ineat nuptias. Sed ab intestato eorum solum usumfructum per-
cipit , quæ ex paterna substantia ad filium pervenerunt. Quan-
tum verò ad antenuptialem donationem pertinet , erit similiter,
ut in residuis , omnino ingratitudine , & hoc contra matrem fra-
tresque , inspectâ.

Cette Authentique contient deux parties : Dans la premiere,

on voit que la mere qui se remarie succede à ses enfans, comme heritiere testamentaire, ayant esté par eux instituée, & dans l'autre, comme elle leur succede *ab intestat*, sçavoir qu'elle n'a que l'usufruit des biens qui leur sont provenus du costé paternel.

A l'égard de la donation à cause de nopces, il est ordonné la mesme chose qu'à l'égard des autres biens écheus au fils *ex substantia patris* ; & c'est ainsi que doivent s'entendre ces mots, *erit similiter, ut in residuis*; car la donation à cause de nopces vient *ex substantia paterna*, ainsi le fils en peut disposer par testament au profit de sa mere, soit en l'instituant heritiere, ou en luy leguant la portion qui luy appartenoit en proprieté dans cette donation.

Et au cas qu'il n'ait point fait testament, la mere luy succede *ab intestat* seulement dans cette portion de la donation à cause de nopces en usufruit, & non en proprieté, excepté ce qu'elle peut pretendre en vertu d'un pacte apposé dans son Contrat de mariage *in casu non existentium liberorum*, selon le Chapitre 3. de la Novelle 2. & ce Chapitre de la Novelle 22. dont Irnerus devoit faire mention dans cette Authentique.

Ce qui est dit dans la fin de cette Authentique *omnino ingratitudine, &c.* est tiré de la fin de ce Chapitre 46. l'Empereur voulant, que quand il s'agit de succeder par la mere à son fils, ou par les freres & sœurs à leur frere decedé, on observe ce qui a esté ordonné de l'exheredation des peres & meres, & des freres & sœurs.

6 Cette Authentique n'est point d'usage dans nos Coustumes: Par celle de Paris, les peres & meres, quoy qu'ils se soient remariez, succedent à leurs enfans decedans sans enfans, dans les meubles & acquests qu'ils laissent au jour de leur deceds, sans avoir égard si ces meubles viennent de la succession du predecedé des pere & mere, à l'exclusion des autres enfans freres & sœurs de ceux qui sont decedez, suivant l'article 311. mais ils ne succedent point aux propres de leurs enfans, parce que propres heritages ne remontent point, suivant l'article 312. de la mesme Coustume.

A l'égard des Païs de Droit écrit, il faut distinguer ceux qui ont receu l'Edit des meres, & ceux où il n'a pas esté receu : Cét Edit a esté fait par Charles IX. à saint Maur, au mois de May 1567. pour conserver les heritages dans les familles. Cette regle du droit coûtumier, *propre heritage ne remonte point*, con-

tenuë

tenuë dans l'article 392. de la Couſtume de Paris, eſt inconnuë dans le Droit Romain : Mais comme elle ſert conſiderablement à maintenir les familles, en conſervant en icelles les biens qui en proviennent, le Roy Charles IX. a fait cét Edit, pour empeſ-cher que contre cette regle les biens paternels des enfans ne paſ-ſent aux meres, ſoit par ſucceſſion teſtamentaire ou legitime: Il eſt à propos de le rapporter en ce lieu.

EDIT DU ROY CHARLES IX.

Portant que d'oreſnavant les meres ne ſuccederont à leurs enfans, aux biens provenus du coſté paternel, mais ſeulement aux meubles & conqueſts provenus d'ailleurs.

CHARLES *par la grace de Dieu, Roy de France : A tous preſens & à venir, Salut. Comme depuis que Dieu par ſa bonté nous auroit appellé au regime & gouvernement de ce Royau-me, nous aurions eſſayé par tous moyens à nous poſſibles, de faire garder & obſerver les Loix & Ordonnances des Rois nos predeceſ-ſeurs, & reformer ou du tout abroger & abolir les Loix & Coû-tumes, leſquelles l'experience nous a fait connoître, qu'au lieu d'eſtre ſalutaires, comme eſtoit l'intention de ceux qui au commencement les receurent, apportant neanmoins avec ſoy beaucoup d'incommo-ditez & dommages inſuportables au bien public, & ſingulierement celles qui ſeront trouvées préjudiciables à la conſervation du bien & du repos de noſtre Nobleſſe, eſtant le principal membre, le ſoû-tien & la force de noſtre Couronne : A l'exemple de nos prede-ceſſeurs nous voulons, & telle a toûjours eſté noſtre intention, conſerver & tenir ſous noſtre protection, & empeſcher que pour la multitude & vexation des procez elle ne ſoit diſtraite de noſtre ſervice.*

Et pour cette conſideration, depuis n'agueres aurions fait des Edits concernant les reglemens dès diſpoſitions teſtamentaires & ſubſtitutions fideicommiſſaires qui auroient lieu en certains en-droits de noſtre Royaume ; mais à ce que nous avons eſté depuis peu de temps avertis, nous n'aurions pas encore touché aux points principaux qui ſont les plus neceſſaires à la conſervation

Tome I.   EEee du nom, des armes & des familles de noſtre Nobleſſe ; car en nos Païs & Duchez de Guyenne, Languedoc, Provence, Dauphiné & autres, a eſté cy-devant pratiqué & obſervé une loy & conſtitution jadis faite par les anciens Empereurs de Rome, par laquelle la mere ſurvivant à ſes enfans, leur ſuccede non ſeulement en leurs meubles & conqueſts, mais aux propres provenus & procedez de la ligne paternelle, privant & excluant les vrais heritiers deſdits biens & patrimoines anciens.

Laquelle Loy, outre qu'elle eſt directement contraire à ce qui eſt obſervé dans les autres Païs de noſtre Royaume, où toûjours a eſté obſervé & gardé, que les patrimoines ne remontent ny ne ſont oſtez de l'eſtoc, tige & ſouche dont ils ſont dérivez, elle eſt cauſe d'une infinité de procez, & qui pis eſt, de la perte & deſtruction de beaucoup de bonnes maiſons & familles anciennes; & voit-on ſouvent avenir, que les meres aprés le deceds de leurs maris & de leurs enfans, emportent tous les biens des maiſons où elles ont eſté mariées, vivant encore l'ayeul paternel, oncles & autres portant le nom & les armes de ladite maiſon, qui eſt une douleur inſuportable à celuy qui aprés avoir uſé d'une liberalité à ſon fils pour le marier, le voit mourir avant luy & peu de temps aprés ſes petits neveux, & au lieu de ſe conſoler, voit devant ſes yeux ſes enfans exclus de ſes biens, les voit emporter par une eſtrangere, voit luy vivant, éteindre le nom & les armes de ſa famille, qui eſt un moyen de rendre leſdites veuves moins ſoigneuſes & curieuſes de la vie de leurſdits enfans, & qui plus eſt, il avient ſouvent qu'aprés le deceds de leurs enfans, elles ſe remarient ; & bien qu'il ne ſoit pas croyable qu'elles ſe depoüillent de l'amitié maternelle, toutefois ceux qui les épouſent, ne prennent pas toûjours leur part de l'affection maternelle, & meſme voyant que par le deceds des enfans du premier lit, les leurs pourroient eſtre grandement avantagez, ne ſçauroit-on dire que de l'obſervance de ladite Loy en vienne aucun profit, mais au contraire beaucoup d'inconveniens inſuportables à ladite Nobleſſe.

Sçavoir faiſons, qu'aprés avoir fait voir & mettre en deliberation en noſtre Conſeil Privé, les remontrances qui nous ont eſté ſur ce faites par pluſieurs bons & notables Perſonnages, & pour pluſieurs autres bonnes & juſtes cauſes & conſiderations à ce nous mouvans, par l'avis de noſtre tres-chere & honorée Dame & Mere, des Princes de noſtre ſang, & gens de noſtredit Conſeil, avons ſtatué & ordonné, & par ces preſentes de noſtre certaine ſcience, pleine puiſſance & autorité Royale, ſtatuons & ordonnons, par Edit perpetuel & irrevocable, voulons & nous plaiſt, que d'oreſ-navant telle obſervance & maniere de ſucceder n'ait lieu & ne ſoit ſuivie ny pratiquée en aucun endroit de noſtre Royaume, laquelle entant que beſoin ſeroit, nous avons abrogée, & de puiſſance & autorité deſſuſdites abrogeons par ces preſentes, voulons & nous plaiſt, que les meres d'oreſnavant ne ſuccedent à leurs enfans, & que les biens deſdits enfans provenus du pere & de l'ayeul, dont les collateraux ou autres, de quelque endroit que ce ſoit, du coſté paternel, retourneront à ceux à qui ils doivent retourner, ſans que leſdites meres y puiſſent ſucceder.

Et pour ne laiſſer leſdites meres ainſi deſolées de la perte de leurſ-dits enfans, ſans leur faire quelque avantage pour ſe pouvoir entre-tenir, nous avons ordonné & ordonnons, qu'elles ſuccederont és meubles & conqueſts provenus d'ailleurs que du coſté & ligne pater-nelle, auſquels leſdites meres ne ſuccederont, comme deſſus eſt dit; & outre ce, voulons & ordonnons, que pour tout droit de legiti-me, part & portion dudit heritage, elles joüiront leur vie durant, de l'uſufruit de la moitié des biens propres appartenans à leurſdits enfans avant qu'ils fuſſent decedez, ſans que les meres pour l'a-venir y puiſſent pretendre aucun droit de proprieté.

Si donnons en mandement à nos amez & feaux, les Gens te-nans nos Cours de Parlement, Prevoſt de Paris, Baillifs, Seneſ-chaux, ou leurs Lieutenans, & à tous nos autres Juſticiers, que ces preſentes ils faſſent lire, publier & enregiſtrer, garder, entre-tenir & obſerver de point en point ſelon leur forme & teneur, ſans ſouffrir ny permettre qu'il y ſoit contrevenu en quelque ſorte & maniere que ce ſoit, & à ce faire ſouffrir & obeïr, contraignent ou faſſent contraindre leſdites veuves & tous autres qu'il appar-tiendra, par toutes voyes & manieres deuës & raiſonnables, no-nobſtant oppoſitions ou appellations quelconques, & ſans preju-dice d'icelles, pour leſquelles ne voulons eſtre differé: Car tel eſt noſtre plaiſir, nonobſtant comme deſſus, quelconques Conſtitu-tions, Loix, Couſtumes, Edits, Ordonnances, Us, Stils, reſ-trictions, mandemens, deffenſes & lettres à ce contraires; en teſ-moin dequoy nous avons fait mettre & appoſer noſtre Scel à ceſ-dites preſentes. Donné à ſaint Maur au mois de May, l'an de grace mil cinq cens ſoixante-ſept.

Cét Edit déroge expreſſément à toutes Loix, Conſtitutions & Couſtumes contraires, le Roy declarant qu'il veut, qu'à l'avenir la maniere de fucceder introduite par les Loix & Conftitu-tutions des Empereurs Romains, contraires à fon Edit, ne foit plus obfervée en aucun endroit de fon Royaume : ce qui eft encore rëiteré à la fin, où il mande aux Cours de faire la ve-rification de cét Edit nonobftant toutes Conftitutions, Loix, Edits, Ordonnances, Us, Stiles, Deffenfes, & Lettres contrai-res.

10   Cependant cét Edit n'a pas efté receu ny verifié en plufieurs Parlemens: il n'a point efté receu dans celuy de Tholoze ny de Bordeaux, comme nous apprenons de Monfieur Mainard en fes Arrefts, tome 1. livre 2. chap. 84. & de Chopin *lib. de commun. Gallic. confuetud. præcept. part. 2. quæft. 2. num. ult.*

Cét Edit n'a point auffi efté receu au Duché de Bourgogne, & mefme par la Couftume de ce Duché, qui fut reformée en l'an-née 1570. trois ans aprés l'Edit, il fut ajoûté un article, qui eft le 15. du titre des Succeffions, qui porte, que *les fucceffions des defcendans aux afcendans font reglées felon la Couftume, laquelle pour ce regard demeurera dans fa force & vertu, nonobftant l'Edit donné à faint Maur pour le fait du reglement de la fucces-fion des meres à leurs enfans, auquel l'Edit a derogé pour le regard dudit païs de Bourgogne, fujet à la Couftume.*

Cét Edit a efté receu & verifié au Parlement de Paris, & il y a fon execution dans les Païs de Droit écrit qui font dans fon étenduë : Monfieur Loüet lettre M. chap. 2. rapporte un Arreft du 15. Juillet 1589. pour la Senéchauffée de Lyon, qui a jugé
11   que cét Edit y avoit fon execution.

Quoy que cét Edit déroge expreffément à toutes Couftumes, Loix & ufages contraires, neanmoins il n'a pas lieu dans le Païs coûtumier, où les Couftumes en difpofent autrement, comme il a efté jugé par Arreft donné en la Couftume d'Anjou au rapport de Monfieur la Vau, prononcé en Robes rouges le dix-huitiéme Avril 1576. rapporté par Monfieur le Preftre en fes Arrefts, Cen-turie premiere, chap. 91. La difficulté eftoit, fur ce que l'arti-cle 270. de cette Couftume porte, que *les pere & mere fuccedent aux meubles en proprieté, & à l'ufufruit de tous les meubles;* & l'Edit des meres ne donne que l'ufufruit de la moitié des biens propres. La queftion eftoit, fi l'ufufruit des propres devoit eftre reduit fuivant l'Edit des meres, ou fi la mere devoit avoir l'ufu-fruit de tous les propres, fuivant ladite Couftume : Par l'Arreft l'ufufruit entier fut adjugé à la mere contre la pretention des collateraux. La raifon eft, que cét Edit a efté fait pour empefcher que les propres ne remontent & ne paffent d'une ligne dans une autre, ayant derogé à toutes Couftumes & ufages contraires pour ce regard feulement.

Cét Edit a donné lieu à plufieurs difficultez pour n'avoir 12 pas efté redigé clairement, & comme remarque Monfieur le Preftre, il a efté donné pour l'intereft de quelques particuliers, c'eft pourquoy on n'y a pas apporté toute l'exactitude qui eftoit neceffaire.

La premiere difficulté eft, fi cét Edit a lieu tant pour les No- 13 bles que pour les roturiers? Monfieur le Preftre *loco citato* remarque un Arreft rendu fur un appel du Bailly d'Aurillac, du cinquiéme Février 1573. qui a jugé, qu'il avoit lieu indiftinctement entre toutes perfonnes, car quoy que le motif de cét Edit ait efté principalement pour conferver les biens dans les familles illuftres, afin qu'elles foient plus en eftat de rendre fervice à l'Eftat, neanmoins cét Edit eftant fait fur la regle des propres, laquelle eft obfervée dans toutes nos Couftumes entre toutes fortes de perfonnes, il y a lieu de dire, que l'intention du Roy a efté de la faire obferver par cét Edit dans les Païs de Droit écrit, de la mefme maniere que dans les Provinces coûtumieres, c'eft à dire, pour eftre gardée & obfervée entre toutes perfonnes, nobles ou roturieres.

Ainfi quoy que le motif pour lequel nos Couftumes ont intro- 14 duit un avantage confiderable dans les fiefs & autres biens nobles, au profit des aifnez des familles, qu'on appelle preciput & droit d'aifneffe, ait efté principalement pour donner lieu aux aifnez des familles illuftres de conferver & maintenir l'éclat & la fplendeur de leur maifon, neanmoins elles l'ont étendu à toutes fortes de perfonnes, & en ont fait un droit commun attaché aux biens, & non aux perfonnes.

La deuxiéme, fi la mere heritiere de fon enfant ne peut rien 15 pretendre dans les meubles provenans du pere ou des parens du cofté paternel, l'Edit n'ayant accordé aux meres pour tout droit de legitime, que l'ufufruit de la moitié des propres appartenans à leurs enfans au jour de leur deceds? Monfieur Loüet lettre M. chap. 22. remarque un Arreft du cinquiéme Février 1560. donné au rapport de Monfieur de Fortia en la cinquiéme Chambre des Enqueftes, fur un appel du Bailly de Beaujolois, qui a adjugé à la mere la proprieté des meubles de fon fils, à luy écheus d'ailleurs que de la succession de son pere : cét Arreſt ayant fait cette diſtinction entre les meubles écheus au fils par la succeſſion de ſon pere, leſquels ſe peuvent diſtinguer d'avec les meubles appartenans au fils d'ailleurs, qu'à l'égard des meubles écheus par la ſucceſſion du pere, ils devoient appartenir aux heritiers collateraux du coſté du pere, & que pour les autres la mere y ſuccederoit ; cette difficulté eſtant fondée ſur ces mots, *venans d'ailleurs que du coſté paternel.*

Brodeau au meſme lieu, dit avoir eſté jugé de meſme par trois autres Arreſts, le premier a eſté donné au rapport de Monſieur de Villotreis, le 27. Mars 1631. ſur un appel du Bailly de Beaujolois ; l'autre a eſté donné au rapport de Monſieur le Prevoſt, le 14. Aouſt 1635. ſur un appel du Seneſchal de Lyon, & le troiſiéme donné en la ſeconde Chambre des Enqueſtes, au rapport de Monſieur le Coq, le 22. Aouſt 1637. qui reſerve à Magdelaine Briſonnet, veuve de Guillaume Briſſon, à ſe pourvoir ſur les biens, meubles & acquiſitions de Jeanne Briſſon ſa fille, qui ne ſont point provenus de Guillaume & Jean Briſſon ſes pere & ayeul : l'appel eſtoit du Bailly de la haute Auvergne, ou ſon Lieutenant à ſaint Maur.

Ce dernier Arreſt eſt fondé ſur la diſpoſition de ladite Couſtume, reformée long-temps auparavant l'Edit, laquelle porte au Chapitre 12. articles 2. & 3. que *les pere & mere & autres aſcendans ne ſuccedent aux deſcendans ; ce qui n'aura lieu quant aux meubles & conqueſts autrement faits & avenus aux deſcendans, que par heirie & ſucceſſion* ab inteſtat, *auſquels les aſcendans ſuccedent.*

Ce qui comprend tous les meubles, excepté ceux qui ſont écheus à l'enfant comme & en qualité d'heritier de ſon pere ou de ſa mere, ſuivant le ſentiment de Maiſtre Charles du Moulin en ſa Note ſur ledit article 3. *ergo mater non ſuccedit filio, heredi patris, etiam in mobilibus obventis filio à patre ; & contrà, pater non ſuccedit filio, etiam in mobilibus obventis filio ex ſucceſſione materna.*

Il y a d'autres Arreſts qui ont jugé le contraire : Chopin ſur la Couſtume de Paris, *lib. 1. tit. 1. num. 6. in fine,* rapporte un autre Arreſt du quatorziéme Aouſt 1575. qu'il avoit jugé auparavant, par lequel il fut ordonné, que la mere heritiere de ſon fils auroit la proprieté des meubles à l'excluſion d'une couſine germaine, quoy qu'ils fuſſent venus à ſon fils de la ſucceſſion de son pere , & qu'elle se fût remariée. L'Arrest donné entre personnes domiciliées en la Coustume de Poitou.

Henris tome 2. de ses Arrests, livre 6. question 22. rapporte un autre Arrest en forme, du 7. Septembre 1644. confirmatif de la Sentence du Seneschal de Lyon , qui a adjugé à une mere heritiere de son fils, tous les meubles en proprieté qui provenoient du pere, & qui faisoient la plus grande partie de ses biens , parce que le pere estoit Marchand, dont les biens consistoient en marchandise & en dettes actives.

Cette question s'estant presentée depuis en la cinquiéme Chambre des Enquestes, sur un appel d'une Sentence du Seneschal de Riom, par Arrest donné au rapport de Monsieur de Bottillon, du cinquiéme Janvier 1671. rapporté dans la seconde partie du Journal du Palais, page 499. la Cour en émendant la Sentence dont estoit appel, en ce que par un des chefs d'icelle il avoit esté adjugé à Anne Bon tous les meubles de la succession de Pierre Marie son fils , a ordonné que les meubles luy appartiendront, à l'exception de ceux qui proviennent du costé paternel.

Cét Arrest a esté donné en la Coustume d'Auvergne, en consequence de la disposition d'icelle ; mais dans les Païs de Droit écrit, où l'Edit des meres est receu, il y a lieu de dire, que tous les meubles trouvez dans la succession du fils, quoy que provenans de la succession du pere , doivent appartenir à la mere, nonobstant les termes susdits de cét Edit : la raison est, que cét Edit n'a esté fait que pour conserver les biens propres dans les familles, & non pour changer d'ailleurs l'ordre de la succession des enfans au préjudice des meres , contre la disposition des Loix, des Coustumes & usages des lieux ; qu'il faut prendre le sens & l'intention de l'Edit, & en suppléer le defaut ; & qu'ayant esté fait pour empescher que les propres de la ligne paternelle ne passent en la famille de la mere , les meubles estans presumez ne faire souche ny ligne, ny prendre la qualité de propres, il n'y a pas lieu de les comprendre dans la disposition de cét Edit.

Ainsi dans les Coustumes qui veulent que les peres & meres succedent à leurs enfans dans les meubles, comme celle de Paris en l'article 311. celle du Maine article 254. & autres , il n'y a pas lieu de distinguer entre les meubles qui viennent du costé paternel, & ceux qui viennent d'ailleurs ; & c'est un usage incontestable.

16   La troisiéme difficulté est, sçavoir si l'Edit exclud les meres de la succession des acquests faits par leurs enfans? Il faut dire que non, l'Edit ayant seulement voulu exclure les meres de succeder aux acquests & conquests faits par le pere, lesquels auroient esté faits propres naissans en la personne des enfans; en sorte que si les enfans ont laissé des acquests & conquests par eux faits, la mere y succede, comme auparavant l'Edit : & dans les Païs de Droit écrit, les meres avant l'Edit succedoient à leurs enfans dans tous leurs biens sans distinction, excepté le cas de la concurrence des freres & sœurs, comme il sera expliqué cy-aprés; & par l'Edit elles succedent seulement aux meubles, acquests & conquests, & à l'usufruit de la moitié des propres.

   A l'égard du Païs coûtumier, l'Edit n'a point derogé à la disposition particuliere des Coustumes pour ce qui est des acquests faits par les enfans, non plus que pour les meubles, de quelque costé qu'ils leur soient écheus, mais seulement pour les propres anciens ou naissans, comme il a esté jugé par trois Arrests des années 1570. 1575. & 1577. remarquez par Charondas.

17   Il s'est presenté une difficulté, sçavoir si en Païs de Droit écrit les freres & sœurs germains succedent concurremment avec la mere de l'enfant aux meubles, acquests & conquests, comme auparavant l'Edit, ou s'ils appartiennent pour le tout à la mere à leur exclusion? Brodeau sur Monsieur Loüet *loco citato* dit, que cette question s'est presentée deux fois au Parlement de Paris, pour le païs de Droit écrit de son ressort; la premiere, le Mardy vingt-cinquiéme Juin 1602. en l'Audiance de la grand' Chambre; & l'autre aussi en la mesme Audiance; le onziéme Juillet 1608. Monsieur le President de Harlay seant, & que dans l'une & l'autre cause la Cour avoit appointé les parties au Conseil, quoy que le Seneschal de Lyon eut ordonné, que les meubles seroient partagez par moitié entre la mere & les freres germains, mais que depuis par plusieurs Arrests, tous les meubles écheus d'ailleurs que du costé & ligne paternelle, ont esté adjugez à la mere à l'exclusion des freres & sœurs, & notamment par deux Arrests donnez en la premiere Chambre des Enquestes, le 29. Mars 1631. & 14. Août 1635.

   Pour les freres & sœurs germains, on peut dire que par la Novelle 118. ils viennent en concurrence avec la mere en la succession de l'enfant decedé, & qu'ils prennent pareille part qu'elle en tous ses biens; que cét Edit n'ayant point parlé des freres

                                  &

& sœurs germains, cette concurrence ne leur peut point estre
ostée, & que leur droit sur les meubles, acquests & conquests,
leur a esté conservé; qu'il auroit fallu une disposition expresse
pour l'en exclure; que l'Edit des meres a voulu seulement abroger le Senatusconsulte Tertyllien & les Constitutions des Empereurs Romains, en ce qu'ils donnoient à la mere les biens des
enfans, sans distinguer entre les biens écheus de la succession
paternelle, & les autres: ainsi les freres & sœurs germains doivent succeder concurremment avec la mere aux meubles, acquests
& conquests, & prendre pareille part qu'elle.

La décision de ces Arrests est, que le Roy a voulu conformer
la succession des meres par cét Edit, au droit commun de la France coûtumiere, en conservant les biens dans la ligne d'où ils viennent: Or par le droit commun de nos Coûtumes, la mere exclud les freres & sœurs germains de la succession des meubles,
acquests & conquests immeubles, & qu'ainsi cét Edit ayant osté
aux meres la concurrence en la succession des propres de leurs
enfans avec les freres & sœurs germains, il faut dire aussi, qu'il
a osté aux freres & sœurs la concurrence en la succession des meubles, acquests & conquests avec la mere.

Pour moy, je n'estime pas que l'Edit ait voulu rien innover
pour ce qui regarde les meubles, acquests & conquests, ayant
voulu seulement déroger au Droit écrit pour ce qui regarde les
propres, à l'effet de les conserver dans les familles, & empescher que par les successions des enfans dévoluës aux meres, qui
souvent se remarient, ils ne passent dans des familles étrangeres:
& ces termes de l'Edit, *elles succedoient aux meubles & conquests,*
&c. font voir qu'il a parlé suivant la disposition de la plus grande partie de nos Coûtumes, qui donnent les meubles & acquests
des enfans au survivant des pere & mere, à l'exclusion des freres
& sœurs. On voit mesme que la Cour y a trouvé tant de difficulté, que dans les deux causes remarquées cy-dessus, qui furent
plaidées en l'Audiance de la grand'Chambre, la Cour appointa
les parties au Conseil; & on ne sçait pas ce que les Arrests diffi-
nitifs ont jugé: Quant aux Arrests de 1631. & 1635. on ne
voit pas qu'ils ayent jugé la question contre les freres & sœurs
germains.

A l'égard des freres uterins, il n'y auroit pas de difficulté, la
concurrence avec la mere n'estant accordée par les Constitutions
des Empereurs, qu'aux freres & sœurs germains: Chopin sur

le titre des Successions de la Coustume de Paris, nomb. 6. remarque plusieurs Arrests qui l'ont jugé ainsi.

19 La quatriéme, si l'Edit comprend les peres comme les meres: Bacquet au traité du droit de desherance, chap. 4. nombre 4. Chopin sur la Coustume d'Anjou, livre 3. chap. 3. titre des Successions, nomb. 3. *in margine*, Labbé sur l'article 311. de la Coustume de Paris, & autres, tiennent l'affirmative: Ce qui semble n'estre pas sans difficulté, veu que *fœminini sexûs appellatione masculinum non intelligitur, & quæ inclusio unius est exclusio alterius ;* neantmoins le sentiment de ces Auteurs est fort juste, parce qu'il y a parité de raison pour le pere comme pour la mere ; ce qui se prouve par l'exemple de l'Edit des secondes nopces, lequel quoy que fait sous le nom des femmes qui convolent en secondes nopces, ne laisse pas de les comprendre : Il en faut dire de mesme de l'article 279. de la Coustume de Paris.

20 Bacquet au traité du droit de desherance, chap. 4. nomb. 4. estime que cét Edit doit estre étendu aux ayeules maternelles, lesquelles doivent estre exclues des biens paternels de leurs petits enfans, de mesme que les meres: cependant cette question se trouve avoir esté jugée diversement par les Arrests : Nous en remarquons deux, lesquels ont étendu cét Edit aux ayeules maternelles.

Le premier est du deuxiéme Juillet 1593. remarqué par Chopin *loco citato.*

Le second a esté donné le Lundy treiziéme Juillet 1598. conformément aux conclusions de Monsieur l'Avocat General Marion, rapporté par Peleus dans ses Actions Forenses, liv. 4. Action 4. par lequel la succession des propres paternels a esté adjugée à l'oncle, heritier paternel, à l'exclusion de l'ayeule maternelle.

Les Arrests suivans ont jugé le contraire.

Le premier est du 22. Decembre 1598. en confirmant la Sentence du Bailly de Forests, par laquelle l'ayeule maternelle avoit esté preferée dans la succession des propres paternels du cousin germain paternel : Cét Arrest est rapporté par Monsieur Bouguier, lettre L. nomb. 1.

Le deuxiéme a esté donné en la cinquiéme Chambre des Enquestes, au rapport de Monsieur Crespin, le huitiéme May mil six cens huit.

Le troifiéme a efté rendu en la mefme Chambre, le vingtiéme Février 1610. au rapport de Monfieur Ribier.

Le quatriéme a efté donné en la premiere Chambre des Enqueftes, au rapport de Monfieur Damours, le trentiéme May 1620. les autres Arrefts precedens ayans efté mis fur le Bureau.

Par ce quatriéme Arreft, la Cour en infirmant la Sentence du Senefchal de Lyon, adjugea à l'ayeule maternelle, comme plus proche & comprife en l'Edit des meres, la poffeffion de tous les biens de fon petit fils, de quelque cofté & ligne qu'ils fuffent procedez, avec deffenfes aux coufins germains & au grand oncle paternel de la troubler, fors & excepté les meubles & acquefts, & l'ufufruit de la moitié des propres paternels, refervé à la mere par le mefme Edit; & ordonna que l'Arreft feroit leu au Siege de la Senefchauffée de Lyon, l'Audiance tenant, & regiftré aux Regiftres d'icelle. Monfieur Bouguier rapporte cét Arreft lettre S. chap. 15.

Le cinquiéme a efté donné en l'Audiance de la grand' Chambre, le Lundy vingtiéme Juillet 1620. où l'Arreft precedent fut leu : & par ce cinquiéme Arreft, la Cour en infirmant la Sentence du Bailly du haut Auvergne, ou fon Lieutenant à Aurillac, adjugea à la mere, comme ayant les droits cedez de l'ayeule maternelle par le Contrat de fon mariage, la poffeffion & joüiffance de tous les biens de fon mary, à l'exclufion des oncles & tantes paternels, & ordonna que l'Arreft feroit leu & publié au Siege d'Aurillac.

Les circonftances de cét Arreft eftoient confiderables, en ce que l'ayeule n'eftoit pas en caufe, & qu'elle avoit cedé fes droits à la mere, laquelle eft excluë par l'Edit, & qui eftoit remariée, les fecondes nopces des meres ayant fervy de motif à cét Edit. Mais la raifon de la décifion a efté, que la mere n'eftoit confiderée que comme ceffionnaire, de mefme que toute autre perfonne, à qui l'ayeule maternelle auroit cedé fes droits.

Le fixiéme a efté donné aux Enqueftes, le feiziéme May 1637. qui a jugé la mefme chofe que l'Arreft du 30. May 1620. Ces Arrefts font remarquez par Brodeau *loco citato*.

La queftion ayant efté jugée par tant d'Arrefts en faveur des ayeules maternelles, y en ayant peu qui ayent jugé au contraire, il y a lieu de croire qu'ils ont étably une maxime certaine fur ce fujet; cependant la raifon de douter eft tres forte, en ce

FFff ij

que l'Edit a esté fait pour conserver les propres dans la famille
d'où ils sont provenus, & empescher qu'ils ne passent dans une
ligne étrangere : Or cette raison a lieu pour exclure les ayeuls
& ayeules maternelles de la succession des propres venus du costé
maternel, comme aussi les ayeuls & ayeules paternels de la succession des propres venus du costé maternel, de sorte qu'on peut
dire que l'Edit s'est servy du nom de la mere pour designer la
ligne, & non pas pour restraindre sa disposition à la personne
de la mere ; l'Edit estant fondé sur une raison generale & perpetuelle, il doit estre étendu aux ayeuls & ayeules, puisque la raison se trouve égale à leur égard comme à l'égard de la mere.
D'ailleurs la mere est beaucoup plus favorable pour succeder à
ses enfans que l'ayeule, puis qu'elle est plus proche, & qu'elle
exclud les ayeuls & ayeules.

Nonobstant ces raisons, la Cour n'a pas jugé à propos d'é-
tendre l'Edit aux ayeuls & ayeules, ce que j'estime ttes-raison-
nable, dautant que cet Edit déroge au droit commun, ainsi il ne
souffre point d'extension, quoy que la raison de l'Edit se trouve
égale pour la mere comme pour les ayeuls & ayeules, c'est le
sentiment de Chopin sur le titre des Successions de la Coustume
de Paris, nomb. 6. parce que (dit cét Auteur) l'Edit est penal,
& partant il ne passe pas les personnes qui y sont expressément
comprises : C'est aussi l'avis de Tournet & de Tronçon sur l'article 311. de la Coustume de Paris.

Mais voicy une autre question qui s'est presentée, sçavoir si la mere estant excluë par l'Edit, l'ayeul peut succeder avec les freres & sœurs du deffunt. Voyez *infrà* la Novelle 118.

La cinquiéme, si l'Edit n'a lieu que pour les successions *ab
intestat*, de sorte que la mere puisse estre instituée dans les biens
propres du fils, dont elle seroit excluë en luy succedant *ab intestat*
en vertu de l'Edit ? Monsieur Loüet lettre M. nomb. 5. remarque
un Arrest donné au rapport de Monsieur Jabin en la cinquiéme
Chambre des Enquestes, le 20. Janvier 1590. qui a jugé, que
cét Edit ne se peut entendre que des successions *ab intestat*, &
qu'il n'empesche point que les enfans ne disposent par testament
au profit de leurs meres, des biens dont elles seroient excluës
si elles leur succedoient *ab intestat*.

La question s'estant presentée le Samedy 31. May 1647.
sçavoir, si en Païs de Droit écrit un fils peut instituer sa mere,

heritiere de tous fes biens, nonobftant l'Edit, la Cour jugea au profit de la mere. La queftion eftoit entre une tante qui pretendoit la fucceffion de fon neveu, fils de fon frere d'une part, & la mere inftituée heritiere par fon fils peu de temps auparavant fa fucceffion, qui la pretendoit en vertu de fon teftament. Cét Arreft eft rapporté par du Frefne.

La raifon de douter eft, que par l'Edit la mere ne pouvoit fucceder, & qu'il feroit fans effet & execution, fi les enfans pouvoient inftituer leurs meres dans les biens, dans lefquels elles ne pourroient pas fucceder *ab inteftat*; que la difpofition de l'Edit fe trouveroit fouvent inutile & fans execution, les meres fe faifans inftituer heritieres par leurs enfans, & principalement dans le Païs de Droit écrit, où on eft capable de tefter à douze ans accomplis pour les filles, & à quatorze ans pour les mafles; Que cette queftion avoit efté jugée contre les meres *in terminis* par l'Arreft de l'an 1631.

La raifon de la décifion eft, que de droit commun les meres fuccedent à leurs enfans en tous les biens *ab inteftat*; & dautant que l'Edit eft penal, & que *in prohibitoriis non fit extenfio*, il ne doit point eftre étendu hors fon cas, qui eft la fucceffion *ab inteftat*; qu'à l'égard de l'Arreft de 1631. il eftoit fondé fur des circonftances particulieres, fçavoir que c'eftoit une fœur germaine du fils decedé qui conteftoit le teftament; & que c'eftoit contre un ceffionnaire de la mere, qui avoit les droits cedez de la mere pour une fomme modique dont la caufe eftoit peu favorable, voulant par ce moyen s'emparer des biens d'une famille.

Par autre Arreft du 6. Septembre 1673. donné en la feconde Chambre des Enqueftes, au rapport de Monfieur de Genou, Monfieur le Prefident de Bragelogne prononçant, entre la Dame de Laubefpin mere du fieur de Canillac d'une part, & les fieurs de Beaufort d'autre; par lequel ladite Dame a efté maintenuë en la poffeffion & joüiffance des biens, meubles & immeubles à elle leguez par Damoifelle Françoife de Canillac fa fille, laquelle âgée de dix-fept ans avoit fait fon teftament à Paris, par lequel elle donnoit à fa mere, fuivant les Couftumes des lieux & les Païs de Droit écrit où les biens eftoient fituez, & tout ce qu'elle avoit de mobiliair, fans en rien referver, à l'exclufion des fieurs de Beaufort oncles paternels de la deffunte, qui foûtenoient que l'Edit des meres eftoit contraire

FFff iij

à la difpofition teftamentaire qu'elle avoit faite en faveur de ladite Dame fa mere, en ce qu'elle comprenoit les biens propres de fa fille : Cét Arreft eft rapporté dans le Journal du Palais, partie 4. page 140.

22　　　La fixiéme, fi la mere eft excluë par cét Edit de pretendre fa legitime fur les propres, contre un étranger inftitué heritier : On dit contre la mere, qu'elle ne peut pretendre fa legitime que fur les biens aufquels elle peut fucceder, que par l'Edit des meres elle a droit feulement de fucceder aux meubles, acquefts & conquefts, & à l'ufufruit de la moitié des propres paternels, & partant qu'elle ne peut pas demander fa legitime fur les propres paternels de fon fils, au préjudice de l'heritier inftitué.

On dit au contraire pour la mere, que l'Edit n'a efté fait qu'en faveur des heritiers du fang, & non pour les heritiers étrangers ; que le deffunt ayant inftitué un étranger pour fon heritier, l'Edit des meres ne doit eftre d'aucune confideration à fon égard, & que la mere doit avoir fa legitime fur tous les biens du fils, de mefme qu'elle la pouvoit prendre avant l'Edit, qui eft le tiers de tous les biens de fon fils fans diftinction : Sur cette conteftation il y a eu Arreft donné en faveur de la mere, le 28. Novembre 1579. rapporté par Chopin fur la Coûtume d'Anjou, livre 3. chap. 3. titre 2. nomb. 5. par lequel il a efté jugé, que l'Edit des meres n'avoit lieu que quand le fils eft decedé *ab inteftat*, mais non pas quand il a tefté & inftitué un étranger fon heritier en tous fes biens, meubles, acquefts, conquefts & propres, car en ce cas l'étranger n'a pas droit d'empefcher que la mere prenne fa legitime fur tous les biens de fon fils, comme elle auroit fait auparavant l'Edit.

Il n'en feroit pas de mefme fi le fils avoit difpofé de fes meubles & acquefts par fon teftament au profit d'un étranger, fans avoir difpofé de fes propres : car en ce cas l'heritier du fang du cofté paternel doit fucceder aux propres paternels, & la mere doit prendre pour fa legitime le tiers feulement des meubles & acquefts de fon fils, avec l'ufufruit du tiers des propres paternels, fuivant l'Edit fait particulierement en faveur des heritiers legitimes & *ab inteftat*, pour empefcher que les propres ne remontent & ne paffent d'une ligne en une autre, comme il a efté jugé par Arreft du feiziéme Janvier 1610. confirmatif de la Sentence du Bailly de Beaujolois, ou fon Lieutenant à Villefranche, en la quatriéme Chambre des Enqueftes, rapporté par Brodeau fur

Monfieur Loüet, lettre L. chap. 1. par lequel la Cour a jugé, que la mere ne pouvoit pretendre pour fon droit de legitime, que la troifiéme partie des meubles & acquefts de fa fille, & l'ufufruit des propres.

Ce mefme Auteur rapporte un autre Arreft du 22. Juin 1619. qui a jugé la mefme chofe.

Dans les Païs de Droit écrit, où l'Edit des meres n'a point **23** efté receu, on obferve la difpofition du Droit Romain & l'Authentique *ex teftamento*, en forte que ce qui eft donné par le teftament des enfans aux peres & meres, ne fe perd point par les fecondes nopces, par la raifon renduë dans ce Chapitre par l'Empereur, ce qui a efté jugé ainfi par Arreft du Parlement de Tholoze, du 17. Decembre 1599. rapporté par Monfieur de Cambolas en fes Arrefts, livre 3. chap. 6. & tel eft l'ufage de ce Parlement : Mais que les peres & meres font tenus referver à leurs enfans ce qui leur eft écheu par la fucceffion legitime & inteftate de quelques-uns de leurs enfans, écheus aufdits enfans des biens du pere decedé de leurs peres & meres ; ce qui a efté jugé ainfi par Arreft du 30. Juillet 1639. donné en la feconde Chambre des Enqueftes au rapport de Monfieur Baron, en confirmant la Sentence du Bailly de Mafconnois, rapporté par Brodeau fur Monfieur Loüet, lettre N. chap. 7. qui eft cité par Henris en fes Arrefts, tome 1. livre 4. chap. 4. queftion 14. où il dit, que dans le païs de Lyonnois cette Authentique eft obfervée.

Le Chapitre 46. de cette Novelle ne parle que des meres, **24** lefquelles font tenuës referver à leurs enfans les biens qui leur font écheus par la fucceffion legitime de leurs enfans, à eux écheus du cofté paternel ; ce qui donne lieu à une queftion, fçavoir fi cette difpofition qui ne comprend que la mere, ne doit point eftre étenduë au pere ? Pour les peres on dit, que quoy que la Loy *fœmina* qui avoit d'abord efté faite contre les femmes feulement, ait efté étenduë aux hommes par la Loy *generaliter* au mefme titre C. *de fecund. nupt.* ce n'a efté que pour les gains nuptiaux, & non pour les fucceffions des enfans, lefquelles appartiennent aux peres par un titre plus éminent que n'eft celuy des meres, fçavoir la puiffance paternelle qui produit dans le Droit Romain des effets confiderables fur les enfans ; c'eft pourquoy il n'y a pas lieu de s'étonner, fi la Conftitution contenuë dans ce Chapitre, qui prive les meres de la proprieté des biens paternels de leurs enfans, qui se trouvent dans la succession legitime de leurs enfans, à cause de leurs secondes nopces, n'a pas esté étenduë aux parens, quoy que le pere & la mere soient égalez pour les biens qui leur proviennent des liberalitez exercées par l'un envers l'autre.

L'Empereur en la Novelle 2. chap. 3. parlant de la Jurisprudence établie sur ce sujet par la Loy *generaliter. C. de secund, nupt.* & par les autres Constitutions du Code, dit expressement, que les peres convolans en secondes nopces n'estoient point sujets à cette peine pour les biens qu'ils avoient recueillis par les successions de leurs enfans, *sicut patres, si ad secundas veniant nuptias, non fraudamus filiorum suorum successione, nec quælibet est lex aliquid tale dicens.* Voulant en suite oster cette peine aux meres, que les Loix du Code luy avoient imposées, il conclud ainsi: *proinde quod patres habent, sive ad secundas venientes nuptias, sive non, hoc etiam mater habeant.* Mais cette peine ayant esté établie par cette Novelle 22. chap. 46. & ne comprenant que les meres, il y a lieu de dire que l'intention de l'Empereur a esté de n'y pas comprendre les peres.

D'un autre costé on dit contre les peres, que toutes les Constitutions qui ont esté faites contre les meres qui se remarient, ont presque toutes esté étenduës aux peres qui convolent en secondes nopces, quoy qu'elles ne fassent mention que des meres, parce qu'il y a parité de raison, excepté en quelques-unes, comme nous avons marqué en son lieu: & que si les peres ont esté obligez de reserver les gains & avantages par eux receus de leurs femmes, à leurs enfans du premier lit, il n'y a pas moins de raison d'étendre la disposition de ce Chapitre aux peres qui se remarient.

Neanmoins cette question s'estant presentée au Parlement de Tholoze, par Arrest du 26. Janvier 1598. rapporté par Monsieur de Cambolas en ses Arrests, livre 2. chap. 40. il a esté jugé, qu'un mary qui s'estoit remarié, avoit perdu la proprieté des biens de sa premiere femme à luy écheus par la succession de l'un de ses enfans, & qu'il estoit obligé de les reserver aux autres survivans.

CHAPITRE

CHAPITRE XLVII.

Des causes d'ingratitude des freres.

SOMMAIRE.

en France.

Ingratitudinem.

DAns quelques Editions ce Chapitre commence par ce verset *Ingratitudinem ;* & dans d'autres environ trois lignes après du verset, *& quoniam scimus.*

L'Empereur dans le commencement de ce Chapitre dit, que l'ingratitude n'a pas seulement lieu contre la mere pour l'exclure de la succession de ses enfans, comme il a esté declaré dans la Novelle *de non eligendo. cap. cùm igitur* & dans le Chapitre precedent de cette Novelle 22. mais qu'elle a lieu pareillement contre les freres : & dautant, dit l'Empereur, que plusieurs differends considerables se sont rencontrez entre des freres sur ce sujet, il ordonne que celuy-là seul passera pour ingrat à l'endroit de son frere, & qu'en consequence de son ingratitude il pourra estre par luy exclus de sa succession, qui a attenté à sa vie, ou qui luy a fait un procez criminel en l'accusant d'un crime capital, ou qui luy a causé la perte d'une partie de ses biens.

Ce sont les trois causes pour lesquelles l'Empereur permet au testateur d'exhereder son frere.

L'Empereur Constantin dans la Loy *fratres. 27. C. de inofficia. testam.* decide que les freres & sœurs de meré ne peuvent pas former la plainte d'inofficiosité contre le testament de leur frere ou de leur sœur ; mais que ce droit est accordé aux freres & sœurs de pere , dans un cas seulement , sçavoir lors que le testateur a institué pour ses heritiers quelque personne infame, *si scripti heredes infamiæ vel turpidinis , vel levis notæ macula aspergantur.*

2	Mais tous autres collateraux ne peuvent pas combatre un testament comme inofficieux , quoy que plus proches parens du défunt , comme sont les enfans des freres & des sœurs , les oncles , les tantes , & autres , *l. fratris. C. eod. tit.*

3	Dans le §. *non autem liberis. 1. Institut. eod. tit.* l'Empereur dit , *soror autem & frater , turpibus personis scriptis heredibus, ex sacris Constitutionibus prælati.* Ce §. est tiré de la Loy *fratres,* & partant il se doit entendre des freres & sœurs joints des deux costez , ou des freres & sœurs consanguins , à l'exclusion des freres & sœurs de mere , suivant ladite Loy *fratres.*

De cette Loy il s'ensuit , que si la personne instituée *non sit turpis ,* les freres & sœurs ne peuvent pas former la plainte d'inofficiosité , selon le sentiment de Clarus §. *testamentum. quæst.* 50. & des autres Docteurs , ce qui semble sans difficulté , suivant les termes de cette Loy.

La raison pour laquelle les freres & sœurs germains ou consanguins , ne peuvent pas se plaindre du testament de leur frere, dans lequel ils auroient esté passez sous silence , à moins que la

4	condition susdite ne se rencontre , est que chacun peut librement disposer de ses biens au profit de personnes capables , en laissant neanmoins la legitime à ceux à qui elle est deuë , sçavoir aux enfans , & aux peres & meres , pour leur servir d'alimens , mais les freres & les sœurs ne sont point tenus de laisser la legitime ny aucune partie de leurs biens à leurs freres & sœurs , & partant le testament du frere ne peut point estre combatu d'inofficiosité par ses freres & sœurs. Mais lors que le testateur a preferé à ses freres & à ses sœurs des personnes infames , lesquelles il auroit institué à leur préjudice , la Loy leur permet de se plaindre contre une disposition si injurieuse & si inofficieuse, non pas parce qu'ils auroient esté passez sous silence , mais *tanquam postpositi personis turpibus heredibus, institutis ;* eu égard à

l'affront qui leur auroit efté fait de leur avoir preferé des perfonnes honteufes & deshonneftes.

Que fi les freres & fœurs ne font pas tenus d'inftituer leurs
freres & fœurs dans leur teftament, il s'enfuit qu'ils ne font pas
tenus de les exhereder, parce que l'exhered ation *eft ademptio
hereditatis alicui à lege debitæ, &c.* cependant par ce Chapitre
le frere peut exhereder fes freres & fœurs confanguins pour les
trois caufes qui y font mentionnées, ou l'une d'icelles, ce qui
femble une contrarieté, mais cela s'entend par rapport à la Loy
fratres. C. d. tit. c'eft à dire, au cas que le frere ait inftitué une
perfonne infame, & que fes freres & fœurs luy ayent fait quelque ingratitude par une des caufes rapportées dans ce Chapitre,
en ce cas le teftateur ayant declaré dans fon teftament, qu'il les
exherede pour une de ces caufes, ils font valablement exheredez
& exclus de la plainte d'inofficiofité, en juftifiant par l'heritier inftitué, que la caufe d'exheredation enoncée dans le teftament eft veritable.

La Loy *fratres. C. d. tit.* accorde la plainte d'inofficiofité au 5
cas fufdit, aux freres & fœurs germains ou confanguins, à l'exclufion des uterins, parce que l'injure eft prefumée faite à la
famille : Or les freres & fœurs uterins font hors la famille, *non
funt ejufdem agnationis,* c'eft pourquoy la Loy leur accorde ce
droit, qu'elle refufe aux freres & fœurs uterins; & la Loy ne
met en ce point aucune difference entre les emancipez & ceux
qui font en puiffance, il fuffit qu'ils foient *ejufdem agnationis.*
Et quoy que dans ce Chapitre il foit parlé des freres indiftinctement, neanmoins elle fe doit reftraindre aux freres & fœurs
germains ou confanguins, fuivant la Loy *fratres,* à laquelle
l'Empereur n'a pas pretendu déroger, mais feulement y apporter une exception, laquelle Irnerus devoit mettre dans une Authentique tirée de ce Chapitre, & la placer aprés cette Loy.

Ce qui eft porté dans ce Chapitre touchant l'exheredation
des freres dans les cas qui y font enoncez, eft en ufage dans les
Païs de Droit écrit, mais c'eft une maxime generalement receuë
dans le Droit coûtumier, que pour les biens dont on peut dif- 6
pofer par derniere volonté, il n'eft pas neceffaire d'exhereder fes
collateraux; ainfi dans la Couftume de Paris on peut difpofer
de tous fes meubles, acquefts & conquefts immeubles, & du
quint de fes propres, au préjudice de fes freres & fœurs, & autres parens collateraux, fans qu'il foit neceffaire de les exhe-

reder, ny d'en faire mention : ainsi l'exheredation ne peut estre
requise que pour ce dont par la disposition de la Coustume on
ne peut pas disposer par derniere volonté au préjudice des collateraux, comme des quatre quints des propres dans la Coustume de Paris, par les articles 292. & 295. cependant il semble
que pour ces quatre quints on ne puisse pas exhereder ses collateraux, par la raison, que n'estant pas au pouvoir du testateur
d'en disposer par testament à leur préjudice, il ne peut pas les
en exclure, puis qu'ils leur sont reservez par la Coustume, suivant l'article 295. en ces termes : *Si l'heritier se veut conten-*
ter de prendre les quatre quints, & abandonner les meubles, ac-
quests & conquests immeubles, avec le quint desdits propres, à
tous les legataires, faire le peut ; en quoy faisant il demeurera
saisi desdits quatre quints, & lesdits legataires prendront le sur-
plus.

7　　Neanmoins comme les peres & meres peuvent exhereder leurs
enfans pour causes justes, & leur oster leur legitime que la Cou-
tume veut leur estre laissée, aussi peut-on priver les collateraux
de la portion que la Coustume leur reserve, quand ils se trouvent indignes de la recevoir. Et cette exheredation ne peut estre
faite que pour des causes considerables, comme pour avoir attenté à la vie du testateur, luy avoir fait des injures atroces, sus-
cité des procez pour crime capital, & autres semblables.

8　　Nos Docteurs traitent une question concernant l'exheredation ; sçavoir si elle peut estre faite *cum elogio*, c'est à dire, avec
des termes injurieux ? Quelques-uns distinguent entre les exheredations faites des enfans & celles qui sont faites des collateraux : qu'à l'égard des premieres, elles peuvent estre faites *cum*
elogio, & non pour les autres.

　　Que celles des enfans doivent estre faites *cum elogio*, parce
qu'elles ne peuvent estre faites sans cause legitime, & que les
causes de l'exheredation doivent estre declarées & enoncées expressément dans le testament, & prouvées en suite par ceux qui
y ont interest : c'est la disposition de plusieurs Loix, *l. 3. l. 14. §.*
ult. l. seq. ff. de liber. & posthum. hered. instituend. l. 4. 8. §. illa
institutio. ff. de heredib. instituend.

　　A l'égard des exheredations des collateraux, ils estiment
qu'elles ne peuvent point estre faites *cum elogio*, & que c'est
une injure qui leur est faite, laquelle ne pouvant estre reparée
autrement, elle le doit estre par la cassation du testament, en

forte que les difpofitions y contenuës doivent eftre nulles & de nul effet, au préjudice des heritiers legitimes ainfi exheredez & exclus de la fucceffion.

Cette queftion fe trouve avoir efté jugée par plufieurs Arrefts.

Le premier a efté donné en l'Audiance de la grand' Chambre, le quatriéme Mars 1602. conformément aux conclufions de Monfieur l'Avocat General Servin, qui a infirmé un tefta-ment, par lequel une tante avoit legué fes biens au profit d'une perfonne étrangere, exheredant fes niéces avec note d'infamie, leur imputant de s'eftre mal gouvernées dans leur honneur. **9**

Le deuxiéme eft du feiziéme Janvier 1625. donné en l'Audiance de la grand' Chambre, rapporté par du Frefne, par lequel l'exheredation d'un frere pour offenfes receuës de luy par le teftateur, & des inimitiez capitales qu'il ne pouvoit oublier, fut declarée nulle, & le teftament dans lequel elle avoit efté faite, fut quant à icelle infirmé.

Le troifiéme a auffi efté donné en l'Audiance de la mefme Chambre, le 17. Mars 1633. rapporté par le mefme Auteur, par lequel la Cour a confirmé l'exheredation d'une niéce faite par une tante, caufée pour vie fcandaleufe, le fcandale eftant public & notoire.

Mornac fur la Loy *fratris. C. de inofficio. teftam.* remarque deux Arrefts des 28. Mars 1605. & 19. Mars 1609. qui ont jugé, que quand l'injure a efté faite par l'heritier prefomptif, le reproche qui luy en eft fait par le teftament de celuy qui l'exhe-rede par cette raifon, ne rend pas l'exheredation nulle. Le fenti-ment de cét Auteur me femble fort jufte, & il en faut dire de mefme lors qu'il s'agit d'une exheredation fondée fur le fcandale que les heritiers du deffunt auroient caufé par leur mau-vaife conduite. Mais fi l'exheredation eftoit fondée fur ce que l'heritier prefomptif auroit voulu attenter à la vie du teftateur, & que le teftateur dans fon teftament fe fervît de termes inju-rieux, le traitant de fripon & d'autres termes femblables, ce feroit des injures dont la reparation ne pourroit point eftre faite à l'heritier autrement que par la caffation du teftament, ce qui dépend beaucoup des circonftances, ainfi il n'eft pas vray de dire, comme quelques-uns, que l'exheredation ne fe peut faire *cum elogio* en collaterale.

Dans le verfet *& hæc lex.* l'Empereur ordonne, que cette

10 Ordonnance contenuë dans le Chapitre precedent aura lieu, admettant la mere avec ses enfans à la succession de ceux qui decedent avant elle, faisant cette distinction remarquée cy-dessus, pour celles qui à l'avenir se remarieront, laquelle est portée au verset *hanc autem nostram.* l'Empereur voulant, que celles qui ont convolé en secondes nopces avant cette Ordonnance, ayent la pleine proprieté des choses qu'elles ont acquises par la succession de leurs enfans, soit en vertu de leur testament, ou par leur succession *ab intestat* ; leur permettant d'en disposer à leur volonté, soit par actes entre-vifs, ou par testament, sans que la presente Ordonnance les en puisse empescher en aucune façon.

§. *Illud autem.* 1.

Dans le §. *& illud autem firmum.* l'Empereur ordonne, que les gains nuptiaux que la femme auroit fait par son premier mariage, demeurent aux enfans qui en sont issus, suivant l'Ordonnance qu'il en a faite en la Novelle *de non eligendo. cap. hoc quoque.* Et si la donation *propter nuptias* que la femme auroit gagné par le deceds de son mary, échet aux enfans par le second mariage de leur mere, & que cette donation fasse partie de la succession d'un de ses enfans, elle n'y peut point succeder dans la proprieté, elle n'en peut avoir que l'usufruit, qu'elle retient en se remariant, en sorte que dans cette donation elle n'acquiert rien par la mort de son fils, parce qu'elle en avoit déja l'usufruit, la proprieté de la portion de cette donation appartenant aux autres enfans, si ce n'est qu'avant cette Ordonnance il y eût quelque Sentence qui l'eut jugé autrement pour le passé, ou que les parties en eussent transigé au contraire.

Au §. *& quoniam mater.* l'Empereur dit, que la mere estoit excluë de la succession de son fils par le frere du deffunt, par la disposition du Senatusconsulte Tertyllian, & qu'elle luy succedoit conjointement avec ses filles sœurs du deffunt *in virilem,* §. *soror Inst. ad Tertyl.* mais que luy ne recherchant pas l'avantage des enfans, en leur accordant le droit de succeder *ab intestat,* il appelle leur mere à la succession de ses enfans avec ses enfans masles qui restent selon leur nombre, en sorte qu'elle ait autant qu'un d'eux en peut avoir, voulant que la mesme chose soit observée si aprés la mort d'un de ses enfãs il reste des freres & des sœurs.

Que s'il n'y avoit que des filles fœurs du deffunt, par le Senatufconfulte fufdit, la mere emportoit la moitié de la fucceffion, & l'autre moitié appartenoit à toutes les fœurs du deffunt : mais l'Empereur dit, que puifque dans les commencemens il n'a pas corrigé cette partie de ce Senatufconfulte, il
luy donne par cette Ordonnance une reformation raifonnable,
ordonnant que la mere ne prendra pas plus dans la fuccefion
de fes enfans, qu'une de fes filles fœurs du deffunt en peut
avoir ; voulant qu'en tous cas elle fuccede à fes enfans *pro virili*,
foit qu'elle ne concoure qu'avec les freres du deffunt, ou feulement avec fes fœurs, ou avec des freres & des fœurs.

Cette Ordonnance reçoit deux exceptions.

La premiere eft, quand la mere s'eft remariée dans l'an du
deüil, car elle ne fuccede qu'au dernier mourant de fes enfans:
Cap. igitur fine filiis fup. h. t.

La feconde eft à l'égard des biens qui viennent du cofté
paternel, *Cap. fi autem inteftatus fup. h. t.* Voyez ce que j'ay
dit dans le Chapitre precedent.

L'Authentique *& cum folis. C. ad SC. Tertyll.* a efté tirée de
ce Chapitre, & mife aprés la Loy *fi quis.* 12. *d. tit.*

Authentique *& cum folis C. ad SC. Tertyll.*

*Et cum folis fratribus, & cum folis fororibus, & cum per-
mixtis vocantur matres in virilem portionem.*

Dans les Païs de Droit écrit cette Authentique eft obfervée,
excepté en quelques Provinces où il y a des Couftumes ou
Statuts particuliers, & ce qui concerne l'Edit des meres où il
eft receu ; mais dans la France couftumiere les difpofitions font
differentes. Surquoy voyez mon Commentaire fur les articles
311. & 312. de la Couftume de Paris, & la Conference.

CHAPITRE XLVIII.

Les peres & meres doivent garder l'égalité entre leurs en-
fans de plusieurs lits.

Vt pa-
rentes
ſtudeant
æquali-
tatem in-
ter libe-
ros pri-
mi &
ſecundi
matri-
monii
ſervare.

SOMMAIRE.

Illud quoque ſuper hoc.

L'Empereur dit dans le commencement de ce Chapitre, qu'il
a crû à propos d'ajoûter cette Ordonnance aux precedentes,
qui concerne les ſucceſſions de ceux qui decedent laiſſans des
enfans de pluſieurs mariages, ayant contracté de ſecondes nopces
aprés cette derniere Ordonnance; declarant qu'il a ordonné pour
ce qui regarde les gains nuptiaux, & les portions que les peres
& meres doivent laiſſer à leurs enfans, qui n'ont point manqué
de reſpect à leur endroit dans leurs ſucceſſions, qui ſont à chacun des enfans le tiers ou la moitié de la part qu'ils y auroient
pû prendre, s'ils n'en avoient pas diſpoſé à leur préjudice, ſuivant la Novelle *de triente & ſemiſſe.*

Mais quoy qu'il ſoit permis aux peres & meres qui ont des
enfans de pluſieurs lits, de diſpoſer de leurs biens à leur volonté, laiſſant ſeulement à chacun de leurs enfans leur legitime, il
dit qu'il n'eſt pas juſte de donner tout aux enfans du ſecond lit,
& ne laiſſer aux enfans du premier que ce qui ne leur peut point
eſtre

eftre ofté par la volonté de la Loy, mais qu'il eft équitable d'a-
joûter quelque chofe à la legitime des enfans iffus des premieres
nopces.

Neanmoins l'Empereur dans cette Conftitution n'oblige pas
de le faire, c'eft un confeil humain & d'equité qu'il donne aux
peres & meres, leur permettant de difpofer de leurs biens en faveur de qui ils veulent entre leurs enfans, de quelque mariage
qu'ils foient nez, du premier lit, ou des fecondes nopces, qu'ils
pourroient aimer plus que les autres, pourveu que ce ne foit pas
tellement au préjudice des enfans du premier lit, qu'ils les mettent entierement dans l'oubly, voulant que la legitime leur foit
confervée, fuivant ce qu'il dit avoit ordonné dans les precedentes Ordonnances, fçavoir dans la Novelle *de triente & femiffe.*

Mais qu'ils doivent fonger aux uns & aux autres, parce qu'ils
font leurs enfans, & ils doivent, pour fuivre l'équité, faire une
divifion & un partage égal de leurs biens entr'eux dans leurs
teftamens; car puifque la Loy veut que leur fucceffion inteftate
foit partagée également entre tous leurs enfans, quoy que de
plufieurs lits, ils doivent dans leurs dernieres volontez imiter
une Loy fi équitable, & ne diminuer pas tellement la portion
de quelques-uns de leurs enfans, qu'ils ayent honte de n'avoir
pas fuivy ce que la Loy ordonnoit en cas qu'ils mouruffent inteftats. En imitant la Loy ils feront eftimez bons peres, & ils
meriteront l'éloge qui leur eft donné dans cette Ordonnance.

Qu'en laiffant à leurs enfans plus que leur legitime, ils font
juftes & humains, ce qui s'entend non pas des ingrats dont il a
efté parlé *cap. foluto. circa finem. cap. fi autem inteftatus. in fi.
fup. h. t. cap. exheredatos. fup. de hered. & falcid. & cap. cum
igitur. de non eligendo.* mais de ceux qui n'ont point manqué
de refpect envers leurs peres & meres, entre lefquels il y en a
qui font plus ou moins aimez les uns que les autres, car il y a
bien de la difference entre l'ingratitude qui donne le droit aux
peres & meres d'exclure leurs enfans de leur fucceffion, & les
actions de graces que doivent rendre ceux qui font plus avantagez que les autres, & l'avantage moins confiderable qui eft
fait à ceux que les peres & meres ont honoré d'une plus grande portion que leur legitime, mais qui font moins avantagez
que d'autres.

Les premiers n'ont rien du tout, les feconds ont plus que
les autres, & les troifiémes ont plus qu'il ne leur eftoit deû de

Tome I.   H H h h

rigueur de droit, car le teſtateur pouvoit ne leur laiſſer ſimplement que leur legitime, laquelle ne leur pouvoit eſtre oſtée.

Dans la fin de ce Chapitre l'Empereur dit, que cette partie de ſon Ordonnance touchant l'égalité entre les enfans de pluſieurs lits, eſt plûtoſt un conſeil qu'une loy, ayant ailleurs augmenté la portion qui doit eſtre laiſſée aux enfans, & ayant ordonné que pour leur legitime il leur ſeroit laiſſé le tiers ou la moitié de leur portion *ab inteſtat* ſelon le nombre des enfans, donnant par ce moyen lieu aux enfans de ſe conſoler de ce que leur pere ou leur mere ne les a pas inſtituez, en augmentant de beaucoup leur legitime, qui eſtoit autrefois fort mediocre.

La raiſon pour laquelle il dit, qu'il a augmenté la portion des enfans qui leur doit eſtre laiſſée *ab inteſtat*, eſt que quand le pere diſpoſe de ſes biens au préjudice de ſes enfans, les enfans luy ſuccedent *ab inteſtat* dans leur legitime; & parce que cette legitime n'eſtoit que le quart avant la Novelle *de triente & ſemiſſe*, l'Empereur dit qu'il a augmenté la portion qui doit eſtre laiſſée *ab inteſtat* à ſes enfans, dautant qu'avant la Novelle *infra ut cùm de appellation. cap. 3. & 4.* la legitime ne devoit pas eſtre laiſſée par teſtament, mais *ab inteſtat*, cette Novelle ayant ordonné qu'elle ſeroit laiſſée à titre d'inſtitution.

Ce que l'Empereur dit dans cette Novelle, eſt digne d'eſtre remarqué; c'eſt pourquoy nous ajoûtons icy le texte : *Inſuper & decrevimus portiones, quas neceſſe eſt parentes legitimis & non ingratis relinquere filiis. Ipſos tamen genitores non erit juſtum ad ſecundam omnino declinare prolem ; & quod ex lege eſt, tantummodo relinquentes prioribus, alia omnia ad ſecundos deducere, ſed aliquid ex prioribus adiicere, ſiquidem aliquem ex ſecundis habeat nuptiis, aut etiam ex primis forſan, ita feſtivum, ita dilectum, ut velit præponere eum aliis in poſſeſſione, damus licentiam hoc agendi, non tamen omnino priores quidem filios minuere, ſecundos autem augere, ſed neque vehementer magnificare augmentum, nec omnino obliviſci priorum matrimoniorum; neque infirmare ea, quæ à præcedentibus nos de talibus dicta ſunt, ſed providere quidem & ſecundis, providere autem & primis, cogitantes quoniam filii ambo ſunt ; & ita facientes ſucceſſionum in teſtamentis diviſionem : ſi enim inteſtatis eis mortuis lex omnes ex æquo vocat, competens eſt eos imitantes legem, non vehementer magis eos abbreviare minutionibus, erubeſcentes legem ; ſic enim erunt boni patres, & noſtrâ digni legiſlatione ; & juſti quidem erunt folam legem cuftodientes. Si quid autem etiam fupra legem reliquerint, erunt jufti fimul & humani patres; & non hæc dicimus inter gratos & ingratos filios (de ingratis enim jam fæpius dictum eft) fed de his qui magis aut minus diliguntur; cùm utique nulla differentia fit ingratitudinis, & gratiarum actionis, & diffimilis honoris. Hanc itaque partem de æquitate filiorum ex priore & fecundo matrimonio venientium, adhortantes potius quàm fancientes dicimus; alioqui femel augentes ab inteftato partem omnino filiis relinquendam, & ufque ad quatuor quidem filios, quatuor uncias omnino deficientes; fi autem ultra quatuor fint, ufque ad mediam fubftantiæ partem, idoneum jam dedimus filiis folatium, non ex parva menfura antiquam eorum menfuram refolventes.*

L'Empereur finit cette Novelle *verf. fit igitur.* en declarant que l'Ordonnance qui y eft contenuë, n'eft que pour les chofes qui arriveront, & non pas pour celles qui font déja arrivées, ainfi qu'il a declaré en plufieurs endroits de la mefme Novelle.

L'Edit des fecondes nopces n'empefche point expreffement le pere ou la mere qui fe remarie, de faire plus d'avantage aux enfans qui naiffent du fecond mariage qu'à ceux du premier lit, neanmoins ces termes de l'Edit au premier chef, *à leurs nouveaux maris, pere, mere ou enfans defdits maris,* ont donné lieu à la queftion; fçavoir fi l'Edit doit s'entendre feulement des enfans du fecond mary d'un precedent lit, ou des enfans des precedens mariages, & ces enfans communs qui font nez du mariage, en forte qu'il ne foit pas permis à celuy ou à celle qui a paffé en fecondes nopces, ayant des enfans d'un premier lit, d'avantager les enfans communs du fecond mariage.

Pour les enfans du fecond lit, on dit que la faveur des enfans du premier lit a efté la caufe de l'Edit, pour empefcher que par de fecondes nopces les peres & meres n'ayent occafion de difpofer de leurs biens à leur préjudice, qu'il eft fi vray que la faveur des enfans du premier lit eft la feule caufe des loix & de l'Edit faits contre les fecondes nopces, que quand il n'y en a point d'iffus du premier mariage, les peines impofées contre les fecondes ceffent, que s'il eftoit permis de donner aux enfans communs, la prévoyance des loix & de l'Edit, en faveur des enfans du premier lit, fe trouveroit inutile & éludée par les donations qui fe feroient aux enfans du fecond lit; parce que ceux

HHhh ij

qui se remarient, se dépouillent entierement de l'amour qu'ils ont pour leurs enfans du premier lit, & le transferent à leurs nouveaux maris, ou à leurs secondes femmes, & aux enfans qui naissent de ces mariages.

On dit au contraire, que l'Edit ne parlant que des enfans des seconds maris, il ne peut point estre étendu aux enfans communs issus des seconds mariages, qu'il faut suivre en ce point la disposition des loix Romaines, qui ne défendent point d'avantager les enfans communs issus du mariage, suivant le sentiment du Cujas sur la Loy *hac edictali*, car au défaut de l'Edit nous devons y avoir recours, puis que le Roy François II. dans la Preface de cet Edit, declare qu'il loüe & approuve les Constitutions des Empereurs Romains sur ce sujet.

Les Arrests ont jugé au profit des enfans du second lit:

Le premier a esté prononcé en Robes rouges le 6. Septembre 1575. rapporté par Bacquet au Traité des droits de Justice Chapitre 21. nombre 353.

Le deuxiéme a esté rendu le 25. Février 1595. en la cinquiéme Chambre des Enquestes, entre les Jabins d'Orleans, au rapport de Monsieur le Prestre qui le rapporte, Centurie 1. Chapitre 49.

Le troisiéme a esté donné en l'Audiance de la grand' Chambre le 3. Decembre 1626. confirmatif d'une donation faite par Jeanne Milet, aux enfans de son second lit.

Monsieur de la Roche-Flavin livre 2. lettre M, titre 4. article 9. rapporte des Arrests du Parlement de Tholoze, qui ont jugé la mesme chose.

Brodeau sur Monsieur Louët lettre N, Chapitre 3. est de mesme avis, & remarque les Arrests du Parlement de Paris citez cy-dessus.

Tronçon sur l'article 279. *in princip.* rapporte un Arrest contraire, prononcé solemnellement à Noël 1588. par Monsieur le premier President de Harlay en la Coûtume de Paris, par lequel il dit avoir esté jugé au contraire, qu'on ne peut donner par contract de mariage aux enfans du second lit, plus qu'on ne peut donner à la seconde femme ou au second mary: cet Arrest est aussi rapporté par Montholon.

Cet Arrest n'a pas esté rendu dans l'espece d'une donation faite aux enfans nez d'un second mariage, mais par le contract de mariage aux enfans à naistre, en quoy quelques-uns pretendent qu'il y a grande difference ; en ce que quand la donation est faite par Contract de mariage aux enfans à naistre du second mariage, la donation est presumée faite en consideration du second mary, ou de la seconde femme, & partant qu'elle est reductible aux termes de l'Edit, que quoy que l'Edit ne parle pas precisément des enfans du second lit, ils y sont neanmoins compris sous ces termes, *ou autres personnes qu'on puisse presumer estre par dol ou fraude interposées ;* car il est facile de juger, que la donation ne leur a esté faite que par la suggestion du second mary ou de la seconde femme, & que ne pouvant pas faire faire des donations à son profit, les auroit fait faire au profit des enfans qui pourroient naistre du second mariage, dans l'esperance d'en pouvoir profiter par leur mort, comme heritier des meubles, au cas que la donation fût de choses mobiliaires.

Les Arrests ont jugé diversement cette question : On remarque trois Arrests qui ont infirmé ces donations ; le premier du 23. Decembre 1588. cité cy-dessus ; le deuxiéme du 3. Aoust 1647. rapporté par Brodeau sur Monsieur Loüet, lettre N. chap. 3. le troisiéme du 27. Mars 1657. donné en la Coustume de Poitou.

D'autres Arrests les ont confirmées ; le premier a esté donné le 7. Septembre 1575. rapporté par Chopin sur la Coustume d'Anjou, livre 3. chap. 1. nomb. 9. le deuxiéme a esté donné en la grand' Chambre, le 19. Juillet 1659. au profit de Dame Françoise Choüane, veuve de Monsieur de la Grange, Maistre des Comptes, tant en son nom que comme mere & tutrice de la Damoiselle de la Grange, fille du deffunt & d'elle ; le troisiéme est du 7. Septembre 1673. prononcé par Monsieur le premier President de Lamoignon.

La diversité de ces Arrests fait voir, que la Jurisprudence n'est pas certaine sur cette question, mais à l'égard des donations faites aux enfans du second mariage, soit par donations entrevifs ou en avancement d'hoirie, ou par derniere volonté, elles sont valables, & ne sont point reductibles selon l'Edit des secondes nopces ; la Coustume de Paris permettant aux peres & meres d'avantager ceux de leurs enfans qu'il leur plaist, sans distinguer s'ils sont du premier lit, ou d'autre mariage, pourveu que les enfans avantagez renoncent à leur succession, se tenans aux avantages qu'ils en auroient receus, & que la legitime soit reservée aux autres enfans ; c'est la disposition de l'article 307. en ces termes : *Neanmoins où celuy auquel on au-*

roit donné, se voudroit tenir à son don, faire le peut, en s'abstenant de l'heredité, la legitime reservée aux autres enfans.

4 Quant aux conquests faits par la femme pendant sa premiere communauté, elle n'en peut point disposer au profit des enfans du second lit, au préjudice des enfans du premier, conformément à l'article 279. de la Coustume de Paris, en ces termes : *Et quant aux conquests faits avec ses premiers maris, n'en*
peut disposer aucunement au préjudice des portions dont les enfans
desdits premiers mariages pourroient amender de leur mere. Et
neanmoins succedent les enfans des subsequens mariages ausdits
conquests, avec les enfans des mariages precedens, également
venans à la succession de leur mere. Voyez mon Commentaire
sur cét article.

5 Lors que celuy ou celle qui se remarie, a fait par son second
Contrat de mariage, une stipulation & convention qu'il ou elle
n'avantageroit pas plus ses enfans du second lit, que ceux du
premier : ou lors que cette convention, accord, & consentement a esté fait par le premier Contrat de mariage, ou pendant
iceluy, il est certain qu'aucuns avantages ne peuvent estre faits
aux autres enfans au préjudice des enfans du premier lit, comme il a esté jugé par Arrest du quatriéme Juin 1680. donné en
la seconde Chambre des Enquestes, au rapport de Monsieur
le Coq, & par autre donné en l'Audiance de la grand' Chambre, le deuxiéme Septembre 1681. conformément aux conclusions de Monsieur l'Avocat General de Lamoignon.

PARAPHRASE
DE JULIEN.

CONSTITUTIO XXXVI.

CXXXI. De secundis nuptiis.

HÆC *Constitutio quidem vires retrorsus non redigit, nec*
obtinebit in eis, quæ antè ipsius tempora contigerunt, &

locum habet in maritis & uxoribus, qui, quæve, aut omnino testati non sunt, vel non jure testati fuerint, vel quantum pertinet ad eandem Constitutionem intestati decesserunt.

CXXXII. De divortiis bonâ gratiâ faciendis.

¶ *Sunt quædam justæ causæ, quæ bonâ gratiâ sine repudio matrimonia disrumpunt, & est prima causa, si maritus vel mulier solitariam vitam elegerit : ita tamen, ut si vir Monachus factus sit, tantum lucretur ex donatione propter nuptias sibi data mulier, quantum morte mariti lucri cepisset. Idem dicimus, & si mulier in Monasterium intraverit ; maritus enim ejus ex dote tantum lucrabitur, quantum lucri cepisset, si uxor ejus mortua fuisset. ¶ Sed & si quis non potuerit cum uxore sua misceri (forte enim naturæ frigidæ est) triennio transacto quod numerabitur scilicet ex eo tempore, quo copulati sunt, si non potuerit in toto triennio cum muliere sua misceri, etiam sine repudio matrimonium dissolvatur. ¶ Sed & si vir vel uxor in captivitate fuerit, sine repudio matrimonium dissolvatur : sub ea tamen distinctione, ut si quidem spes sit maritum vel uxorem redire, ea persona, quæ in civitate est, non audeat ad secundas nuptias pervenire, alioquin maritus quidem ante nuptias donationem amittet, uxoris autem temeritas dotis amissione punietur : quod si incertum sit, utrum ab hostibus capta persona vivat, an non ; tunc ea persona, quæ in civitate est, expectet quinquennium : quo transacto, licebit & marito uxorem ducere, & mulieri ad secundas nuptias migrare, alio quoque modo bonâ gratiâ matrimonia dissolvuntur, veluti si vir vel mulier ex sententia judiciali in servitutem deducantur. Forte enim libertini constituti ingrati erga suum patronum extiterunt, sed & in hoc casu tantum lucrari oportet eam personam, quæ in suo statu perduravit, quantum lucri cepisset, si ea persona, quæ in servitutem redacta est, decessisset.*

CXXXIII. Si quis liber ancillam uxorem duxerit, vel contrà.

Si quis per errorem ancillam mulierem duxerit uxorem, liberam eam esse putans : vel ex contrario, si libera mulier servo per errorem conjuncta sit : posteaque veritas reperta fuerit, dicendum est omnino nuptias non constitisse, inter liberum enim & ancillam vel servum & mulierem liberam nuptiæ contrahi non possunt ; quòd si calliditate vel conniventià domini servus , vel ancilla matrimonium contraxerit cum libera persona (forte enim dominus ancillam suam ut liberam viro ingenuo conjunxit) & dotem pro ea præstitit , ut propter nuptias donationem lucretur totam vel pro parte. Si quid igitur tale contigerit , ipsa donatione dotis & ancilla libera fiat , & nuptiæ consistant , nullâ lege quantum pertinet ad servitutem , hujusmodi matrimonium concutiente. ¶ Sin autem dominus specialiter quidem nuptiis ancillæ suæ vel servi non consenserit sciens autem quid agatur , non prohibuerit : fortè enim ideo hoc facit , ut posteà negotium moveat homini libero , quod ancillam ejus duxerit uxorem : vel ingenuæ mulieri , quòd servo ejus nupta est. Si quid igitur tale evenerit : licet specialiter dominus non consenserit : attamen sciens non prohibuerit , & nuptiæ integro jure consistant , & de servili conditione persona eripiatur ad ingenuitatem , illo sine dubitatione aperto quòd liberi qui ex hujusmodi nuptiis procreati fuerint , tam ingenui quàm legitimi sint.

CXXXIV. Si quis in servo suo aut ancilla ægrotante nullam adhibuerit curam.

Si quis servum suum ægrotum vel ancillam suam morbosam contempserit , & nullam curam eis fecerit : necesse est eos liberos esse : servus enim per titulum pro derelicto à domino suo contemptus in libertatem eripiatur , eodem jure etiam in ancilla obtinente. Ideóque nuptiæ inter eos legitimæ contrahi possunt : & istæ quidem causæ sunt , per quas bonâ gratiâ matrimonia dissolvantur. ¶ His autem adnumerari debet etiam in expeditione degentis mariti militis dissolutio , de qua dicendum est in competenti tempore , in quo etiam causas repudii subtilius dicturi sumus.

CXXXV. Soluto matrimonio uti anno abstineat nuptiis mulier.

Illud certum est , quòd in his causis , ex quibus matrimonium dissolvitur , si velit mulier posteà nubere , annum priùs expectare debet propter sanguinis confusionem.

CXXXVI. Si

CXXXVI. Si alienus adscriptitius liberam uxorem duxerit.

Alienus adscriptitius liberam mulierem non ducat uxorem, neque sciente, neque consentiente domino, quòd si tale aliquid ausus fuerit facere; liceat domino & retrahere eum modicâ castigatione; sive per se, sive per Magistratum, & copulatam sibi mulierem distringere. Tales enim nuptiæ, nec nuptiæ sunt, nec dos ulla est, nec donatio propter nuptias intelligitur.

CXXXVII. De nuptiis sine dotalibus instrumentis contractis.

Si quis sine dotalibus instrumentis affectione maritali uxorem duxerit, non audeat sine causâ legibus cognitâ repudium ei mittere, alioquin quartam partem substantiæ suæ deceptæ mulieri præstet. Hæc autem quarta pars talem distinctionem recipiat, nam si quadringentarum librarum auri maritus facultates habeat vel minus; quartam partem substantiæ suæ omnimodo deceptæ mulieri præstet, id est, vel centum libras, si quadringentarum librarum auri substantiam habuerit: vel minus, si minores habeat facultates. Quòd si tantas habeat opes, ut etiam quadringentarum librarum auri quantitatem excedant: tunc centum tantummodo libras ei maritus præbeat; sed si quidem per maritum steterit, quominus matrimonium consistat, & sine causa repudium miserit: in hoc casu soluto matrimonio annum expectet mulier: Posteà verò sine impedimento ad secundas transeat nuptias; quòd si per mulierem steterit, quò magis matrimonium dissolvatur, quinque annos expectet, & his transactis ad secundas nuptias migret si velit.

CXXXVIII. De repudiis, quæ à filiis familiarum mittuntur.

Si filiusfamilias uxorem duxerit, non habeat licentiam uxori suæ repudium mittere sine paterno consensu. Idem dicimus & in filiafamilias uxore; nam nec ea repudium mittere sine paterno consensu marito suo permittitur, alioquin dotem, quam pater suscepit, vel propter nuptias donationem non cogitur reddere.

CXXXIX. Si morte solutum sit matrimonium & de lucro dotis vel antenuptias donationis.

Si morte mariti vel uxoris matrimonium solutum fuerit, superstes persona dotem vel propter nuptias donationem secundum pactiones factas lucretur ; ita tamen, ut impuræ non sint pactiones, non enim admittimus talem conventionem, quæ marito quidem dimidiam partem dotis moriente muliere præstat ; uxori autem tertiam partem propter nuptias donationis marito moriente. Exæquari enim pactiones ab utraque persona decet ; ideoque superfluum unius portionis tollimus, ut etiam in persona mariti tertia pars dotis expectetur ; exæquationem enim partium ita fieri constitutio jubet, ut major pars deminuto superfluo ad minoris partis quantitatem concurrat ; si quid tamen ex dote lucratus fuerit maritus muliere mortuâ, vel si mulier lucretur ex donatione propter nuptias mortuo marito, hoc habeat pleno jure, & habeat potestatem quo voluerit modo eam consumere, sive per legatorum titulum, sive aliâ quavis alienatione ; si autem decedens eas res non alienaverit vel omnes, vel quasdam ex his : maneant apud liberos præcipui honoris vice, sive scripti fuerint heredes ab ea persona, quæ tale lucrum senserit, sive non, nisi forte ingrati circa eam extiterint.

CXL. De ingratis liberis, vel contrà, id est, non ingratis.

Si enim ingrati circa eam personam extiterint liberi, quæ lucri aliquid ceperit, quamvis tales res non alienaverit specialiter, sive inter vivos, sive in testamento suo, attamen heredes ejus easdem res capiant, exclusis videlicet modis omnibus liberis. Illud autem certum est, quòd si filii sint & ex ante defunctis filiis, nepotes pariter cum suis patruis sive avunculis in eundem honorem perveniant, si tamen sui patris hereditatem amplectuntur, hoc autem non solum in dote & in donatione propter nuptias teneat, sed etiam in illis matrimoniis, quæ sine dotibus consistant, in quibus quartam partem substantiæ suæ maritus vel uxor læsæ persona compellitur dare, secundum antefatam divisionem.

C.XLI. De muliere, quæ post mortem mariti annum non expectaverit.

Si mulier post mortem mariti nondum annali spatio completo ad secundas properaverit nuptias ; omni quidem modo inter infames erit ; sed siquidem liberos ex priori matrimonio non habeat, infamiam quidem excluere poterit si preces Imperatori porrexerit, & divino Principis nutu priori opinioni restituta fuerit : Res autem à priore marito sibi relictas nullo modo lucrabitur , sed decem personis res eo modo adcrescunt , id est , usque ad secundum gradum in superioribus & inferioribus & ex latere venientibus denumeratione factâ ; eodemque modo decem personis collectis : sunt autem hæc pater & mater , avus & avia , filius & filia, nepos & neptis , frater & soror. His autem personis non apparentibus ea , quæ à priori marito tali uxori relicta sunt , fisci viribus vindicentur ; sed nec propter nuptias donatione potiri conceditur , quamvis pactionum tenor reclamaverit , sed nec copulato sibi secundo marito ante annale tempus poterit dotem dare ultra tertiam partem substantiæ suæ , sed neque ab aliquo extraneo capere aliquid per ultimam voluntatem permittitur , omnino enim cum alio non habet testamenti factionem : Ideóque nec hereditatem sibi relictam , neque legatum , neque fideicommissum , neque mortis causâ donationem capere poterit : sed ea quæ ei relicta sunt , sive legata , sive fideicommissa , sive hereditatis particularis datio , apud coheredes ejus remaneant. Sin autem ipsa sola heres scripta est : ad eos bona defuncti perveniunt , quos ab intestato leges vocant. Hæc de his , quæ ex testamento tali mulieri relinquuntur. Nam si ab intestato ad cognatorum suorum hereditatem vocetur ; non omnibus succedere poterit : sed usque ad tertium gradum tantum ab intestato hereditatem capiat. Vlterioris autem gradûs cognatis omnino non succedat. Sin autem liberos habeat , & non expectet anni spatium , sed ad secundas properaverit nuptias : & hæc quidem infamis erit. Sed tamen nec Principis indulgentiâ priori restituetur fama, nisi liberis ex priore matrimonio natis dimidiam partem substantiæ suæ donaverit purè & sine ulla conditione , ita ut nec usum ejus retineat sibi , sed tempore secundi matrimonii simpliciter dimidiam partem facultatum suarum eis donet : hoc enim facto & principali Rescripto secuto , pristinam famam sibi renovabit. Inter eos autem liberos, quibus dimidiam partem bonorum suorum donavit, res donatæ æquâ portione distribuantur ; & si quidem filii sunt, in capita dividantur res eis donatæ, sin autem nepotes sint, patris sui portionem accipient, ut videantur quodammodo in stirpes succedere, & si quidem omnes liberi intestati decesserint, hereditas eorum ad matrem perveniat, procul dubio dimidiam partem bonorum suorum quam semel dedit, iterum receptura. Quòd si testamento facto decesserint : necesse est res, quas reliquerint, ad scriptos eorum successores pervenire.

CXLII. Si mulier ad secundas pervenerit nuptias ; & de lucro dotis & ante nuptias donationis.

Si mulier post priores nuptias repudio vel morte mariti solutas, ad secundum migraverit matrimonium, anno scilicet legitimo completo : si quidem nullos habeat liberos, sine quæstione res sibi derelictas à priore marito pleno jure possidebit : non solùm jure ususfructûs, sed rerum etiam dominio potitura. Quòd si liberos ex priore matrimonio habeat & ad secundas pervenerit nuptias donatione : deinde autem omni aliâ liberalitate, quæ ad eam pervenerit, sive inter vivos, sive ultimâ voluntate, maritus ei quidpiam dederit vel dereliquerit, sive institutionis nomine, sive legati vel fideicommissi causâ. Hoc autem quod diximus carere eam omnibus quæ ex substantia mariti ad eam pervenerint, intelligendum est, quantum ad rerum dominium ; ususfructus enim earum rerum ipsi mulieri permanet, proprietate filiis, eo tempore liberis competente, quo secundas nuptias mater eorum contraxerit. Sin autem illa decesserit, etiam ususfructus eis adcrescat, & hæc omnia jura communiter locum habeant tam in uxoris persona quàm in mariti, si fortè & ipse secundas contraxerit nuptias nullâ discretione habitâ, utrùm dotem vel propter nuptias donationem ipsi pro se dederint, an alius magis pro eis.

CXLIII. Idem.

Adeo autem prædictarum rerum post secundas nuptias patris vel matris liberis ex priore matrimonio natis dominium competit, ut non possit pater vel mater eorum res easdem firmiter alienare, nec hypothecæ titulo obligare : quoniam jus utendi fruendi tantummodo parentibus concessum est. Sed clementius res tempera-

bitur, *ut statim quidem liberi non possint suum parentem vetare,
si easdem res alienare voluerit*: *Sed post obitum ejus eas vindicabunt sine ullo obstaculo*. *Et non solum ipsi*, *sed etiam eorum
heredes res distractas vel pigneratas vindicabunt*, *& non solum
adversus emptores vel creditores*, *sed etiam contra successores eorum in rem movebitur actio*, *nullâ temporali præscriptione ex-
clusi*: *nisi forte triginta annorum curricula transacta fuerint*:
quæ computari oportet ex eo tempore, *quo liberi suæ potestatis
effecti sunt*, *exceptâ videlicet pupillari ætate*: *quia impuberibus
nulla temporis computatio currit*.

CXLIV. Idem.

*Nullam post hæc electionem habeat pater vel mater ad secun-
das perveniens nuptias*, *res prædictas cui voluerit liberorum suorum*, *addicere*: *sed ad omnes liberos hujusmodi res veniant in
capita distribuendæ*: *nisi forte nepotes ex filio vel filia proponan-
tur*, *hi enim in stirpes vocantur*, *& patris sui vel matris portionem accipiunt*: *Illud autem*, *quod superius diximus*, *ut in
talibus rebus alienatio à parente facta irrita non sit*, *non sine
distinctione teneat*, *sed interdum pro parte valeat*, *id est pro ea
quam casus ille facit*, *qui extat nullis liberis superstitibus pro rata
scilicet totius pactionis*. *Hoc autem quod dico*, *tale est*: *quædam
mulier nupsit*, *& pepigit cum marito suo*, *ut soluto matrimonio
si liberi superstites fuerint*, *totam propter nuptias donationem habeant*: *si nulli liberi superstites fuerint*, *tertiam partem habeat
(mulier) ecce in hoc casu si dirempto priore matrimonio secundas
contraxerit nuptias*, *tribus liberis superstitibus*, *& unus ex his
decesserit*: *partem tantam mulier pleno jure possidebit & alienare
firmiter poterit quantam mors filii lucrari eam patitur ex tertia
portione*, *quæ illo casu continetur*, *qui locum habet*, *si liberi
superstites non sint*, *id est*, *ut tertiam portiunculam tertiæ partis
mater lucretur*, *eamque firmiter alienare possit*: *in cæteris autem
portiunculis inutilis sit alienatio*. *Quòd si contigerit omnes liberos
mori sine liberis*: *necesse est totam tertiam portionem matrem habere*, *quam habuisset si ab initio nullis liberis superstitibus priores nuptiæ solutæ fuissent*. *Ex his igitur illud apparet*, *quòd alienatio à parente facta interim in suspenso est*, *& potest pro parte
quidem valere uno filio defuncto*; *pro parte autem in suspenso esse*:
ut si omnes liberi moriantur, *tota tertia portio firmiter alienata*

*fuisse videatur. Illud indubitatum est, quòd filius ingratus circa
parentes ostensus hujusmodi portione excludendus erit; in hoc enim
tantummodo casu iis electionis parenti conceditur. Ingratum autem intelligere debemus eum, qui circà patrem & matrem ingratus probatur, vel omnimodo qui circa eum ingratus est, qui ulti-
mus decesserit.*

CXLV. Qui quæve ad secundas migraverit nuptias, non habeat
licentiam liberalitatem ullam conferre in novercam filiorum
suorum, vel vitricum, ultra eam partem, quæ ad unumquemque eorum ex substantia ejus venerit.

*Pater vel mater qui quæve ad secundas migraverit nuptias,
non habeat licentiam sive inter vivos, sive in ultima voluntate
liberalitatem ullam conferre in novercam filiorum suorum, vel
vitricum, ultra eam partem, quæ ad unumquemque liberorum
suorum ex substantia ejus pervenerit. Ideóque si unum filium habeat: dimidiam partem eidem filio suo conservet, & alteram
dimidiam partem novercæ vel vitrico præstet. Sin autem duos
filios habeat, tertiam tantummodo portionem bonorum suorum
novercæ vel vitrico lic at ei præstare: quod si tres habeat filios,
quartam partem, si velit, det: & regulariter tantam partem liceat ei noverca vel vitrico dare, quantam singuli liberi habent,
sed & si testamento suas facultates dividere parens voluerit, &
novercæ vel vitrico quidpiam dare voluerit, legati vel fideicommissi nomine pariter substantiam sitam distribuat: ut vitricus vel
noverca unius liberi habeat portionem, hæc si liberis suis non ex
disparibus partibus facultates suas parens divisit, nam si dispa-
res portiones eis præstiterit, necesse est novercam vel vitricum illi
filio comparari, qui minimam portionem acceperit: ita tamen ut
unusquisque liberorum non minus lege falcidia habeat: nisi forte
appareat ingratus, id autem quod diximus de patre & de matre,
teneat & in avo & in avia: & non solùm in filio filiave proposi-
tis, sed etiam in nepote nepteve.*

CXLVI. Cujus temporis computatio spectanda sit: & quomodo superflua quantitas distribui debeat.

*Sed est quæsitum multoties in judiciis, quo tempore computa-
tionem patrimonii parentis facere debeamus: utrum eo quò dotem*

vel ante nuptias donationem, vel aliam qualemvis liberalitatem adscripsit, vel dedit vitrico vel novercæ: an magis illud tempus spectari oportet, ex quo parens mortuus est, dicimus eventum inspici oportere, id est, illud tempus quo parens mortuus est ; ut secundum patrimonii quantitatem, quod postea inventum fuerit, ita divisio fiat inter liberos ex priore matrimonio natos & novercam vel vitricam, ita, ut si quid plus novercæ vel vitrico datum vel relictum fuerit, hoc redeat ad liberos, qui ex priore matrimonio nati sunt, & pariter inter eos distribuatur. Sin autem ex secundo matrimonio liberos reliquerit ; id quod de sua substantia plus æquo dedit, irritum factum, inter omnes & ex priore & ex secundo matrimonio natos liberos dividatur. Illud autem certum est, quod & primi & secundi & tertii matrimonii liberi singuli suæ matris dotem vel proprii patris propter nuptias donationem excipient omnimodo, sive ad alias pervenerit nuptias pater vel mater, sive non.

CXLVII. Si legatum uxori maritus reliquerit, vel contrà, id est, uxor marito.

Sin autem legatum defuncta persona superstiti parti reliquerit: deinde superstes noluerit ad alias nuptias pervenire: liceat ei suo jure legatum possidere & alienare, sive inter vivos, sive ultima voluntate: & liceat ei eo, quo voluerit, modo, disponere.

CXLVIII. Si repudio matrimonium solutum sit, quid statui oportet de lucris nuptialibus.

Omnia autem, quæ diximus de lucro dotis aut propter nuptias donationis ex morte mariti vel uxoris, ad alterutram personam pervenientis, trahenda sunt etiam ad ea lucra, quæ per repudium matrimonio soluto ad alterutram partem pervenerunt. Idem juris est, & si bonâ gratiâ nuptiæ disjunctæ sunt: liberis enim res lucro cedentes servabuntur, idem dicimus & de eo lucro, quod mulieribus præstari necesse est sine dotibus nuptiæ quartam (partem) enim quam ex facultatibus mariti acceperunt, liberis suis servare coguntur. (Et si secundas contraxerit nuptias maritus filii sui ex priori matrimonio nati res, quas lucratus est custodiat.)

CXLIX. De augenda vel diminuenda dote, vel propter nuptias donatione.

Libera licentia fit (tam mulieri quam etiam marito) tam augere quam deminuere dotem vel propter nuptias donationem, etiam adhuc constante matrimonio : quod in primis quidem nuptiis sine distinctione verum est : in secundis autem nuptiis liberis quidem ex priori matrimonio extantibus, diminuere dotem vel ante nuptias donationem non licebit, quamvis augere eas non est prohibitum. Sin autem nulli liberi ex præcedenti matrimonio sint, tunc & augere & diminuere dotem & propter nuptias donationem sine ullo obstaculo licet.

C L. De usufructu uxori à marito relicto vel donato : aut contrà, id est, si marito uxor.

Si quis in ultimis suis elogiis usumfructum uxori suæ reliquerit, sive mortis causâ donaverit, vel vivus usumfructum ei concesserit : posteaque ad secundas nuptias uxor migraverit : non statim ei pereat ususfructus, sed habeat eum integrum mulier quoad vixerit ; post mortem autem ejus redeat ususfructus ad suam proprietatem. Hæc autem ita sunt nisi specialiter maritus, qui donavit usumfructum, sub hac conditione dedit, ut si mulier ad secundas pervenerit nuptias, ususfructus extinguatur. Idémque dicimus, & si mulier marito suo usumfructum donaverit, vel ultima voluntate reliquerit. Sed hæc de jure utendifruendi (dicimus) quod per liberalitatem alteri ab altero datum est.

C L I. Si ususfructus dotis nomine, vel propter nuptias donationis causâ constituatur.

Sin autem ususfructus dotis causâ, vel propter nuptias donationis gratiâ, datus sit : tunc vetera jura illibata maneant, id est, apud maritum vel mulierem sit, quamvis contrarium in suo testamento persona decedens expresserit.

CLII.

CLII. De rebus maternis vel nuptialibus lucris, quæ ad filio- familias pervenerunt : & de castrensi vel quasi castrensi peculio.

Quodcumque filius aut filia adquisierit, five ex materna linea, five ex causa nuptiali, vel qualitercumque, hujus rei usumfructum omnimodo pater habeat, quamvis fecundas contraxerit nuptias. Loquimur autem de liberis, qui in potestate parentum sunt, exceptis videlicet castrensibus & quasi castrensibus peculiis: ea enim fine aliqua distinctione parentibus non adquiruntur: neque quod ad proprietatem pertinet, neque quod ad usumfructum spectat : sed sunt pleno jure liberorum, quamvis in potestate parentum fuerint.

CLIII. Si mulier res, quas liberis fuis donavit, quasi ab ingratis post fecundas nuptias fuas revocare maluerit.

Si mulier liberis fuis res quasdam donaverit, postedque ad fecundas pervenerit nuptias, & ingratitudinis velamento donationem femel à te factam revocare maluerit nullo modo poterit hoc facere, nisi specialiter probaverit, vel quod vitæ ejus filius insidiatus est, vel quod manus impias ei intulerit, vel quod tales insidias ei concinnaverit, ut facultatibus fuis totis privetur.

CLIV. Ut fecundo Marito copulata mulier prioris viri dignitatibus vel privilegiis non utatur.

Mulier quæ ad fecundas migraverit nuptias, privilegiis vel dignitatibus mariti prioris non utitur.

CLV. De liberis mulieribus, quæ patronis fuis conjunctæ funt.

Si libertà mulier patrono fuo copulata nuptiis quidem ejus ipfa renunciaverit, ad fecundum autem matrimonium migrare voluerit: id facere invito patrono non potuit, alioquin fi contra voluntatem ejus nupferit, non fiunt nuptia, fed ut meretrix conjuncta effe videtur.

Tome I.   KKkk

CLVI. Si adhuc conftante matrimonio dotem maritus uxori fuæ perfolverit.

Conftante adhuc matrimonio dotem maritus uxori fuæ non facile compellitur folvere, nifi fit caufa legibus cognita. Alioquin fi temerè dotem uxori fuæ maritus folverit, donaffe ei videbitur, & ideo mortua muliere dotem reddere hæredes ejus marita debent cum fructibus, fcilicet qui in medio tempore nati funt & non folum ipfi marito, fed etiam heredibus ejus : ideóque & lucra dotium fic tractantur, quafi non effent reddita, ut & pacta dotalia conferventur. & fi fecundas nuptias maritus contraxerit, filiis fuis ex priore matrimonio natis, res quas lucratus eft, cuftodiat.

CLVII. Si mulier liberorum fuorum tutelam adminiftraverit & ad fecundas convolaverit nuptias.

Si mulier liberorum fuorum tutelam adminiftraverit, & poft inchoatam adminiftrationem ad fecundas migrare voluerit nuptias : Prius filiis fuis impuberibus tutorem petere debet, eíque rationem adminiftrationis fuæ reddere & poft redditas rationes, fi debitrix appareat, debitum fuum folvere debet : deinde fi velit, ad matrimonium fecundum perveniat. Sin autem hac obfervatione contemptâ fecundas contraxerit nuptias : non folum res ipfius, id eft matris, liberis ejus hypothecæ titulo fupponantur ; fed etiam res vitrici ex præfentis conftitutionis auctoritate, & fi filii impuberes moriantur : fucceffionem eorum mater lucrari non fperet, five ab inteftato (ei) deferatur eorum fucceffio, five ex tefta-mento, quod forte pater eis pupillari modo matrem eorum fubftituit. Et non folum tales pœnas patiatur, fed etiam illas, quæ de his mulieribus dictæ funt, quas probatum fuerit antequam legitimum tempus, id eft annale fpatium prætereat, ad fecundas nuptias properaffe, ut fint infames, & tales pœnas fuftineant quas fuperius expofuimus. Solvi autem pœnæ poffunt, fi principalis indulgentia remiferit eas fecundum jam traditam obfervantiam, id eft, fi dimidia pars bonorum matris liberis donata fuerit, ut nec ufusfructus rerum matri concedatur eorum. Idem autem & fi naturalium liberorum mater tutelam adminiftrans ad fecundas convolaverit nuptias : eáque cuftodiri oportet in provinciis qui-

dem curâ & follicitudine præfidum : in Imperiali autem civitate, curâ & follicitudine tam Præfecti urbis, quam Præfecti prætorio.

CLVIII. Si fub conditione mater à patre legatum vel
fideicomm iffum reliquerit filio fuo.

*Si pater juffus vel rogatus fuerit legatum aut fideicommif-
fum filio fuo fub conditione præftare, non aliter legatorum fervandorum caufâ fatisfare cogatur nifi fecundas contraxerit nuptias.*

CLIX. De clericis, qui nuptias contrahere
non poffunt.

*Clericus qui fuprà Lectores & Cantores eft, veluti Subdia-
conus, vel Diaconus, nullas nuptias contrahere audeat; alioquin facerdotio cadat lector, quoque fi fecundas contraxerit nuptias, ad majorem gradum ordinis Ecclefiaftici prohibeatur af-
cendere: laicus etiam fi appareat uxori conjunctus effe quæ alium
maritum habuit, aut fi non jure conjunctus fit, aut fi ipfe
aliam uxorem habuit, neque Subdiaconus, neque Diaconus, neque Presbyter fieri poterit, nam etfi clandeftinis artibus ad
confecrationem irrepferit: honore ejus cadat.*

CLX. Si decedens maritus uxori fuæ legaverit fub conditione
fi fecundas non contraxerit nuptias : vel contrà,
id eft, uxor marito.

*Si quis decedens reliquerit uxori fuæ legatum fub hoc modo,
ut ad fecundas nuptias non perveniat : vel fi mulier marito fuo
legatum reliquerit, ut fecundum ille non contrahat matrimonium : correctâ lege Julià Mifcellâ præftetur legatum fub obfervatione hujufmodi : ut in primo quidem anno legatum non
exigatur : nifi forte facerdotium legatario obvenerit, ut nuptiarum nulla fpes fit. Anno autem primo tranfacto, fi quidem
res legata immobilis fit, fub cautione tamen juratoria & obligatione bonorum fuorum, quod fecundis (quidem) ab eo contractis nuptiis rem qualem accepit, reftituat cum fructibus me-*

KKkk ij

dio tempore natis , *sin autem res legata mobilis fuerit* : *si qui-*
dem legatarius vel legataria locuples fuerit : *Simili cautione at-*
que obligatione bonorum , (*suorum*) *rem legatam sibi capiat* , *ita*
ut secundis nuptiis contractis res qualis data est reddatur , *vel*
deminutio ejus resarciatur , *sin autem pecunia numerata legata*
sit , *cum usuris suis reddatur* , *quo legatario soluto sunt ab his*
quibus pecuniam mutavit , *sacramento prius ab eo præstito* ,
quod nihil ex usuris sibi solutis celavit. Quod si non mutavit
quidem pecuniam (*ad usuram*) *ad usus autem suos conver-*
tit , *usurarum nomine tertiam centesimæ det. Hic si locuples fue-*
rit legatarius vel legataria , *sin autem minus solvendo fuerit* ;
fidejussorem dare cogatur , *quod si nec fidejussores dare possit*
sub cautione juratoria & obligatione (*suorum*) *bonorum* , *res*
ei præstantur. Statim autem atque ad secundas pervenerit nu-
ptias : *res legati nomine data vendicentur apud qualem personam*
inventæ fuerint , *sive mobiles sint* , *sive immobiles & omnino*
vindicatio rerum ita fiat quasi alienatio earum ab initio facta
non esset : *sin autem pecunia numerata legata sit* , *& legatarius*
neque fidejussores habuerit , *neque idoneus sit* : *tunc ille à quo*
legatum ei relictum est , *tertiam centesimæ* , *ei præstet nomine*
usurarum , *donec ad secundas pervenerit nuptias* , *vel sacerdo-*
tio fuerit consecratus ; *ut nulla spes nuptiarum supersit* , *vel*
mortuus fuerit legatarius. Nam si quidem secundas contraxe-
rit nuptias , *reddat quas acceperit usuras* , *sin autem ad sacer-*
dotium venerit vel mortuus sit : *capiat aut ipse sortem* , *aut hæ-*
redes ejus. Hæc autem omnia observari decet , *& si non mari-*
tus uxori , *vel uxor marito* , *sed extraneus quicumque sub ea-*
dem conditione legatum reliquerit : *nam & hic eadem teneant* ,
quæ in marito diximus & uxore , *ut antefata cautio detur* ;
si quidem institutio particularis sit cohæredibus. Sin autem le-
gatum vel fideicommissum relictum sit hæredibus vel substitutis ,
nemine autem ex his apparente : *his cautio præstetur* , *qui ab*
intestato ad successionem defuncti vocantur : *nisi forte specialiter*
testator talem cautionem dari prohibuerit. Nam & in casu vo-
luntatem ejus custodiri æquum est.

CLXI. Mulier quæ fecundas nuptias contraxerit, quemaſ-
modum filii fui fucceſſionem capiat tam ex teſtamento,
quam ab inteſtato : loquitur autem in eodem capite
& de fratrum fucceſſione.

Si filius decedens teſtamento ſuo matrem heredem inſtituerit,
ſic inſtitutio ejus habeatur , quaſi quia alius extraneus à de-
functo hæres in teſtamento ſcriptus fuiſſet. Ideoque omnia quæ
filius reliquerit , ad matrem perveniant , nullâ diſcretione ha-
bitâ , utrum res , quas filius dereliquit , ex paterna ſubſtantia
ad eum devolutæ ſint , an non : undecumque enim res ad filium
pervenerint tranſmittantur ad matrem : nullâque eidem matri
quæſtio ab aliis filiis ſuis , id eſt , fratribus defuncti moveatur :
quia & ſi alius extraneus à defuncto filio heres inſtitutus eſſet :
nihilominus omnes res teſtatoris accepiſſet. Hæc ſi mater in
teſtamento à filio ſuo heres inſtituta eſt nulla habita differen-
tia , utrum ad ſecundas migraverit nuptias , an non , ſin au-
tem inteſtatus filius defunctus eſt , & mater vel jam ad ſecun-
das migraverit nuptias , vel poſtea migraverit , vocetur quidem
& ipſa cum fratribus defuncti filii ſui ad ſucceſſionem ejus , ſed
earum quidem rerum , quæ ex paterna linea ad defunctum fi-
lium pervenerunt tantum uſumfructum habeat mater , ſi ſecun-
das nuptias contraxit , vel ſi poſtea contraxerit , ſin autem res
ex alia cauſa filio defuncto , adquiſitæ ſunt : tunc in iiſdem re-
bus ejus portione cum fratribus defuncti filii ſui ſuccedat : &
non ſolum jus utendi fruendi , ſed etiam proprietatem in iiſdem
habeat rebus , exceptâ videlicet propter nuptias donatione. Ea enim
ſuis finibus regitur , & nullam innovationem ab hac conſtitu-
tione patitur. Sed & in hoc toto juris capite ingratitudine ra-
tio habenda eſt , non ſolum ad matrem , ſed etiam ad fratres.
Cauſæ autem ingratitudinis in alia inferiore conſtitutione ex-
ponuntur. Illud autem certum eſt quod hoc caput conſtitutionis
ad futuros caſus non ad præteritos pertinet.

CLXII. Si mater alienare voluerit ea, quæ ex filii ſucceſſione
ad eam devoluta ſunt.

Liceat matri in his rebus , quæ non ex paterna linea ad
filium ſuum defunctum pervenerunt , ſi hæres ei extiterit , &

testari & alienare & ad quem voluerit modum disponere. Quòd si res permixtæ fuerint tam ex paterna linea , quàm ex diversis aliis causis adquisitæ ; veluti ex testamento , ex donatione (vel) ex legato vel alio hujuscemodi casu : earum quidem rerum , quæ ex paterna linea filio defuncto obvenerunt , habeat usumfructum : aliarum autem rerum pleno jure habeat proprietatem , hoc autem constitutionis caput non solum in futuris casibus , sed etiam in præteritis negotiis locum habeat : nisi forte vel judiciali sententia , vel amicali transactione sopita sunt. Studeant autem parentes filios suos tam ex priori matrimonio natos , quam ex secundis nuptiis procreatos ex æquis partibus hæredes scribere : nisi forte quidam inter eos ingrati appareant. Hoc autem quasi persuadentes magis quàm legis necessitatem imponentes edicimus.

CLXI·II.　Quæ causæ repudii sunt.

Causas autem repudii in ista Constitutione positas ideò non diximus : quia in inferiore Constitutione hoc caput plenissimè invenitur : & omnino si quid prætermissum est , & in hac constitutione quasi deletum ut superfluum expositum non est , & ideo alias constitutiones legere debes , quas tibi tituli competentes ostenderint. DAT. XV. KAL. APR. CP. P. C. BILIS.

TITRE II·

Des Appellations , & dans quel temps on doit appeller des jugemens.

Voyez ce Titre dans le Code : les autres Novelles jusques au Titre 17. de cette Collation , sont inutiles en France.

TITRE XVII.

NOVELLE XXIII·

*Des Restitutions , & de la femme qui accouche onze mois
aprés la mort de son mary.*

NOVELLE XXXIX.

De resti-
tutioni-
bus , &
ea quæ
parit in
undeci-
mo men-
se post
mortem
viri,

PREFACE ET CHAPITRE PREMIER.

Si un testateur institue un de ses enfans , ou un étranger.

Si qu
unum e
liberis
suis hæ
redem
instituc
rit , v
extrane
personi

SOMMAIRE.

16. Si le pere peut deffendre l'alienation des biens sujets à restitution, pour cause de dot ou de donation à cause de nopces.

17. Si l'alienation faite pour cause de dot, exclud pour toûjours des biens alienez, les fideicommissaires.

18. Si la convention de lucranda dote vel donatione propter nuptias *au profit du sur-*

vivant des conjoints, est valable.

19. Si dans les Coustumes où le doüaire n'est que viager, il peut estre stipulé propre aux enfans sur les biens substituez.

20. Si la veuve d'un homme chargé de deux fideicommis, peut choisir sur lequel elle veut prendre la restitution de sa dot.

1   CEtte Novelle contient deux parties : Dans la premiere qui est traitée dans la Preface & le Chapitre premier, il s'agit de la restitution d'une succession dont le testateur a chargé l'heritier qu'il a institué ; & dans l'autre, qui fait la matiere du §. 2. il est parlé de la femme qui accouche onze mois aprés le deceds de son mary.

2   L'Empereur dans la Preface dit, que les diverses circonstances qui tombent dans les affaires qui se font entre les hommes, font que les Loix établies sur de bons principes, ont besoin de reforme pour les particularitez ou les exceptions qui dérogent aux principes generaux qui ont esté la cause de leur établissement ; c'est à dire, que les Loix ne doivent pas seulement contenir des décisions generales, mais qu'elles doivent aussi contenir des décisions particulieres qui dérogent aux generales, comme estant des exceptions des regles generales, suivant la Loy *in toto ff. de R. I.* & il dit, que c'est la raison pour laquelle il a fait

3   la presente Ordonnance, parce qu'il se trouvoit autrefois de grandes difficultez sur le sujet des restitutions des successions.

La premiere estoit lors que celuy qui estoit chargé de restituer les biens d'une succession, obligeoit ses biens, le doute estoit, si dans ce cas l'obligation a lieu tant à l'égard des biens sujets à restitution, que pour ceux qui appartenoient à celuy qui estoit chargé de la faire.

L'Empereur ne resoud pas cette difficulté ; mais il en faut prendre la décision dans la Loy premiere, *C. commun. de legat.* & dans le §. 2. *Institut. de legat.* où il est dit, que les legataires & les fideicommissaires peuvent poursuivre les choses qui leur

ont

ont esté laissées par ces trois actions, sçavoir par l'action réelle, l'action personnelle, & l'action hypotequaire ; d'où il s'ensuit, que les choses sujettes à restitution peuvent estre valablement hypotequées par celuy qui est chargé de les restituer.

La deuxiéme qui est proposée *in verbo*, *& multa*, est pour l'interpretation des termes dont le testateur se seroit servy, comme s'il avoit ordonné que les choses qui se trouveroient en la possession de l'heritier chargé aprés sa mort de restitution, seroient restituées : ou s'il avoit ordonné que l'heritier restituëroit sa succession, aprés en avoir déduit la quarte falcidie.

La difficulté consiste à sçavoir, si ces deux cas ne sont point differens, en sorte que le premier soit semblable au second, pour lequel n'y a aucune difficulté ; car si le testateur a chargé son heritier de restituer ce qui reste de sa succession aprés en avoir pris la quarte, pour lors l'heritier peut aliener la quarte, & il doit restituer les trois quarts de la succession, ainsi ce qui sera aliené sera imputé sur la quarte, *l.* 3. *§. res. ff. ad SC. Trebell.*

Mais quand le testateur a dit, que son heritier restituëroit aprés sa mort ce qui se trouveroit des biens de la succession en sa possession, en ce cas il suffit s'il laisse à celuy au profit duquel il est chargé, la quatriéme partie de l'heredité, suivant la Novelle *de restitutionibus*, *infrà*, 108. Ainsi il y a une tres-grande difference entre ces deux fideicommis, à cause des termes dont ils sont exprimez, quoy qu'il semble qu'ils soient semblables, & qu'ils produisent le mesme effet, en sorte qu'en l'un & en l'autre l'heritier ne puisse aliener que la quatriéme partie de l'heredité. Voyez la Novelle 108.

La troisiéme est *in verbo. & introducebantur.* pour la poursuite du fideicommis & des missions *in rem*, & des differens circuits & détours dont il falloit se servir pour y parvenir, & qui estoient tres-difficiles, parce qu'on ne pouvoit pas se servir de l'action *in rem*; ce qui est signifié par ce terme *ex inopia.* où il faut suppléer *actionis realis.*

Pour entendre ce que c'est que *missio in rem*, il faut observer, que par le droit ancien les legataires ne pouvoient pas agir par l'action réelle pour avoir les choses qui leur avoient esté leguées, à moins qu'ils n'eussent auparavant obtenu du Juge la possession d'icelles, & par le moyen de cette possession ils avoient droit de poursuivre les détempteurs des choses leguées, au profit desquels elles avoient esté alienées par celuy qui estoit chargé de les reftituer ; mais l'Empereur Juftinian abrogea cette miffion *in rem. l. 1. & ult. §. fed quia noftra. C. commun. de legat. & de in rem miff. toll.* ordonnant que tout legataire ou fideicommiffaire pourroit à l'avenir fe fervir de ces trois actions pour la pourfuite des chofes qui luy auroient efté leguées ; fçavoir l'action perfonnelle, l'action réelle, & l'action hypotequaire ; comme nous avons dit dans le Code fur ce titre.

Dans le commencement de cette Novelle *verf. fed tanquam nos.* l'Empereur dit avoir fait une Loy, qui eft la Loy derniere §. *fed quia noftra Majeftas. C. d. t.* par laquelle il a remedié aux embarras qui fe trouvoient pour la pourfuite d'un fideicommis contre un étranger detempteur des chofes fujettes à reftitution, deffendant à ceux qui font chargez de reftituer quelque chofe, de l'aliener ou de l'hypotequer, voulant que telle chofe au cas qu'elle foit alienée ou obligée, paffe de main en main en la perfonne de differens acquereurs *cum propria fortuna*, c'eft à dire, avec la charge d'eftre reftituée à celuy au profit duquel la reftitution aura efté ordonnée par le teftateur, en forte qu'elle puiffe eftre retirée par luy des mains de celuy qui s'en trouvera le poffeffeur. Ainfi l'alienation qui eft faite des chofes fujettes à reftitution eft valable, jufqu'à ce qu'elles foient retirées par celuy auquel la reftitution en doit eftre faite.

Il dit en fuitte, que cette Loy eft déja confirmée par un long ufage, & mefme confirmée par plufieurs jugemens ; ce n'eft pas qu'il veüille dire par là, qu'il y avoit un nombre confiderable d'années qu'elle avoit efté établie, car il ne pouvoit pas y avoir plus de dix à onze ans qu'elle avoit efté faite par l'Empereur, puis qu'il n'y avoit pas davantage qu'il eftoit monté à l'Empire, mais il veut faire connoiftre, qu'elle fembloit auffi ancienne que les plus anciennes, par l'ufage qu'on en faifoit. Et quoy que cette Loy fût tres-étroitement obfervée, toutefois il devoit arriver à fon égard ce qu'il a dit au commencement de cette Novelle, qui arrive ordinairement aux Loix qui font établies fur les meilleurs fondemens, fçavoir que le temps feroit connoiftre qu'elle ne devoit point eftre fans exception, & par confequent fans reforme, puifque l'exception à une Loy eft la dérogation à icelle dans le cas fpecial renfermé dans l'exception.

Ce qui a fervy de motif à l'Empereur pour la reforme de cette Loy, eft que plufieurs perfonnes de l'un & de l'autre fexe luy ont fait connoiftre le tort & la lezion qu'elles en recevoient, en

ce que par la mort du mary la femme exigeoit sa dot, & une partie de la donation *propter nuptias* qu'il luy avoit faite, pour l'a-
voir en pleine proprieté au cas qu'elle le survescût, suivant la
convention portée par le Contrat, mais le frere du deffunt s'y
opposoit, revendiquant par une autre cause que comme heritier
du mary, les choses dont il avoit constitué à sa femme la donation *propter nuptias*, parce qu'il justifioit qu'elles luy avoient
esté données par leur pere à la charge que le mary qui les recevoit, les restituëroit à son frere après sa mort; par ce moyen le
frere du deffunt n'emportoit pas seulement les choses sujettes à
la donation *propter nuptias*, mais aussi la dot de la femme, disant
que la dot consistant en argent ou effets mobiliaires, avoit esté
consommée par le mary, qu'elle ne se trouvoit plus en nature,
& qu'il ne prenoit pas les biens de la femme de son frere, mais
des biens qui venoient de son pere, & qui n'avoient esté donnez
au deffunt par leur pere, qu'à la charge qu'en cas qu'il decedast
sans enfans, il les restituëroit à son frere, sur ce fondement ce
frere vouloit reprendre toutes les choses sujettes à restitution à
son profit, sur celles qui se trouvoient après le deceds du mary,
& demandoit qu'elles luy fussent restituées conformément à la
Loy établie par l'Empereur, qui est la Loy derniere §. *sed quia
nostra. C. d. tit.*

Cette femme se plaignoit avec raison de l'injuste procedé
de son frere, remontrant que son mary estoit devenu par fraude
& par un moyen dont elle ne pouvoit pas facilement avoir la
connoissance, le maistre irrevocable de sa dot, & que neanmoins
si elle estoit decedée avant luy, il auroit gagné sa dot suivant
l'accord fait par leur Contrat de mariage, mais parce qu'il seroit
mort le premier, & qu'elle ignoroit que ses biens estoient chargez
de restitution, il falloit qu'elle perdît tous ses biens.

L'Empereur dit au verset *sed huic quidem.* qu'il a decidé cette
difficulté, & qu'il trouve sa décision judicieuse, laquelle est contenuë dans le Chapitre premier de cette Novelle, & cette décision est, qu'il est permis aux heritiers chargez de restituer tous
les biens du testateur, d'en aliener ce qu'il faut pour la constitution de la dot, & de la donation *propter nuptias*. Je crois que
c'est l'interpretation qu'il faut donner à ces termes : *sed huic
quidem data est negotio forma quam bene se habere putavimus*,
lesquels Accurse n'a pas entendus selon l'esprit de l'Empereur,
car cét Interprete veut, que l'Empereur ait voulu marquer par là,

LLll ij

qu'il y avoit déja une Loy qui décidoit cette question, laquelle ne se trouve pas dans le Corps du droit : Accurse dit *in verbo. forma. hæc quæstio fuit de facto & determinata est , sed illa determinatio non est in corpore juris :* Si cette question avoit déja esté determinée par quelque Loy, où elle auroit esté faite après le Code ou auparavant, si elle avoit esté faite auparavant, l'Empereur n'en parleroit pas , puis qu'il y auroit esté derogé par le droit du Code, & si elle avoit esté faite après, cette femme s'en seroit servie, & l'Empereur n'auroit pas esté obligé de faire cette Ordonnance, & il ne marqueroit pas (comme il fait cy-dessus) qu'il auroit trouvé necessaire de mettre par cette Ordonnance une exception à la Loy derniere du Code *d. t.*

On pourroit dire que l'Empereur voudroit parler de la Loy 22. §. 4. *ff. ad SC. Trebellian.* où il dit que si un pere avoit institué sa fille , & qu'il l'eut chargée de restituer sa succession au cas qu'elle decedast sans enfans, si cette fille se marie après la mort de son pere, & qu'elle constitue sa dot sur les biens sujets à restitution, la dot doive estre prise & distraite au préjudice de celuy auquel la restitution doit estre faite, au cas qu'elle meure sans enfans avant son mary : La raison qu'en rend le Jurisconsulte Ulpian , est que *non potest dici in eversionem fideicommissi factum , quod & mulieris pudicitiæ , & patris voto congruebat :* c'est à dire, que pour la conservation de l'honneur de la fille il faut qu'elle puisse prendre sa dot sur les biens sujets à restitution, afin qu'elle puisse se marier par ce moyen , & n'estre pas en danger de tomber dans le concubinage pour n'avoir pas dequoy constituer une dot à un mary, & mesme il y a lieu de croire, que telle a esté la volonté du pere quand il a institué sa fille son heritiere, & s'il ne l'a pas declaré expressément, on doit presumer que c'est qu'il ignoroit si sa fille contracteroit mariage après sa mort.

De cette Loy il semble qu'on puisse tirer consequence pour la donation à cause de nopces, puisque ce qu'on dit de l'une, se doit dire de l'autre, & que quand la dot n'a pas lieu, la donation *propter nuptias* ne peut pas aussi valoir , & qu'ainsi c'est cette Loy dont l'Empereur a voulu parler. Toutefois je crois que cette Loy ne doit point s'étendre à la donation *propter nuptias* , parce que le pere n'a pas la mesme obligation de constituer pour son fils une donation *propter nuptias* à la femme , comme il est obligé de doter sa fille pour la conservation de sa chasteté.

Dans le verſet *rurſus autem.* l'Empereur expoſe une autre Requeſte qui luy a eſté preſentée par un homme, diſant que le pere de ſa femme auroit ſubſtitué ſa portion de ſa ſucceſſion au profit de ſes autres enfans freres de cette femme, & qu'il ne luy avoit laiſſé en proprieté qu'une tres petite partie de ſes biens, & qu'ainſi il ſeroit en grand danger de perdre ſes biens, tant pour la reſtitution de la dot à laquelle il ſeroit obligé, qu'en conſequence de la donation à cauſe de nopces, qu'il auroit faite à ſa femme par Contrat de mariage, à la charge qu'elle luy appartiendroit en pleine proprieté ſi elle le ſurvivoit, & que neanmoins ſi ſa femme mouroit la premiere, il ne pourroit rien eſperer d'elle, à cauſe que la proprieté des biens de ſon pere luy auroit eſté oſtée, parce qu'il l'auroit chargée d'en faire la reſtitution à ſes freres quand elle ſeroit decedée.

Dans le verſet *hæc nos.* il dit que ces plaintes qui luy ont eſté faites, l'ont obligé de reformer la Loy qu'il a faite pour la reſtitution des fideicommis, qui eſt la Loy derniere *C. commun. de leg.* aimant mieux reformer les Loix qu'il a faites, que de voir ſes ſujets expoſez à la perte de leurs biens, principalement à l'occaſion des nopces, *quarum nihil eſt hominibus utilius, tanquam ſolis facere homines valentibus.*

L'Empereur dit dans ce Chapitre, que les raiſons remarquées dans le commencement de cette Novelle ont eſté cauſe qu'il a fait la Loy contenuë dans ce Chapitre, ordonnant neanmoins que tous les cas qui ſe trouvent dans la Loy qu'il a faite autrefois, qui eſt la Loy ſuſdite au Code *commun. de leg.* ſoient obſervez au ſurplus, reformant ſeulement cette Loy en ce point, ſçavoir au cas que quelqu'un ait ordonné que ſes biens ſeroient reſtituez, il ſoit obligé de laiſſer à ſes enfans leur legitime, laquelle il a augmentée par la Novelle *de triente & ſemiſ. ſup.* ſuivant le nombre des enfans, voulant encore que du reſte de la ſucceſſion, aprés en avoir tiré la legitime, la fille ou le fils rempliſſe ſa dot ou la donation *propter nuptias,* au cas que la legitime ne ſoit pas ſuffiſante, eu égard à la qualité des perſonnes, & la valeur du patrimoine, ce qui eſt conforme à la Loy *quæro.* 60. *C. de jure dot.* où le Juriſconſulte dit, *Quæro quanta pecunia dotem promittenti adultæ mulieri curator conſenſum accommodare debeat? Reſpondit, modus ex facultatibus & dignitate mulieris maritique ſtatuendus eſt, quouſque ratio patitur.*

Ad reſtitutionem, c'eſt à dire ſur les biens ſujets à reſtitution,

& selon ce sens il faut lire depuis *honesté* jusques à ces termes *ad restitutionem*, sans point ny virgule, & mettre la virgule aprés *restitutionem*.

Enfin l'Empereur *vers. sancimus enim.* ordonne qu'on prendra sur les biens sujets à restitution, les conventions portées par les Contrats de mariage, & les alienations des choses, ou les obligations d'icelles faites en consequence desdits Contrats de mariage, comme il arriveroit au cas que la femme donnast en dot à son mary un fond estimé pour une certaine somme, sujet à restitution, ou qu'elle l'obligeast à son mary pour la somme qu'elle luy constitueroit en dot : au premier cas ce seroit une veritable alienation de ce fond, & au second ce ne seroit qu'une constitution d'hypoteque. De sorte que l'Empereur veut, que si le mary ou la femme est chargé d'une semblable restitution, le mary puisse valablement offrir à sa femme une donation *propter nuptias,* ou la femme sa dot, sans que la restitution dont ils seroient chargez, y puisse mettre aucun empeschement, parce que l'utilité publique doit estre preferée à celle des particuliers, *ea enim, quæ communiter omnibus prosunt, iis, quæ specialiter quibusdam utilia sunt, præponimus :* ce qui est étably par une faveur & un privilege special pour les avantages qui se font par les Contrats de mariage entre les contractans.

Et puisque, dit l'Empereur, ceux qui l'ont devancé ont crû qu'il falloit excepter quelques biens de ceux qui avoient esté generalement hypotequez, par une presomption que la volonté du debiteur avoit esté de n'obliger pas certaines choses, *l. obligatione. l. vel quæ. l. denique. & l. seq. ff. de pignor. & l. 1. C. quæ res pign. oblig. poss.* pourquoy ne pourra-t'il pas excepter les gains nuptiaux de la restitution de tous les biens du testateur, dont il auroit chargé son heritier, puis qu'il n'est pas si necessaire d'excepter certaines choses de l'hypoteque generale de tous biens constituée par un debiteur, que d'excepter de la restitution des biens d'un testateur la donation *propter nuptias,* ou la dot en faveur de l'heritier que le testateur auroit chargé de restituer tous ses biens.

Dans le §. *hæc igitur omnia.* l'Empereur declare que cette Ordonnance n'est faite que pour les substitutions fideicommissaires qui se feront à l'avenir, & non pour celles qui sont déja faites, mais en vertu desquelles les biens ne sont pas encore restituez, ne voulant pas que cette Ordonnance y deroge; comme si

une femme n'ayant qu'une dot mediocre , ou un homme n'a-
yant conſtitué à la femme qu'une donation *propter nuptias* modique, vouloit après l'établiſſement de cette Loy à deſſein d'y
contrevenir, augmenter ou la dot ou la donation *propter nuptias*, pour ſe liberer aux moins en partie de la reſtitution des
choſes qui luy auroient eſté laiſſées à la charge de les reſtituer,
cette diſpoſition ſeroit abſolument inutile & de nul effet, comme étant faite en faveur de reſtitutions.

De ce Chapitre a eſté tirée l'Authentique *res quæ ſubja-* 6
cent, miſe après la Loy derniere au Code *commun. de legat.*

Authentique *Res quæ ſubjacent.*

*Res quæ ſubjacent reſtitutioni , prohibentur alienari quidem
vel obligari : ſed ſi liberis portio legitima non ſufficit ad dotis ſive
donationis propter nuptias obligationem , permittitur res prædictas in eam cauſam alienare vel obligare pro modo honeſta-
ti perſonarum congruo. Ea enim quæ communiter omnibus
proſunt , his quæ ſpecialiter quibuſdam utilia ſunt , præponimus.*

Cette Authentique contient deux parties : La premiere eſt la 7
regle generale, que *res ſubjectæ reſtitutioni non poſſunt alienari
vel obligari, & ſi alienentur vel obligentur , tunc non obſtante
alienatione vel obligatione, poſſint ſemper revocari ,* ſuivant la
Loy derniere. *C. commun. de legat.*

La deuxiéme contient deux cas ou exceptions qui dérogent 8
à la regle generale de la Loy derniere. *C. commun. de legat.* &
auſquelles il eſt permis d'aliener les choſes ſujettes à reſtitution
ou partie d'icelles, ſçavoir pour la dot & pour la donation à
cauſe de nopces ; ces deux exceptions ſont introduites par ce
droit nouveau.

La raiſon qui en eſt renduë eſt, que l'on doit preferer l'intereſt
public à l'intereſt particulier, or il eſt de l'intereſt public, *dotes mulieribus ſalvas eſſe ,* afin qu'elles ſe puiſſent marier, & remplir la Republique de Citoyens, *l.* 1. *ff. ſol. matrim.* cette raiſon prévaut à celle qu'on pouvoit oppoſer, que par ce moyen
les dernieres volontez n'ont pas leur execution, *l. vel negavit.
ff. quemad. teſtam. aperient.* dautant qu'elle concerne plus l'intereſt des particuliers que l'utilité publique, ſuivant le ſenti-

ment de Menochius, *confil.* 33. *num.* 13. & 19. & des autres Docteurs.

Pour achever l'interpretation du Chapitre 1. de cette Novelle, & de cette Authentique, nous expliquerons icy plusieurs questions.

9. La premiere, si cette Authentique a lieu non seulement à l'égard de celuy ou de celle que le testateur a chargé de restituer, mais aussi à l'égard de ses enfans: par exemple un pere institué son fils ou sa fille avec charge de restituer ses biens aprés son deceds: le fils peut en se mariant constituer une donation à cause de nopces à sa femme sur les biens sujets à restitution, au cas que sa legitime & la trebellianique, & les autres biens du fils ne soient pas suffisans pour cet effet: pareillement la fille chargée de restituer, peut constituer une dot suffisante à son mary par Contrat de mariage: mais la difficulté est, sçavoir si ce fils chargé de restituer, peut constituer une donation à cause de nopces, en mariant son fils, ou une dot en mariant sa fille ? la plus grande partie des Docteurs tiennent l'affirmative, Bartole, Paul de Castres nomb. 108. Jason nomb. 13. sur cette Authentique, Socin. *confil.* 23. *num.* 4. Menochius *confil.* 33. *num.* 10. & *num.* 38. Guy Pape *quæst.* 96. & autres sont de cet avis.

Et mesme Bartole sur cette Authentique, estime que si le pere chargé de restituer n'a pas doté sa fille de son vivant, il peut luy constituer une dote suffisante par son testament sur les biens sujets à restitution: parce que *quod necessarium est, numquam videtur fuisse in fideicommisso, l. mulier. §. cùm proponeretur, ff. ad SC. Trebellian.* Et que s'il ne luy a point constitué de dot par son testament, la fille peut elle-mesme en deduire sa dot sur les biens sujets à restitution.

On prouve cette opinion par les raisons suivantes.

Premierement, que le pere est tenu doter ses filles, ainsi on ne doit point considerer si les biens qu'il a, sont sujets à restitution ou non.

En second lieu, que si l'ayeul qui a chargé ses enfans de restitution estoit vivant, il seroit tenu de doter sa petite fille, au cas que les biens de son pere ne fussent pas suffisans pour cet effet, *l. dedit dotem. ff. de collat. honor. l. qui liberos. ff. de ritu nuptiar. & l. fin. C. de dote promis.*

En troisiéme lieu, que l'ayeul est non seulement tenu de doter

tèr ſes petites filles , mais auſſi de fournir des alimens à ſes enfans & à tous leurs décendans.

Pour l'opinion contraire qui eſt ſoûtenuë par Peregrinus dans
ſon Traité *de fideicommiſſ. art.* 42. *num.* 35. Giphan ſur la Loy
derniere. C. *commun. de legat.* eſtimans que les biens ſujets à reſtitution peuvent eſtre alienez , *ex cauſa conſtitutionis & reſti-*
tutionis dotium , pro filiis , & filiabus , ac pro nepotibus & nepti-
bus fideicommittentis , tenentibus primum locum in ſucceſſione , qui
vice filiorum ſunt , en ſorte que le fils chargé de reſtituer peut
bien conſtituer à ſa femme une donation à cauſe de nopces ,
mais il ne peut pas conſtituer une dot pour ſa fille : pareillement ſi l'ayeul a laiſſé ſes biens à ſes petits enfans , avec charge
de reſtitution , ils peuvent aliener ces biens pour conſtitution
de dot ou de donation à cauſe de nopces pour eux & non pas
pour leurs enfans : la raiſon eſt, que les exceptions qui dérogent
aux regles generales , ſont de rigueur de droit , & doivent eſtre
gardées étroitement & ſans extenſion de perſonne à d'autres , &
de cas à d'autres , *l. jus ſingulare. ff. de legib. l. comparationes.*
C. *de fide inſtrument. l. quid ſi nepotes. ff. de teſtam. tut. l. filium.*
ff. ad Macedon.

On ajouſte que dans la Loy *mulier.* §. *cùm proponeretur. ff.*
ad SC. Trebell. & dans le Chapitre premier de cette Novelle,
il n'eſt parlé que des enfans qui ſont au premier degré , ou qui
ſont au lieu & place des enfans du premier degré chargez de reſtituer ; car il y eſt ordonné, que le pere chargé de reſtituer, *non*
ſolùm de fideicommiſſo excipiet legitimam , ſed & tantam ſubſtan-
tiæ ſuæ quantitatem , quæ adjecta legitima , ſufficiat ad dotem
vel donationem ante nuptias , honeſtè & ſecundum merita perſona-
rum ; d'où il s'enſuit que cette diſpoſition ne peut avoir lieu
que pour ceux qui ſont au premier degré , ou qui repreſentent
les enfans du premier degré , parce que ce n'eſt qu'à eux que
la legitime eſt deuë , & non aux autres enfans , ſuivant ces termes de l'Authentique *ſed ſi liber. legitima portio non ſufficiat ,*
&c.

On répond aux raiſons de ceux qui tiennent l'opinion contraire , que le pere eſt en effet tenu de doter ſes filles , mais de
ſes biens , & non de ceux qu'il eſt obligé de reſtituer : Que l'a-
yeul s'il vivoit , ſeroit tenu de doter ſes petites filles , mais
que la mort ayant détruit la puiſſance paternelle qu'il pouvoit
avoir ſur ſes petits enfans , ayant une fois diſpoſé de ſes biens

au profit de fes enfans, les petits enfans n'ont aucun droit fur fes biens aprés fon deceds, & l'obligation de doter fes petites filles, & de donner des alimens à fes petits enfans, eft éteinte, *l. profect. §. fi filiusfam. ff. de jure dot.*

10 Cette Authentique eft obfervée dans les pais de droit écrit à l'égard des enfans qui font chargez de reftituer, c'eft à dire qu'ils peuvent prendre leurs dotes, ou conftituer des donations à caufe de nopces fur les biens du teftateur, au cas que leur legitime & la Trebellianique & leurs autres biens ne fuffent pas fuffifans pour cet effet, ce qui eft fans difficulté ; comme il a efté jugé par plufieurs Arrefts rapportez par nos Autheurs : Monfieur Loüet lettre D, Chapitre 21. rapporte un Arreft du 14. Aouft 1607. en la caufe de Rochefort & Comont en la grand' Chambre, au rapport de Monfieur Fleury, qui a jugé, que cette Authentique n'a lieu qu'à l'égard des enfans *primi gradûs*, & non pas *in liberis liberorum* ; autrement dans les fubftitutions generales les biens fubftituez feroient abforbez par doüaires, dotes, legitimes & quartes Trebellianiques, ce qui eft conforme aux termes de cette Novelle, & à l'intention de l'Empereur.

Il y a d'autres Arrefts plus anciens qui ont jugé que les enfans chargez de reftituer, peuvent prendre fur iceux ce qu'il faut pour conftitution de dots & doüaires.

11 Il femble que cette Authentique ne puiffe pas avoir lieu dans la Couftume de Paris & dans les autres, dans lefquelles les peres & meres peuvent difpofer de leurs biens au préjudice des portions qui peuvent écheoir à leurs enfans, en leur laiffant leur legitime, on ne fuit point cette Authentique, de forte que la fille chargée de reftituer les biens que fon pere ou fa mere luy a laiffez, a droit feulement de prendre fur iceux fa legitime, foit qu'elle foit fuffifante ou non pour contracter un mariage avantageux, elle ne peut rien prendre par delà fa legitime fur les biens fubftituez, lefquels doivent paffer à ceux au profit defquels la fubftitution eft faite.

Ce qui auroit encore plus lieu dans celles qui excluent les filles dotées & mariées, de la fucceffion de leurs pere & mere, quoyque pour leur dote elles n'ayent receu qu'un chappel de rofes, parce que *cui licet quod majus eft, ipfi quoque licere debet quod eft minus* ; & puis que le pere pouvoit ne rien laiffer à fa fille de fes biens, dont elle eftoit excluë par la Couftume, il a pû avec plus de raifon luy laiffer fes biens ou partie d'iceux

& la charger de restitution, sans qu'elle puisse en prendre aucune partie pour l'augmentation de sa dot.

Et qu'on pourroit dire aussi, que le fils étant chargé de restituer les biens que son pere luy a laissez, ces biens substituez ne peuvent estre obligez à la restitution de la dot de sa femme que jusques à la concurrence de sa legitime, & non par delà, parce que les peres & meres peuvent disposer de leurs biens au préjudice de leurs enfans, *salvâ legitimâ*, leur laissant leur legitime.

Neanmoins cette Authentique est observée dans la France coûtumier, car quoy qu'elle paroisse contraire à l'intention du testateur elle ne l'est pas cependant, veu qu'on presume que sa volonté a esté de conserver ses biens dans sa famille, & non pas d'empescher celuy qu'il a chargé de restituer de se marier, au contraire on a une naturelle inclination d'avoir des descendans, & pour cet effet il faut que la fille puisse constituer une dot suffisante, autrement elle ne pourroit pas trouver un mariage avantageux. Ce qui auroit lieu par consequent tant à l'égard des biens substituez par le pere, que de ceux que la mere avoit chargé de restitution.

Autrefois dans le Parlement de Tholoze, les biens sujets à restitution n'estoient obligez que pour la constitution ou restitution de dot seulement, & non pour l'augment de dot, comme il a esté jugé par les Arrests remarquez dans la Bibliotheque Tholozaine livre 2. Arrest 20. mais cette Jurisprudence a changé depuis, comme il est observé dans les Notes sur cet Arrest : Et comme il a esté jugé par plusieurs autres Arrests, remarquez par Brodeau sur Monsieur Loüet Lettre D, Chapitre vingt-un, Henris dans ses Arrests tome 1. livre 4. Chapitre cinq question 15.

La deuxiéme question, si la fille mariée sans dote ou avec une dote modique, chargée de restituer, peut se servir du droit de cette Authentique, pour se constituer une dote suffisante, ou le supplément d'une dote suffisante : Balde sur cette Authentique nomb. 10. Angel. Paul. nomb. 7. Jason, Menochius *consil.* 41. & autres tiennent l'affirmative, par la raison que le pere est tenu envers sa fille à la marier & à la doter, en sorte que s'il l'a seulement mariée, sans luy avoir constitué une dot, il n'est pas déchargé de la doter, *l. qui liberos de ritu nuptiar. l. fin. C. de dot. promis. & l. obligamur. §. lege. ff. de A. & oblig.*

On ajouste qu'il est de l'interest de la femme d'estre dotée, soit pour ses enfans, ou pour elle-mesme, parce que sa dot luy servira *in alimentorum causam*, *l. assiduis. C. qui potior. in pign. hab.* Ce qui doit aussi avoir lieu au cas que la fille n'ait qu'une dote modique, *l. quoties. ff. qui satisf. cog.*

Toutefois si la dote constituée estoit suffisante pour la fille au temps de la constitution, elle n'auroit pas lieu de vouloir l'augmenter sur les biens sujets à restitution, selon le sentiment des Docteurs. *Menoch. de arbitr. lib. 2. centur. 2. casu* 149. *num.* 16.

Jason, Paul de Castres & autres tiennent au contraire que la fille qui a esté mariée sans dot ou avec une dote non suffisante, ne peut pas se constituer une dot ou le supplément sur les biens substituez ; par la raison que le pere n'est pas tenu de doter ny de fournir des alimens à sa fille mariée ; cette charge estant éteinte par le mariage. On ajouste que la fille ayant esté mariée sans dote ou avec une dote modique, la legitime & la Trebellianique que la fille peut prendre sur les biens substituez, doivent estre reputées suffisantes pour remplir sa dot.

Nonobstant ces raisons j'estime l'opinion contraire mieux fondée, par ce que puisque la dot peut estre augmentée constante *matrimonio*, & que la disposition de cette Novelle a eu pour motif non seulement l'interest de la fille qui est chargée de restitution, mais aussi celuy des enfans qu'elle peut avoir, il y a lieu de dire qu'elle peut prendre sur ces biens pour remplir sa dot, au cas que la legitime & la Trebellianique ne soient pas suffisantes pour cet effet, eu égard aux circonstances.

Balde sur cette Authentique nomb. 11. tient, que le droit que la fille a de se doter sur les biens de son pere de la restitution desquels elle est chargée, au cas qu'elle soit decedée sans en user, est transmissible à ses heritiers ; par la raison que les droits qui nous appartiennent passent à nos heritiers, *l. haeredem. ff. de R. J. l. non solùm. ff. de in integr. restitut.* De mesme que le droit de distraire la legitime & la Trebellianique, *l. quanquam. C. ad leg. falcid.*

Cette opinion ne paroist pas soûtenable, dautant que le droit de prendre la dot sur les biens substituez, ne passe pas absolument & sans distinction aux heritiers ; il ne passe selon quelques-uns, qu'au cas que la fille ait esté mariée sans constitution de dot, car en ce cas la conftitution de dot a lieu, & partant elle peut eftre demandée par fes heritiers, & prife fur les biens fubftituez, c'eft le fentiment d'Alexandre *confil. 169. colum. 2. num. 17.*

On ajoufte que le droit d'exiger fa dot & de la prendre fur les biens fubftituez, competant à la fille eft perfonnel, & reftraint à fa perfonne, dautant que *foluto matrimonio dos non amplius confiftere poteft*, la caufe ceffe, & partant l'effet ne peut point avoir lieu, ainfi le droit de demander la dot, ne peut point eftre exercé par les heritiers de la fille, lors qu'elle n'en a point formé la demande avant fon deceds.

Pour moy j'eftimerois que ce droit ne pourroit paffer qu'aux enfans & aux heritiers en ligne directe de la fille & non à d'autres, par la raifon que les privileges accordez aux dotes des femmes, paffent à leurs enfans, *l. affiduis. C. qui potior. in pign. hab. §. fuerat. inftitut. de actio.*

La raifon pour lequel *jus deducendi dotem*, appartient à la fille chargée de reftituer, eft fondée principalement fur les enfans qui naiffent du mariage; cette caufe ceffe lors qu'il n'y a point d'enfans, ou qui demandent la dot de leur mere fur les biens fubftituez, & partant d'autres qu'eux ne s'en peuvent point fervir.

La troifiéme queftion, fi cette Authentique a lieu pour les fucceffions laiffées par les meres ou par les afcendans du cofté maternel; c'eft à dire, fi la fille inftituée heritiere par fa mere, & chargée de reftituer fa fucceffion, a droit de pretendre une dot fur les biens de la fucceffion *aliis bonis non fufficientibus*: Bartole fur cette Authentique tient que non, fi ce n'eft au cas feulement que la fille ne puiffe pas eftre dotée des biens du pere ou des fiens propres, la raifon qu'il en rend eft, que c'eft le devoir des peres de doter fes filles, & non celuy des meres, *l. ult. C. de dot. promiff. & l. à filia. ff. ad SC. Trebellia.* à moins que le pere n'ait pas de biens pour conftituer dote à fes filles, fuivant le fentiment des Docteurs. Et partant lors que les biens du pere ne font pas fuffifans, ceux que la mere a laiffé avec charge de reftitution, font fujets à la conftitution & reftitution du dot.

D'autres tiennent au contraire que les biens laiffez par la mere avec charge de reftitution, ne peuvent eftre pris pour la conftitution ou reftitution de dot, par la raifon que les meres & les autres afcendans du cofté maternel ne font point tenus de doter leurs filles ou leurs petites filles, ou faffurer les biens de leurs enfans. Il y a un Arreft du Parlement de Tholofe du 5. Mars 1586. rapporté dans la Bibliotheque Tholozaine, qui a jugé, que l'Authentique *res quæ.* a lieu dans les biens fujets à reftitution procedans du cofté de la mere; ce que je trouve jufte, & ce qui à mon avis doit eftre ainfi obfervé.

14 La quatriéme, fi la mere peut conftituer une dot pour fe remarier fur les biens qui luy ont efté laiffez par fes enfans, mais avec charge de reftitution ? Il eft fans difficulté que non, parce que les enfans ne font point tenus de doter leur mere qui fe remarie, ou affurer la dot de leur belle-mere receuë par leur pere qui s'eft remarié, *l. tutor. §. fin. ff. de adminiftrat. tut. l. 1. §. prætereà. ff. de tutel. & ratio. diftrahend.*

15 La cinquiéme, fi les biens laiffez par un collateral avec charge de reftitution peuvent eftre alienez, *ex caufa dotis conftituendæ vel reftituendæ :* l'affirmative eft fans difficulté, & fuivie par les Docteurs, parce que les collateraux ne font point tenus de conftituer dotes à celles qui ne leur font jointes que *ex tranfverfo :* d'où quelques-uns tirent cette confequence que dans les Coûtumes ou ftatuts, qui excluent les filles des fucceffions, à la charge d'eftre dotées par leur frere, la fœur eftant inftituée par fon frere avec charge de reftitution, peut prendre une dote fur les biens fubftituez; par la raifon que le frere eftoit le debiteur de la dote de fa fœur : & que cette refolution a lieu auffi lors que la fœur n'a pas de biens pour conftituer une dote, auquel cas le frere eft tenu de la doter, *l. cùm plures. §. cùm tutor. ff. de adminiftr. tut.* parce que dans ce cas le pere eft debiteur de la dot : c'eft le fentiment commun des Docteurs, d'Alexandre, de Jafon *in l. 1. num. 83. fol. matrim.* & autres.

Julien en fa Paraphrafe fur cette Novelle qui eft la 37. a voulu étendre cette conftitution au fideicommis laiffé par un étranger, en ces termes : *quòd fi heres inftitutus ex liberis non fit, contentus effe debet deductione dotis vel propter nuptias donationis, &c.* Duranty & autres Docteurs pretendent que dans les anciens exemplaires de Julien, ces mots ne fe trouvent point.

C'eft une Jurifprudence qu'on tient certaine dans ce Parlement, & dans tous les autres Parlemens du Royaume; que cette Authentique n'a point de lieu en collaterale, Monfieur Loüet lettre D, Chapitre vingt-un, rapporte un Arreft du mois de Mars

1584. qui l'a jugé ainſi. Brodeau au meſme lieu cite un autre Arreſt donné en la quatriéme Chambre des Enqueſtes, au rapport de Monſieur Pinon le 9. Juillet 1616. qui a jugé la meſme choſe.

Monſieur Mainard tome 3. livre 9. Chapitre 17. la Roche-Flavin livre 2. titre 6. rapportent des Arreſts du Parlement de Tholoze qui l'ont jugé de meſme. Monſieur de Cambolas dans ſes Arreſts livre 5. Chapitre 10. en rapporte un autre du meſme Parlement du 13. Mars 1624. en la ſeconde Chambre des Enqueſtes ſur un procés par écrit, qui a jugé que les biens ſubſtituez ne pouvoient eſtre alienez pour la dot, quoy que les enfans de l'inſtitué euſſent eſté ſubſtituez.

Brodeau *loco citato* dit avoir veu pluſieurs Arreſts du Parlement de Provence qui ont jugé la meſme choſe.

La ſixiéme queſtion eſt, ſi le pere qui fait la ſubſtitution peut deffendre l'alienation des biens ſujets à reſtitution, pour cauſe de dot ou de donation à cauſe de nopces? Cette queſtion partage les Docteurs; Balde ſur l'Authentique *res qua. in lect. antiq. in 13. quæſt. & in cap. 1. §. donare. in tit. qual. olim feud.* Alexand. *conſil. 56. col. 3. in 1. & conſil. 23. in 2.* Jaſon *num. 25.* Socin. *ſenior conſil. 75. col. 2. & 3. in 1.* & autres, tiennent que la prohibition eſt valable : Premierement, parce que la diſpoſition du teſtateur doit eſtre gardée, *§. diſponat, Authent. de nupt.* car l'alienation n'eſt permiſe des biens ſujets à reſtitution, *ex cauſa dotis vel donationis propter nuptias*, que par la preſomption de la volonté du teſtateur, *l. mulier. §. cum proponeretur. ff. ad SC. Trebellian.* d'où il s'enſuit, que quand le teſtateur a deffendu expreſſément l'alienation pour cette cauſe, elle n'eſt pas valable. On ajoûte, que le teſtateur pouvoit reduire ſon enfant à ſa legitime, & diſpoſer de tous ſes autres biens au profit d'autres perſonnes, meſme de perſonnes étranges, & partant luy ayant laiſſé ſes biens à la charge de reſtitution, avec prohibition de les aliener pour cauſe de dot ou de donation à cauſe de nopces, l'enfant ne les peut point aliener, car *cui licet quod majus eſt, & ipſi licere debet quod eſt minus.*

Bartole *in l. filiusfam. §. divi. ff. de leg. 1. in 2. quæſt.* Paul de Caſtres *conſil.* 80. *& conſil.* 219. Decius *conſil.* 519. *num.* 4. Guy Pape *quæſt.* 96. & autres, tiennent l'opinion contraire, parce que la prohibition faite au préjudice de la dote que le pere eſt tenu conſtituer à ſes enfans, *l. qui liberos. ff. de ritu nuptiar:*

l. ult. C. de dot. promis. est non valable, car cette obligation de doter les filles est réelle & personnelle, & est attachée aux biens du pere, & passe aux possesseurs & detempteurs d'iceux ; c'est pourquoy le fisc qui succede aux biens du condamné par la confiscation, est tenu de fournir les dotes à ses filles. Guy Pape *loco citato* dit avoir esté jugé ainsi par Arrest du Parlement de Grenoble : Boër. *decis. num.* 5. & Menochius *lib.* 4. *to.* 2. *præsumpt.* 189. *num.* 129. sont de mesme avis.

Cette opinion quoy que deffenduë par des Docteurs d'une grande reputation, ne me paroist pas soûtenable : Premierement, parce que le pere peut incontestablement reduire ses enfans à sa legitime, *l. omnimodo. & l. scimus. C. de inoffic. testam.* soit que leur legitime soit suffisante pour la constitution de dot, eu égard à leur qualité, ou non, en sorte que les enfans qui y sont ainsi reduits, puissent se plaindre du testament de leur pere comme inofficieux, & demander contre l'heritier institué le supplément d'une dote suffisante ; comment peut-on dire avec raison, que les enfans ayent receu plus que leur legitime, puis qu'ils les peuvent exempter de toute charge & condition, avec la quarte Trebellianique, & qu'ils ont la joüissance des biens sujets à restitution, puissent distraire de ces biens pour suppléer ce qui manque à une dote suffisante ? Il est sans doute que cette opinion est sans fondement, & contraire à l'intention de l'Empereur, donc cette nouvelle Constitution n'est fondée que sur la presomption de la volonté du testateur.

Quant à ce qu'on dit que le pere est tenu de doter sa fille, & que cette obligation est réelle, il n'y a aucune Loy qui oblige le pere de laisser à sa fille pour sa dote plus que sa legitime ; & mesme si la fille avoit dissipé sa dote par son dol ou par sa faute, son pere ne seroit pas tenu de luy en constituer une autre : C'est le sentiment de Bartole sur la Loy *si cùm dotem.* §. 1. *ff. sol. matrim.* de Jason sur l'Authentique *res quæ. num.* 13. de Balde sur la Novelle 6. *par. privileg.* 5. & 16. *de doc. in l. jura. num.* 3. *ff. de Reg. I.* de Boër. *decis.* 131. *num.* 5.

Il faut dire aussi, à mon avis, & par parité de raison, que les biens sujets à restitution en cas de prohibition de les aliener, ne peuvent pas estre alienez pour cause de donation à cause de nopces, ou pour la restitution de la dote de la femme du fils chargé de restitution.

La septiéme question, si l'alienation faite pour cause de dot,

excludi

exclud pour toujours des biens alienez, ceux au profit defquels la fubftitution eft faite, en forte que la dot eftant retournée à la fille aprés la diffolution du mariage fans enfans, & aprés la mort de la fille, elle ne doit point retourner aux fubftituez : ou fi au contraire elle leur doit retourner, comme une chofe à eux appartenante *ceffante caufâ :* la commune opinion eft contre les fideicômmiffaires, parce que l'alienation eft jufte & legitime, fondée fur l'autorité de la Loy, elle eft irrevocable, *Authent. contra rogatus. C. ad SC. Trebell.* autrement on ne pourroit trouver perfonne qui voulût acquerir des biens fujets à reftitution, alienez *ex caufa dotis ;* & cette Conftitution feroit inutile & fans effet.

D'autres eftiment au contraire, que les chofes alienées *veniunt in reftitutionem fideicommiffi,* dautantque ce qui eft donné *in caufam dotis, decidit de fideicommiffo, ac fi mulier rogata effet reftituere quod fuperfuiffet, durante caufâ dotis & matrimonii,* mais aprés la diffolution du mariage, & la femme ayant recouvré fa dot, elle doit rentrer *in reftitutionem fideicommiffi ;* ainfi qu'il arrive lors que le teftateur a chargé fon heritier teftamentaire de reftituer les biens qui fe trouveront en fa poffeffion au jour de fon deceds, auquel cas les chofes qu'il auroit alienées, & qui depuis auroient efté par luy acquifes, font fujettes à reftitution.

Pour moy j'eftime que fi les biens fe trouvent en nature, & dans la poffeffion de celuy ou celle qui eft chargée de reftitution, ils doivent eftre reftituez au fideicommiffaire ; mais fi ils ont efté alienez pour la conftitution de dot, les acquereurs ne peuvent point eftre évincez, parce qu'ils ont acquis par l'autorité de la Loy ; & au cas que celuy qui feroit chargé de les reftituer eut d'autres biens immeubles, le fideicommiffaire auroit hypotheque fur iceux du jour qu'il auroit accepté le fideicommis ; & au cas qu'il n'eut aucuns immeubles, mais des meubles & effets mobiliaires, le fideicommiffaire viendroit à contribution avec les autres creanciers au cas d'infuffifance, aprés le deceds de celuy ou celle qui feroit chargée de reftitution.

La huitiéme queftion eft, fi la convention *de lucranda dote vel donatione propter nuptias,* au profit du furvivant des conjoints eft valable, lors que la conftitution eft faite des biens fujets à reftitution ? Bartole & autres Docteurs fur cette Authentique tiennent l'affirmative ; & Balde, Paul de Caftres & autres

tiennent qu'à plus forte raison le gain de la dot ou de la donation à cause de nopces, fondé sur la disposition de la Coustume
ou du statut, a lieu, parce que dés que les biens peuvent estre
alienez pour cause de dot, ou de donation à cause de nopces,
ils sont sujets à la disposition du statut : delà vient que si celuy
qui est chargé de restituer, constituë un douaire à sa femme sur
les biens substituez, la proprieté de ce douaire appartient aux
enfans issus du mariage dans les Coustumes, dans lesquelles
il leur est propre, ce qui doit estre sans difficulté, quoy que
l'Authentique *res quæ.* ne parle que de la dot & de la donation
à cause de nopces, en faveur de celuy ou de celle qui se marie,
& non en faveur des enfans qui peuvent naistre du mariage ; car
dés que la Loy permet d'aliener les biens à celuy qui est chargé de restituer, pour contracter mariage plus facilement, on
doit croire que l'intention de la Loy est que l'alienation en doit
estre faite pour contracter mariage selon les clauses qui sont fondées sur la disposition de la Coûtume ; comme avec stipulation
de douaire pour la femme en usufruit, & en proprieté pour les
enfans : & mesme sans la stipulation expresse de la proprieté du
douaire pour les enfans, j'estime que les enfans seroient en droit
de la pretendre, parce que la Coûtume ordonne que le douaire de la femme soit propre aux enfans ; & partant dés que le
douaire peut estre constitué sur les biens sujets à restitution :
ce douaire appartient aux enfans en proprieté, comme & en
qualité de douairiers, au cas qu'ils se tiennent au douaire, &
qu'ils renoncent à la succession de leur pere.

19　　Il y a quelque difficulté, sçavoir si dans les Coûtumes où le
douaire n'est que viager, il peut estre stipulé propre aux enfans sur les biens substituez ? On dit pour le fideicommissaire, que
les biens substituez peuvent bien estre alienez pour la restitution
de la dot de la femme, lors que les biens de celuy qui est chargé de restituer, ne sont pas suffisans pour cet effet ; & qu'ils
peuvent estre alienez pour faire les avantages à sa femme par
son contrat de mariage, lesquels sont ordinaires par la disposition de la Coûtume ; ainsi on peut assurer le douaire de la femme sur les biens sujets à restitution ; mais on ne peut pas luy
faire des donations sur ces biens, parce que ce sont des avantages extraordinaires, & sans lesquels les mariages peuvent estre
contractez ; d'où il s'ensuit que dans les Coûtumes où le douaire n'est pas propre aux enfans, il ne peut pas estre stipulé pro-

pré fur les biens fubftituez : Neanmoins je tiens le contraire, car quoy que dans cés Coûtumes le doüaire ne foit que viager, il eft fouvent ftipulé propre pour les enfans, afin de leur affurer une partie des biens de leur pere pour leur fervir de legitime & d'alimens aprés fon deceds, & c'eft une claufe fans laquelle plufieurs mariages ne feroient pas contractez : que fi felon le fentiment des Docteurs remarqué cy-deffus, il eft permis de ftipuler le gain de la dot ou de la donation à caufe de nopces pour le furvivant, fur les biens fujets à reftitution, il y a lieu de dire que le doüaire peut eftre ftipulé propre en faveur des enfans.

La neuviéme, fi la veuve d'un homme chargé de deux fideicommis, l'un du pere & l'autre de l'ayeul paternel, peut choifir pour payement de fa dot tels biens qu'il luy plaift, ou fi le fubftitué la peut forcer de prendre ceux qui viennent du pere du mary ? Dans le fait, Titius inftitué Caïus fon fils & le charge de reftituer fes biens à fes enfans : il eft arrivé que Caïus chargé de deux fideicommis, l'un par Titius fon ayeul, au profit de Seïus fon frere en défaut d'enfans mafles, & l'autre par Sempronius fon pere au profit des enfans de Caïus, eft decedé ne laiffant que des filles fans enfans mafles, ainfi le fideicommis de l'ayeul a efté ouvert au profit de Seïus, & celuy du pere a efté ouvert au profit des filles de Caïus : la femme de Caïus a prétendu qu'ayant hypotheque fur tous les biens fubftituez de fon mary, au défaut d'autres biens pour la reftitution de fa dot, elle pouvoit choifir & s'adreffer à ceux d'entre ces biens fubftituez qu'elle vouloit, attendu qu'il eft au pouvoir du creancier de pourfuivre hypotequairement les biens de fon debiteur qu'il luy plaift, fuivant la Loy *creditoris. ff. de diftract. pign.* Elle s'eft addreffée aux biens fubftituez par l'ayeul de fon mary, dautant que par ce moyen tous les biens fubftituez par le pere du mary paffoient entierement à fes filles & fans aucune diminution ; au contraire la reftitution de la dot fe faifant fur les biens fubftituez par l'ayeul, Seïus frere du mary en fouffrant feul la perte.

Le frere du mary a foûtenu au contraire que le fideicommis de l'ayeul auquel il eftoit appellé par le deceds de fon frere arrivé fans enfans mâles, ne pouvoit eftre alienè pour la reftitution de la dot dans cette efpece, veu que c'eft le devoir du pere de marier fes enfans & doter fes filles, ainfi fes biens font

obligez à la restitution des dotes de ses biens, & ce n'est qu'au
défaut du pere que l'ayeul y est obligé, d'où il s'ensuit qu'au
cas des deux fideicommis dont le mary se trouvoit chargé,
la restitution de la dot ne pouvoit estre faite que sur celuy du pere; comme au contraire si la fille estoit chargée de deux fideicommis, l'un de son pere & l'autre de son ayeul, elle ne pourroit pas pretendre sa dot en défaut d'autres biens que sur les
biens substituez par son pere, parce que *patris est dotare filias*:
cette raison me paroist convaincante, en sorte qu'elle oste le
choix à la femme de s'addresser au fideicommis de l'ayeul ou à celuy du pere.

CHAPITRE II.

De celle qui accouche onze mois aprés la mort de son mary.

SOMMAIRE.

1. Si l'enfant qui naist onze mois aprés le deceds de son pere, est legitime.
2. Si célle qui accouche dans ce temps, est sujette aux peines

de celles qui se marient dans l'an du deüil.
3. Arrests rendus à l'occasion d'enfans nez onze mois aprés le deceds de leur pere.

Unum siquidem in hoc Capitulum.

L'Empereur dit au commencement de ce Chapitre, que la
precedente Ordonnance est contenuë dans un seul Chapitre,
& que celuy-cy comprend une autre Ordonnance pour les femmes qui se remarient avant que l'année du deüil soit expirée,
& qui souffrent les peines qui leur ont esté imposées par trois
Ordonnances faites par les precedens Empereurs, qui sont la
Loy premiere *C. de secund. nupt.* la Loy *decreto. C. ex quib. cauf.
infam. irrog.* & la Loy *si qua mulier. C. ad Tertyllian.* mais l'Empereur dans la Novelle *de nuptiis.* au Chapitre *prima siquidem
nuptiæ.* en a fait mention, & dautant que de son temps on voyoit
des femmes venir à des actions plus honteuses, que de contracter
des secondes nôpces dans l'an du deüil de leurs maris, il crût
qu'il en falloit interrompre le cours ; car il arrivoit souvent,

que des femmes se marioient, & que survivant leurs maris elles
accouchoient onze mois aprés leur deceds, ce qui faisoit connoistre qu'elles n'avoient pas vescu dans la chasteté mesme de
leur vivant, car on ne peut pas dire, que l'enfant qui vient onze
mois aprés la mort d'un mary, soit son fils, puisque le temps
qui est entre la conception de l'enfant & l'accouchement n'est
pas si long. Et parce qu'une des peines par lesquelles sont punies les secondes nopces contractées dans l'an du deüil, est que
celle qui se remarie est privée de la donation *propter nuptias*
faite par son premier mary, en sorte mesme qu'elle n'en a pas
la joüissance. Les enfans d'une femme qui a ainsi accouché onze
mois aprés la mort de leur pere, peuvent legitimement demander la donation *propter nuptias*, que leur pere luy auroit faite en
consequence de l'injure qu'elle leur auroit causée par ce moyen,
& du deshonneur qu'elle auroit fait à la memoire de son mary
si peu de temps aprés sa mort.

La mere disoit pour ses raisons (qu'on ne peut rapporter sans
rougir, dit l'Empereur) qu'elle ne devoit point estre privée de la
donation *propter nuptias* qui luy avoit esté faite par son premier
mary, & que les Loix qui privoient les femmes des avantages receus de leurs premiers maris, n'avoient esté établies que contre
celles qui contractent des nopces legitimes dans l'an du deüil,
qu'elle ne s'estoit point remariée, & que l'enfant dont elle estoit
accouchée, estoit l'effet non pas d'un mariage legitime, mais de
sa concupiscence, *sed quia hæc etiam decies millies aliis subjacere
castigationibus committendo stuprum, indubitatum est, & pœnis
illis eam non privabimus?* C'est pourquoy il dit, qu'elle ne doit pas
estre exempte des peines imposées aux femmes qui se remarient
avant l'an du deüil, en faveur des enfans legitimes, & la donation *propter nuptias* que son mary luy auroit faite, luy doit estre
ostée, comme elle est ostée à celles qui se remarient avant l'an
du deüil. Et l'Empereur *vers. si enim illa lex.* prouve qu'il n'y
a pas moins de raison de priver cette femme de la donation
propter nuptias, que celles qui passent aux secondes nopces
avant l'an du deüil, car si la Loy ne laisse pas impunies les
nopces legitimes, par cette seule raison qu'il y a lieu de croire que celle qui les contracte, n'a pas vescu chastement pendant les premieres, pourquoy laissera-t'on impunie celle qui
n'est pas seulement soupçonnée de crime, mais qui en est convaincuë par un accouchement qui est condamné par les Loix?

*Si enim illas lex inultas non reliquit, licet legitimas nuptias cele-
brantes, eo quod forte suspicio fuerit ne qua præextiterit suspi-
cionis malignæ causa ad secundum maritum, eo quod velociter ad
nuptias festinavit: quomodo non hîc, ubi causa non per suspicio-
nem est solùm, sed hoc ipso increpatio manifesta & indubitata
præbita est delicto, omnium impiissimus iste partus, innoxiam
eam relinquemus?*

Cette raison détermine l'Empereur *vers. unde sancimus.* à ordonner que si une femme accouche vers la fin de l'année du
deüil, c'est à dire, dans la fin du onziéme mois, ou dans le
douziéme, en sorte qu'on ne puisse pas douter que ce ne soit du
fait d'un autre que de son mary, elle soit privée de la donation
propter nuptias qu'il luy auroit faite, tant pour l'usufruit que
pour la proprieté : voulant aussi qu'elle soit sujette aux autres
peines imposées à celles qui se remarient dans l'an du deüil, afin
que la passion déreglée n'ait pas plus d'avantage que la chasteté,
mais qu'elle soit sujette aux peines qu'elle merite, & qu'elle perde
l'esperance de la donation *propter nuptias* à cause de son crime,
qu'elle pourroit avoir.

3   Cette question s'est presentée, sçavoir si un enfant né onze
mois aprés le deceds de son pere estoit legitime, & heritier de
ses pere & mere ? Monsieur Bouguier en ses Arrests, lettre E.
chapitre 4. rapporte un Arrest du 22. Aoust 1626. qui a jugé,
que l'enfant né onze mois accomplis aprés la mort de son
pere, n'est pas legitime.

Du Fresne rapporte un autre Arrest qui a jugé le contraire,
qui est du 6. Septembre 1653. au rapport de Monsieur Menar-
deau Champré : mais la Cour l'a jugé ainsi, eu égard à l'hon-
nesteté de vie & la bonne conduite qu'avoit menée la mere de
l'enfant aprés le deceds de son mary, que le mary là nuit du
deux ou troisiéme Février 1624. estant couché avec sa femme,
estoit tombé dans une défaillance dont il estoit decedé le quatriéme jour ensuivant, aprés son deceds sa femme s'estoit retirée dans un Convent, où elle s'apperceut qu'elle estoit enceinte,
en avoit fait sa declaration le 23. du mesme mois de Février,
dix-huit ou dix-neuf jours aprés, laquelle declaration avoit esté
produite au procez.

Qu'il y avoit preuve par Lettres d'examen à futur, que le
jour de Toussaints 1624. qui estoit dans le neuviéme mois, elle
avoit eu les premieres douleurs de l'enfantement, mais qu'elle

n'avoit pû accoucher pour lors ou pour la foibleſſe de l'enfant, ou autre cauſe inconnuë ; que Charles de Villeneuve ſieur des Touches, neveu & heritier apparent du ſieur de Boiſgroleau deffunt mary le 2. Decembre 1624. croyant que l'enfant eſtoit mort dans le ventre de ſa mere, avoit baillé ſa Requeſte au Lieutenant General d'Angers, & demandé qu'il fût par luy nommé d'office une ſage-femme pour aſſiſter à l'accouchement, ce qu'elle auroit conſenty, & en conſequence le Juge auroit nommé d'office une ſage-femme pour aſſiſter à ſon accouchement ; ainſi ledit des Touches n'avoit point juſques alors accuſé la Damoiſelle du Bois d'eſtre groſſe d'autre que de ſon mary.

Qu'en ſuite la mere eſtant accouchée, ledit des Touches n'avoit point empeſché que l'enfant n'eut eſté baptiſé publiquement ſous le nom de ſon pere, que ledit des Touches eſtoit demeuré quatre mois dans le ſilence, ſans faire aucune pourſuite contre la mere tutrice pour faire exclure ſa fille baſtarde : Il y avoit pluſieurs autres circonſtances favorables pour cette fille.

L'integrité de la mere eſt le motif le plus fort qui ait determiné la Cour à rendre cét Arreſt : l'Empereur Adrian aprés avoir conſulté les Medecins & les Philoſophes, declara un enfant legitime né onze mois aprés le deceds de ſon pere, à cauſe de la bonne reputation de ſa mere, comme nous apprenons d'Aule Gele *lib. 3. cap. 16. de tempore hum.* Le Preteur Papyrius accorda la poſſeſſion des biens à un enfant né treize mois aprés le deceds de ſon pere, au rapport de Pline en ſon Hiſtoire naturelle ; & Godefroy en ſa note ſur cete Novelle, rapporte que dans ſa maiſon de Chappes, une mere eſtant accouchée quatorze mois aprés la mort de ſon mary, l'enfant fut declaré legitime par la meſme raiſon.

Le meſme Auteur rapporte un autre Arreſt du 2. Aouſt 1649. qui a declaré legitime une fille née à dix mois neuf jours aprés l'abſence du mary, ce qui eſtoit principalement fondé, ſur ce que le mary de ſon vivant ne s'eſtoit point plaint de la conduite de ſa femme, & ne l'avoit point accuſée d'adultere.

PARAPHRASE
DE JULIEN.

CONSTITUTIO XXXVII.

CLXIV. Si quis unum ex liberis suis hæredem instituerit, vel extraneum hæredem scripserit, & rogare voluerit eum, ut tempore, quo morietur, hæreditatem alii restituat.

SI quis unum ex liberis suis hæredem instituerit, id est, filium filiamve, nepotem, neptemve, & deinceps, sive quosdam ex his, sive omnes simul : & rogaverit eos, ut tempore, quo moriantur, vel postquam mortui fuerint, aliis restituant hæreditatem : primum quidem unicuique eorum legis falcidiæ modus præcipuus deducatur, & non supponatur fideicommissi gravamini : cæteras autem partes fideicommissario restituat integras : ita tamen, ut si propter nuptias donationem uxori vel dotem marito dare maluerit persona fideicommisso gravata, liceat ei hoc facere etiam ex aliis rebus, quæ fideicommisso suppositæ sunt & reliquas res tantum fideicommissario cogatur restituere. Hæc autem constitutio non habet locum in præteritis substitutionibus, seu restitutionibus, sed magis in futuris casibus. Nullum autem augmentum dotibus vel propter nuptias donationibus fiat ad insidias substitutionis seu restitutionis. Nam & si quid callide perpetratum fuerit : nihilominus restitutio fideicommissi integra manebit post deductionem, scilicet legitimæ falcidiæ partis. Hoc autem quod de falcidiæ deductione loquitur Constitutio, in liberis locum habet, quibus & pars falcidia debetur. Quod si hæres institutus ex liberis non sit, contentus esse debet deductione dotis vel propter nuptias donationis: & reliquas res hereditarias fideicommissario restituere ; dotem autem vel propter nuptias donationem dari lex præcipit honestam, id est, neque satis modicam, ut sit dedecus heredi, neque satis immodicam, ut sit grave fideicommissario : sed medietatis cujusdam moderatione honoratam.

CLXV.

CLXV. Si foluto matrimonio fecundas quidem non contraxerit nuptias, ante annum autem completum ab aliquo ftuprata fit.

Si mulier defuncto marito antequam annus legitimus tranfeat, ad fecundas quidem nuptias non migraverit : more autem meretricum ab aliquo ftuprata conceperit & pepererit: ut fit clarum id, quod natum eft, defuncti mariti non effe; eafdem pœnas patiatur, quas ex fuperiore Conftitutione patitur ea, quæ ante tempus legitimum fecundas contraxerit nuptias. Ideoque & ante nuptias donatione careat, ut nec tantùm habeat jus utendi fruendi, aliifque pœnis antefatis fubjiciatur; & fit ftupri quaque criminis obnoxia pœnis. Pejus eft enim ftuprari, quàm fecundas nuptias mulieres ante legitimum tempus contrahere. Dat. xv. Kalend. Mai. CP. P. C. Bilif.

TITRE XXIII.

Des Tabellions, & que les Tabellions doivent faire des Minutes des Actes qu'ils reçoivent.

NOVELLE XLIII.

CEtte Novelle contient deux parties : La premiere eft dans le commencement & le Chapitre premier ; & l'autre eft dans le Chapitre deuxiéme.

La décifion de la premiere partie eft, que les Tabellions doivent eux-mefmes entendre les affaires dont ils font requis par les parties, & les rediger eux-mefmes par écrit.

Le commencement contient un fait qui a donné occafion à l'Ordonnance de l'Empereur, qui eft tel : Une certaine femme qui ne fçavoit point écrire, avoit efté chez un Tabellion pour dreffer un Contrat ; le Tabellion ne s'y eftant point trouvé, le

Tome I.   O O o o commencement de l'Acte fut fait par son Substitut ou son Clerc, la fin du mesme Acte fut dressé par un autre, & le Tabellion avoit esté present seulement au milieu du Contrat, desorte qu'il ignoroit ce qui estoit contenu en iceluy. L'Acte estant achevé, & ayant esté leu tout entier à cette femme, elle declara qu'il estoit contraire à son intention, ce qui forma une contestation entre les parties, dont l'Empereur ayant eu connoissance, soit par le rapport qui luy en fut fait par le Juge qui en connut en premiere instance, ou par l'appel qui fut interjetté pardevant luy, il fit cette Ordonnance, par laquelle il ordonna, que les Tabellions ou Notaires seroient eux-mesmes presens aux Actes qu'ils passeroient depuis le commencement jusqu'à la fin, sans que pour cét effet ils pussent se servir de quelques-uns de leurs Clercs, ou Substituts seuls : La raison qu'en rend l'Empereur, est qu'ils doivent avoir une pleine connoissance des Actes qu'ils ont faits & passez, *ut interrogati à judicibus, possint quæ subsecuta sunt cognoscere & respondere : maximè quando literas sunt ignorantes qui hæc injungunt, quibus facilis est & inconvincibilis denegatio horum, quæ pro veritate secuta sunt.*

L'Empereur ordonne pour peine contre ceux qui contreviennent à cette Ordonnance, qu'ils soient décheus de leur droit, de leur titre, & de leur étude, voulant qu'ils soient transmis aux substituez ou Clercs dont ces Tabellions se seroient servis, & qu'ils seroient mis en leur place, afin de les rendre plus soigneux d'observer cette Ordonnance, & de garder toutes les precautions necessaires dans la passation des Contrats, *ut illius metu majorem diligentiam, fidem & cautionem adhibeant aliorum contractibus, neque suâ negligentiâ & fastidiosis ac delicatis moribus, aliorum corrumpant substantias & jura subvertant.* Et en cas de contravention à cette Ordonnance, l'acte n'est pas nul, & les parties n'en reçoivent aucun prejudice, par la raison que *factum cuique suum, non alteri nocere debet, l. factum. ff. de R. I.*

Toutes nos Ordonnances concernans les Notaires & leurs fonctions, supposent que les Actes & Contrats qu'ils passent, sont faits par eux & en leur presence, cependant à Paris leurs Clercs en font une grande partie en leur absence & les leur font signer, aussi j'en ay veu plusieurs tres-mal dressez, ainsi cette Ordonnance n'est point d'usage : les Ordonnances défendent aux Notaires de mettre aucune chofe aux Actes & inftrumens, outre ce qu'ils auront oüi & entendu des parties, & les obligent de lire les Actes & les Contrats entierement aux parties, aprés qu'ils feront dreffez auparavant que de les faire figner, fuivant l'Ordonnance du mois d'Octobre 1535. article 4. qui porte: *Enjoignons à iceux Notaires qu'ils mettent & redigent pleine-ment & entierement par écrit les Contrats paffez pardevant eux; & aprés ce qu'ils feront écrits, qu'ils les lifent au long en la pre-fence des parties avant qu'ils fignent, ne baillent lettres d'iceux Contrats.*

Dans le Chapitre deuxiéme, l'Empereur ordonne que dans la ville de Conftantinople feulement, les Tabellions redige-ront par écrit les inftrumens & Actes dans des feüilles de pa-pier, au commencement defquelles foit mis & écrit le nom *comitis facrarum largitionum,* & non dans d'autres; que le temps que le papier a efté fait, foit marqué, avec défenfes d'ofter ces marques des feüilles dans lefquelles les Contrats feront écrits, & ce pour empefcher les fauffetez qui fe commettent fouvent dans les Contrats, foit par la falfification ou fuppofition des Contrats, antidates ou autres moyens; voulant que les Actes qui feroient faits fur d'autre papier, foient declarez nuls & de nul effet.

Les Ordonnances enjoignent aux Notaires de faire de bons Regiftres & protocolles des Contracts & Actes par eux receus & paffez; le papier marqué fur lequel ils font tenus d'écri-re toutes leurs expeditions, tant les minutes que les groffes & copies, peuvent fervir pour découvrir la fauffeté des Ac-tes faux & fuppofez, attendu que les baux qui fe font pour ce papier, ne fe font que pour fix ans ou environ, & que les nouveaux fermiers impriment de nouvelles marques au com-mencement du papier.

PARAPHRASE
DE JULIEN.

CONSTITUTIO XL.

CLXIX.　De Tabellionibus, five inftrumentorum fide.

Tabelliones ipfi per fe conveniant cum eis, qui inftrumenta quædam componere volunt; & non aliter chartas complere audeant, nifi caufas cognofcant, ut interrogati à judicibus, refpondeant, qualis effet caufa propter quam inftrumenta compofuerunt; & maximè fi literarum imperiti fuerint hi, qui inftrumenta fieri defideraverunt.

Hoc autem obtinere tam in Conftantinopolitana civitate, quàm in aliis provinciis.

Pœnam autem Conftitutio definivit adverfus eos Tabelliones, qui aliter fecerint ftationum amiffione; itaut, fi difcipulus eorum miffus fuerit ad inftrumenti compofitionem, ipfe habeat jus ftationis.

Quòd fi indignus fit difcipulus auctoritatem ftationis fufcipere; prior quidem Tabellio modis omnibus removeatur; alius autem pro ea dignus ftationem accipiat, ita tamen ut nullus fentiat damnum dominus ftationis, fed habeat reditus integros. Tabellio autem amittat jus ftationis, quia dedignatus eft convenire cum eis, qui inftrumenta componi fibi defideraverunt.

Nullam autem excufationem habeant Tabelliones morbi vel occupationis; duorum enim alterum neceffe eft, vel caufas eas cognofcere, & inftrumenta eorum facere; vel fi ignorent, nec facere. In Conftantinopolitana autem civitate liberam habeant facultatem omnes Tabelliones unum Tabellionem apud Magiftratus censûs præponere & licentiam ei dare, inftrumenta facere defiderantibus in eorum ftatione, & in abfolvendis inftrumentis venire, &

mulli alii licentiam esse hoc facere, nisi ei qui Tabellionibus præpositus sit apud Magistratum censás, sicut jam diximus.

Cæterum si aliter observatum fuerit, ea pæna Tabellionibus immineat, quàm suprà diximus. Instrumentum autem propter hoc non sit irritum, sed propter utilitatem contrahentium valeat.

CLXX. Idem.

Tabelliones non scribant instrumenta in aliis chartis, quàm in his quæ protocolla habent; ut tamen protocollum tale sit, quod habeat nomen gloriosissimi comitis largitionum, & tempus quo charta facta est, alioquin si aliam scripturam charta habeat, non admittant eam Tabelliones. Hoc autem jus teneat in sola Constantinopolitana civitate. Quod si adversus ea fecerint; pænæ falsitatis subjiciantur. Dat. XVI. Kalend. Sept. CP. post Bilis. V.C. Cons. A. secundo.

FIN DU PREMIER TOME.

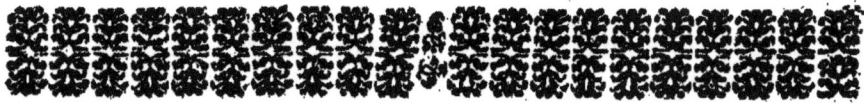

TABLE
DES PRINCIPALES MATIERES
contenuës dans ce premier volume.

PPpp

D

E

I

des

Tome I.

R R rr

R

SSff

Fin de la Table des Matieres du I. Volume.